# 정부규제와 규제행정

김 용 우

도서출판 대영문화사

# 머리말

벌써 내가 교단에 선 지 26년이 되었으니 규제에 대한 강의가 시작된 지도 거의 25년쯤은 되지 않았나싶다. 그동안 규제와 관련된 학문분야의 발전에 나름대로 기여하려는 노력을 해왔지만 그 성과가 만족스럽지 못했다. 그래서 정부규제와 규제행정이라는 제목의 책을 출판하는 것으로 얼마 남지않은 정년을 마무리했으면 하는 바람이 있었다. 따라서 이미 발간한 규제행정론을 정리하고 수정·보완해 새 이름으로 책을 출판해야겠다는 그동안의 바람을 현실에 옮기려는 시도를 해왔지만 이것 역시 뜻대로 되지 않았다. 거의 15년 전에 낸 책이니까 그동안 개정판이 나와도 몇 번은 나왔음직하다. 그러나 여러 가지 사정으로 개정판으로도, 새 제목으로도 책을 출판하지 못했다. 그 사정 중에는 아마도 이미 출판한 책의 부족함이 계속 부담으로 남았고, 이러한 부담이 집필에 대한 나의 열정을 꺾었기 때문이지 않았나 싶다. 그러다보니 관심도 적어지고 책을 준비하는 작업에도 게을리 할 수밖에 없었던 것 같다. 이런 나에게 실망감도 들었지만 그것을 반전시킬 수 있을 만큼 게으름을 떨쳐내려는 나의 의지가 모질지 못했나보다.

사실 규제행정론 책에서 너무 많은 주제를 논의하다보니 다른 학자와 연구자들이 발 디딜 틈이 없는 것은 아닌지 항상 염려되었다. 그래서 이왕에 발을 담근 나라도 보다 나은 책을 소개해야 한다는 어쩌면 의무감 같은 것이 항상 내 삶의 일부를 차지해 왔다. 규제 분야에는 참고할 만한 연구 자료도 별로 없고 교과서도 몇 권에 불과하다. 그런 만큼 많은 학자들과 연구자들의 헌신과 노력이 필요한데도 불구하고 이 분야의 연구결과물들이 적은 것을 보면, 아직도 규제에 대한 관심과 연구기반이 충분하게 마련되지 못한 것 같다. 규제는, 내가 뉴욕대학교에서 행정규제와 규제행정(administrative regulation and regulatory administration)이란 제목으로 수강을 했으니까 미국의 행정학계에서는 거의 33년 전 훨씬 그 이전부터 중요한 연구 분야 중의 하나이었던 것 같다.

미국에서는 이미 1930년대부터 규제가 발생한 근원을 이론적으로 연구해 왔으며, 이를 근거로 규제기관의 설립을 위한 이론적 당위성을 제시하기도 했다. 또한 각 산업별로 규제의 운영 실태, 특성, 효과 등에 대한 연구가 활발히 이루어진 결과, 많은 연구결과물들이 발표되었다. 1960년대 후반에는 이미 과다한 규제가 국민경제에 부정적인 영향을 미친다는 많은 연구결과를 바탕으로 규제개혁에 대한 논의를 해왔다. 이 책에서는 가능한 한 규제에 관한 일반적 내용을 중심으로 논의하는 것을 원칙으로 하되, 필요한 부분에 한정해 미국이나 한국의 경험적 사실을 소개했다. 특히 미국의 내용이 많은 것은 아무래도 참고로 할 연구자료들이 많기 때문이 아니었나 싶다.

규제의 학문적 중요성과 현실적 요구에 따라, 이 책을 통해 규제에 대한 풍부하고 알찬 내용을 전달함으로써 이 분야에 대해 많은 독자들의 관심을 끌어들여 학문 발전을 도모하는데 일조했으면 하는 바람도 있었다. 동시에 다시 방대한 분량의 내용을 검토해 한 단계 높은 수준으로 책을 꾸며야 한다는 중압감 때문에 두려운 마음이 앞선 것도 사실이다. 그래서 규제행정론 책이 나온 지 오래된 만큼 그 내용을 대폭적으로 손을 보고 많은 부분의 내용을 수정·보완하고 새로운 내용을 소개했다. 그러나 개정판으로 할 것인지 또는 새로운 제목으로 할 것인지 고민을 했다. 개정판이라고 하기에는 그 수준을 넘는 것 같고 새 제목으로 하는 것은 좀 미흡한 것 같고… 결국 「정부규제와 규제행정」이란 제목으로 책을 내고 싶다는 소망과 규제행정론을 거쳐 이 책이 나오기까지 투입한 노력과 시간을 고려하면 새 제목으로 해도 무방할 것 같아 그 이름으로 책을 내기로 했다.

규제에 대한 이해는 많은 부분 경제학에서 도움을 받아야 하므로 이 책에서 경제이론을 소개한 부분이 꽤 있다. 경제학 원론을 공부한 분들은 쉽게 알 수 있는 내용들로 구성되어 있으므로 별 무리는 없을 것이다. 필요할 때마다 경제학 원론을 읽어보는 것도 한 방법일 수도 있지만 이 책을 이해하는 데 필요한 부분은 책에서 충분히 소개하지 않았나 한다. 여하튼 정부규제와 규제행정을 공부하면서 행정학 분야에서 경제학에 대한 지식이 필요하다는 사실을 인지해 경제학에 많은 관심을 가졌으면 좋겠다. 아직도 미흡한 부분이 많고 잘못된 부분도 있을 것으로 생각한다. 이러한 부분에 대해서는 정년 이후에라도 관심을 갖고 수정·보완할 것을 약속드린다. 이 부족한 한 권의 책이 정부규제와 규제행정을 이해하는 데 많은 도움을 줄 수 있기를 기대한다.

끝으로 지금은 취업을 해 내 연구실에서 볼 수는 없지만 자료수집과 정리를 도와 준 전현상, 구자선 두 조교에게 고마운 마음을 전하고 싶다. 그리고 지금 연구실에서 이 책이 나오기까지 전 과정에 걸쳐 세심한 배려와 노력으로 도움을 준 김선미 조교에게도 감사한다. 그 외에 내 책을 찾는 사람이 있는데 책이 없어 제공하지 못한다는 말로 내게 본격적인 작업을 하도록 고무시킨 정재훈 과장에게도 사의를 표한다. 그동안 오랜 기간을 참고 기다렸다가 선뜻 이 책을 출판해 준 대영문화사의 임춘환 사장님을 비롯한 그 가족 모두에게 감사하고 싶다.

2010년 1월 20일

김 용 우

# 차 례

# 제 1 장 서 론

전 세계가 금융위기의 결과에 대해 불안한 전망을 하고 있는 가운데 일각에서는 금융시장의 안정을 위한 규제강화의 필요성을 제기하고 있다. 각종 금융상품이 거래되는 금융시장에서 수요와 공급의 불합리한 현상은 곧바로 금융위기로 이어졌으며, 이러한 상황을 초래한 원인이 금융시장의 규제가 너무 느슨하였기 때문이라는 것이다. 그동안 시행해 온 과도한 규제는, 세계화의 걸림돌로 작용하였으며 경제 활성화에 장애가 되었고, 자율적·창조적 시장 경제활동을 방해한다는 측면에서 부정적으로 인식되어 왔다. 이에 따라 경제의 각 부문에서 규제완화가 적극적으로 추진되어 왔고, 이러한 추세와 더불어 이루어진 금융시장에 대한 규제완화에서 비롯된 도덕적 해이가 결국 오늘날의 세계적인 금융위기를 초래한 원인 중의 하나로 지적되었다. 그리고 이와 같은 금융위기를 극복하기 위한 치유책의 하나로 다시 금융시장에 대한 규제를 강화해야 할 필요성이 제기되었다.

규제는 시장에서 거래하는 가계, 기업 등 경제주체의 자유로운 의사결정을 제한하기 위해 정부가 채택할 수 있는 수단이라는 점을 인식할 때, 민간 경제주체가 추구해야 할 경제활동의 방향이 정부에 의해 상당히 영향을 받고 있다는 사실을 알 수 있다. 과거의 규제는 국민경제의 효율적 운용이란 측면에서 민간 경제주체보다 정부가 경제운용 능력을 더 많이 가지고 있다는 전통적인 사고에서 기인하였다. 그러나 이제 한국의 경제도 상당히 선진화되었고 시장의 경제운용 능력이 오히려 정부를 능가하게 되어 정부의 민간 경제주체에 대한 규제가 경제적 효율성을 저해하는 것으로 지적받고 있다. 그렇기 때문에 세계화를 도모하고 경제 활성화, 국제경쟁력의 강화, 창조적 경제활동 등을 위해서는 국민경제의 보다 많은 부분을 민간 경제주체의 자유로운 의사결정에 따라 운용하도록 규제완화를 지속적으로 추진해야 한다는 논리가 확산되어 왔다. 그러나 금융위기의 여파로 인해 이러한 추세에 제동이 걸렸으며, 이는 민간의 자유로운 의사결정에 기반을 둔 경제운용만으로는 앞으로 당면할 수 있는 경제위기를 극복하기 어렵다는 사실을 일깨우기에 충분하였다.

한국의 경우에도 시장이 발전하고 경제 규모가 증대함에 따라 국민경제에서 차지하고 있는 민간의 경제적 능력과 역할이 증대해 옴으로써 이제는 민간부문을 구성하고 있는 경제주체들의 의사를 무시하는 경제운용은 사실상 불가능한 상황에 이르게 되었다. 그러나 금융위기는 민간의 지나친 사적 이익의 추구가 자칫 국민경제 전체를 위험의 나락으로 빠뜨릴 수 있다는 사실에 경종을 울렸다고 할 수 있다. 지금도 우리는 일상생활이나 경제활동 과정에서 규제를 접하게 되는 기회가 상당히 많다. 다만 이러한 사실을 확인하지 않고 지내고 있을 뿐이며 규제에 대한 정의를 염두에 두고 정부가 수행하고 있는 행위를 살펴보면, 민간 경제활동에 대한 정부의 규제는 다양한 분야에서 광범위하게 이루어지고 있다는 사실을 쉽게 깨달을 수 있을 것이다.

한국과 같이 혼합경제의 성격이 강한 국가에서는 규제를 마치 정부가 본연의 임무를 수행하기 위해 당연히 취하는 정부행위 중의 하나로 인식하는 경향이 짙다. 그러나 '사유재산의 보장'과 '계약의 자유'라는 두 가지 원칙을 근간으로 운영하고 있는 자본주의 시장경제에서 정부가 민간경제에 개입하는 것은 원칙적으로 배제하고 있다. 이러한 체제에서 정부는 단지 국민생활의 보호자적 입장에서 국방·치안·소방 등 국가 존립을 위해 극히 제한적인 활동만을 수행해야 하고 그 외의 경제활동은 시장의 자동조절 기능에 맡겨 수행할 수 있도록 그 여건을 마련해야 한다. 특히 사유재산제는 국가와 민간부문의 역할을 구별하는 데 도움을 주는 요소(Mckenzie, 1978: 79)로서, 개인의 사유재산 소유를 인정하고 적극적으로 자유로운 시장거래를 유도하는 것을 통해 자원 배분의 효율성을 제고하기 위한 것이다.

이러한 사회에서는 개인의 물질적 후생에 가치를 두고 있기 때문에 개인이 한 사회의 물질적 자원 중 얼마의 몫을 소유하고 있느냐에 따라 개인생활의 경제적 풍요가 결정된다. 그리고 개인은 재산으로부터 증식되는 소득으로 시장에서 개인적 효용가치를 극대화할 수 있는 것에 소비를 하고, 때에 따라서는 재산을 근거로 생산활동에 필요한 투자를 통하여 생산한 재화와 서비스를 시장에 판매함으로써 이윤을 극대화하기 위해 노력한다. 이러한 경제·사회 제도는 일반적으로 경쟁적 민간기업제도(Reynolds, 1969: 3)라고 표현되기도 하는데, 이러한 제도에서 경제는 민간재산과 민간기업의 분권적 계열[1])을 중심으로 조직되고 운영된다. 특히 경쟁시장에서는 사회적으로 바람직한 종류의 재화와 서비스의 생산이 결정되고 효율적인 생산방법이 채택됨으로써 실질적 산출물 생산의 극대화에 도달할 수 있으며, 이 때 결정되는 소득분배가 공익에 합당한 것으로 간주되고 있다.

그러나 20세기에 진입하면서 신기술이 급속히 발달하고, 개인주의 성향이 약화하면서 상대적으로 집합주의 현상이 강화하기 시작하였다. 더욱이 경제발전에 대한 개념의 변화, 사회발전 개념의 대두, 새로운 사회적 요구의 출현 등 정치 · 경제 · 사회적인 면에서 많은 변화를 겪게 되었다. 이에 따라 정부는 새로운 변화에 대응하고 통제하기 위하여 헌법에 보장된 과세권의 행사를 통해 재정수입을 보다 많이 확보하여 지출하는 한편, 민간의 일상적 · 생산적 · 금융적 경제활동을 통제할 수 있는 권한을 법으로 보장받게 함으로써 민간경제에 대한 개입을 실질적으로 확대 · 추진하게 되었다. 정부는 이러한 물질적 능력과 권력의 행사를 통해 국민들에게 소득과 편익의 제공, 보조금의 수여, 공공자원의 이용, 공공서비스의 제공(Reich, 1979: 36- 38), 금융지원, 세제지원 등과 같은 혜택을 주는 한편, 개인 · 기업 · 산업의 경제적 활동을 직접적으로 규제함으로써 적극적으로 민간경제에 개입해 왔다.

민간경제에 대한 정부개입의 목적은 공공재의 공급 및 공유자원의 관리와 관련한 자원의 효율적 배분, 소득의 공평한 분배 및 경제의 안정화를 추구하는 것이다. 그리고 이들 목적을 추구하기 위하여 사용할 수 있는 수단은 크게 규제 그리고 세입 · 세출을 통한 재정운용으로 대별할 수 있다.[2] 규제는 공권력을 전제로 하는 명령 · 강제의 작용을 중심으로 민간 경제주체의 경제적 활동에 직접적으로 개입하거나 공익이라는 명분하에 이루어지는 보조금의 지급, 세제지원, 금융지원, 행정지도 등 비권력적 개입을 통해 수행하는 행정작용이라고 할 수 있다. 한편, 재정운용은 효율적 자원의 배분, 공평한 소득의 분배, 경제의 안정화 등의 목적을 달성하기 위해 정부가 필요로 하는 재정수입과 재정지출을 통하여 민간부문의 경제활동에 개입하는 것이다. 그러나 이들 두 가지 정책을 통해 민간경제에 어느 정도 개입하여야 할 것인지 하는

---

1) 분권적 계열이란 국가가 생산요소나 재산을 독점하여 운영하는 것이 아니라 민간부문으로 하여금 이들을 소유 · 관리하도록 함으로써 민간기업이 시장에서 나타나는 소비자 선호에 부응하는 생산물을 생산 · 공급하도록 하는 것을 의미한다.

2) 이러한 양분화는 행정작용을 비규제적인 사회편익 분야와 규제적인 경제적 분야로 분류한 폴 버퀼의 이론이나, 헨리 프렌들리가 '대중정의(mass justice)와 경제규제'로 분류한 데서 찾아볼 수 있다. Paul R. Verkuil, "The Emerging Concept of Administrative Procedure," 78 *Columbia Law Review* (1978), pp. 258-283; Henry J. Friendly, "Some Kind of Hearing," 123 *University of Pennsylvania Law Review* (1975), pp. 1267-1316.

문제에서 그 적정수준을 결정하는 것은 쉬운 일이 아니다. 재정운용을 위한 자원의 배분적 측면에서는 그나마 기준으로 삼을 수 있는 '사회혜택 극대화의 원칙'[3]이라는 경제이론이 있다. 그러나 규제를 통한 정부의 개입은 개별 사안에 따라 이 원칙을 근거로 하여 그 채택 여부를 결정할 수 있을 뿐, 국가 전체적 측면에서 규제의 범위 및 정도를 어느 수준에서 결정할 것인지 하는 문제에 적용할 만한 기준은 아직 개발되어 있지 못한 상태에 있다.

규제는 정부예산의 규모에 대한 결정처럼 준거해야 할 객관적 기준이 모호하므로 정치・경제・사회적 필요에 따라 유동적으로 시행될 수밖에 없고, 이에 따라 정부의 '권력개입의 축적현상'(Friedman, 1962)이 발생하여 정부개입이 일방적으로 확대되어 왔다. 따라서 정부의 행정작용의 대부분은 제재, 요금 설정, 면허와 인・허가 및 이와 유사한 기타 규제적 결정, 환경과 안전에 관한 규제, 편익・대부・지원금과 보조금의 수여, 조사・검열・감사와 승인, 기획과 정책결정(Barry & Whitcomb, 1987), 행정지도 등과 같은 유형들을 통해 수행해 왔다. 이들 대부분은 정부가 재정운용을 통해 개입하는 것이 아니라 권력적・비권력적 수단을 통하여 개입하는 것이기 때문에 자본주의 경제사회의 기본이라 할 수 있는 경제활동의 자유를 제한하거나 박탈함으로써 국민경제에 커다란 영향을 미칠 수 있다. 그리고 이는 경제주체의 자유로운 선택을 제한하고 경제적 부(富)의 분배를 인위적으로 변경하는 등의 의도하지 않은 효과를 초래할 수 있기 때문에 규제기관의 임의적 규정이나 판단에 의존하여 시행해서는 안 된다. 따라서 이들은 '기본법에 의한 행정의 원리'를 기본으로 하여 언제나 성문법(成文法)에 근거하여 성문법이 표방하고 있는 원칙과 이에 명시되어 있는 요건에 따라 시행되어야 한다.

한국의 성문법은 헌법을 비롯하여 수많은 법률이나 명령 등 법령의 형태로 구성되어 있고, 특히 법령의 제정・개정・폐지를 통해 기업이나 개인의 경제・사회적 행태를 규율하고 있으므로 규제의 대상 및 범위는 다양하고 방대할 뿐만 아니라 시대에 따라 변한다. 이처럼 정부가 다양한 분야에서 광범위하게 개인이나 기업의 경제적 활

3) 사회혜택 극대화(maximum social gains)의 원칙이란 정부가 수행하는 활동을 통하여 사회에 주는 혜택을 극대화시키기 위해서는 적어도 활동 수행을 통해 발생하는 사회편익이 사회비용을 초과하는 공공사업을 선택해야 하고 이를 수행하는 데 필요한 완전한 대안들을 발굴하여 그 중에서 사회비용에 대한 사회편익의 초과를 극대화시킬 수 있는 대안들을 선택해야 한다는 것이다. 이에 대한 구체적 설명은 Robert H. Haveman, *The Economics of the Public Sector*, 2nd ed.(New York: John Willey & Sons, 1976), pp. 49-62 참고.

동에 개입하여 민간 경제주체의 경제적 활동을 제약하게 된 것은 급속한 근대화, 산업화, 도시화, 경제·사회발전 등 역사적 틀 속에서 대두되는 현실적 필요에 대응하려고 한 것에 주된 원인이 있다. 또한 정책입안자들이 공식적 절차를 통하기보다 비계획적 대응에 의존하거나 행정 관료들이 민간경제에 대해 보다 큰 영향력을 행사할 수 있는 발판을 마련하려는 의도에도 그 원인이 있다고 할 수 있다.

그러나 규제가 개인 또는 기업 그리고 각종 집단의 행태를 제한한다고 해서 반드시 바람직하지 않은 것은 아니다. 이제까지의 대부분의 국민들은 정부가 국민의 이익을 저해하는 각종 기업행위나 생산활동, 집단 간의 갈등 및 마찰 또는 이와 유사한 행동의 야기를 예방할 수 있는 법규를 제정함으로써 개인, 기업, 집단, 조직의 행위를 제한하거나 이들 각각의 이해관계를 조정하는 것을 너무나도 당연하게 생각하여 왔다. 다만 불필요한 규제가 기업활동을 지나치게 제한함으로써 오히려 기업활동과 시장기능의 활성화를 위축하는 것이 문제로 지적되고 있다. 따라서 불필요한 규제를 지양함으로써 자유와 창의에 바탕을 둔 개인이나 기업활동을 보장할 수 있는 조치를 취해야 한다는 의견이 확산되어 왔다.

사실 기업의 경제활동을 제약하는 규제의 대부분이 경제성장을 목적으로 제정된 경제 법령에 근거를 두어왔기 때문에 오늘날과 같이 경제안정과 사회정의, 경제민주화, 경제력의 집중 완화 등의 다양한 목적을 추구해야 할 현실적 상황에는 적합하지 않다고 할 수 있다. 특히 산업육성을 목표로 추진해 온 보호·육성을 통한 조성행정은 민간 경제활동에 대한 정부개입을 대폭 증대시켜 왔다. 그 결과 경제 규모의 증대와 국민들의 경제적 번영은 어느 정도 달성되었지만 산업 간, 기업 간, 개인 간 및 이익 집단 간의 이해관계 변화와 이로 인한 부(富)의 집중화·양극화 현상의 심화라는 문제가 초래되기도 하였다. 더욱이 민간부문이 국민경제에서 차지하는 비중이나 영향력이 증대함에 따라 민간부문의 자유로운 의사결정에 따른 경제활동을 보장해야 할 사회적·경제적 필요성이 야기되어 법적으로도 이에 대한 조정을 꾸준히 해왔다. 또한 민간부문의 자율적 기업경영과 이에 대한 보장을 위하여 헌법의 내용을 수정해야 한다는 사회적 요청도 높아지고 있다. 즉 현실적 경제여건 및 정책집행에 적합하고 산업구조의 변화에 적절히 대응할 수 있는 경제정책의 당위성을 명시하는 조항을 헌법에 규정해야 할 필요성이 부각되었다. 대기업을 중심으로 경제계와 정치계의 관계가 어느 정도 평등해짐으로써 경제계가 정부정책에 정면으로 비판·도전하는 사태가 발생할 수 있기 때문이다.

과거의 정책결정 과정을 보면, 민간부문에 비하여 상대적으로 우월한 입장에 있었던 권위주의적 정권 하에서는 정부가 일방적으로 정책을 결정 · 집행할 수 있었을 뿐만 아니라 정책과정에 문제가 있더라도 대부분의 경우 의도적으로 무시했던 경우가 많았다. 그러나 정치발전의 결과 이제는 국민들이 적극적으로 정치과정에 참여하는 기회가 확대되었고 정부가 일방적으로 정책을 결정 · 집행할 수 없게 되었다. 따라서 사회적으로 문제가 발생할 경우 이를 여론화하여 해결방안을 마련하거나 법체계를 수정하기도 하며 사법부의 판결을 통해 그 해결을 모색하기도 한다. 이는 정부가 산업 및 사회 정책적 차원에서 일방적으로 경제에 대한 규제 및 제재 조치를 취할 수 있었던 과거와는 달리, 정책수행의 당위성을 명시하는 조항을 법령에 규정하여 이에 따라 운영해야 할 사회적 필요성이 나타났다는 것을 의미한다. 이에 따라 정부는 시장지배 및 경쟁제한 행위를 방지하고 경제력의 집중을 완화할 수 있는 분야에 한하여 규제를 시행하며, 그 외 민간의 경제적 활동은 가능한 한 시장의 자동조절 기능에 맡겨 운영하고 있다. 이는 사회발전과 산업화의 진전에 따른 민간 경제활동에 대한 규제의 한계를 노출한 것이며 그동안 정부가 시행해 온 규제가 기업의 혁신노력의 부족이나 투자의욕의 저하, 사업수행의 비효율성 등의 부정적 결과를 초래했다는 사실을 입증하는 것이다.

따라서 규제의 한계가 현실적인 문제로 부각된 만큼, 규제를 전면 재검토하여 불필요하거나 비효율적인 규제를 정비하고 필요한 부분에만 최소화하려는 노력을 통하여 규제행정의 효율성을 증진시켜야 한다. 불필요하게 민간부문의 활동을 제약하는 요인을 제거하는 규제개혁이 이루어져야 하며 아무리 필요에 따라 규제를 한다고 하더라도 일정한 기간이 지난 뒤 그 존속성과 적절성 및 완전성 여부를 재검토하는 것은 반드시 필요하다. 따라서 법령이 제정 · 개정 · 폐지될 때에는 의도한 목표와 시행 후에 예상되는 결과를 비교 · 검토하는 '규제영향력 분석'을 의무화할 수 있도록 법적 절차를 마련하는 것이 바람직하다. 즉 기존 또는 신규로 제정될 법령이 초래할 사회적 편익 및 비용을 고려하여 사회적 순편익을 극대화하는 데 기여할 수 있는 비용-효과성과 비용-편익 분석을 통해 규제를 심사 · 평가할 수 있는 제도적 개선책을 강구하려는 노력이 필요하다. 아울러 현실적 여건을 감안하여 규제를 신축적이고 기동성 있게 운영함으로써 규제행정의 효과성과 규제의 실질적 집행의 효율성을 증대할 수 있도록 해야 할 것이다.

# 제 2 장 규제의 기본 개념과 발전배경

규제가 개인의 일상생활이나 기업 또는 산업의 생산적 · 경제적 활동에 직 · 간접적으로 개입함으로써 이들의 활동에 폭넓은 영향을 미치고 있다는 것은 잘 알려진 사실이다. 정부가 민간 경제활동에 개입하기 시작하면서부터 이용해 왔던 규제는 비교적 그 역사가 짧은 20세기의 현상이라고 할 수 있다. 18세기와 19세기 자본주의 경제체제에서는 경제활동을 시장의 자동조절기능에 맡겨두면 사회의 인적 · 물적 자원이 소위 '보이지 않는 손'의 작용으로 적재적소에 효율적으로 배분되어 한 사회의 경제적 후생을 극대화할 수 있다고 보았다. 따라서 국가의 개입은 시장의 거래질서를 보호 · 유지함으로써 개인 간에 자유롭고 공정한 경쟁을 이루는 데 그쳐야 한다고 강조했다(박윤흔 · 정형근, 2009: 607).

그러나 국가의 시장에 대한 개입의 배제는 시장에서 실제로 발생하는 상황의 변화로 지속할 수 없게 되어, 19세기 후반부터는 시장에 대한 정부의 개입이 상당히 인정되어 왔다. 20세기에 접어들어 신기술의 발달과 분업에 의한 대량생산이 가능해지고, 시장경제 규모가 증대하였으며 인구가 증가하고 도시화가 진전됨에 따라 시장의 자동조절기능만으로는 자본주의 경제사회의 모순을 극복하지 못하게 되었다. 자본가와 노동자, 유산계급과 무산계급 간의 심각한 대립으로 사회가 불안해졌으며 경제적으로는 공황, 실업, 독점 등이 초래되었다. 정부는 이로 인한 폐해를 개선하기 위해 자유방임 경제에서 탈피하여 적극적으로 국민 경제활동에 개입하게 되었다. 결국 자본주의 경제질서의 자동조절 기능이 점차로 약화되거나 상실됨으로써 '보이지 않는 손'의 작용이 더 이상 자본주의 경제의 모순 및 위기를 감당하지 못하게 된 것이다. 이에 따라 정부는 자본주의 경제질서 그 자체를 유지 · 발전시키기 위해 규제라는 '보이는 손'으로 경제활동에 적극적으로 개입하게 되었다.

일반적으로 정부가 경제에 개입하게 된 발전단계는 네 가지로 제시할 수 있다. 첫째, 시장의 결함으로 인한 자동조절 기능의 보완단계 둘째, 제1차와 제2차 세계대전으로 인한 경제위기로부터 탈출하기 위한 경제통제의 행정단계 셋째, 국민경제 전체를 일정한 방향으로 지향하기 위한 적극적인 유도·형성단계 넷째, 경제적 후진성을 탈피하여 빠른 시일 내에 자본주의 경제체제의 확립을 위하여 산업을 보호·육성하는 조성행정 단계 등으로 구분할 수 있다(김도창, 1985: 380). 민간경제에 대한 정부개입의 한 형태로 이루어지는 규제는 시장경제와 산업혁명을 실제로 경험했던 서구 및 미국과 같은 선진국에서는 시장의 보완 조치로써 이용할 수 있는 제도로 발전해 왔다. 그러나 오늘날 규제는 개발도상국에서 오히려 그 중요성이 인정되어 경제발전을 추진하고 더 나아가 국가발전이라는 목적을 추진하기 위한 중요한 도구로써 활용되고 있다.

선진국과 같은 진정한 의미의 시장경제를 체험하지 못한 대부분의 개발도상국은 경제적 후진성을 탈피하고 경제적 번영 및 부(富)를 축적하기 위하여 처음부터 각종 산업육성법을 제정하여 제4단계인 조성행정을 추진해 왔다. 그러나 이와 같은 산업육성을 중심으로 한 정부의 경제에 대한 개입은 시장경제의 확립을 지향하는 개발도상국 특유의 과도기적 현상으로서 이미 시장경제 질서가 확립된 선진국에서 이루어지고 있는 서구적인 정부 개입의 내용과는 본질적으로 차이가 있다(박윤흔·정형근, 2009: 608).

여하튼 오늘날은 선진국과 개발도상국을 불문하고 정부의 민간경제에 대한 개입이 확대되어 대부분의 국가들은 민간부문과 공공부문이 함께 공존하는 혼합경제를 취하고 있으며, 헌법도 시장경제를 근간으로 하여 정부의 개입을 인정하고 있다. 즉 규제는 정부가 시장에 개입할 수 있는 수단 중의 하나가 된 것이다.

## 제1절 | 규제의 기본개념

규제는 정부의 목적을 달성하기 위해 선택할 수 있는 하나의 수단으로서 큰 역할을 수행해 왔음에도 불구하고 한국에서는 일반 행정기관의 일상화된 행정업무 중의

한 형태로 운영되어 왔다. 이러한 이유로 규제는 행정작용의 독자적인 영역으로서 주목을 끌지 못하였고 이에 대한 연구도 등한시되어 왔다. 그러나 미국과 같은 국가에서는 규제를 정부의 '수뇌(首腦) 없는 제4부'라고 정의하기도 하는 '독립적 규제위원회'를 중심으로 수행함으로써, 독립된 정부기능으로 그 중요성이 부각되어 심도 있는 연구가 진행되었다.

한국의 경우, 행정학의 독자적인 영역으로서 규제에 관한 연구가 적극적으로 이루어지지 못한 원인은 무엇보다 대륙법 계통의 법체계를 확립해 왔다는 점에서 찾을 수 있다. 이러한 법체계에서는 규제를 입법(legislation), 통치(governance) 및 사회통제(social control)라는 전체적 구도와 동일시하는 경향이 있다. 즉 법이 만들어지면 당연히 법에 따라 통치가 이루어지고 결국 사회통제가 가능해진다는 것이다. 이에 따라 규제를 넓은 의미로 해석할 수밖에 없으며 이처럼 규제를 넓은 의미로 해석할 경우에 법학·경제학·정치학·사회학 등 다른 학문 분야에서 개발한 이론에도 같은 비중을 두어 규제에 관해 연구하는 것이 불가피해진다. 따라서 규제를 특수한 형태의 정책결정 과정으로서 이해하는 것이 어려울 뿐만 아니라 규제에 관한 이론을 개발하는 노력에도 방해 요인으로 작용한다(Majone, 1990).

미국에서의 규제는 공공정책과 행정체제의 틀 속에서 구체적인 의미로 정의되어 사용된다. 즉 규제란 사회에 바람직한 것으로 간주할 수 있는 활동에 대하여 공공기관이 지속적이고 집중적으로 행사할 수 있는 통제의 의미로 받아들여 왔다(Selznick, 1985: 363-364). 이와 같은 미국적 유형의 규제는 다음과 같은 두 가지의 특성을 가진다.

첫째, 규제를 사회적으로 바람직한 활동에 국한하여 실시하는 정부행위로 규정함으로써 형사범죄에 대한 정부의 적발 및 처벌은 규제에서 제외하고 있다. 이는 범죄행위에 대한 제재를 위하여 규제가 이루어지는 것이 아니라 시장활동 자체에 대한 정부통제가 사회적으로 가치 있는 것으로 인정될 때에 한해 규제를 인정하고 있다는 것이다. 즉 시장활동의 보호나 통제가 필요하다고 합의된 사회에서만 시장경제가 바람직한 방향을 지향하도록 하기 위해 규제를 해야 한다는 것이다.

둘째, 규제기관이 운영하는 규제란 단순히 법이 통과되면 규제가 시행되는 것이 아니라 규제된 활동에 대하여 세부적인 지식을 갖춘 규제기관이 지속적으로 개입하고 집중적인 관리를 할 때 비로소 그 목적을 달성할 수 있다는 것이다. 이는 규제기관이 산업활동을 규제하려고 할 때에는 산업 운영과 관련된 전문적인 지식을 발휘하여 불규칙한 산업조건의 변화에도 신속하게 대응할 수 있는 능력을 갖추고 있어야 한다는 것을 뜻한다. 뿐만 아니라 비상사태에 효과적으로 대처할 수 있는 수단을 강구하고 실제적으로 집행할 수 있는 지식과 능력을 함양하여 정책적 결과를 실현할 수 있는 권한이 있어야 함을 의미하기도 한다(Landis, 1966: 25-26). 따라서 규제정책 과정에서 일반적인 지식을 갖춘 행정 관료가 필요한 것이 아니라 사실의 규명과 확인, 규칙 제정 및 집행을 할 수 있는 전문기관이나 전문가가 필요하다는 것이다.

미국에서 정립된 규제에 관한 이론적 전통에 의하면, 시장이란 정상적인 상황에서는 잘 운영되고 있기 때문에 독과점, 외부효과, 불완전 정보 등으로 인한 시장실패가 구체적으로 초래되는 경우에 한해서만 정부가 규제를 통해 시장에 개입해야 한다는 견해가 주류를 형성해 왔다. 이와는 대조적으로 유럽에서는 시장이 효율적으로 작용할 수 있게 함으로써 자원배분의 효율성을 개선하는 동시에 국가경제 전체를 안정적으로 운영하기 위해 정부가 규제를 통해 경제에 개입해야 한다는 사고가 나타나기 시작한 것은 제2차 세계대전 이후의 일이었다. 특히 제2차 세계대전 동안에는 전쟁이 초래한 인플레이션 등 경제위기를 극복하기 위한 수단으로써 시장이란 장치가 적합하지 않다는 부정적 견해가 시장경제를 개방적으로 수용하기 어렵게 만든 반면에 경제위기를 관리하기 위해서 국가의 통제가 필요하다는 정치여론이 사회에 지배적이었다. 이에 따라 시장실패가 인지된 경우에라도 시장에서 그 원인을 찾아 해결책을 모색하기보다 국유화, 산업구조의 재조정, 경제계획 및 이와 유사한 형태를 통하여 경제에 개입하는 공적 운영방식을 채택하게 했다.

한국도 유럽과 마찬가지로 기업의 민간소유에 의한 공공규제 방식[1]이 아니라 공공소유와 계획에 의한 공공규제 방식[2]에 보다 많이 의존해 왔다. 더욱이 가격통제, 기준 설정이나 면허제도와 같은 규제가 시행될 경우에는 전문화된 단일 목적적 기관에 의존하기보다는 전통적인 행정부서나 행정위원회에 의존하여 규제를 수행하여 왔다. 따라서 미국처럼 특정 산업 분야별로 독립적 규제기관이 설치되지 않았고, 주로 행정부서의 해당 부속기관에 의하여 규제행정 업무가 수행되어 왔다. 그 결과 규제업무 운영에서 행정부서 간에 갈등과 혼란이 야기되었으며, 규제의 결정과정에서 국민들의 다양한 의사를 반영하는 공적 절차보다는 비공적인 절차가 통용되는 경우가 많

---

1) 민간소유에 의한 공공규제 방식은 자연독점산업에 민간기업이 참여하여 독점 영업권을 소유하여 운영하도록 하지만 규제기관이 자연독점으로부터 발생되는 왜곡된 가격, 생산량, 품질 등을 규제하는 것이다.

2) 공공소유에 의한 공공규제 방식은 정부가 전기, 상수도, 가스 등 자연독점 산업에 민간기업이 참여하는 것을 제한하는 대신 직접 공기업을 설립하여 국민들이 지불할 수 있는 가격에, 원하는 양만큼, 질 좋은 서비스를 제공함으로써 민간기업이 자연독점산업에 참여함으로써 발생시킬 수 있는 독점적 폐해를 방지하기 위한 것이다.

왔다. 따라서 규제업무 시행 시에도 법규에 따른 규제보다 규제 공무원의 자의성 및 재량권이 작용할 수 있는 여지를 많이 남기게 되었다. 이는 대륙법 계통의 법체계를 확립하고 있는 국가에서 흔히 나타나는 현상으로서 규제를 위한 정책결정 및 집행과정이 쉽게 공개되지 않아 정책과정의 가시성이 낮을 수밖에 없다. 이에 따라 국민들에게 규제에 대하여 인지할 수 있는 기회를 제공하지 못하게 되어 그 관심에서 멀어지게 한 원인으로 작용하였다. 그 결과 규제에 대한 학문적 관심 또한 적을 수밖에 없게 된 것이다.

아무튼 규제의 공통된 특징 중의 하나는, 미국 등 선진국에서는 시장의 원칙을 가능한 한 고수하면서 시장실패를 시정하고 보완하기 위한 조치로 규제가 채택·운영됨으로써 경제·사회적 활동 분야에서 제한적으로 이용되고 있다는 점이다. 이런 맥락에서 본다면 규제를 협의의 개념으로 정의할 수도 있지만 복지국가를 지향하거나 개발도상국가의 경우에는 보다 광의의 개념으로 정의하기도 한다. 왜냐하면 규제를 사회정의의 실현과 경제력 집중의 억제 등 경제·사회적 발전을 추진하기 위한 정부정책 수단으로 사용해 온 결과 경제의 각 부문에 있어서 규제의 영향이 미치지 않은 곳이 거의 없기 때문이다. 이것은 규제의 정의가 어떻게 내려지느냐에 따라 규제의 범위와 추구하는 목적 및 수단에 차이가 나타난다는 것을 의미한다. 따라서 규제는 한 사회의 경제발전 단계, 정치체제, 사회 분야 등에서 전개되는 현실적 상황을 파악하여 이를 근거로 정의할 수밖에 없으며, 무엇보다 규제에 대한 정의를 정확하게 내리는 노력이 선행해야 규제를 통해 추구하는 목적을 제대로 달성할 수 있을 것이다.

## 1 규제의 정의

여기에서는 규제에 관한 일반적 정의를 소개하고 다시 규제의 정의를 협의의 규제와 광의의 규제로 구분하여 그 성격을 규명한 후, 이를 바탕으로 규제에 대한 정의를 내리려고 한다. 미트닉(Mitnick, 1980: 3)은 "규제란 한 주체의 활동에 직접적으로 개입하지 않거나 직접 당사자가 아닌 다른 개체가 한 주체의 활동의 선택을 의도적으로 제한하기 위한 것"이라고 규정하고 있다. 그리고 뷸러(Buhler, 1979: 46)는 "정부의 목적을 달성하기 위한 하나의 수단으로써 정부가 정부 밖에 속하는 개인 또는 기업이 택할 수 있는 행동방향을 지시하거나 이에 근본적인 영향을 미치기 위한 정부행위"라고 규정한다. 이들 정의에는 민간부문과 공공부문에 관한 구체적인 언급은 없지만 이들 두 부문을 제도적으로 구분하여 공공부문의 중추적 역할을 수행하는 정부가 민간부문의 결정주체에 부과하고 있는 통제를 강조하고 있다.

규제의 정당성을 위하여 법적 근거의 요소를 추가한 정의로서 미트닉(Mitnick, 1980: 7)은 "규제란 공익에 부합하도록 설정된 법과 규칙에 따라 개인의 경제적 활동을 조정하는 공공행정 경찰작용(public administrative policing)"이라고 규정한다. 또한 퀀스(Quence, 1984: 2)는 "규제란 정부가 법령을 부과함으로써 민간부문의 개인이나 조직이 행사할 수 있는 재량권을 제한하기 위한 행정작용"이라고 규정하고 있다. 미국 규제개혁위원회(DCRGRR, 1977: 4)는 "정부가 하는 모든 일은 법과 규칙이 요구되므로 정부가 설정한 표준과 주요 경제적 책임을 수행하기 위해 개인이나 조직에게 부과하는 법과 규칙"이라고 규제를 설명하고 있다.

이처럼 다양한 방법에 의해 규제를 정의해 온 것으로 미루어 보아, 규제를 일률적으로 정의하는 것은 쉬운 일이 아니다. 그러나 위의 정의의 성격에 따라 전자의 부류에 속하는 것들은 '제도적 정의'로, 그리고 후자의 부류에 속하는 것들은 '법규에 의한 규제'의 정의로 구분해 볼 수 있다. 그러나 이들 정의를 보면, 규제의 기본적 성격을 파악하는 데에 도움을 주기는 하지만 규제를 시행하는 과정에서 구체적으로 적용할 수 있는 정의로는 적합하지 않을 수 있다. 왜냐하면 이들 정의는 규제를 실제적으로 시행하는 과정에서 채택할 수 있는 규제수단에 대한 포괄적인 내용을 제시하지 않고 있기 때문이다.

이러한 취약점을 보완하기 위해 규제수단을 중심으로 광의의 규제와 협의의 규제로 정의할 수 있다.

### 1) 광의의 규제

오늘날과 같이 정부가 규제를 통해 광범위하게 민간경제에 개입하고 있는 현실을 이해하기 위해서는 규제의 적극적 측면과 소극적 측면 모두를 포함하는 광의의 개념 정의가 필요하다. 규제의 적극적 측면은 기업의 설립을 돕고 경제발전에 기여하거나 인권의 확립 등 사회적으로 바람직한 결과가 초래되도록 하기 위하여 개인·조직의 특정 활동이나 행위를 촉진하고 육성·보호하는 정부행위로 구성된다. 예를 들면 특정 산업의 지원과 육성, 경제 발전에 필요한 사회간접자본의 제공, 근로계층, 여성과 미성년자 등의 권익 보호는 여기에 해당한다. 규제의 소극적 측면은 사회적으로 바람직하지 않은 특정 활동을 개인이나 조직이 수행하지 못하도록 금지하거나 특정 활동으로 발생할 수 있는 해로운 효과를 예방 또는 제거하기 위한 정부행위로 구성된다.

의료 목적 외에 생산·판매·사용되는 마약의 유통을 금지하거나 특정 산업으로 인해 발생하는 공해나 수질오염을 예방·방지하기 위하여 시행하는 규제 등이 이에 해당한다(United Nations, 1976: 154).

앤더슨(James Anderson)은 규제의 적극적 측면과 소극적 측면을 모두 포괄할 수 있는 것을 광의의 규제로 정의한다(Anderson, 1978: 62-63). 이를 위하여 규제와 육성을 구별하여 규제와 육성 모두를 포함하는 규제를 광의의 개념으로 정의하고 있다. 그는 '육성'을 민간 경제활동의 원활한 수행을 위하여 정부가 지원·조장·보호하는 행위라고 정의하면서, 이러한 예로 산업 및 기업에 대한 재정적 지원 및 보조, 행정서비스의 제공, 사유재산의 보호, 계약의 이행 등을 들고 있다. 육성적 행위는 정부가 기업에게 사회적으로 바람직한 행위에 참여할 것을 요구할 경우, 기업은 그러한 행위를 하게 되어 얻을 수 있는 혜택과 행위를 하지 않음으로써 초래할 수 있는 비용을 비교해 그 결과를 가지고 참여 여부를 결정하는 것이다. 바로 이러한 점 때문에 정부는 기업의 의사결정에 영향을 미칠 수 있고 기업의 선택을 제약할 수 있는 통제력을 가질 수 있다.

규제는 관찰하는 관점에 따라 육성적·규제적 측면을 동시에 가지고 있는 경우도 있다. 그 예로서 최저임금제는 근로자가 이러한 제도가 없는 경우에 받을 수 있는 것보다 높은 임금을 받을 수 있도록 한다는 점에서 근로자의 관점에서 보면 긍정적인 보상이 되어 육성적이라고 할 수 있다. 반면 최저임금 수준 이하로 고용하거나 고용하는 행위를 금지시킴으로써 이를 위반할 때는 그에 상응하는 벌칙이 부과된다는 점에서 고용자와 사용자의 관점에서 볼 때 규제적 측면이 나타난다. 따라서 규제적 측면과 육성적 측면을 동시에 고려해야 하는 경우에 규제와 육성을 구별하는 기준을 설정하는 것은 단순한 일이 아니다.

육성적 규제는 주로 민간 경제활동에 대한 긍정적 보상이라는 유인책을 강구함으로써 수행되며, 여기에 필수적으로 규제 및 통제요소를 동반한다는 점에서 광의의 규제에 포함하고 있다. 예를 들어 직접규제와 관련이 없는 법규의 집행, 조세의 부과, 보조금의 수여 등 정부활동은 민간 결정자가 전반적인 행동방향을 결정하려고 할 때 고려해야 할 비용, 과태료 또는 금전적 피해, 경제적 이권과 결과, 금전적 보상 및 피해 정도에 영향을 미친다. 이러한 이유로 이들이 기능적으로 규제적 요소를 가지고 있는 것으로 보아 광의의 규제에 포함시키고 있다(Needham, 1983: 2).

이들 유인책에 의한 규제(간접규제)는 선택할 수 있는 대안의 상대적 매력을 변경시킴으로써 선택해야 할 행위, 즉 대안들의 성질에 대한 의사결정 주체의 인식을 변화시키기 위한 것이다. 직접규제처럼 외부적으로 지시되거나 제한되는 것이라기보다는 오히려 매력을 끄는 선택적 대안을 제공함으로써 결정주체의 행위를 간접적으로 제한하기 위한 것이다. 대안에 대한 최종적 선택은 규제대상자 내부의 사정을 고려하여 결정함으로써 전적으로 의사결정 주체에게 일임한다. 이러한 부류에 속하는 정부개입은 개입의 내용 또는 대안의 성질을 변경시킴으로써 대안에 관한 활동 수행자의 인식을 변화시켜 결정자가 대안을 상이하게 평가하도록 하기 위한 것이다.

유인책에 의한 간접규제의 순효과는 특정 행위를 수행하는 대신 얻게 되는 긍정적 유인책을 통한 혜택과 요구되는 행위를 수행하지 않음으로써 감수해야 하는 혜택 간의 경제적 이득의 차이라고 할 수 있다. 전자는 특정 행위의 수행에 대한 상대적 보상의 증가를 의미하고, 후자는 보상의 감소나 감소할 것이라는 위협을 의미하는데, 일반적으로 유인책을 통한 규제는 긍정적 유인책을 말한다. 이들 간접규제는 선택의 수를 줄일 목적으로 존재하는 직접규제와는 달리 대안의 경제적 성질이나 의사결정 주체의 인식변화를 초래함으로써 일단의 결정자가 선택할 수 있는 대안의 범위에 영향을 미치기 위한 것이다.

결론적으로 앤더슨은 "규제란 정부가 경제·사회적 목적을 성취하기 위하여 개인과 기업의 경제적 행태를 통제하거나 제한하고 형성 또는 지향하기 위한 행정작용(Anderson, 1978: 61)"이라고 정의를 내리고 있다. 그는 규제의 최종적 목적은 규제대상인 개인과 집단 또는 조직의 행동에 대한 재량권을 제한하기 위한 것으로서 바람직한 행위는 지원·조장·보호하고 바람직하지 못한 행위는 금지 또는 제한하는 것이라고 주장하고 있다. 예를 들어 최저임금제는 규정된 최저임금 수준 이하로 임금이 지불되는 것을 금지시킴으로써 사용자의 재량권을 제한하고 있는데, 이는 또한 최저임금 수준 이하의 임금으로 일하려는 근로자의 재량권을 제한하기도 한다.

### 2) 협의의 규제

협의의 규제인 직접규제는 시장의 작용으로 나타나는 부정적 요인을 시정하기 위한 것으로서 그 발생 요인에 따라 첫째, 시장의 원활한 작용에 장애가 되는 요인을 제거하기 위한 독과점 및 불공정거래의 규제 둘째, 공익을 보호하기 위하여 시장경제가 적절하게 운영될 수 있도록 하기 위한 경제적 규제 셋째, 시장 원리에 의하여 적절하게 취급되지 못하는 이해와 가치를 보호하기 위하여 시행되는 사회적 규제 등 세 가지 종류로 구분할 수 있다. 이처럼 시장작용에 초점을 맞추어 규제가 발생된 요인에 따라 규제의 종류를 분류하면, 민간경제를 육성·촉진하여 경제발전을 추진하기 위해 적극적으로 지원 · 조장하는 정책과 국민경제를 일정한 방향으로 유도 · 지향하기 위하여 수행하는 조성행정 등 규제의 적극적 측면을 배제하게 되는 경우가 있다.

규제를 협의로 정의하기 위하여 톰슨과 존스는 "규제란 시민의 행태에 영향을 미칠 목적으로 정부가 사용할 수 있는 다양한 정책수단 중의 하나"라는 점을 강조하면서(Thompson & Jones, 1982: 9) 가격, 요금, 가격구조, 수익률, 진입과 퇴출, 생산량 등 시장에서 자유로운 의사결정에 따라 결정해야 할 사항에 대해 정부가 개입하는 직접규제와 그 외의 다른 정책수단을 구별하고 있다. 바로 이러한 구별이 협의의 규제와 광의의 규제를 분리하여 정의할 수 있는 근거를 제공하고 있다. 이에 따르면 직접규제를 중심으로 협의의 규제로 정의하고, 협의의 규제를 위시해 다른 정책수단을 포괄하여 광의의 규제로 정의할 수 있다.

협의의 규제는 '경기규칙(rules of game)'과 같은 규정이나 민간기업의 경영에 직접적인 개입을 통하여 수행하는 행정작용을 말한다. 경기규칙들을 설정하는 규제의 예로서 불공정거래규제법, 독과점금지법, 노사관계법, 임금과 근무시간 입법 등을 들 수 있다. 이들은 규칙에 위배하지 않는 범위 내에서 개인이나 기업은 그 자신의 재량권을 행사해 행동할 수 있게 한 것이다.[3] 이에 더해 협의의 규제는 경기규칙의 범위를 넘어 항공, 운수, 석유 등 구체적인 산업에 참여하고 있는 기업의 경영과 관련된 세부적인 결정에 대한 정부의 직접적인 개입까지 포함하고 있다. 이러한 규제는 제품의 가격, 시장 진입, 품질, 수익률, 제품의 효능 및 안전성 등을 대상으로 하거나 기준을 설정해 이에 따라 시행하는 것들이다.

한편 톰슨과 존스가 직접규제와 구분하기 위해 제시한 다른 정책수단을 보면 ① 도덕적 설득, 권유, 회유 또는 협상(대통령 담화문, 국무회의의 결정사항, 특별작업반의 보고서 또는 자문기구의 보고서), 정부행위에 의한 위협 등 ② 고속도로, 항만, 공항 등 사회간접자본과 같은 공공서비스의 제공을 위한 자본지출과 경상지출 등 정부의 직접지출, 지원 · 보조금, 개인과 기업에 대한 이전지출 등 ③ 직접 또는 간접세와 같은 조세, 독점적으로 공급되는 공공서비스의 요금, 국민연금이나 의료보험 등을 위한 공공부담행위(강제적 부담) ④ 경제적 · 사회적 결과를 달성할 목적으로 수행하는

3) 이러한 예로서 노사관계의 분야에서 정부는 다양한 불공정 노사행위를 금지시키고 있지만, 그 외의 것은 특정한 상황에 개입된 당사자들끼리 협상과 타협을 통하여 합의로 해결하게 하거나, 이들 간의 합의로 해결되지 않을 경우에는 노동부 산하의 노동위원회와 같은 제3자의 중재 노력에 그 해결을 맡기고 있다.

면세, 감세 등 조세지출,[4] 조세 지불유예 및 기타 세제 지원 ⑤ 정책금융, 저리 대출, 지급보증 등 금융 지원 ⑥ 정부와 민간 기업에 의한 합작기업을 포함한 공기업(공공소유) 등을 제시하고 있다. 톰슨과 존스는 이들 두 가지 부류의 정책수단을 분류하고 그 특성을 제시함으로써 협의의 규제를 정의하는 데 필요한 근거를 제시하고 있다.

협의 규제의 중심이 되고 있는 직접규제는 민간 경제주체의 경제적 행태를 변경시키기 위하여 정부가 활용할 수 있는 유일한 정책수단이 아니다. 기타 정책수단들도 직접규제와 마찬가지로 개인의 경제적 행태를 변경시킬 수 있기 때문이다. 다만 차이가 있다면, 전자는 규칙과 기준에 따라 개인이나 기업의 경제적 행태를 직접적으로 변경시키려고 시도하고 있는 반면에, 후자는 경제적 유인책 또는 이와 유사한 방법을 통해 간접적으로 민간 경제주체의 경제적 행태를 변경시키려고 한다는 점이다. 예를 들어, 석유 개발을 위한 세제지원이나 금융지원은 긍정적 유인책, 그리고 자본소득에 대한 높은 세율의 부과 등은 특정 목표를 달성시키기 위한 부정적 유인책으로서 이들은 기타 정책수단에 해당된다. 이들 정책수단은 서로 간에 대체될 수도 있고 직접규제와도 상호보완적으로 사용될 수도 있다. 즉 조세지출로 추구되는 목표가 정부의 보조금 지급과 같은 직접지출이나 대여의 형태를 통해서도 성취될 수 있다.

직접규제는 직접적으로 법령에 근거하여 특정 행위가 형성·발생할 것을 요구하거나 특정 행위를 금지·제한하기 위한 것이다. 이와 대조적으로 기타 정책수단은 법령에 명시되어 있는 규칙이나 기준에 직접 근거해 규제하는 것은 아니지만 법령에 명시된 규정의 취지나 원칙에 근거해 경제적·사회적 목적의 효과적인 수행을 위한 방법이나 대책을 강구하여 수행하기 때문에 법령에 간접적으로 의존하고 있다. 이러한 이유로 법령을 어떻게 해석하여 운영하느냐에 따라 규제기관이 상당한 재량권을 행사할 수 있는 여지가 있다.

직접규제를 위한 명령, 규칙, 규정 등 종속 입법에 명시되어 있는 규제수단은 기타 정책수단에서 부여한 권한을 행사하기 위해 채택할 수 있는 것과는 그 내용에 있어서 차이가 있다. 경제적 규제법규는 전적으로 공적제도에 의존하여 기업의 행태에 영향을 미치기 위하여 규칙 및 규정의 집행, 제재, 명령 등 직접적 형태의 통제수단을 사용한다. 순수명령제도[5]는 정부의 의지를 관철시키기 위하여 벌칙에 의존하고 있는

4) 조세지출은 정부가 조세를 통하여 당연히 거두어들일 수입 중에서 면세 또는 감세로 인하여 감소된 조세수입의 액수를 지출로 처리하는 것을 말하며, 이에 대한 자세한 내용은 Stanley Surrey, *Pathways to Tax Reform: The Concept of Tax Expenditures* (Cambridge Mass.: Harvard University Press, 1973)를 참고.

데 미트닉이 "규제란 민간 활동에 대한 공공행정경찰작용"이라고 정의한 것도 바로 이러한 맥락에서 이해할 수 있다. 이것은 명령을 받는 기업이나 당사자가 명령의 이행을 반대하거나 거부할 수 없다는 것을 의미한다. 한편 기타 정책수단은 규제대상자에게 초래하는 경제적 비용과 편익에 영향을 미침으로써 개인의 행태를 변경시키기 위한 것이다.

마지막으로, 직접규제는 벌칙이나 불이익이 수반되는 규칙이나 명령의 집행을 통하여 시행된다. 이 개념의 이면에 내재된 의미는 규제대상자가 택할 수 있는 선택의 수를 줄이는 것이다. 기타 정책수단들은 활동대안에 영향을 미치므로 한 집단 또는 개별 행위자가 선택할 수 있는 활동대안의 범위 즉, 활동대안 선택에서의 자의성을 감소시키기 위한 것이다. 예를 들어 특정 분야에서 수행된 생산·영업활동의 결과로 발생된 소득에 대한 조세의 부과 또는 보조금의 수여는 그 활동을 수행하는 데 얻는 편익과 소요되는 비용을 변경시킴으로써 다른 활동대안에 비해 상대적으로 그러한 활동대안의 선택에 영향을 미친다.[6] 반대로 경제적 규제를 위한 규칙과 명령은 행위자가 택할 수 있는 한 집합의 활동대안들 중에서 금지된 것을 배제하거나 의무로 가해진 것을 형성·수행할 것을 강제하기 위한 것이다. 이처럼 정부에 의하여 공포되어 집행되고 있는 직접규제는 규칙과 명령이라는 형태를 취하여 경제주체가 택할 수 있는 선택의 수를 좁히는 데 우선적인 목표를 두고 있다.[7]

이와 같이 직접규제와 기타 정책수단을 구별짓는 특성을 검토함으로써 이들 간의 차이점을 규명할 수 있다. 협의의 규제는 기타 정책수단과는 달리 첫째, 법규 및 규칙에 직접적으로 의존한다는 점 둘째, 벌칙이란 수단을 통해서 규제적 목적을 달성한다는 점 셋째, 결정주체가 택할 수 있는 선택의 수를 줄이기 위한 것이라는 점을 강조하고 있다. 따라서 협의의 규제는 정부가 민간부문을 구성하고 있는 결정주체인 개인이나 기업의 경제적 행위 또는 행태를 구체적으로 변경시킬 의도를 가지고 법규와

---

5) 통제제도의 하나로서 명령의 성격에 관한 논의를 위하여 Robert A. Dahl and Charles E. Lindblom, *Politics, Economics, and Welfare* (New York: Harpers & Row, 1953).

6) 직접규제는 규제대상자가 택할 수 있는 선택의 수를 제한하기 위한 것이지만 어떤 경우에는 피규제기업으로부터 구매하거나, 규제대상기업을 위하여 일을 하거나, 규제대상기업에 투자하는 당사자가 택할 수 있는 선택의 범위를 개선하도록 하기 위하여 부과되기도 한다. 이러한 대표적인 예로 생산물 내용표시제, 직업보건 및 안전기준 혹은 증권 상장회사에 대한 규제 등을 들 수 있다.

7) 이러한 예로서 ① 가격: 버스요금, 최저임금, 통화료 등, ② 공급: 면허, 인가, 허가 등, ③ 수익률: 공익사업, 부동산 투기 등, ④ 정보공개: 상표 부착, 내용물 표시제 등, ⑤ 생산방법: 오염 배출기준 근로자 안전규칙 등, ⑥ 생산물 속성: 연료효율성 기준(연비), 식품의 순수도, 효과성 등, ⑦ 서비스 조건; 남녀고용 평등, 서비스 차별 제공 금지 등이 있다.

표준을 설정하여 이를 위반하는 민간 경제주체의 행위에 대해 벌칙으로 처리하는 행정작용이라고 정의할 수 있다.

직접규제는 규제의 목적을 성취하기 위하여 지시(directives), 하명(instructions), 표준 설정(standard) 및 특례규칙과 같은 전달체계를 통하여 요구되는 민간 경제주체의 행태를 형성시키기도 하고 바람직하지 않은 형태를 금지 또는 제한하기도 한다. 이에 위배될 때에는 벌과금, 형사 처벌, 경제적 기회(이권)의 상실, 보상의 취소, 협회 · 산업 · 조직에서의 추방 등과 같은 다양한 형태의 제재수단이 사용될 수 있다. 이것들은 통상적으로 불이익을 부과하는 위협으로 작용하여 규제의 목적을 달성하기 위한 수단으로 이용된다(Mitnick, 1980: 344).

### 3) 기타 정의

이 책에서는 규제를 일반적으로 "정부조직의 하나인 규제기관이 달성해야 할 목적을 효과적으로 추구하기 위해 민간 경제주체인 기업, 개인, 조직의 특정 활동이나 행위를 제한 · 금지 · 지시하거나 지도 · 보호 · 지원 · 조장하는 행정작용"으로 정의하고자 한다. 최병선은 규제란 "바람직한 경제사회 질서의 구현을 위해 정부가 시장에 개입하여 기업과 개인의 행위를 제한하는 것"이라고 정의하고 있다(최병선, 2002: 18-24).

정부가 행하는 대부분의 업무가 국민에게 편익을 제공하거나 제약을 가하는 것이기 때문에 규제란 정부가 수행하고 있는 거의 모든 활동이라고 정의하기도 한다(CGO & U.S. Senate, 1977: v). 실제로 정부가 행하는 보조금 지급, 금융지원, 세제지원, 행정서비스의 제공 등은 육성적 목적을 수행하기 위해 편익을 제공하는 것들이지만 또한 통제 및 규제적 요인도 아울러 가지고 있다. 이들 정의의 공통점은 규제의 육성적 측면과 규제적 측면 모두를 동시에 포함시키고 있다는 점이다.

혼합경제 체제로 운영하고 있는 국가, 특히 개발도상국에 적합한 규제의 정의로는, 시장경제를 실제로 체험한 결과로 발견한 결함을 시정 · 보완하는 데 초점을 맞춘 협의의 규제보다는 경제성장 및 경제발전을 위하여 민간경제를 지원 · 조성 · 육성해야 하는 개발도상국 특유의 사정을 감안한 광의의 정의가 타당하다고 본다. 한국의 행정법상의 행정규제법도 실제로 이러한 사정을 감안해 광의의 규제를 중심으로 제정되었다고 할 수 있다.

## 2 규제의 특성

이미 소개한 광의 및 협의의 규제를 종합하여 정부가 민간의 행위와 행태에 영향을 미칠 의도를 가지고 사용할 수 있는 여러 가지 수단 중의 하나인 규제의 특성(Thompson & Jones, 1982: 12-13)에 관하여 요약하면 아래와 같다.

첫째, 규제는 민간부문이 수행하는 경제적 활동이나 행태를 의도적으로 변경하려는 데 초점을 두고 있다. 정부는 민간 경제주체의 활동이나 행태를 변경시키기 위하여 매우 많은 수의 법규를 부과하기도 하고 사회적으로 바람직한 행위가 발생하도록 특정 행위를 지원·조장·보호하기도 한다. 따라서 규제는 사회적·경제적 행태를 변경시키려고 의도된 것이기 때문에 일반적으로 기업이나 개인이 택할 수 있는 선택의 수를 제한하기 위한 것이거나 또는 선택할 수 있는 대안의 성격에 영향을 미치기 위한 것이다.

둘째, 규제는 정부가 민간부문의 기업과 개인을 상대로 취하는 행위로 구성되어 있기 때문에 한 차원 또는 한 유형의 정부가 다른 차원 또는 다른 유형의 정부에게 부과하는 방대한 규칙은 제외된다. 예를 들어 중앙정부가 광역 및 기초지방자치단체에 내리는 지시나 명령은 규제라 할 수 없다.

셋째, 협의의 규제는 벌칙을 수반하는 규칙을 부과함으로써 시행되고 있다. 벌칙(벌금이나 인가의 취소 등)이 성질상 경제적일지 모르지만, 협의의 규제는 목적을 성취하기 위하여 우선적으로 경제적 유인책에 의존하지 않고 있다. 그러나 광의의 규제는 경제적 유인책을 포함하고 있어 조세는 재산·소득·판매·부가가치 등에 가해지는 강제적 부과금으로 해석될 수 있으며, 조세지출은 특정 활동의 상대적 가치나 비용을 변경시킴으로써 바라는 행태가 형성되도록 유도하기 위한 것이다. 보조금은 소득이나 수입을 증대시킬 수 있는 편익을 제공한다. 일반적으로 광의의 규제수단은 결정자가 당면하는 경제적 유인책을 변경시킴으로써 행태상의 변화를 유인하기 위해 사용된다. 대조적으로 직접규제는 개인, 법인, 조합 등 그들이 행하고 있는 어떠한 것을 하지 못하도록 금지하거나 그들이 하지 않고 있는 어떤 것을 행하도록 강제하기 위한 시행규칙의 '제정이나 명시'를 필요로 한다.

넷째, 협의의 규제의 원칙은 '벌칙에 의해 뒷받침되는 규칙'으로서 경제적 행태를 변경시킬 목표로 정부에 의해 취해지는 권유, 협상, 정보제공, 보조금 및 지원과 같은 기술과는 대조를 이룬다. 물론 구체적인 입법 추구에 대한 의지 표명으로 은밀히 유도하는 형태의 '자율규제'와 같은 영역도 있다. 그렇기 때문에 임금 및 가격규제를 시행하기 전에 지침을 제시하는 것은 좋은 예가 될 수 있다.

## 3 규제의 결정

규제는 정부를 구성하고 있는 계층구조를 통하여 수행되고 있기 때문에 규제의 수행과 관련한 결정은 여러 정부 차원을 거쳐 이루어진다(Stone, 1982: 13-15). 우선 규제를 위하여 새로이 입법을 해야 할 필요성이 야기될 때, 이에 대한 논의는 입법부에서 이루어지는 것이 원칙이지만 한국에서는 행정부도 법안 제출권을 가지고 있다. 따라서 대부분의 법안은 주로 행정부서에 의하여 마련되고 있으며 법제처의 검토를 거친 후 입법부에서 이를 심의·의결하여 통과시키고 있다. 법안을 마련할 때에는 수많은 제안들이 제시되어 이에 대해 점검하는 과정을 거치게 되는데, 비록 제안의 내용들이 상이할지라도 근본적으로는 같은 목표를 달성하기 위하여 의도되었다고 할 수 있다. 제안들 중 무엇을 법안의 규정으로 명시할 것인가의 여부를 판단·결정하는 기준은 두 가지 기본적 문제와 관련하여 설정된다.

첫째, 제안된 규제수단 및 구조가 주어진 결과를 달성하기에 가장 효율적인 방법이어야 한다. 즉 기타 가능한 대안들과 비교해 상대적으로 가장 저렴한 비용이 소요되는 대안을 선택하여야 한다. 둘째, 주어진 결과를 얻기 위한 가장 효율적인 수단이 선택되었다고 가정하면, 그 수단이 어떠한 파생효과를 초래할 수 있는지를 판단하여야 한다. 예컨대, 법적 절차상의 보장 없이 경찰관 앞에서 행해지는 즉석재판의 경우, 절도 혐의를 가진 사람을 처벌하는 데 있어 현행 제도보다 비용이 적게 드는 방법일 수 있다. 그러나 이러한 종류의 간편한 절차는 사회적으로 용납될 수 없는 부작용을 초래하게 된다. 왜냐하면 경찰관에 의한 처분이 공정한 재판을 받을 권리와 같은 인간의 기본적인 가치를 침해할 수 있기 때문이다. 따라서 아무리 저렴한 비용이 든다 하더라도 그것이 기존의 법 구조 및 절차에 부응하지 않는 것이라면 적절치 못한 것이 된다.

### 1) 규제의 결정요인

규제와 관련된 결정을 할 때 고려해야 할 요인으로서 경제적 판단, 사회에 지배적인 가치, 미래에 대한 예측 등을 제시할 수 있지만 이들 요인이 결합되어 결정에 영향을 미치는 것이 보통이다. 때로는 이들 요인들 중의 하나가 다른 것들보다 더 중요할 수 있지만 통상적으로 그 요인 모두가 어떤 규제적 상황에서는 상호작용하고 있다. 그렇다고 해서 규제에 관한 결정요인을 과학적으로 입증할 수 없다는 것을 의미하지는 않는다. 반대로 우리는 경제이론에서 추론된 원칙을 바탕으로 특정 규제의 대안들을 선택 또는 거부할 것인가를 결정할 수 있기 때문이다.

예를 들어, 한 경제학자는 최저임금제가 편익을 주기 위한 대상으로 삼고 있는 가난한 근로자집단에게 오히려 높은 실업을 초래할 것이라는 근거에서 그 제도를 거부할 수도 있다. 한편, 제안된 행동 방향이 높은 생산성과 깨끗한 환경 간에 조화를 이루어야 하는 경우에는 사회적 가치가 궁극적으로 선택 결정에서 중요한 비중을 차지한다. 원자력 발전에 대한 규제행위의 방향을 결정하는데 한때 소중하게 여겨졌던 자료들이 현재의 규제 방향을 결정하기 위한 근거로는 충분한 정보와 경험을 제공하지 못할 수도 있다.

그러므로 경제이론은 규제를 평가할 때 고려해야 할 하나의 원칙으로 제시할 수는 있으나 이러한 이론에도 한계가 있다는 점을 분명히 인식하여야 한다. 과학적 이론을 근거로 특정 대안들을 거부하거나 선택할 수는 있으나 다른 요인들을 또한 고려하여야 하고, 이러한 경우에는 다른 선택대안들이 아직도 많이 남아 있을 수 있다는 점을 항상 염두에 두어야 한다.

### 2) 규제의 결정과정

규제를 평가하는 과정에서 직면하는 어려움은 특정 정책문제에 국한해서만 정책결정이 이루어질 수 없다는 사실에 기인하고 있다. 정책은 서로 연관성을 가지고 있기 때문에 정책들 간에 조정 · 통합의 과정을 거쳐 결정되어야 한다는 것이다. 규제에 관한 정책도 통상적으로 세 가지 차원의 결정과정을 거치면서 기타 다른 정책의 내용과 연계시켜 결정 · 집행되어야 한다(Stone, 1982: 14-15).

첫 번째 차원의 결정과정은 통상적인 입법적 차원이다. 이 차원에서 규제를 하는데 필요한 법적 근거를 제시할 뿐만 아니라 이에 근거하여 규제를 실제로 집행하는 과정에서 책임을 질 규제기관을 지정하거나 또는 기관의 설립에 필요한 규정을 마련한다. 예를 들면 독점규제 및 불공정거래에 관한 법률의 내용은 직접통제에 관한 규정, 공정거래에 관한 규정 그리고 운영기구 및 절차 등에 관한 규정으로 대별할 수 있다. 또한 이에 대한 규제에 책임을 지고 있는 규제기관은 법 규정으로 금지된 불공정 거래행위나 경쟁제한 행위를 하는 사업자에 대하여 관할 규제기관의 장이 그 위반 행위의 중지 또는 시정을 명하고, 이러한 사업자는 규제기관의 장의 고발에 의하여 당해 벌칙을 부과할 수 있도록 하였다. 이로써 '불공정 거래행위'를 불법으로 선언함과 동시에 그에 대한 책임을 수행할 규제기관을 설치하고 이를 위한 법적 근거를 마련하는 것이다.

중간 차원의 결정과정에는 규제기관이 법적 근거를 제공하는 국회입법의 범위 또는 취지에 따라 실제로 규제를 하는 데 필요한 사항을 심의·의결하여 규칙의 제정이나 주요 결정을 통하여 입법적 위임사항을 보다 구체적으로 규정해야 한다. 예를 들어 '독점규제 및 불공정거래에 관한 법률'에 명시되고 있는 공정거래에 관한 규정을 세부적으로 집행하는 데 필요한 각종 시행규칙을 마련함으로써 독점규제 및 불공정거래를 위한 제도적 기반을 갖추는 것이다. 즉 '독과점 사업자의 범위와 기준에 관한 규정'을 제정·시행함으로써 독과점 규제에 관한 구체적인 법적 근거를 마련하는 것이다. 그리고 실제로 이 규정에 따라 독과점 사업자와 품목을 지정·고시하고 불공정 거래행위의 유형을 일반 지정으로 하여 고시하는 것이다. 불공정 거래행위에 대한 규제는 시행과정에서 행위유형별 업무처리 지침을 마련하여 이에 따라 실시하지만 기존 유통체계와 거래관행을 가급적 존중하는 방향에서 규제하기 때문에 실제적으로는 특히 현저하고 명백한 폐해를 수반하는 불공정 거래행위의 시정에 중점을 두고 있다.

최하위 차원의 결정과정에서는 규제행정 관료들이 금지사항에 해당하는지의 여부를 확인·조사하기 위해 이들 규칙과 결정 내용을 적용시킨다. 예를 들어 일정 기간 동안 한 생산물을 '특별할인가격'으로 판매한다는 것이 허위·과장광고에 해당하는지를 조사해야 할 경우, 규제법규가 이러한 규제업무를 수행하는 데 필요한 규정을 구체적으로 명시해야 한다. 그리고 이들 규정에 따라 그 업무가 시행되어야 하기 때문에 규제행정 관료들의 권한이 제한되어 있는 것처럼 보일지도 모르지만 그들은 어느 정도의 재량권을 행사할 수 있는 여지를 가지고 있다.

이와 같은 결정과정을 고찰함으로써 규제가 왜 하나의 지속적인 과정을 통해 수행될 수밖에 없는지 그 이유를 이해할 수 있다. 입법부의 입장에서는 모든 상황이나 경우를 상정할 수 있는 입법을 만드는 것이 어렵기 때문에 입법부로부터 규제에 관한 권한을 위임받은 행정부나 규제기관이 법규를 구체화하거나 해석하는 일련의 과정을 거쳐 규제가 집행된다. 예를 들어 독점규제 및 불공정거래에 관한 법률안을 논의했던 법제정자들이 기업들이 택할 수 있는 '불공정 거래행위'를 모두 거론하는 것은 사실상 불가능하다. 법률이 처음 제정될 당시에 상상할 수 없었던 다른 불공정 기업행위를 상정하여 법 규정으로 명시한다는 것이 사실상 쉽지 않다. 이것은 규제대상자들이 법망을 피하여 불법적 행위를 할 가능성을 제거할 수 있는 모든 규정을 법규에 명시한다는 것이 실제적으로 가능하지 않다는 사실을 제시하고 있다. 사회학자인 베버(Max Weber)는 “시장에 계속적으로 참여하는 사람들은 단지 공식적인 이해관계를 갖고 있는 입법자들과 집행 공무원보다 시장과 이해관계에 관하여 훨씬 더 합리적인 지식을 가지고 있다”고 지적하고 있다(Weber, 1968: 335). 따라서 이들은 입법자에게 완전한 정보를 제공하지 않는 등과 같은 방법으로 이익창출에 기여할 수 있는 모든 행위를 강구하려고 할 것이다.

실제적으로 입법부 의원들은 의회가 열리는 회기 동안에 산적한 많은 정책적 문제를 일일이 검토·조사할 수 없고, 국민들이 날마다 당면하게 되는 모든 문제를 파악하여 해결방안을 제시할 수 없으며, 기업 운영에 참여하는 기업경영인에 필적할 만한 지식과 경험을 갖출 수는 없는 일이다. 이에 따라 입법부 의원들은 규제법규에서 기본적 지침 이상의 것을 규정하지 못하고 넓은 재량권은 법을 집행하는 책임을 가지고 있는 규제기관과 행정관료에게 위임할 수밖에 없는 것이다.

## 4 규제의 효과

규제란 민간부문에 참여하고 있는 경제주체의 행태에 영향을 미치기 위하여 시행하는 것으로 논의하여 왔다. 이와 같은 맥락에서 규제의 효과를 정의할 수 있다. 즉 규제의 효과란 민간 경제주체의 행태가 규제에 의하여 영향을 받는 정도를 의미한다고 할 수 있다(Thompson & Jones, 1982: 15-17). 규범적으로 규제의 효과는 규제의 사회적 편익과 사회적 비용의 차이로 도출될 수 있다. 이것은 규제의 순효과 또는 순결과를 의미한다. 규제의 효과는 결정자의 선택으로부터 규제된 선택의 기회가 배제되는 정도에 따라 달라질 수 있으며, 또한 비규제 하에 선택해 왔던 대안과 규제 하에 택할 수 있는 가장 좋은 대안이 초래한 결과를 가치 면에서 비교하여 나타난 차이로도 측정될 수 있다. 그러나 문제는 순효과를 측정하는 것이 매우 어렵고 정확하게 측정하는 것이 거의 불가능하다는 사실이다.

또한 규제의 주체와 객체의 실제적 범위와 효과의 규모 간에 필연적인 관계가 없다는 것이 문제이다. 다만 규제집행의 효과는 규제자의 동기, 규제자가 사용할 수 있는 물적·인적 자원, 사용하는 집행기술 및 방법, 규제대상자의 규제 이행 동기 등에 따라 상이하게 나타날 수 있다. 기업에 부과된 어떤 규칙은 큰 효과를 발생하지 못할 수도 있고, 예기치 못했던 부정적 효과를 초래하는 경우도 있다. 소수의 주요 규칙들이 많은 중요하지 않은 규칙들보다 훨씬 큰 효과를 초래할 수도 있다. 규칙의 내용도 중요하지만 규칙이 적절하게 집행되지 못함으로써 규제주체의 행태가 영향을 받지 않게 되면 이러한 규칙은 규제의 효과를 발생하지 못한다. 이것은 규제의 주체적 범위와 객체적 범위의 크기 자체가 규제의 상대적 효과에 영향을 미치는 요인으로 작용하지 않는다는 것을 의미한다. 규제의 효과는 규제의 주체와 객체의 범위보다는 오히려 위에 열거한 규제집행과 관련된 네 가지 요인에 의하여 결정된다. 다만 여기에서 지적해야 할 점은 규제기관이 규제대상자에 의하여 포획되어 그에게 유리한 방향으로 규제를 집행하게 되면 규제가 효과적으로 이루어질 수 없으며, 반대로 규제기관이 규제대상 주체인 기업이나 개인에게 불필요한 규제를 과다하게 부과할 수 있는 위험성 또한 내재되어 있다는 사실이다.

규제기관은 일단의 집행방법 중에서 효과적인 것을 선택할 수 있다. 이들 중에는 규제업무 수행을 용이하게 할 뿐만 아니라 비용이 적게 드는 것도 있고 또한 수행하기 어려우면서 비용이 많이 드는 것도 있을 수 있다. 집행기술이나 방법을 선택할 때에는 행정비용의 최소화란 목표에 의하여 제약을 받을 수 있다.[8] 이를 바꾸어 말하면, 다른 조건이 동등하다면 규제를 위하여 보다 많은 자원을 투입하거나 행정비용을 증가시킬 때 보다 큰 규제의 효과를 초래할 수도 있다는 것이다. 규제의 순응 여부는 규제집행 방법의 구속력의 정도나 손익 정도에 의존할 수 있다. 만약 불이행에서 얻는 편익이 이행의 경우보다 크거나, 또는 규제의 속성이 고도의 전문성이나 정보를 필요로 하는 것이라면 일상적인 노력만으로는 규제가 효과적으로 이루어질 수 없다. 그러므로 이 경우에는 규제를 위해 보다 많은 자원이나 보다 큰 노력을 투입해야만 효과성을 증진할 수 있을 것이다.

행정비용을 최소화하기 위한 집행전략만을 구사하려 한다면 이는 규제대상 산업에 비용을 전가시키는 것이나 마찬가지이다. 예를 들어, 배기가스 제거장치 부착을 의무화하는 규제방법을 택한다면 규제기관의 비용은 최소화할 수 있지만, 규제비용은 대부분 규제대상자의 부담으로 전가되고 최종적으로는 소비자의 부담으로 귀착한다.

---

8) 민간부문의 규제대상자의 순응비용이 정부의 행정비용을 몇 배 상회할 수 있다. 이러한 점이 Murray Weidenbaum and Robert De Fina, *The Cost of Federal Regulation*, Reprint No. 88 (Washington, D. C.: American Enterprise Institute, 1978)에서 강조되고 있다.

한편, 집행효과만을 고려한다면 이 경우에는 규제기관의 적은 노력에도 불구하고 규제대상자에 대한 규제의 효과는 크게 나타날 것이라는 것을 알 수 있다. 그러나 문제는 규제의 비의도적 결과로서 규제비용이 규제대상자에 전가되어 그 효과가 공급가격의 상승을 초래하여 인플레이션에 간접적으로 영향을 미칠 수도 있다는 사실이다. 따라서 규제방법은, 개별적 규제의 효과가 규제의 궁극적 목적에 미치는 영향과 규제로 인해 발생 가능한 비의도적 효과를 면밀히 조사·검토한 후 선택해야 할 것이다.

## 제 2 절 | 규제의 발전배경

규제의 발전배경은 산업혁명과 시장경제를 실제로 경험한 선진국의 실제적 경험에서 엿볼 수 있지만, 규제행정의 중요성은 오히려 개발도상국에서 더욱 강조되고 있다. 왜냐하면 규제의 효과적 운영이 경제발전을 통해 궁극적으로 국가발전에 기여할 수 있기 때문이다. 규제의 주요 기능이나 역할은 각 시대의 경제·사회적 발전의 과정에 따라 변천해 왔다고 할 수 있다. 전통적으로 규제에서 경제적 규제가 가장 중요한 위치를 차지해 왔고, 그 중에서도 소비자 보호를 위한 규제가 큰 비중을 차지해 왔다. 특히 공익사업의 경우에서처럼 생산자가 시장에서 독점적 위치를 점유하고 있는 경우에는 소비자의 보호가 더욱 강조되어 왔다. 버스, 민간항공 등을 운영하는 경제주체의 지나친 사용자 부담을 금지하기 위해 소비자를 보호할 목적으로 국가가 이에 필요한 법과 규칙을 제정·집행해 온 것을 그 예로 들 수 있을 것이다. 이들 규제는 철도, 지하철 등과 같은 교통산업, 가스 및 전력 공급을 포함한 모든 공익사업, 그리고 필수 소비재 공급 분야에도 확대·적용되었다.

오늘날 정부의 소비자 보호기능은 이러한 분야에서 생산되는 재화와 서비스의 가격에 대한 규제뿐만 아니라 식료품의 신선도, 의약품과 화장품의 안전성 및 효과성 등과 같은 재화와 서비스의 질에 대한 규제와 소비자에게 부정적인 영향을 미치는 생산자의 행위에 대한 규제도 포함하는 포괄적인 것으로 확대되었다. 이는 정부에게 부여된 권력의 행사를 통해 민간기업의 운영에 직접적으로 개입하는 것을 의미한다. 공익사업의 경우에는 그 독점적 성질이나 국민들의 일상생활에서 차지하고 있는 생산물의 중요성 때문에 정부에 의한 권력의 행사가 민간기업 제도에서조차 정당한 것으로 간주하고 있다. 개발도상국에서는 소비자의 권한이 선진국보다 상대적으로 약하기 때문에 소비자에 대한 보호는 정부에 더욱 의존적일 수밖에 없다.

'유치산업'과 같이 정부의 보호·육성이 필요한 산업 분야에서는 시장경제를 신봉하는 사람들조차도 규제를 정당한 것으로 인정해 왔다(U.N., 1976: 161). 특정 산업이나 경제활동의 보호·육성은 규제의 중요한 목적 중 하나가 되어 항만, 공항, 고속도로 등 사회간접자본을 제공할 뿐만 아니라, 세제지원과 금융지원 또는 보조금 등의 경제적 혜택을 부여하고 있다. 이들 수단은 혼합경제나 민간기업 경제제도를 택하고 있는 국가에서도 정부가 규제기능을 수행하는 데 있어 중요한 부분으로 인식해 왔다. 특히 전력, 교통, 통신 등과 같이 기본필수재적 성격을 가지고 있는 서비스 분야에서 소비자에게 필요와 편의를 제공하고 산업을 육성하는 것 이외에도, 경제를 원활하게 운용하고 교역과 상거래를 용이하게 할 목적으로 규제가 시행되고 있다.

사회가 시장경제를 중심으로 운영된다 하더라도 정부는 개인이나 기업들이 인위적인 독점을 도모하거나 소수의 기업들이 담합을 꾀하거나 과도한 경쟁 내지는 파괴적 경쟁을 통해 불공정 거래행위를 하는 경우에 이를 제한할 목적으로 규제를 할 수 있다. 경제운영을 원활하게 하고, 교역 및 상거래를 용이하게 할 목적으로 정부는 통화를 관리하고, 금융시장을 규제하며, 자본을 취급하는 금융기관을 통제한다. 예를 들어 정부는 교역과 상거래를 용이하게 할 목적으로 규격화와 같은 규제수단을 도입하기도 한다. 규격화는 산업화의 동인이자 결과이기도 하고, 경제성장의 부속적 부분과 경제통제 및 기획을 위한 주요 규제수단으로서의 역할을 수행한다.

규제의 개념은 제2차 세계대전 이래 소비자의 이익에 부합하는 규제로부터 국민들 전체의 이익에 기여하는 규제로 확대되어 왔다. 따라서 규제의 목적 또한 소비자에게 소득에 대한 공정한 교환이 이루어지도록 보장할 뿐만 아니라 일할 권리와 사회보장에 대한 권리를 포함한 국민으로서의 권익을 보호하기 위한 것까지 광범위하고 다양하게 되었다. 그 결과 정부가 국민들의 적정한 임금과 소득을 벌 수 있도록 하고, 보건·안전기준을 개발하여 보건 증대에 기여하며, 국민들에게 경제권을 부여하기 위해 규제기능을 행사하는 것을 당연한 일로 생각하게 되었다. 이들은 선진국이나 개발도상국 모두에서 규제를 통해 달성해야 할 목적이 되었다.

역사적인 관점에서 정부개입의 원인이나 규제가 발생·확대된 주요 원인은 크게 국가발전 개념의 변화, 시장경제의 특성 변화, 경제적 위험부담의 사회화, 정부 권력의 이용, 집합주의로의 이전 현상 등으로 구분하여 논의할 수 있다.

## 1 국가발전 개념의 변화

규제의 발전배경을 논의함에 있어 우선 행정의 발전과 행정제도의 진전에 기여하여 온 국가발전이란 개념의 변화에 주목할 필요가 있다. 국가발전이란 개념은 시대에 따라 지속적으로 변화하는 동태적 개념으로서 오늘날의 국가발전은 18, 19세기의 것과는 상당한 차이가 있다. 여기에서 시장경제를 확립시켰던 19세기의 국가발전 개념을 모색하여 보고 이것이 20세기에 진입하여 어떻게 변모하였으며, 이에 따라 행정 특히 규제행정이 어떻게 발생·진전되어 왔는지에 대하여 살펴보려고 한다.

19세기의 국가발전(U.N., 1976: 3)은 산업의 기계화와 기계문명의 출현에 기초한 현대 국가의 건설, 기능적 전문성과 구조적 다변성을 포함하는 분업제도의 확산 등을 의미한다. 또한 기업에서는 법인, 생산에서는 공장, 행정에서는 관료제 등과 같은 새로운 형태의 조직의 생성, 국민소득 또는 개인당 소득의 증대로 측정할 수 있는 경제성장의 도모, 민간기업의 확산과 원활한 생산 활동, 자본주의와 법치 및 대의정부제도 하의 민주정치의 확립 등으로 대변되기도 한다.

이들 중 마지막 두 가지 특징인 자본주의와 민주정치의 확립은 개인주의의 발전에 기여하였다. 개인주의의 발전을 통하여 인간은 장원(莊園), 농노, 중세교회 등 봉건제도로부터 해방되어 새로운 기계문명을 건설할 수 있게 되었다. 개인의 자유를 목적으로 하는 개인주의사회에서 개인은 민주정치제도에서는 투표자로, 경제제도에서는 소비자로서 주체적 위치를 향유하게 되었다. 개인주의를 강조하는 고전경제학자들은 개인주의 경제에서의 개인은 소비자로서 궁극적인 경제적 결정권을 가지고 있으며 이들에 의해 경제적 활동이 수행된다고 보고 있다.

고전 또는 신고전 경제학자들은 자율적인 경제에서 재화와 서비스에 대한 수요는 언제나 공급과 균형을 유지한다고 보았고, 이러한 제도가 최대 생산에 기여하여 국민에게 최대의 효용가치를 부여함으로써 경제적 후생을 극대화할 수 있다고 보았다. 경제사학자들은 개인주의가 지배했던 19세기를 괄목할 만한 경제성장과 중요한 경제발전이 이루어진 시기라고 보고 있다. 그 당시 후진국이었던 일본과 같은 국가들이 현대화하려는 노력에서 이러한 발전 모델을 도입해 운영하였으며, 국가발전의 목적도 비교적 명백하고 단순하였다.

20세기, 특히 1914년 이후에는 경제적으로 큰 변화가 일어나 국가발전의 성질이 변화했을 뿐만 아니라 국가발전의 목적도 복잡하게 만들었다. 어떤 변화는 혁명적인 것이었지만 대부분의 변화는 완만한 것이었다. 그리고 제2차 세계대전 후 정부의 행정기능이 확대됨으로써 사회변동의 속도는 더욱 빨라졌고 같은 시기에 발생한 현상인 신기술의 발달, 분업에 의한 대량생산, 인구 증가와 도시화 등에 따른 경제활동의 다양화 및 영역의 확대 등은 기존의 시장경제의 자동조절 기능만으로는 자본주의 경제를 유지하기 어렵게 만들었다.

기술발전은 경제성장에 기여했을 뿐만 아니라 도시화와 산업화를 초래하였으며, 그 결과 농경사회로부터 현대산업사회로의 전환을 가능하게 만들었다. 이러한 전환은 규제 활동의 확대에 중요한 계기를 제공하게 되었다. 자급자족과 단순한 교환 경제에서는 구매자 위험부담(caveat emptor)의 원칙만으로 경제거래의 공정성이 확보될 수 있어 공적 통제란 단지 공공 안녕질서의 유지에 제한된 것이었다. 그러나 사회가 더욱 복잡해지고, 재화와 서비스의 종류가 다양해지면서 도시화가 진척되는 등 고도의 산업화가 이루어짐에 따라 구매자 위험부담의 원칙만으로는 현대 사회를 더 이상 효과적으로 유지할 수 없게 되었다. 거래상의 사기, 협잡 및 불공정성이 유발해 다양한 재화와 서비스의 구매자들은 생산물의 품질, 효능, 안전성 등을 스스로 결정할 수 없게 되었다. 이에 따라 정부가 소비자의 경제적·물질적 후생을 제고하기 위하여 규제를 위한 입법활동을 하게 되었다.

## 2 시장경제의 조건 변화

시장경제의 기본적 가정 중 대부분이 경제적 조건의 변화로 인해 약화되었다. 경제 규모의 증대와 경제활동 영역의 확대로 노동과 자본의 이동성이 제약을 받게 되었으며, 개인은 시장에서 자신들의 선호를 전달하고 이익을 추구하는 데 필요한 정보와 수단이 부족하게 되었다. 하나 또는 소수의 기업이 시장지배력을 갖는 독과점이 발생하여 자원배분의 왜곡성이 초래되었으며 독과점이 재화와 서비스시장이나 노동시장을 지배하게 되었다. 더욱이 경쟁시장에서 이루어지는 균형가격보다 높은 수준에서 가격이 결정되고 공급량을 제한함으로써 자원배분의 효율성을 저해하는 결과를 초래하였다.

또한 시장은 생산과 소비와 전혀 관련 없는 제3자에게 부정적 또는 긍정적 영향을 미치는 외부효과를 적절하게 다루지 못하게 되었다. 따라서 시장보다 외부효과를 적절하게 취급할 수 있는 정부행위의 필요성이 대두되었다. 물론 민사소송이 이러한 목적을 위하여 사용될 수도 있지만 소송 및 판결 과정에 시간이 많이 소요될 뿐만 아니라 사후적 치유방법에 지나지 않으므로 효과적인 방법이라 할 수 없다. 앞서 제기한 정부행위란 처벌하는 것보다 오히려 사전에 방지하려는 데 목적이 있으므로, 이러한 예방적 행위는 행정과정을 통해 운영하는 것이 가장 효율적이고 또한 효과적이라고 할 수 있다.

사회가 복잡해지고 전문화됨에 따라 이익집단의 수와 다양성이 증가하여 이익집단들 간에 더욱 빈번하게 갈등이 발생하고 심화되기도 하였다. 사익(私益)을 추구하는 이익집단의 수가 증가하면서 시장의 자동조절 기능만으로는 이들의 요구를 합리적으로 해결할 수 없고, 오히려 이들 간에 갈등과 대립을 가중시키는 작용을 하는 일도 빈번하게 발생하였다. 따라서 정부는 규제를 통하여 이들 이익집단 간의 갈등이나 대립을 조정하거나 해결해야 할 필요성을 인식하게 되었다. 정부는 노동자와 사용자, 철도와 화물차 운송업자, 농민과 농산물 구매자, 대기업과 중소기업 간의 갈등을 직접적으로 해결할 의도를 가지고 규제업무를 발전시켜 온 것이다.

이와 같이 경쟁시장이 효율적으로 작용할 수 있는 가정이 약화됨으로써 자신의 경제적 운명을 스스로 결정해야 하는 국민들은 시장장치만으로는 더 이상 자신들이 원하는 경제활동을 원활하게 수행할 수 없게 되었다. 더욱이 시장에 경제적 효율성을 도모할 수 있는 분야가 있다고 하더라도 시장이 이를 적절하게 다루지 못함으로써 불공평성과 같은 또 다른 사회적 문제가 제기되었다. 즉 시장은 때때로 근면하고 열심히 일 하기를 원하는 사람에게 경제적 안정성조차도 보장해 주지 못하는 경우도 발생하게 되었다는 것이다. 이러한 이유로 정부는 사회적 가치를 증진시키고 아울러 경제적 강자로부터 약자를 보호하기 위하여 각종 규제를 실시하게 된 것이다.

## 3 경제적 위험부담의 사회화

개인이나 집단의 능력으로 감당할 수 없는 경제적 위험부담 또는 비용을 정부에 떠넘김으로써 이러한 위험부담 또는 비용을 사회화하려는 노력에서 규제가 발생할 수 있다는 것이다. 이러한 예로 보호관세, 농산물 지원관리(양곡관리), 생산통제(의료, 약제 서비스), 은행저축 보험 등 개인의 경제적 위험부담을 사회화하거나 정유, 보험과 금융, 화물차 운송, 민간항공 등과 같은 산업에서 시장경쟁, 과당경쟁 또는 파괴적 경쟁으로 발생하는 경제적 위험성을 제거하기 위하여 진입을 제한하는 규제를 들 수 있다. 시장작용으로 경제적 이익을 위협받거나 또는 불리해지는 집단은 이러한 위험을 사회화하려고 노력하거나 또는 유치산업의 보호, 공익의 추구, 국방산업의 발전 및 기타 다른 가치 있는 목적을 추구한다는 명분 아래 정부의 보호를 받으려고 할 것이다. 만약 산업육성을 위한 보조금, 금융 또는 세제지원 등까지 논의한다면 이에 대한 예는 많이 제시될 수 있다. 정부 지원 또는 보호를 받으려 하지 않는 경제 집단이 거의 없다는 점을 고려하면 이를 쉽게 이해할 수 있다. 이렇듯 개인의 능력으로는 처리하기 어려운 경제적 위험 부담이나 비용의 사회화를 추구하는 과정에서도 규제를 실시하게 된 것이다.

## 4 정부권력의 이용

경제적 이익을 추구하기 위하여 정부권력을 이용하려는 민간 경제주체의 노력으로 규제가 발생 또는 확대되기도 한다는 것이다. 정부권력은 민간의 권리에 영향을 미칠 수 있으므로 국민과 기업의 자유를 증대시킬 수도 있고 감소시킬 수도 있다. 정부는 개인이나 기업의 능력 및 영향력 행사에 장애가 되는 경제적·사회적 요인을 제거함으로써 그들의 자유로운 의사결정에 영향을 미칠 수 있다.

로위(Theodore J. Lowi)는 민간 경제주체가 사적 이익을 추구하기 위하여 정부권력을 이용하려는 태도에 관하여 연구하였다. 그는 진보주의자와 보수주의자들이 정부권력에 대하여 어떠한 태도를 취하는지를 분석함으로써 이들 두 집단이 가지고 있는 정치적 특성을 구별할 수 있다고 지적하고 있다(Lowi, 1979). 이 연구에 따르면, 1930년대 까지 진보주의자들은 사회개혁을 추진하기 위하여 정부권력을 이용하는 것을 선호해 왔지만 보수주의자들은 이와는 반대되는 입장을 취했다는 사실을 제시하고 있다. 최근에 와서도 정부권력을 이용하려는 이들의 태도에는 별반 차이가 없기 때문에 진보주의자들은 대기업이 도산하는 것은 원하지 않지만 대기업을 규제하는 것을 선호하고 있는 한편, 보수주의자들은 노동조합을 통제하기를 원하는 태도를 나타내고 있다는 것이다. 이 연구를 통해 알 수 있는 것처럼 이익집단이나 기업 등이 자신의 경제적 이익의 추구를 위하여 정부권력을 이용하려는 시도에서 규제가 발생할 수 있다.

이와 같이 정부권력을 이용함으로써 규제가 발생할 수 있다는 논리를 전개한 것을

'포획이론'으로 설명할 수 있다. 포획이론이란 규제에 책임을 지고 있는 정치인이나 규제기관 또는 규제관련 행정관료가 규제해야 할 규제대상자 또는 규제대상기업에게 포획되어 오히려 이들의 이익에 기여할 수 있는 방향으로 규제를 시행한다는 것이다. 이러한 이론은 이익을 중심으로 규제근원을 분석하고 있는 규제근원에 관한 정치이론과 맥을 같이 하는 것이다.

## 5 집합주의로의 이전

1914년 이래 특히 1945년 이후 일부 국가들은 개인주의로부터 집합주의로 이전하는 주요한 제도적 변화를 겪는다. 이는 직접적 통제나 규제뿐만 아니라 육성적 측면에서의 정부개입의 폭을 확대시키는 데 기여하였다. 이처럼 개인주의로부터 집합주의로의 이전현상을 초래한 요인은 다음과 같다.

첫째, 1917년 러시아 혁명으로 사회주의 국가인 소비에트 연방이 출현하여 1928년에 제1차 5개년 경제계획을 추진하기 위하여 전면기획제도를 도입했다. 1945년에는 중국 그리고 두 기간 사이에는 동구의 여러 사회주의 국가들이 건설되어 전면적 기획모형을 도입하였다. 또한 1945년 이후에 탄생한 신생 독립국들도 국가발전을 위한 도구로써 국가기획제도를 도입하였다.

둘째, 부와 소득분배에서의 공평성, 인적 자원의 완전고용, 환경 보호 등이 경제성장에 추가하여 국가발전의 새로운 목표로 등장하게 되었다. 이와 더불어 국가는 정치적 민주화, 법 앞의 평등, 언론과 신앙의 자유뿐만 아니라 경제민주화, 경제기회의 평등 및 빈곤으로부터의 해방을 포함하는 폭넓은 목적을 추구하게 되었다.

셋째, 복지국가의 건설이 국가의 중요한 목적의 하나가 되었다. 사유재산제도를 중시하는 스웨덴 등 스칸디나비아 제국을 중심으로 복지국가의 형태로 집합주의화되었다. 이는 시장이 자유롭게 기능하도록 맡겨 두면 시장이 사회에 한정된 가용 자원을 효율적으로 배분하지 못함으로써 시장성과를 극대화하지 못하는 결과를 초래한다는 시장실패에서 비롯한 것이라고 할 수 있다. 1930년대 세계 대공황과 이로 발생한 대량실업은 19세기 개인주의의 기반을 붕괴하는 원인을 제공했는데, 그 이유는 시장의 자동 조절기능이 제대로 작용하지 못함으로써 시장이 생산한 재화와 서비스가 모두 거래되지 못하였기 때문이다. 이에 따라 정부는 국가의 총생산물 공급을 수용하기에 적합한 수준까지 총유효수요를 끌어올리고 완전고용과 경제안정을 유지하기 위해 민간경제에 개입하기 시작했다.

서구 및 북미의 국가에서 총유효수요의 관리를 통한 경제운용이 국민경제를 발전시키는 데 주요한 정책으로 등장하여 자유방임경제를 대체하게 되었다. 특히 이러한 대체현상은 정치적인 면에서 루스벨트(Franklin D. Roosevelt) 미국 대통령의 뉴딜정책(New Deal)의 일환으로 '공공사업정책'의 추진과 이론적인 면에서 케인즈의 「고용, 화폐 및 이자에 관한 일반이론」이 소개된 후에 현저하게 나타났다. 복지국가 건설에 대한 필요성은 빈곤 문제 특히 '풍요속의 빈곤' 문제로 인해 제기되면서 많은 사회개혁자들에게 관심의 대상이 되었고, 제2차 세계대전의 종말과 더불어 빈곤으로부터의 해방은 공식적으로 전후 세계의 기본적 목적으로 인식되었다.

민간경제에 대한 정부개입의 확대, 즉 집합주의화 현상은 정부가 경제성장을 계획하고 촉진하며 공기업을 직접 설립·운영하고, 대규모 영향력 있는 기업의 운영을 포함한 경제를 규제하는 등 경제안정을 도모하는 데 커다란 역할을 담당하게 했다. 그리고 정부는 인적 자원의 적절한 배분을 위해서 뿐만 아니라 빈곤 타파와 부 및 소득의 재분배시에 공평성을 제고하기 위해 많은 노력을 기울였다. 따라서 오늘날 GNP 또는 일인당 국민소득의 증가로 측정하는 경제성장은 더 이상 유일한 경제발전의 척도가 될 수 없게 되었고 부 및 소득의 균형적 분배, 인적 자원의 완전고용, 자연자원의 유용성 제고, 환경 보호 등이 점진적으로 국가발전 목적에 포함되게 하였다.

넷째, 국가발전의 차원에서 사회발전 개념을 인식하게 되었다. 사회발전은 광범위한 개념으로서 국가발전의 궁극적 목적이라 할 수 있는 인간복지의 증진을 의미하며 일반적으로 질병, 빈곤, 기타 사회악으로부터의 해방뿐만 아니라 물리적·정신적·사회적 건강상태의 증진을 포함하는 복지수준의 포괄적 개선을 포함하게 되었다. 따라서 경제·사회발전을 위해서는 포괄적인 방법이 강구되어야 하고, 이를 위해 전통적 사회로부터 현대 산업사회로 이전되는 사회·경제변화의 과정을 총체적으로 파악해야 할 필요성이 제기되었다. 이러한 변화의 결과로 정부기능 및 행정기관이 확대되고, 이에 따라 정부의 목적 달성을 위해 사용할 수 있는 정책수단 중의 하나인 규제에 대한 관심이 높아졌다.

# 제 3 장 시장과 규제

경제적인 측면에서 규제가 발생한 근원을 고찰하기 위해서는 우선 경제활동의 중심이 되는 시장이 어떻게 운영되는지 구체적으로 검토해 볼 필요가 있다. 시장은 효율적으로 작용하는데 있어서 요구되는 조건을 갖추면, 시장 스스로 사회적으로 바람직한 종류의 재화와 서비스를 효율적인 생산방법으로 생산한다. 이 때 이루어지는 소득분배는 공익에 부합하기 때문에 정부의 시장에 대한 개입이 불필요해진다. 반면에 시장이 효율적 조건을 갖추지 못하면 시장은 더 이상 자원을 효율적으로 배분하지 못함으로써 시장성과를 극대화할 수 없어 자원의 비효율성을 초래한다. 그리고 시장에서 이루어지는 소득분배에 대해 사회가 용납할 수 없을 만큼 불공평하다고 인정할 때, 시장은 사회적 수요를 충족시키지 못할 뿐만 아니라 사회적 불안을 야기할 수 있다. 이러한 경우에 정부는 자원의 효율적 배분과 소득의 공평한 분배를 위하여 시장에 개입하게 된다.

이에 따라 한 나라의 경제는 민간부문의 경제활동과 공공부문의 경제활동으로 구성된다. 민간부문의 경제활동은 시장을 중심으로 이루어지며, 공공부문의 경제활동은 정부를 중심으로 이루어지고 있다. 이는 한 나라의 경제가 시장을 중심으로 운영되지만 시장실패가 나타나는 경우 이를 시정하기 위해 정부가 시장에 개입한다는 것을 의미한다. 즉 시장이 더 이상 자원을 효율적으로 배분하지 못하여 시장실패가 초래되면 그 차선책으로 정부가 효율성을 개선하기 위해 시장에 개입해야 한다는 것이다. 따라서 정부는 시장이 자원을 효율적으로 배분할 수 있는 조건을 갖추도록 힘써야 하며 독과점, 자연독점, 독점적 경쟁, 외부효과, 공공재, 불완전성 등으로 인한 시장의 비효율성을 개선해야 한다. 그리고 국민경제를 안정적으로 유지·발전시키기 위해 물가를 안정시킨다. 동시에 장기적인 경제성장을 도모하고 완전고용을 이루어 실업과 유휴생산 시설을 없애고, 수입과 수출에서 국제수지의 균형을 이루도록 거시 경제를 운영해야 한다. 또한 시장에서 이루어진 소득분배에 대해 사회가 용납할 수 없는 경우에는 소득재분배를 통해 소득분배의 공평성을 모색해야 한다. 따라서 한 나라의 경제는 민간부문과 공공부문이 함께 존재하면서도 서로 독립성을 유지하면서 서로 연계성을 가지고 운영된다. 정부는 국민경제 전체를 효율적이고, 공평하고, 안정적으로 유지·발전시켜야 할 책임을 가지고 있다.

이를 위해 정부가 사용할 수 있는 정책수단은 조세와 보조금, 독점금지법, 다양한 형태의 규제, 비공식적 행정지도(Jones, 1981: 3), 통화량의 조정, 공공서비스의 제공 등이 있다. 이들을 정리해 제시하면, 재정정책, 규제정책, 공기업정책, 금융통화정책 등으로 구분할 수 있다. 이 중 재정정책은 정부가 재정을 근거로 하여 재정수입과 재정지출을 통해 수행하는 정책이며, 규제정책은 정부가 가지고 있는 권력을 바탕으로 수행하는 것이고, 금융통화정책은 시중의 통화량 조정을 통해 수행하는 것이다. 마지막으로 공기업정책은 정부가 재화와 서비스를 생산하는 기업에 투자함으로써 이를 통해 수행하는 정책을 말한다.

여기에서는 시장의 개념을 제시하고, 시장이 어떻게 운영되는지 설명한 후 시장의 효율성에 관해 논의하려고 한다. 그리고 시장실패로 인한 시장의 비효율성에 관해 논의함으로써 규제의 존재 당위성을 제시하고, 이를 바탕으로 규제근원에 대한 경제적 이론에 관해 고찰하려고 한다. 이처럼 경제적 측면에서 시장실패를 보완하거나 시정하기 위해 시행하는 규제는 일반적으로 공익을 궁극적인 목적으로 하는 것이 대부분이므로 규제근원에 관한 공익이론으로 설명할 수 있다.

## 제 1 절 | 시 장

시장은 재화와 서비스가 거래되는 장소 또는 장치를 말한다. 시장에서 재화와 서비스의 생산·공급은 기업이 하고, 이러한 재화와 서비스를 구매하는 사람들은 소비자인 일반 가계이다. 시장에서 일반 가계는 기업에게 재화와 서비스를 생산하는 데 필요한 생산요소인 노동, 자본, 토지 등을 제공하고 기업은 일반 가계가 제공한 생산요소에 대하여 임금, 이자, 지대 등의 형태로 그 대가를 치르며, 이들이 바로 일반 가계의 소득을 구성한다. 그리고 기업은 생산요소를 이용하여 생산한 재화와 서비스를 시장에 판매하고 그 판매대금으로 화폐를 받는다. 즉 시장은 화폐 교환을 통해 유지·운영된다는 것이다. 민간경제에서는 생산이나 소비 또는 판매나 구매 등 경제행위가 일상적으로 발생되고 있는데, 이와 같은 상황에서 화폐나 가격은 거래를 하는데 중요한 매개로서의 역할을 수행하고 있다.

여기에서는 시장의 성격을 살펴보고, 시장경제가 효율적으로 운영될 수 있는 조건에 관하여 제시하려고 한다. 만약 이들 조건이 시장에 실제로 존재하지 않는다면 시장의 효율적 운영은 사실상 불가능하게 될 것이다. 이에 따라 사회는 자원의 효율적 이용을 위해 시장실패를 시정 또는 보완하기 위한 집합적 결정이라는 차선책을 강구하게 된다.

## 1 시장의 운영

민간부문을 구성하고 있는 경제주체 중 소비자인 가계와 생산자인 기업 간에 이루어지는 경제적 거래와 경제활동의 모습을 단순하게 제시하고 있는 것이 단순경제순환모형이다. 이 모형을 통해 가계와 기업이 사회에서 실제적으로 수행하는 경제활동을 고찰해 봄으로써 민간부문을 구성하고 있는 경제주체인 기업과 가계의 경제적 행태를 이해할 수 있다.

### 1) 가계

가계란 구성원 개인들이 어떻게 소득을 벌어들이고 소비할 것인지를 결정하는 소비자들로 구성된 집단으로서 다음과 같은 특성을 가지고 있다.

첫째, 가계는 두 가지 기본적인 결정을 하는데 이는 가계의 예산과 관련되어 있다. 가계는 얼마만큼의 소득을 어떻게 벌어들일 것인지 그 수준과 방법을 결정해야 할 뿐만 아니라 벌어들인 소득을 어떻게 적절히 배분할 것인지 그 사용용도를 결정하여야 한다.

둘째, 가계는 화폐란 매개를 수단으로 거래하며, 이 때 화폐는 벌어들인 것 자체를 의미한다. 또한 화폐는 가계가 재산을 가치화하고 부를 축적하여 재화와 서비스의 구입에 관한 대안들을 평가할 수 있는 수단을 제공한다.

셋째, 가계는 시장에 팔 수 있는 생산요소를 가지고 있다. 가계는 가계구성원이 필요로 하는 재화와 서비스를 구입하는 데 필요한 소득을 벌어들이기 위해 가계가 소유하고 있는 생산요소인 토지, 노동 및 자본을 각각의 시장에서 판매한다.

넷째, 가계는 달성하고자 하는 목적을 가지고 있다. 목적이 없다면 가계는 어떻게 그리고 얼마나 소득을 벌어들이고 어떻게 쓸 것인지에 대해 관심을 가질 필요가 없다. 가계가 어떤 결정을 하든지 간에 가계는 가능한 한 높은 효용가치를 누리기 위한 결정을 하여야 한다.

### 2) 기업

기업은 개인들이 소유·운영하는 생산조직을 말한다. 기업은 가계로부터 생산요소를 구입하여 이를 재화와 서비스로 전환해 다시 가계에 판매함으로써 수익을 벌어들인다. 기업의 특성은 다음과 같다.

첫째, 기업은 무엇을 얼마나 생산할 것인지 그리고 이를 위해 어떤 종류의 생산요소를 투입할 것인지를 결정하여야 한다. 예를 들어 기업은 생산물을 생산하는 데 노동력에 비하여 자본을 얼마나 고용할 것인지를 결정하여야 한다.

둘째, 기업은 가계처럼 화폐로 거래한다. 기업에게 화폐는 재산소유수단, 가치측정수단 그리고 기업이 투입물과 산출물을 구입·판매하는 데 사용하는 매개로서의 역할을 한다.

셋째, 기업은 가계처럼 목표를 가지고 있어야 한다. 기업이 존재하는 이유는 수익에서 비용을 빼고 남는 잉여 부분인 이윤을 얻기 위한 것이다. 더욱이 기업은 생산요소를 구입하여 재화와 서비스를 생산하고 판매하는 과정을 통하여 가능한 많은 이윤을 얻으려고 노력한다. 따라서 기업은 이윤을 극대화하려는 목적을 가지고 있고 토지·노동·자본과 같은 생산요소를 생산과정에 투입하며 재화와 서비스의 산출에 필요한 기술을 가지고 있다.

### 3) 시장

시장은 재화와 서비스에 대한 소비자와 생산자 간에 거래하는 장소 또는 장치를 말한다. 소비자이든 생산자이든 시장에서의 거래를 위해서는 거래대상인 재화와 서비스가 있어야 한다. 기업은 재화와 서비스를 생산하여 생산물을 시장에 팔아서 총수익을 벌어들인 후, 이를 재화와 서비스를 생산하는 데 투자한다. 가계는 생산요소시장에서 생산요소를 팔고 벌어들인 소득으로 소비하는 데 지출하고 나머지는 미래의 소비를 위해 저축한다. 이 때 기업의 경제활동에 대한 의사결정과 가계의 경제활동에 대한 의사결정 그리고 이들 간에 시장에서 이루어지는 상호작용을 통틀어 시장경제라고 한다. 이러한 시장경제가 어떻게 운영되는지를 보여주는 것을 단순경제순환모형이라고 한다.

시장경제의 모형을 제시하기 위하여 기업과 가계부문의 동적 과정을 설정하여 이들이 어떻게 상호작용하는지 이해할 필요가 있다. [그림 3-1]은 시장경제의 개념을 도식화한 것으로서 이러한 도식은 기업과 가계가 어떻게 연계되어 있는지 그 모습을 보여주기 위한 것이다. [그림 3-1]은 상반부에 한 쌍의 흐름과 하반부에 다른 한 쌍의 흐름을 결합하여 구성한 것이다.

그림의 상반부는 화폐 및 재화와 서비스의 흐름을 나타내고, 하반부는 화폐 및 생산요소의 교환을 나타내고 있다. 이는 가계가 재화와 서비스를 구입한 대가로 기업에게 화폐를 지불하는 것과 동시에 기업이 생산요소를 구입하는 대가로 가계에 화폐를 교환하는 모습을 보여 주고 있다. 기업으로부터 가계로 가는 화폐의 흐름은 가계의

[그림 3-1] 단순경제순환모형

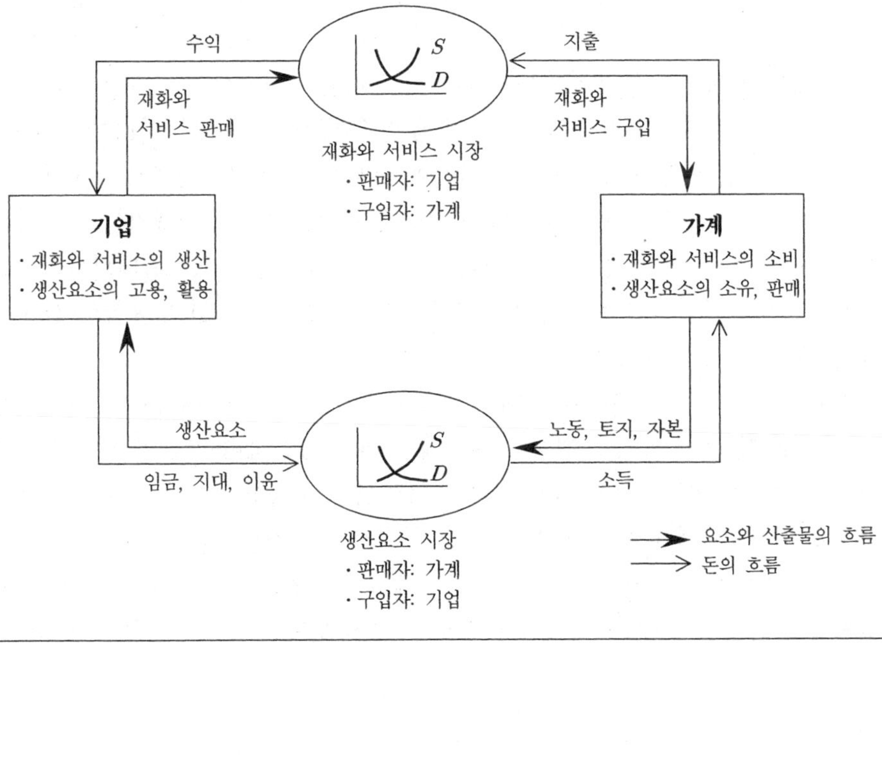

소득이 되고 이러한 소득은 노동에 대하여는 임금, 자본에 대해서는 이자, 토지에 대하여는 지대라는 형태를 취하고 있다. 상반부는 소득을 벌어들인 가계가 재화와 서비스를 구입하기 위하여 소득을 지출하는 모습을 나타낸다. 이러한 과정을 통해 이루어지는 화폐의 흐름은 기업에게 수익이 되고 기업은 이러한 수익을 가지고 생산물을 생산하는 데 필요한 생산요소인 토지, 노동 및 자본을 구입하는 데 사용한다. 생산요소의 구입은 기업의 '생산비용'을 나타내고 수익에서 생산비용을 지불하고 남은 것이 '기업의 이윤'이 된다.

기업과 가계는 최종재와 생산요소를 팔고 사는 유통과정에서 상호작용하고, 이러한 과정은 계속 순환되어 가계가 지출한 소득은 기업의 수익이 되며 기업은 이를 생산요소의 구입에 지출한다. 이 과정에서 기업에게 수익이었던 것이 생산비용이 되고 이것 또한 가계의 소득이 된다. 민간경제에서 재화와 서비스 그리고 생산요소의 거래가 이루어지고, 이에 대한 화폐의 교환을 가능하게 하는 장소 또는 장치를 시장이라 한다. [그림 3-1]은 시장을 통과하는 상·하 고리를 나타내고, 시장은 민간경제의 중요한 연결고리의 역할을 수행하고 있다. 시장 없이는 거래의 대상이 되는 재화 또는 서비스와 생산요소의 교환 비율이 정해질 수 없으며 바로 이러한 교환 비율은 가격을 의미한다.

이러한 점에서 볼 때, 시장은 민간경제를 운영하는 자동조절기능을 수행하고 있다. 각 시장에는 소비자인 구매자와 생산자인 판매자라는 두 개의 집단이 있고, 시장가격은 이들 모두의 욕구를 만족시키는 조건에서 결정된다. 즉 시장의 특징은 시장 외부의 어떠한 개입 없이도 자동조절기능을 수행할 수 있다는 것이며, 이러한 자동조절기능은 수요와 공급의 법칙이 작용하기 때문에 가능하다. 교환과정에서 구매자는 시장에서 재화나 서비스에 대해 지불용의를 나타내고 마찬가지로 판매자는 시장에서 다양한 가격수준에 특정한 수량의 재화와 서비스를 판매하겠다는 판매의사를 표현한다. 사고 팔려는 구매자와 판매자의 의사가 [그림 3-2]에 제시된 수요곡선($DD$)과 공급곡선($SS$)에 반영되어 있다.

시장에서 나타나는 구매자와 판매자의 욕구나 의사는 서로 대치된다. 생산자는 높은 가격으로 더 많이 팔기를 원하기 때문에 가격이 상승하면 그들이 팔고자 하는 수량을 증가시키려 할 것이다. 이에 따라 공급곡선은 우상향의 기울기를 가지고 있고, 이것은 보다 높은 가격에 더 많은 수량을 공급하려고 하는 판매자의 의사를 나타내는 것이다. 반대로 구매자는 낮은 가격에 구매하기를 원하기 때문에 가격이 떨어져야 수요량을 증가시킬 것이다. 이러한 이유로 인해 수요곡선은 우하향의 기울기를 가지

[그림 3-2] 시장수요와 시장공급

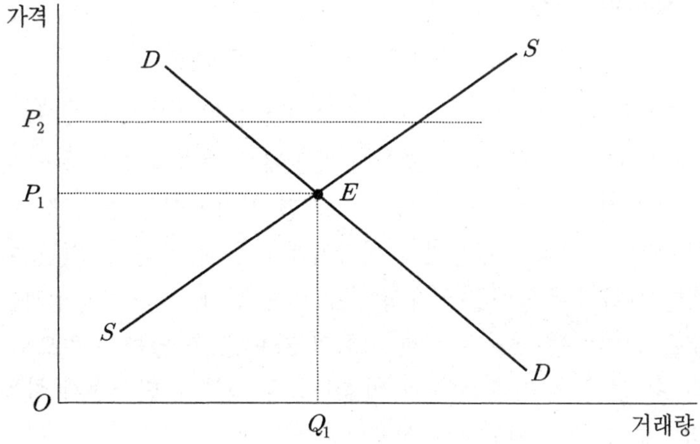


게 된다. 시장에서 수요곡선은 공급곡선과 만나고 이에 따라 거래될 재화와 서비스의 균형가격과 균형거래량이 결정된다.

[그림 3-2]에서 균형가격은 $P_1$이고 그 가격에 시장이 생산하는 균형거래량은 $Q_1$이다. 수요곡선과 공급곡선이 상호 교차하는 균형점은 $E$로 표시되어 있다. 만약 가격이 $P_1$보다 높은 $P_2$라면 균형은 유지될 수 없다. 판매자가 $P_2$에 판매하려는 수량은 근본적으로 구매자가 구입하려는 수량보다 더 크기 때문에 이런 상황에서는 생산물을 모두 팔 수 없게 되며, 판매자는 가격을 내리기 시작할 것이다. 그러면 경쟁자들도 시장에서 탈락하지 않기 위해 같은 가격에 팔려고 가격을 인하하기 시작할 것이며 $P_1$에서만 공급량이 수요량과 동일하게 된다. 결국 가격이 변동할 가능성이 없어지게 되므로 $P_1$은 균형가격이 되고 $Q_1$은 균형거래량이 된다.

이러한 작용을 통해 시장은 국민경제의 민간부문에서 중요한 연결고리로서 역할을 하게 되며, 거래의 성사로 인해 가격이 형성되고 소득·비용 및 수익이 결정된다. 이처럼 시장은 구매자를 판매자에게 가계를 기업에게 연결시키고 화폐, 생산요소 및 재화와 서비스가 순환·유통되는 경로를 제공하는 역할을 한다.

## 2 시장의 효율적 조건

민간경제 활동의 중심이 되는 시장이 효율적으로 작용하기 위해서는 갖추어야 할 조건들이 있다. 바꾸어 말해, 이들 조건이 시장에서 충족되지 못하면 시장이 효율적으로 자원을 배분하지 못한다는 것이다. 그러면 시장거래를 통해 소비자가 얻을 수 있는 이득인 소비자 잉여와 생산자가 시장거래를 통해 얻을 수 있는 이득인 생산자 잉여의 합계인 사회적 총잉여를 극대화할 수 없게 된다. 이는 시장성과를 극대화하지 못한다는 것을 의미하는 것으로서 한 사회의 가용할 수 있는 자원으로 경제적 후생을 극대화할 수 없다. 이러한 시장의 비효율성은 정부가 민간경제 활동에 개입하는 것을 불가피하게 만드는 원인으로 작용한다.

### 1) 완전경쟁

시장이 효율적으로 작용하기 위해서는 모든 시장에 완전경쟁이 존재하여야 한다. 완전경쟁시장은 소비자와 생산자가 매우 많아서 개별 소비자나 생산자가 시장가격에 거의 영향을 미치지 못하는 시장을 말한다. 다수의 생산자가 동일한 재화와 서비스를 판매하고 있기 때문에 특정한 생산자가 가격을 마음대로 결정할 수 없다. 어느 생산자도 시세보다 낮은 가격에 판매할 이유도 없으며, 혹시 다른 생산자보다 높은 가격을 받으면 소비자들이 다른 생산자에게 구매하려 할 것이다. 한편 개별 소비자가 구입하는 수량은 전체 시장에서 거래되는 수량에 비해 극히 적기 때문에 역시 시장가격에 영향을 미칠 수 없다.

완전경쟁시장이 갖추어야 하는 조건은 시장에서 거래되는 재화와 서비스가 동일하고, 소비자와 생산자의 수가 너무 많아서 개별 소비자와 생산자는 시장가격에 영향을 미치지 못한다는 두 가지 조건을 충족해야 한다. 완전경쟁시장에서는 수많은 소비자들의 지불용의가 반영되는 시장수요와 수많은 생산자의 판매의사가 반영되는 시장공급이 결합하는 점에서 결정되는 균형가격을 받아들여 거래할 수밖에 없으므로 이들을 가격수용자라고 한다. 균형가격에서 소비자들은 구매하기 원하는 수량만큼 살 수 있고, 생산자는 판매하기 원하는 수량만큼 팔 수 있으므로 소비자와 생산자 모두 만족스런 상태이다. 이러한 이유로 균형가격을 시장청산가격이라고도 한다.

만약 한 거래자가 공급이나 수요를 통제함으로써 가격에 영향을 미칠 수 있을 만큼 충분한 시장지배력을 가지고 있다면, 시장에서의 경쟁은 불완전한 것이 될 것이다. 하나 또는 소수의 판매자가 공급을 통제하는 경우에 이러한 시장을 독과점적이라고 한다. 수요독점이나 공급독점처럼 시장지배력이 나타나면, 시장은 효율적으로 자동조절기능을 수행할 수 없으므로 완전경쟁시장과는 상이한 가격이 결정되고 자원배분의 비효율성과 경제적 낭비가 초래되어 사회의 경제적 후생을 낮게 하는 부작용을 초래한다.

### 2) 비용체증

생산 규모가 고정되어 있다는 것을 전제로 할 때, 재화와 서비스의 산출량을 늘리기 위해서는 생산과정에 투입해야 할 생산요소를 늘릴 수밖에 없다. 이처럼 재화와 서비스의 생산과정에서 소요되는 생산요소의 투입량과 재화와 서비스의 산출량과의 관계를 곡선으로 제시한 것이 생산함수이다. 이러한 생산함수는 어느 생산요소의 투입량을 한 단위 증가시킬 때 창출되는 산출량의 증가분, 즉 생산요소의 투입에 따른 한계생산물의 크기를 곡선으로 제시한 것으로서 투입량이 증가할수록 생산함수의 기울기가 보다 평평해진다. 이는 투입량이 늘어나는 데 따라 한계생산물이 줄어드는 한계생산물체감현상을 반영하는 것이다.

생산함수를 비용곡선으로 전환시킴으로써 산출량과 총비용과의 관계를 곡선으로 나타낸 것이 총비용곡선이다. 총비용곡선은 산출량이 증가하는 데 따라 그 기울기는 점점 급해지지만, 생산함수의 기울기는 점점 완만해진다. 두 곡선의 기울기는 상반되지만 그 내용은 같은 의미를 가지고 있다. 산출량이 늘어난다는 것은 고정되어 있는 생산과정에 투입량이 늘어난다는 것을 의미하고, 이로 인해 생산과정이 복잡해질 것이다. 그러면 투입된 생산요소 한 단위의 한계생산물이 줄어들고 이는 거꾸로 총비용의 증가를 초래하는 것이다. 이처럼 투입량이 늘어남에 따라 총비용이 증가하고, 각 생산 규모에서 초래되는 총비용을 생산량으로 나눈 것이 단위 비용, 즉 평균비용이다.

경제를 구성하고 있는 각 산업에서 재화와 서비스의 생산량이 증가하는 데 따라 평균비용이 체증하는 경우에만 시장에 경쟁이 이루어질 수 있다. 만약 비용체증이 존재하지 않고 비용이 체감하면, 한 재화와 서비스를 생산하는 첫 번째 생산자는 생산량이 증가하는 데 따라 평균비용이 지속적으로 체감한다는 사실을 알게 될 것이다. 재화와 서비스의 생산량을 늘리는 데 따라 평균비용이 하락하거나 일정한 수준을 유지할 때 자연독점이 발생할 수 있다. 자연독점이라고 하는 이유는 독점기업이 경쟁기업을 시장에서 축출하기 위하여 어떤 행위를 하지 않아도, 재화와 서비스의 생산량을 증가시키기만 하면 특정 생산 규모에서 자연적으로 산업 전체의 판매를 독점할 수 있기 때문이다. 이러한 자연독점은 기업의 생산·기술적 요인이 계속 생산비용을 저렴하게 만들기 때문에 발생하는 것이다.

따라서 시장에 완전경쟁이 이루어지기 위해서는 동일한 재화와 서비스가 거래되는 시장에 효율적인 소규모의 기업들이 다수 존재하여 생산량을 증가시키는 데에 따라 단위당 생산비용, 즉 평균비용이 증가하는 상황이 되어야 한다.

### 3) 배제성

배제성의 원칙은 시장이 이상적으로 작용하기 위해서는 재화와 서비스 및 생산요소의 이용과정에서 초래하는 편익이나 비용이 당사자에게만 국한해야 한다는 성격을 말한다. 재화와 서비스 등과 같은 생산물이 배제성을 갖기 위해서는 재화와 서비스의 구매자 외에 다른 사람들은 그 재화와 서비스가 제공하는 만족이나 편익으로부터 제외되어야 한다는 것을 의미한다. 예를 들어, 양말은 배제성 원칙에 부합하는 재화이다. 왜냐하면 양말을 구입할 때 양말을 구입한 사람 외에 어느 누구도 양말을 신음으로써 얻는 편익을 향유할 수 없기 때문이다. 이와 대조적으로 간염 예방접종은 배제성 원칙에 부합되지 않는 경우로서 예방접종을 한 사람은 예방주사를 맞음으로써 간염에 전염되지 않는 편익을 받게 되지만, 그 편익이 전적으로 비용을 지불한 사람에게만 국한되지 않고 다른 사람에게 간염을 전염시키지 않게 된다. 이는 결과적으로 다른 사람들에게도 편익을 주게 되는 것이다. 이처럼 다른 사람들이 편익에 대한 대가를 보상하지 않고도 편익을 받게 되는 경우가 발생하면, 배제성의 원칙이 적용되지 않게 된다.

위의 두 경우에서처럼 배제성의 원칙이 적용되지 않는 경우에 외부효과가 나타난다고 한다. 이 때에는 외부편익 또는 비용에 대한 적절한 보상이 이루어지지 않으므로 제3자에게 편익 또는 비용이 파생된다. 이러한 파생효과가 존재할 때, 수요곡선은 사회의 완전한 지불의사를 포착하지 못하게 되고, 공급곡선은 사회에 초래한 모든 비용을 포착하지 못하게 된다. 예를 들어, 수요곡선은 단지 구매자의 지불용의만 포착할 뿐, 어떤 행동도 취하지 않고 간접적으로 편익을 받는 사람들의 지불용의는 포착하지 못하게 된다. 만약 이러한 현상이 발생하면 시장의 가격은 모든 지불용의(편익)와 판매의사(비용)를 반영하지 못한 것이므로 시장이 왜곡된다. 그러면 생산자는 재화와 서비스를 너무 적게 또는 너무 많이 생산하게 될 것이다. 따라서 시장에서 결정된 가격에 외부효과로 발생한 비용과 편익의 가치가 내부화[1)]되지 않으면 자원의 비효율적 배분으로 인해 자원의 낭비가 초래된다.

### 4) 공공재의 부재

공공재란 배제성의 원칙이 전혀 부합되지 않는 것으로서 완전한 외부편익효과를 나타내는 재화와 서비스를 말한다. 즉 한 국민이 공공재를 갖게 되면, 모든 국민이 동일한 수량의 공공재를 갖게 되고, 국민 누구도 공공재의 편익으로부터 배제될 수 없다. 이처럼 재화와 서비스가 배제성이 없으면 사람들은 '무임승차'할 유인을 가지게 되는데, 무임승차자란 어떤 재화와 서비스를 소비하여 이득을 보았는데도 불구하고 이에 대한 대가를 지불하지 않는 사람을 말한다. 사람들은 돈을 내고 재화와 서비스를 구입하기보다는 무임승차할 유인이 있으므로 시장에서 효율적인 수량의 재화와 서비스가 공급될 수 없다.

이러한 재화와 서비스의 전형적인 예로 등대를 들 수 있는데, 바닷가에 서 있는 등대에 불이 켜져 깜빡이면 바다에 있는 모든 배들은 그 서비스로부터 편익을 받을 수 있으며 어떤 배도 그 편익에서 배제될 수 없다. 다른 예로는 국방이라고 불리는 공공재를 들 수 있는데, 국민이라면 누구나 국방의 혜택에서 배제되지 아니한다. 만약 국민들 중 어떤 사람이 외국의 침략으로부터 보호를 받게 되면, 모든 사람이 동시에 보호를 받게 된다. 또한 가로등을 예로 들면, 고속도로를 따라 설치되어 있는 가로등에 불이 켜지면, 고속도로를 주행하는 모든 차량의 운전자들은 그로부터 편익을 받게 되고 어떤 운전자도 그 편익에서 제외될 수 없다. 따라서 어떤 재화가 공공재적 성격을 가지고 있다면 그 생산이 사회의 이익에 부합하는 것이라 할지라도 시장에만 맡기면 이러한 재화와 서비스는 사회에 생산 · 공급될 수 없다. 그러면 정부가 당연히 이러한 문제를 해결해야 한다. 즉 공공재는 배제성이 없기 때문에 무임승차 문제로 인해 민간기업이 공공재를 공급하는 것이 불가능하면 정부가 대신 생산 · 공급해야 한다는 것이다.

### 5) 완전한 정보

시장이 효율적으로 작용하려면 모든 소비자와 생산자는 시장에서 경제활동을 결정할 때 선택가능한 모든 대안들과 각 대안들이 갖고 있는 성격 및 특성에 대한 완전한

---

1) 내부화란 외부효과로 초래되는 비용이나 편익을 재화와 서비스 가격에 반영함으로써 시장성과를 개선하는 것을 말한다.

정보를 가지고 있어야 한다. 완전한 정보를 가져야만 재화와 서비스를 구매하려는 모든 소비자의 지불용의와 그 재화와 서비스를 공급하려는 생산자의 판매의사가 시장에서 조절될 수 있을 것이다. 소비자는 재화와 서비스를 구입하는 데 필요한 소득을 어떻게 벌 것인지, 그리고 사용가능한 소득으로 효용가치를 극대화하기 위해 어떤 용도에 지출할 것인지 합리적인 결정을 해야 할 것이다. 한편 생산자는 이윤추구라는 목적을 달성하기 위해 어떤 재화와 서비스를 얼마만큼 어떤 방법으로 생산할 것인지 합리적인 결정을 해야 한다. 이처럼 소비자와 생산자가 각자 추구하는 목적을 극대화할 수 있는 합리적인 결정을 위해 이들 결정에 요구되는 완전한 정보를 가지고 있어야 한다.

만약 완전한 지식이 없는 경우에는 시장에 나타나는 지불용의와 판매의사는 단지 부분적인 정보에 바탕을 둔 것에 지나지 않게 된다. 왜냐하면 소비자와 생산자가 완전한 대안들을 알고 이에 따라 의사결정을 한 것이 아니기 때문이다. 단지 부분적인 정보에만 의존할 경우에는 시장수요와 시장공급은 모든 소비자의 지불용의와 생산자의 판매의사를 반영하지 못하고, 이에 따라 시장은 효율적으로 작용할 수 없다. 그러므로 시장이 효율적으로 작용하기 위해서는 시장에 참여하는 모든 소비자와 생산자가 합리적인 선택을 하는 데 도움을 줄 수 있는 완전한 정보를 가지고 있어야 한다.

### 6) 완전한 이동성

완전한 이동성이란 물적·인적 자원 등 모든 생산요소가 어느 부문으로든 자유로이 이동할 수 있어야 한다는 것을 말한다. 즉 노동은 한 지역에서 다른 지역으로, 한 직업에서 다른 직업으로 이동할 수 있어야 하며 원료의 공급이 한 기업에 의해 독점되어서는 안 되고 기업들은 산업이나 생산활동에 자유로이 참여할 수 있어야 한다는 것이다.

만약 자원이 이동성을 가졌다면 자원은 가격의 변화에 따라 경제적 이득을 보장할 수 있는 용도로 자유로이 이동할 수 있을 것이다. 이는 소비자 및 생산자의 결정은 가격이라는 시장신호가 변함에 따라 변경될 수 있어야 한다는 것이다. 가격수준의 변화에 따른 수요의 변화는 하향적으로 나타나는 수요곡선에 그리고 가격수준의 변화에 따라 변화하는 공급은 상향적으로 나타나는 공급곡선으로 설명될 수 있다. 이와 같이 가격에 따라 수요와 공급이 변화함으로써 자원이 여러 방향으로 이동되어 이용될 것이다.

완전한 이동성이 보장된 시장에서 각 개인은 가격변동에 따라 지출과 소득창출의 유형을 변경하려고 할 것이다. 노동자들의 경우, 완전히 이동 가능한 근로자들은 최대효용을 확보하기 위하여 임금의 차이에 따라 각기 다른 직장으로 자유로이 이동할 것이다. 마찬가지로 소비자는 가격의 변동에 따라 구입했던 생산물을 다른 것으로 교체할 수 있을 것이다. 기업들은 자본을 노동력으로 대체함으로써 자본가격에 대한 노동력의 상대적 가격의 하락에 대응하려고 할 것이다. 만약 시장에 완전 이동성이 보장되어 있지 않으면 시장에서의 수요와 공급은 자원 이용의 왜곡현상을 초래할 수밖에 없다.

## 3 시장의 기능

만약 시장이 효율적으로 작용할 수 있는 모든 조건이 갖추고 있다면, 시장에서 창출하는 것보다 큰 국민총생산, 즉 경제적 후생을 극대화할 수 있는 사회적 장치는 있을 수 없다. 이러한 이유 때문에 시장은 경제활동을 가장 잘 조직화하는 수단으로 알려져 있다. 모든 경제제도는 시장을 통하여 사회적으로 요구되는 재화와 서비스의 종류를 가장 효율적인 생산방법으로 생산해낼 수 있고, 이 때에 이루어지는 소득분배가 사회적으로 용인 가능한 것이 될 때 가장 이상적으로 운영된다고 할 수 있다.

### 1) 재화와 서비스의 종류

효율적으로 작용하는 시장은 소비자 선호가 완전히 시장에 표현되어 수요곡선에 포착된다. 마찬가지로 이들 선호를 만족시키는 데 소요되는 총사회비용은 공급곡선에 반영된다. 결과적으로 시장이 수요와 공급을 조화시킬 수 있을 때 시장은 재화와 서비스를 생산하는 데 소요되는 비용이 편익을 초과하는 어떤 생산물도 생산하지 못하게 한다. 이처럼 이상적인 시장은 소비자의 수요가 지불하고자 하는 의사에 반영되고, 이에 따라 그 공급이 이루어짐으로써 소비자의 필요에 부응하여 작용한다고 할 수 있다. 따라서 시장은 소비자들이 가장 원하는 가치 있는 재화와 서비스를 생산하는 수단이 될 수 있다.

### 2) 생산방법

시장은 사회적으로 바람직한 종류의 재화와 서비스를 가장 효율적인 방법, 즉 가장 저렴한 방법으로 생산할 수 있을 것으로 기대되고 있다. 이것은 적어도 두 가지 이유 때문에 가능한데, 첫째는 시장의 경쟁이 산업에 참여하고 있는 모든 기업들로 하여금 경쟁에서 살아남기 위해 생산기술을 개발하여 저렴한 비용으로 생산물을 생산·공급할 수 있도록 동기를 부여하기 때문이다. 이에 따라 각 기업은 효율적인 방법으로 재화와 서비스를 생산해야 하는 지속적인 압력을 받게 된다.

두 번째 이유는 한 기업이 어떻게 재화와 서비스를 생산할 것인지 하는 생산방법의 선택과 관련이 있다. 기업은 노동과 비교해 얼마만큼의 자본을 고용할 것인가를 결정해야 한다. 기업은 이윤을 극대화하려고 하기 때문에 노동을 추가로 고용하는 데 지불하는 비용이 그만큼의 가치를 창출하지 못한다면 어떤 노동도 추가로 고용하려고 하지 않을 것이다. 즉 기업은 한 단위의 노동을 추가로 고용하여 그보다 큰 가치를 창출할 수 있을 때에만 노동을 추가로 고용하려고 할 것이다. 자본에 대하여도 마찬가지 논리를 전개해 볼 수 있다. 그러므로 이윤 동기에 따르면 노동이나 자본이 적어도 그에 소요되는 비용만큼 소득을 창출해내지 못하는 경우에는 어떤 노동이나 자본도 고용하지 않으려고 할 것이다.

### 3) 소득 및 재화와 서비스의 분배

시장에서 결정된 소득분배가 공평성에 부합한다고 사회적인 합의가 이루어져 국민들이 수용할 수 있다면, 시장은 공평성의 확보에 기여한다고 볼 수 있다. 만약 개인의 소득이 국민총생산에 대한 생산요소의 기여도로 결정되고, 노동, 토지, 자본 등 생산요소에 대한 국민들 간의 분배가 사회적으로 인정될 수 있는 것이라면 시장은 소득분배의 문제를 합리적으로 해결할 수 있는 방법을 제시할 수 있다. 여기에 내재된 의미는 시장을 통해 고용된 생산요소의 마지막 단위가 국민총생산에 기여한 가치만큼 보상이 이루어지면 사회적으로 수용 가능한 소득분배가 이루어진다는 것이다. 즉 '기여도에 따른 보상의 원칙'이 소득분배를 위한 윤리적 근거로서 인정될 수 있다면 시장은 소득분배 문제를 합리적으로 해결할 수 있다는 것이다.

## 4 시장의 유형 및 효율성

시장은 완전경쟁시장만 존재하는 것이 아니고 불완전경쟁시장도 있으며, 불완전경쟁시장에서는 시장을 왜곡시켜 자원의 비효율성이 초래된다. 여기에서는 시장의 유형을 크게 완전경쟁시장과 불완전경쟁시장으로 나누고, 다시 불완전경쟁시장의 유형을 독점, 과점, 독점적 경쟁시장 등 세 가지로 분류해 논의하려고 한다. 이 중 완전경쟁시장은 자원을 효율적으로 배분해 시장성과를 극대화할 수 있는 것으로서 시장의 효율성이 이루어진다. 한편 불완전경쟁시장은 모든 자원을 효율적으로 배분하는 데 요구되는 조건을 갖추지 못하고 있기 때문에 시장의 비효율성이 초래된다. 그러면 불완전경쟁시장의 비효율성을 시정하기 위해 정부가 시장에 개입하게 된다.

### 1) 완전경쟁시장의 효율성

완전경쟁시장은 수많은 생산자와 소비자가 존재하고, 시장에서 거래되는 재화와 서비스가 동일해야 한다. 이러한 조건 때문에 어떤 개별 소비자 또는 어떤 개별 생산자도 시장가격에 영향을 미칠 수 없고 시장에서 결정된 가격에 거래할 수밖에 없는 가격 수용자의 입장에 있다. 그리고 장기적으로는 시장의 자유로운 진입과 퇴출이 가능해야 한다. 이러한 장기적 조건에서는 기업의 이윤은 0(zero)이 될 수밖에 없다. 이러한 시장에서는 시장성과가 극대화됨으로써 시장성과를 반영하는 소비자 잉여와 생산자잉여의 합인 사회적 총잉여가 극대화된다. 그러면 소비자와 생산자를 모두 만족시켜 사회의 경제적 후생을 극대화할 수 있으며, 이 때 시장의 효율성이 이루어진다고 한다.

#### (1) 소비자 잉여

소비자 잉여란 소비자가 시장에서 거래함으로써 얻을 수 있는 이득을 말한다. 이러한 이득은 소비자의 지불용의라는 개념을 사용해 측정할 수 있다. 지불용의란 시장에서 거래되는 재화와 서비스의 각 가격수준에 얼마만큼 구매하겠다는 구매자의 의사를 나타내는 것이다. 가격 외에 수요량에 영향을 미치는 요인들이 고정되어 있다고 가정하고,[2] 가격과 수요량과의 관계를 제시하는 수요곡선이 바로 지불용의를 나타내는 것이다. 예를 들어 물건을 구입하기 위해 가게에 들어갔을 때 구매하려고 하는 물건의 가격이 이를 구입해 소비함으로써 얻을 수 있는 효용가치보다 클 것으로 기대하면 그 금액을 지불하고 물건을 구매할 것이다. 반대로 그 효용가치가 가격으로 지불한 금액보다 적을 것으로 기대한다면 구매하지 않을 것이다. 따라서 지불용의는 구매하려고 하는 물건의 가격보다 그 물건을 구입해 소비함으로써 누릴 수 있는 효용가치가 클 때 나타나는 것으로서, 그 물건의 가격을 지불하고 구매하겠다는 의사를

2) 가격 외에 수요량에 영향을 미치는 변수로 소득, 연관재의 가격, 취향, 미래에 대한 기대, 구입자의 수 등이 있으며, 이들 변수의 변화는 수요곡선을 이동시키는 수요의 변화를 초래한다.

[그림 3-3] 소비자 잉여

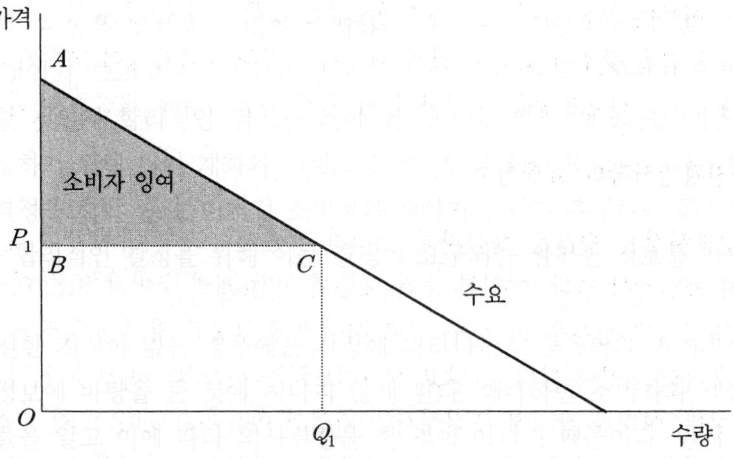


나타내는 것이다. 즉 지불용의는 소비자가 구매한 재화와 서비스로부터 누릴 수 있는 효용가치라고 할 수 있다. 따라서 소비자잉여를 [그림 3-3]으로 표시하면 지불용의를 나타내는 수요곡선의 아래, 그리고 실제로 지불한 금액이 반영된 가격선 위의 삼각형 *ABC*와 같이 제시할 수 있다.

### (2) 생산자 잉여

생산자잉여는 생산자가 시장에서 거래해 얻을 수 있는 이득을 말하는 것으로서 이러한 이득은 판매의사라는 용어로 측정할 수 있다. 여기서 비용은 경제적 비용인 기회비용을 말하는 것으로서 판매자는 재화와 서비스 한 단위를 생산하는 데 든 비용을 충당할 수 있는 가격을 받을 수 있어야 비로소 재화와 서비스를 생산해 판매하려고 할 것이다. 이 때 비용에 상응하는 가격이 바로 판매의사를 나타내는 것이다. 생산자가 생산해 시장에 내놓은 물건을 팔아서 받는 가격이 적어도 그 재화와 서비스 한 단위를 생산할 때 든 비용을 충당할 수 있어야 판매의사가 나타난다는 것이다. 가격 외에 공급량에 영향을 미칠 수 있는 다른 요인들이 모두 고정되어 있다는 가정 하에,[3] 가격과 공급량의 관계를 곡선으로 제시한 것이 공급곡선이다. 수평선에서 공급

3) 가격 외에 공급량에 영향을 미치는 변수로는 요소가격, 기술, 미래에 대한 기대, 판매자의 수가 있으며, 이들 변수의 변화는 공급곡선을 이동시키는 공급의 변화를 초래한다.

[그림 3-4] 생산자잉여

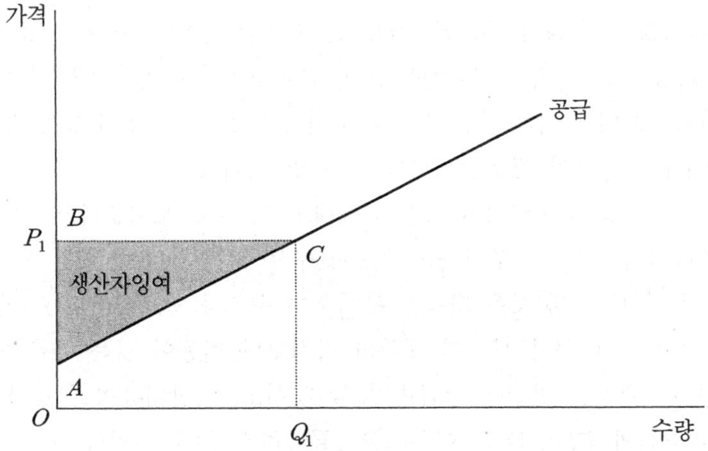


곡선의 높이는 각 생산 규모에서 재화와 서비스 한 단위를 생산할 때 드는 비용을 나타내는 것이다. 생산자가 시장에서 받은 금액을 반영한 가격선의 아래, 그리고 각 생산 규모에서 재화와 서비스 한 단위를 생산하는 데 든 비용을 나타내는 공급곡선 위의 삼각형이 생산자잉여를 나타내는 것이다. 이를 그림으로 나타내면, [그림 3-4]의 $ABC$로 표시할 수 있다.

(3) **사회적 총잉여**

사회적 총잉여는 시장성과를 나타내는 경제적 후생을 측정하기 위한 지표로서 소비자잉여와 생산자잉여의 합을 말한다. 이는 등식으로는 사회적 총잉여=소비자잉여(소비자가 누리는 효용가치-소비자가 지불한 금액)+생산자잉여(공급자가 받는 금액-공급자가 치르는 비용)로 제시할 수 있다. 이 등식에서 소비자가 지불한 금액과 공급자가 받는 금액은 일치하므로 이들을 상쇄시키면, 총잉여=소비자가 누리는 효용가치-공급자가 치르는 비용으로 표시할 수 있다. 즉 시장에서 창출되는 총잉여는 소비자가 누리는 총효용가치에서 그 재화를 공급하는 데 필요한 공급자의 총비용을 뺀 나머지를 말하는 것이다. 사회적 총잉여는 수요곡선과 공급곡선이 결합하는 균형에서 극대화되고, 이 때 시장의 효율성이 이루어진다고 한다.

만약 배분상태가 효율적이지 않다면 시장거래로 얻을 수 있었던 이득 중의 일부를 얻지 못하게 된다는 것을 의미한다. 예를 들어, 어떤 재화와 서비스의 생산이 생산비가 가장 낮은 생산자에 의해 이루어지지 않고 있다면 자원배분은 비효율적이 된다. 이 때 고비용 생산자로부터 저비용 생산자에게로 생산활동을 이전한다면 사회적 총비용이 낮아지고 이에 따라 사회적 총잉여는 증가할 것이다. 마찬가지로 어떤 재화를 그 재화에 가장 높은 가치를 부여하는 소비자가 소비하지 못한다면 이는 비효율적인 자원배분이다. 이 때 소비가 낮은 가치를 부여하는 소비자로부터 높은 가치를 부여하는 소비자에게로 이전할 경우 총잉여는 증가할 것이다.

[그림 3-5]는 사회적 총잉여가 어떻게 극대화되는지를 보여준다. 어떤 재화에 대해 균형가격보다 높은 가치를 부여하는 수요자(수요곡선의 $AE$구간)만 이 재화를 구입할 것이고, 균형가격보다 낮은 가치를 부여하는 수요자(수요곡선의 $EB$구간)는 구입하지 않을 것이다. 마찬가지로 이 재화의 가격보다 비용이 낮은 공급자(공급곡선의 $CE$구간)만 이 재화를 만들어 공급하려 할 것이고, 생산비용이 균형가격보다 높은 공급자(공급곡선의 $ED$구간)는 이 재화를 공급하지 않을 것이다. 이에 따라 시장은 공급된 재화를 지불용의가 가장 큰 수요자에게 배분되도록 하고, 가장 저렴한 생산비용을 가진 공급자에게 수요가 배분되도록 함으로써 시장성과를 극대화한다. 균형거래량이 주어지면 소비자와 생산자에 대한 자원배분을 변화시킨다고 하더라도 경제적 후생수준을 증가시킬 수 없다. 그 이유는 자유로운 시장에서 생산된 재화의 수량은 소비자잉여와 생산자잉여의 합을 극대화하는 수량이기 때문이다. [그림 3-5]에서 소

[그림 3-5] 소비자잉여, 생산자잉여와 시장균형

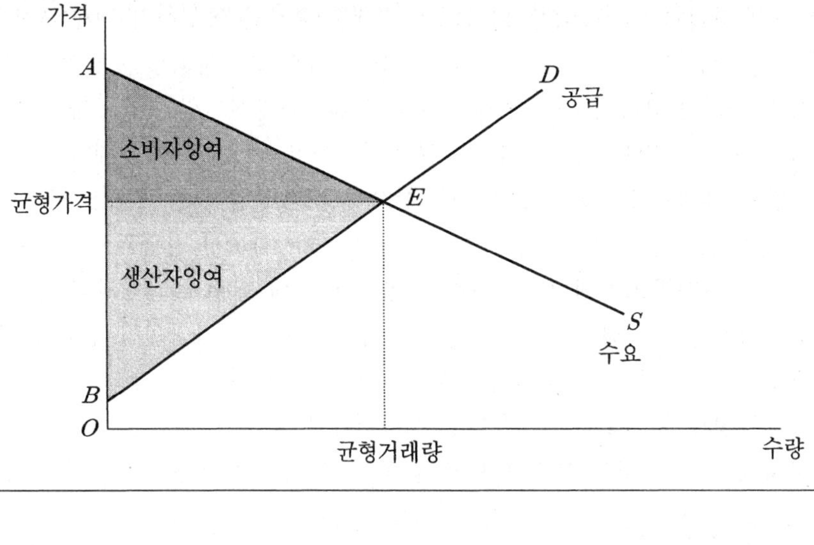

비자잉여와 생산자잉여를 나타내는 두 삼각형의 면적을 합친 것이 사회적 총잉여를 나타내는 것이다. 이는 소비자가 누리는 효용가치에서 생산자가 치른 비용의 차이를 나타내는 것으로서 바로 시장이 창출하는 사회적 총잉여가 된다.

지금까지의 시장성과에 관한 논의를 통해 수요와 공급이 균형을 이룰 때 소비자잉여와 생산자잉여의 합이 극대화된다는 것을 알 수 있었다. 즉 시장의 균형이 이루어져 자원이 효율적으로 배분될 때 시장의 효율성이 이루어진다고 한다. 다시 말해 시장이 자유로이 운영되도록 그대로 놓아둘 경우에 사회의 경제적 후생이 극대화된다는 것인데, 이처럼 시장이 자유로이 작용할 수 있도록 놓아두는 것을 자유방임이라고 한다. 이러한 자유방임 정책을 프랑스말로 '레세 페르(laissez-faire)'라고 하며, 이를 직역하면 '하도록 허용한다'는 뜻이다. 이 말 뜻에서 아담 스미스가 말한 '보이지 않는 손'의 의미를 보다 잘 이해할 수 있다. 사회적 총잉여가 극대화되도록 '보이지 않는 손'이 수요자와 공급자를 인도하기 때문에 시장균형을 바꿀 필요가 없다는 것이다. 바로 이것이 자유시장이 경제활동을 가장 잘 조직하는 수단이라고 생각하는 이유이다(김경환 · 김종석, 2005: 168-174).

### 2) 불완전경쟁시장의 비효율성

완전경쟁시장에서의 수요와 공급의 균형은 시장의 자연스런 결과일 뿐만 아니라 매우 효율적이라는 것을 의미한다. 특히 시장의 '보이지 않는 손'의 기능에 의한 자원배분의 결과로 창출되는 경제적 잉여의 합이 최대가 됨으로써 시장의 효율성이 나타난다. 그러나 불완전경쟁시장의 자원배분 결과는 완전경쟁시장의 자원배분 결과와 다르게 나타나기 때문에 불완전경쟁시장이 창출하는 경제적 잉여는 완전경쟁시장보다 적을 수밖에 없을 것이다.

시장에 경쟁이 존재하지 않으면 하나의 기업 또는 소수의 기업들이 시장지배력을 행사할 수 있어 생산량을 제한하거나 가격을 임의로 올릴 수 있다. 또한 수많은 개별 기업들이 제품차별화를 통해 가격결정에 영향을 미칠 수 있다. 이럴 경우 소비자들의 구매력은 자연히 줄어들게 될 것이고 시장에서는 그만큼 거래가 이루어지지 않는다. 따라서 시장 거래를 통해 얻을 수 있는 이득을 더 이상 얻지 못하게 되므로 사회가 시장거래를 통해 얻을 수 있는 사회적 총잉여가 줄어들게 된다. 결과적으로 시장은 실패할 것이고 자원의 비효율성이 초래된다.

### (1) 독점시장

한 기업이 공급하는 재화 대신에 사용할 수 있는 밀접한 대체재가 존재하지 않고, 그 재화가 오직 하나의 생산자에 의해 공급되고 있다면 그 기업은 독점기업이라고 한다. 독점이 발생하는 근본적인 원인은 진입장벽이 존재하기 때문이다. 이에 따라 독점기업이 독점적 지위를 유지하면 다른 기업이 이 시장에 진입하여 경쟁할 수 없게 된다(김경환·김종석, 2005: 357-360).

[그림 3-6]은 완전경쟁시장의 경우 수요곡선과 공급곡선을 나타내는 한계비용곡선이 교차하는 균형에서 효율적 생산량이 결정되는 모습을 보여줌으로써 시장의 효율성이 어떻게 이루어지는지 제시하고 있다. 효율적 생산량보다 적은 생산량에서는 소비자가 누리는 효용가치가 재화를 생산하는 한계비용보다 크기 때문에 생산량을 늘리면 경제적 잉여가 증가한다. 효율적 생산량보다 큰 생산량에서는 소비자가 누리는 한계편익보다 기업의 한계비용이 크기 때문에 생산량을 줄여야 경제적 잉여가 증가한다.

완전경쟁시장의 효율적 생산량과 독점기업의 생산량을 비교해 봄으로써 독점의 경제적 후생효과를 알아낼 수 있다. 개별경쟁기업은 수요곡선과 한계비용곡선이 교차하는 점에서 가격을 결정하고 그 가격에 생산량을 결정하는 한편, 독점기업은 한계수입곡선과 한계비용곡선이 교차하는 점에서 이윤극대화를 위한 생산량을 결정한다.

[그림 3-6] 최적생산량의 결정

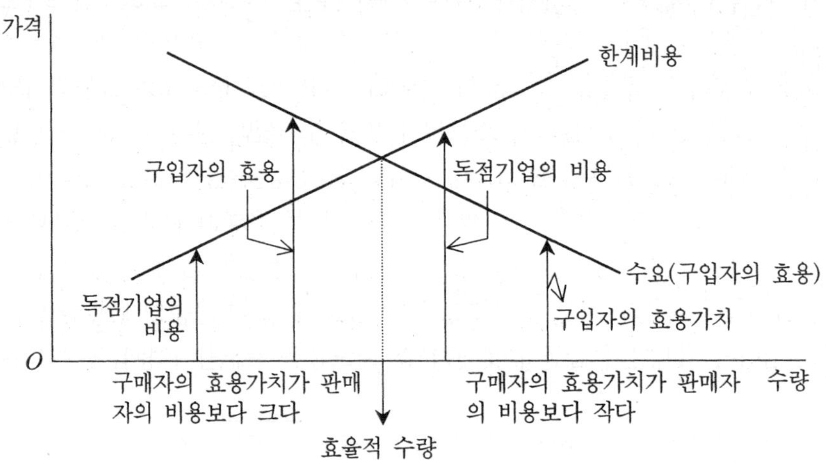

[그림 3-7] 독점의 비효율성

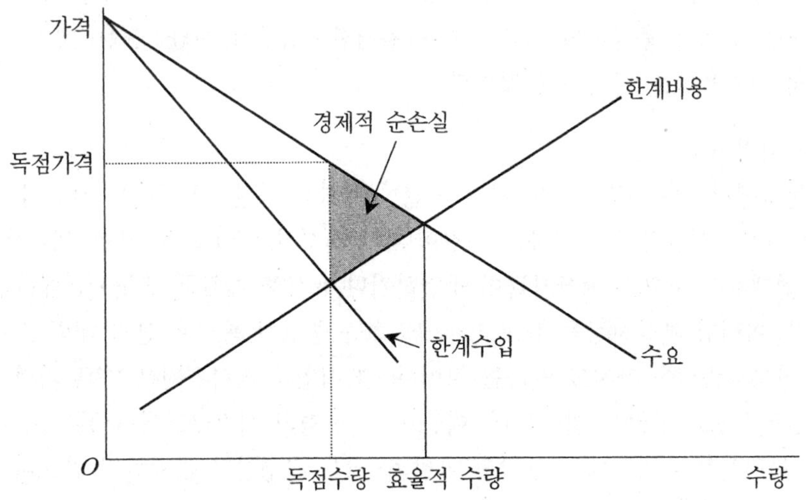


[그림 3-7]에는 완전경쟁시장의 효율적 생산량과 독점기업의 생산량을 비교해 제시하고 있다. 이 그림을 보면, 독점기업의 생산량이 사회적으로 최적인 효율적 생산량보다 작은 것으로 나타나 있다. 이는 바로 독점시장의 비효율성을 초래하는 원인이 되는 것이다.

독점의 비효율성이 초래되는 이유는 독점가격이 완전경쟁시장의 균형가격보다 높다는 사실에서 확인할 수 있다. 이처럼 높은 가격에서는 독점기업이 생산한 재화와 서비스를 구입하는 것을 포기하는 소비자가 생기게 된다. 즉 시장가격이 한계비용보다 높으면 이 재화와 서비스에 대해 한계생산비용보다는 높은 효용가치를 부여하지만, 지불용의가 가격보다 낮은 소비자들은 소비를 포기한다. 이들이 이 재화와 서비스의 소비를 통해 누릴 수 있었던 효용가치가 그 재화와 서비스의 한계비용보다 크기 때문에 이러한 결과는 경제적으로 비효율적이다. 다시 말해 독점의 존재로 인해 상호이득이 될 수 있었던 시장에서의 거래 기회가 사라지고 이에 따라 소비자와 생산자가 시장거래를 통해 얻을 수 있었던 이득이 줄어들게 된다. 이들 이득이 줄어든 것만큼 독점으로 인한 경제적 순손실(deadweight loss)이 발생한다고 말하며, 이 때 독점의 비효율성이 나타난다고 한다.

이러한 독점의 비효율성이 [그림 3-7]에서 경제적 순손실로 제시되어 있다. 수요곡선은 독점기업의 효용가치를 나타내고, 한계비용곡선은 독점기업의 생산비용을 나타낸다. 따라서 수요곡선과 한계비용곡선 사이에 있는 삼각형의 면적은 독점으로 인해 발생하는 경제적 총잉여의 감소분이다(김경환·김종석, 2005: 369-372). 이는 독점시장의 비효율성을 나타내는 것이다.

#### (2) 과점시장

완전경쟁시장은 수많은 생산자가 동일한 재화를 생산·공급하는 시장이고, 독점시장은 하나의 생산자만 존재하는 시장이다. 과점시장은 이들 두 극단적인 시장구조의 중간 형태로서 소수의 생산자들이 동일하거나 유사한 재화를 생산·판매하는 시장을 말한다. 이러한 과점시장을 질적으로 규정하는 중요한 특성은 산업 내의 소수의 기업들이 상호의존성을 가지고 있다는 것이다. 한 기업의 의사결정은 다른 기업의 이익에 직·간접적으로 영향을 미치는데, 이는 다른 유형의 시장구조와 근본적으로 다른 점이다. 독점시장의 경우에는 영향을 미칠 수 있는 경쟁자가 존재하지 않으며 완전경쟁시장이나 독점적 경쟁시장의 경우에는 경쟁자가 너무 많기 때문에 사실상 서로 독립적으로 행동한다. 그러나 과점시장의 경우에는 서로 영향을 주고받기 때문에 항상 경쟁상대의 의사결정에 관심을 갖지 않을 수 없는 것이다(조성환·곽태원, 1998: 373-375).

따라서 과점기업들은 상황에 따라 서로 협조하기도 하고 서로 경쟁하기도 한다. 이들 간에 협조가 이루어지는 경우에는 담합이 가능해지고 마치 독점기업처럼 함께 행동함으로써 시장지배력을 행사할 수 있다. 즉 담합을 통해 생산량을 제한하고 가격을 인상해 과점기업들의 이윤을 증가시킬 수 있는 것이다. 또한 한계비용과 한계수입이 같아지는 생산량에서 생산을 결정하고, 그 가격은 시장수요곡선 상에서 결정함으로써 독점시장과 같은 결과를 가져올 수 있다. 그러면 높은 가격을 부담할 수 없는 소비자들은 재화와 서비스의 구입을 포기하게 되고, 이에 따라 과점시장은 효율적 생산량보다 적게 생산하게 된다. 결과적으로 가격 상승으로 인해 시장 규모가 줄어들어, 시장거래를 통해 얻을 수 있었던 이득을 얻지 못하게 됨으로써 경제적 순손실이 초래된다.

#### (3) 독점적 경쟁시장

독점적 경쟁시장은 수많은 개별기업들이 참여하고 있다는 점에서는 경쟁적인 속성을 가지고 있다. 한편 한 개별기업이 다른 개별기업과 차별화된 제품을 생산한다는 점에서 독점적 특성을 가지고 있다. 이처럼 두 가지 특성을 동시에 가지고 있는 시장을 독점적 경쟁시장이라고 한다. 이러한 시장의 특성을 구체적으로 제시하면, 독점적 경쟁시장은 다수의 기업들이 같은 소비자 집단을 대상으로 경쟁하고 각 기업은 경쟁기업과 제품의 차별화를 통해 경쟁하기 때문에 차별화된 제품에 대한 가격결정에 영향을 미칠 수 있다. 따라서 기업들은 가격수용자가 아니며 우하향하는 수요곡선을 가지고 있다. 그리고 기업들은 이러한 시장에 아무런 장애 없이 자유로이 들어오고 나갈 수 있으므로 이러한 시장에서의 기업의 수는 모든 기업의 경제적 이윤이 0(zero)이 될 때까지 증가하거나 감소한다.

독점적 경쟁시장은 과점시장처럼 독점과 완전경쟁이라는 두 극단적 구조의 중간형태를 띠고 있다. 그러나 과점시장과 독점적 경쟁시장은 매우 다른 속성을 가지고 있다. 과점시장이 완전경쟁시장의 이상적인 시장성과에서 멀어지는 것은 시장 내에 존재하는 기업의 수가 적기 때문이다. 경쟁기업의 수가 적으면 그만큼 치열한 경쟁이 발생할 가능성이 줄어들고 오히려 기업 간 전략적 상호작용의 가능성이 높아진다. 이와는 대조적으로 독점적 경쟁시장에서 각 기업은 시장 규모에 비해 매우 적다. 독점적 경쟁시장이 완전경쟁의 이상적 시장성과에서 멀어지는 것은 각 기업이 차별화된 제품을 공급하기 때문이며, 차별화된 제품의 가격결정에 영향력을 행사할 수 있으므로 시장의 비효율성이 초래될 수 있다.

독점시장처럼 독점적 경쟁시장에서도 한계비용보다 높은 수준에서 가격이 결정된다. 그러면 이러한 높은 가격을 부담할 수 없는 소비자들은 시장에서 거래를 하지 못하게 되어 시장 규모가 적어진다. 시장 규모가 적어짐에 따라 시장거래를 통해 얻을 수 있었던 경제적 잉여가 줄어들게 되는데 이를 독점적 경쟁시장의 경제적 순손실이라고 한다. 이는 효율적 생산량보다 적은 생산량이 시장에서 거래됨으로써 초래되는 것이다.

## 제 2 절 | 시장실패와 규제

시장에 대한 정부의 개입이 필요한 이유를 주로 불완전경쟁시장을 중심으로 하여 이론적으로 고찰하였지만 현실사회에서는 시장모형만으로 설명할 수 없는 경우가 적어도 두 가지가 있다. 첫째는 시장의 자동조절기능이 효율적으로 작용하지 못하여 정부의 개입이 요구됨으로써 공공부문의 확대로 연결되는 것이 아니라 정치적 결정으로 정부가 자원배분에 불가피하게 개입하는 경우이다. 즉 사회가 더욱 풍요해지면 비효율성과 경제적 낭비에 대한 부담감을 감내할 가능성이 커지게 되는데, 이 때 공평성을 근거로 한 정부활동의 정당성이나 요구가 더욱 지배적으로 나타나게 된다. 이러한 사실은 정치·경제·사회적 상황의 진전에 따라 직접 경험해 온 바라고 할 수 있다. 둘째는 경제적 결정으로 정부가 공익사업을 직접 운영하여 이를 통해 규제를 하게 되는 경우이다.

정부는 민간경제가 원활하게 작용할 수 있도록 하기 위하여 화폐의 공급과 조정, 계약의 이행, 사유재산권의 보호, 보조금의 제공이나 보호관세, 불공정 경쟁의 방지, 시장정보의 제공, 포장 및 생산물 내용을 위한 표준의 부과, 근로자의 노동조합 가입, 집단교섭권의 행사 등 국민 경제운용에 기본이 되는 제도적 틀을 형성하는 데 여러가지 형태로 영향을 미치고 있다. 이것은 정부가 경쟁을 배제하고 시장의 기능을 대신하려고 하는 것이 아니라 경쟁의 불완전성을 파악하여 이를 보완하고 시정함으로써 국민 경제운용을 위한 기본적 장치인 시장이 지속적으로 기능할 수 있도록 하는 제도적 틀을 형성·유지하기 위한 것이다.

이러한 경우에 정부는 경제활동의 기본적 질서를 확립·유지하기 위한 기능에 한하여 그 역할을 수행하고, 그 외에 모든 경제활동을 시장의 자율적 운영에 맡기게 된다. 이에 따라 시장에서 결정되는 생산물의 종류, 생산방법, 소득분배 형태에 정부가 영향을 미칠 수 없게 된다. 이것은 정부가 자체적 계산에 따라 가격을 고정시킬 수도 없으며 생산될 재화와 서비스의 생산수준 결정에도 개입할 수 없으므로 소득분배에도 관여할 수 없다는 것을 의미한다. 물론 산업에 대한 투자나 진입을 통제하지도 않으며 누가 무슨 직업을 가져야 하는지에 대해 구체적으로 통제하지도 않고 재화와 서비스의 속성과 성격을 구체화하지도 않는다.

대조적으로 공익사업 분야에는 정부가 이러한 모든 결정을 할 수 있다. 이 경우에는 시장의 경쟁이 공익사업 분야에서 제공되는 재화와 서비스를 통제하는 장치로서 작용하는 것이 아니라 정부가 공익사업의 구조와 경제적 목표의 달성을 위한 방법을 직접 처방하거나 규제의 네 가지 주요 내용인 진입통제, 가격책정, 서비스의 질 및 조건의 처방, 합리적 조건 하에서 모든 소비자에게 봉사하도록 하는 의무를 부과하는 규제를 함으로써 질 좋은 서비스를 국민이 지불할 수 있는 가격으로 국민들이 원하는 수량만큼 공급할 수 있도록 하는 것이다.

따라서 오늘날 규제는 시장 내적인 요인뿐만 아니라 정치·경제·사회적 요인을 고려하여 수행되고 있다. 이러한 측면에서 규제는 광범위한 분야에서 다양한 대상을 상대로 시행되고 있으며, 그 중 대표적인 것으로 양곡관리(추곡수매가 및 추곡수매량), 보호관세 및 수출 제한량, 농작물 생산할당제, 유류 수입할당제 등과 같은 정부 통제, 일반가격과 임금에 대한 통제, 법정 최저가격, 교통 특히 구체적 산업에 대한 세부적 규제, 국민연금제도 · 의료보험제도 등 각종 공공부담행위, 기업설립 허가 및 각종 지원제도, 전문직업인에 대한 면허제도, 공공주택 및 기타 보조금, 공기업의 운영, 공산품 품질인증제, 안전도검사제 등 표시제, 최저임금제, 수질 · 공기 · 소음 등 환경규제, 보건 · 안전규제, 공익사업의 수익률 및 공공요금 규제 등이 있다.

## 1 자원배분의 비효율성과 규제

많은 시장은 완전히 경쟁적이지 못하고 배제성 원칙이 적용되지 않으므로 외부효과가 만연하고 있다. 게다가 시장 정보 및 이동성의 부족 현상을 공통적으로 나타내고 있기 때문에 시장에 대한 정부의 개입이 필요하게 된다. 즉 정부 개입 없이 시장이 자율적으로 운영되도록 하면 시장은 실패하고, 어떤 시장에서는 생산 규모가 증대하는 데 따라 단위당 비용이 체감하는 규모의 경제가 나타나 결국 한 기업이 시장을 자연히 독점하는 자연독점이 초래될 수 있다. 또한 시장이 어떤 재화는 너무 많이 생산하거나 또는 너무 적게 생산함으로써 시장의 비효율성을 초래하고 사회적으로 가치 있는 재화인데도 불구하고 전혀 생산하지 못하는 경우도 있을 수 있다. 이 때 정부는 자연독점 또는 시장지배력의 행사로 인한 폐해를 시정하게 되며, 시장이 생산하지 못하지만 사회적으로 가치 있고 국민들이 필요로 하는 공공재를 생산 · 공급한다. 그리고 외부효과로 인한 자원 이용의 비효율성을 시정하기 위해 시장에 개입하게 된다.

### 1) 독점, 비용체감과 경제적 비효율성

한 산업에서 경쟁이 존재하려면 기업들이 생산 규모가 커지는 데 따라 단위당 비용, 즉 평균비용이 증가하는 비용체증현상이 나타나야 한다. 이와는 달리, 기업이 비용체증을 경험하지 않으면 생산 규모의 증대를 중단할 만한 아무런 이유가 없다. 반면에 기업이 지속적으로 평균비용이 체감하는 것을 경험하게 될 때, 시장 전체를 지배하려고 할 것이고 마침내 자연적으로 독점기업이 될 것이다. 즉 자연독점은 비용체증현상이 부재할 때 발생할 수 있다는 것이다. 독점기업을 시장의 자유로운 작용에 맡겨두면, 시장에서의 유일한 공급자인 독점기업은 이윤극대화를 위한 시도에서 재화와 서비스의 생산량을 제한하거나 가격을 인위적으로 인상함으로써 민간조세라고 할 수 있는 독점이윤을 붙여 높은 가격에 소비자에게 팔려고 할 것이다. 이러한 비용체감에 의한 자연독점은 자본주의 경제체제를 갖추고 있는 국가에서 흔히 나타나는 현상이다. 그리고 어떤 산업에서는 비용체감이 뚜렷하기 때문에 독점만이 기술적으로 효율적인 생산방법으로 간주되기도 한다.

한편 소수의 기업들이 재화와 서비스를 효율적으로 생산할 수 있는 산업을 과점산업이라고 하는데, 과점은 산업이 갖고 있는 기술적 조건으로 가능한 규모의 경제 때문에 나타난다. 그러면 사회는 비용체감현상 때문에 딜레마에 봉착하기 쉬운데 시장에 비용체감이 존재하는 경우에는, 규모의 경제라는 재화와 서비스를 효율적으로 생산할 수 있는 기술적 조건을 포기하는 대가로 비로소 경쟁이 가능해질 수 있기 때문이다. 즉 시장이 경쟁적 조건을 갖추려면 자원의 비효율성을 감수해야 하고 반대로 효율성의 확보를 위해서는 경쟁적 조건을 포기해야 한다는 것이다. 과점의 경우(철강, 석유, 알루미늄, 자동차 산업 등처럼)에는 이들 기업의 행태를 제한하기 위하여 독점금지법, 가격규제와 같은 법적 제약을 위한 법규를 제정·집행해 왔고 이들 산업의 행태가 지속적으로 규제기관의 감시대상이 되어 왔다.[4)]

대중교통, 상수도, 가스, 전력 등과 같은 자연독점산업의 경우에도 과점과 마찬가지로 시장이 이들 산업을 적절히 통제하지 못하므로 정부가 공익에 부합하여 운영되도록 이들 산업을 소유·지배하거나 규제하고 있다. 대부분의 국가에서 정부가 통신, 교통, 전력 등 공익사업 분야의 시장행태를 규제하거나 직접 이들 분야에 공기업을 설립하여 규제의 목적을 달성하려고 하는 것이 일반적 경향이다.

이와 같이 독과점이 발생하여 실제적으로 경쟁이 존재할 수 없는 경우와는 달리, 경쟁이 지속적으로 유지될 수 있는 상황에서 규제가 필요한 경우도 있는데, 이를 제시하면 다음과 같다.

첫째, 시장에 원활한 경쟁이 존재하지만 경쟁 자체가 사회적으로 바람직하지 못한 경우이다. 이 경우는 과열된 경쟁으로 경쟁에 돌입한 기업 간의 경쟁이 결국 파산을 초래할 위험이 있을 때, 기업 간의 적당한 경쟁관계 유지를 위해 정부가 시장에 직접

---

4) 미국의 경우 이러한 기능이 법무부 산하 독점금지국과 연방교역위원회(Federal Trade Commission)에 의하여 수행되어 왔고 주(州) 및 지방정부도 가격규제 및 독점금지법을 마련해서 규제해 왔다.

개입하여 규제하는 것이다. 즉 제한된 시장에서 지나친 경쟁으로 발생하는 폐해를 시정하기 위해 규제가 필요하다는 것이다.

둘째, 시장에 경쟁이 존재하거나 적어도 존재할 가능성이 있기 때문에 경쟁시장에 대한 기대만큼의 결과가 도출될 수 있지만, 다른 정책의 내용에 비추어 그 결과가 사회적으로 바람직하지 못한 경우이다. 이러한 예로서 국방, 경제안정, 지역개발, 사회정의 등의 공공정책 목표의 달성을 위하여 시장의 성과를 개선하기 위한 규제를 할 수 있다. 이러한 상황에서는 주로 정치적인 고려를 바탕으로 어떤 활동이 규제되어야 할 것인지가 결정된다.

경제적 관점에서는 위의 두 가지 중 첫 번째 상황이 주된 관심의 대상이 된다. 이러한 상황은 시장이 경쟁적이어야 효율성을 증진할 수 있는데도 불구하고, 시장의 작용에만 맡길 때 사회적으로 바람직하지 못한 결과를 초래하기 때문에 정부가 이러한 결함을 시정하기 위하여 규제를 시행하게 된다. 위와 같이 각 상황은 나름대로 문제에 직면하게 되고 각기 다른 규제방법을 선택하여 문제해결에 노력하고 있으며, 하나 이상의 상황이 동일한 산업에 존재하는 경우도 있으므로 그 해결을 더욱 어렵게 만들기도 한다.

### 2) 외부효과와 경제적 비효율성

시장의 경제활동에서 재화와 서비스의 성질에 따라 생산 및 소비과정에서 배제성의 원칙이 적용되지 않은 경우가 있다. 즉 어떤 사람이 적절한 보상을 하지 않은 채 다른 사람에게 피해를 주거나 보상받지 않은 채 다른 사람에게 편익을 제공함으로써 다른 사람의 경제적 후생에 영향을 미친다는 것이다. 이 때 다른 사람의 경제적 후생을 낮추는 효과를 초래하면 사회에 외부비용이 나타난다고 하여 이를 부정적 외부효과라고 하고, 반대로 다른 사람의 경제적 후생을 높이는 효과를 초래하면 사회에 외부편익을 가져온다고 하여 이를 긍정적 외부효과라고 한다.

예를 들면 염색, 도금, 화학공장 등에서 배출된 폐수로 인해 오염된 강물을 식수원으로 이용한 지역주민이 각종 질병을 앓게 되는 피해를 입게 된다면 이들 지역주민은 외부비용의 대상이 된다. 또한 석탄을 연료로 생산물을 생산하는 공장이 검은 석탄연기를 뿜어 공기를 오염시키는 경우, 공장 주변에 사는 주민들은 외부비용의 대상이 된다. 이들 각 경우에서 볼 수 있듯이 피해를 받는 사람은 보상되지 않은 채로 동일한 비용을 부담하여야 하는데, 개인은 이러한 외부비용의 부담을 피하기 위하여 무엇인가 지불할 의사를 갖게 될 것이다.

외부비용과 마찬가지로 외부편익도 실제로 자주 발생하고 있다. 외부편익은 한 사람의 행위가 그 사람은 물론 그 밖의 다른 사람에게 편익을 줄 때 발생한다. 예를 들어 한 기업이 비숙련공을 임용하여 훈련시켰지만 훈련에 소요된 비용을 완전히 만회하지 못한 상태에서 그 근로자가 다른 직장으로 옮긴다면 투자액이 회수되지 않은 범위까지 다음 사용자가 훈련된 근로자로 인하여 외부편익을 얻게 되는 셈이 된다. 이러한 외부비용과 외부편익이 존재할 때 시장에서는 비효율성이 초래된다. 그럼에도 불구하고 생산자들과 소비자들은 경제활동을 위한 결정을 내릴 때 이러한 효과를 고려하지 않기 때문에 결과적으로 시장은 이러한 효과를 적절히 다루지 못하게 되고, 이에 따라 외부효과를 초래하는 재화와 서비스의 시장가격 및 생산량이 왜곡됨으로써 경제에 비효율성을 초래하는 것이다.[5)]

이와 더불어 외부효과는 공평성과 관련된 문제를 제기하고 있다. 외부효과가 존재하면 일부 국민은 피해를 입고 다른 일부는 그들 자신이 아무런 행위를 하지 않았음에도 불구하고 편익을 받는 경우가 있다. 즉 사회 전체적으로 외부효과 때문에 편익을 받는 사람과 피해를 받는 사람 간에 편익과 부담에 있어서 차이가 발생될 것이고, 이 때문에 효율성 문제 이외에도 외부효과로 인한 비용과 편익에 대한 분배적 문제도 발생한다. 그러면 이러한 문제에 적절히 대처하기 위한 정부의 노력이 요구되고 그 수단으로 통제와 명령과 같은 직접규제, 시장 규제를 이용한 간접규제, 행정지도와 같은 제3형태의 규제를 이용할 수 있다.

### (1) 외부효과

시장은 수요곡선과 공급곡선이 교차하는 점에서 균형을 이룰 수 있다. 이러한 균형에서 재화와 서비스의 가격이 결정되며 시장에서 거래되는 재화와 서비스의 수량이 결정된다. 즉 균형에서 수요곡선에 반영된 재화와 서비스에 대한 구매자의 지불용

---

5) 피구는 그가 저술한 「후생경제학」이란 책에서 외부효과의 문제를 제기하고 있으며, 이에 대한 적절한 해결이 시장 장치를 통하여 이루어질 수 없으므로 정부가 개입하여 공해 배출 공장이 피해자에 대하여 직접적으로 손해보상 책임을 지게 하거나, 공해 배출로 인한 피해액만큼의 세금을 부과하거나, 주거지로부터 공장을 이전할 것을 명령하여야 한다고 강조하고 있다. 그러나 이들 방법은 항상 타당한 것이 아니어서 경우에 따라 잘못된 사회적 선택이 될 수 있다는 점을 들어 시카고대학교의 코오스가 그의 논문인 「사회적 비용에 관한 연구」에서 새로운 문제를 제기하고 있다. 외부효과를 새로운 시각에서 다루어야 한다는 사실을 밝히고 있는 것이 Coase Theorem으로서 이는 경제문제에 대한 기존의 시각에 새로운 변화를 초래하였다. A. C. Pigou, *The Economics of Welfare* (London: McMillan & Co., 1952); Ronald H. Coase, "The Problem of Social Cost," *The Journal of Law and Economics* 1(1960), p. 2 참고.

[그림 3-8] 외부효과

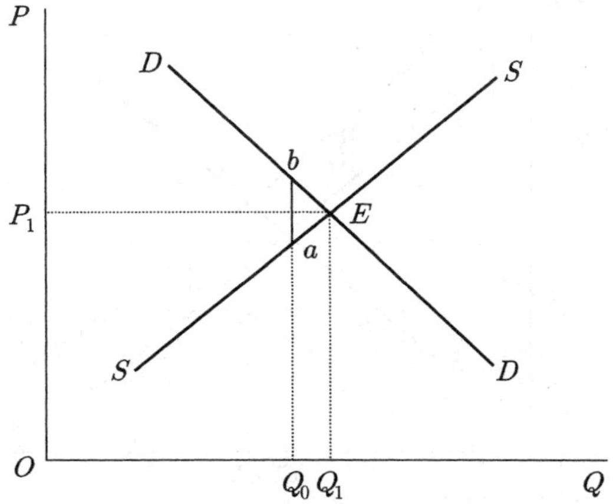


의와 공급곡선에 반영된 재화와 서비스의 생산에 소요된 비용이 같게 된다는 것이다.

[그림 3-8]에서 균형가격인 $P_1$에서만 재화의 추가 단위 또는 마지막 단위에 구매자가 지불하려는 금액과 생산자가 마지막 단위를 생산하는 데 부담한 비용이 같아진다. 즉 한계편익과 한계비용이 동일하게 된다. 만약 재화와 서비스의 구매로 얻는 편익이 수요곡선에, 그리고 재화와 서비스를 생산하는 데 드는 비용이 공급곡선에 반영된다면 이러한 가격은 모든 사회적 편익 및 비용을 반영한 것이므로 가장 이상적인 것이 될 것이다. 생산량이 $Q_1$수준을 초과하면 재화와 서비스 한 단위를 생산하는 데 드는 비용은 그것이 창출하는 편익을 초과하게 될 것이며, $Q_1$의 미달하는 수준에서 생산을 중단하면 더 많은 편익을 얻을 수 있는 기회를 포기하는 결과를 낳게 된다. 만약 생산량이 $Q_0$에서 중단된다면 사회는 다음 단위의 생산물을 생산하는 데 드는 비용을 충당하고도 남은 $ab$만큼의 편익을 얻지 못하게 될 것이다.

만약 외부편익이 발생한다면 사회에 초래하는 모든 편익이 시장의 수요곡선에 반영되지 못한다는 것을 의미한다. 즉 외부편익이 있을 경우에는 시장수요곡선에 반영된 것보다 더 지불하려는 의사가 존재한다는 것이다.

[그림 3-9]는 교육 단위를 $X$축에 표시하고, 한 단위의 교육으로 얻을 수 있는 편익의 화폐가치를 $Y$축에 표시하고 있다. 교육에 지불하려는 잠재적 구매자의 지불용의는 수요곡선에 반영되어 있다. 구매자는 높은 가격보다는 낮은 가격에서 보다 많은

[그림 3-9] 교육의 외부편익 효과

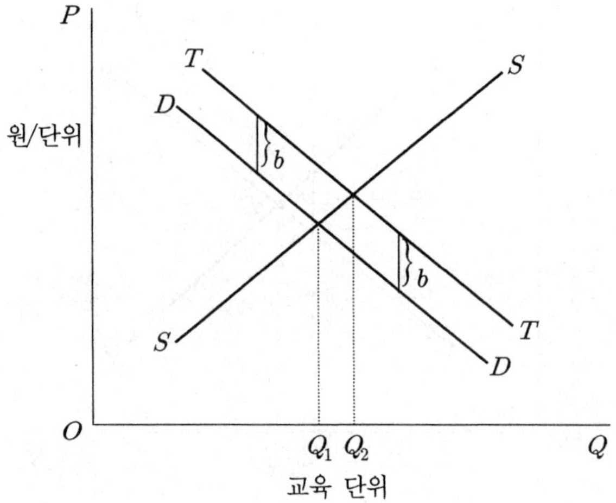


단위의 교육을 받으려 할 것이고 구매자의 지불용의는 높은 소득의 보장, 높은 지식 및 학식으로 얻는 만족감의 정도 등에 따라 결정될 것이다. 한편, 교육 공급에 소요되는 비용은 공급곡선에 나타나는데 이는 낮은 가격에 더 적은 단위의 교육을, 더 높은 가격수준에 더 많은 교육을 공급하려 한다는 사실을 보여 주고 있다. 따라서 시장에서는 $Q_1$만큼의 교육단위가 생산되어 교환될 것이다.

그런데 교육은 외부편익 효과를 가지고 있다. 즉 교육을 구입하는 직접 구매자뿐만 아니라 그 밖의 다른 사람이 그로부터 편익을 받을 수 있다. 교육을 받은 자가 소년범이 될 가능성은 교육을 받지 않은 자보다 적기 때문에 모든 소년들이 교육을 받는다면 많은 국민들은 소년 범죄의 예방으로 편익을 보장받을 수 있고, 교육을 받은 소년들의 가족들은 그가 취업 등 경제적으로 자립할 수 있는 능력을 갖추게 됨으로써 외부편익을 얻게 된다. 국가 전체로 보아서는 교육을 받은 시민은 경제성장에 기여할 수 있는 기회에 참여할 수 있을 뿐만 아니라 교육을 받지 않을 경우 초래할 사회적 불안정을 사전에 방지할 수 있다는 점에서 사회적 편익에 기여한다고 할 수 있다. 만약 이러한 외부편익이 시장에서 표현된 지불용의에 추가되면 사회의 총 지불용의(*TT*)가 결정될 것이다. 이러한 경우를 그림으로 나타내면 교육 단위당 발생하는 외부편익은 *b*만큼 존재하게 된다.

[그림 3-9]에서 보듯이 시장이 소비자와 생산자의 자유로운 의사결정에 따라 운영

된다면 외부편익이 시장에 반영되지 못함으로써 사회적 적정생산수준에 미치지 못하는 생산량이 공급된다. 즉 시장은 $Q_1$수준의 교육만을 제공하지만 $Q_2$만큼의 교육수준에서 사회의 이익에 일치하게 된다는 것이다. $Q_1$수준에서는 다음 단위의 생산물을 생산하는 데 소요되는 비용보다 편익이 더 크게 나타나므로 $Q_2$수준의 교육을 제공하는 것이 사회의 이익에 부합하게 된다. 외부편익이 존재하는 경우에 시장은 사회적 적정생산량에 미치지 못하는 수준에서 생산하게 되어 그 결과 경제적 후생의 극대화에 이르지 못하게 된다. 오직 생산량이 $Q_2$수준까지 증대될 때에만 한계비용이 총한계편익과 동일하게 되고, 이 경우에 경제적 후생의 극대화를 초래할 수 있는 교육수준에 도달하게 된다.

이와 반대되는 상황은 외부비용이 존재할 때 제기된다. 이러한 상황을 [그림 3-10]을 통하여 설명하면, 외부비용이 존재할 때 공급곡선은 재화와 서비스를 생산하는 데 드는 모든 사회적 비용을 포착하지 못한다. 예를 들어 강을 오염시키는 포장육업자의 경우를 고려하면, 공급곡선($SS$)은 포장육을 생산하는 데 드는 모든 개인적 비용(직접 생산비용)은 포착하고 있지만 사회에 파급될 수질오염 비용은 포착하지 못하고 있다. 이러한 비용은 국민들이 낚시 혹은 수영을 덜하게 되거나 오락을 위해 보트 타는 놀이를 줄이게 되는 형태로 나타날 것이다. 만약 이러한 외부비용이 개인적 비용에 추가된다면 포장육을 생산하는 데 드는 총사회적 비용($TT$)을 산출할 수 있다.

[그림 3-10]에서 제시한 것처럼 $TT$곡선에는 포장육 한 단위를 생산하는 데 발생한 $c$만큼의 외부비용이 반영되어 있다. 사회 전체적으로 볼 때 $Q_2$가 사회적정생산량이지만 시장은 $Q_1 - Q_2$만큼 더 많은 수량의 재화와 서비스를 생산하고 있다. 외부비용이 존재할 경우, 시장에서 생산되는 재화와 서비스의 생산량은 모든 사회적 비용을 고려한 사회적정생산량보다 많게 된다. $Q_2$를 초과하는 생산량은 한계사회편익보다 높은 한계사회비용을 초래하게 되고 $Q_2$수준을 넘어서 재화와 서비스를 생산하면 사회적 비용이 사회적 편익을 초과하므로 경제적 후생이 감소한다. 따라서 시장이 규제되지 않은 채 운영되도록 내버려 두면 외부효과를 감안한 사회적정생산량에서 재화와 서비스를 생산하지 못함으로써 자원의 비효율성을 초래한다.

외부편익이 초래되는 경우에는 소비자들은 개인적 편익을 고려하여 수요량을 결정하기 때문에 총사회적 편익($TT$)이 구매자의 지불용의에 반영될 때 구입하려는 것보다 적은 수량의 재화와 서비스를 구입하게 된다. 반대로 외부비용의 발생하는 경우에는 개인적 비용을 감안해 행동하는 생산자들은 총사회적 비용을 반영해 공급하려는 생산량보다 많은 수량의 재화와 서비스를 공급하게 될 것이다. 두 경우 모두 사회적

[그림 3-10] 생산된 포장육의 외부비용 효과

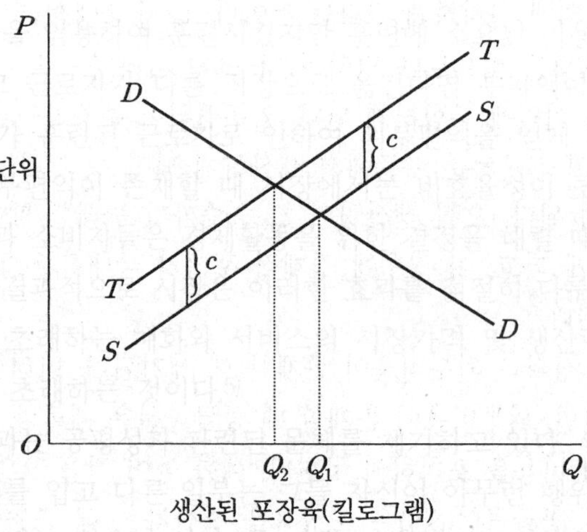


관점에서 보면 비효율적 생산량에서 시장에 재화와 서비스의 공급이 이루어지는데, 그 이유는 개인의 결정이 총사회적 비용 및 편익과 괴리된 개인적 비용 및 편익만을 감안해 이루어지기 때문이다. 외부편익의 경우에는 사회의 가용자원 중에서 관련 재화와 서비스의 생산에 너무 적게 배분되어, 결국 다른 재화와 서비스에 너무 많은 자원이 배분되는 결과를 가져온다. 반대로 외부비용이 발생하는 경우에는 사회적정생산량보다 너무 많은 수량의 재화와 서비스를 생산함으로써 결국 시장실패를 초래한다. 이 때에는 부적합한 시장작용을 시정하기 위하여 정부가 마련한 규제수단을 통해 경제적 후생을 높일 수 있다.

(2) **외부효과와 정부행위**

만약 외부효과가 시장에 존재하면, 정부는 이러한 외부효과로 인해 초래되는 자원배분의 비효율성을 개선하기 위하여 적절한 조치를 취해야 한다. 이 때 정부가 선택할 수 있는 행위는 사회적정생산량의 재화와 서비스를 생산하도록 함으로써 외부효과가 초래하는 자원배분의 비효율성을 시정하기 위한 것이다. 이 때 정부가 선택할 수 있는 방법들은 다음과 같다.

첫째, 정부가 외부효과를 초래하는 산업이나 업무를 인수하여 직접 운영하는 것이다. 정부는 이를 통해 이상적인 생산물이 효율적으로 생산되도록 그 책임을 다할 수 있다. 이러한 예는 대부분이 국가가 의무교육제도를 도입해 운영하는 것에서 볼 수 있다. 특히 초등교육은 외부편익 효과가 전국에 걸쳐 나타나는 완전성을 가지고 있으므로 의무교육으로 운영하고 있다. 이와 유사한 예는 정부의 치안, 소방, 보건, 위생 등의 업무에서도 찾을 수 있다.

둘째, 외부비용 효과를 초래하는 행위에 대해서는 특별부과금을 물리거나 외부편익 효과를 창출해내는 행위에 대해서는 특별보조금을 지급함으로써 외부효과를 내부화하는 것이다. 부담금은 외부효과를 발생하는 기업의 생산활동에서 계산상 등한시할 수 있는 비용을 내부화하기 위하여 부과하는 것이다. 이처럼 세금이나 부담금의 형태로 외부비용을 내부화하도록 유도함으로써 기업들이 개인적 비용보다 총사회적 비용을 근거로 가격을 결정하도록 유도할 수 있다. 만약 외부비용의 크기가 부담금의 규모와 일치한다면 민간 경제주체는 당연히 사회적으로 적정한 수준의 생산량을 생산하게 될 것이다.

마찬가지로 기업이나 개인의 결정이 외부편익 효과를 발생하는 경우에는 그에 대한 보상으로써 보조금을 지급하여 사회적정생산량을 공급하도록 유인할 수 있다. 예를 들어 장학금이나 학비 보조를 하는 경우, 이러한 조치가 없을 때보다 교육을 받으려고 하는 학생의 수가 증가할 것이다. 그리고 실업률이 높은 기간에는 기업에게 조세 및 금융지원 등과 같은 정부지원을 하여 보다 많은 투자를 유발함으로써 경제성장을 도모하여 더 많은 일자리를 제공할 수 있다. 이것은 사회에 초래한 외부편익에 대한 대가를 보상한다는 관점에서 이루어지는 정부의 수혜성 지원이라 할 수 있다.

셋째, 직접규제를 통한 명령과 통제로 외부효과를 적절히 처리하도록 하는 것이다. 이는 입법규제 또는 행정규제를 통하여 외부비용 효과를 초래하는 행위나 행태에 대하여 직접 제재를 가하는 방법이다. 환경보호를 위한 각종 규제를 이러한 예로 제시할 수 있다. 이러한 규제의 목적은 제3자에게 외부비용 효과를 초래하는 개인이나 기업의 행위를 금지 또는 제한함으로써 외부비용을 내부화하기 위한 것이다. 대부분의 오염통제를 위한 규제는 이러한 목적을 달성하기 위하여 제정·운영되고 있으며, 출고되는 승용차에 반드시 배기가스 제거장치를 부착하도록 의무화한 규정은 좋은 예들 중의 하나라고 할 수 있다.

넷째, 정부의 대국민 설득을 통하여 외부비용으로 초래하는 바람직스럽지 못한 효과를 제거하는 것이다. 정부는 소아마비, 디프테리아, 간염 등의 전염병을 예방할 목적으로 국민들에게 예방접종을 할 것을 권유하고 기업들이 산업쓰레기를 아무 곳에나 방치 또는 폐기하지 못하도록 기업인으로서의 윤리를 지킬 것을 종용하기도 한다.

다섯째, 외부비용 효과를 감소 내지 제거하기 위하여 정부가 예산 중 일부를 지출함으로써 이에 대처하는 방법이다. 승용차 승객이 고속도로에 쓰레기를 버림으로써 초래한 외부비용을 제거하기 위하여 정부는 환경미화원을 고용하기도 하고 고속도로 상의 미적 감각을 저해하는 각종 요소를 없애기 위하여 대규모 미화사업을 벌이기도 한다. 정부는 국토나 강과 하천 등의 오염을 방지하기 위하여 각종 사업을 시행하고 있다. 쓰레기 매립지를 건설하고 오염된 강물에 산소를 주입하기 위한 대규모 정수시설을 설치하여 운영하는 등 민간 경제주체가 사회에 초래한 해로운 효과를 시정하기 위해 정부지출로 사업을 수행하기도 한다.

정부가 위와 같은 방법으로 외부효과에 대응하고 있지만, 제3자에게 미치는 외부효과를 적절하게 다루지 못한다면 생산물이 사회적정생산량보다 많이 생산되거나 너무 적게 생산하는 모순을 시정하지 못할 것이다. 이런 예는 외부 피해를 제거하는 데 드는 비용을 가해자에게 물리지 못하고 납세자에게 전가시키는 것을 보아도 알 수 있다. 민간부문의 경제주체들은 총사회적 비용 또는 편익을 근거로 소비와 생산에 관한 결정을 하는 것이 아니라 부분적 비용 또는 편익에 근거하여 이에 대한 결정을 하려고 하기 때문에 결국 사회적으로 발생되는 총비용 또는 편익 중에서 고려되지 않은 것들은 사회적 부담이 되고 있는 실정이다.

### 3) 비이동성, 불완전한 정보와 시장실패

시장은 소비자와 생산자의 이동성 그리고 이들이 택할 수 있는 모든 대안에 대한 지식 또는 정보를 가질 수 있도록 보장해야 하지만 현실사회에서는 이러한 조건들을 갖추지 못하는 경우가 많다. 근로자들은 고용에 대한 완전한 정보를 갖지 못하여 대부분의 경우에 제한된 범위 내에서 직장을 선택 또는 변경하고 있다. 더욱이 직장들이 전국적으로 흩어져 있으므로 같은 도시 안에서의 이동, 도시와 도시 간의 이동, 지역과 지역 간의 이동 등 이동의 방향이 다변화되어 있을 뿐만 아니라 이들 간에 거리상의 차이가 커 정보가 부족하게 되고 이동성도 결핍된다. 생산자의 공장입지 선정, 생산요소의 구매, 가계의 소득지출 용도에서도 마찬가지 문제에 당면하게 된다.

이에 따라 정부는 각종 정보를 제공하고 이동성을 제고하기 위한 제도적 장치를 마련하여 정보의 부족과 이동성의 결핍을 극복하려고 노력한다. 이는 정부가 시장의 효율적 조건을 갖추게 함으로써 시장의 원활한 작용을 돕기 위한 목적에서 이루어지는 것이다. 예를 들어 정부는 경제 또는 시장의 변화에 관한 각종 정보를 제공해 주기 위하여 통계자료를 발간하여 가계나 기업이 필요한 정보를 이용할 수 있도록 하고 있다. 정부가 농산물에 대한 미래공급량, 미래수요량, 가격동향 등에 대한 정보를 제공함으로써 농산물 시장에 대한 장기적 예측을 가능하게 함으로써 합리적인 생산에 도움을 준다.

마찬가지로 노동력의 이동성을 제고하기 위하여 정부는 직업안내소와 같은 민간기구의 설립을 인가해 주기도 하고 직접 노동부 산하기관으로 설립·운영하기도 한다. 이러한 기구는 실직자에게 노동시장에 대한 정보를 제공하고, 직업을 바꾸려고 하는 근로자에게 필요한 정보를 제공하거나 알맞은 직장을 알선해 줌으로써 대체적 고용방법에 대한 많은 정보를 제공해 준다. 때에 따라서는 민간 설립 인가기관에 보조금을 주기도 하고 잠재력이 높은 고용기회가 있는 지역으로 근로자가 이주할 수 있도록 각종 지원책을 강구하기도 한다.

또한 소비자의 상품 구입에 대한 결정에 도움을 주기 위해 제원의 표기를 의무화하고 특정 재화와 서비스의 효능 또는 성분 등에 대한 정보를 제공하기 위하여 설명서를 부착하도록 의무화하고 있다. 아울러 재화와 서비스의 성질이나 효능을 파악하는 데 전문적·기술적 지식이 필요한 경우에는 이러한 능력을 가진 정부기관이 조사·검사·검증을 하여 시판하도록 허용하기도 하고, 각종 KS 마크, 품질표시, 안전도 검사필증 등 구매에 필요한 판단 근거 또는 정보를 제공하기도 한다.

이처럼 정부가 정보를 제공하는 방법을 마련해 운영하는 것은 소비자들이 정보를 이해하고 처리할 수 있는 능력에 제한이 있다는 점을 고려하면 매우 바람직한 것이다. 따라서 라벨링 또는 다른 방법으로 정보를 제공하려고 할 때에는 소비자의 능력을 감안해야 할 것이다. 정보제공은 소비자의 취향 및 선호에 맞는 제품의 선택과 화폐가치에 해당하는 품질의 재화와 서비스의 구입을 가능하게 함으로써 소비자가 힘들게 벌어들인 소득의 경제적·물질적 가치를 보호하기 위한 것이다. 만약 소비자가 허위·과장광고에 현혹되거나 적절한 정보가 없어 취향과 선호에 부합하지 않는 생산물을 구입했다면 소비자는 물질적 손해를 입게 되고, 이에 따라 소비자의 경제적 후생이 감소할 것이다. 이러한 물질적 손해를 감수해야 하는 국민의 수가 많아지면 결국 국민 전체의 경제적 후생이 그만큼 하락하는 결과를 초래한다. 따라서 정부는 소비자에게 필요한 정보를 제공할 수 있는 장치를 마련함으로써 국민이 불완전한 정보 또는 허위·과장광고로부터 경제적 피해를 볼 수 있는 가능성을 최소화하여 경제적 후생이 감소하는 것을 막는 노력을 기울여야 할 것이다.

## 2 소득분배의 불공평성과 규제

지금까지 정부행위가 요구되는 이유를 시장의 경제적 효율성에 근거하여 고찰하였다. 이와는 달리 정부행위에 정당성을 부여하는 다른 이유로 공평성을 들 수 있는데, 이는 시장에 의한 소득분배가 사회적으로 바람직하지 않다는 사회적 거부에서 찾을 수 있다. 공평성이란 모든 국민들 간에 경제적 후생이 공정하게 배분되는 것을 의미하는 것으로 정부는 시장활동의 결과로 이루어진 소득분배가 심히 불공평하다고 인정할 때에는 소득의 재분배를 통해 공평성을 제고하는 노력을 해야 한다. 시장 거래를 통해 사회에 초래하는 경제적 총잉여는 시장참여자들에게 나누어져야 할 떡과 같은 것이다. 효율성의 문제는 과연 가장 큰 떡이 만들어졌는지 하는 것이고, 공평성의 문제는 이 떡이 공정하게 나누어졌는지 하는 것이다. 공평성에 대한 평가는 효율성에 대한 평가보다 어려운 것이 일반적이다. 정부는 공평성을 개선하기 위해 여러 방법을 동원할 수 있지만 소득과 편익을 가능한 한 보다 공평하게 분배하기 위한 방법 중의 하나로 규제를 선택할 수 있다.

정부는 실직자에게 일할 수 있는 기회를 줌으로써 실직자의 소득 증대에 기여할 수 있다. 실직자와 미고용 근로자로 인해 실업률이 극히 높은 경우에 정부는 경제적 불안을 막기 위해 경기활성화정책을 수행할 수 있다. 정부는 기업으로 하여금 이들 인력자원을 고용해 소득창출 기회를 주기 위해 투자를 제고할 수 있는 규제로써 세제지원, 금융지원 등 유인책을 쓸 수 있다. 더욱이 경기침체로 인한 불경기에서도 해고 없이 근로인력을 그대로 유지하도록 하기 위해 권유 · 설득 · 회유 등 비권력적 방법으로서 행정지도를 할 수 있다.

이미 언급한 것처럼 시장은 소득분배에 대한 문제를 스스로 해결한다. 시장은 개인이 국민총생산의 생산에 기여한 가치에 따라 소득을 분배하도록 함으로써 숙련 노동자, 가치 있는 토지 및 자본을 소유하고 있는 자에게 높은 소득을 보장하고 있다. 따라서 시장은 미숙련공이나 유산을 받지 못했거나 축적된 재산이 없는 자에게는 불리하게 작용한다.

시장에서 이루어지는 소득분배에 대한 사회적 거부가 나타나는 이유는 첫째로 사회가 시장에 의해 자동적으로 형성된 소득분배를 거절할 수 있는 권리를 가지고 있기 때문이다. 이러한 권리는 시장의 작용으로 형성된 실제적 형태의 소득분배가 사회적으로 바람직하지 않다는 판단에서 연유한 것이다. 따라서 좁은 범위의 고소득층과 아주 넓은 범위의 저소득층이 존재하는 경우는 대다수의 국민에게 윤리적 반감을 불러일으켜 이에 대한 시정을 요구하게 된다. 두 번째 이유는 시장이 채택하고 있는 '기여도에 따른 보상의 원칙'을 국민이 받아들일 수 없기 때문이다. 국민들의 생활수준은 순전히 노동이나 개인의 노력에 따른 재산 축적으로 창출되는 시장소득에만 의존하는 것이 아니라 유산이나 사기·협잡·불로소득 등에 영향을 받고 있다. 이러한 이유로 시장에 의한 소득분배의 원칙이 거부될 경우 그 대안이 강구되어야 한다는 것이다.

소득과 부의 재분배를 위한 기본 원칙은 선진국들을 중심으로 논의되어 왔다. 미국에서는 1970년대에 부상된 사회적 문제의 해결을 위해 공평성을 강조하는 행정이 이루어져야 한다는 논리에 근거하여 프레드릭슨(George Frederickson)의 「신행정학(Frederickson, 1980)」이 발간되었다. 또한 롤스(John Rawls)는 그의 저서인 「정의론(Rawls, 1971)」에서 공평성에 대한 하나의 접근방법을 제시하고 있다. 이는 모든 시민들이 '사회계약'의 부분으로서 합의할 수 있는 '경제정의의 원칙'을 마련하기 위한 것이었다. 롤스는 '최대최저 원칙(minimax principle)'이라 불리는 이론을 창안하였는 데 이 원칙은 주로 정신적 실험의 수행을 통하여 이루어졌다.

모든 시민이 합의할 수 있는 소득분배 원칙을 창안하려는 노력에서 소개된 롤스의 최대최저 원칙은 어느 누구도 개인적으로 소득분배에 있어서 어느 위치에 있어야 하는지 정확하게 알 수 없다는 점을 전제로 하고 있다. 이는 인간은 그 자신의 정신적 또는 육체적 능력에 관해 객관적으로 평가할 수 없으며, 다른 사람이 어느 정도 교육을 습득했는지 또는 가정적 배경이나 유산의 정도가 어떤지 정확하게 알지 못하기 때문이다. 따라서 민간 또는 정부행위가 사회의 저소득 계층에 속하는 시민들의 생활수준을 개선하는 데 기여할 수만 있다면 이러한 행위가 초래하는 소득분배의 불공평성을 사회적으로 용인할 수 있다는 것이다. 또한 이것은 사회의 고소득층에 기여한 정책일지라도 동시에 극빈자에게도 편익을 줄 수 있다면 용납할 수 있다는 논리를 함축하고 있다. 롤스의 이론이 반드시 합당한 것이라고 할 수는 없지만 소득분배에서 사회적 목적의 결정과 목적 달성에 도움을 주는 기준을 제시하고 있다는 점에서 의의를 찾을 수 있을 것이다. 이러한 기준을 근거로 미국에서 시행하고 있거나 제안하고 있는 정부활동의 예는 다음과 같이 제시할 수 있다.

① 사회보장제도 : 65세 이하의 퇴직 전에 있는 국민들의 희생으로 65세 이상 퇴직한 노년층을 부양하기 위한 것이다.

② 고용보험제도 : 고용되어 소득을 벌어들이는 사람들이 주는 혜택으로 일자리가 없어 소득이 없는 실업자의 기본생활을 유지할 수 있도록 하기 위한 것이다.

③ 노년층의 의료보험 : 건강하고 젊은 층이 수여하는 혜택으로 병약한 노년층에게 의료서비스를 무상으로 제공하기 위한 것이다.

④ 누진적 조세제도 : 저소득층의 소득보다 고소득층의 소득에 더 높은 세율을 적용함으로써 고소득층이 벌어들인 소득 중 많은 부분을 조세로 흡수하기 위한 것이다.

⑤ 부의 소득세제도 : 일정한 수준 이하의 소득을 벌어들이는 가계에 대하여는 세금을 거두어들이는 대신 오히려 정부가 일정한 공식에 따라 보조금을 제공하고 일정 소득수준 이상의 가계에 대하여만 세금을 부과하는 제도이다.

이들 제도나 사업들은 시장이 초래한 소득분배에 대한 사회적 거부의 가능성에 대응하기 위하여 윤리적 근거를 바탕으로 마련한 실천가능한 정부활동이라고 할 수 있다. 이러한 활동은 사회적으로 바람직하다고 판단하는 방향으로 소득분배 형태를 변경하기 위해 채택하는 것으로서 주로 정치적 과정을 통해 결정된다. 이들 제도나 사업을 수행하기 위해서는 자격조건, 급여, 절차, 과정 등과 관련해 규제가 동반되고, 필요한 규제가 제대로 이루어져야 소기의 목적을 달성할 수 있을 것이다. 아직까지는 사회복지사업의 수행과 관련해 제기되고 있는 규제의 문제에 대한 관심이 적지만 사회복지사업과 관련한 고유의 규제 범위를 설정하고, 그 범위 내에서 논의해야 할 규제에 대한 연구가 활성화되어야 할 것이다. 사회복지사업에도 예산이 편성·운영되고 있고, 이러한 점에서 사회복지 분야에서 제공되는 재화와 서비스의 생산에 있어서 자원의 효율성을 높이기 위한 노력에서 이들 분야에 대한 규제의 필요성이 제기되고 있는 것이다.

## 3 경제의 불안정성과 규제

정부는 국가 전체의 경제성장을 도모함과 동시에 물가를 안정시킴으로써 국민경제를 안정적으로 유지·발전시키려는 노력을 해야 한다. 그리고 실업을 구제하고 국제수지를 개선함으로써 경제의 안정화를 도모해야 한다. 이들 노력은 거시경제정책의 틀 안에서 국가 전체의 경제를 운영하는 것을 말하는 것으로서 정부차입의 효과, 실업률의 장기적 변화, 국민생활수준의 향상, 물가의 안정 등에 초점을 맞추고 있다.

시장은 경기과열 또는 경기침체와 같은 경기순환에 적절하게 대응하지 못하는 결함을 가지고 있다. 경기순환이란 고용 인구나 재화와 서비스의 생산량 등과 같은 경제활동을 나타내는 지표들이 주기적으로 변하는 현상을 말하는 것으로서 그 변화는 대체로 불규칙적이고 예측하기 어려운 것이 보통이다. 이에 따라 정부는 총수요(aggregate demand)의 관리를 통해 경기순환에 대처함으로써 국민경제를 안정적으로 운영해야 할 책임이 있다. 즉 정부가 일반가계의 소비수요(C: Consumption), 기업의 투자수요(I: Investment), 정부의 구매수요(G: Government) 등으로 인한 재화와 서비스에 대한 총수요($Y=C+I+G$)를 적절하게 관리함으로써 경제성장과 고용을 이루면서 동시에 물가를 안정적으로 운영해야 한다는 것이다. 이처럼 총수요는 일반가계의 소비, 기업의 투자, 정부의 구매 등으로 구성되고 이는 각 부문에서 이루어지는 재화와 서비스에 대한 지출을 의미하는 것이다.

정부가 규제를 통해 가계의 소비를 늘려주면, 소비가 그 금액보다 몇 배에 해당하는 국민소득의 증가로 연결된다. 또한 정부가 규제를 통해 기업에게 투자금액을 늘려주면 그 금액의 몇 곱절(승수)에 해당하는 수요가 늘어나고 이는 국민소득이 몇 배로 증가하는 결과를 초래한다는 것이다. 이 때 소비 또는 투자의 금액보다 몇 배의 국민소득의 증가를 가져온다면 그 몇 배의 증가를 초래하는 효과를 승수효과(multiplier effect)라고 한다. 승수효과는 한계소비성향이라는 변수에 의해 결정되는데 한계소비성향은 소득의 증가분 중에 얼마만큼 소비의 증가분으로 나타나는지 그 비율로 제시할 수 있다. 만약 소득증가분 1만원 중에 소비가 8천원 증가한다면 한계소비성향($b$)은 0.8이 되고 승수효과는 $1/1-b$, 즉 1/1-0.8로 제시할 수 있다. 이 경우에 승수효과는 5이고, 이는 투자를 1백만원 증가시키면 균형국민소득은 $1/1-b$배만큼, 즉 5백만원 증가한다는 결론에 도달할 수 있다. 만약 한계소비성향이 높으면 높을수록 승수효과는 커질 것이다. 이처럼 투자승수가 커진 상태에서 추가로 지출을 늘린다면 이보다 몇 곱절의 균형국민소득의 증가로 연결된다.

투자란 기업의 소비나 마찬가지이다. 그러므로 투자의 증가는 소비의 증가를 초래하고, 이에 따라 생산이 증가한다. 생산의 증가로 인해 가계의 소비가 늘어나면 다시 가계의 소비수요를 충족시키기 위해 생산이 촉진된다. 또 생산을 늘리기 위해서는 원자재와 중간재에 대한 구매량이 증가하고, 이런 효과는 경제 전반에 걸쳐 파급된다. 그 결과 국민소득이 몇 배로 증가하게 되는 연쇄효과를 초래한다. 이러한 효과를 초래하기 위해 정부가 특정 산업에 참여해 생산활동에 참여하는 기업에 대해 조세를 감면하거나 금융지원을 함으로써 투자를 유인하는 정책을 수행할 수 있다.

공업화 초기에는 자본, 기술, 판매는 해외에 의존하는 한편 국내의 풍부한 노동력을 활용하는 대외경쟁력 우위산업을 집중육성하기로 했다. 이에 따라 정부는 주요 수출 산업을 지원하기 위해 저환율 유지, 수출입에 대한 대폭적인 조세감면, 저리의 수출금융 제공, 은행과 정책당국의 수출목표의 관리를 했다. 또한 세계적인 불황이 나타나고 수출부진이 우려되는 상황에서 기계, 조선, 전자, 철강, 석유화학, 비철금속제련, 섬유산업 등 육성을 위해 각종 공업육성법을 제정해 고가공, 기술집약, 자원절약형 일반기계, 전자기기, 정밀기기 등에 대한 집중적인 지원을 했다. 과잉투자로 인한 중공업의 가동률이 저하하는 동시에 인플레이션, 실업증가, 은행수지의 악화 등으로 산업정책의 국면 전환이 요청되는 상황에서 비료, 해외건설, 해운 등 구조적인 불황산업에 대한 유휴시설의 처분 및 기업통폐합 조치, 금융부문의 자유화 추진, 무역장벽의 축소와 외국인의 직접투자 허용, 기술도입규제의 완화 및 기술진흥정책의 강화 등을 수행했다. 국내적으로 민주화와 경제정의에 대한 요구가 커지고 국외적으로는 세계화에 대한 요구가 거세지면서 이에 대한 대안으로 기업활동에 대한 규제완화, 금융시장의 개방과 자유화, 연구개발투자의 지원 등을 위한 정부정책이 이루어져 왔다(배득종, 1996: 81-82).

경기과열로 인해 가격이 전반적으로 상승하는 인플레이션을 잡기 위해 전력, 철도, 지하철 등 국민생활과 생산활동에 밀접한 관련을 가지고 있는 공공요금을 규제한다. 공공요금은 일반 기업들이 재화와 서비스를 생산하는 데 드는 비용을 높임으로써 결국 재화와 서비스의 가격 상승에 영향을 미치게 되므로 이를 규제함으로써 물가를 안정시키는 노력을 한다. 한편 경기침체의 경우에 투자와 소비를 진작시키기 위해 정부는 기업에게는 보조금, 금융지원, 세제지원 등을 하고, 국민들에게는 각종 소비 진작책을 강구할 수 있다. 예를 들어 이자소득과 배당소득의 분리과세는 저축과 투자의 장려책이며 특별상각제도는 기술혁신과 중소기업의 육성 및 수출 진흥 등을 위한 것이다. 또한 양도소득세, 재산세는 지가억제를 위한 세제상의 규제조치들이라고 할 수 있다. 간혹 공공기관을 상대로 예산을 앞당겨 집행할 것을 요구하기도 하는데, 시장에서 수요를 창출함으로써 경기회복에 기여할 수 있기 때문이다.

농림부가 경영하는 양곡관리사업의 경우 양곡의 수요와 공급을 균형시킴으로써 국민들이 주식으로 사용하는 양곡의 가격 안정에 기여할 수 있다. 이 사업은 추수기에 농민으로부터 시가보다 좀 비싼 가격으로 벼를 수매하고, 원가보다 낮게 정부미를 도시민에게 판매하는 것이다. 식량 안보를 위해 상당량의 쌀을 비축하기도 하지만 그 주요 목적은 농민에게 안정적으로 일정한 소득을 보장해 주고 도시민의 식생활을 안정시키기 위한 것이다(박영희 외, 2005: 26).

또한 수출촉진과 수입대체를 통해 국제수지를 개선하기 위한 노력으로 수출입업체에 대한 정부의 개입이 이루어져 왔다. 경제발전 초기단계에서는 수출촉진을 위해 대한무역진흥공사가 설립되어 무역을 하는 데 필요한 정보를 제공하기도 하고 해외 마케팅에도 노력해 왔다. 그리고 수입에 의존해 왔던 비료를 국내생산으로 대체하기 위해 산업에 참여하는 기업을 육성·보호함으로써 외화절약뿐만 아니라 경제의 해외의 존도를 낮추려는 노력을 해왔다.

# 제 4 장 정부과정과 규제

정부과정에 참여하는 정치인, 행정관료, 기업, 산업, 가계 등 의사결정 주체의 행태와 이들 간의 관계를 형성하는 데 핵심적인 역할을 하는 거래에 초점을 맞추어 규제가 발생한 원인을 규명할 수 있다. 이처럼 정부과정을 통해 이루어지는 거래에 초점을 맞추어 규제가 발생한 원인을 설명하는 것이 규제근원에 관한 정치이론적 관점이다. 따라서 정치이론적 관점에서 규제가 발생한 원인을 고찰하기 위해서는 우선 거래의 개념을 명확하게 정립할 필요가 있다.

현대적 개념의 거래는 전통적인 경제분석에서 주로 다루고 있는 독점, 외부효과 등 시장실패를 초래하는 시장거래뿐만 아니라 이보다 넓은 개념의 거래로 확대되었다. 이러한 거래에는 미래의 경제적 기회나 편익 또는 이권 등의 약속이나 보장을 전제로 한 선거자금 제공, 선거운동, 투표 및 기타 자원 등 이익의 교환을 의미하는 정치적 거래와 교육·직업·주거 등 편익에 대한 동등한 권리의 보장을 의미하는 사회적 합의도 포함하고 있다. 이는 협의로 정의된 경제 또는 시장거래뿐만 아니라 정치적 거래 및 사회적 합의도 광의의 거래 개념에 포함된다는 것이다(Needham, 1983: 12).

이 중에서 시장거래가 초래하는 비효율성이나 비효율성을 초래하는 시장의 조건을 시정·보완하거나 사회적 편익에 대한 동등한 권리를 보장하기 위하여 규제가 발생한다고 보는 것을 규제근원에 관한 경제이론으로, 그리고 규제의 시행과 관련해 규제기관, 행정관료, 기업, 경제단체 및 일반 국민의 행태와 이들 간의 정치적 거래의 결과로 규제가 발생한다고 보는 것을 규제근원에 관한 정치이론으로 분류해 논의할 수 있다.

## 제1절 | 이익과 규제

'이익'이라는 개념을 중심으로 발전해 온 것이 규제근원에 관한 정치이론이라 할 수 있다. 여기에서 이익이란 개인인 이해당사자의 선호로부터 집단구성원의 선호 또는 행정관료, 정치인 등 다른 행위자들의 효용극대화까지 포괄하는 광범위한 개념으로 이해할 수 있다. 따라서 누구의 이익이 대표되느냐 그 대상에 따라 이익의 형태 또는 의미가 다양해질 것이다. 이러한 이유로 이익의 개념을 일률적으로 정의하는 것은 적절하지도 않고 가능하지도 않은 일이다. 여하튼 이익이란 용어가 어떤 대상을 상대로 어떻게 사용되든지 간에 규제는 정부과정에 개입하고 있는 경제주체가 직·간접적으로 그의 이익을 만족시키기 위해 이용할 수 있는 수단이 될 수 있다.

이처럼 이익은 정부과정을 통해 추구될 수 있는 것이며, 이러한 과정에서 정치활동을 적극적으로 벌일 수 있는 능력 및 조건을 가지고 있는 경제주체의 이익이 상대적으로 보다 잘 대표될 수 있다. 그러므로 규제에 관한 정치이론은 규제가 어떻게 제안, 심의, 의결되어 집행되며, 집행된 결과 또한 어떻게 평가되고 변경되는지 그 일련의 정부과정을 중심으로 제시해야 할 것이다. 왜냐하면 정부과정을 통과하는 각 단계마다 규제와 관련된 이해당사자들이 정치적 영향력을 행사하려고 노력할 것이기 때문이다.

따라서 규제에 관한 정치이론은 정부과정의 매 단계에서 나타나는 이해당사자의 노력과 관련하여 제기되는 모든 문제에 초점을 맞추어 규제와 이해당사자들 간의 관계를 설명할 수 있어야 한다. 그러나 지금까지 개발된 규제에 관한 정치이론은 단지 정부과정의 단계별로 이들 간에 형성되고 있는 관계를 설명하고 있을 뿐, 전체적인 과정에 적용시켜 설명하지는 못하고 있다.

사실 규제는 규제입법에 명시되어 있는 원칙이나 취지 및 규칙이나 기준에 따라 수행할 것이 요청되는데 그 궁극적인 목적은 공익의 추구에 있다. 그런데 규제가 결정되고 집행되는 과정을 거치면서 공익과 괴리되는 결과를 초래하기도 한다.

부캐넌(James M. Buchanan)은 계약론적 입헌주의에 근거하여 공익과 괴리되는 규제의 결과가 궁극적으로 의사결정의 결함으로 발생한다고 보고 있다. 즉 한 사회의 의사결정은 사회의 기본 규율인 헌법이 허용하는 범위 내에서 이루어져야 한다. 그리고 이러한 기본법을 근거로 시장에서의 의사결정, 민주주의적 의사결정 및 관료제 내의 의사결정이 상호의존적 관계를 형성하면서 이루어지기 때문에 공익과의 괴리문제는 이들 의사결정의 결함에서 비롯된다고 한다(Buchanan, 1991).

미트닉은 부캐넌이 강조한 구조적·환경적 요인 중에서 구체적으로 행정관료와 규제대상자의 행태에 초점을 맞추어 규제의 결과가 공익과 괴리되는 원인을 설명하고 있다(Mitnick, 1980: 94). 미트닉에 의하면, 행정은 행정관료에 의하여 결정되고 구체화되기 때문에 그들의 가치관, 행동지향성, 전문성, 정보 등의 요인에 의하여 영향을 받는다는 것이다. 정치인과 행정관료가 물질만능주의에 치우치거나 무능력하고, 전문성이 결여되어 정보에 무지하다면 기업에 포획되어 기업의 이익을 대변하게 된다. 따라서 공익과 괴리되는 규제는 행정관료의 행태뿐만 아니라 그들이 속해 있는 행정제도와 아울러 정치·경제·사회 제도에 의해 영향을 받는다는 것이다.

이와는 대조적으로 윌슨(Wilson, 1974: 135-168)은 공익과 괴리되는 규제가 발생하는 원인이 규제결정자 또는 행정관료의 무능력이나 가치관에 있는 것이 아니라 기업에게 사회적으로 바람직한 목적에 기여하지 못하게 하는, 사회에 정착된 구조적 모순에 있다고 지적하고 있다. 즉 정치제도 운영의 필요성에 의해 기업에 가해진 제약 때문이라는 것이다. 또한 블래츨리와 오트만(Blachly and Oatman)은 괴리의 원인이 규제결정자의 행태와는 관계없이 공공행위의 효율성을 부정하는 기술적 또는 사회적 결정주의에 있으며, 이러한 사회에서는 아무리 유능하고, 정직하며, 분별력 있는 행정관료라도 공공 목적을 구체적으로 달성할 수 없다고 주장함으로써(Blachly & Oatman, 1940) 윌슨과 유사한 견해를 피력하고 있다.

라이히(C. Reich)는 정부의 행정구조, 정부와 민간부문 간의 동반자적 관계 및 민간 경제주체에 의한 권력의 이용을 그 원인으로 들고 있다(Reich, 1979: 53-56). 상기의 이론적 요인들을 종합하여 공익과 괴리되는 규제의 원인을 정부과정에 초점을 맞추어 설명하려고 한다. 그 이유는 정부과정에서 형성되는 기업과 행정관료와의 관계, 정치제도의 운영 및 행정구조에서 발생되는 원인들을 고찰함으로써 미트닉, 윌슨, 라이히의 견해를 수용할 수 있으며, 다른 한편으로는 공공행위의 효율성을 부정하는 기술적 또는 사회적 결정주의에 의하여 발생하는 원인들을 실제적으로 규명함으로써 블래츨리와 오트만의 견해도 수용할 수 있기 때문이다. 이러한 구분에 의한 원인 규명은 또한 계약론적 입헌주의에 근거한 공익과의 괴리 현상을 부분적으로나마 설명할 수 있다는 장점이 있다.

# 제 2 절 | 정부과정과 정치적 거래

정치적 거래에 참여하는 공공정책의 결정자도 민간 경제주체와 다를 바 없어 개인적 이익을 추구하는 이들의 행태가 정경유착을 초래하여 규제의 결정과정뿐만 아니라 그 집행과정에서도 영향을 미친다(Wolfe Jr., 1979). 이는 정치적 거래에서 지배적인 위치를 차지하고 있는 기업 또는 경제단체가 정치인이나 행정관료의 행태를 조정함으로써 그들에게 유리한 규제를 시행하도록 하거나 규제의 본래 목적과 괴리하는 결과를 초래하기도 하고, 규제의 취지가 퇴색하도록 할 수도 있다는 것이다. 여기에서는 기업이나 경제단체가 정치적 거래를 통해 정부과정에서 어떻게 규제에 영향을 미치는지를 행정과정과 정치과정으로 나누어 논의하려고 한다.

## 1 행정과정

일반적으로 규제는 기업에게 이익과 손실을 주는 한편, 국민에게도 이익과 손실을 동시에 부여한다. 따라서 기업은 이익을 얻기 위하여 여러 가지 방법을 동원하여 행정과정에서 영향력을 행사하려 할 것이다. 특히 이익과 손실이 함께 주어지는 일반국민의 입장에서는 규제의 효과가 간접적으로 국민복지 수준에 영향을 미칠 것이란 점을 감지하여 민감한 반응을 보여야 하지만 규제가 갖고 있는 특성인 대상의 선별성, 비용의 분산성, 정부 주도성, 과정의 복잡성과 은폐성, 효과의 은닉성, 자본을 통한 개입(김용우, 1988: 87) 등 때문에 규제의 결정과정에서 소극적인 역할을 할 수밖에 없다(Reich, 1979: 55).

특히 규제의 실질적 효과에 대한 평가는 국민 각자의 개념과 기대에 따라 상이하고, 전문가조차도 그 효과에 대하여 동일한 견해를 가질 수 없다. 긍정적 효과조차도 일반 국민이 파악하는 데는 상당한 노력과 시간의 대가를 치러야 한다(Needham, 1983: 26). 따라서 규제에 대한 결정은 국민을 대표하는 정부에 일방적으로 의존할 수밖에 없는 경우가 많다. 정부는 국민 전체의 공익을 도모하는 대리인의 입장(Neal, 1981: 54)에서 국민여론을 수렴하여 국민의 의사를 규제에 구체화할 것이 요망된다.

그러나 민주정치가 정착되지 않은 상황에서는 주로 정치지도자와 이를 둘러싸고 있는 소수의 정치엘리트 및 행정관료의 이해, 관념, 전망, 능력 등에 따라 규제가 결정되기 때문에 기업이 이들에게 정치적 영향력을 행사하려는 동기를 부여하고, 그 영향력의 정도에 따라 기업에게 이익이 돌아가는 규제를 시행할 가능성이 있다.

이에 따라 규제가 민간부문을 구성하고 있는 상이한 경제주체들 간에 불공평하게 영향을 미침으로써 어떤 집단은 손해를 보는 반면, 다른 집단은 이익을 얻는다. 이러한 불공평성의 문제가 많은 부분 규제를 결정하는 정부의 행정구조에서 연유한다. 그 이유는 유리한 규제를 확보하고 유지하는 과정이 상대적으로 특정 집단에게 호혜적으로 작용할 수 있기 때문이다. 행정과정에는 일반적으로 불확실성이 내재되어 있고, 행정 처리에 지연 요인이 많으며, 막대한 비용이 소요될 뿐만 아니라 상당한 정보와 전문지식을 필요로 하고 있다(Reich, 1979: 54). 따라서 이들 요인을 감내할 수 없는 집단의 이익은 대변해 오지 못하였다. 예를 들면 중소기업보다는 대기업에, 국민경제 발전에 한계적 영향을 미치는 산업보다는 포괄적 영향을 미치는 산업에 규제가 유리하게 작용해 온 것이 일반적인 추세였다.

특히 정부는 자체적으로 규제대상, 규제수단 및 규제 정도를 결정하는 데 요구되는 완전한 정보를 입수할 수 없고, 상당 부분을 기업이 제공하는 정보에 의존하는 행정구조상의 취약점을 가지고 있다. 이러한 취약점은 기업으로 하여금 규제의 결정과정에서 요구되는 정보를 왜곡하려는[1] 동기를 부여한다. 제공된 정보에 따라 규제의 유형, 내용 및 정도가 상이하게 결정되기 때문에 기업은 규제 내용을 유리하게 하기 위하여 또는 되도록 이익을 많이 받기 위하여 정보를 왜곡시킨다(Williamson, 1975; Porter & Sagansky, 1976: 263-307).

정보는 정책결정 과정에서 중요한 역할을 한다. 얼마나 정확한 정보에 근거하여 정책결정이 이루어지느냐에 따라 규제의 성공 여부가 결정되는 것이다. 규제의 효과적인 결정을 위하여 기업이나 산업의 유통구조 및 경영에 관한 정확하고 객관적인 정보가 필수적이지만, 기업이나 산업이 이러한 정보를 정책 당국보다 많이 갖고 있기 때문에 정보의 불확실성과 복잡성을 이용하여 자신을 보호 또는 유리하게 하기 위한 전략적 방법으로 이용할 수 있다. 이것은 정보의 기만 정도에 따라 기업의 만족도가 결정된다는 것을 의미하는 것이기도 하다.

---

1) 정보왜곡은 규제대상자의 의도적 행위에 의하여 발생하기도 하며, 산업기술의 고도화에 따른 정보 자체의 불확실성과 복잡성에 기인할 수도 있다.

규제의 목적은 기업의 실제적 행태를 변경시켜 정책이 바람직하다고 기대하는 행태를 유인하기 위한 것이거나 사회적으로 바람직하지 않은 행위를 위축·방지 또는 제한하기 위한 것이다. 다시 말해 기업의 실제적 행태와 정부가 바라는 행태 간의 격차를 줄이기 위한 것이다. 상징적으로 표현하자면, 규제의 목적(Needham, 1983: 334-336)은 바람직한 결과와 실제적 결과 간의 차이라 할 수 있는 'DB-AB'를 줄이는 것인데 DB(desirable benefit)는 기업의 '바람직한 결과'를 나타내고, AB(actual benefit)는 기업의 '실제적 결과'를 가리키는 것이다.

만약 규제기관이 DB와 AB에 대한 정확한 정보를 가지고 있다면 효과적인 규제결정에 기여할 것이다. 즉 이러한 정보는 AB를 DB로 변경시키는 데 필요한 규제수단의 모색에 도움을 줄 뿐만 아니라 경우에 따라서는 비용의 산출도 가능하게 할 것이다. 규제결정자로 하여금 기업이 당면하고 있는 환경을 파악할 수 있도록 하여 기업의 행태를 변경시키는 데 필요한 규제의 방법과 내용을 판단할 수 있도록 해야 한다. 이를 근거로 AB로부터 DB로 변경시키는 데 필요한 규제 수단에 대한 결정을 내릴 수 있게 한다. 그러나 실제로 규제결정자가 DB와 AB를 미리 알지 못하는 경우가 많으며, 이때는 규제기관이 단독으로 또는 부분적으로 DB를 결정하고, AB에 대한 결정에 필요한 정보를 기업에게 의뢰하는 경우가 많다. 그러나 기업은 의뢰된 정보를 왜곡 제출하는 경향이 크며, 이는 규제의 결과에 부정적인 영향을 미치게 된다.

## 2 정치과정

규제를 요구하는 집단은 비교적 적은 수로 구성되어 있기 때문에 정치적 경로를 통한 정치활동의 조직적인 전개로 유리한 규제의 결정에 영향을 미칠 수 있다. 더욱이 정치적 우위를 차지하고 있는 대기업은 항상 정확한 정보와 충분한 능력을 가지고 정치활동을 할 수 있고, 그들의 목표를 정의하여 추진할 수 있는 고도로 조직화된 효율적인 계층조직이기 때문에 정치에 개입하고 있는 다른 참여자보다 그들에게 유리한 규제가 시행되도록 영향력을 행사할 수 있다(Nadal, 1976: 16). 실제로 규제로 인한 이익이 특정 집단에게 집중되는 반면, 그 비용은 정부세입 중에서 지출, 조세수입의 감소, 통화의 조정 등의 형태를 통해 나타나기 때문에 그 부담이 전체 국민에게 분산되는 것이 일반적이다.

규제결정 과정에서 기업이 영향을 미치려고 할 때 불가피하게 접촉하는 상대가 정치인이나 행정관료이다. 정치인과 행정관료 및 기업의 직접 접촉에 초점을 맞춘 것이 정치활동에 관한 부분이론이고, 이들이 속한 정치적 · 사회적 환경을 포괄하여 고찰한 것이 일반이론이다. 일반이론은 많은 요인에 대한 분석을 요구하기 때문에 여기에서는 부분이론을 중심으로 분석하려고 한다.

우선 정치과정에 참여하는 기업이 당면하는 제약점을 크게 내적 · 외적 및 법적 제약점 세 가지로 구분하여 설명하면 다음과 같다.

첫째, 내적 제약점으로는 특정 시점에서 기업이 갖고 있는 소득창출 능력(경제력), 사회적 영향력 등 인적 · 물적 자원의 질과 크기를 들 수 있고, 둘째, 외적 제약점으로는 정치인과 행정관료의 자질과 행태 및 그들이 속한 정치적 · 사회적 환경을 들 수 있으며, 끝으로 법적 제약점으로는 헌법을 비롯한 법률, 시행령, 규정, 규칙 등이 있다. 시장에서의 교환과 거래의 대부분은 법령이나 규제에 실제로 구속되어 있고, 이들 없이 경제주체 간의 합의와 거래의 조건은 실현될 수 없다(Shaffer, 1979).

이들 제약점을 갖고 있는 기업들이 모색할 수 있는 활동방법은 두 가지로 구분된다. 제약을 끊임없이 변경시키기 위하여 이익표출 활동과 여론 조성방법에 의존하는 적극적 정치활동과 정부권력을 이용하기 위하여 기회주의적 접근방법을 택하는 소극적 정치활동으로 구분할 수 있다.

### 1) 적극적 정치활동

적극적 정치활동은 규제의 내용과 방법을 유리하게 수정하기 위하여 위의 세 가지 제약점을 끊임없이 변경하려는 시도에서 수행하는 것이다. 이를 위하여 기업이 규제기관을 대상으로 직접적으로 정치활동을 하기도 하고, 경제단체를 결성하거나 가입해 이를 매개체로 이용하는 간접적 방법을 택하기도 한다. 직 · 간접적 활동을 위한 물적 자원을 확보하기 위하여 결국 생산물 가격의 인상, 생산비용의 감소 또는 다른 용도에서 경비를 전환해야 한다. 이 같은 부담은 결국 물가를 자극하는 요인으로 작용하여 소비자에게 전가되거나 지출용도의 전환으로 자본투자 또는 신기술 개발에 사용할 자금을 부족하게 할 수 있다.

외적 · 법적 제약점을 변경하기 위하여 투표에 대한 약속, 정치자금 · 비자금 · 뇌물 등의 금전적 거래, 공직선거 후보자 지원, 정치권 인사와의 직접 접촉 등의 이익표출 방법과 국민여론을 이용하기 위한 여론조성 방법을 선택할 수 있다.

### (1) 이익표출 방법

일명 로비활동(lobbying)이라고 불리는 이익표출 방법은 기업이 선호하는 규제를 정부에 전달하려고 시도하는 정치적 활동을 의미한다(Eagleton, 1991: 8-23). 시도의 결과에 따라 규제결정자는 여러 행동방향 중 특정 방향을 설정하고, 설정된 행동방향을 지향하는 기업의 활동에 대한 보상방법이나 크기를 결정한다. 이 때 기업과 경제단체의 주요 접근대상이 되는 것은 중요한 규제결정이 이루어지는 정치인이나 고위관료들이고 로비활동을 위하여 인적·물적 및 기타 자원을 이용한다(안해균, 1971: 104-105).

기업과 경제단체가 선택할 수 있는 구체적인 로비활동을 요약하면 다음과 같다(조영찬, 1982; 정동원, 1982: 59).

① 건의

공식 건의, 의견제시, 성명, 진정, 요망, 청원 등의 형태를 통한 대정부 정책건의 활동으로서 개별 기업이나 경제단체의 집행기구를 통한 공식적 정책 건의, 공동간담회, 합동회의, 비개인적 공식 호소 및 직접면담을 통해 이루어진다.

② 성금·기부금

기업들은 각종 지원금, 성금 및 기부금을 출연하고 있다. 준조세적 성격을 지닌 지출을 비롯해 기타 사회관련 비용에 대한 부담이 적지 않다. 또한 재계 합동으로 기부금을 각사에 배정·모금하는 경우도 있다. 모금은 대부분 경제단체가 주관하는 것이 보통인데, 모금은 대부분 회사의 매출액 규모, 자본금 규모를 기준으로 하여 일정비율로 나누어 행하여지는 것이 보통이다. 이는 정부와 기업 간의 상호 호혜적 관계를 통하여 기업에게 유리한 규제가 시행될 가능성을 높일 수 있다.

③ 비자금

정치자금은 개인적으로 주면 세법상 손금이 부인되고 증여행위로 간주되기 때문에 그 속성상 공개되지 않고 내밀화된다. 기업인이 어떤 형태로 정치자금을 어떻게 마련하여 어떻게 정치인들에게 전달하는지는 기업만의 비밀로서 경영자, 자금담당자 등 소수만이 알 것이다. 예를 들어 최고경영자가 가까운 친지, 혈연, 동창 등의 출마자에게 순수한 뜻의 개인적인 정치자금을 건넬 수도 있으며, 앞으로 국회 내의 로비스트의 활동을 위한 '포석'의 의미를 띤 정치자금을 전달하는 경우도 있을 수 있다. 정치자금은 선거 결과에 영향을 미치기 위한 것이라기보다 정치적 이익을 얻기 위한 것(Welch,

1980: 97-120)이라고 할 수 있다.

(2) 여론조사 방법

규제 결정에 참여하는 경로를 규제결정자에게만 국한할 필요가 없다. 일반 국민을 상대로 여론을 조성하여 그들을 동원하여 규제에 책임을 지고 있는 입법부나 행정관료에게 압력을 행사함으로써 이익표출 활동과 유사한 결과를 초래할 수 있다.

투표제도는 투표자의 의사를 잘못 반영할 수 있는 가능성이 있기 때문에 기업이나 이익집단이 정부과정에서 그들의 의사를 표출할 수 있는 유일한 방법이라고 할 수 없다. 특히 한국의 경우 정책보다 연고 또는 인물 중심으로 국민의 대표자가 선출되는 경향이 크기 때문에 투표를 통한 이익표출은 거의 가능하지 않을 수 있다. 투표제도에도 이러한 한계가 있지만, 여론조성 방법에도 국민들의 의사를 결집하여 조직화하는 데 많은 제약이 있으므로 흔히 사용할 수 없다.

기업이 특정 규제의 필요성이나 수정 등 요구사항이 있을 때, 이를 국민에게 홍보하여 여론을 조성하는 방법(조영찬, 1982; 정동원, 1982: 59)은 기업이나 경제단체 자체가 직접 수행하는 홍보활동으로서 각종 세미나와 강연회의 개최, 홍보활동(출판사업) 및 대 사회활동 사업 등이 있고, 언론매체를 동원하는 간접적인 방법에는 기자회견, 사업홍보, 간담회의 개최 및 유관기관 홍보사업 지원 등이 있다.[2)]

### 2) 소극적 정치활동

어떤 사회에서나 강력하고 지배적인 이익집단들이 그들의 이익을 위하여 정부의 권력을 이용하고 있다. 이에 따라 규제기관들이 관할 하에 있는 민간 경제주체를 규제하여야 함에도 불구하고 이들에게 포획되어 그들의 이익을 대변하는 업무수행을 유도할 수 있다. 더욱이 이들 규제기관의 대부분은 규제를 통해 기업을 지원 또는 보호할 책임을 지고 있다. 겉으로 그들은 규제대상산업을 규제하는 것처럼 보이지만 결국에는 산업의 이익을 대신해 행동하는 경우가 종종 있다. 즉 규제기관과 권력 있는 특정 경제주체 간의 밀착관계로 인해 기업이나 산업에게 유리한 규제가 결정될 수 있다는 것이다.

---

2) 이익집단이 홍보를 위하여 택할 수 있는 수단과 내용에 관한 논의는 Burdett A. Loomis and Eric Sexton, "Choosing to Advertise: How Interests Decide," in Allan J. Cigler and Burnett A. Loomis, eds. *Interest Group Politics* (Washington, D. C.: A Division of Congressional Quarterly Inc., 1995), pp. 193-214 참고.

기업이나 산업은 정치인이나 행정관료와의 개별적 접촉을 통해 그들에게 규제가 유리하게 결정·시행하도록 영향력을 행사할 수 있는 충분한 능력을 보유하고 있다. 기회에 따라 이들 능력을 활용하여 규제결정 과정에 참여함으로써 권력을 그들에게 유리하게 조정할 수 있다.

**(1) 행정관료의 지위 및 특권**

행정부서에 속한 규제 관련 업무에 종사하는 행정관료는 다른 관료보다 그 분야에 집중된 지식, 정보, 관심 및 경향을 갖고 있다. 이러한 특수성이 장기간 기업의 담당자와 직접적인 관련을 맺게 하여 정책수행에 상호의존적인 관계를 유지하게 할 수 있다. 또한 규제 분야에 관한 업무 수행에서 행정관료의 전문성을 침해하지 않고 전문성에 경의를 표함으로써, 전문행정인의 자부심을 존중하고 지위와 특권을 인정하는 기회주의적인 방법을 취해 원만한 관계를 형성·유지할 수 있다.

**(2) 편의 제공**

행정관료는 많은 정보를 기업으로부터 얻을 수 있다. 산업이나 기업에 의한 정보의 통제 및 공급은 행정관료의 업무량을 경감시킬 수 있어 이들의 편의수준을 높일 수 있다. 즉 '귀찮은 현지답사'를 하지 않아도 쉽게 정보를 입수할 수 있어 일상적인 업무 수행에서 업무량을 줄일 수 있다. 그러나 이러한 편의성에 대한 인식은 상호 호혜적 관계로 발전해 이들 간에 자연적인 개별 접촉이 가능하게 할 수 있다. 정책의 효과가 전국적인 내용일수록 고도화되고 포괄적인 정보가 요구되므로 이를 위해 대기업에 의존하는 경향이 있다. 따라서 대기업은 정보 보유 기회를 이용하여 정부 고위층에 쉽게 접근할 수 있다. 또한 규제의 효과가 전국적일수록 고위층에 접근하려 하고, 반대로 고위층은 상당한 정보 공급을 대기업에 의존할 수 있다. 이러한 현상은 중간층을 대함으로써 초래할 수 있는 시간적·심리적 소비를 피하기 위한 의도에서 연유하는 것이라고 할 수도 있다.

**(3) 우호관계**

특정 분야에서 오랫동안의 공동 이해, 세미나 참석, 합동회의의 개최, 개별적 회합 등으로 맺어진 호혜적 관계를 활용하는 방법으로부터 혈연·지연·학연을 통해서 평소에 개인적 우호관계를 유지 또는 돈독히 함으로써 정부 내 로비활동을 위한 포석을 마련할 수 있다. 행정관료 출신이 규제기관과의 연계성을 보다 견고하게 할 수 있기 때문에 그들의 장점을 활용하기 위해 전직 관료를 채용하는 방법도 모색할 수 있다.

### (4) 전직 관료의 채용

퇴직 후 행정관료의 직장이 재직 동안 관계를 가지고 있었던 기업에 보장되는 경우가 많다. 민간부문의 직장은 높은 봉급 수준과 조건 때문에 매력적일 수 있고, 더욱이 채용할 때 보다 높은 지위를 제안함으로써 평소 업무를 수행하는 과정에서 기업에게 유리한 결정을 유도할 수 있다. 기업은 물적 자원을 이용해 성공적인 정치적 행위를 할 수 있는 적합한 재능을 가진 인원을 확충할 수 있다(Nadal, 1976: 16). '계획된 사표'라는 말이 나올 정도로 기업과 행정관료 간에는 밀접한 관계를 유지함으로써 서로 간에 이익을 누릴 수 있는 기회가 있을 수 있다. 특히 민간 기업에 경제부처 출신의 전직 행정관료가 많은 것은 경제적 문제와 관련해 대정부 처리사항이 많고, 이에 따라 이들의 채용을 선호한다는 것을 입증하는 것이다.

이상과 같은 적극적·소극적 정치활동의 결과로서 기업이 규제와 규제기관을 통제할 수 있고, 규제기관의 활동을 기업의 활동과 조정·통합하는 데 성공할 수 있다. 그러면 기업의 이익이 만족될 수 있고, 정책당국의 행위를 중립화하도록 관리할 수 있으며, 규제기관과의 상호작용 과정에서 규제기관으로 하여금 기업의 입장에서 여건을 보게 할 수 있다. 그결과 기업들이 원하는 규제를 수행하도록 하고, 또는 규제기관이나 기업 중 누구의 공적 또는 일관된 바람과는 관계없이 불가피하게 이익의 공동체를 형성하는 포획의 형태가 초래될 수 있다(Noll, 1971: 36-46). 포획과 동반자 관계의 형태 및 정도에 따라 규제의 유형, 내용 및 수단이 결정되고, 포획을 위한 정치활동도 이에 따라 신축적으로 조정될 수 있다.

## 제 3 절 | 규제근원에 관한 정치이론

규제란 규제를 시행하는 데 요구되는 규칙 또는 기준을 설정하거나 외부로부터 민간 경제주체의 선택의 자유를 제한하기 위하여 부과하는 기타 다른 형태의 제약이라고 할 수 있다. 따라서 규제근원에 관한 정치이론은 규제해야 할 문제가 대두되는 접근단계로부터 실제로 규제를 실시하게 되는 집행단계에 이르기까지 그 과정을 통틀어 설명할 수 있는 것이라야 한다. 왜냐하면 광범위하고 모호한 규제적 제약이 결정단계에서 출현하여 집행하는 동안 그 성질과 세부사항이 구체화되기 때문이다. 그러면 이러한 과정을 거치면서 공익과 사익 중 어떤 이익을 규제의 내용에 구체화해 실현하느냐에 따라 공익근원설과 사익근원설로 구별할 수 있다. 공익근원설은 전체 국민의 이익을 반영하는 공공존중성에 기초를 두는 데 비해, 사익근원설은 개인의 이익을 실현하려는 의도에서 비롯된 개인존중성에 근거를 두고 있다.[3]

공익근원설에 의하면, 국가나 국민이 규제를 요구하지만 각자의 이익만을 충족하기 위하여 행동하지 않는다는 가정 위에서 이들 규제수요자가 공익을 위한 대리인일 것을 요구한다(Mitnick, 1980: 91). 즉 대리인으로서 국가와 민간 이해당사자가 규제를 통해 추구하는 이익이 궁극적으로 공익 개념에 부합해야만 공공복리에 기여할 수 있다는 것이다. 구체적으로 국민들 일반에 확산되고 있는 노동운동, 여성운동, 환경운동, 소비자 보호운동 등 사회운동에 부응하여 이러한 운동의 목표가 실현되도록 하기 위해 규제가 발생하거나 또는 위기상황에 대처하기 위하여 기업이나 산업이 특정 행위를 하지 못하도록 방지하는 법을 제정해 시행하는 규제는 공익근원설에 근거를 두고 있다고 할 수 있다.

한편 사익근원설은 특정 산업이 사적 이익을 도모할 수 있는 법적 보호를 보장받기 위하여 정치적 영향력을 사용할 때 규제가 발생한다고 보고 있다. 사익근원설을 뒷받침할 수 있는 실제적 경험은 미국의 주간상무위원회(Interstate Commerce Commission)가 설립된 배경을 통해 찾을 수 있다. 주간상무위원회의 설립을 위한 근거법이 단거리 철도 운임에 부과된 독점요금으로 손해를 보게 된 화주(貨主)의 이익을 보호하기 위한 의도에서 제정되었다고 보는 측과 가격경쟁을 감소시킴으로써 시장지배력을 형성하거나 지속하려는 철도회사의 요구에 부응한 것이라고 보는 측의 상반된 견해가 있다. 이는 화주와 철도회사처럼 각자의 이익을 향유하려는 집단들이 사적 이익을 추구하기 위하여 정치과정에서 영향력을 행사한 결과로 주간상무위원회가 설립되었다는 사실을 보여 주는 것이다.[4]

이처럼 규제가 발생되는 원인을 '이익'이란 개념에 초점을 두어 사적 또는 공적 이

---

3) 공공존중성과 사익존중성에 관한 구별과 이에 대한 구체적인 설명은 J. Q. Wilson and E. C. Banfield, "Public Regardingness as a Value Premise in Voting Behavior," *American Political Science Review* (Dec., 1964), pp. 876-887과 "Political Ethos Revisited" *American Political Science Review* (Dec., 1971), 65(4), pp. 1048-1062; B. Barry, *Political Argument* (London: Routledge and Kegan Paul 1965)를 참고.

4) Gabriel Kolko, *Railroads and Regulation*, 1877-1916 (Princeton N. J.: Princeton University Press, 1965)와 John A. Garraty, *The New Commonwealth, 1877-1890* (New York: Harper and Row, 1968)과 비교해 보면 주간상무위원회의 설립 배경을 이해할 수 있다.

익 중 어떤 이익을 대표하느냐에 따라서 공익근원설과 사익근원설로 대별할 수 있다. 그러나 윌슨은 공익 또는 사익 중 어떤 이익을 위하여 규제가 발생하는지에 초점을 맞추는 대신, 규제가 발생하는 정치적 상황을 네 가지로 분류하여 규제의 발생근원에 관해 논의하고 있다. 윌슨의 이론은 규제로 예상되는 비용과 편익이 어떻게 분배되는지를 고려하여 이를 바탕으로 네 가지 단순 이익이론을 소개하고 있다.

## 1 공익근원설

공익의 의미는 정치이론에 관한 문헌에서 주로 논의해 왔던 주제이지만 이에 대한 합의된 개념은 정립되지 않은 것으로 알려져 왔다. 그런 가운데 미트닉(Barry M. Mitnick)은 공익을 균형적, 절충적, 득·실, 국가사회 목적적, 가부장적 등 다섯 가지 개념으로 분류하여 설명하고 있다(Mitnick, 1980: 92-93).

균형적 개념으로서의 공익이란 한 사회를 구성하고 있는 서로 이해관계가 다른 다양한 이익집단이나 사회세력들이 각자의 이익을 추구하는 과정에서 이들 간의 이익 중 일부가 자연스럽게 합의되어 도출된 것으로서 각각의 이익집단과 사회세력에 공통적으로 나타나는 이익, 즉 자연발생적인 이해관계의 합치를 의미한다. 절충적 개념의 공익은 다양한 이익집단들이 타협과 협상과정을 통해 절충함으로써 도출한 이익을 말한다. 득·실 개념의 공익은 이익집단들 간에 서로 이익을 취하고 손해를 감수하는 교환과정을 통해 도출한 이익을 가리킨다. 국가사회 목적적 개념으로서의 공익은 국가사회 체제를 유지하기 위해 기본적으로 필요한 것으로 국민 모두의 공통적인 인식에 의해 필요불가결한 것으로 인정되는 목적으로서의 공익을 의미한다. 끝으로 가부장적 개념의 공익은 최고 정치지도자와 이를 둘러싸고 있는 소수 정치엘리트나 행정관료들이 국가의 이익으로서 정의한 것이 공익으로 통할 때 이를 공익이라고 정의하는 것이다.

어떤 개념으로 공익을 정의하든지 간에 공익 개념은 추상적이면서 일반적 수준에서 기술하고 있기 때문에 모든 규제수단에 적용해 평가하거나 규제수단을 통해 추구하는 목표를 결정할 때 어려움이 따르게 된다. 이러한 이유 때문에 규제를 위한 구체적 목표(실천목표)를 설정해야 할 필요성이 제기되며, 이는 공익이란 개념을 그 포괄성의 정도에 따라 여러 차원으로 분류하여 보다 구체적인 하위목표로 전환하는 과정을 거쳐 가능해진다. 여기에서는 공익근원설을 구성하고 있는 이론들을 대리인 공익이론, 구조적 · 법적 공익이론, 집단공익이론, 기능적 공익이론 등 네 가지로 구분하여 논의하고자 한다(Mitnick 1980: 91-108).

### 1) 대리인 공익이론

대리인 공익이론은 규제는 주로 공익 목적에 부응하기 위해 시행된다고 가정하고 있다. 이처럼 국가 또는 국민이 그 자신을 위하여 규제를 추구한다고 가정하지 않는다면 대리인 공익이론은 규제를 추구하는 당사자가 공익을 위한 대리인일 것을 요구하고 있다. 이들 대리인은 공익적 목적의 추구를 빌미로 사적 이익을 만족시킬 수도 있지만, 대리인 공익이론은 공익을 위한 어떠한 선택도 적어도 순수하고 지속적일 것을 요구하고 있다.

공익에 관한 공통된 개념이 존재하지 않는다는 이유로 공익적 접근방법의 잠재성이 무시될 수도 있다. 즉 공익을 보는 견해가 때로는 분분하고 상충될 수 있다고 해서 공익이론 자체를 모호하고 부정확한 것으로 간주할 수 없다는 것이다. 또한 규제의 결정과정에서 공익 개념을 명확하게 정의할 수 있는 장치가 없으므로 공익이론의 잠재성이 등한시될 수도 있는데, 이는 기업가적 정치인[5]과 공익집단 같은 대리인의 존재와 그 역할을 무시한 데서 비롯된 것이다(Posner, 1974: 340-341). 대리인이 공익에 부합하는 행동을 한다고 믿고, 공익에 부합하는 행동을 하기 위하여 존재한다면, 공익이론은 신축적으로 해석되어야 할 것이다.

실제로 규제 도입에 대한 논의에 참여하고 있는 모든 당사자는 일반적으로 대리인이라고 할 수 있다. 대리인을 통해 그 이익을 대변하고 있는 민간집단도 모든 당사자 중에 하나라고 할 수 있다. 규제를 결정하는 국회의원, 규제를 집행하고 관리하는 규제자들조차 모두 대리인이다. 이들 당사자는 주인의 선호를 결정하고, 주인을 위한 대리인으로서 행동하는 데 기준으로 삼아야 할 정보가 필요하다.

대리인들은 구체적 기대, 즉 수탁자 규범(fiduciary norm)에 구속되어 행동한다고 할 수 있다. 즉 이들 대리인은 자신의 사적 이익과 관계없이 단지 주인의 이익에 부합하는 행동을 하도록 수탁자 규범으로 제시되어 있다는 것이다. 더욱이 주인을 위한

---

5) 잘 조직되어 있으므로 정치적으로 상당한 영향력을 행사할 수 있는 기업들이 규제로 인한 비용을 부담함으로써 잘 조직되지 못해 정치적 활동이 미약한 대다수의 국민에게 오히려 편익을 주는 경우에 이러한 기업가를 가리켜 '기업가적 정치인'이라고 한다. 이러한 형태로 이루어지는 규제는 비용은 소수의 동질적 집단에게 집중되지만 편익은 대다수 국민에게 확산하는 것으로서 환경오염 규제, 자동차 안전규제, 산업 안전규제, 위해성 물품 규제, 안전규제 등을 예로 들 수 있다.

대리인으로서의 행위가 자신에게 예상하지 못한 손실을 초래한다 하더라도 대리인은 주인의 이익을 위하여 충성심을 가지고 그의 능력을 최대한 발휘하여 행동하도록 규범으로 제약되어 있는 것이다. 따라서 수탁자 규범은 대리인으로 하여금 규범에 구체화된 지시에 따라 행동하도록 하는 데 중요한 역할을 한다.

공익을 위한 대리인도 그 임무의 일부분으로 수탁자 규범을 준수할 수 있고, 사익을 위한 대리인처럼 공익을 위한 대리인도 수탁자 규범에 명시한 대로 행동할 수 있을 것으로 기대되고 있다. 심지어는 공익대리인이 목표로 삼아야 할 공익을 선별하여 이에 맞는 수탁자 규범을 선정하고 솔선하여 이에 따라 행동하는 경우도 있다. 따라서 대리인 공익이론은 공익을 구체적인 규제의 목표로 전환해 이를 위해 대리인이 행동할 수 있도록 하는 적절한 장치가 없다고 해서 공익에 부합한 규제가 시행될 수 없다는 가정을 부정하고 있다.

### 2) 구조적 · 법적 공익이론

구조적 · 법적 공익이론은 대부분 1930년대와 1940년대에 수행된 연구를 통하여 발전해 왔는데, 이 이론이 제시하는 원리가 집단공익이론을 규명하는 데 활용되고 있다. 구조적 공익이론은 그 명칭에서 보는 것처럼 규제기관의 구조, 조직, 운영 등에 초점을 맞추어, 이러한 구조적 틀 속에서 규제 업무를 수행하는 데 기본이 되는 임무와 권한을 부여하는 법적 근거를 검토할 것을 강조할 뿐만 아니라 개인의 권리 및 자유를 보호하기 위하여 구비해야 할 규제의 구조 및 행위를 제시하는 노력을 하고 있다.[6]

구조적 공익이론은 정부가 경직적이고 기계적일 수밖에 없는 필연성을 가지고 있지만, 이와는 대조적으로 규제행정에는 재량권의 행사가 필요하며, 그 과정에서 신축성과 비공식적 행위의 가치를 강조해야 한다는 점을 제시하고 있다. 정부구조 내에서 규제기관은 경제적 문제를 효과적으로 통제하기 위해 설치되며, 그 운영에서 실제로 겪는 시행착오를 통해 교훈을 얻음으로써 규제 업무를 개선할 수 있는 가능성을 높일 수 있다는 점에서 '흥미 있는 실험실(interesting experiment)'로 보고 있다(Cushman, 1941: 146).

이러한 견해와 유사한 내용을 제시한 또 다른 유형의 공익이론으로서 블래츨리

---

6) 이와 관련하여 최근에 나타난 견해에 대해서는 Charles L. Schultze, *The Public Use of Private Interest* (Washington, D. C.: Brooking Institution, 1977)와 Bruce M. Owen and Ronald Braeutigam, *The Regulation Game* (Cambridge, Mass.: Ballinger, 1978) 참고.

(Frederick F. Blachly)와 오트만(Marian F. Oatman)이 발전시킨 것이 있다. 이 이론은 일정한 목표의 달성에 책임을 지는 행정기관을 설치하려고 할 때, 입법부는 전반적으로 현명하고 일관된 행동을 취하고 있다고 가정하고 있다. 따라서 행정기관은 잡동사니의 우연한 조립물이 아니라 전문화된 기구로서 다양한 기능을 적절히 수행할 수 있는 조직, 즉 유기체로서 시간이 경과하면서 목적 달성에 적합한 조직으로 발전할 수 있다는 점을 강조하고 있다. 실제로 정부는 경제 분야에서 새로운 문제에 직면하여 왔고, 이러한 문제에 대처하기 위해 이전에는 수행하지 않았던 다양한 기능을 수행해야 했기 때문에 이들 기능이 여러 행정기관에 배분되어 왔다.

규제과정에서 행정부는 개인의 권리와 재산권을 보호하기 위하여 준입법적 · 준사법적 기능을 수행한다. 특히 개인의 권리에 영향을 미칠 수 있는 규제기관은 조직과 그 운영을 통하여 개인에게 보장된 권리를 보호해야 하고, 동시에 행정적 효율성을 제고하는 노력을 해야 한다(Blachly & Oatman, 1940: 140). 이러한 점을 고려할 때, 규제는 경제적 문제를 해결하기 위해 세밀하고 완벽하게 조직된 수단으로써 행정적 효율성을 높이면서 규제대상자의 권리를 보호하기 위해 시행하는 것이라 할 수 있다.

한편 규제를 위한 입법 활동에 참여하는 입법부는 규제입법의 제정을 통하여 경제 분야에서 발생하는 제반 문제에 대처하고, 규제와 관련하여 제기되는 문제를 시행착오를 통해 개선하는 실험실로 간주되고 있다. 기업공동체를 구성하는 일부 집단이 공공통제를 유리하게 이용하려는 시도를 하기도 하지만, 입법부는 주로 공익을 염두에 두고 이를 추구하기 위한 통제장치를 마련함으로써 결국 공익에 기여하게 된다는 것이다.

### 3) 집단공익이론

집단공익이론은 벤틀리(Arthur F. Bentley)가 개발한 '정치에 대한 집단접근 이론'을 기초로 하여 변형 · 발전시킨 것이다(Bentley, 1967). 그러나 벤틀리의 이론과는 달리, 이 이론은 공익에 부합하는 규제를 도입 · 운영하는 데 있어서 정부의 역할을 강조하고 있을 뿐만 아니라 집단의 활동 및 정부와 집단 간에 이루어지는 상호작용에 관하여도 세부적으로 설명하고 있다. 집단공익이론은 이론적으로 뒷받침을 할 수 있는 가정을 구체적으로 제시하여 검증하지 않았다는 결함을 가지고 있음에도 불구하고, 규제에 관한 이론을 발전시키는 데 많은 공헌을 하였다.

번스타인(Marver H. Bernstein)의 생명주기이론은 기본적으로 집단공익이론에 뿌리를 두고 있다. 생명주기이론에 따르면, '회임' 단계에서 규제기관은 기업의 권력남용이 사회에 미치는 부정적 요인을 시정하기 위한 규제, 즉 공익에 초점을 둔 규제를 시행하여 정착시킬 수 있다고 보고 있다. 그러나 규제는 정치적 협상을 통해 도출한 결과물로서 규제기관은 입법부 의원들이 협상을 통해 결정한 계약조건들을 단지 집행하는 것에 불과하다고 본다(Mitnick, 1980: 100). 이러한 점을 강조하기 위하여 규제기관은 정치적 과정에서 승리한 연합의 영향력 행사의 결과로 제정된 규칙을 집행하기 위해 벌판에 남겨진 직업군단과도 같다는 말로 표현하기도 한다(Bernstein, 1955: 75). 이는 규제기관은 결국 입법과정에서 제정된 공익 개념에 부합하는 규제를 그대로 집행하도록 할 목적으로 설치·운영된다는 것을 의미하는 것이다(Bernstein, 1955: 81).

페인소드(Merle Fainsod)와 고든(Lincoln Gordon)도 집단공익이론을 인용하여 규제는 기업의 권력남용으로 발생 가능한 문제를 해결하기 위하여 도입하는 것이라고 주장하고 있다(Fainsod & Gordon, 1941). 규제는 기업의 경제활동으로 부당하게 취급받은 소비자집단의 지지를 받아야 비로소 시행 가능하기 때문에 결국 공익을 추구하기 위한 의도에서 시행된다는 것이다. 페인소드는 규제를 하나의 정책과정으로 이해하면서 규제 발생요인을 다음과 같이 제시하고 있다(Fainsod, 1940: 299-309).

① 규제의 제도적 틀을 구성하는 조건적 요인: 여기서 조건적 요인이란 규제를 결정하는 데 작용하는 이해당사자들의 이익뿐만 아니라 규제수단을 강구하는 데 영향을 미치는 '기술, 경제, 조직, 이념, 법 및 기타 요인'들을 지칭하는 것으로서, 이들 요인은 규제의 지속성과 안정성에 기여하기도 하고, 규제과정에서 경직성을 초래하기도 하므로 제도적이란 이름을 붙이고 있다.

② 규제의 내용에 대한 이해당사자: 이해당사자는 투자자, 규제 결정에 영향을 미치는 통제집단, 행정관료, 근로자, 소비자, 공급자 등으로 구성된다.

③ 실제적 정치수단: 규제의 결정에 영향을 미치기 위하여 이해당사자들이 행사할 수 있는 실제적 정치수단 등이 규제의 발생 요인으로 작용할 수 있다.

모든 집단들은 산업 보호가 국민들의 경제적 후생을 증진시키는 역할을 하는 데 대해서는 호의적인 태도를 보이지만, 이해당사자들 간에 소득분배의 불공평성을 초래하는 데 대해서는 갈등을 나타내고 있다. 이러한 갈등은 이해당사자들이 경제제도에서 행사할 수 있는 협상능력의 상대적 보유 정도에 따라 해결되는 경향이 있다. 즉 경제제도를 통제할 수 있는 집단은 다른 집단에 비하여 소득분배에서 유리한 위치를 차지하는 것이 일반적이고, 이러한 상황에서는 통제력이 약한 집단들은 이를 통제해 줄 것을 정부기관에게 요구하기 시작할 것이며, 그들의 요구를 효과적으로 관철하기 위하여 정치권력을 이용하려고 할 것이다. 그러면 산업보호와 관련된 집단들 간에 이해관계를 다시 조정해야 할 필요성이 제기되고, 이를 위해 이해당사자들 간에 타협과 협상과정을 거치게 된다. 여하튼 규제에 중요한 이해관계가 걸려 있지만 무시되는 집단은 그들보다 더 많은 권력을 가지고 있는 다른 이해당사자를 찾아 규제결정에서 그의 이익을 대변해 주도록 영향력을 행사하게 되고, 이에 따라 결국 공익에 부합하는 규제가 시행될 수 있다는 것이다.

페인소드는 집단공익이론을 보다 구체화해 설명하고 있다. 그는 규제대상산업에서 규제행정의 효율성을 제고할 수 있는 다양한 방법을 제시하면서, 규제기관들이 공익의 새로운 사회적 가치를 개발하기 위하여 설립된다고 주장하고 있다. 또한, 규제기관이 행사할 수 있는 재량권은 이해당사자들 간에 이해관계를 조정하고, 규제자가 해야 하는 이해관계의 세심한 조정을 용이하게 하는 데 아주 중요한 역할을 할 수 있다고 보고 있다. 규제기관은 이와 같은 창조적 역할을 수행하고 있을 뿐만 아니라 공적이고 일반적인 이익을 인식하고, 이러한 인식에 부합하게 집단에게서 받은 압력을 수용하고 지도할 수 있다고 주장한다(Fainsod, 1940: 309-329).

라이서슨(Avery Leiserson)은 이익집단이 규제결정과정에 참여하기 전에 규제기관은 미리 관련 이익집단의 이익에 기여할 수 있는 방법을 모색한다고 주장한다. 이들 방법은 단순한 변호로부터 자문 및 정책결정에 영향을 미치는 것까지 다양할 수 있다. 이는 정치적으로 영향력을 행사할 수 있는 이익집단이 용인할 수 있는 행정행위가 곧 공익에 기여할 수 있다는 가정을 바탕으로 한 것이다(Leiserson, 1942: 16). 따라서 행정구조는 이러한 행정행위가 가능할 수 있도록 제도화해야 하고, 이 때 행정관료의 역할은 법령이 수여하는 권리와 의무 및 기존 공공정책의 범위 내에서 용인될 수 있는 행정행위를 고안해 집행하는 것이라고 보고 있다.

#### 4) 기능적 공익이론

기능적 공익이론은 규제로 수행할 수 있는 정부 기능에 초점을 맞추어 규제가 발생한 원인을 제시하려고 시도한 것으로서 넓은 의미에서 공익이론으로 분류할 수 있다.

포스너(Richard Posner)는 공익사업에 대한 규제의 목적은 경쟁시장에서는 가능하지 않은 가격과 거래량 수준에서 재화와 서비스를 공급하기 위한 것으로서, 이러한 목적 달성을 위하여 조세지출(tax expenditure)이라는 수단을 이용할 수 있는 것처럼 '내부보조'라는 수단을 이용할 수 있다고 주장한다(Posner, 1971: 41). 이는 규제가 갖고 있는 재정적 기능을 수행할 수 있다고 보는 견해이다. 즉 특정 서비스의 제공을 확실히 하기 위해 다른 서비스의 공급에 드는 실제 비용보다 높은 가격을 받을 수 있도록 허용함으로써 특정 서비스를 비용보다 낮은 가격으로 제공할 수 있도록 내부적으로 교차 보조할 수 있게 한다는 것이다. 그러면 다른 서비스의 구매자는 효과상 비용 이하의 서비스를 제공받으면서도 더 높은 가격을 지불함으로써 조세 부담을 지는 것과 마찬가지 결과를 초래하게 된다는 것이다. 그러면 규제는 다른 형태의 조세와 같은 효과를 초래할 수 있게 된다. 이러한 예로서 방송사가 제작한 공공문제에 관한 비수익적인 프로그램, 비수익 지역의 노선버스 등을 제공하기 위해 수익적인 서비스의 공급에서 벌어들이는 수익으로 그 비용을 충당할 수 있게 하는 경우를 들 수 있다.

코매너(William S. Comanor)와 미첼(Bridger M. Mitchell)은 규제 입법은 규제자에게 산업의 구조에 영향을 미칠 수 있는 권한을 주고 있으므로, 규제란 경제계획을 추진하기 위해 채택할 수 있는 방법이나 수단 중의 하나가 될 수 있다고 주장한다(Comanor & Mitchell, 1972: 178). 규제자들은 그들이 추구하는 목표 달성을 위해 실제로 지출할 재정자금이 부족하기 때문에 기업의 보호와 내부보조를 가능하게 하는 규제를 계획목표의 달성을 위한 수단으로 활용할 수 있다는 것이다. 그러므로 이 모형은 포스너의 규제에 의한 조세기능과 밀접한 관련이 있다.

그러나 기능적 공익이론은 규제의 근원에 관해서는 설명하는 부분이 적기 때문에 규제에 관한 공익이론이라기 보다 그 이상의 것을 설명하기 위한 것이다. 즉 규제는 경제계획의 목표 달성을 위해 활용할 수 있는 수단으로써 경제계획 과정에 참여하는 행정관료의 계획 수립에 도움을 줄 수 있다는 것이다. 코메너와 미첼은 규제로 인한 내부보조 등이 공익적 목적을 달성하기 위한 계획에서 활용할 수 있는 수단이 됨으로써 결국 공익에 기여할 수 있기 때문에 계획과정에서 계획가들이 규제를 선호하고 있다고 그 이유를 밝히고 있다. 이러한 이론은 '규제에 의한 계획'이라고도 불리는데, 이것은 규제발생의 근원에 대하여 설명하기보다 계획을 위해 이용될 수 있는 수단 중의 하나로서 규제를 도입하게 된 이유, 규제를 도입하는 의의 및 그 효과를 설명하기 위한 것이다.

## 2 사익근원설

규제의 사익근원설(Mitnick, 1980: 108-153)은 사적 이익을 논리적으로 조직화하려는 개인의 행태 및 노력에 초점을 맞추어 개발된 이론이다. 사익근원설은 집단사익이론에서 집단 간에 이익의 균형을 모색하는 과정을 논의할 때 설명하지 못하는 부분을 보충하기 위하여 개발되었다. 그러나 이 이론 역시 미흡한 점이 많아 적합한 사익이론으로 개발하기 위해서는 앞으로도 많은 연구가 수행되어야 할 것이다.

사익근원설은, 집단사익이론을 통해 집단과 정부 간의 관계가 공식적으로 인정되는 과정을 보여주려고 시도하고, 효용극대화 이론을 통해 규제의 발생과정을 설명하려고 노력한다. 한편, 규제에 경제이론을 접목함으로써 규제의 수요와 공급을 좁히기 위해 개인이 규제과정에서 보이는 행태에 관해 설명할 수 있는 개인주의적 이론을 제시하고 있다. 여기에서는 사익근원설이 발전하는 과정에서 출현한 몇 가지 사익이론에 관하여 논의하려고 한다. 다만 주의할 점은 공익이란 개념이 애매모호하기 때문에 공익이론들 중에 많은 것이 사익이론의 특이한 경우로 보일 수도 있다는 것이다.

### 1) 집단사익이론

페인소드는 벤틀리가 정부과정(Bentley, 1967)이란 고전적 연구에서 설명하고 있는 집단사익이론에 대해 잘 요약하고 있다. 그는 정부는 공동체의 구성원들 간에 형성되는 권력의 균형을 변화시키는 역할을 수행하는 것에 지나지 않으며, 규제기관이란 권력투쟁에서 얻은 전리품이나 다름없다고 피력하고 있다. 왜냐하면 규제기관을 통제할 수 있는 이해당사자나 이익집단이 그들에 대한 규제기관의 정책에 영향을 미칠 수 있다고 보기 때문이다.

벤틀리는 개인도 전체 사회도 아닌 집단을 결정적인 것으로 간주하고 있다. 즉 집단 자체가 집단으로서의 역할을 적절히 수행할 수 있는 능력을 가지고 있다고 가정하고 있다. 입법부, 사법부, 행정부, 정당 등의 구성원들은 모두 하나의 개인에 지나지 않지만 다른 집단에 대하여는 동질적인 이익을 추구하는 하나의 집단이라고 볼 수 있다는 것이다. 이러한 점에서 이익이란 의미는 집단과 동일한 것으로 해석할 수 있고, 집단 자체는 정적인 대중이나 개인으로 구성된 단순한 집합체가 아니라 여러 행동단계에서 다수인이 행동하거나 행동하려고 하는 대중활동으로 보고 있다(Bentley, 1967: 208-211). 그러므로 집단은 행동과정에서 다른 집단의 활동을 고려하지 않고 독자적으로 집단행동을 할 수 없다. 따라서 하나의 이익집단을 선별하여 그 집단에만 한정시켜 집단활동에 대해 논의하는 것은 바람직하지 않다고 주장한다. 이는 어떤 집단의 행동이 다른 집단에게는 압력요인으로 작용할 수 있기 때문에 정부의 운영과정을 고찰할 때에도 이러한 요인을 고려해야 한다는 사실을 강조하기 위한 것이다.

벤틀리의 집단모형은 집단의 성격과 활동에 관해서만 서술하고 있는 것이 아니라 바람직한 결과를 초래할 수 있는 방법에 관해서도 설명하고 있다. 정부가 수행하는 세부적인 업무 중의 대부분이, 수적으로는 많지만 응집력이 약한 집단의 이익에 맞추어 수적으로는 작지만 상대적으로 응집력이 큰 집중적 이익을 조정하는 습관적인 반응으로 이루어진다고 보고 있다. 바로 이것이 국민에 의한 통제가 의미하고 있는 것이다. 만약 많은 국민을 대표하는 이익이 위협받게 되면, 이를 시정하기 위한 조치가 취해져야 하고 이러한 조치 중의 하나로 규제가 시행될 수 있다.

그러나 집단사익이론은 첫째 '이익집단 자체가 형성되는 조건과 제도적 상황', 그리고 중요한 영향을 행사하는 '정치적 도구'인 규제기관의 역할을 무시하고 있고(Fainsod, 1940: 298-299), 둘째, 집단의 필요가 효과적으로 조직화되고 행동으로 연결됨으로써 효과적인 집단압력으로 작용하는 이유와 특정 집단의 활동이 특정한 사회에서 특정한 때에 두드러지게 부각되는 반면, 다른 집단의 경우에는 그렇지 못한 이유에 관하여 충분히 설명하지 못하고 있으며(Olson, Jr., 1965: 122), 셋째, 집단이 실제적으로 대표할 수 있는 사람의 수가 상대적으로 적을 수 있고, 대규모 집단이 언제나 승리한다고 볼 수 없으며(Schattschneider, 1960), 넷째, 시정조치가 언제나 효과적으로 작용하는 것은 아니며, 전혀 작용하지 않는 경우도 있을 수 있다는(Cobb & Elder, 1972: 32-38) 이유로 비판을 받고 있다.

여러 가지 집단이론들이 이들 취약점을 보완하거나 보충하기 위한 시도에서 개발되어 왔다. 트루먼(David B. Truman)에 의하면 집단이 보다 넓은 제도적 환경으로부터 영향을 받는다는 전제 아래, 보다 구체적으로 변모하고 복잡해지는 사회적 환경 및 경제적 혼란과 위기에서 도출된 사회적 필요성에 대응하기 위하여 집단이 형성된다고 한다(Truman, 1951). 트루먼은 이들 집단이 사회적 필요성에 대응하기 위한 정치적 압력단체로서 행동할 수 있다는 점을 밝히고 있지만, 집단의 형성과정, 집단 자체의 유지·운영 동기 및 실제적으로 이용 가능한 압력 수단에 관해서는 설명하지 못하고 있다.

집단이론가들은 이익집단이 집단의 이익을 보호하거나 관철하기 위하여 행동하려 하고, 이러한 집단행동은 당연한 것으로 생각하고 있으며, 또한 이들 집단에 속한 개인들이 개인의 경제적 이익에 관심을 가지는 것도 당연한 사실로 받아들이고 있다. 그러나 대규모 집단에 속한 개인들이 그들 자신의 복지에만 관심을 갖는다면 집단을 구성하고 있는 사람들은 정치적(공공 또는 집합적) 목적을 달성하는 데 도움을 주기 위해 자발적으로 어떠한 희생도 하지 않으려 할 것이다(Olson, Jr., 1965: 126). 따라서 대규모 집단에 속한 이기적인 개인들이 집단의 조직적인 활동으로 집단적 편익을 얻을 수 있다는 사실을 알면, 단순히 집단에 '무임승차'하는 방법을 선택하려 한다는 것이다.

이와 같이 벤틀리나 다른 집단이론가들은 규제근원과 규제과정을 모두 설명하기에 적합한 포괄적 이론을 제시하지 못하고 있다. 그러나 규제과정에 참여하는 이익집단의 역할의 중요성을 강조하고 있고, 이들 간의 갈등을 해소하기 위하여 정부가 권력을 행사할 수 있으며, 집단의 수요에 대응하기 위해 규제가 시행될 수 있다는 점 등을 밝힌 것은 평가할 만하다.

### 2) 규제의 경제이론

규제의 경제이론이라 한 것은 규제를 하나의 경제적 재화로 취급하여, 경제적 재화는 정부가 공급하고 이에 대한 수요는 산업에서 이루어진다는 가정 하에, 경제학에서 논의하고 있는 수요와 공급의 개념을 도입한 데서 기인한다. 이러한 점에서 규제는 하나의 재화로서 시장수요와 시장공급의 상호작용으로 결정되는 규제의 균형가격 및 균형거래량이 존재할 수 있다는 가정도 도출할 수 있다. 이에 따라 규제의 수요자는 규제로부터 어떤 가시적인 편익을 얻을 수 있을 것으로 기대하는 소비자 또는 생산자로 대표될 수 있다. 즉 소비자는 독점적 폐해로부터 보호를 받으려고 하고, 생산자는 경쟁으로부터 자신을 보호하려고 하기 때문에 이들은 결국 규제에 대한 수요자가 된다는 것이다. 한편 규제의 공급자는 권력을 행사할 수 있는 정치가(입법부 의원) 또는 규제기관이 되는 것이다. 규제의 경제이론은 보통 생산자의 이익이 결국 소비자의 이익을 지배하거나, 특수한 이익집단이 정치적 시장에서 성공할 것이라고 결론을 내리는 성향을 나타내고 있다. 이는 규제에 대한 수요와 공급이 정부와 산업 간에 이루어지는 관계에 의해 영향을 받을 수 있다는 것을 의미하는 것이다.

규제의 경제이론은, 특정 산업이 그 자신을 보호하기 위해 규제를 원하기 때문에 결국 규제는 특정 산업의 이익 추구라는 목적에 기여하게 된다고 한다. 이러한 결론은 규제에 관한 경제이론의 성과라고 할 수 있는데, 규제의 경제이론 중에서 가장 영향력 있는 것은 스티글러(George J. Stigler)가 발전시킨 이론이다 (Stigler, 1971). 스티글러는 산업규제에 대하여 두 가지 견해를 밝히고 있는데, 첫째, 규제는 국민 대부분 또는 국민 중 어떤 대규모 계층의 편익과 보호를 위하여 제도화되어 있고, 국민에게 손해를 끼치는 규제는 사회적 목표의 희생을 요구하거나 규제에 관한 철학이 타락한 결과로 발생한다고 보고 있다. 둘째, 정치과정은 합리적으로 설명할 수 없으며,

정치란 '미덕'의 행위로부터 '매수'의 행위에 이르기까지 다양한 성질의 요소들로 구성되어 있고, 평가할 수도 없을 정도로 예측 불가능하게 이동하는 이들 요소들 간의 혼합체라고 보고 있다 (Stigler, 1971: 3).

따라서 스티글러는 정치제도는 정치적 상황에 따라 이들 여러 가지 요소를 적절히 이용하여 마련되었다는 점에서 합리적이라고 가정하고 있다. 이는 곧 정치제도가 사회구성원의 욕구를 충족하는 데 적합한 수단이라는 것을 의미한다. 그렇다고 국가가 어떤 특정 사회구성원이 추구하는 이익에 기여하기 위해 존재한다는 것을 의미하는 것은 아니다. 실제적으로 규제의 문제는 언제 그리고 무슨 이유로, 한 산업이 그 목적의 달성을 위해 국가를 이용할 수 있는 것인지 또는 국가가 이와 다른 성질의 목적의 추구를 위하여 특정 산업을 선별해 목적 달성을 위한 수단으로 이용하는 것인지를 규명하는 일이다 (Stigler, 1971: 4).

이처럼 스티글러는 규제를 원하는 집단을 산업의 입장에 한정하여 설명하고 있다. 정부의 권력은 강제력에 바탕을 두고 있기 때문에 산업이 정부의 권력을 추구하는 것이며, 국가가 산업에 제공할 수 있는 편익은 직접 보조금, 신규 참여사업자를 제한하는 진입규제, 대체재와 보완재에 영향을 미칠 수 있는 권한, 가격책정 등의 형태로 제공할 수 있다는 것이다. 그러나 정치과정에서 산업이 편익을 받을 수 있는 가능성이 제약을 받기도 하는데, 이러한 가능성을 제약하는 예측 가능한 요인으로 정치적 영향에 따른 정책변화의 가능성, 행정절차에서 초래되는 비용, 산업에 대한 규제로 영향을 받는 집단의 의견 수용 정도 등을 들고 있다 (Stigler, 1971: 4-7).

스티글러는 산업이 편익을 얻는 데는 비용이 들기 때문에 산업에 유리한 규제입법이 제정되기까지 소요되는 비용을 고려하는 동시에, 산업이 그 자신의 목표를 위하여 민주주의제도를 이용할 수 있는 가능성도 고려해 보아야 한다고 강조하고 있다. 스티글러는 모든 시민이 빈번히 투표에 참여하고 있고, 투표에 관심이 없는 투표자라도 투표에서 제외될 수 없으며, 지식이나 지위에 비례해 투표권이 주어지지 않는다는 점에 착안하여 민주주의제도에서 전임 대표자와 정당과 같은 대리인을 확보하여야 할 필요성을 제기하고 있다. 특히 투표자가 투표에 관심이 없어 정보를 갖고 있지 않을 경우에는 투표자가 부담해야 할 정보비용은 높을 수밖에 없다. 따라서 대표자와 정당은 이들을 대신하여 이들의 이익이 무엇인지 파악하여 그 이익을 충족하기 위한 노력을 해야 하고, 이러한 노력은 재선과 공직 보유로 인한 소득으로 보상될 수 있어야 한다는 견해를 피력하고 있다 (Stigler, 1971: 10-12).

이처럼 정부통제의 수요자인 산업은 정부통제의 공급자인 정당이나 정치인에게 투표하거나 선거자금을 주며, 이에 대한 대가로 유리한 정부통제를 얻어낼 수 있다. 이때 '정치적 시장'의 크기가 고정되어 있다고 가정하면, 작은 산업들보다 상대적으로 큰 산업이 정부통제를 보다 확실하게 확보함으로써 보호받을 수 있을 것이라는 결론을 도출할 수 있다. 또한 과점시장을 상정하여 산업이 보다 집중화될수록 산업은 자신에게 편익이 돌아가는 입법을 추진하는 노력에 더 많은 자원을 투입할 것이라는 점을 제시하고 있다(Stigler, 1971: 12-13). 입법과정에서 특정 정당이 이들 산업에게 불리한 입법을 제정하거나 터무니없이 비싼 대가를 요구하면 그 지지기반을 잃게 됨으로써 다른 정당이 그 자리를 차지하게 된다는 것이다. 아울러, 스티글러는 문제점으로 산업이 정치적인 지원을 받기 위한 노력을 조직화하는 데 무임승차 문제가 제기될 수 있고, 집단행태를 설명할 수 있어야 한다는 점을 제시하고 있다.

구체적으로 설명하면, 입법이 되었다고 해서 입법된 내용에 따라 규제가 시행되는 것은 아니다. 규제를 선택하고 관리하는 행정관료가 규제에 대해 어떤 생각을 갖고 있느냐에 따라 시행되는 규제에 영향을 미칠 수 있기 때문에 행정관료의 행태가 분석의 초점이 되어야 한다는 것이다. 행정관료는 때로는 상당한 재량권을 행사할 수 있는데, 이들은 피선되거나 정치적 임명의 대상이 되지 않는 전문공무원인 경우가 대부분이다. 그러므로 규제의 공급과 수요에 관한 스티글러의 경제이론은 규제기관 자체를 '검은 상자(black box)'로 보고 있다. 즉 규제기관이란 단위 자체는 이익집단과 큰 차이가 없으며, 이익집단들로 구성된 복잡한 체계 중의 일부분을 구성하고 있는 것으로 간주하고 있다. 따라서 규제기관이란 단위 자체에 큰 의미를 부여하지 않고, 다만 그 단위 내부에서 업무를 담당하는 규제자인 행정관료의 역할에 중요성을 부여하고 있다.

### 3) 효용극대화 이론

효용극대화 이론은 행정관료들이 다양한 제약조건에서 다양한 보상기회를 가지고 그들의 선호를 만족시키는 노력, 즉 효용을 극대화하려는 합리적인 선택을 하게 되며, 이러한 합리적인 선택의 결과로서 규제가 발생한다고 보는 것이다. 효용극대화 이론은 합리적인 핵심결정자가 존재하며 이들은 결정적이고 효과적인 결정을 내릴 수 있다고 가정하고 있다.

이 이론은, 규제기관이 상이한 능력과 선호를 가진 개인들이 상이한 행위를 하고, 상이한 기술을 가지고 상이한 업무를 수행하고 있으며, 상이한 경로를 통하여 상호작용을 하기도 하고, 외부조직으로부터 상이한 자극을 받기도 하는 복잡한 구조를 가지고 있다는 견해를 거부하고 있다. 규제는 개인들의 집단적 행태의 결과로 이루어지는 것이 아니라 핵심결정자의 결정이나 협상과 타협의 결과로 나타나는 것이라고 강조한다. 이러한 점이 비록 효용극대화 이론이 갖고 있는 취약점 중의 하나로 지적되고 있지만, 이는 실증적 조사의 결과에 따라 달라질 수 있는 것이기 때문에 취약점이라고 단정적으로 말할 수는 없을 것이다.

여하튼 효용을 극대화하려는 핵심결정자 접근방법은 두 가지의 주요한 변형을 가지고 있다. 하나의 변형은 핵심결정자의 유형에 초점을 맞추어 모형을 설정한 것이고, 다른 것은 핵심결정자가 참여하고 있는 활동, 즉 규제와 관련하여 형성된 행태와 관계에 초점을 맞추어 설정된 모형이다. 첫 번째 것은 '핵심결정자' 접근방법으로, 두 번째 것은 '행태적' 접근방법이라고 지칭하기도 하지만, 핵심결정자에 대한 모형을 설정하여 이들이 규제과정에서 나타내고 있는 행태에 초점을 맞추어 이론을 전개하고 있다는 점에서 이들 모두를 포괄해 '공공선택 이론'이라고 부르기도 한다.

### (1) 핵심결정자 접근방법

핵심결정자 모형은 핵심결정자에 초점을 맞추어, 이들이 재선, 봉급, 지위, 미래 보장 등과 같은 사적 이익에 대한 선호를 가지고 있으며, 규제과정에서 이러한 선호를 만족시킬 수 있는 기회를 구체화하려고 한다는 가정을 근거로 도출한 것이다. 따라서 규제의 결정은 이러한 가정을 근거로 핵심결정자가 가장 합리적이라고 생각하는 판단에 의하여 이루어진다. 그러나 핵심결정자인 정치인 또는 행정관료는 정책적 목표를 위한 대리인으로 행동하기보다 오히려 기회에 따라 선별적으로 보상을 받으려고 행동하고, 추구하는 보상의 종류에 따라 그 행태를 결정한다고 보고 있다. 핵심결정자 모형은 정치인으로서의 규제자와 행정관료로서의 규제자라는 두 가지 유형의 핵심결정자를 중심으로 설명하고 있다.

#### ① 정치인으로서의 규제자

정치인으로의 규제자 이론은 규제자를 국회의원이나 정치인으로 보고 있다. 따라서 규제자인 정치인은 그에게 지지를 보내는 집단의 이익에 기여할 수 있는 규제를 선택함으로써 재선을 통하여 생존할 수 있는 방법을 모색한다. 즉 국회의원은 다음 선거에 재선되기 위하여 보다 많은 지지를 얻을 수 있는 규제를 결정하려고 하고, 국정감사를 통해서든 서비스의 제공을 통해서든 그의 선거구민을 만족시키려 하며, 공직에 머물기 위하여 연합을 형성하고 관리하려는 노력을 한다.

펠츠먼(Peltzman, 1976)은 피선된 정치인이 지지 투표수를 극대화하려고 노력하면 필연적으로 부의 재분배 효과를 초래한다는 '부의 재분배 모형' 이론을 개발하였다. 이 모형은 규제자에게 한정해 설명하기보다 일반적인 내용을 설명하기 위한 이론이라고 볼 수 있다. 즉 이 모형은 규제에 관한 모형이라기보다는 부의 재분배에 영향을 미치는 교차보조의 구체화 등 규제적 성격을 가지고 있는 입법이 이루어지는 이유와 배경 등을 분석하는 '입법에 관한 모형'이라 할 수 있다.

펠츠먼의 모형은 스티글러의 모형을 확대한 것으로 볼 수 있지만, 스티글러의 모형이 제시하고 있는 것 이상의 의미를 내포하고 있다. 즉 펠츠먼의 모형에서 규제자는 그가 기대할 수 있는 투표수를 최대화하려는 노력을 한다는 점을 제시한다. 다시 말해 정치인은 자신을 지지하는 유권자의 수를 최대화하려고 노력하는 한편, 자신을 반대하는 유권자의 수를 최소화하려고 시도함으로써 자기에게 호의적인 유권자의 수를 극대화하려고 한다는 것이다. 이처럼 펠츠먼의 이론은 정부와 집단 간의 관계를 공식화하는 과정보다 그 이상의 것을 설명하고 있다는 점에서 스티글러의 견해와는 차이가 있다.

스티글러는 이들 집단을 위한 대리인 또는 기업가로서 행동하고 있는 입법부 의원과 정당을 포함하여, 정치적 과정을 이용하려는 집단에 관한 것을 주로 다루고 있다, 따라서 규제는 재선(再選)이라는 이들 대리인의 사적 이익을 통과하면서 여과된 결과로서 발생하지만, 집단의 필요와 성격에 따라 규제를 위한 수요를 결정하는 집단이 규제의 공급을 결정하는 이들 대리인보다 중심적인 역할을 수행하고 있다고 주장한다. 이와는 대조적으로 펠츠먼의 모형에서는 공급자인 정치인이 규제의 발생에서 중심적인 역할을 수행한다는 점을 강조하여, 규제결정에 책임이 있는 정치인을 중심으로 이론을 전개하고 있다. 그러나 규제자가 통상적으로 입법부 의원이나 기타 피선된 공직자만으로 구성되는 것이 아니라는 점에서 펠츠먼의 이론에 이의를 제기할 수 있다.

규제업무 수행을 위하여 실제로는 피선 공직자와 함께 그 참모가 임명되거나 참여하는 것이 보통이다. 그러나 펠츠먼과 스티글러의 이론은 정치인인 공직자에게만 한정하여 이론을 전개하고 있다는 점에서 규제를 위한 입법적 결정에 관한 모형이라고 할 수 있다. 즉 이 이론은 규제발생 근원을 설명하고 있을 뿐, 행정관료가 어떻게 또는 무슨 형태로 입법권을 부여받고, 규제를 집행 및 감시하는지 등에 관하여는 충분히 설명하지 못하고 있다는 문제를 안고 있다.

② 행정관료로서의 규제자

행정관료로서의 규제자 이론은 규제기관의 최고 공직자로서 규제자도 다른 행정관료들과 유사한 선호를 가지고 행동한다는 가정을 하고 있다. 따라서 규제자의 행태는 산업이라는 조직이 처해 있는 상황과 규제자가 합리적으로 추구하는 보상기회라는 제약조건에 의하여 영향을 받게 된다. 이러한 모형의 대부분을 보면, 규제기관이 규제대상산업에게 포획되거나 적어도 규제대상산업의 선호에 일치하는 규제가 발생할 것이라는 점을 충분히 예상할 수 있다.

행정관료로서의 규제자 모형은 행정관료의 행태에 관한 일반적 모형을 구체화한 것이다. 다운(Anthony Down)과 툴럭(Gordon Tullock)은 니스카넨(William Niskanan)이 했던 것처럼 합리적 선택모형을 행정관료에게 적용하고 있다(Downs, 1967; Tullock, 1965; Niskanan, 1971). 조직에 관한 '재량적 관리모형(managerial discretion model)'은 핵심결정자는 조직의 자원을 배분하는 데 어느 정도의 재량권을 행사할 수 있으며, 이러한 재량권의 행사는 보통 산업의 조직적 목표와 함께 개인적 목표에 도움을 줄 수 있는지를 고려해 이루어진다고 가정한다. 또한 규제기관의 핵심결정자들은 조직이 당면하고 있는 제약의 범위 안에서 가능한 한 합리적으로 자원을 배분하는 선택을 한다고 가정한다.

여기에서는 행정관료로서의 규제자에 관한 모형 중에서 미트닉(Barry M. Mitnick)과 와이스(Charls Weiss, Jr.)가 소개한 것을 중점적으로 다루려고 한다. 이 모형은 대리인-주인 관계에 관한 일반적 모형을 도입해 설명한 것으로서 행태적 모형들 중의 하나라고 할 수 있다(Mitnick & Weiss, Jr., 1974).

가) 조직적 목표: 규제기관은 공식적으로 규제대상산업의 이익을 보호할 책임이 주어지지 않는다 하더라도 본래 규제대상산업의 이익을 보호하려는 일반적 성향을 가지고 있다. 이는 규제기관의 존재 자체가 바로 규제기관이 규제하는 조직의 구체적인 이익을 공식적으로 인정하는 것이고, 그 이익이 도모되도록 정당성을 부여하는 것이나 마찬가지라는 것이다. 그러나 이들 이익에 정당성을 부여한다고 해서 그러한 이익을 규제하는 규제기관이 더 이상 존재할 필요가 없다는 것을 의미하는 것은 아니다. 왜냐하면 이러한 주장을 받아들이는 것은 규제기관에게 위임된 권한과 업무를 부정하는 것이나 마찬가지이기 때문이다. 그런데 규제기관의 규제 업무에는 이러한 형태의 규제 외에도 기준을 설정해 이를 이행하도록 단속하는 규제가 포함되어 있는데, 이러한 규제는 규제대상자가 그 기준을 충족시키는 행위를 하지 못하면 이를 적발해 이에 상응하는 제재를 부과하기 위한 것이다. 이러한 점으로 미루어 볼 때, 규제기관은 규제대상 조직의 이익에 역행하는 행위는 회피하는 한편, 규제대상 조직의 이익을 보호하는 행태를 나타낸다고 할 수 있다.

나) 개인적 목표: 이는 지위 상승, 업무부담의 감소, 원만한 대인관계, 고객압력의 부재 등 업무조건의 개선, 규제대상산업, 기업 또는 조직의 상위 직에 고용될 가능성 등 현재의 근무가 미래에 보장 가능한 보상에 대한 기대를 구체화하는 것이라고 할 수 있다. 미국의 경우, 특히 독립적 규제위원회의 위원들의 봉급 수준은 법으로 정해져 있어 변경하기 어렵고, 그 임기도 고정되어 있으며, 재임명도 불확실하기 때문에 규제자들은 현재 근무에서 충분한 금전적 보상을 받을 수 없는 것이 일반적이다. 따라서 이에 대한 보상을 위하여 미래에 보장될 수 있는 직책에 연연하게 되는 것이다.

업무 부담이 많아지는 규제기관에서는 그 관할업무가 확대됨으로써 보다 많은 인원을 보충해야 하고, 이에 따라 부서의 계층구조에서 승진의 기회가 증대되기 때문에 행정관료의 지위가 상승하고 봉급 수준도 높아질 수 있는 기회로 생각할 수 있다. 그러나 규제기관의 업무가 증대된다 하더라도 법정 인원수가 고정되어 있으므로 인원을 보충한다는 것은 현실적으로 어렵다. 또한 더 많은 요원이 보충된다 하더라도 행정관료의 지위가 높아지지 않을 경우도 많다. 따라서 규제자들은 직책을 이용하여, 규제기관의 결정이 규제대상산업의 이익에 중요한 영향을 미치는 규제대상산업의 임원들로부터 여러 가지 보상 형태로 혜택을 받으려고 할 것이다.

다) 고객의 목표: 규제대상산업의 목표는 산업에 유리하게 작용할 수 있는 규제를 시행하도록 하는 것이다. 한편 소비자 또는 환경단체의 목표는 공익을 추구하는 것이므로 공익에 대한 이들의 해석과 일치하는 규제를 추구하려 할 것이다. 규제는 많은 수로 구성되어 있는 소비자에게는 간접적이고 분산된 영향을 미치지만 규제대상산업에게는 직접적이고 집중된 영향을 미친다. 소비자들은 개별 산업보다 조직화하고 결정하는데 많은 비용을 부담해야 하고, 무임승차 문제도 많이 겪고 있다. 또한 소비자인 개인은 규제대상이 되는 재화와 서비스를 지속적으로 구입하지 않을 수도 있고, 설사 지속적으로 구입한다 하더라도 재화와 서비스의 속성을 파악할 수 없을 뿐만 아니라 규제기관과의 접촉도 간헐적으로 이루어지고, 이러한 접촉이 전혀 이루어지지 않는 경우도 있기 때문에 규제와 관련해 보다 많은 정보비용을 지불해야 한다. 그러나 규제대상산업은 직접 규제를 받고 있기 때문에 재화와 서비스에 지속적인 관심을 가지고 있고, 규제기관과도 정기적으로 접촉하고 있다. 이러한 이유로 규제과정에서 산업의 행위는 보다 조직적이고 더 많은 자금과 정보가 투입됨에 따라 규제대상산업은 규제기관이 그들에게 유리한 결정을 내리도록 영향력을 행사할 수 있다.

이러한 유인제도가 갖고 있는 구조 때문에 규제자는 사실상 공익 개념이 내포된 규제를 수행하기 위한 대리인이라기보다 규제대상산업의 대리인으로 전락할 수 있다

(Mitnick & Weiss, Jr., 1974). 규제대상산업은 공직에서 퇴직한 행정관료에게 유리한 직위를 제공하는 유인을 제공할 수도 있고, 일상적 업무수행에 필요한 정보를 제공하거나 접촉을 통해 도움이 되는 자문을 줄 수 있는 원천이 될 수 있다. 더욱이 산업은 규제자가 어떤 행위를 하더라도 이를 수용할 수 있고, 규제자가 누릴 수 있는 존경과 특권을 인정해 주는 기회주의적인 행동을 취할 수 있다. 한편 공익집단들은 규제기관이 공익에 부합된 행위를 하지 않는다고 공개적으로 비난함으로써 규제자와 참모의 지위를 격하시킬 수 있다. 또 규제자에게 업무 부담과 개인적 압력을 크게 증가시킬 수도 있고, 직무 수행과 관련하여 미래에 얻을 수 있는 보상에 대한 가능성을 저해할 수도 있다.

이러한 점을 고려하면 산업의 조직적 목표의 달성에 실패하는 것은, 곧 규제자의 개인적 목표를 위협하는 것이 될 수 있을 것이다. 규제자들은 규제로 인해 규제대상산업의 이익이 유지되기를 원한다. 따라서 조직적 목표의 달성에 도움을 줄 수 있도록 그 업무를 수행하지 못하면, 현재의 지위가 훼손되거나 미래에 보장받을 수 있는 유리한 직장의 보장 가능성을 잃게 된다. 따라서 이러한 위험을 방지하기 위하여 규제자들은 공익집단의 반대를 무마하려는 동기를 갖게 된다. 이에 따라 규제업무로 인한 부담이 증가하지 않는 한도 내에서 공익집단이 제기하는 문제를 고려하는 한편, 산업이 제공하는 현재 또는 미래의 보상이 위협받지 않는 선에서 이들 공익집단과 상징적으로 협조하려고 노력할 것이다. 이것은 유인제도로 인해 규제기관이 어떻게 규제대상산업에게 포획되는지를 잘 보여주는 것이다.

규제자들은 자신들의 봉급이 인상되지 않고, 규제대상산업에서 특권을 인정받지도 못하는 상태에서, 규제기관의 규제업무 영역이 확대되거나 규제가 더욱 복잡해지면, 개인별 업무 부담이 증대하기 때문에 규제기관 자체가 커지는 것을 원하지 않는 경우도 있다. 이러한 경우에는 규제자들은 규제기관의 권한 범위를 좁게 정의하여 업무처리가 단순한 규제를 마련하려는 동기를 갖게 된다. 그러나 규제자는 규제기관 자체의 규모 및 예산이 증가하는 데 따라 누릴 수 있는 혜택에 차이가 있기 때문에 규제기관의 규모가 확대되는 것을 항상 반대하지만은 않을 것이다. 이러한 점들을 고려해보면, 규제자로서 행정관료들은 자신들의 이익을 도모할 수 있는 방향으로 규제기관의 운영이 이루어지기를 원한다고 할 수 있으며, 이러한 측면에서 행정관료들이 자신들의 사적 이익을 도모하려는 행태를 나타낸다는 것을 알 수 있다.

행정관료로서의 규제자 모형은 최고 공직자에 초점을 맞추어 설명하고 있지만, 임명된 규제기관의 책임자와 참모로서의 행정관료 간에 나타나는 행태에는 큰 차이가 있을 수 있다. 행정관료가 미래의 직장 보장에 거는 기대와 최고 공직자가 갖는 기대에는 차이가 있을 수 있기 때문이다. 행정관료는 높은 봉급수준을 선호하기보다 오히려 안정된 직장을 원하기 때문에 민간조직보다는 오히려 공공조직을 위하여 일하는 것을 선호할 가능성이 크기 때문이다(Rainet, Backoff & Levine, 1976).

(2) **행태적 접근방법**

효용극대화이론의 두 번째 모형인 행태적 접근방법은 핵심결정자 모형처럼 규제자를 '합리적으로 효용의 극대화를 모색하는 자'라고 가정하고 있다. 그러나 핵심결정자 모형에서는 무시하거나 등한시하고 있는 행태에 초점을 맞추어 설명함으로써 핵심결정자 모형이 갖고 있는 취약점을 보완하고 있다.

신축성이나 재량권을 가지고 있는 규제기관은 입법부가 위임한 법적·절차적 범위 내에서 경제적·사회적 환경이 보내는 '구조신호'라고 할 수 있는 갈등과 마찰을 최소화하려는 노력을 한다. 이러한 노력으로 규제기관의 조직구조, 규제수단, 운영절차 등이 결정된다고 보고 있다(Joskow, 1974). 그러면 규제기관의 역할이 수동적인 것처럼 보일 수 있지만 사실은 수동적이라기보다는 대응적이라는 표현이 보다 적절할 것이다. 규제기관은 그 환경에서 함께하는 집단들의 행위의 변화에 대응하여, 만족할 만한 균형으로 복귀할 수 있는 새로운 절차나 일상적 방안을 마련하는 데 적극적이기 때문이다. 더욱이 규제기관은 탈규제에 관한 논쟁에서 볼 수 있는 것처럼, 그 자신을 보호하는 데 매우 적극적인 역할을 수행하고 있다.

마찬가지로 규제기관은 규제의 도입단계에서 적극적인 역할을 수행할 수 있다. 규제는 규제기관에게 환경을 통제할 수 있는 능력을 제공하기 때문에 규제대상자나 그 외의 당사자들이 규제를 이용하는 것처럼 규제기관도 그 자신을 보호하기 위하여 규제를 이용할 수 있다. 규제기관이나 규제대상자가 생존을 위하여 노력한다는 것을 설명하고 있는 모형이 이러한 사실을 잘 제시해 주고 있다. 이러한 점에서 규제기관은 수동적인 역할이 아니라 오히려 능동적인 역할을 수행한다고 할 수 있다.

조스코우(Paul L. Joskow)는 조직(소비자, 공익집단, 규제대상산업 또는 기업 등)과 조직에 영향을 미치는 개인(정치인)의 역할에서 비롯된 갈등을 최소화하기 위해 노력하는 것이 규제자 개인이 아니라 규제기관이라는 점에 착안하여, 개인적 차원이 아니라 조직적 차원에서 행태이론에 관한 설명을 전개하고 있다. 여기에서는 조스코우의 행태적 접근방법이 효용극대화 이론 중의 하나라는 점을 전제로 해 논의를 전개하는데, 그 이유는 이해당사자들은 그들이 당면하고 있는 불확실성과 정보비용을 고려하여 그들의 목표나 다양한 행태를 결정한다는 점에서 합리적으로 행동한다고 가정하고 있기 때문이다. 조직적 차원에서 행태이론을 논의하기 위해서는 조직의 이면에 있는 효용극대화를 추구하는 개인들에 관한 논의가 필수적이라고 할 수 있다.

조스코우는 개인과 조직의 행동을 연계하는 데는 관심을 두지 않지만, 개인적 행동을 조직의 성과와 연계해 설명함으로써 그의 모형을 조직적 차원의 모형이 갖고 있는 내용과 일치시키고 있다. 이로써 정상적인 상태에서는 추구할 수 없는 개인의 고의적 또는 의도적 행태의 결과로 조직적 차원의 행위 자체가 나타난다고 주장하는 조직적 차원의 행위에 관한 모형과 동일한 것으로 변형시킬 수 있다. 환경에 대응하기 위한 행위를 결정하는 데 참고로 할 수 있는 통일된 기준이 없는 경우에는 조직은 일관성 없는 행위를 할 수밖에 없기 때문에 규제기관은 수동적으로 보이거나 상황대응적으로 보일 수 있다. 외부적으로 나타나는 수요는 규제기관에게 정당성을 제시하여 그에 따라 행동할 것을 요구하고 있다. 조스코우가 서술한 대로, 주먹구구식 방법은 제도적 결정을 내리는 도입단계에서 채택될 수 있을 뿐이다.

외부적 압력이 크면 클수록 규제기관은 일관성 있고 합리적인 결정을 내려야 할 것이다. 행정관료로서 규제자 모형에서는 고위공직자가 결정을 내리려고 할 때 그 결정을 방어할 수 있는 조치를 취하도록 세심한 주위를 기울여야 한다는 사실을 제시하고 있다. 물론 아주 세심한 결정을 내리기 위한 준비과정이 필요하고 제도적으로 여러 분과로 구성된 규제기관의 결정 및 운영절차에서 특별한 입장을 고수해야 하는 경우도 있기 때문에 별도의 비용이 소요될지도 모른다. 그러나 정상적인 상황에서 제도적 결정과정을 통하여 형식적이고 절차적으로 마련된 정당성은 규제기관과 그 요원들을 보호하기 위한 것에 불과할 수 있다. 그러나 조스코우의 이론은 규제운영과정에서 갈등을 최소화하기 위한 장치를 마련하려고 노력하는 규제기관이 규제와 관련해 어떠한 행태를 취하는지를 설명하려 시도하고 있다. 이처럼 조스코우의 이론은 다른 모형에서 설명하지 못하는 부분을 보충해 주고 있다는 점에서 평가될 수 있다.

## 제 4 절 | 윌슨의 이론

윌슨은 규제근원에 관한 일반적 이론으로 공익이론과 사익이론을 소개하고 있다.

그러나 윌슨은 규제발생에 대한 근원을 공익이론과 사익이론으로 설명하기보다는 규제가 가능해지는 정치적 상황을 근거로 논의해야 한다고 강조하고 있다(Wilson, 1974: 137). 이러한 논리에 따라, 기업에 대한 규제가 이루어지는 정치적 상황과 경제적 요인을 구분할 것을 요구하고 있다. 아무리 규제를 위한 경제적 요인이 대두된다 하더라도 규제를 위한 정치적 여건이 성숙되지 않으면 규제가 이루어질 수 없기 때문이다.

윌슨의 이론은 규제입법은 다양한 정치적 이유로 제정되며, 규제의 발생근원을 이해하려면 하나 또는 그 이상의 정치적 이유가 작용하는 정치적 상황을 구체화해야 한다는 견해를 근거로 하고 있다. 이러한 견해는 정치적 상황에 따라 규제 형태와 규제기관의 업무에 미치는 영향이 상이하고, 이에 따라 결정주체의 행태가 결정된다고 가정하고 있다. 이 때 결정주체의 행태 결정에 중요한 영향을 미치는 요인이 규제를 통해 인지한 비용과 편익의 분배라고 보고 있다.

결국 정치적 상황은 제안된 규제로 인해 인지된 비용과 편익이 어떻게 분배되느냐에 따라 분류할 수 있고, 이러한 분류를 위하여 비용과 편익이 인지되는 형태와 이에 대한 분배가 규제정치에 어떻게 영향을 미치는지 그 과정에 대한 논의를 해야 한다는 것이다.

윌슨은 규제가 발생하는 정치적 상황을 설명하기 위해, 비용과 편익의 집중과 분산에 따라 정치적 상황을 네 가지로 구분하고 있다. 이 경우 비용이 넓게 분산된다는 것(분산된 비용)은 일반과세의 증가나 일반물가의 인상을 통하여 불특정 다수인이 비용을 부담하는 경우를 말하며, 비용이 좁게 집중된다는 것(집중된 비용)은 비용 부담자가 특정 산업, 기업, 또는 지역인 경우로서 이들이 상당한 금액의 과징금, 부담금 등을 부담하는 경우를 말한다. 마찬가지로 편익이 넓게 분산된다는 것(분산된 편익)은 편익이 가격의 인하나 과세액의 감소, 재화와 서비스 품질의 향상, 대중에 대한 기만·부정행위의 감소 등의 형태로 국민 다수에게 넓게 분산되는 경우를 말한다. 반대로 편익이 좁게 집중된다는 것(집중된 편익)은 특정 산업이나 직종에 보조금, 행정지원, 금융지원 등이 이루어지거나 가치 있는 특정 시설을 운영할 수 있는 인가나 전문 직종에 참여할 수 있는 면허 등을 주는 경우처럼 좁게 집중되는 경우를 말한다.

윌슨의 비용과 편익의 분배는 두 가지 형태로 규제정치에 영향을 미치고 있다고 가정한다.

첫째, 개인과 집단은 순편익의 증가보다 기존에 받던 순편익이 갑작스럽게 감소하거나 상당한 폭으로 감소하는 경우에 정치적으로 보다 민감하게 반응한다는 것이다.

즉 비용의 감소나 편익의 증진 가능성의 기회를 기대할 때 느끼는 것보다 비용의 증대나 편익의 감소를 초래하는 경우에 보다 민감하게 대응하기 때문에 이러한 상황에서는 정치적 행동을 위한 정치력 동원이 보다 용이할 수 있다는 것이다. 따라서 개인이나 집단은 기회 포착적이라기보다 오히려 위협 대응적인 행태를 나타낸다고 할 수 있다.

둘째, 비용과 편익이 연대감이 약한 다수의 집단보다 연대감이 강한 소수집단에 집중될 때, 정치적 활동이 보다 용이하고 활발하게 이루어진다는 것이다. 이 논리는 단순히 집단의 크기와 관련하여 제시된 것으로서 소수집단에서는 각 구성원의 기여도나 역할이 중요할 뿐만 아니라 집단 전체에 대한 거시적 파악이 가능하여 구성원의 존재를 일일이 지각함으로써 결집력의 강화를 도모할 수 있기 때문에 집단의 목표를 쉽게 달성할 수 있다는 것이다(Olson, Jr., 1965: 48-50, 126-128).

결과적으로 작은 조직의 구성원들은 커다란 조직의 구성원보다 조직의 공동목표를 위하여 시간, 자금, 노력 등을 투입하는 것이 보다 소망스러운 것이라는 것을 알게 된다. 첫 번째 이유와는 달리 박탈감이 필연적으로 정치적 노력으로 연결된다고 보지 않고, 대신 편익에 대한 기대감이 정치적 결속을 도모시킨다고 보고 있다.

또한 집단 구성원의 동질성의 정도가 정치적 행동의 결속력에 중요한 영향을 미치고 있다고 보고 있다. 즉 집단이 같은 직업, 산업, 지역이란 연고를 따라 구성되어 있고, 구성원들 간에 이해와 배경의 동질성이 높을 때 그렇지 못한 집단에 비해 정치적 행동을 위한 조직화가 용이해진다는 것이다. 사람들은 한 개인으로서 또는 전체 사회의 구성원으로서 다양한 이해관계를 포용하는 정책에서 그 자신이 분리되는 것보다 한 조직의 구성원으로서 그들의 공통적인 이해에 기여하는 정책에 참여하려고 하는

〈표 4-1〉 편익과 비용의 집중과 분산

| 비용 | | |
|---|---|---|
| 분산된 비용 ↑ | ④ 분산된 편익과 분산된 비용 | ① 집중된 편익과 분산된 비용 |
| ↓ 집중된 비용 | ③ 분산된 편익과 집중된 비용 | ② 집중된 편익과 집중된 비용 |
| | 분산된 편익 ← 편익 | → 집중된 편익 |

것이 일반적 행태이기 때문이라는 것이다. 윌슨은 비용과 편익의 분산 정도에 따라 규제의 정치적 상황을 <표 4-1>과 같이 네 가지 유형으로 분류하여 설명하고 있다.

## 1 집중된 편익과 분산된 비용

규제로 인한 편익은 고도로 집중되는 한편, 그 비용이 넓게 분산되는 경우에는 대표성이 강한 집단은 정치적 활동을 더욱 조직화하여 실천하게 하는 자극을 받게 될 것이다. 즉 편익이 전적으로 소수집단에 집중되지만 비용이 분산되는 경우에 소수집단은 편익을 제도화하는 데 필요한 규제조치를 제안하기 위하여 신속히 정치조직화하며, 이러한 편익이 자신들에게 제도적으로 보장될 수 있도록 정치적 압력을 행사한다. 이러한 상황에서는 과잉생산과 선점가격 책정행위를 금지하기 위한 규제가 취해질 수 있다. 이 경우에는 과잉생산이 초래하는 가격인하로 인해 채산성을 맞추기 힘들었던 생산자에게 과잉생산이 금지되는 규제가 취해짐으로써 적정 규모의 생산량의 생산을 가능하게 하고, 시장지배력을 갖고 있는 생산자의 선점가격 책정행위가 금지됨으로써 공정한 경쟁을 할 수 있는 가능성을 높혀 경쟁가격으로 생산물을 판매할 수 있게 한다. 이에 따라 생산자에게 돌아가는 경제적 이윤은 크게 되고, 반대로 소비자에게 돌아가는 비용은 넓게 분산되어 상대적으로 그 부담은 적어진다. 또한 각종 면허(의사·약사·변호사 등), 택시사업 인가 등과 같은 규제는 이들 분야에 대한 진입을 제한하고 최저가격을 설정함으로써 부당한 행위의 가능성을 제거하거나, 서비스의 안전성을 제고하여 서비스의 품질을 유지할 수 있다.

이러한 규제는 동질적인 작은 집단이 많은 수로 구성된 집단의 구성원들에게 적은 비용을 부담하게 함으로써 용이하게 근본적인 혜택을 취할 수 있는 정치적 상황에서 발생한다. 이러한 상황에서 발생하는 제한 조치는 첫째, 관련 산업에서 이루어지는 가격경쟁을 제한할 수 있으며, 둘째, 산업에 대한 신규 사업자의 진입을 제한하거나 진입하는 데 많은 비용의 지출을 요구할 수 있으며, 셋째, 조직화된 수혜자들이 규제를 집행하는 규제기관에게 강력한 영향력을 행사할 수 있게 하고, 넷째, 규제가 초래하는 비용을 감당해야 하는 당사자들이 그들의 이익을 대표할 수 있는 조직을 결성하도록 자극하는 것을 피하기 위하여 산업과 규제기관은 쉽게 외부에 노출되지 않는 관계를 유지하려는 노력을 하게 하고, 다섯째, 규제가 분쟁을 유발할 가능성이 있게 되면, 가격 경쟁을 제한하는 것이 제품의 안전성을 보장하고, 사기행위를 근절시킬 수 있으며, 신뢰성을 촉진하기 위한 적절한 수단이라는 정당성을 제시함으로써 규제를 방어하려는 동기를 부여하는 등의 특징을 갖고 있다.

## 2 집중된 편익과 집중된 비용

이러한 정치적 상황에서는 편익이 하나의 수혜집단에 돌아가는 것을 반대하는 세력의 영향력이 적기 때문에 규제가 발생하는 것이 아니라 적대관계에 있는 둘 또는 그 이상의 조직화된 집단들 간에 지나친 경쟁 때문에 규제가 발생하게 된다는 것이다. 즉 규제로 예상되는 비용과 편익이 대단히 크기 때문에 쌍방 모두가 정치조직화와 정치적 행동에 대한 강한 유인을 갖게 되고, 서로의 이익을 확보하기 위해 서로가 첨예하게 대립하게 되는 상황을 말한다. 노동조합의 인정과 노동조합 안전협정에 대한 노·사 간의 투쟁이 가장 좋은 예라고 할 수 있다. 또 다른 것은 재판매 가격 유지와 관련하여 도매상과 소매상 간에 야기되는 갈등, 대규모 체인스토어와 규모가 작은 독립적 상점 간에 야기되는 갈등, 규제되는 철도산업과 규제되지 않는 고속버스산업 간의 갈등 등을 예로 들 수 있다.

분명하게 정의되거나 차별화되지 않는 두 집단들 간에 비용과 편익의 배분을 위해 상호 간에 힘을 겨루는 정치적 상황으로부터 발생하는 규제는 다음과 같은 특징을 갖고 있다. 첫째, 각 집단의 권리와 의무를 명확히 규정하여 분쟁을 방지하고, 둘째, 조직화된 특정 집단이 규정을 집행하기 위하여 설치되어 있는 행정적 장치를 영구적으로 지배하지 못하게 하며, 셋째, 규제의 내용을 재협상하거나 개정하려는 지속적인 노력이 있게 되고, 넷째, 두 집단 간의 갈등이 항시 존재하고 있어 각 집단이 동조자를 끌어들이려고 시도하기 때문에 어느 일방이 규제기관 또는 규제정책의 집행과정을 계속적으로 지배할 수 없으며 규제도 어느 일방의 편에 치우쳐 시행될 수 없다는 것이다.

## 3 분산된 편익과 집중된 비용

이러한 정치상황은 규제로 인한 편익이 다른 집단들에게 넓게 분산되도록 하기 위하여 어떤 집단에게는 고도로 집중된 비용을 부담하게 하는 경우이다. 즉 편익은 대다수에게 분산되어 있지만 비용은 소수에게 집중되는 상황이다. 이것은 이러한 규제가 시행되지 않는 경우, 정치적인 부담이 조만간 커질 것으로 전망되기 때문에 조직화된 소수집단이 조직화되어 있지 못한 많은 수의 사람들을 위하여 제시된 제안을 무산시킬 수 없다는 것을 의미하고 있다. 즉 소수집단은 대규모적이고 다양한 구성원으로 구성된 집단(즉 소비자 보호, 근로자의 안전, 환경보호)의 편익을 위해 규제로 인해 치러야 하는 비용을 회피할 수 없다는 것이다.

이러한 상황은 경제적·사회적 위기와 재난의 발생 그리고 정치개편이나 정권의 변동기에 전개되기 쉽다. 실제로도 집중된 비용과 분산된 편익을 초래하는 규제가 많이 취해져 왔고, 최근에는 더욱 증가하는 추세에 있다. 이러한 유형의 규제는 기업에게 경제적 부담을 안겨 주는 것으로서 환경오염 규제, 자동차 안전 규제, 위해성 물품(식품, 의약품, 화장품, 전기용품, 완구류 등)에 대한 안전규제, 근로자 안전 규제와 같은 사회적 규제를 예로 들 수 있다. 이러한 규제의 대부분은 한 국가의 경제성장과 국민들의 생활수준이 향상된 것과 비례하여 그 시행 규모나 범위가 증대된다고 할 수 있다.

환경 및 소비자 보호입법을 위한 정치과정에서 지적되어야 하는 사실 중의 하나는 국회 즉 의회의원과 의회 상임위원회가 입법화를 주도하는 데 중요한 역할을 수행하고 있다는 점이다. 행정부가 제안하고 입법부가 처리하는 일상적인 규제입법 과정의 책임이 소비자와 환경법안에는 그대로 적용되지 않고 있는 경우가 많다. 더욱이 이러한 분야에서 행정부가 법안을 제출하는 경우에는 소비자와 환경운동가들이 그 법안이 제시하고 있는 규제 정도가 약한 것으로 판단하여 그들의 지지도가 미약한 것으로 나타나고 있다. 이러한 법안의 제안에서 의회의 역할이 중요시되기 시작한 것은 최근에 소비자와 환경보호에 대한 관심이 상대적으로 고조되기 시작한 결과라 할 수 있다. 과거에는 정부는 유화, 도금 및 기타 이와 유사한 산업에서 이러한 종류의 입법을 추진하는 입법부의 주도 노력에 대한 중요성과 이에 대한 국민들의 지지를 과소평가해 왔다. 행정부가 이러한 문제를 정치적으로 중요한 것으로 간주했다면 이러한 분야에서 제기되는 문제해결을 위하여 입법화를 추진하려는 노력을 더욱 강화했을 것이다.

그러나 입법화하려는 노력 또한 특정 의회의원과 다양한 공익운동가들 간에 형성된 상징적인 정치관계의 결과 때문에 이루어지는 경우도 많다. 많은 의회의원들은 국민들의 지지를 받고 의회에 요직을 얻고, 지역구민이나 국민들에게 중요한 인물로 부각되기 위한 계기로서 문제를 제기하여 규제입법을 추진하는 데 적극적인 자세를 취하여 그의 정치적인 영향력을 증대시키려고 노력하는 경우도 있다. 규제입법의 주도자가 되는 과정에서 의회의원은 물론 혼자 행동하지 않으며 참모, 언론인, 조직 대표 및 정치적 지지자로 구성되는 추진 세력 중의 중심인물로서 행동을 하려고 한다. 이러한 과정으로부터 출현된 규제 조치는 다음과 같은 특성을 가지고 있다.

첫째, 국민들로부터 지지를 확보하고 국민들의 관심을 끌기 위한 정치적 계기를 마련하기 위하여 규제입법 과정에서 가능한 한 기업, 산업 또는 가해자를 구체적으로 지목하여 그들이 초래한 사회악을 집중적으로 고발하고 있으며, 둘째, 갈등적 관계에 있는 집단 간의 이익을 조정할 필요가 없으므로 규제로 영향을 받는 모든 당사자가 함께 용인할 수 있는 정치적 합의를 도출하지 않아도 되기 때문에 규제입법의 내용이 엄격하게 규정될 수 있으며, 셋째, 규제입법의 타협과 협상을 위한 절차는 원칙적으로 지역을 기반으로 구성된 의회에서 결정할 수 있다는 규정에 따르도록 하고 있으나 예외규정은 지방자치단체도 규제를 할 수 있다는 것을 인식하여 새로운 규제를 개발할 수 있는 유인을 제공하기 위해 마련된 것이다. 끝으로 문제가 되고 있는 기업행위에 대한 대책이 문제 자체의 분석을 통해 마련될 수 있는 것처럼 정치과정을 통해서도 강구될 수 있다는 것이다.

넓게 분산된 편익과 집중된 비용을 발생하는 규제입법을 의회가 주도하는 경우에는 국회가 주축이 되어 입법을 시도하는 것에 불과하다는 점을 인식하여야 한다. 왜냐하면 규제입법의 최종적인 내용은 이해당사자 간의 입법적 투쟁 자체에 영향을 받기 때문이다. 그러나 소비자 보호와 환경보호입법 중의 많은 것은 대폭적인 지지를 받아 통과된 것이고, 그 개정을 위한 요구도 전형적으로 적었다는 사실에 주목할 필요가 있는 것이다.

분산된 편익을 받는 집단을 위한 규제입법 과정에서 수행하는 의회의 역할에 관한 논의에서 윌슨은 의회가 분산적으로 영향을 받는 선거구민을 위한 집단적 행위에서 발생하는 딜레마를 해결하기 위하여 대리인으로서의 역할을 수행할 것을 강조하고 있다. 즉 지도력과 조직력이 부족한 집단이 규제결정 과정에 어떻게 참여할 수 있는지, 조직력이 있는 집단이라도 대리인이 정치적 과정에서 집단의 이익을 대변하고 있는지, 또는 집단이 대리인에게 영향을 미치고 있는지 등을 확인하여야 한다. 이러한 논의에서 부상하는 핵심은 대리인-주인 간의 상호작용에 개입된 문제가 무엇이고, 어떠한 과정을 통해서 상호작용이 이루어지고 있는지에 대하여 고찰하는 것이다.

## 4 분산된 편익과 분산된 비용

이러한 유형의 정치적 상황은 윌슨의 논의에서 등한시되고 있지만 이러한 유형에 대한 논의 자체가 소용이 없는 것은 아니다. 이는 집중된 편익과 비용을 상정하고 있는 정치적 상황과는 반대되는 것으로서 규제로 초래되는 비용과 편익이 이질적인 불특정 다수인에게 분산되므로 개개인 또는 개별 기업의 입장에서 볼 때 그 크기는 대단히 미미한 경우를 말한다.

특정 산업 또는 일상적 거래행위에서 발생하는 독·과점 및 불공정거래에 대한 규제, 안전성 규제, 산업재해에 대한 규제, 신문·방송·출판물의 윤리 규제, 사회적 차별에 대한 규제 등은 이러한 범주에 해당된다. 특히 산업재해에 대한 규제는 특정 산업에 대하여는 그 영향력이 클 수 있지만, 모든 산업과 근로자를 그 대상으로 수행되기 때문에 다양한 산업에 영향력이 분산되고 있는 좋은 예라고 할 수 있다.

# 제 5 장 규제운영과정

대부분의 국가들은 국가 운영을 위하여 기본이 되는 삼권분립의 원칙을 헌법에 반영해 입법부에게 정책결정을, 집행부에게 정책집행을 그리고 사법부에게 사법적 판정의 기능을 수행할 책임을 부여함으로써 이들 권부(權府) 간에 조화와 견제를 모색하고 있다. 그러나 이러한 삼권분립의 원칙이 엄격히 준수되는 국가는 거의 없으며, 행정부도 입법부가 인정하거나 위임한 범위 내에서 정책결정을 하고, 이를 위한 입법행위에 참여하고 있는 것이 일반적이다.

민주주의가 잘 발전해 있는 미국에서는 입법부 외에 어떤 정부기관도 입법권을 행사하지 못하게 하고, 사법부 외에 어떤 기관도 사법권을 행사하지 못하도록 하고 있다. 그러나 이러한 국가조차도 독립적 규제위원회가 입법적·사법적 성질을 갖고 있는 사안을 결정할 수 있도록 허용하고 있어, 삼권분립의 원칙이 엄격하게 지켜지는 나라는 거의 없다. 그 원인은 여러 가지가 있지만, 규제와 관련하여 야기하는 문제가 주로 경제적인 성격을 가지고 있으므로 이의 해결을 위해서는 고도의 전문성을 요구하고 각 산업 분야의 경영에 대한 정보가 필요하다는 기술적 전문성, 정치·경제·사회적 변화에 제도적으로 신축적인 대응을 해야 한다는 제도적 신축성, 그리고 입법부의 입법 활동에서 초래되는 지연 요인으로 발생하는 부정적 효과를 없애고 절차적으로 신속히 처리할 수 있어야 한다는 절차적 신속성의 확보가 요구된다. 따라서 이러한 면에서 우위를 점하고 있는 규제기관에게 입법적·사법적 권한을 위임한 것이 주된 요인이라고 할 수 있다.

결국 규제기관은 규제의 수행과 관련하여 요구되는 모든 권한을 가지고 그 업무를 일관성 있게 추진하기 위해 규칙을 제정할 수 있는 권한, 개인이나 기업의 권리와 의무를 판정할 수 있는 권한 그리고 이를 직접 집행할 수 있는 권한을 갖게 됨으로써 규제는 준입법적·준사법적·집행적 기능을 수행하는 행정작용으로 그 모습을 갖추게 되었다. 여기에서는 규제 분야에서 진행되는 입법 및 규제행정 과정을 이해하는 데 필요한 틀을 제공함으로써 규제가 어떻게 운영되는지에 관한 안목을 제공하려고 한다(Stone, 1982: 169-170).

## 제1절 | 규제운영과정의 참여기관

국가 운영의 기본이 되는 삼권분립의 원칙에 따라 규제운영과정에도 규제를 위한 법규를 만드는 입법부, 입법부가 만든 법규를 집행하는 행정부 그리고 법규의 심사가 요구될 때 사법적 심사에 책임을 지고 있는 사법부가 참여하고 있다. 입법부는 규제의 운영을 위한 기본법이 되고 있는 규제입법단계에 참여해, 규제에 법적 근거를 제공하는 법규를 마련하여 이에 따라 규제를 책임지고 수행할 기관을 지정하거나 설치하여 그 업무 수행에 필요한 권한을 위임함으로써 규제 목적을 달성하는 데 필요한 수단과 방법을 강구할 수 있도록 한다. 이러한 과정에서 기업, 산업, 의원, 행정관료 등은 일반 국민의 이익을 위하여 정책을 추진하려고 노력하기도 한다. 그러나 때로는 그들 자신의 이익을 대변할 수 있는 정책이 결정·집행되도록 영향력을 행사하기도 한다. 이 때 특정한 이익이 합리적인 방법을 통해 일반적 이익으로 대변되거나 사회적으로 용납될 수 있다면 그러한 정책은 성과를 거둘 수 있을 것이다.

이처럼 규제운영과정에서 입법부의 역할이 강조되는 이유는 그 과정에서 차지하는 입법부의 역할이 간헐적으로 이루어지는 것이 아니라 지속적으로 이루어지기 때문이다. 입법부는 단순히 입법 활동을 통해 규제를 위한 법규를 제정하고 이들 법규를 집행할 규제기관을 지정 또는 설립하는 것으로 그 임무를 다하는 것이 아니다. 더 나아가 입법부는 국가적 차원에서 수행하는 규제 활동의 산실로서 법규를 집행하는 규제기관이나 행정부의 활동을 감시하고 영향력을 행사한다.

그리고 규제운영과정의 두 번째 단계에는 규제기관과 행정부서가 참여한다. 이 기관들은 입법부가 제정한 법규에 따라 또는 이에 근거해 실제적으로 규제를 집행해야 할 책임을 가지고 있다. 규제행정은 우선 공식적 규칙 및 절차에 따라 운영된다는 점에서 볼 때에는 독립적 과정이지만, 규제기관을 둘러싸고 있는 외부집단들과 상호연관성을 맺으면서 규제업무를 수행하고 있다는 점에서는 상호의존적 과정이라고 볼 수 있다. 그 이유는 규제 행정관료들은 정치적 과정에 참여하고 있는 의원, 대통령, 이익집단 및 다른 행위자들의 의사를 반영하여 업무를 수행해야 하기 때문이다.

규제행정은 이처럼 독립적이면서도 상호의존적인 과정이기 때문에 공식적 법규 및 절차에 따라 수행하여야 함과 동시에, 관련 이해 당사자들의 의사를 반영함으로써 규제를 통해 모색하는 목표가 효과적으로 달성되도록 하여야 할 것이다. 그렇지 않으면, 규제기관 내부 또는 외부로부터 규제에 대한 대안들이 제시되거나 이에 대한 개혁이 요청될 것이다.

규제운영과정에 참여하는 세 번째 기관은 사법부인데, 사법부는 규제기관의 규제행위로 인해 민간 경제주체의 권리와 권익이 침해당했을 경우에 이에 대한 판정을 통해 그 권리와 권익을 보호하기 위한 책임을 가지고 있다. 이러한 책임 중에 대표적으로 위헌명령심사권, 행정재판권이 존재한다. 위헌명령심사권이란 행정부의 명령이나 법규가 헌법에 위반되는지의 여부를 심사하는 권한을 말한다. 이 권한은 위헌 여부를 심사하여 사전이나 사후적으로 국민의 기본 권한을 보호하는 역할을 한다. 또한 행정재판권이란 행정처분에 대한 심사권으로, 행정처분에 의해 피해를 입은 민간 경제주체의 권리를 보호하는 역할을 한다. 실제로 규제와 관련해 이해관계의 문제가 많이 발생하고, 이로 인해 피해를 입은 민간 경제주체가 소송을 제기하는 사례가 많이 존재한다. 개인·기업·산업 등 이해 당사자들은 부당한 행정조치나 사전 이익을 불리하게 하는 사건에 대해 사건의 해결을 사법부의 위와 같은 권한을 근거로 법적 소송에 의존하려고 하기 때문에, 이에 부응하여 사법부는 규제로 인한 법적 소송의 원만한 해결을 위해 노력해야 한다.

## 제 2 절 | 규제입법

규제를 위한 법규를 제정하는 입법과정은 다른 정책 분야에서 필요한 법규를 제정하는 입법과정과 흡사하지만 규제입법 과정만이 가지고 있는 독특한 성격이 있다. 여기에서는 규제입법만이 갖고 있는 특수성과 규제입법에 관한 주요 성격을 설명하고,

규제 영역에서 의회가 무슨 활동을 수행하고, 어떤 구조를 통해 규제과정에 참여하는지를 고찰하려고 한다.

## 1 입법과정

규제입법은 다른 사안에 관한 입법과정과 유사하다는 점에서 다른 유형의 입법과 같은 제도이면서도, 입법규칙과 절차 면에서는 이들과는 다른 독특한 특성을 가지고 있다. 규제입법이 규제입법만이 지니는 특성을 갖춰야 하는 이유는 다음과 같은 세 가지 특수한 성격 때문이라고 할 수 있다.

첫째, 규제입법을 통한 정책수행 과정에서 소요되는 직접비용이 다른 정책 분야에서보다 적게 소요되므로 납세자의 부담이 상대적으로 줄어드는 것이 일반적이다. 예를 들어, 국방사업에 대한 세출예산이 항상 큰 것은 아니지만 국방사업 수행에는 상당한 금액의 재정지출이 요구된다. 또한 기업을 대상으로 시행하는 규제는 기업에게 불가피하게 높은 비용을 부담하게 함으로써 투자기회를 감소시키는 결과를 초래하지만, 이러한 규제를 시행하기 위해 정부부문에서 치르는 직접비용은 정부예산에서 적은 비중을 차지하므로 그 부담이 크지 않은 것이 보통이다.

둘째, 규제는 다양한 이해당사자들의 이익과 밀접한 관계를 가지고 있으므로 이들 간에 근본적인 타협과 절충을 요구한다. 물론 규제입법과 다른 부류의 입법들도 타협과 절충을 필요로 하지만, 이들은 타협과 협상을 중요시하기보다 오히려 지출하거나 과세하는 금액에 관심을 갖고 있다. 이처럼 비규제적 분야에서 수행되는 정책의 본질은 주로 정부 역할의 적정성을 결정하는 문제에 초점을 맞추고 있다. 그러나 규제정책에서는 규제관련 입법으로 영향을 받는 이해당사자들 간에 초래되는 상대적 비용 또는 편익 등 이해관계의 변화에 초점을 맞추고 있으므로 이들 간에 타협과 협상이 필요한 것이 일반적이다.

셋째, 규제입법은 이처럼 근본적인 타협과 절충의 산물이기 때문에 때로는 협상과정에서 어려운 문제에 봉착할 수도 있지만 이해당사자들 간의 이익을 절충하는 과정을 통해 결정된다는 점에서 민주적이라 할 수 있다. 예를 들어 환경관련 규제는 정책결정으로 초래될 한계비용과 한계편익을 근거로 도출한 결론에 따라 입법화하는 것이 바람직하지만, 실제로는 이러한 절차보다는 이해관계자들의 절충된 의사를 반영해 입법화하는 경우가 많다. 그 결과 법규에 모호한 내용을 포함함으로써 규제기관에게 상당한 재량권을 허용하거나, 비용보다는 편익을 부각시키는 경향을 가지고 있다. 물론 법규에 명시된 모호한 내용으로 이러한 부정적 결과를 초래하기도 하지만 그 내용에 따라 이해당사자들의 이해관계를 변경시키기 때문에 규제입법은 이들 간의 타협과 협상과정을 통해 여과된 의견이나 합의를 반영하는 것이어야 한다.

## 2 입법적 기능

규제 분야에서 나타난 입법적 행위를 구체적으로 논의하기 전에 입법부가 규제와 관련하여 수행하는 기능에 대한 이해가 필요하다. 무엇보다도 규제와 관련된 입법과정은 동적이라는 것을 인식하는 것이 중요하다. 다음에 소개한 것은 규제와 관련해 미국의 의회가 수행하고 있는 공적 기능이다. 한국의 경우에는 행정부가 법안을 마련해 국회에 제출하기도 하지만 국회의 심의·의결을 거쳐 입법이 이루어진다는 점을 고려하면 원칙적으로는 국회가 입법적 기능을 수행하는 것이다. 그러나 그 기능이 명확하지 않을 뿐만 아니라 제한적이므로 입법부의 개혁을 통해 규제와 관련된 기능을 명확히 하여 이를 강화하는 노력을 기울여야 할 것이다.

첫째, 의회는 규제기관들을 설립하거나 지정하고 규제업무를 적절히 수행할 수 있는 규제기관의 유형을 결정한다. 이들 규제기관들은 독립적 규제위원회, 내각조직 밖의 독립적 규제기관, 행정부 소속 행정위원회, 행정부의 부속기관, 공기업 등의 유형으로 제시할 수 있다.

둘째, 의회는 규제기관에게 업무 수행과 관련한 책임, 절차, 제재수단을 결정할 수 있는 권한을 법으로 부여한다. 이들 책임, 절차, 활동 등은 법규 개정을 통해서뿐만 아니라 새로운 법규의 제정을 통해 변경할 수도 있다. 예를 들어 의회는 소비자에게 정보를 제공하기 위해 모피나 섬유 등과 같은 생산물에 라벨을 부착할 것을 요구하는 규제를 시행할 수 있고, 이러한 법규의 제정은 규제기관의 행정 영역을 확대시킬 뿐만 아니라 새롭고 세부적인 절차와 제재 수단을 마련하게 한다.

이처럼 의회는 때때로 규제기관과 상호작용하고 있으며, 규제기관도 입법부의 행동을 염두에 두고 그에게 부여된 책임을 수행하는 것이 일반적이다. 무엇보다도 규제기관은 의회의 예산 심의과정에 관심을 가지고 있다. 그 이유는 의회의 예산특별위원회가 규제기관의 연간 예산안들을 아주 세부적으로 조사하기 때문이다. 의회는 효율성이나 우선순위뿐만 아니라 사업의 타당성에 근거하여 규제기관의 예산을 삭감할 수도 있다. 의회가 규제기관의 규제업무나 규제안이 정당하다고 인정하지 않으면 이에 대한 예산 배정을 거절하거나 심의・확정된 예산의 지출에 제한적인 조건을 붙일 수도 있다.

셋째, 의회는 감독과 조사기능을 수행하고 있다. 적절한 감독권을 가진 상임위원회가 규제기관의 활동을 조사할 수 있다. 의회의 감독행위 중의 하나로 규제 문제를 감독・조사하기 위해 청문회를 개최할 수 있다. 이러한 청문회 개최 방법은 전통적으로 의회가 규제기관의 활동을 감독하는 방법 중의 하나로 활용되어 왔다. 또한 상임위원회와 소위원회는 규제기관들로 하여금 분기별 업무보고서를 제출하도록 요구함으로써 의원들에게 규제기관의 업무수행 실태를 조사할 수 있는 기회를 제공하고 있다. 감독기능과는 대조적으로 의회의 조사기능은 규제기관의 업무수행 능력에 초점을 맞추기보다는 오히려 정책적 문제에 초점을 맞추어 수행되고 있다.

미국 의회의 또 다른 공적 기능은 입법부 거부권의 행사이다. 의회는 규제기관의 업무 수행의 결과에 대해 만족하지 못하는 경우에는 입법부 거부권을 행사할 수 있다. 의원들이 특정 규제가 사회에 너무 큰 비용을 초래하거나, 물가상승을 가져오거나, 생산성에 역효과를 미친다고 생각하면 규제기관에 대해 비공식적 경로를 통해 이에 대한 시정을 요구할 수 있다. 이와 같은 비공식적 요구가 받아들여지지 않는 경우에는 의회는 공식적 방법의 하나로써 거부권을 행사할 수 있다. 이처럼 의회는 공식적・비공식적 권한의 행사가 가능하기 때문에 규제기관은 의원들의 일반적 관심에 따라야 하고, 의회의 위협을 피하기 위하여 규제기관은 적어도 의회와 갈등을 일으켜서는 안 된다. 대부분의 규제기관들은 의회의 일반적 분위기뿐만 아니라 의원 특히 규제기관에 관할권을 가진 상임위원회의 주요 인사의 견해, 이익, 관심사 등에도 신경을 많이 쓴다.

규제기관이 이처럼 입법부에 신경을 쓴다고 해서 규제기관이 의원들의 충직한 일꾼으로서 존재하고 있다는 것을 의미하지는 않는다. 즉 규제기관이 의회와 유지해야 할 관계에 관심을 갖는 것일 뿐이지 그 업무 수행에 심각한 영향을 미치는 요인으로 작용할 수는 없다는 것이다. 규제기관들은 매년 그 활동의 수가 더욱 증가하는 동시에, 의회가 규제완화 대상으로 고려하고 있는 수도 증가하고 있다. 이는 규제기관이 의회에 갖는 관심도 적어질 수 있으며, 독립적인 규제 업무 수행의 가능성이 높아진다는 것을 의미하는 것이기도 하다.

## 3 입법구조

입법부도 다른 조직들처럼 기능의 전문화와 분업을 통해 정보 비용문제를 해결하려는 노력을 한다. 입법부는 상임위원회를 두어 상임위원회별로 전문화된 관할 영역에서 전문적인 지식과 정보를 가지고 활동하고 있다. 개별 상임위원회는 다시 보다 전문화된 관할 영역을 가진 다양한 분과위원회로 구성된다. 따라서 규제 관련 문제들은 그 본질적 내용을 규명하여 해당 상임위원회와 분과위원회에 배정하여 처리한다. 두 개 이상의 상임위원회의 관할 영역에 속하는 문제의 경우에는 의회의 지도부가 그 괄할 영역을 정해 해당 상임위원회에 배정해 주는 것이 일반적이다. 의회가 회기 내에 제시한 안건들 중에 소수만이 상임위원회에 의해 고려되며, 어떤 안건은 상임위원회가 개최하는 청문회에 넘겨지기도 한다. 이러한 과정에서 관련 이익집단, 규제기관의 행정관료, 행정부에 속한 공무원, 관련 국회의원 등은 그들 각자의 입장에서 의견을 개진하는 데 필요한 증빙자료들을 제시하고, 또한 증언할 수 있는 기회를 부여받는다.

미국의 의회는 그 조직구조를 통하여 규제의 성격과 범위에 따라 제기되는 엄청난 정보문제에 합리적으로 대응하여 왔다. 첫째, 청문회는 의원들에게 정보를 입수할 수 있는 기회를 주기 위하여 개최되며, 청문회를 통해 여러 관점들이 제시되어 이에 대한 고려가 이루어지는 것이 통상적이다. 둘째, 상임위원회의 전문위원들은 고려해야 할 주제들을 선정하고, 공식적 · 비공식적 대화 경로를 통해 상임위원회에 속한 의원들에게 정보를 제공한다. 셋째, 의원들이 여러 임기에 걸쳐 같은 상임위원회에 소속되는 것이 일반적인 관행이기 때문에 각 주제와 관련된 많은 경험과 심도 있는 전문지식을 축적할 수 있다. 상임위원회별로 처리해야 할 안건으로 준비한 보고서는 실무직원으로부터 높은 차원의 정책결정자에 이르기까지 회의록의 형식으로 그 내용을 전달함으로써 상당한 양의 요약된 정보를 제공한다. 이것은 회의록의 본래 의도대로 정책을 결정하는 데 기여할 뿐만 아니라, 입법부의 정책결정이 정당성을 확보할 수 있는 근거를 제공해 주기도 한다.

이러한 입법구조가 합리적인 결정을 하는 데 완벽한 제도라고 할 수는 없지만 정보문제를 해결하기 위한 합리적인 방법일 수 있다. 그러나 의회에서 고려하는 규제문제가 입수된 정보를 통해 연역한 합리성을 근거로 처리하는 것이라고 유추해서는 아니 된다. 오히려 처리 여부와 처리방법을 결정할 때에 의원들은 복잡한 계산을 한다고 할 수 있다. 즉 대부분의 의원들은 규제에 정당성을 부여하는 근거를 제시할 수 있는 틀을 마련하여 그 틀 안에서 정책적 문제를 고려하는 노력을 하기보다 이익집단의 압력, 재선 가능성, 선거구민에 대한 득실에 대한 계산 등 다른 요인들을 고려하여 결정한다는 것이다.

## 4 입법권의 위임

규제기관의 규제기능은 입법부의 위임에 따라 또는 입법부가 인정하는 범위 내에서 수행된다. 이는 규제기관은 규제기능을 수행할 수 있는 권한을 입법부로부터 위임받거나 인정받아야 비로소 그 기능을 수행할 수 있다는 것을 의미한다. 따라서 규제기관이 규제업무의 수행과 관련해 행사할 수 있는 권한, 그 범위 및 성질이 규제기관의 정체성을 결정하는 데 중요한 요인으로 작용한다. 입법부가 규제행위의 지침으로 설정한 규칙과 기준, 이를 집행하고 관리할 수 있는 수단과 방법 등을 구체화할 규제기관을 지정하거나 설치할 때 고려하는 요소는 규제의 '집행능력'이라 할 수 있다.

입법부는 다양한 배경과 서로 다른 견해를 갖고 있는 피선된 의원들로 구성되어 있다. 이들 의원은 입법부 내에서 합리적으로 정책결정을 하려고 노력하는 동시에 그들의 사적 이익과 선거구민의 이익 모두를 충족시키려고 행동한다. 그러나 의원들은 모든 대안을 포괄적으로 고려할 수 있는 시간, 지식, 능력 등이 부족해 정보처리 및 집단적 의사결정을 하는 데 한계를 갖고 있다. 마찬가지로 입법과정에 참여하는 이해당사자들도 다양한 이해관계 또는 동기를 가지고 있으며, 정보처리 능력에도 한계가 있을 수 있다. 일반적으로 모든 이해당사자들은 그들이 직면하고 있는 불확실성을 감소하거나 관리함으로써 그들이 추구하는 목표 달성에 기여하려고 한다(Mitnick, 1980: 327-336). 그러나 의원들은 입법과정에서 다음과 같은 한계를 갖게 되며, 이러한 한계는 입법권의 일부를 행정부로 위임하게 만드는 요인으로 작용한다(Hurst, 1950: 409-410).

① 결정과정에서의 비전문성: 의원들은 선거구민의 선호를 잘 알고 있거나 적어도 실제적인 선호를 파악해 그들을 대신하여 어떻게 행동할 것인지를 결정할 수 있다. 그러나 입법부의 의원들은 기술적인 면에서 전문성을 결여하고 있으며 구체적인 사안 처리에 필요한 지식이나 정보가 부족하므로 구조적으로 전문성이나 정보가 부족

하다고 할 수 있다. 이러한 비전문성은 입법부가 다양한 배경을 가지고 있는 의원들로 구성된다는 사실에서 기인하고 있다. 따라서 권한의 일부를 행정부에 위임하여 필요한 지식과 실무경험을 갖고 있는 행정관료가 처리하도록 함으로써 비전문성의 문제를 극복할 수 있다.

② 결정의 지연성과 사건처리 능력의 부족: 다양한 의견을 갖고 있는 많은 의원들 간에 필요한 논의와 심의를 거쳐 의제를 결정하기 때문에 결정과정이 전체적으로 신속하지 못할 수 있다. 또한 비전문성을 갖고 있는 의원들이 상정된 의제와 관련된 지식을 습득하거나 내용을 이해하고 파악하는 데 많은 시간을 요구하는 것이 일반적이다. 이에 따라 많은 사안을 결정해야 하는 의원들은 신체적 · 지적 · 시간적 한계에 봉착하게 됨으로써 사안처리가 늦어지게 되고, 결국 처리하는 건수가 적을 수밖에 없다. 따라서 행정기관처럼 신속하고 대량적인 결정을 할 수 있는 행정부에 권한을 위임하면 신속한 결정이 내려질 수 있고 양적으로도 처리 건수가 증가할 수 있다(Ehrlich & Posner, 1974: 257-286).

③ 결정의 지속성 부족: 의원들은 선거를 통해 선출되기 때문에 입법부의 구성원으로서 그 지위를 영구적으로 보장받지 못한다. 즉 선거구민은 재선 과정에서 의원을 낙선시켜 그 지위를 박탈할 수도 있다는 것이다. 그러므로 정책의제의 형성과정에서 지속성과 일관성이 결여될 수 있다. 따라서 행정기관처럼 지속성과 일관성을 갖고 업무수행이 가능한 행정부에 그 권한을 위임하면 정책의 기본 취지를 유지할 수 있을 뿐만 아니라 정책결정의 지속성을 보장할 수 있다.

④ 전면 감시의 부족: 의원들은 정책과 관련해 많은 결정을 내려야 하고 시간, 정보처리 능력 등에서 제약을 가지고 있기 때문에 입법부의 결정으로 수행하는 모든 활동을 일일이 감시할 수 없다. 그러나 행정부에 그 기능을 위임하게 되면 그 기능들이 원활하게 수행되고 있는지 전면 감시 · 감독이 가능할 것이다.

⑤ 정당정치에의 예속성: 의원들도 사익을 추구할 수 있기 때문에 입법부의 집합적 결정과정에 참여하여 재선의 가능성을 제고하기 위한 방법을 모색하고 그에 적합한 행동을 취하려고 할 것이다. 물론 재선을 하기 위한 행동들이 선거구민들의 이익에 부합할 수도 있지만 정당, 이익집단 등 재선과정에서 도움을 줄 수 있는 단체들의 이익에 따라 행동할 수 있다. 또한 때로는 사익이 입법부의 취지에 부합하지 않는 행위를 하는 동기로 작용할 수 있다. 이러한 점에서 개인, 집단 또는 선거구민의 이익에 집착하는 행태는 정치적 또는 당파적인 것이라고 할 수 있다. 따라서 행정부와 같은 외부기관에 권한을 위임함으로써 이러한 정치성 또는 당파성과 관련해 야기할 수

있는 문제를 사전에 예방할 수 있다.

⑥ 모호한 결정을 통한 갈등 해소: 입법부는 갈등을 해결하기 위해 다양한 견해를 취합, 조정, 발표하고, 상충된 가치가 갈등을 일으키면 이를 절충하여 결정에 이르도록 해야 한다. 그러나 이러한 일련의 과정을 거치면서 정책의 취지가 모호해지기 쉬운데, 합의에 이를 목적으로 쉽게 갈등으로 비화할 수 있는 문제에 대한 논의는 회피하거나 정책의 취지를 살리기에 충분한 선에서 협력관계를 모색할 수 있기 때문이다. 또한 의원들이 선거구민의 기대에 어긋나는 행동을 하는 경우에는 낙선할 위험성이 크기 때문에 어떻게든 합의 또는 결정에 도달하기 위해 노력할 것이다(Buchanan & Tullock, 1962).

이들 요인의 작용으로 넓은 범위의 정책결정은 입법부의 책임으로 남기고 세부적인 내용의 정책결정은 행정부에게 그 권한을 위임하는 결과를 초래한다. 이로써 모호한 원칙이나 문구로 표현된 입법의 정책 취지가 집행행위를 통해 구체적인 지침으로 전환하는 계기를 마련하게 한다. 한편, 선거구민 간에 이해관계가 상충하는 경우에 입법부의 결정이 선거구민과 갈등을 일으킬 수 있으므로 구체적인 결정을 행정부에 위임함으로써 이러한 가능성을 피할 수 있다(Baldwin, 1975: 9). 즉 이러한 구체적 결정을 행정부에 위임하면 입법부는 이로 인해 부정적인 영향을 받는 집단으로부터 받을 수도 있는 비난을 회피할 수 있다는 것이다. 그리고 입법부의 행위에 대하여 선거구민 간에 견해가 엇갈리는 경우에는 의원들은 선거구민 중 다수를 구성하는 집단들에게서 공통적으로 나타나는 의견을 수용·반영하는 것이 일반적이다. 그런데 이러한 의견을 입법부가 채택하는 경우에 그 내용을 애매하게 함으로써 자칫 입을 수도 있는 정치적 피해에서 벗어날 수 있다. 이에 따라 애매한 입법의 내용을 세부적인 내용으로 구체화해야 할 필요성이 제기되고 이를 위하여 행정부에 대한 권한의 위임이 요구될 것이다.

⑦ 기구 확대 경향: 입법부가 내린 애매한 결정이 집행·관리되기 위해서는 이를 더욱 정교한 기준이나 형태로 구체화해야 하고, 이를 위해 규제기관은 보다 많은 인적 요원을 고용하거나 기구를 확대해야 할 필요성이 야기된다. 규제기관의 기구 확대는 그 기관에 종사하는 기존 공무원들의 이익에 부합할 수 있다. 그러면 규제기관에 근무하는 행정관료의 이익은 입법부의 결정이 보다 애매할 때 더 커지게 되므로 애매한 결정을 하도록 오히려 입법부에 영향을 미치고, 이에 따라 보다 많은 권한의 위임을 고무할 수 있다.

⑧ 변화 대처능력의 부족: 입법부는 불확실한 상황에서 미래에 발생할 모든 우발

적 사건을 예측하기 어렵기 때문에 규제에 관한 문제에 적절하게 대처할 수 없을 수 있다. 즉 입법부는 환경의 변화에 신속하게 대처할 수 없을 뿐만 아니라 경제적 · 기술적 상황의 변화를 예상하여 신축적으로 법안을 마련할 수 없다는 것이다. 입법부의 결정은 시간이 걸리고 지속성이 부족하여 적정 시기를 놓치기 쉬우며, 관련 분야의 전문성이 결여되어 있고, 부정적 영향을 받는 집단들의 반대로 지연될 수 있기 때문이다. 또한 입법부는 정부행위에 대한 선거구민들의 선호의 변화를 예측할 수 없으므로 입법부 자신이 정책을 직접 관리하는 것보다 행정부에 위임하는 것이 바람직할 것이다.

여기에서는 권한을 위임하는 정치적 이유에 관해 논의하고 있지만 실제로 권한을 위임하는 과정은 환류(feed-back)와 지속적인 조정을 거치는 동적 과정이다. 권한의 위임은 요식행위라기보다 그 자체가 규제운영과정의 한 단계를 형성하는 것이다(Hurst, 1950: 410-411). 즉 의원들은 권한을 위임한 행정기관이 규제업무를 수행하는 과정에서 보여 준 업무집행 능력과 그 결과를 근거로 행정기관에게 위임한 권한을 축소하거나 증대할 수 있는 등 권한을 변경할 수 있다.

## 제 3 절 | 규제행정

행정은 그 성질에 따라 입법적 행위, 집행적 행위, 사법적 행위 등으로 분류할 수 있다. 다만 이러한 분류에서 행정은 형식적 의미의 행정을 가리키는 것으로서 실질적 의미의 행정을 의미하는 것은 아니다. 따라서 행정부의 입법적 행위를 준입법적 행위라고 부르고, 행정부의 사법적 행위를 준사법적 행위라고 하기도 한다. 그 이유는 입법적 및 사법적 성질의 국가 작용은 원칙적으로는 행정의 개념에 속하지 아니하기 때문이다.

준입법적 행위란 행정부에 의한 규칙의 제정행위를 말한다. 삼권분립제도에서는 입법 작용은 입법부의 기능에 속하는 것이며, 행정부는 원칙적으로 입법부에서 제정한 법률을 집행하는 것을 그 본래의 임무로 삼는다. 그러나 행정기능의 확대에 따라 불가피하게 출현한 행정입법 현상은 법률의 위임에 의한 것이든 법률의 집행을 위한 것이든 현대국가에서 부인할 수 없는 중요한 행정기능의 하나가 되었다.

집행적 행위란 법규에 의하여 정하여진 국가 의사를 현실적으로 실현하기 위한 규제기관의 행위를 말한다. 그러므로 집행적 행위는 법규 아래에서 행하여지는 작용이며, 실질적 의미에서 행정이라고 할 때에는 집행적 행위만을 가리키는 것이다. 준사법적 행위란 규제기관이 일정한 사실을 인정하고 거기에 법규를 해석·적용하여 일정한 결정을 내리는 행위를 말한다. 이는 보통 분쟁 또는 청구에 대한 결정의 형태를 가진다는 점에서 특히 집행적 작용과 구분하고 있다. 이러한 성질의 작용은 원래 사법부의 기능에 속하는 것이다.

위에서 설명한 행정의 내용과 성질에 따라 규제행정을 정의해 볼 때, 규제행정이란 정부가 공익을 증진할 목적으로 개인이나 기업의 경제적 활동과 행태를 제한 또는 형성하기 위하여 준입법적·준사법적 기능과 집행적 기능을 통하여 개입하는 정부의 행위라고 할 수 있다.

규제기관이 규제행정을 시작하는 것은 바로 입법부로부터 입법권의 일부를 위임받는 순간부터라고 할 수 있다. 규제기관은 헌법과 법령에 근거하여 이들 법규가 위임한 범위 내에서 규제를 위한 행정을 수행하게 되는데, 이를 가리켜 규제행정이라고 한다. 그런데 규제행정 과정에서 가장 중요한 과제 중의 하나는 규제기관의 관할에 속한 규제 업무를 수행하기 위해 행정관료들이 준수해야 할 규칙들을 결정하는 것인데 이러한 규칙은 규제행정을 하는 데 필요한 법적 근거를 제공한다.

이미 규제와 관련하여 입법부가 수행하는 기능에 관하여 살펴보았는데, 입법부는 규제입법에서 규제기관이 갖추어야 할 조직유형과 그 구조, 권한, 역할수행 방법 등을 규정하고, 규제기관은 이러한 규정에 따라 실제적으로 규제를 시행하는 책임을 진다. 그러나 규제운영과정에서 사법부와 행정부도 규제기관의 활동과 결정에 영향을 미친다는 사실을 간과해서는 안 된다. 여기에서는 우선 규제행정의 제도적 측면을 고찰한 후에 규제기능을 크게 공식적 기능과 비공식적 기능으로 나누어 고찰하려고 한다.

## 1 규제행정제도

규제운영과정에서 첫 번째로 거쳐야 할 단계는 입법이다. 둘째로는 공식적 규칙 또는 결정을 통해서뿐만 아니라 비공식적 절차를 통하여 규제기관이 규제입법을 실제로 집행하는 단계이다. 규제기관을 설치할 때 선택할 수 있는 조직유형은 몇 가지로 분류할 수 있다. 그러나 규제기관의 조직유형에 따라 규제효과가 크게 달라진다고 볼 수는 없다. 여하튼 규제행정제도는 구체적으로 배정된 규제업무를 수행할 권한을 위임받은 다양한 조직유형의 규제기관으로 구성되어 있으며, 이러한 조직구조를 통해 규제를 구체적으로 집행·관리하는 데 필요한 규칙과 절차를 마련하고, 이에 따라 필요한 행정을 수행하는 일련의 조직체계라고 할 수 있다.

우선 '법치국가'라는 용어를 이해하는 것이 규제행정과 관련한 공식적 결정이나 비공식적인 규제행위에 대한 논의를 위해 출발점이 될 수 있다. 다시 말해, 규제기관의 최고책임자로부터 말단 실무자까지 모든 규제관련 공무원들은 법과 규칙으로 규제업무를 수행하는 데 요구되는 권한을 위임받지 않고는 어떤 규제행위도 할 수 없다. 이처럼 규제기관은 헌법, 법률, 명령 또는 규칙으로 금지된 것을 집행할 수 없을 뿐만 아니라 법규나 규칙에 의하여 구체적으로 위임받지 않은 것은 집행할 수 없다. 이러한 규범을 준수하지 않은 규제기관의 명령은 법적 효력을 가질 수 없어 사법부의 판정으로 변경 또는 번복될 수도 있다. 따라서 특정 규제행위를 수행하려고 할 때에는 규제기관은 우선 법규에 의해 그 권한을 위임받아야 한다. 위임받은 권한의 범위 내에서 규제업무를 수행해야 하기 때문에 규제기관의 규제업무 수행과 관련한 결정은 원칙적으로는 정치적인 것이 될 수가 없는 것이다.

규제기관의 결정은 그 결정이 내려진 이유를 제시할 수 있어야 한다. 예를 들어 기업에 영향을 미치는 구체적인 결정을 할 때 규칙집행 과정에서 규제기관이 행사한 명령이 법규에서 의도한 결과를 초래하는 데 적합한 대안이라는 근거를 의무적으로 밝혀야 한다. 즉 규제기관은 무슨 근거에서 목표를 설정하였는지 그리고 이러한 목표의 달성을 위하여 선택된 대안과 거부된 대안이 무엇인지 밝혀야 하고, 선택된 대안이 법규의 목적을 달성하는 데 합리적인 것이라는 이유를 제시할 수 있어야 한다는 것이다. 대부분의 경우에 규제기관의 행위로 불리한 영향을 받은 규제대상자는 사법부에게 규제기관의 명령이 적합한 것인지 그 판단을 요청할 수 있다. 이 경우 사법부는 규제기관이 헌법, 관련 법규 및 규제기관 자신의 규칙을 준수했는지를 판정하기 위해 관련 정보와 기록을 치밀하게 조사하여야 한다. 또한 사법부는 규제기관의 법적 권한을 조사하여 그 권한이 국회가 위임한 범위 내에서 행사된 것인지 그리고 규제기관의 명령이 타당한 것인지 그 사실을 입증할 수 있는 충분한 자료를 근거로 확인하여야 한다. 그 결과에 따라 사법부는 규제기관의 결정을 번복하거나 변경할 수도 있고, 그 결정을 행정적 과정에서 더 고려할 것을 요청하기 위해 반환하게 하거나 확인하기도 한다.

지금까지의 논의는 규제기관의 결정이 반드시 법적 근거를 가지고 이루어져야 한다는 점을 강조하기 위한 것이다. 규제기관의 업무가 대부분 법령이 명시하는 규칙의 범위 내에서 수행되어야 하는 것이지만 규제입법은 또한 규제기관에게 많은 재량권을 허용하고 있다. 이에 따라 재량권을 가지고 있는 규제자들은 그 자신의 가치와 우선순위에 따라 규제업무를 수행할 수도 있다. 이러한 의미에서 볼 때 규제기관의 결정이 정치적이라고 할 수도 있다 그러나 뇌물의 수수, 입법부의 압력, 이익집단의 압력 등에 좌우되어 업무가 수행된다는 의미에서 정치적이라고 하는 것과는 차이가 있다. 이는 오히려 규제자들이 규제기관의 목적 달성을 위해 개인적 능력을 최대한 발휘할 수 있는 방법 중의 하나가 될 수 있다는 점을 제시하는 것이다.

## 2 규제행정기능

규제행정에서 중추적인 역할을 수행하는 조직은 규제기관이다. 규제를 집행・관리할 수 있는 권한을 가지고 있는 규제기관은 규제입법의 기본적 목표를 실현하기 위하여 훈령, 예규, 고시, 지정 등의 형태로 구체적인 규칙과 기준을 결정하여 이를 실제적으로 집행한다. 집행과정에서 법령이 제시하는 내용에 따라 부정적 행위는 감시, 적발하여 이에 상응하는 제재를 부과하거나 긍정적 행위에 대해서는 적절한 보상을 하기도 한다. 이러한 규제행정기능을 수행할 때, 규제기관은 우선 사실에 대한 결정을 할 필요가 있다. 즉 어떤 당사자가 보상을 받을 자격이 있는지, 규제입법의 적용대상이 되는지 또는 위법적 활동에 관련되어 있는지를 확인하여 위법적 행위에 대한 처벌의 내용과 정도를 결정하거나 또는 긍정적 행위에 대한 보상의 내용과 정도를 결정한다는 것이다. 이러한 과정에서 규제기관은 정보를 수집・파악하는 노력을 하여야 하고, 관련 법규의 적용과 관련해 제기되는 문제를 처리해야 한다.

법령에 모호하게 언급되어 있는 입법적 취지를 구체화하려는 의도에서 규제기관은 종속적 성격을 띠고 있는 공포문을 채택・발표할 수 있다. 이러한 공포문은 규칙, 기준 또는 규제(이들 단어는 정상적으로 동일한 것으로 고려된다)라고 하고, 그 채택과정은 '규칙 제정 과정'이라고 부른다. 그리고 이러한 규칙 제정은 모든 납세자, 부동산 소유자, 항공사, 건설회사 등과 같은 민간 당사자인 개인이나 기업 또는 산업의 이익에 영향을 미친다.

또한 규제기관의 규제자들은 개인, 기업, 산업, 집단 등과 상호작용을 한다. 규제자들은 광고주가 남을 속이는 광고가 어떤 것인지, 복지 수혜자가 혜택을 계속 받을 수 있는지, 민원인이 토지를 변경할 자격이 있는지 등을 결정해야 할 것이다. 만약 이러한 결정에 상당한 이해관계가 걸려 있는 경우라면 공식적 절차를 통해 이들의 구체적 행위(때로는 사법적 행위와 같은 공식적 절차와 유사한)를 판정해야 할 것이다. 이러한 종류의 절차는 '판정' 또는 '준사법적 처분'이라는 이름으로 진행된다. 규칙 제정 과정에서는 기존의 정책결정에서 나타난 결함이나 입법적 정책의 결함을 미리 보완하고 시정할 수 있어 정책적 목표 달성에 기여할 수 있다. 이와는 대조적으로 준사법적 판정과정에서는 규제기관이 개인·기업·산업의 행위를 구체적으로 판정하는 즉각적인 활동을 통해 규제가 의도하는 목적 달성에 기여할 수 있다.

판정행위를 위한 행정조사는 서류, 현장 등을 대상으로 하는 것이 일반적이다. 서류를 대상으로 이루어지는 서류조사는 문서, 기록 또는 기타 개인에 의한 증언을 토대로 조사하는 것이고, 현장을 대상으로 한 현장조사는 현장 및 다른 물적 대상에 대한 조사로 이루어진다. 규제기관의 조사권은 규제기관의 기능과 업무를 규정하고 있는 법령으로 보장받고 있다. 그러나 법령에 명시된 규제기관의 조사권 행사 규정과 헌법에 보장되어 있는 개인의 권리보호 규정이 법적으로 갈등을 야기할 수 있고, 이로 인해 법적 논쟁이 발생하는 수도 있다.

끝으로, 민간 당사자의 행위 중에는 규제기관의 규칙 제정이나 판정의 대상이 되지 않는 것들이 있다. 공무원의 시민을 상대로 하는 권고, 불법 체류를 목적으로 입국하는 외국인에 대한 출입국 관리소 직원의 입국불허행위, 회사의 위법적인 행위에 대해 임원에게 전화로 경고하는 공무원의 행위 등 많은 행정활동들은 '비공식적 활동과 재량권의 행사'의 범주에 해당되는 것으로서, 이러한 행위는 최근까지 규제행정에서 등한시해 왔던 분야이다. 여기에서는 비공식적 행정기능의 중요성이 커지고 있다는 사실을 감안해 규제행정기능을 공식적 기능과 비공식적 기능으로 나누어 살펴보려고 한다.

### 1) 공식적 기능

규제행정의 공식적 기능은 준입법적·준사법적·집행적 기능으로 분류할 수 있다. 준입법적 기능은 규제기관이 법적 효력을 갖는 일반적 규칙을 제정하는 것으로서, 이러한 기능의 수행을 통하여 모호하게 표현된 국회입법의 내용을 구체적으로 명확하게 규정하는 것을 말한다. 준사법적 기능은 규제기관이 규제입법이나 규칙을 위반한 개별 사안에 대해 심판하는 것으로서 위법적인 행위를 대상으로 이루어진다. 집행적 기능은 규제의 목적을 실현하기 위하여 규칙이나 기준을 적용하거나 판정의 결과를 실제적으로 집행하는 것을 말한다.

### (1) 준입법적 기능

규제의 법적 근거를 제공하는 포괄적인 정부정책은 의회 또는 정부의 고위 차원에서 결정되며, 이러한 넓은 정책이 설정하고 있는 범위 내에서 규제정책이 형성·집행될 수 있다. 규제정책의 형성은 정책수행의 정규성이나 일관성을 확보하기 위해 법령 또는 다른 형태로 최소한의 기준을 설정하는 것을 의미한다. 대부분의 경우에 규제기관은 규제행정 과정에서 이들 기준을 더욱 구체화해 이를 집행하여야 한다. 따라서 규제 장치는 최소기준이나 규칙에 따라 민간 경제주체의 행위 등을 다스릴 수 있는 법규를 제정·개정하는 책임을 지고 있는 입법부와 이러한 기준을 세부화하거나 정교화해 규칙과 규제를 제정하는 권한을 가지고 있는 규제기관을 모두 포괄하고 있다. 이것이 규제행정의 규칙 제정 또는 준입법적 기능이라 불린다. 즉 규제정책의 수행을 위하여 입법부는 규제대상이 될 산업이나 기업을 선정하여 부정적 행위는 제한·위축·방지하고, 긍정적 행위는 지원·조장·보호하여야 하며, 이를 위해 최소기준이 명시되어 있는 기본법 등의 법률을 제정한다. 규제기관은 이들 법률이 위임한 사항이나 인정한 범위 내에서 규제를 집행하는 데 필요한 사항을 구체화하는 규칙을 제정한다. 이러한 결정은 특정 산업이나 활동의 경제·사회적 특성, 사회에 지배적인 가치, 정치적 요인 등에 의하여 영향을 받으며, 최소기준의 채택은 기존 법체제와 절차에 부응하는 것이라야 한다.

그러나 가끔 규제에 당위성을 부여하는 경제·사회적 기준과 법적 기준 간에 괴리가 있을 수 있으며, 이 때에는 기존 법 체제를 수정해야 하거나 사법부의 개입에 의한 판결이 요청되기도 한다. 그러나 위의 두 가지 기준 간에 발생하는 괴리가 규제기관의 상대적 우월성 여부와 정권의 성격에 의하여 해결될 수 있기도 하고, 자세한 관찰 없이 무시되는 경우가 실제로 사회에서 종종 발생한다. 이러한 예는 과거 헌법의 경제 조항이 산업화 시대의 경제현상과 경제정책상의 수요를 충족·대처하는 데 미흡하다고 판단해서 이를 보완하기 위한 제도적 장치로써 헌법을 개정하여 경제력 집중의 방지, 경제민주화 등과 같은 규정을 둔 데에서 찾을 수 있다.

과거의 헌법은 시장지배력 및 경쟁제한행위의 금지를 모호하게 명시하고 있으며, 현실 경제 상황, 정책집행 등과도 맞지 않기 때문에 헌법을 개정하여 산업사회의 실정에 부응하는 규제정책의 당위성을 명시하는 조항을 새로운 헌법에 규정하였다.[1)]

이것은 민간과 공공부문 간에 형성된 정치·경제적 관계가 대등하게 됨으로써 기존에 형성된 법체계와 규제정책 간에 갈등이 초래될 수 있고, 이러한 갈등은 기존의 법체계의 개정을 통하여 해결하여야 한다는 정치권의 의지를 반영한 것이라고 할 수 있다. 이러한 결과는 과거와는 달리 정치권의 우월성으로 규제정책을 정부가 일방적으로 수행할 수 없게 되었다는 것을 의미한다. 여하튼 사법부의 개입에 의한 판단이 요구되지 않는 한, 규제기관은 입법부가 헌법이나 법률의 제·개정을 통하여 명시하고 있는 최소기준의 범위 내에서 구체적으로 규제정책을 형성·집행하는 데 필요한 규칙과 규제를 정하여야 한다. 행정부 내의 규제기관이나 그 외의 규제위원회에 주어진 이러한 기능이 규제기관이 갖고 있는 규제의 규칙 제정 또는 준입법적 특징이라 할 수 있다.

### (2) 준사법적 기능

규제의 준사법적 기능은 개인이나 집단의 권리를 판정하는 것이다. 판정 또는 준사법적 기능은 생산·수입·수출되는 상품의 양이나 제공되는 서비스 양의 결정, 공익사업의 요금 및 재화와 서비스 가격의 결정, 항공 또는 버스 노선, 텔레비전 채널 또는 라디오 주파수 등의 이용권의 부여, 특정 활동 수행에 필요한 면허의 부여 등 규제기관의 판정에 의한 규제행위를 포괄하고 있다. 규제기관의 판정행위가 법원의 판결로 영향을 받을 수도 있지만 사법부의 개입이 특별히 요청되지 않는 한 규제기관은 준사법적 기능을 독자적으로 행사할 수 있다.

여기에서 규칙 제정과 판정기능 간의 차이가 무엇인지 살펴보면, 규칙은 두 가지 면에서 판정과 구별할 수 있다. 첫째, 규칙은 일반적으로 미래 효과를 가지고 있는 반면, 판정은 현재의 사실적 상황에 적용되는 것이고, 둘째, 규칙은 모든 산업, 기업, 조직 등에 일반적으로 적용되지만, 판정은 개인이나 소수의 당사자들에게 적용된다는 것이다. 이러한 구별은 실제의 경우에 대부분 필요하지 않은 것이지만 규칙과 판정의 차이점을 설명하기 위하여 제시한 것이다. 어떤 행정활동은 이들 두 가지를 혼합하여 이루어지기도 한다. 예를 들어 면허 요건이나 명령의 하달은 전형적으로 개인 당사자들에게 적용하는 규칙이기도 하지만 미래에 효과를 나타내고 있으며, 또한 판정행위의 범주에 속하여 사실적 상황에 적용되기도 한다.

---

1) 이러한 조항의 예로서 현행 헌법 제119조 2항 중에 "시장의 지배와 경제력의 남용을 방지하며, 경제주체 간의 조화를 통한 경제의 민주화를 위하여 경제에 관한 규제와 조정을 할 수 있다." 등을 볼 수 있다.

법령에 명시된 규칙의 정의에는 위에서 언급한 두 가지 성질을 내포하고 있다. 규칙은 법이나 정책 집행에 책임을 지고 있는 규제기관의 조직, 기준, 절차 등을 규정하고, 실제로 요구되는 규제업무의 집행을 위한 기준을 해석하거나 다시 설정하여 적용할 수 있는 일반적 지침을 제시하는 것이다. 따라서 규칙은 규제정책을 집행하고 해석하며 설정하는 데 요구되는 일반적 또는 특정한 적용기준이라고 할 수 있다. 즉 미래 효과를 얻는 것을 목표로 하는 규칙은 전체적 또는 전반적 효과를 얻기 위해 일반적 적용이 가능하도록 규정되어 있다는 것이다.

(3) **집행적 기능**

규제기관은 준입법적 성질의 규칙 제정행위와 준사법적 성질의 판정행위를 통해 자체적으로 수행해야 할 규제업무를 구체화하여 집행하는 행정적 기능을 수행하고 있다. 이러한 기능은 부정적인 것에 대하여는 명령과 통제, 경고, 하명(下命)과 금지 및 금전적 또는 이와 유사한 벌금의 부과 등과 같은 방법으로 수행하기도 하고, 때로는 법정에 의한 고소 및 집행이 필요함에 따라 사법부의 개입을 요청하기도 한다. 반면 긍정적인 것에 대하여는 조세지출, 금융지원, 보조금 등 육성적 수단을 통해 지원·조장·보호한다. 중재적 방법으로는 권유, 회유, 설득 등 행정지도의 방법을 사용하기도 한다.

① 규제적 행위

규제적 행위는 일명 규제적 규제라고도 하는데, 이는 법률이나 명령 및 규칙과 규제에 따라 특정 행위가 형성되도록 하거나 또는 금지·제한하는 정부행위를 의미한다. 그 목적은 벌칙이 수반되는 법령의 집행으로 개인이나 기업 또는 조직이 택할 수 있는 선택의 수를 줄이기 위한 것이다. 규제적 행위는 '경제 질서에 대한 규칙'을 규정하여 이에 따라 시행하거나 민간기업 운영에 직접적으로 개입하여 수행하기도 한다. 경제 질서에 대한 규칙을 정한 규제행위의 예로서는 부당한 공동행위의 금지, 불공정한 노사관계, 불공정거래, 소비자 보호, 임금과 노동시간에 관한 규제 등을 들 수 있다. 이는 규칙이 정한 테두리 안에서 개인의 판단이나 의사에 따라 자유롭게 행동할 수 있지만, 규칙을 위반하였을 경우에는 이에 상응하는 벌칙을 부과함으로써 정부가 민간의 일상적 또는 경제적 활동을 규제하는 것을 말한다. 또한 규제적 행위에는 '경제 질서에 관한 규칙'의 범위를 넘어 시장진입, 가격, 수익률, 면허, 인가 등 기업이 결정해야 할 세부적인 문제에까지 개입하는 정부행위도 포함한다. 그리고 정부가 직·간접적인 투자를 통하여 공기업을 설립·운영하여 재화와 서비스의 질, 요금, 수익률 등을 통제하는 규제행위도 여기에 포함할 수 있다.

따라서 규제적 행위란 민간부문을 구성하고 있는 개인과 기업의 일상적 또는 경제적 행태를 구체적으로 제한할 목적으로 벌칙을 부과하거나 법령 및 규칙을 적용하는 행위를 말한다. 이는 금지적 경찰행위로서 법규를 위반하는 행위에 대하여 '아니 된다'고 말하는 것처럼, 규제의 목표와 규칙에서 벗어나는 개인이나 기업의 행태를[2] 감시·통제·제한·금지하는 것을 가리킨다.

② 육성적 행위

육성적 행위는 일명 육성적 규제라고도 하는데, 이는 사회적으로 바람직한 행위를 발생·촉진하기 위한 정부행위를 의미한다. 그 목적은 민간 경제활동을 지원·촉진·육성·보호하기 위한 것으로서 일반적으로 보조금, 세제지원, 금융지원, 행정 서비스지원, 정보 제공, 창업지원 등을 통하여 수행한다. 경제발전은 정부의 상당한 육성적 노력을 필요로 한다. 특히 경제성장에 중요한 영향을 미치는 기간산업의 육성, 수입대체산업의 육성, 유치산업의 보호 등은 중요한 육성적 기능으로 간주되어 왔다. 정부가 수행하는 육성적 행위 없이는 인력의 훈련, 자본축적과 투자, 자연자원 보호, 교역의 증진 등이 어려우며, 아울러 기업가 정신의 촉진, 기술혁신, 산업구조의 조정 등을 지연시킴으로써 지속적인 경제발전을 저해할 수도 있다. 육성적 활동에는 상수도·전력 및 교통·통신의 적절한 공급, 금융·자본시장과 같은 제도의 안정화 등도 포함할 수 있다. 이러한 육성적 수단은 기업의 경제활동이 사회에 초래하는 외부 편익효과에 대한 보상 차원에서 취해질 뿐만 아니라 유치산업, 기간산업 등 경제발전에 연관성이 큰 산업을 보호·육성하기 위한 의도에서 수행하는 정부행위라고 할 수 있다.

육성적 규제는 외부 편익효과에 상응하는 경제적 혜택을 수여함으로써 민간경제가 사회 적정수준의 산출물을 생산할 수 있게 함으로써 국민들의 경제적 후생을 증대할 수 있다는 점에서 긍정적인 것으로 평가된다. 그러나 지나친 혜택의 수여는 자원의 비효율적 배분 및 부와 소득의 불공평한 분배를 초래하는 부정적인 효과를 초래하기도 한다. 경제발전에 기여함으로써 사회에 경제적 혜택을 초래한다는 명분에서 이에 상응하는 보상으로써 보조금·금융지원·세제지원 등을 한다 하더라도, 그 외부편익에 상응하는 정확한 범위와 가치를 정확히 측정할 수 없고, 때로는 기업, 정치인 및

2) 외부피해 효과, 독점규제, 시장의 경쟁을 저해시키는 행위, 불공정 행위, 허위광고 등과 같은 것이 있다.

행정관료의 유착관계로 부와 소득분배의 왜곡현상을 초래할 수 있으므로 사회적으로 바람직하지 않은 결과를 가져오기 때문이다. 따라서 육성을 위한 보조금 제공 등의 행위는 생산물의 사회적 적정화를 이룸으로써 국민의 물질적 수요를 충족시켜야 한다는 당위성뿐만 아니라 이것이 가져올 경제적 부의 왜곡현상까지도 함께 고려하여 결정해야 할 것이다. 그리고 지나치게 국민경제를 일정한 방향으로 유도하여 개인의 자유를 일방적으로 제한하는 것이어서는 아니 된다. 특히, 보조금은 외부 편익효과로 초래되는 시장실패를 시정하는 최소한의 범위 내에서 수행하도록 해야 하며, 불필요한 지원은 삼가야 해야 하는 것이 이미 선진국의 교훈에서 나타나고 있다. 그러나 경제적으로 후진적 단계에 있는 개발도상국들은 빠른 시일 내에 경제적 부를 이루고자 하는 욕구 때문에 많은 산업 분야에서 육성적 행위를 적극적으로 수행하고 있다. 그리고 이를 위한 실제적 수단으로써 금융지원, 보조금, 세제지원, 행정지원 등 유인책을 과도하게 사용하는 경향이 있는데, 이는 장기적인 안목을 가지고 신중히 고려해야 할 문제이다.

③ 중재적 행위

중재적 행위에는 정부가 민간과 공공부문 간에 또는 민간의 이해당사자들 간에 발생하는 갈등이나 이해관계를 조정하는 수정장치, 여과장치, 완충장치로써의 역할을 수행하는 것을 말한다. 즉 규제기관이 모든 관련 이해당사자를 통제할 수 있는 입장에서 절충기관으로서의 역할을 수행함으로써 상이한 이해관계를 중재 또는 조정하는 것이다.

정부는 경기규칙을 정해 이를 어기는 이해당사자 간의 여러 가지 불공정거래행위를 금지하고, 그 외에 시장에서 이루어지는 거래는 이해당사자의 재량권에 맡김으로써 규제의 목적을 달성하기 위한 완충작용으로서의 역할을 수행하고 있다. 그리고 기존의 규제 하에 있던 산업과 경쟁관계에 있는 산업 간에 균형을 이루기 위해 새로운 경쟁 산업도 규제함으로써 두 산업 간의 규제의 불공평성을 시정하기 노력을 할 수 있다. 또한 정부가 민간기업들 간의 거래에 직접 개입하여 이들의 행태를 조정하거나 권유, 설득, 위협 등의 여과장치를 마련함으로써 개인의 결정에 직접적으로 영향을 미칠 수 있다.

이들 세 가지 역할을 개념적으로 구분해 보면, 수정장치는 규제산업과 비규제 산업 간에 균형을 유지하는 것을 의미하고, 여과장치는 권유 · 설득 · 회유 · 위협 · 지도 · 계획 등을 통해 시간적 여유를 제공하기 위한 것이고, 완충장치는 당사자들 간의 분쟁 발생으로 해결이 어려울 때 중재자의 입장에서 상호 이해관계를 조정하는 것을 말한다.

④ 조사권의 행사

규제행정을 수행하는 데 핵심적 역할을 하는 것은 자료의 수집과 사실의 확인이다. 규제기관이 정확한 사실을 확인하고 이를 위한 자료를 수집할 수 있을 때에 그 고유의 기능과 임무를 제대로 수행할 수 있으며, 이를 가능하게 하도록 법령으로 조사권을 부여받고 있다. 조사권을 행사하는 과정에서 국민의 권리 보호를 명시하는 헌법적 조항과 법령에 보장된 조사권의 행사 간에 법적 논쟁이 발생할 수 있다. 그러나 이러한 법적 논쟁의 여지가 없는 한도 내에서는 재량적으로 조사권을 행사할 수 있다.

조사권의 행사는 두 가지 형태로 이루어지는데, 하나는 서류, 기록이나 기타 문서(개인에 의한 증언) 등의 조사를 통해 이루어지고, 다른 하나는 현장 또는 기타 물적 대상의 검사와 검열 등을 통해 이루어지는 것이 일반적이다. 기록과 기타 자료는 민간에 의하여 보관되어 필요시에 정부기관에 보고하도록 하고 있다. 정부기관에 일상적으로 보고하도록 요청되지 않는 기록과 기타 문서도 강제적 규정으로 일정 기간 보관하도록 의무화하여 정부의 영향권 내에 두고 있다(Barry & Whitcomb, 1987: 5).

예를 들어, 공정거래위원회의 경우 독점규제 및 공정거래에 관한 법률에 명시되어 있는 규정에 위반한 사실이 있다고 인정할 때에는 위원회 직권으로 필요한 조사를 할 수 있다. 위반행위의 조사를 위하여 필요하다고 인정할 때에는 그 소속 공무원(위임을 받은 기관의 소속 공무원을 포함)으로 하여금 사업자 또는 사업자 단체의 사무소 또는 사업장에서 업무 및 경영 상황, 장부, 서류, 기타의 자료나 물건을 조사하게 할 수 있다. 또 지정된 장소에서 당사자, 이해관계인 또는 참고인의 진술을 청취할 수 있고, 사업자, 사업자단체 또는 이들의 임직원에 대하여 조사에 필요한 자료나 물건의 제출을 명하거나 제출된 자료나 물건을 영치할 수 있으며, 감정인을 지정하여 감정을 위촉할 수 있다.

노동위원회는 사무집행을 위하여 필요하다고 인정할 때에는 사용자나 그 단체 또는 노동조합 기타 관계인에 대하여 출석, 보고 또는 필요한 서류의 제출을 요구하거나 노동위원이나 직원으로 하여금 관계 공장, 사업장 기타 직장의 업무상황 또는 서류 및 기타 물건을 조사하게 할 수 있다.

## 2) 비공식적 기능과 재량권의 행사

### (1) 비공식적 기능

비공식적 기능은 규칙이나 사실 확인을 근거로 수행하는 것이 아니라 공식적인 근거 없이 수행하는 일체의 정부행위를 일컫는다. 어떻게 정의하든 간에 비공식적 행위는 정부가 흔히 선택하는 규제업무의 수행방법이라 할 수 있다.

행정기관의 실제적 규제업무의 상당 부분은 비공식적 행위로 처리되고 있다고 할 수 있다. 정부가 수행하는 업무 중에 거의 대부분이 비공식적 행위로 수행된다고 주장하는 학자도 있지만, 만약 비공식적 행위의 '중요성'을 측정할 수 있는 지수가 있어 중요성에 따라 비공식적 행위를 통한 규제업무의 비중을 따지면, 정부가 수행하는 규제업무 중에서 비공식적 행위가 차지하는 비중은 이보다 상당히 감소될 수 있을 것이다. 그러나 어떤 활동이 비공식적인 것인지를 체계적으로 분석하는 것은 어려운 일이다.

규제기관의 비공식적 기능은 규칙 제정과 판정과 같은 공식적인 행위와는 다른 방법으로 수행되는 것으로서 규제와 관련한 행정관료의 충고 또는 조언, 정부 당국의 감시와 감독, 신청서의 접수 및 처리 등 상당히 넓은 범위에 걸친 행위를 일컫는다. 이러한 활동은 특별한 경우를 제외하고는 입법부와 사법부의 심사대상이 되지 않는 것이 일반적이다.

거의 모든 시민은 자문을 구하거나 정보를 얻기 위해 정부기관에 의존하는 경우가 많다. 새로 건물을 신축하거나 확장하려고 할 때 건축허가를 받아야 하며, 이를 위해 관련 기관에 문의하는 경우가 자주 있다. 이처럼 개인은 실제적 행동을 취하기 전에 정부기관에 필요한 절차를 문의하고 정부기관은 행정행위를 통해 일정한 사안에 대해서는 미리 규제할 수도 있을 것이다.

비공식적 행정행위에 대한 중요성이 커짐에 따라 그 문제점에 대응하기 위한 새로운 제도적 장치를 마련하려는 노력이 증가하고 있다. 이러한 장치들 중 가장 대표적인 것 중의 하나가 행정에 대한 민원 고충사무를 처리하기 위해 스웨덴에서 처음 설치·운영되었던 옴부즈만 제도라고 할 수 있다. 공식적 행정행위와는 별개로 수행하는 비공식적 행위는 이러한 제도가 수행하는 기능의 상당 부분을 담당할 수 있다.

## 2 재량권의 행사

행정적 재량권의 행사는 비공식적으로 행정을 처리하는 과정에서 이루어질 수 있지만 재량권의 행사는 비공식적 기능과는 별도의 주제로 다루어져야 할 것이다. 왜냐하면 행정적 재량권의 행사는 증거를 근거로 하기보다 규칙을 근거로 하여 행정관료의 자의적인 판단 또는 해석에 따라 업무를 수행할 수 있도록 하는 것이기 때문이다.

규제업무를 수행하는 과정에서 규제기관의 행정관료는 상당한 재량권을 행사할 수 있다(Barry & Whitcomb, 1987: 247-248). 이와 관련하여 제기되는 문제는 행정관료의 업무 추진상의 신축성을 제약하지 않고 재량권을 제한할 방법을 어떻게 강구하느냐 하는 것이다. 또한 데이비스(Kenneth. C. Davis)는 「재량권의 정의」(Discretionary Justice)라는 연구에서 비합리적인 행정관료의 재량권을 제한하기 위한 행정규칙 및 절차를 마련할 것을 제안하고 있는데, 이러한 규칙 및 절차의 마련은 부당한 행정행위를 예방하기 위한 효과적인 방법이라 할 수 있다. 그러나 재량적으로 수행가능한 활동의 범위가 매우 넓기 때문에 모든 활동에 대하여 재량권을 제약할 수 있는 규칙 및 절차를 일일이 마련할 수 없으므로 재량권이 남용될 소지가 여전히 남게 될 것이다.

어떤 경우에는 법으로 행정관료에게 부여할 재량권을 구체적으로 제시하기도 하고, 법령에 재량권에 대한 내용이 명시되었는지 그 여부와 관계없이 암묵적으로 그 권한을 인정하는 경우도 있을 수 있다. 또한 행정관료에게 부여할 재량권이 불명료한 용어로 명시되어 법령에 제시되어 있을 수 있다. 예를 들어 적절한, 적합한, 편의적인, 필요에 따라, 합리적으로 등의 단어와 같이 불명확한 용어로써 행정관료에게 재량권을 부여해 주는 경우도 있다.

규제를 담당하는 행정관료는 주어진 업무를 합리적이고 효율적으로 수행하기 위해 어느 정도의 재량권을 행사할 필요가 있다. 그러나 지나친 재량권의 행사가 민간 이해당사자의 권익을 침해할 수 있는 것 또한 사실이다. 따라서 재량권이 행사될 수 있는 한도를 정해 그 범위 내에서 허용하는 조치를 마련하는 것이 바람직하다. 한편으로는 행정관료의 지나친 재량권의 행사로 피해를 입는 민간 경제주체의 권리를 보호하기 위하여 민원사무 처리를 위한 절차와 고충처리제도를 마련하여 운영하기도 한다. '기업활동 규제완화에 관한 특별조치법'을 제정하여 기업활동 규제심의위원회로

하여금 부당한 행정규제로 인한 기업의 고충을 처리할 수 있는 고충처리제도를 두어 불필요하거나 부당한 규제를 제거하기 위한 절차를 마련하고, '행정규제 및 민원사무 기본법'을 제정하여 관료주의적 행정편의주의에서 벗어나 명확한 법절차에 따라 민원사무처리를 하도록 그 기본 방향을 제시하기도 한다.

## 제 4 절 | 부당한 규제의 구제

기본권이란 헌법이 보장하고 있는 국민의 권리로, 자유권 · 평등권 · 행복추구권 · 참정권 · 청구권적 기본권 등이 있다(법무부, 2008: 472). 규제는 바로 이러한 국민의 권리를 보다 적극적으로 보장해 주기 위해 존재하는 것이다. 그런데 때로는 국민의 이러한 권리들이 규제로 인해 제한을 받아 국민의 권익이 저해될 수 있다. 이러한 규제를 부당한 규제라고 하는데 이 때 손해를 입은 국민의 권익을 구제해 주기 위하여 부당한 규제의 구제가 필요하게 된다.

부당한 규제에 대한 구제란 규제기관의 규제적 행위가 위법적이거나 부당하다고 여겨질 때 그러한 행위의 수행을 미리 방지하거나 그 행위가 집행되는 것을 저지하기 위하여 그러한 행위를 불법으로 선언하여 폐기하기 위한 것을 말한다. 부당한 규제행위가 이미 민간 이해당사자의 이익을 저해한 경우에는 행정관료나 정부 자체를 상대로 보상해 줄 것을 요청할 수 있다. 정부행위로 피해를 본 민간 이해당사자에 대한 보상 문제는 최근에 그 중요성이 크게 부각되고 있으며, 이에 대한 구제제도도 상당히 정착되었다. 이러한 제도의 목적은 정부가 민간 이해당사자의 이익에 반하는 행위를 하지 못하도록 방지하기 위한 것이다.

위법적 행정행위로 인해 피해나 희생을 당했다고 여기는 민간 이해당사자가 선택할 수 있는 대안에는 몇 가지가 있다. 만약 부당한 행정행위가 사법심사의 대상이 되는 것이라면, 이해당사자는 이러한 행위가 위법이라는 것을 법원의 판결을 통해 확인하거나 이러한 행정행위가 금지되도록 적법한 절차를 밟을 수 있다. 또한 행정행위에 대하여 법원의 무효판정이 내려졌다 하더라도 개인이 복구할 수 없는 피해를 받게 된 경우에는 피해를 보상 또는 배상받기 위한 소송을 제기할 수 있다. 그러나 관련 정부기관이 피고가 될 수 있는지 하는 문제가 제기될 수 있다. 또한 이와는 별개의 문제로서 원고가 피해에 대하여 과실이 있는 공무원을 상대로 소송을 할 수 있느냐 하는 것이다. 공무원의 행위가 민간 이해당사자에게 피해를 입혔다 하더라도 그들이 합리적인 방법으로 업무를 추진하는 과정에서 부득이하게 수행한 행동에 대해서는 그 책임이 면제될 수 있기 때문이다.

여하튼 부당한 규제에 대한 구제제도는 손해가 발생하기 전과 후로 나누어서 볼 수 있다. 손해가 발생하기 전에는 미리 행정청에 진정하는 청원이나 민원처리 등의 방법이 있다. 또 손해가 발생하고 난 후에는 행정 작용 자체의 효력을 취소시키거나 그로 인해 손해를 보상받는 방법 등이 있다. 행정 작용 자체의 효력을 취소시키는 방법을 취소소송이라 하며 손해를 보상해 주는 방법을 행정상 손해전보제도라고 한다. 행정상 손해전보제도는 국민의 재산상 손해를 국가 또는 공공단체가 갚아 주는 제도인데, 행정상 손해전보제도에는 행정상 손실보상과 행정상 손해보상이 있다(법무부, 2008: 473).

## 1 취소소송

취소소송은 행정행위의 법적 효력을 제거하기 위한 것이다. 이것은 위법한 공법상 사실행위로 인해 위법한 사실 상태가 야기된 경우에 적법한 상태로의 원상회복을 위해 제소하는 것을 말한다. 이 때 제소자는 결과제거 청구권을 가질 수 있으며, 이러한 조치로 해결되지 않는 위법한 행정행위로 개인이 손해를 입으면 피해자는 손해배상을 청구할 수 있다.

## 2 권리구제

개인의 권리나 이익이 침해되는 경우에 그 구제수단은 사법상의 구제수단과는 상이하다. 구제제도는 행정상 손해전보제도와 행정상 쟁송제도로 구성되어 있다.

행정상 손해전보제도는 행정상 손실보상 및 배상제도가 있지만, 손실보상제도는 행정기관의 적법한 행정행위로 피해를 입었을 경우에 법률이 정한 바에 따라 그 손실을 보상하도록 한 것이기 때문에 규제와 관련해서는 행정상 손해배상제도에 한해 논의해야 할 것이다. 손해배상제도는 공무원의 불법행위로 인하여 민간 경제주체에게 손해를 입히거나, 영조물의 설치·관리상의 하자로 이들에게 손해를 입히게 되면, 국가 또는 공공단체가 배상책임을 지도록 하기 위한 것으로서 사법 영역에서 적용하는 것과는 법과 그 원리에서 차이점을 가지고 있다.

근대 국가 초기에만 하더라도 공무원이 불법행위를 해서 국민에게 피해를 끼칠 경우에 그 잘못은 오직 공무원에게만 있고 국가는 책임이 없다는 인식이 지배적이었다. 그러나 20세기에 접어들면서 복지국가의 이념이 확대되어 국민의 권리를 보호할 필요성이 증가함에 따라 국가도 책임을 져야 한다는 원칙이 정립되었다.

공무원의 위법한 행위로 손해를 입은 경우에 행정상 손해배상이 인정되기 위해서는 다음의 세 가지 요건이 충족되어야 한다. 첫째는 공무원의 행위이어야 한다는 것이고, 둘째는 직무행위가 법에 위반해야 하며, 셋째로 공무원의 직무행위 결과 개인에게 손해가 발생해야 한다는 것이다. 이 때 개인에게 발생하는 손해는 물리적·정신적 손해를 포함하는 개념이다. 그런데 행정상 손해배상제도는 국민의 권리보호를 위해 존재하므로 요건이 상당히 포괄적으로 규정되어 있다. 따라서 공무원이 위법한 행위를 저지른 것인지 아닌지 조금 애매한 경우라도 피해를 입은 국민의 입장에서 매우 유리할 수 있다.

또 공공의 영조물 설치 또는 관리상의 하자로 인해 손해를 입은 경우도 행정상 손해배상 제도의 도움을 받을 수 있다. 이 제도의 요건은 공공 영조물의 설치 또는 관리상의 하자로 손해가 발생해야 한다는 점이다. 이 때 영조물이란 국가나 지방자치단체의 공공목적에 사용되는 물건을 말한다. 그 예로 도로, 하수도, 제방, 하천, 자동차, 항공기 등이 있다. 영조물의 설치 또는 관리상의 하자는 일반적으로 갖추고 있어야 할 안전성이 없는 상태를 말하는 개념이다(법무부, 2008: 475-477).

한편 행정상 쟁송제도는 행정심판과 행정소송으로 구성되는데, 행정심판제도는 행정행위의 효력을 다투기 위해 소송을 제기하기에 앞서 행정기관에 심판을 청구하도록 한 것이다. 행정심판의 종류에는 취소심판, 무효 등 확인심판, 의무이행심판의 세 가지가 인정된다. 행정심판을 제기하려면 행정처분 사실을 안 날로부터 90일 이내, 처분이 있은 날로부터 180일 이내에 관계행정청에 행정심판청구서를 제출해야 한다. 이 때 행정심판 청구서와 함께 행정처분의 위법성 또는 부당성을 설명하는 자료를 모두 제출해야 한다. 행정심판이 청구되면 행정심판위원회에서는 이를 재결하게 된다. 만약 청구인이 서면으로 신청한 사항 외에 사정이 있다면 구술 심리의 허가를 받아 직접 위원회의 회의에 출석하여 발언할 수 있다. 또한 출석하는 방법 이외에도 신체 장애인과 지방 거주 행정심판 청구인의 시간과 비용의 부담을 덜어주기 위해 전화구술심리제도를 이용할 수 있다(법무부, 2008: 483-484). 그런데 행정심판의 결과가 좋지 않은 경우에는 법원에 의한 행정소송을 제기할 수 있다.

행정소송제도는 행정행위에 부당성이 있다고 인정하는 당사자가 일반법원에 소송을 제기할 수 있도록 한 제도이다. 즉 행정심판과 행정소송의 차이를 보면 행정심판의 경우는 행정청에서 청구인의 청구에 대하여 심사를 하는 절차이고 행정소송은 법원에서 법관이 판단하는 재판절차인 것이 다르다.

# 제 6 장 규제입법

규제는 민간 경제주체와 정부 간에 이루어진 일반적 관계 중에서 권력을 중심으로 전개되는 국면에서 중요한 역할을 수행한다. 그러므로 규제로 처리해야 할 문제가 제기되면 정치 · 경제 · 사회적 구조의 틀 안에서 형성되는 일반적 상황에 대한 이해가 선행되어야 한다. 이는 사회의 정치구조 및 경제구조뿐만 아니라 국민들의 사회적 · 경제적 목적에 대한 이해가 우선되어야 하고, 이러한 이해를 바탕으로 어떤 규제를 어떻게 시행할 것인지 결정해야 한다는 것이다. 정상적인 사회에서는 개인과 기업은 어떤 형태로든 정부의 규제를 받고 있는데, 규제가 민간 경제주체의 행위와 형태를 국가공동체의 발전에 기여할 수 있는 방향으로 유도 · 조정할 수 있는 장치로 인정되기 때문이다.

사회통제란 민간 경제주체의 자유로운 의사결정을 사회가 일반적으로 인정하는 행동규범에 일치하도록 조정하는 것으로서, 이를 위한 방법으로 강제적 집행, 보상을 통한 유인, 자발적 이행 등을 제시할 수 있다. 바로 규제는 민간 경제주체가 따라야 할 행정규범을 설정해 위에 제시한 방법을 통해 시행되는 것이며, 이들 방법은 경제주체의 자유로운 의사결정을 제한하므로 그 법적 근거가 있어야 한다. 이러한 법적 근거를 제시하고 구체적인 사회통제 방법을 제시한 것이 바로 규제입법이다. 이러한 규제입법 중에 어떤 것은 법규로 명시된 것도 있고, 어떤 것은 법규로 명시되지 않은 것들도 있다. 이는 공적 방법과 비공적 방법을 통해 민간 경제주체의 의사결정을 제한할 수 있다는 것을 의미하는 것이다. 공적 방법은 헌법과 법률, 헌법과 법률이 위임하거나 승인한 범위 내에서 규제기관을 포함한 행정부가 마련한 명령 등을 포괄하는 규제입법으로 제시된 것을 말하고, 한편 비공적 방법은 법원이 특정 상황에서 인식·해석·적용한 판례, 전통, 관습 등을 포괄하는 규제입법을 가리킨다.

결국 규제입법은 규제의 목적을 달성하기 위해 강제성과 수혜성이란 수단을 이용하기 위한 구체적인 법규로 구성되어 있다. 규제입법은 해야 할 것을 명시할 뿐만 아니라 해서는 아니 될 것을 규정함으로써 민간 경제주체가 지향해야 할 행동규범을 제시하고 있다. 즉 규제입법은 금지적인 동시에 형성적인 측면을 가지고 있고, 규제입법은 또한 행동규범을 명시하기는 하지만 모든 필요한 행동규범을 명시할 수 없다. 이에 따라 사회적 행태에서 관습이나 법원의 판결이 중요한 역할을 하고 있고 관습이 입법행위로 구체화되거나 법원에 의한 판례로서 효력을 갖게 되면 이들도 규제입법의 일부분이 된다. 이처럼 규제입법은 법규로 표현된 정책의 실제임과 동시에 강제력을 가진 행동규범으로 형식화된 정책이라 해도 과언이 아니다.

## 제 1 절 | 규제입법의 특성

규제입법은 규제의 법적 근거가 되는 것으로서 규제를 하는 데 필요한 법적 정당성을 제공하는 것이다. 이처럼 법적 정당성을 미리 확보하는 이유는 입법부가 규제기관이 법규를 집행하는 과정에서 행사할 수 있는 자의적 행위를 제약하고 그 행태를 통제하려는 데 있다. 그러나 규제의 목적들이 입법활동에 책임을 지고 있는 입법부에 의하여 실현되기보다는 오히려 규제기관에 의해 추진되어 온 것이 현실이다. 이것은 입법적 목적의 달성을 기대하는 입법부가 규제를 통해 도모하는 규제의 성과에 대하여 직접적으로 통제하는 것이 어렵다는 사실을 단적으로 입증하는 것이다.

입법부는 다만 규제하는 데 필요한 규칙과 최소한의 기준을 포함하고 있는 법률을 통과시킬 뿐 구체적인 규제업무는 규제기관이나 행정부를 구성하고 있는 국무위원들의 지도 또는 지시 하에 운영·집행하는 것이 일반적이다. 입법부는 연례적으로 진행하는 예산심의 및 의결과정을 통하여 규제기관의 업무에 영향을 미치려는 노력을 하고 있지만, 이러한 노력만으로는 규제입법의 실제적 집행에 책임을 지고 있는 규제기관의 업무를 효율적으로 통제할 수 없기 때문에 규제성과에 대해 영향을 미치는 것이 쉽지 않다. 이러한 이유로 입법부는 규제기관의 업무 영역 및 기능을 가능한 한 구체화하는 법을 제정함으로써 규제성과가 국회의 입법 취지 및 기대에 일치하도록 필요한 조치를 할 수 있다. 더욱이 입법부에서 통과한 국회입법은 규제기관에게 규제에 관한 권한을 위임할 때 규제와 관련해 처리해야 할 사항과 내용 및 처리방법을 되도록 명확하게 제시함으로써 입법 취지 및 기대와 괴리되는 결과를 사전에 방지하려는 노력에서 마련한 것이다.

규제입법을 구체화하려는 노력을 하는 또 다른 이유는 사회가 민주화됨에 따라 이해관계를 둘러싸고 소송을 제기하는 사례가 증대할 것이라는 사실에 기인한다. 개인, 기업, 산업 등 이해당사자들은 부당한 행정조치나 사적 이익을 불리하게 하는 사건에 대해 법의 심판을 통한 해결을 위해 때때로 법적 소송에 의존하려는 성향을 가지고 있다. 이러한 성향은 입법부로 하여금 법원이 법률의 목적이나 취지에 부합하지 않는 판결을 내릴 가능성을 미리 예방할 수 있도록 아주 세부적으로 법규의 목적 및 취지를 구체화하도록 고무시킨다.

그러나 아무리 법규에 입법적 목적 · 의도 · 취지를 구체화하고 기준을 명시한다 하더라도 입법부가 법규 집행에 관여하는 데는 한계를 가지고 있고, 규제성과에 미칠 수 있는 영향력에서도 제약을 가지고 있기 때문에 국회입법만으로는 규제가 효과적 · 효율적으로 수행될 수 없다. 따라서 입법부의 위임 및 인정 하에 규제기관은 기본법의 테두리 안에서 규제를 실제적으로 시행하는 데 필요한 규칙과 기준을 제정하기도 하고, 법률과 명령을 직접 집행하기 위한 적절한 규제수단과 방법을 마련하기도 한다.

결과적으로 규제입법은 정부의 계층구조를 통하면서 집행되며, 이 때 규제기능의 수행과 관계된 계층구조를 규제장치라 할 수 있다. 규제장치는 국회입법, 대통령령, 부령 등 법령이 제시하는 법규를 실제적으로 집행하는 데 관련된 일련의 수직적 규제기관들을 포괄적으로 지칭한다. 이 중 규제행정 장치란 규제기관들이 기본법에 명시되어 있는 원칙과 내용을 구체화해 규제집행에 필요한 규칙과 기준을 제정 · 개정하고, 이들 규칙과 기준을 근거로 직접적으로 법 집행을 담당하는 조직구조를 통틀어 가리키는 것이다. 바로 이러한 이유 때문에 규제의 법적 근거를 제공하는 규제입법이 제시하는 법적 범위와 규제입법을 실제적으로 집행하는 과정에서 제시하는 규제의 실제적 범위가 각기 다른 차원에서 결정되고, 그 적용 범위도 다를 수밖에 없다는 사실을 인식해야 한다.

## 제 2 절 | 규제입법의 유형

법규 및 규제의 내용과 그 운영과정을 살펴보면, 사회가 갖고 있는 정치제도의 성격을 파악할 수 있다. 정부가 규제를 하려고 할 때에는 법규에 구속되고, 이에 따라 그 행위가 미리 정해져 있거나 공포되어 있으므로 그 권한을 국민에게 임의적으로 행사하지 못하는 것이 원칙이다. 법규는 통치하는 자가 법규 집행에 책임을 져야 한다는 것을 의미한다. 또한 모든 국민은 법규의 테두리 안에서 그 자신의 개인적 목표 및 욕구를 자유로이 추구할 수 있다. 법규 앞에서 평등한 대우를 받아야 하는 모든 국민은 공정한 행정을 필요로 할 뿐만 아니라 행정관료는 법규에 따라 통치하여야 하고 개인적 취향에 따라 자의적으로 법규를 운영할 수 없다.[1] 이러한 법체계와 그 운영은 민주정치제도에서 가능한 것으로서 이러한 제도에서 법규는 규제행정을 수행할 때 정부가 준거해야 할 장치이며, 이러한 법적 장치는 헌법을 비롯하여 법률, 시행령, 지정, 명령, 시행규칙, 지방자치단체의 조례 및 규칙 등 성문법과 자연법, 관습법, 판례 등 불문법으로 구성되어 있다.

### 1 성문법

정부는 개인이나 기업의 활동 중에서 공익에 부정적 영향을 미치는 것을 찾아내는 노력을 해야 함과 동시에 그 활동이 공익에 부합하게 하는 데 요구되는 세부적인 규제와 규칙을 마련하는 노력을 해야 한다. 그러나 사유재산제도와 계약의 자유가 보장된 자본주의 시장경제에서는 자본주의가 표방하고 있는 원칙의 테두리 안에서 시장에 대한 규제가 입법 · 집행되어야 한다. 이러한 제한 때문에 규제는 그 원칙과 취지

---

1) 법제도가 안정성과 공정성을 확보함과 동시에 신축적으로 운영될 수 있어야만 자의적인 해석에 의한 법운영을 방지할 수 있다. 법은 미래에 대한 예측이 가능하게 하고 모든 사람에 대하여 평등하게 적용시켜 공정성을 기할 수 있도록 하는 한편, 시간의 경과에 따라 변화하는 환경과 사회적 취향을 수용할 수 있도록 신축적으로 운영되어야 한다는 점이 Robert Cooter and Thomas Ulen, *Law and Economics* (Harper Collins Publishers, 1988), p. 74에서 강조되고 있다.

를 반영하고 있는 법제도 내에서 시행해야 한다.

따라서 공익을 보호하기 위하여 규제가 요구되는 산업이나 개인에게 적용할 구체적인 규제 조치를 결정할 때에는 첫째, 무슨 법규에 근거하여 정부가 이들의 활동을 규제할 것인지를 고려해야 하고, 둘째, 규제대상으로 분류하는 이유를 규명해야 하며, 마지막으로 정부가 규제대상의 활동을 어느 선에서 적절히 규제할 것인지에 대해, 즉 규제 정도를 결정하여야 한다(Phillips, 1969: 45). 이들 결정은 바로 규제의 법적 근거를 바탕으로 고려해야 하는 것으로서 성문법이 명시하는 규칙이나 규범 내에서 그리고 성문법이 표방하고 있는 취지에 부합하도록 운영해야 한다는 점을 강조하는 것이다.

### 1) 헌법

헌법 제119조 1항은 "대한민국의 경제질서는 개인과 기업의 경제상의 자유와 창의를 존중함을 기본으로 한다."라고 명시하여 시장경제의 원칙을 선언하고 있다. 동시에 제2항은 "국가는 균형 있는 국민경제의 성장 및 안정과 적정한 소득의 분배를 유지하고, 시장의 지배와 경제력의 남용을 방지하며, 경제주체 간의 조화를 통한 경제의 민주화를 위하여 경제에 관한 규제와 조정을 할 수 있다."라고 명시하여 정부가 경제를 규제·조정할 수 있는 법적 근거를 제시하고, 규제의 규범적 목적을 구체적으로 설정하고 있다. 따라서 헌법상의 경제질서는 전체적으로 볼 때, 자본주의를 근간으로 하여 정부개입을 인정하고 있는 혼합경제를 중심으로 유지·운영하고 있다.

#### (1) 경제질서의 기본 성격

한국의 경제질서는 사유재산제를 바탕으로 하여 자유경쟁을 존중하는 자본주의 시장경제 질서를 기본으로 하고 있다. 다만 시장의 공정한 경쟁을 위해 시장지배력과 경제력의 남용을 방지하고, 균형적인 경제성장과 경제안정을 도모하며, 공평한 소득분배를 유지하는 한편, 사회정의와 경제민주화의 실현이라는 목적을 달성하기 위해 국가가 규제와 조정을 통해 민간경제에 개입하는 것을 인정하고 있다. 이처럼 한국의 경제 질서를 혼합경제로 규정하고 있는 기본적인 원칙으로는 사유재산제의 보장, 시장경제의 원칙, 사회정의와 경제민주화의 지향 등을 제시할 수 있으며(권영성, 2009: 167-170), 이러한 기본적 틀 안에서 정부는 민간부문을 규제할 수 있는 권한을 부여받고 있다.

① 사유재산제의 보장

헌법은 제23조 1항에서 재산권을 보장하고, 제22조 2항에서는 지적 재산권까지 보장하고 있으므로 헌법에서 표방하고 있는 경제 질서는 전통적인 사유재산제를 바탕으로 하고 있다. 이러한 사유재산제는 단순히 재산권의 법적 보장만을 의미하는 것이 아니라 헌법의 전체적 성격을 나타내는 것이라고 할 수 있다. 그러나 제23조 1항 후단에서는 "재산권의 내용과 한계는 법률로 정한다."라고 규정하고 있으며, 제2항에서는 "재산권의 행사는 공공복리에 적합하도록 하여야 한다."라고 규정하고 있다. 뿐만 아니라, 제122조에서는 "…국토의 효율적이고 균형 있는 이용·개발과 보전을 위하여…그에 관한 필요한 제한과 의무를 과할 수 있다."라고 규정함으로써 법치주의에 입각한 재산권의 사회적 구속성을 인정하고 있다. 또한 공익의 추구를 위해 제한과 의무를 과할 수 있는 법적 정당성을 제시하고 있으며, 나아가 '토지공개념'의 도입까지도 가능하다는 점을 시사하고 있다.

② 경쟁적 시장경제의 채택

헌법은 전문(前文)에서 "…정치·경제·사회·문화의 모든 영역에서 각 인의 기회를 균등히 하고, 능력을 최고도로 발휘하게 하며…"라고 규정하고 있고, 제119조 1항에서는 "대한민국의 경제 질서는 개인과 기업의 경제상의 자유와 창의를 존중함을 기본으로 한다."라고 규정하고 있으며, 제15조에서는 직업선택의 자유를 규정함으로써 한국의 경제 질서가 자유경쟁을 중심으로 한 시장경제를 기반으로 하고 있다는 사실을 명백히 하고 있다. 그러나 제32조에서는 근로자의 적정임금의 보장과 최저임금제의 실시, 근로조건 기준의 인간 존엄성에의 합치·여자와 연소자의 근로의 특별보호 등을 규정하고, 제33조에서는 근로자를 위한 근로 3권을 보장하며, 제35조 제1항에서는 국민(기업주)의 환경보전 의무를 규정함으로써 민간 경제주체의 자유로운 의사결정을 제한하고 있다. 더욱이 경제계획, 경제력 남용의 방지, 무역의 규제와 조정, 소비자 보호 등을 규정함으로써 시장경제 질서의 폐단을 시정하기 위하여 정부가 민간경제에 개입할 수 있도록 하고 있다.

③ 사회정의와 경제민주화의 지향

헌법 제119조 2항은 "국가는 균형 있는 국민경제의 성장 및 안정과 적정한 소득의 분배를 유지하고, 시장의 지배와 경제력의 남용을 방지하며, 경제주체 간의 조화를 통한 경제의 민주화를 위하여 경제에 관한 규제와 조정을 할 수 있다."라고 규정함으로써 한국의 경제 질서가 사회정의와 경제민주화를 지향하고 있다는 점을 강조하고 있다. 여기에서 사회정의란 모든 국민이 사회의 일원으로서 생활을 영위하는 데 기본이 되는 수요를 충족시키는 것을 의미하는 것이며, 그 목표는 생산의 합리화와 분배의 공정을 통해 모든 국민이 빈곤으로부터 자유롭고 인격이 존중되는 사회를 실현하는 데 두고 있다. 한편 경제민주화는 경제활동에 관한 의사결정권이 한 곳에 집중되지 않고 분산됨으로써 경제주체 간에 견제와 균형이 이루어지도록 하고, 시장이 정상적으로 작용할 수 있는 상태를 말한다. 헌법에 규정하고 있는 경제민주화의 주된 내용으로는 민주적인 노조·농민조직·소비자조직의 결성, 실질적인 기업공개와 주식분산, 독과점 및 경제력 집중의 규제, 금융 자율화, 경제계획의 신축성과 유연성 등을 들 수 있다.

**(2) 규제의 헌법적 인정**

헌법이 규정하고 있는 경제 질서의 기본적인 틀 안에서 규제를 시행하는 데 법적 근거를 제공하고 있는 요소로서 다음과 같은 열 가지를 제시할 수 있다(권영성, 2009: 167-170). 이들 요소는 경제 질서의 기본적 성격에 부합하는 것으로서 이들 요소가 제시하는 정신과 취지에 부합하는 규제를 시행해야 한다.

① 국토의 이용·개발과 토지소유권의 제한

헌법 제122조는 “국가는 국민 모두의 생산 및 생활의 기반이 되는 국토의 효율적이고 균형 있는 이용·개발과 보전을 위하여 법률이 정하는 바에 의하여 그에 관한 필요한 제한과 의무를 과할 수 있다.”라고 규정하고 있다. 국토는 공익을 위한 자원이면서 동시에 국민생활의 공동 기반이 이므로 합리적이고 효율적으로 이용·관리해야 한다. 한국은 국토에 비하여 인구밀도가 높고, 토지의 한정성으로 인해 수요의 증가에 따라 그 공급을 늘릴 수 없으므로 국토를 합리적으로 관리해야 하기 때문이다. 이처럼 국토는 모든 국민과 후손이 함께 혜택을 누리면서 살아야 할 생활터전인 만큼 개인의 자유로운 의사결정에 따라 이용 또는 처분하는 것이 사회적으로 바람직하지 않으므로 이를 적절하게 관리할 수 있는 규제가 요청되고 있다.

이에 따라 국토의 이용·개발과 관련하여 소위 ‘토지공개념’을 도입하여 이를 제도화하여 제한된 토지를 효율적으로 이용·관리할 수 있는 방안들을 시행해 오고 있다. 토지의 공개념은 토지는 그 소유자가 누구이든지 간에 국민 모두의 공공복리를 위해 가장 효율적으로 이용해야 하므로 국가가 토지의 기능, 적성 또는 위치에 따라 적절하게 규제하지 않으면 아니 된다는 원칙이다. 토지공개념의 실정법적 근거로는 헌법 제23조 2항, 제119조 2항, 제120조 2항, 제122조 등을 제시할 수 있다. 한국에서 토지

공개념의 실현방법으로 토지에 대한 사적 소유권을 인정하면서도, 공공복리를 위해서 소유권의 행사를 제약하고 있다.

토지공개념과 관련한 법으로는 부동산 투기 열풍을 억제하기 위해 노는 땅의 가격상승분에 최대 50%의 세금을 부과하는 토지초과이득세법, 특별시와 광역시에서 개인 택지를 200평으로 제한해 초과한 땅에 대해 부담금을 물리는 택지소유상한제, 택지·관광단지 조성 등 토지공개념 관련 법률 3개를 제정했다. 그러나 토지초과이득세법은 미실현 수익에 대한 과세라는 이유로, 택지초과소유부담금제는 국민 재산권을 침해한다는 이유로 각각 위헌 및 헌법불합치 판결을 받아 폐지됐다. 토지공개념을 토대로 만든 주요 법률들이 폐지되었지만 그 정신은 시행중인 제도 속에 일부 반영되어 있다. 그 대표적인 것으로 거래 제한(토지거래허가제), 무거운 세금(종합부동산세), 각종 개발 제한(그린벨트) 등이 있다.

② 자연자원의 부분적 사회화

헌법 제120조 1항은 "광물 기타 중요한 지하자원·수산자원·수력과 경제상 이용할 수 있는 자연력은 법률이 정하는 바에 의하여 일정한 기간 그 채취·개발 또는 이용을 특허할 수 있다."라고 하여 자연자원의 사회화를 전제로 한 특허를 규정하고 있다. 여기에서 사회화라 함은 공법적 수단에 의하여 개인이 소유하고 있는 재산 일반을 국유화 또는 공유화하거나 소유권의 성질이나 내용을 변경하는 것을 말한다. 사회화는 재산권의 소유자를 변경하는 것을 의미하기 때문에 근로자의 공동결정권이나 기업경영 참가권은 사회화라고 볼 수 없다. 사회화는 개인소유의 재산 일반을 그 대상으로 하는 것이므로 개인 소유의 특정 재산을 대상으로 하는 공용징수와도 구별된다.

사회화의 대상은 부분적인 생산수단에 대해서만 인정되고 모든 생산수단에 대한 전면적인 사회화는 허용되지 않는다. 왜냐하면 전면적인 사회화는 사유재산제를 완전히 부정하는 것을 의미하기 때문이다. 사회화의 대상은 광물 기타 중요한 지하자원·수산자원·수력과 경제상 이용할 수 있는 그 밖의 자연력이라 할 수 있는데, 여기에서 그 밖의 이용할 수 있는 자연력에서는 농지·산지·택지 등과 같은 자원이 해당된다.

③ 기업의 국민화

최근에는 민주국가에서도 재산권의 사회적 구속성과 함께 기업(인)의 사회적 사명 및 책임성이 요청되고 있다. 이는 기업의 유지 및 발전이 기업인 개인의 노력만으로 가능한 것이 아니라 근로자와 그 밖의 국민의 희생과 협조가 있어야 가능하다는 논리에 근거를 두고 있다. 기업이윤의 사회적 환원과 경제적 기능의 합리화를 목표로 제정된 자본시장 육성에 관한 법률 등이 이와 같은 기업의 국민화를 잘 대변해 주고 있다. 이에 관한 입법으로는 자본시장과 금융투자업에 관한 법률(자본시장통합법)로서 동법 제11조에서는 무인가 영업행위를 금지하고, 제12조에서는 금융투자업의 인가에 관한 사항을 규정하고 있다.

또한 헌법 제126조는 '국방상 또는 국민경제상 간절한 필요로 인하여 법률이 정한 경우를 제외하고는, 사영기업을 국유 또는 공유로 이전하거나 그 경영을 통제 또는 관리할 수 없다.'라고 함으로써 예외적으로 법률에 의한 사영기업의 국유화 또는 공유화는 물론 기업의 경영통제 또는 관리도 가능하다는 것을 우회적으로 규정하고 있다.

④ 경제계획

민주국가에서 운영할 수 있는 경제계획은 부분적 경제계획과 총체적 경제계획 두 가지로 분류할 수 있다. 우리 헌법에서 부분적 경제계획은 제120조 2항의 "국가는 그 (국토와 자원의) 균형 있는 개발과 이용을 위하여 필요한 계획을 수립한다."와 제123조 1항의 "국가는…농어촌 종합개발과 그 지원 등 필요한 계획을 수립·시행하여야 한다."라고 하는 규정에 의거하여 수립하는 경제계획을 말한다. 이에 관한 입법으로는 국토기본법, 국토의 계획 및 이용에 관한 법률, 도시개발법, 택지개발촉진법, 도시 및 주거환경 정비법 등이 있다. 국토기본법 제3조에서는 국가 및 지방자치단체의 특성에 맞는 국토여건을 조성하도록 하여 국토의 균형 있는 발전을 위한 법규를 마련했다. 또한 도시개발법 제3조는 계획적인 도시개발을 위한 도시개발구역의 지정 등에 대한 법규를 통하여 경제의 계획적인 개발을 추구한다.

한편 총체적 경제계획에 관한 헌법적 근거는 "경제에 관한 규제와 조정을 할 수 있다."라고 규정한 제119조 2항에서 찾을 수 있다. 여하튼 이들 경제계획은 경쟁의 자유를 제한하고 평등의 원칙을 위배(특정 기업에 대한 차관의 지불보증, 금융지원, 세제지원 등의 행위)하는 것을 의미하는 것으로서 헌법이 보장하는 개인의 경제적 자유와 충돌하는 것이므로 합리적인 범위를 벗어나지 않는 한도 내에서 운영해야 한다.

⑤ 경제력 남용의 방지와 무역의 규제·조정

헌법은 제119조 2항에서 "시장의 지배와 경제력의 남용을 방지하며"라고 규정함으로써 독과점 등에 의한 시장지배력 및 경제력 남용을 규제·조정할 수 있도록 하고 있다. 그 동안 한국은 경제성장과 수출증대를 위주로 한 경제정책을 수립·운영하여 온 결과 소수의 대기업이 전체 경제력의 상당한 부분을 차지해 왔고, 독과점 기업의 이기적인 이윤 추구와 시장지배, 재무구조의 악화 등이 사회의 문제점으로 지적되어 왔다.

현행 헌법은 경제성장에 따르는 부의 편중과 소득분배의 불균형을 시정하고, 자원의 효율적 배분을 도모한다. 또 기업 간의 공정한 경쟁을 촉진하고, 경쟁을 통한 효율성을 제고하기 위하여 헌법 제119조 2항에 독과점적 시장지배력과 경제력 남용을 방지하기 위한 규제 조항을 신설하였다. 이에 관한 일반법으로서는 '독점규제 및 공정거래에 관한 법률'이 있다. 또한 한국은 경제적 후진성에서 오는 국제수지의 역조 현상을 극복하고 외환관리의 중요성을 인식하여 대외무역을 효과적으로 관리하기 위하여 헌법 제125조에 "국가는 대외무역을 육성하며, 이를 규제·조정할 수 있다."라고 규정하고 있다. 이에 관한 일반법으로 대외무역법이 있다. 대외무역법 제5조에서는 무역에 관한 제한 등 특별조치에 관한 사항을 규정함으로써, 일정한 경우에 한하여 대통령령으로 정하는 바에 따라 물품 등의 수출과 수입을 제한하거나 금지할 수 있도록 하였다

⑥ 중소기업의 보호 육성

헌법 제123조 3항에서는 "국가는 중소기업을 보호·육성하여야 한다."라고 하는 중소기업 보호·육성 조항을 신설하였다. 중소기업이 제조업 부문의 고용효과를 증대할 수 있고 자본 형성에 기여할 수 있다는 점을 고려해 볼 때, 한국의 산업구조에서 중소기업이 큰 비중을 차지하고 있을 뿐만 아니라 국민의 경제생활에 미치는 영향도 크다고 할 수 있다. 그 동안 정부 주도로 수행해 온 일관된 경제정책은 대기업 위주로 이루어져 왔고 대기업은 중소기업의 희생 위에 성장하여 왔다고 하여도 과언이 아닐 것이다. 결과적으로 중산층과 서민대중의 고용기회를 창출할 수 있는 중소기업은 존립의 기반이 약화될 수밖에 없었고, 대기업 자체도 그 기반이 되어야 할 중소기업의 취약성으로 인하여 국가 전체의 산업구조가 약화될 수밖에 없었다. 이에 따라 기술 도입의 낙후와 시설근대화의 지연, 자금 압박 등 여러 가지 문제점을 안고 있는 중소기업을 보호·육성하는 조치를 강구하지 않으면 안 되는 상황에 이르게 되었다. 이에 관한 입법으로는 지역균형개발 및 지방중소기업 육성에 관한 법률, 중소기업협동조합법 등이 있다.

⑦ 소비자 보호

헌법 제124조는 "국가는 건전한 소비행위를 계도하고 생산품의 품질향상을 촉구하기 위한 소비자 보호운동을 법률이 정하는 바에 의하여 보장한다."라고 규정하여 소비자 보호운동을 보장하는 조항을 두고 있다. 소비자가 인간다운 생활을 영위하기 위해서는 공정한 가격으로 우수한 품질의 재화와 서비스를 적절한 유통과정을 통해 신속히 구입할 수 있어야 한다. 이러한 소비자의 권익을 보호하기 위해서는 독과점 기업의 횡포가 시정되어야 하고, 적정한 가격과 공정한 거래를 위한 제반 조치가 강구되어야 하며, 소비자의 의견이 소비자를 보호하기 위한 행정에 수시로 반영되어야 할 것이다.

소비자 보호를 위한 일반법으로는 소비자기본법, 부정경쟁방지 및 영업비밀보호에 관한 법률, 계량에 관한 법률, 공산품안전관리법, 식품위생법 등이 있다. 소비자기본법 제8조의 경우 사업자가 소비자에게 제공하는 물품 등으로 인한 소비자의 생명·신체 또는 재산에 대한 위해 방지 법규를 통하여 소비자를 보호하도록 하였다

⑧ 농·어촌 개발 및 농·어민의 이익 보호

헌법 제123조 1항은 "국가는 농업 및 어업을 보호·육성하기 위하여 농·어촌 종합개발과 그 지원 등 필요한 계획을 수립·시행하여야 한다."라고 규정하고 있다. 농민·어민이 건재해야 국민경제도 건전할 수 있다는 전제 아래, 농·어민의 이익을 보호하기 위하여 농·어촌 종합개발계획을 수립하여 계획적 목표를 달성하는 데 필요한 지원책을 강구하고, 이를 실천할 수 있는 법적 근거를 마련하고 있다. 이와 관련한 법으로는 농어촌정비법이 있다. 또한 헌법 제123조 4항은 "국가는 농수산물의 수급 균형과 유통구조의 개선에 노력하여 가격안정을 도모함으로써 농·어민의 이익을 보호한다."라고 규정하여 농산물과 수산물의 합리적인 유통과정을 마련하여 농·어민의 이익을 보호할 수 있는 장치를 마련·시행하도록 하고 있다. 이에 관련한 법률로는 농수산물유통 및 가격안정에 관한 법률이 있다.

⑨ 국가표준제도의 확립

헌법은 제127조 2항에서 "국가는 국가표준제도를 확립한다."라고 규정하여 국가표준제도 조항을 두고 있다. 이 국가표준제도 조항은 도량형·시간 등 각종 계측의 표준을 명확히 설정하고, 이를 범국민적으로 준수하도록 함으로써 과학의 진흥과 기술의 혁신, 공정거래의 보장, 국제교역의 확대, 공업의 발전을 도모하려고 하고 있다. 이에 관한 부분적인 법률로서는 건축법 등이 있다.

⑩ 과학기술 혁신과 정보 · 인력개발

헌법은 한국의 국민경제의 발전을 계속 추진하기 위해서는 과학기술이 기반이 된다는 것을 인식하여 이에 대한 지속적인 발전 노력이 필요하다는 사실을 강조하고 있다. 이러한 점에서 헌법 제127조 1항에서는 "국가는 과학기술의 혁신과 정보 및 인력의 개발을 통하여 국민경제의 발전에 노력하여야 한다."는 조항을 설정하여 과학기술의 혁신과 정보 및 인력의 개발을 위한 정부 지원을 지속할 것을 천명하고 있다. 이에 관한 법률로는 과학기술기본법이 있다.

### (3) 규제의 헌법적 한계

민주주의 국가에서 국가가 민간의 경제적 활동에 개입하는 데는 법적 한계가 따르기 마련이다. 따라서 국가가 규제와 조정을 통하여 어느 정도 민간경제에 개입하도록 허용할 것인지 하는 문제는 헌법과 경제의 기본 구조 간의 관계에서 제기하는 것이라고 할 수 있다(박윤흔 · 정형근, 2009: 611-612).

첫째, 헌법은 제23조에서 사유재산권을 보장하고, 제119조 제1항에서 "대한민국의 경제 질서는 개인과 기업의 경제상의 자유와 창의를 존중함을 기본으로 한다."고 규정하여 한국의 경제는 자본주의 경제를 기반으로 운영되고 있다는 사실을 밝히고 있다. 그러나 헌법 제37조에 '국민의 자유와 권리의 필요적 제한'을 규정하여 "국민의 모든 자유와 권리는 국가 안전보장 · 질서 유지 또는 공공복리를 위하여 필요한 경우에 법률로써 제한할 수 있으며, 제한하는 경우에도 자유와 권리의 본질적인 내용을 침해할 수 없다."라고 규정하고 있다. 이것은 국가가 국민의 기본권을 침해하지 않는 한도 내에서 개인과 기업의 자유와 권리를 제한할 수 있도록 하여 이들 민간 경제주체의 활동에 개입할 수 있는 여지를 남겨두고 있는 것이다.

또한 제119조 2항에서 "국가는 균형 있는 국민경제의 성장 및 안정과 적정한 소득의 분배를 유지하고, 시장의 지배와 경제력의 남용을 방지하며, 경제주체 간의 조화를 통한 경제의 민주화를 위하여 경제에 관한 규제와 조정을 할 수 있다."고 규정하고 있다. 이는 한국의 경제 질서는 자본주의 경제체제를 근간으로 자본주의 경제체제의 모순과 부조리가 나타나는 경우에 민간 경제주체의 경제활동에 대한 정부의 개입을 인정하는 혼합경제로 운영되고 있다는 사실을 제시하고 있다. 따라서 이러한 원칙의 범위 안에서 어떤 내용의 규제를 시행할 것인지 하는 문제를 결정해야 할 것이다.

둘째, 규제가 헌법상 광범위하게 허용되어 있다는 것은 규제행정이 행정권의 자의에 맡겨져 실시될 수 있다는 것을 의미하는 것은 아니다. 규제가 시민사회의 자율질서에 인위적으로 간섭하는 것이라고 볼 때, 이것이 시행과정에서 관계인에 따라 불규칙적으로 영향을 미쳐 그 이익을 침해하는 일이 있어서는 안 될 것이므로 규제행정은 객관적인 법규를 마련하여 이에 따라 시행해야 할 것이다. 그러나 종래의 행정 현실에 비추어 보면, 규제 특히 비권력적 수단에 의한 개입이 법률에 근거하여 행하여지는 경우는 드물고, 대부분의 경우는 법의 통제 밖에서 이루어지고 있는 사실상의 활동으로 방치되어 왔다. 규제행정 특히 비권력 수단에 의한 규제의 중요성이 현저히 증대된 오늘날에는 규제행정을 구속할 수 있는 새로운 법원칙의 형성이 긴요한 과제 중의 하나라고 할 수 있다(박윤흔 · 정형근, 2009: 416-417).

위에서 논의한 것처럼 경제에 대한 정부의 규제 및 조정은 화폐경제, 자유경쟁, 계약의 자유 등 자본주의 시장 경제 질서의 근간을 형성하고 있는 사적 가치의 기본을 유지할 수 있는 한도 내에서 이루어져야 한다. 그리고 경제에 관한 규제와 조정은 법치국가적 절차에 따라 행해져야 하며, 개인의 재산권을 침해할 경우에는 사회적 이익과 조화를 이룰 수 있도록 필요한 한도 내에서 시행해야 하며, 또한 보상을 전제로 해야 한다(권영성, 2009: 167-170).

### 2) 국회 입법

국회 입법의 원칙에 의하여 규제행정의 직접적 법원인 행정법은 법률의 형식으로 정해지며, 헌법 다음으로 중요한 법원이 되고 있다. 오늘날 기본법, 관리법, 기금법, 촉진법, 진흥법 등의 이름을 가진 국회 입법이 제정되고 있는데, 이들은 해당 분야에 관한 국가정책이나 시책의 방침을 명시한 것이다. 기본법, 관리법, 촉진법 등도 그 형식이 법률이므로 형식적으로 그 효력은 통상의 법률과 차이가 없다.

대표적인 국회 입법을 예로 보면, 사립학교법, 국가기술자격법, 신문 등의 자유와 기능보장에 관한 법률, 공연법(公演法), 저작권법, 방송법, 부동산가격공시 및 감정평가에 관한 법률, 임대주택건설촉진법, 건축법, 집합(集合)건물의 소유 및 관리에 관한 법률, 외국인토지법, 이자제한법, 부정수표단속법, 식품위생법, 의료법, 의료기사 등에 관한 법률, 약사법, 국민연금법, 노동위원회법, 근로기준법, 최저임금법, 산업안전보건법, 공인노무사법, 산업재해보상보험법, 남녀고용 평등과 일 · 가정 양립지원에 관한 법률, 장애인고용촉진 및 직업재활법, 독점규제 및 공정거래에 관한 법률, 물가안정에 관한 법률, 하도급거래 공정화에 관한 법률, 소비자기본법, 주식회사의 외부감사에 관한 법률, 한국은행법, 은행법, 중소기업기본법, 국세기본법, 국세징수법, 부가가치세법, 교육세법, 조세범처벌법, 산업표준화법, 염관리법, 저작권법, 청소년기본법,

국토의 계획 및 이용에 관한 법률, 공중위생관리법, 국민건강보험법, 근로자직업훈련촉진법, 농업·농촌기본법, 농지법, 공업배치 및 공장설립에 관한 법률 등 다양하다.

규제와 관련된 법규 중 토지관련 규제입법의 예를 들면 개발제한구역의 지정 및 관리에 관한 특별조치법 제3조(개발제한구역), 건축법 제11조(건축허가, 착공제한지역), 경제자유구역의 지정 및 운영에 관한 특별법 제4조(경제자유구역), 고도보존에 관한 특별법 제8조(특별보존지구, 역사문화환경지구), 고속국도법 제8조(접도구역), 골재채취법 제34조, 제22조(골재채취단지, 골재채취금지구역), 보금자리주택건설 등에 관한 특별법 제5조(국민임대주택단지예정지구), 국토의 계획 및 이용에 관한 법률 제2조 제7호(도시계획시설부지), 국토의 계획 및 이용에 관한 법률 제36조(도시지역, 관리지역, 농림지역, 자연환경보전지역 등), 국토의 계획 및 이용에 관한 법률 제37조(경관지구, 미관지구, 고도지구, 방화지구 등), 국토의 계획 및 이용에 관한 법률 제63조(개발행위허가제한지역), 군사기지 및 군사시설 보호법 제4조, 제5조(군사시설 및 군사시설 보호구역, 통제보호구역, 제한보호구역, 대공방어협조구역, 비행안전구역), 기업도시개발특별법 제5조(기업도시개발구역), 도로법 제25조(도로구역), 도시개발법 제3조(도시개발구역), 도시 및 주거환경정비법 제4조(정비구역), 산업입지 및 개발에 관한 법률 제2조, 수도권정비계획법 제6조(과밀억제권역, 성장관리권역, 자연보전권역), 해외산업단지의 개발: 산업집적활성화 및 공장설립에 관한 법률 제35조의 2(해외산업단지의 개발), 자연공원법 제18조(용도지구(공원자연보존지구/환경지구/마을지구, 공원밀집마을지구, 공원집단시설지구)), 주차장법 제12조(노외주차장설치제한지역), 지역균형개발 및 지방중소기업 육성에 관한 법률 제9조, 제26조의 3(개발촉진지구, 특정지역), 지역특화발전특구에 대한 규제특례법 제9조(지역특화발전특구), 택지개발촉진법 제3조(택지개발지구), 토양환경보전법 제17조(토양보전대책지역), 공공기관 지방이전에 따른 혁신도시 건설 및 지원에 관한 특별법 제7조(혁신도시개발예정지구), 학교보건법 제5조(학교환경위생정화구역), 재해위험 개선 사업 및 이주대책에 관한 특별법 제6조(재해위험 개선사업지구) 등이 있다.

### 3) 행정입법

행정입법이라 함은 행정권에 의하여 정립되는 법을 총칭하는 것으로서 조약과 자치입법은 제외된다. 행정 입법에는 대통령의 긴급조치, 대통령령, 총리령과 부령, 중앙선거관리위원회규칙 및 감사원규칙이 있지만, 기업이나 개인의 경제적 활동에 적용되는 것으로서는 대통령령, 총리령 및 각종 부령이 있다. 현행법에서는 국무총리 소속기관은 비록 그 장이 국무위원으로 보하여지더라도 행정 각부가 아니므로 부령에 해당하는 명령을 발할 수 없다. 이들 기관의 업무에 관한 사항은 총리령으로 정하여지는 것이 관례이다. 다만 공정거래위원회는 불공정 거래행위 지정처럼 '지정'이라는 이름으로 명령에 가까운 행정명령을 발할 수 있을 뿐이다.

헌법에는 국민의 권리와 의무에 관한 사항은 물론 기타 많은 사항이 법률 사항으로 되어 있기는 하지만, 오늘날은 행정의 양적 확대와 질적 고도화에 따라 입법사무도 능률적 분배가 요청되어 법률은 대강만을 정하고 세부적 규정은 시행령과 규정이란 이름으로 대통령령으로, 규칙이란 이름으로 부령으로 명령에 위임하는 경우가 많으므로 명령이 법원으로서의 중요성이 증대되고 있다. 더욱이 현행 헌법은 대통령의 긴급조치권을 인정하여 명령의 중요성을 더욱 크게 하고 있다.

대통령령으로 정해지는 행정입법은 주로 긴급명령, 시행령 또는 규정이란 이름으로 정해지며, 이에 대한 대표적인 예로서 경제교육지원법시행령, 경제개발특별회계법시행령, 대외경제협력기금법시행령, 국토녹화촉진에관한임시조치법시행령, 도로교통법시행령, 교통안전법시행령, 해상교통안전법시행령, 대외무역법시행령, 자유무역협정 체결에 따른 무역조정 지원에 관한 법률시행령, 대한무역투자진흥공사법시행령, 물가안정에 관한 법률시행령, 경제의 안정과 성장에 관한 긴급명령, 국토의 계획 및 이용에 관한 법률시행령, 근로기준법시행령, 이자제한법 제2조제1항의 최고이자율에 관한 규정, 염관리법시행령 등이 있다.

규제입법과 관련하여 국회입법과 행정입법의 관련성을 비교하여 나열하였다. 예를 들면 다음과 같다(법률, 시행령, 시행규칙 순).

(1) 개발제한구역의 지정 및 관리에 관한 특별조치법
- 개발제한구역의 지정 및 관리에 관한 특별조치법 제3조(개발제한구역의 지정 등)
- 개발제한구역의 지정 및 관리에 관한 특별조치법 시행령 제2조(개발제한구역의 지정 및 해제의 기준)
- 개발제한구역의 지정 및 관리에 관한 특별조치법 시행규칙 제3조(환경성 검토)

(2) 자본시장과 금융투자업에 관한 법률
- 자본시장과 금융투자업에 관한 법률 제11조(무인가 영업행위 금지)
- 자본시장과 금융투자업에 관한 법률 시행령 제7조(금융투자업의 적용배제)
- 자본시장과 금융투자업에 관한 법률 시행규칙 제31조(투자자예탁증권등 반환등의 제한)

(3) 국토의 계획 및 이용에 관한 법률
- 국토의 계획 및 이용에 관한 법률 제37조(용도지구의 지정)
- 국토의 계획 및 이용에 관한 법률 시행령 제5조(다른 법률에 의한 토지이용에 관한 구역등의 지정 제한 등)
- 국토의 계획 및 이용에 관한 법률 시행규칙 제5조(항만구역등 지정통보)

(4) 도시개발법
- 도시개발법 제3조(도시개발구역의 지정 등)
- 도시개발법 시행령 제2조(도시개발구역의 지정대상지역 및 규모)
- 도시개발법 시행규칙 제3조(도시개발구역의 지정기준)

(5) 독점규제 및 공정거래에 관한 법률
- 독점규제 및 공정거래에 관한 법률 제3조의2(시장지배적지위의 남용금지)
- 독점규제 및 공정거래에 관한 법률 시행령 제16조의4(금융지주회사의 자회사주식 소유제한)

(6) 국세징수법
- 국세징수법 제11조(납부기한의 지정)
- 국세징수법 시행령 제27조(제2차 납세의무자등에 대한 납부최고)
- 국세징수법 시행규칙 제2조(관허사업의 제한요구)

(7) 부가가치세법
- 부가가치세법 제3조(과세기간)
- 부가가치세법 시행령 제71조(재화의 수입에 대한 징수)
- 부가가치세법 시행규칙 제9조의3(영세율이 적용되는 재화 또는 용역)

(8) 소비자보호법
- 소비자보호법 제8조(위해의 방지), 제9조(계량 및 규격의 적정화)
- 소비자기본법 시행령 제7조(소비자피해구제기구의 설치)

(9) 최저임금법
- 최저임금법 제5조(최저임금액)
- 최저임금법 시행령 제3조(수습 사용 중에 있는 자 등에 대한 최저임금액)
- 최저임금법 시행규칙 제2조(최저임금의 적용을 위한 임금의 범위)

(10) 남녀고용평등과 일 · 가정 양립 지원에 관한 법률

· 남녀고용평등과 일 · 가정 양립 지원에 관한 법률 제12조(직장 내 성희롱의 금지)
· 남녀고용평등과 일 · 가정 양립 지원에 관한 법률 시행령 제3조(직장 내 성희롱 예방 교육)
· 남녀고용평등과 일 · 가정 양립 지원에 관한 법률 시행규칙 제2조(직장 내 성희롱 판단기준의 예시)

### 4) 자치입법

중앙 정부로부터 행정 권한을 이양받은 지방자치단체는 그 지역의 실정에 맞게 사무를 처리하기 위하여 각 지방에 적용할 규제를 지방자치단체 스스로 결정 · 집행할 수 있다. 이 때 지방자치단체에서 행하는 입법과정을 거쳐 만든 법률을 자치입법이라고 한다. 자치 입법은 법령의 범위 안에서 제정하는 자치에 관한 성문법으로서 자주법이라고도 한다. 자주법은 지방자치단체의 자치권에 근거하여 정립되고 당해 지방자치단체의 구역 안에서만 유효하며, 지방자치단체의 독자적인 법체계를 구성한다.

자치 입법은 조례와 규칙으로 구성되어 있다. 조례는 지방자치단체가 법령의 범위 안에서 지방의회의 의결을 거쳐 그 지방사무에 관하여 제정하는 법이다. 단, 시 · 군 및 자치구의 조례는 시 · 도의 조례나 규칙에 위반해서는 아니 되며 주민의 권리제한 또는 의무부과에 관한 사항이나 벌칙을 정할 때에는 법률의 위임이 있어야 한다. 규칙은 법령 또는 조례가 위임하는 범위 안에서 그 권한에 속하는 사무에 관하여 자치단체장이 제정하는 자치법규를 가리킨다.

지방자치단체에서 제정하는 조례와 규칙은 그 지역 주민들의 행태를 제한한다는 점에서 규제의 한 형태라고 할 수 있다. 지방의 실정에 맞는 규제를 시행할 수 있다는 점에서 지방사무의 효율성을 높이고 지역 주민들에게 직접적으로 복지혜택을 줄 수 있는 등 여러 가지 장점이 있다. 그러나 조례나 규칙이 지역 주민들에게 구체적인 영향을 미치는 만큼 불필요하고 과도한 규제는 지양해야 한다. 지역 주민생활의 세부적인 부분까지 제한함으로써 지역 주민의 복지 수준을 감소시키므로 오히려 부정적인 효과를 초래할 수 있기 때문이다. 따라서 자치입법을 제정하기 전에 새로운 입법사항에 대해 진정한 필요성을 충분히 검토해야 할 것이다. 또한 조례와 규칙이 시행된 후의 그 성과를 점검하고 그 시행과정 중에 제기되는 문제점은 없었는지에 대한 조사가 필요할 것이다.

## 2 불문법

행정은 행정주체의 자유재량을 대폭적으로 수용하기 마련이다. 또한 법률의 형식으로는 모든 사항에 대응할 수 없으므로 불문법이 성문법의 결함을 보완해 주는 법원으로 인정되고 있다. 불문법이란 성문법에 반대되는 개념으로서, 입법 기관의 일정 입법 절차에 따라 제정되는 과정을 거치지 않은 법률을 말한다. 따라서 불문법은 문서화 되지 않은 법률을 말하며 영미법계를 중심으로 인정되는 법률이다. 물론 한국에서도 불문법 체계를 인정하여 성문법을 보완하는 부수적인 역할을 하고 있다. 일반적으로 자연법, 관습법, 판례법, 조리 등이 그 예이다. 법령이 굳이 '사회정의에 따라', '적절한 범위 내에서', '최저한도', '관례에 따라' 라고 규정하고 있는 경우에 그 구체적인 의미는 이러한 불문법의 논리에 따라야 한다는 것을 뜻한다.

규제는 꼭 성문법처럼 명시화된 것은 아니다. 불문법의 성격을 활용하여 사회구성원들 간에 암묵적·자율적으로 지켜야 할 규제를 만들어서 과도한 규제를 줄이면서도 사회의 불필요한 갈등을 없애는, 법률로서 명시된 규제에 대하여 보완적인 역할을 수행하고 있다.

### 1) 자연법

자연법이란 인간의 본성, 이성, 자연 법칙에 의해 당위적인 성격을 지닌 법이다. 즉 민족, 사회, 시대를 초월하여 인간의 이성과 자연 순리에 의해 당연하다고 여겨지는 법을 말한다. 따라서 자연법은 보편적이고 항구적인 성격을 지녀서 시공간을 초월해 보편타당하다고 인정되는 법이다. 그러므로 자연법에는 상당히 도덕적인 요소가 강하다. 이성을 가진 사람이라면 도덕적으로 지켜야 할 윤리들이 자연법의 예라고 할 수 있다. 이에 따라 정부가 도덕적인 사항에 대해 일일이 규제하지 않아도 사회구성원 스스로가 지키는 규제들이 존재한다. 예를 들어 기업의 자율적인 윤리경영이나 일반 사회 구성원들이 살인이나 도둑질이 '악'이라고 인식하는 것 자체도 자연법적 규제라고 할 수 있다.

### 2) 관습법

관습법이란 말 그대로 선량한 풍속이나 사회질서에 어긋나지 않는 관습이 법적인 효력을 갖게 된 것을 말한다. 다시 말해 일정한 사회에서 그 구성원들에 의해 오랫동안 무의식적으로 반복해서 행해지던 행동양식이 그 구성원들 사이에 구속력을 얻어 법적인 효력을 가지는 것으로 확신된 규범을 의미한다(법무부, 2008: 31). 그러므로 정부가 명시적으로 행동을 규제하지 않아도 구성원들은 습관적으로 규제사항을 지켜 생활하는 경우가 있다. 따라서 관습법도 정부 규제의 일종이라고 할 수 있다.

#### 3) 판례법

판례법은 법원에서 법관이 행한 판결의 내용이나 취지가 반복적으로 여러 판결을 통해 확인된 경우 그 판결의 내용이나 취지가 법적인 효력을 가질 때를 말한다. 따라서 판결의 선례에 따라 그에 맞춰 사회 구성원이 법에 맞는 행동을 하게 되는 것이다. 판례법에서도 마찬가지로, 정부의 명시적인 규제사항 없이 판결의 선례에 따라 암묵적으로 사회 구성원에게 규제를 가하게 되므로 이것 역시 규제의 한 부분이라고 할 수 있다.

#### 4) 조리

조리는 대다수 사람이 건전한 상식으로 인정하는 생활원리로, 사회통념이란 말과 유사하다. 조리는 자연법과 달리 한 나라, 한 지역, 한 민족 등 사회적으로 보편타당한 판단기준이므로 시간, 공간, 국가, 민족마다 그 기준이 다르다. 그렇지만 한 공동체 사회에서는 사회통념 하에 행동하게 하는 일종의 규제적 역할을 수행한다.

## 제 3 절 | 규제입법의 형식

규제행정은 법의 테두리 안에서 수행되어야 하며, 이러한 이유로 정부가 시행하는 규제의 성격을 파악하기에 가장 좋은 방법은 규제의 시행에 법적 근거를 제공하는 법령을 주의 깊게 검토하는 것이다. 그 이유는 규제의 성격은 법령에 명시되어 있는 원칙이나 내용 또는 법규가 표방하고 있는 취지를 반영하여 결정되기 때문이다. 즉 법령에 제시되어 있는 내용들이, 규제기관이 수행해야 할 구체적 업무 및 달성해야 할 목적을 결정하고, 그 방법 또는 수단을 강구하는 데 영향을 미친다는 것이다. 이러한 규제 법령은 각기 다른 성격을 가지고 있지만 대부분의 법령은 공통적으로 다음과 같은 세 가지 부분으로 구성되어 있다(Stone, 1982: 15-19).

## 1 사전(예비적) 자료

규제입법은 대부분 법령에서 사용하고 있는 중요한 용어를 정의하는 부분으로 시작하고 있다. 예를 들어, 공정거래에 관련된 법령은 첫째, 법령에서 사용되고 있는 용어의 의미를 정확하게 전달하기 위하여 그 용어들을 구체적으로 설명하고 있다. 둘째, 법령은 평상적으로 같은 주제를 다루고 있는 이전의 법령과 어떤 관계에 있는지를 명시하는 규정을 포함하고 있다. 새로운 법령이 기존의 법령에 우선하는지 또는 그들과 조화를 이루고 있는지를 명시하고 있다. 마지막으로, 법령이 적용될 범위를 설정하고 있다. 대부분의 규제 법령은 자연인, 법인, 또는 다른 형태의 조직 등 어떤 대상에 적용되는지 밝히고 있다. 더욱이 법령은 법이 적용되고 있는 범주 안에 속하는 집단을 정의하고 있다. 예를 들어, 개별 기업, 법인, 기업집단, 또는 특정 거래에 참여하고 있는 기업을 제외한 기타 모든 기업에 적용되는지를 밝히고 있다. 때로는 법령의 적용범위가 활동에 근거하기보다 규모에 근거하여 명시하기도 하는데, 예를 들어, 자산이 1억원이 넘는 회사에만 적용한다든지 또는 고용원 100명 이상의 기업에만 적용한다든지 그 규모에 따라 적용범위를 정하는 것이다.

## 2 본질적 요건

규제입법의 핵심은 규제대상과 내용을 명시하고 관련 당사자가 수행해야 할 의무사항과 해서는 아니 될 금지사항을 규정하고, 이러한 사항을 이행하지 않을 때 부과될 벌칙을 규정하고 있는 부분이다. 거의 모든 법령에 포함되어 있는 이러한 부분은 간혹 그 의미에서 부정적인 것이어서 관련 경제주체의 자유로운 의사결정을 구속하고 재량적으로 선택할 수 없는 행위 또는 행태를 구체적으로 명시하고 있다. 예를 들어, 공정거래위원회의 관할에 속해 있는 모든 사업자, 기업집단 등 경제주체들이 경쟁을 저해하는 불공정 거래행위에 관여하는 것을 금지하고 있다. 이러한 금지적 용어는 관련 경제주체들에게 지시하는 의미로 표현되어 있고, 이 법에 적용되는 모든 당사자들이 불공정한 경쟁에 가담해서는 아니 된다고 구체화하거나 단순히 금지사항만을 규정하고 있는 경우도 있다. 후자의 경우 금지요건에 적용되는 집단들의 대상은 법의 처음 부분에 열거되어 있는 것이 보통이다.

또한 민간 경제주체의 재량권 행사에 대한 제한 규정이 형성적 혹은 조건적 의미로 규정되는 수도 있다. 첫 번째 경우는 법령에 적용되는 당사자가 어떤 행위를 하도록 요구하는 긍정적 규정이다. 예를 들어 섬유내용 표시법은 이 법규에 적용되는 의류제조업체 또는 기타 업체들이 생산하여 시판하는 상품에 섬유질의 내용을 설명하는 라벨을 부착할 것을 요구하고 있다. 둘째, 법령에 의하여 부과되는 재량권에 대한 제한이 조건부일 수 있는 경우이다. 한 법령에 적용되는 당사자에게 특정 행위를 수행하도록 요구하지 아니하는 대신 이행해야 할 다른 제한 규정이 부과되는 경우를 말한다.

## 3 예외규정과 이의신청

대부분의 규제입법은 관련 당사자가 법에 규정되어 있는 구체적 의무들을 이행하지 않을 때, 그 과실에 대해 책임을 면할 수 있는 예외규정과 이의신청할 수 있는 조항을 두고 있다. 예외와 이의신청 간의 차이가 실제적으로 분명하지 않은 경우도 있지만 개념적으로는 분명한 차이를 나타내고 있다. 예외는 활동의 성질에 따라 법령이 명시하고 있는 금지조항의 적용대상으로부터 제외될 수 있는 집단에게 적용되는 것이다. 예를 들어, 미국의 경우 주간상무법의 제22조는 연방정부, 주 또는 시정부의 재산을 운송하거나 빈곤한 사람 또는 자선기관의 재산을 운송하는 교통수단에 대하여 법령에서 규정하고 있는 요금 규제의 대상에서 제외시키고 있다.

이의신청은 법령에 명시된 금지조항을 위반한 것으로 간주된 행위에 대하여 행위자가 이에 대한 법적 정당성을 제시할 수 있는 기회를 제공하기 위한 것이다. 예를 들어, 미국의 로빈슨-패트먼(Robinson-Patman)법은 소비자들 간에 가격차별이 경쟁을 해롭게 하는 경우에 소비자에 따라 각기 다른 가격을 받는 가격차별 행위를 금지시키고 있다. 그러나 특정 행위가 금지사항을 위반한 것으로 적발된 경우에 행위자는 소비자에 따라 생산에 소요되는 비용에 차이가 발생한다는 것을 입증해 정당화시킴으로써 그 책임을 면할 수 있다. 법령은 이의신청 규정을 둠으로써 위반 요소가 증명되지만 피고발자로 하여금 그의 행위를 정당화시켜 그 책임을 면할 수 있는 기회를 허용하고 있다.

## 제 4 절 | 규제입법의 범위

### 1 법적 범위

규제기관에 의하여 제정·공포되어 집행되고 있는 규칙이나 명령도 국회입법인 법률과 마찬가지로 주체적 측면과 객체적 측면을 가지고 있다. 주체적 측면은 전형적으로 생산물이나 기업, 산업, 기업집단, 생산물의 유형, 장소나 지역 또는 시장, 수입 등과 같은 규제대상의 종류를 지칭하는 것이다. 객체적 측면은 이러한 주체의 규제되어야 할 행태·행위·기능을 가리키는 것으로서 가격 결정, 가격 표시, 작업장의 근로조건, 독점적 행위, 불공정 행위 등을 지칭한다.

경제적 규제에 법적 근거를 제공하는 개별 성문법은 많은 규정들로 구성되어 있으며, 각각의 규정은 법적 범위를 가지고 있고, 이들의 총체가 경제적 규제를 위한 개별 성문법의 법적 범위를 형성하는 것이다. 그러므로 성문법에 반영되어 있는 법적 범위가 명시하고 있는 영역에 해당되는 주체나 객체는 성문법의 영향권 내에서 규제되는 대상이라 할 수 있다. 예를 들어, 독점규제 및 공정거래에 관한 법률은 "사업자의 시장 지배적 지위의 남용과 과도한 경제력의 집중을 방지하고, 부당한 공동행위 및 불공정 거래행위를 규제하여 공정하고 자유로운 경쟁을 촉진함으로써 창의적인 기업활동을 조장하고 소비자를 보호함과 아울러 국민경제의 균형 있는 발전을 도모함"을 목적으로 하고 있다.

여기에서 '사업자'란 주체를 의미하고, 시장 지배적 지위의 남용을 시도하는 행위, 과도한 경제력 집중을 야기하는 행위, 부당한 공동행위 및 불공정 거래행위는 객체적 측면을 의미한다. 또한 주체적 측면의 '사업자'를 제조업, 전기·가스 및 수도 사업, 건설업, 도·소매업 및 음식·숙박업, 운수·창고 및 통신업, 금융·보험·부동산업, 사회 및 개인서비스업, 기타 대통령령이 정하는 사업 등으로 분류하여 상기의 업종에서 사업을 영위하는 자로 정의하여 주체 대상을 더욱 구체화시키고 있다.

이처럼 규제를 위한 법적 범위의 총체를 파악하기 위해서는 우선 국회의 입법행위로 만들어진 법률의 규정과 함께 규제업무 수행에 필요한 규칙의 성질을 고찰하여야 한다. 왜냐하면 규제업무를 수행하는 데 기본적으로 준거해야 할 기준이 규칙이기 때문이다. 따라서 규칙의 유형과 성질을 파악하면 규제적 범위에 관한 안목을 가질 수 있다.

규칙은 절차적 규칙, 해석적 규칙, 입법적 규칙 등 세 가지 유형으로 분류할 수 있다. 절차적 규칙은 규제기관이 법령에 의하여 부여된 업무를 수행하는 과정에서 지켜야 할 내부 운영 지침이나 기준을 말한다. 만약 규제기관이 절차상 지켜야 할 규칙을 준수하지 않았다면 규제기관의 행위에 하자가 있는 것으로 간주되어 그 효력을 상실하게 된다. 이러한 규칙은 규제기관의 업무 수행을 위한 내부운영규칙이라는 점에서 구분하기에 비교적 어려움이 없지만, 입법적 및 해석적 규칙을 정의하는 데는 많은 어려움이 따른다. 이에 따라 이 두 가지 유형의 규칙 간에 차이를 구분하는 것도 쉬운 일은 아니다. 그러나 문제는 두 가지의 규칙 중 어떤 부류에 속하는 것이냐에 따라서 법적 결론에 차이가 발생한다는 사실이다.

입법적 규칙은 당초에 입법부에 의해 구체적으로 지정된 사항이 규제기관에게 위임됨에 따라 규제업무 집행에 필요한 명령, 훈령, 예규, 고시, 지정 등의 형태로 제정·공포된 것을 말한다. 그러나 입법부가 구체적인 규칙제정권을 규제기관에게 위임함에 따라 규제기관이 입법적 규칙을 공포하게 되면, 입법부가 위임 또는 인정한 범위가 "구체적이든 아니든" 그 명시 정도에 관계없이 위임이나 인정된 범위 내에서 규제기관은 어느 정도의 재량권을 가지고 이를 집행할 수 있다. 실제로 입법적 규칙이 어떤 근거에 의하여 집행되는지에 관계없이 이들의 법적 효력은 법규에 버금간다. 이러한 규칙들이 효력을 발생하는 데 있어서 법규로서의 효력과 법 집행력을 부여받게 됨으로써 사법부도 규칙의 정신을 자의적인 판단으로 변경해서는 안 된다.

한편 해석적 규칙은 단지 규제기관에 의한 법규의 해석에 불과한 것이다. 해석적 규칙은 법규를 보완·대체할 수는 없지만 집행방법을 마련할 경우 입법부의 인정을 필요로 하거나 입법부에 의하여 구속되지는 않는다. 다만 규칙상의 원칙이나 집행 상에 문제점이 발견될 때에는 법원의 판결이나 입법부의 문책 및 시정 요구를 받게 된다.

입법적 및 해석적 규칙의 양분화로 인하여 제기되는 문제 중 하나는 이들 간에 차이점을 구별하기 어렵다는 점이다. 행정부 차원에서 제정되는 규칙의 수가 증가함에 따라 두 규칙 간의 차이를 구별하기 위한 근거가 마련되어야 할 것이다. 왜냐하면 규제기관이 규칙을 집행하는 데 있어서 입법적 규칙과 해석적 규칙을 구별하여 각 규칙에 해당하는 적절한 용어를 제시하지 않고 있기 때문이다. 다만 두 유형의 규칙을 구분하는 데 '법적 효력표준(legal effect standard)'과 '실질적 영향력(substantial impact)'이라는 두 가지 기준을 사용할 수 있을 뿐이다.

'법적 효력표준'은 규제기관이 규칙의 근거가 되는 입법의 내용을 그대로 인정하여 그에 따르거나, 그렇지 않으면 규제기관이 규칙을 집행하기 위한 조치를 결정할 때 그러한 권한이 법에 의하여 부여되어 있는지 결정하는 것이다. 한편 '실질적 영향력'은 규제기관에 의하여 집행된 규칙이 법적 효력을 갖고 있는지 그 여부에 대한 관심보다는 오히려 관련 규칙이 규제를 받는 당사자에게 실질적으로 영향을 미치는지에 대하여 관심을 가지고 있다. 실질적 영향력을 기준으로 사용하는 경우에 '규제로 인해 사실상 규제대상자가 실질적으로 영향을 받게 된다면, 규제기관이 그러한 규칙을 무엇이라고 부르든 간에 입법적(근본적)규칙'이라고 할 수 있다.

여하튼 이러한 기준들은 구체적 현실 상황에 적용시키는 데 모두 문제점을 내포하고 있으므로 실제로 만족스러운 것으로 판명되지는 않지만, 입법적·해석적 규칙 간의 차이를 구별하는 데 사용될 수 있는 최소한의 기준을 제공한다는 점에 그 중요성이 있다.

## 2 실제적 범위

규제의 실제적 범위를 제시하기 위해서는 우선 규제가 실제적으로 운영되고 있는 정부구조의 틀에 준거하여 그것을 기반으로 고찰하여야 한다. 규제를 위한 법적 근거로서 법률과 명령이 공포되고 이에 따라 규제업무를 책임지고 수행할 규제기관이 지정되거나 설치되며, 규제기관은 자동적으로 규제를 하는 데 필요한 적절한 권한을 갖게 된다. 이는 규제기관이 규제대상자를 조사·감독·처벌할 수 있는 새로운 권리를 가지게 된다는 것을 의미한다. 이에 더해 규제가 규제대상자에게 실제적으로 부과되어 집행되는 과정에서 다음과 같은 행정적 요인으로 규제기관이 행사할 수 있는 영향력이 증대하게 된다.

첫째, 규제기관은 규제업무의 수행을 위하여 행사하도록 주어진 권력을 해석할 수 있는 재량권을 가지고 있다. 둘째, 규제기관의 성질, 규제기관이 수행하거나 사용할 수 있는 제재방법 등에 따라 규제기관은 추가적인 권한을 부여받는다. 셋째, 규제대상자가 처해 있는 상황이 규제기관의 권력 확대를 저지하기보다는 오히려 고무하기도 한다. 이처럼 입법부가 규제기관에게 규제업무 수행에 적합한 권한을 위임하게 되면 바로 이러한 위임과정을 통하여 규제기관의 권력이 확대될 수 있다. 또한 사법부는 규제기관에게 정책을 수행하고 입법적 정책을 해석하는 데 요구되는 재량권을 허용하고 있다. 만약 선례에 일치해야 하거나 선례에 따를 것을 요구하는 의무규정이 없다면, 규제기관은 규칙을 공포하여 이를 일반적으로 적용할 수 있을 뿐만 아니라 사건별로 판정하는 과정을 거치면서 규칙의 내용을 개정하거나 변경시킬 수도 있다. 더욱이 입법으로 규제기관의 행위를 한정된 범위 내에 국한시키기 어려운 경우에 규제기관은 재량적 판단으로 규제를 집행하거나 판정할 수 있다. 예를 들어 면허 발급기관이 규제집행 과정에서 법규에 위배된 사항을 적발하면 관용, 면허 중지 또는 면허의 영구적 취소 중에서 그 제재수단을 선택할 수 있는 고유한 권한을 가지고 있는 것이다. 이로 미루어 볼 때, 규제로 영향을 받는 관련 영역이 얼마나 쉽게 파악될 수 있느냐 또는 규제의 영향 범위가 얼마나 넓으냐에 따라서 규제기관의 권한이 증대될 수 있는 여지가 커진다고 할 수 있다.

윌슨은 규제행정 과정에서 새로운 규제를 부과하거나 기존의 규제에 새로운 구체적 규제사항을 추가하게 됨에 따라 규제의 실제적 범위가 확대될 수 있다는 점을 설명하면서, 그 원인으로 다음과 같은 경우를 제시하고 있다(Wilson, 1974: 156).

첫째, 표준이나 기준이 정확하지 않기 때문에 사건별로 구체적으로 규제 내용을 설정해야 할 필요성이 야기됨으로써 거의 모든 사건에 대하여 합리화할 수 있는 표준을 세부적으로 설정하여 추가해야 하는 경우

둘째, 예상하지 못했던 허점이 발견되고 본래에 의도했던 규제의 결과가 초래되지 않음으로써 이를 시정하기 위해 또 다른 규제가 추가되는 새끼치기 효과(tar-baby)가 발생되는 경우

셋째, 산업의 행위가 미치는 영향력에 대하여 일반국민이 가지고 있는 불만을 해소하고 이로 인한 문제를 해결하기 위한 수단으로 규제기관을 이용해야 하는 경우

넷째, 규제기관이 규제대상산업에 대하여 행사할 수 있는 권력을 증대시켜 재량적으로 처리할 수 있는 사안의 수를 늘림으로써 산업으로부터의 수뢰나 선처에 대한 대가를 받을 수 있는 가능성을 높이려는 시도에서 발생되는 경우

윌슨은 위와 같은 요인으로 인하여 규제업무를 수행하는 규제기관이 추가적으로 재량권을 부여받게 됨으로써 법령에 명시되어 있는 법적 범위와 규제의 실제적 범위 간에 차이가 발생한다는 사실을 제시하고 있다.

규제행정은 규제기관이 규칙을 적용하여 집행해 나가는 정치적 · 행정적 과정이다.

어떤 경우에는 규제기관이 규칙을 직접 제정하기도 한다. 규제기관은 법령에 근거하여 정부로부터 편익을 받을 수 있는 기업이나 개인의 자격을 심사하고, 법규에 저촉되거나 적용되는 개인이나 기업 또는 생산물들이 무엇인가 규명하여야 하며, 이들 주체를 대상으로 어떤 위법적 행위(객체)가 이루어지고 있는지 확인하는 과정을 거쳐야 한다. 이러한 집행과정에서 규제되어야 할 주체와 객체에 의하여 제시되는 규제의 실제적 범위를 규제적 범위라고도 하는데, 실제적 규제의 적용범위는 법적 또는 법규의 적용범위와 반드시 일치하지는 않는다. 규제기관의 기능, 업무영역 및 범위를 구체적으로 검토하게 되면, 규제의 실제적 범위를 확인할 수 있고, 이러한 확인을 통해서 법령에서 제시하고 있는 법적 범위와 규제의 실제적 범위 간에 차이가 있다는 것을 알 수 있다.

규제의 범위 중에서 법적 범위는 많은 수의 입법적·해석적 범위를 기반으로 하여 구성되고 각각의 규칙은 구체화된 법적 주체와 법적 객체를 가지고 있으며, 이에 따라 규제의 실제적 적용범위가 형성될 수 있다는 것을 이해해야 한다. 하나의 규칙(혹은 몇 개의 관련 규칙)을 위한 규제의 실제적 범위는 주체적·객체적 측면 모두에서 법적 범위와 적어도 동등하거나 더 넓어야 한다. 더욱이 객체와 마찬가지로 주체도 많은 측면을 가지고 있기 때문에 자세한 조사를 하지 않고 주체의 범위에 관하여 결론을 내리는 것은 타당하지 않다. 하나의 규칙은 주체적 측면에서 다른 규칙보다 더 포괄적일 수 있으나 객체적 측면에서는 덜 포괄적일 수 있다(반대의 경우도 성립). 하나의 규칙은 전체 국민에게 적용될 수도 있지만 제한적인 범위 내에서 단지 기능적으로만 영향을 미칠 수도 있다. 다른 규칙은 적은 수의 기업에만 적용될 수 있지만 그들의 행태의 모든 면을 실질적으로 규제할 수도 있다.

# 제 7 장 규제의 목적

정부가 정치 · 경제 · 사회적 분야에서 전개되고 있는 현실적 상황을 파악할 수 있어야 비로소 규제를 통해 추구할 공익 개념을 구체화할 수 있다. 그래야만 규제를 통하여 민간경제에 개입해야 할 필요성이 있는지를 확인할 수 있으며, 규제의 목적을 명확히 제시할 수 있고, 이러한 목적을 달성하는 데 필요한 규제수단을 평가하여 선택할 수 있다. 이러한 과정을 살펴볼 때, 규제는 정부가 구체화된 공익을 추구하기 위하여 채택할 수 있는 여러 가지 정책수단 중의 하나라고 할 수 있으며, 규제의 궁극적인 목적도 공익의 실현에 있다고 볼 수 있다. 그러나 공익이란 개념은 명확하게 정의할 수 없으므로 이를 구체화하여 실현 가능한 목적으로 전환할 필요성이 제기된다.

규제의 목적을 구체화하는 과정에서 공익이란 개념으로부터 세부적인 실제적 목적에 이르기까지 그 포괄성의 정도에 따라 여러 차원에서 목적이 정해질 수 있고, 상위 차원의 목적이 하위 차원의 목적으로 전환되는 과정에서 목적들 간에 계층구조가 형성될 수 있다. 이러한 계층구조는 크게 기초 공익, 공익에 기여하는 규범적 목적, 그리고 규범적 목적 달성에 실질적으로 기여하는 실제적 목적 등 세 가지 차원으로 구분할 수 있다. 여기에서는 공익과 규제의 실제적 목적 간의 계층구조에서 중간적 위치를 차지하고 있는 규범적 목적을 내부 규범적 목적과 외부 규범적 목적으로 분류하고, 각각의 규범적 목적 달성에 기여하는 실제적 목적에 관해 자세히 논의해 보려고 한다(Mitnick, 1980: 280-288).

## 제1절 | 공익 · 규범적 · 실제적 목적 간의 관계

규제를 포함하여 모든 공공정책의 결정을 합리화하는 이면에는 일반적으로 공익이라는 개념이 자리잡고 있다. 물론 "공익이란 이런 것이다."라고 한 마디로 설명할 수는 없지만, 정책 관련 활동의 이론적 근거로서 공익이란 개념이 이용되어 온 것은 부인할 수 없다. 그러나 실제적으로 공공정책은 순수한 의미의 공익 개념에만 바탕을 두어 결정되는 경우는 거의 없고, 사회를 지배하고 있는 전통적 가치도 영향을 미치고 있는 것이 일반적인 경향이다.

여하튼 공익 개념을 선별하여 규제정책에 구체화할 때 제기되는 문제는 여러 집단의 생각 또는 선호를 어떻게 하나로 수렴할 수 있느냐 하는 것이다. 따라서 입법부 역시 다른 조직과 마찬가지로 마치 한 개인이 결정하는 것처럼 하나의 응집력을 가지고 선호를 결정할 필요가 있다. 이와 같은 방법으로 선호가 결정될 수 있을 때에 입법부와 관련된 조직, 즉 행정부나 사법부 등에서 의사결정(법의 집행 및 해석)을 하려고 할 때 불확실성이 감소될 수 있는 것이다. 이익집단이나 규제대상산업 등과 관련이 있는 행정부서나 사법부와 같은 조직들도 확실한 결정을 하기를 원하기 때문에 이들 조직은 갈등을 야기할 수 있는 요인을 배제할 수 있을 만한 확실한 법적 기준을 요구하게 된다.

그러나 실제적으로 입법부에서의 결정, 즉 입법은 각기 상이한 선호를 고려하여 이를 바탕으로 이루어지며, 행정부서 등 규제기관은 이러한 상이한 선호를 만족시키기 위한 일정한 규칙이나 기준을 선택하여 결정한다. 따라서 입법부는 다양한 선호를 수용하기 위하여 모호하면서도 추상적인 규정을 법률에 명시하고, 법집행에 책임을 지고 있는 행정부가 이를 집행과정에서 구체화하여 운영하는 것이다. 이러한 점에 비추어 볼 때, 규제는 어떤 구체적인 개념의 공익을 실현하기보다는 오히려 공통적이면서도 공식적으로 규정된 합의사항인 추상적인 법규를 실현하는 것이라 할 수 있다.

이미 언급한 것처럼, 한 가지 규제를 결정하여 집행하는 데 여러 단계를 거쳐야 하는 것처럼 규제정책을 수행하는 데도 일련의 과정이 필요하다. 일반적으로 기초공익 개념을 설정하는 단계에서부터 어느 단계를 거치든지 간에 규제로 누가 이익을 보고, 누가 손해를 보는지 파악해야 한다. 즉 규칙을 제정하거나 규칙을 집행하는 과정에서 실제적으로 고려해야 할 공익과 이익을 결정하고, 결정된 공익을 대외적으로 표현할 때 이러한 공익을 실현하는 과정 및 활동을 통해 누가 손익을 보는지 확인해야 한다는 것이다.

그러므로 규제정책 과정에서 손익 관계를 고려하여 기초공익 개념과 실제적 목적을 어떻게 연계시킬 것인지 하는 문제가 제기된다. 다시 말해, 기초공익 개념을 실제적 목적으로 어떻게 전환시키느냐 하는 문제가 발생한다는 것이다. 이것은 기초공익 개념 중 어떤 것을 목적으로 삼아야 할 것인지를 선택하는 것보다 훨씬 어려운 작업일 수 있다. 왜냐하면, 공익을 실제적 목적으로 구체화하는 데 사용할 수 있는 체계적인 방법이 없을 뿐만 아니라, 실제적 목표와 기초공익 개념을 연계할 수 있는 이론도 현재로서는 개발되어 있지 않기 때문이다.

기초공익 개념을 실제적 목적으로 전환하는 과정은 일반적이면서도 포괄적인 개념을 좀 더 실제적이면서 특정 환경에 맞는 기준으로 구체화하는 작업이라 할 수 있다. 따라서 이러한 작업을 위해서는 우선 목적들 간에 형성된 복잡한 계층구조를 인식해야 한다. 그리고 이 때의 계층구조는 현실적으로 적용 가능한 것이어야 함과 동시에 실현 가능한 것인지를 고려하여야 한다. 그래야만 하위수준의 목적인 실제적 목적이 그보다 상위수준의 목적에 근거를 두어 합리화되고, 이러한 상위수준의 목적은 그보다 상위수준의 목적인 일반적 목적에 의해 합리화되며, 궁극적으로는 공익에 근거해 합리화될 수 있기 때문이다.

이러한 목적들 간에 형성되는 관계를 제시하고 있는 계층구조를 살펴보면, 앞으로 논의할 중간 개념으로서의 목적의 위치와 그 내용을 파악할 수 있게 함으로써 중간 목적인 규범적 목적에 대한 정의를 가능하게 한다. 즉 중간 차원의 목적은 포괄적인 공익 개념보다는 실제적인 내용을 더 많이 포함하고 있지만 실제적 목적이 포함하고 있는 내용과는 실천적 측면에서 상당한 차이가 있다는 것이다. 중간 차원의 목적을 이처럼 정의하면, 규제를 위한 규범적 목적은 규제대상 집단의 다양한 행동선택을 제한하기 위한 것이다. 따라서 규제의 규범적 목적은 정부의 규제를 통한 개입으로 규제대상 집단의 활동이 지향해야 할 방향을 설정하는 것이다.

규범적 목적은 규제된 활동이 주변 환경과 어떻게 영향을 주고받느냐에 따라 내부 규범적 목적과 외부 규범적 목적 두 가지로 분류할 수 있다. 내부 규범적 목적이란 규제된 활동이 다른 당사자에게 미치는 효과에 초점을 맞추기보다 규제된 활동 자체에 초점을 맞추고 있다. 이는 규제대상 활동의 수행능력, 생산성의 증대 등을 강조하는 효율성, 규제대상 활동의 유지·존립·지지 확보를 강조하는 안정성·지속성·신뢰성, 그리고 규제대상 활동의 성질상의 변화를 의미하는 혁신성과 규제대상 활동의 범위와 변화의 정도를 의미하는 성장·육성으로 구성되어 있다. 한편 외부 규범적 목적은 규제대상 활동의 수행이 활동 수행자, 생산자, 소비자, 제3자(주로 정부) 등 외부에 미치는 영향력에 초점을 맞추고 있다. 이는 규제활동 자체가 미치는 영향력을 고려하는 안정성, 그리고 규제 당사자에게 미치는 상대적 영향력을 평가하는 공평성 두 가지로 분류될 수 있다.

이러한 규범적 목적을 실현 가능한 것으로 전환하기 위해서는 보다 낮은 수준의 목적, 즉 실제적 규칙과 기준으로 구체화해야 할 필요가 있다(Dubnick & Walker, 1979). 그러나 이러한 규칙과 기준은 일률적으로 적용할 수 있을 만큼 충분히 개발되어 있지 못하다(Friendly, 1962). 그렇다고 규칙과 기준이 너무 세세하게 규정될 경우에는 행정적 재량권과 합리성을 제약하므로 행정과정의 유연성을 저해할 수도 있다(Landis, 1938).

물론 규범적 목적들 간에 수평적인 측면에서 서로 일치하지 않아 갈등을 야기하는 경우도 있다. 다시 말해, 안전성 요건을 충족시키려다 보면 생산적 효율성을 저해하는 부정적 효과가 초래될 수 있다는 것이다. 따라서 규제를 할 때 이들 규범적 목적 간에 발생 가능한 갈등을 완화하려는 노력이 중요하며, 이러한 문제는 실천과정에서 대두하고 있는 중요한 과제 중의 하나라고 할 수 있다. 왜냐하면, 규제 장치를 운영하거나 또는 특정 형태의 규제를 시행하는 과정에서 장점으로 나타나는 규범적 목적이 다른 측면에서는 단점이 될 수도 있고, 규범적 목적 간에 상충관계가 형성할 것으로 평가될 때에는 그들 모두 정당성을 상실할 수도 있기 때문이다.

또한 공익으로부터 중간 차원의 목적을 거쳐 주제별로 구체화된 목적을 규칙으로 전환하는 문제는 목적들 간의 관계를 나타내는 계층구조의 상하관계의 연계성을 파악하여, 이에 대한 논리적 구조를 개발할 수 있을 때에 해결될 수 있다. 그러나 그 계층구조가 때로는 단순하게 형성되기도 하지만 실제 규제상황에 직면했을 때에는 매우 복잡하게 형성될 수도 있기 때문에 이에 대한 포괄적인 이해가 필요한 경우도 있다. 또한 무엇이 상위 목적이며 무엇이 하위 목적인지를 결정하는 데 현실적으로 복잡한 문제가 따르는 경우도 있다. 이러한 경우에는 주어진 규제상황을 주의 깊게 파악하여 이 때의 목적과 규칙과 기준 등을 확인해야 하며, 목적들 간의 연계성을 논리적으로 추적해야 할 필요가 있다.

계층구조를 통하여 목적들 간에 형성되는 연계성 중에 어떤 것은 빈번하게 발생하거나 매우 중요한 것일 수도 있다. 예를 들어, 효율성과 같은 활동의 수행 목적와 단일 개념의 공익 간에 일치성이 상대적으로 자주 발생할 수도 있고 또는 밀접한 관계가 있을 수도 있다. 또한 한 집단의 선호를 수용하여 규범적 목적이 결정되고 집행될 수도 있는데, 이 경우에는 경쟁적 집단의 선호와 조화로운 관계를 도모하기보다 한 집단의 선호를 충족시키는 문제에 초점을 두고 있는 것이다. 반면에 활동영향 평가목표, 특히 공평성과 같은 상대적 영향력과 연합 개념의 공익(다원적 이익의 집결) 간의 일치성도 빈번히 발생될 수 있고 밀접한 관계로 형성될 수도 있다. 이처럼 집단별로 상이한 선호를 최종 목적으로 구체화해야 할 경우에는, 이들 선호를 포함하거나 집결하여 규범적 목표(공평성)에 반영해야 하며, 각 선호 간에 균형을 유지하려는 노력을 기울여야 한다. 이러한 균형상태가 실제적으로 나타날 가능성은 적지만, 이러한 노력은 효율성의 비중을 경감시킬 수 있고, 상이한 집단의 선호를 만족시킬 수 있는 기회를 제공할 수 있다. 이것은 활동수행 목적(효율성)이 어느 정도 연합 개념의 공익과 연계될 수 있다는 것을 시사하는 대목이기도 하다. 따라서 규범적 목적을 모든 공익 개념과 연계시키는 것은 가능하다고 할 수 있다.

물론 어느 경우이든 간에 규범적 목적과 공익 개념 간의 관계가 항상 모호한 것일 필요는 없다. 왜냐하면 주어진 환경에 따라 공익 개념과 규범적 목적 간의 일치성이 나타날 수도 있기 때문이다. 한편 규범적 목적 간에도 일치성과 더불어 상충관계가 형성될 수도 있는데 이러한 결과는 공익과 규범적 목적 간의 관계에 대한 분석을 보다 복잡하게 만들 수도 있다.

규제는 사회제도가 없는 상태에서는 발생하지 않는다. 다시 말해 규제가 합리적인 근거에 의해 시행되는 것이라면, 이는 사회제도를 반영하는 것이라 할 수 있고, 결국 규범적 목적은 이러한 사회제도의 틀 안에서 결정될 수밖에 없다는 것을 의미한다. 이것은 넓은 범위의 공익 중에서 제한된 가치에 대하여 합의가 이루어진 부분이 존재한다는 사실을 제시하는 것이다. 따라서 합의로 이루어진 일반적인 규범적 목적(사회적으로 공감대가 형성된 규범적 목표)을 반영하여 집행하는 하나의 기준으로서의 실제적 목적은 궁극적으로 합의된 공익에 근거를 두는 셈이 되고, 이에 따라 그 정당성을 확보하게 된다.

이 때 합의된 공익은 근본적으로 사회적 요구를 수용하고 있는 것이라고 할 수 있다. 그리고 규범적 목적이 '일반적'이란 의미는 특별한 사안과는 별개로 하여 포괄적으로 적용될 수 있다는 것을 의미하며, 합의되었다는 의미는 전체적으로 통일되지는 않을 수도 있지만 상당히 넓은 범위에서 수용할 수 있다는 것을 의미한다. 그러나 이러한 합의된 목적이 실제 사안에 적용될 때에는 여전히 갈등이 야기될 수 있으며 하나의 규범적 목적이 다른 규범적 목적과 갈등을 야기할 수도 있다. 따라서 목적에 대한 합의가 이루어졌다는 것이 곧 규범적 목적들이 언제나 서로 일치하고 있다는 것을 의미하는 것은 아니라는 점을 간과해서는 안 된다.

근본적인 사회규범은 법과 질서, 사유재산의 보호, 계약의 자유 등과 같은 개념으로 제시할 수 있다. 이들 개념은 묵시적으로 사회적 조직이나 경제적 조직이 택할 수 있는 일반적 형태와 활동의 범위를 설정하는 데 작용하며, 그 내용들이 헌법의 규정에 반영되어 있다(Buchanan & Tullock, 1962). 그러므로 기초적 사회규범의 범위 내에서 규제가 시행되어야 하며, 이들은 또한 규제활동의 지침을 제공하고, 그 수행방법을 마련하는 데 필요한 기초를 제시한다. 따라서 사회규범은 경제적·사회적 조직의 합리적인 규범을 마련하는 데 기초를 제공하고, 규제활동을 하는 데 근거로 삼을 표본을 제공하는 것이다. 따라서 규제는 규칙을 설정하여 사회적으로 합의된 규범적 목적을 달성하기 위한 수단이라고 할 수 있다.

이러한 점을 고려하면, 개인이나 기업들의 활동이 사회규범과 일치하는 경우, 즉 개인이나 기업의 활동이 사회규범을 준수하여 이루어지고, 사회적으로 합의된 규범적 목적이 공익의 범위 내에서 형성된다면, 이 때에는 규제를 통한 정부개입은 필요하지 않을 것이다. 그러나 이러한 관계가 형성되지 않는 경우에는 규제가 시행되어야 하고, 이 때의 규제는 효과적이고 바람직한 것으로 간주되어 규범적·실제적 차원에서 제기되는 목적을 추구하기 위한 수단이 될 수 있다.

규제는 기초적 사회규범을 보호하거나 유지하기 위하여 시행되어야 하며, 이러한 경우에 사회적으로 합의한 규범적 목적과 일치하는 결과를 초래할 수 있다. 이는 규제활동이 사회규범을 보다 정교하게 만들어 이를 수행하는 작업이라는 사실을 제시하는 것이다. 즉 규제를 시행하는 과정에서 사회에 부정적 효과를 초래하면, 이를 시정하기 위해 규칙 자체를 개정하여 규제활동의 결과가 규범적 목적과 일치하게 만든다.

## 제 2 절 | 규제의 실제적 목적

규제의 궁극적 목적은 공익이며, 규제를 시행하기 위해서는 이러한 공익 개념을 구체화하여 실천할 수 있는 실제적 목적으로 전환할 수 있어야 한다는 점을 강조하였다. 또한 규제의 목적을 구성하는 계층적 구조를 보면, 상위에 공익 목적, 중간 위치에 규범적 목적, 하위에 실제적 목적이 있다는 것을 고찰하였다. 여기에서는 규제의 규범적 목적을 내부 규범적 목적과 외부 규범적 목적으로 분류하여 각 목적에 속하는 실제적 목적들을 구분하여 논의하려고 한다. 이미 논의한 것처럼 내부 규범적 목적으로서는 효율성, 안정성, 지속성, 발전성 등이 있고, 외부 규범적 목적으로서는 공평성, 안전성 등이 있음을 고찰하였다.

이러한 규범적 목적들을 실제적으로 추진하기 위하여 구체화된 목적이 실제적 목적이다. 물론 실제적 목적을 내부 실제적·외부 실제적 목적으로 구분하여 설명하지만, 이들을 이처럼 두 가지 부류의 규범적 목적으로 분류하여 각 부류별로 실제적 목적을 제시하는 것은 현실적으로 가능성이 없다는 사실에 유의해야 한다. 규제의 시행과정에서 이들 목적들이 엄격하게 분류되기보다 혼합되어 추구될 수 있기 때문이다. 그러나 이러한 분류는 규제활동 자체와 연관하여 직접적으로 추구해야 할 목적을 구분할 수 있는 가능성을 높일 수 있다는 데 의미가 있다. 그리고 이들 규범적 목적에 기여하는 실제적 목적은 규제의 당위성을 입증하는 데 필요한 근거를 제공할 수 있다.

규제의 실제적 목적은 규제활동을 통해 직접 추구해야 하는 것이므로 여기에서는 규제의 목적을 내부 실제적 목적과 외부 실제적 목적으로 분류하는 대신에 내부 목적과 외부 목적로 나누어 제시하려고 한다. 규제의 규범적 목적 중 주류를 이루는 것을 이미 제3장 시장실패와 규제에 관한 논의에서 자원배분의 효율성, 소득분배의 공평성, 경제의 안정성 등 세 가지로 제시했기 때문이다.

## 1 내부 목적

시장이 효율적으로 작용할 수 있는 조건을 갖추고 있다면, 시장은 한 사회의 한정된 가용자원을 효율적으로 배분함으로써 시장성과를 극대화할 수 있다. 이는 소비자가 시장에서 구입하려는 재화와 서비스에 대한 수요량과 생산자가 판매하려는 공급량을 일치시킴으로써 소비자와 생산자 모두를 만족시킨다는 것이다. 그러나 실제로는 시장이 효율적 조건을 갖추지 못해 자원을 효율적으로 배분하지 못하는 시장실패를 초래함으로써 시장성과를 극대화할 수 없는 경우도 있다. 이러한 경우 정부는 시장성과를 개선하기 위해 시장에 개입할 수 있으며, 이 때 사용할 수 있는 정책수단 중의 하나로 규제를 선택할 수 있다. 여기에서는 효율성, 안정성, 성장성 등과 같은 규범적 목적을 위해 이루어지고 있는 규제의 내부 실제적 목적에 대해 고찰해 보려고 한다.

### 1) 자연독점의 통제

규제를 시행하는 대표적 상황으로 자연독점의 발생을 들 수 있다. 만약 어떤 산업에서 한 기업이 효율적 생산 규모를 유지함으로써 전체 시장을 점유할 때까지 생산량이 증가하는 데도 불구하고 평균비용이 계속 체감한다. 이러한 시장에서는 경쟁이 더 이상 존재하지 못함으로써 자연독점이 발생한다. 즉 하나 이상의 생산자가 시장에 존재하는 데도 불구하고, 큰 규모의 기업이 저렴한 비용으로 재화와 서비스를 생산할 수 있으면 결국 전체 시장을 점유할 수 있게 되고, 작은 규모의 비효율적인 기업은 시장에서 축출됨으로써 경쟁이 오래 지속하지 못해 결국 시장은 자연독점 상태에 이르게 된다. 그러나 효율성의 측면만을 고려한다면, 비용이 감소하는 산업에서는 독점이 오히려 경쟁보다 바람직할 수도 있다.

대부분의 국민들은 규제되지 않는 독점을 용납하지 않는다. 왜냐하면 독점기업은 경쟁시장에서보다 높은 수준에서 가격을 받을 수 있으므로 다음과 같은 두 가지 바람직하지 못한 효과를 초래하기 때문이다. 첫째, 독점기업은 독점기업 외의 사회구성원의 희생으로 부유해지고, 둘째, 독점기업은 사회가 원하는 것보다 적은 수량의 재화와 서비스를 생산하여 사회 전체의 효용가치를 떨어뜨릴 수 있다. 즉 소비자는 추가로 재화와 서비스를 구입하기 위해 그 비용을 지불하려는 의사를 가지고 있지만 독점기업은 소비자가 추가로 재화와 서비스를 구입할 수 있는 수준까지 그 가격을 낮추려 하지 않는다는 것이다. 더욱이 수요의 가격탄력성이 비탄력적인 재화와 서비스의 경우 가격을 올리면 기업의 총수입이 늘어나므로 가격을 낮추려 하지 않을 것이다. 그리고 독점기업이 가격차별을 하는 것이 보다 이익이라는 것을 알면 지불용의가 각기 다른 소비자들에게 최대 지불용의를 반영하는 가격을 물리려고 할 것이다. 그러면 소비자가 시장거래를 통해 얻을 수 있는 소비자 잉여를 생산자가 모두 흡수함으로써 소비자 잉여는 0(영)이 되는 대신 그만큼 생산자잉여, 즉 생산자의 경제적 이윤이 증가할 것이다.

여하튼 평균비용이 체감하는 산업에서의 기업 간의 경쟁은 불안정적이고 비효율적인 것으로 인식해 왔다. 그러나 산업이 한 기업에 의하여 독점되어 경쟁시장보다 높은 수준에서 가격이 결정되고 가격을 차별함으로써 시장의 비효율성이 초래되며, 이러한 문제를 해결하기 위해 규제라는 정책수단을 이용하게 된 것이다. 이 때 규제방법은 독점기업의 과다한 이익 추구 및 바람직하지 못한 가격차별 행위를 금지하기 위하여 가격을 통제하는 대신 시장에서의 독점적 위치를 허용하는 것이다. 그러면 독점기업은 시장지배력을 이용하여 생산량을 제한하고 독점가격을 부과함으로써 독점이윤을 얻을 수 있는 반면에, 소비자는 그만큼 경제적 손실을 입게 된다. 즉 소비자는 독점기업의 이익 극대화 행태에 대처할 수 있는 능력을 갖지 못하므로 결국 경제적 손실을 입지 않을 수 없다는 것이다. 바로 이러한 경우에 정부는 소비자의 경제적 손실을 예방할 목적으로 독점기업을 규제하는 것이다.

이와 같이 소비자의 경제적 손실을 예방하고 소비자와 생산자 간에 공평한 관계를 실현하기 위한 목적에서 이루어지는 경제적 규제는 특히 자연독점산업의 경우에 현저하게 나타난다. 이것은 이런 산업들이 그 속성상 규모의 경제 효과가 대단히 높고 시장의 크기에 비해 상대적으로 효율적인 최소 생산 규모가 크기 때문에 장기적으로 하나의 기업이 전체 산업을 지배하지 않을 수 없기 때문이다. [그림 7-1]에서 보는 바와 같이, 자연독점은 막대한 고정비용으로 인하여 생산 규모가 증가하는 데 따라 평균비용의 지속적인 하락을 경험한다. 즉 규모의 경제가 존재하여 전체 수요량을 만족시키는 생산규모인 $Q_0$에 이르기까지 평균비용이 지속적으로 하락하면 자연독점이 초래된다는 것이다.

이러한 비용구조에서는 한계비용곡선($MC$)이 평균비용곡선($ATC$)보다 낮으므로 기업 간에 경쟁이 이루어지면 가격과 한계비용이 같아지는 이윤극대화 조건($P=MC$)에서 경쟁기업은 경제적 손실을 입는다. 따라서 기업의 퇴출이 발생하고, 기업의 퇴출은 독점기업이 존재할 때까지 계속해서 반복된다. 이처럼 자연독점의 특성을 가진 산업에서 자유로운 경쟁이 허용되면 파괴적 경쟁과 중복·과잉투자로 인한 자원의 낭비가 초래되어, 결국은 경쟁에서 생존한 대규모 독점기업이 시장을 지배하게 된다. 따라서 이러한 경우에 규모의 경제에 의한 효율성을 개선하기 위하여 정부가 개입하고 신규 기업의 진입을 규제함으로써 중복투자에 의한 자원의 낭비를 방지한다. 즉 시장을 독점한 기존 기업에는 가격규제를 통해 자원의 효율적 배분을 유도하는 것이다.

이러한 속성을 가지고 있는 자연독점산업으로는 전력, 상수도, 가스, 철도 등 주로 공익사업과 관련된 서비스를 생산하는 기업들을 예로 들 수 있고, 한국에서는 이런 사업을 거의 예외 없이 공기업의 형태로 운영하여 왔다. 이런 산업에 대한 규제는 진입규제 이외에도 공익의 확보를 위해 생산비용과 적정이윤을 포함하는 선에서 이루어지는 가격규제, 서비스 공급의 의무화 또는 서비스 질의 유지를 위한 규제가 아울

[그림 7-1] 자연독점산업의 평균비용곡선

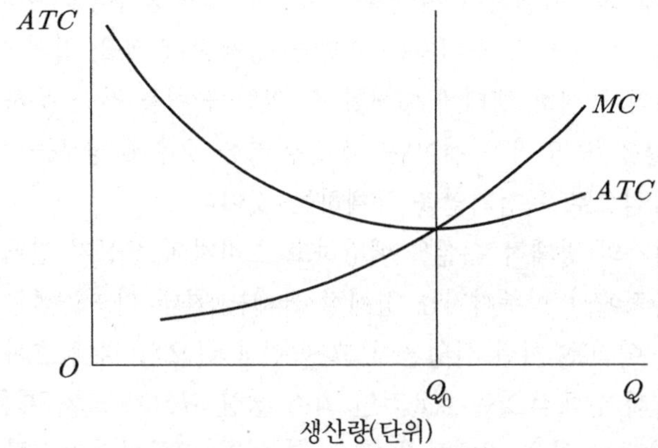


러 시행하는 것이 일반적이다.

자연독점산업의 경우와는 달리 그 밖의 독과점산업에 대한 규제에서는 진입규제보다 가격규제와 품질규제가 주축을 이룬다. 독과점산업 경우에도 특정 산업부문의 규모의 경제 효과가 자연독점산업의 경우처럼 분명하지는 않지만, 산업정책의 관점에서 규모의 경제를 중시하여 그 산업부문에의 진입을 제한하는 경우도 있다. 그러나 이보다는 다른 구조적인 이유(예: 제품차별화) 또는 법적인 이유(예: 인가)로 독과점이 형성되는 경우가 많다. 이런 경우에는 독과점적 횡포를 방지함으로써 소비자의 경제적 손실을 예방하는 것이 규제의 주된 목적이 된다(최병선, 2002: 34).

### 2) 파괴적 경쟁의 방지

시장이 자유로운 경쟁에 따라 운영하도록 내버려두면 기업들 간에 가격경쟁이 심해져 산업 전체를 파괴할 정도로 심각한 지경에 이를 수 있다. 진입규제가 없는 경우에는 신규기업들이 산업에 자유로이 진입함으로써 기업들 간에 경쟁이 불가피하게 된다. 이에 따라 기존 기업은 신규기업들과 경쟁에서 이기기 위하여 상당한 기간 경제적 손실을 보면서도 생산을 계속할 수밖에 없으며, 이에 따라 경쟁이 산업을 파괴하는 결과를 초래할 수 있다.

이러한 파괴적 경쟁을 규제해야 하는 당위성은 다음과 같은 다섯 가지 경우를 통해 제시할 수 있다. 첫째, 고정시설에 대한 투자가 크거나 고용된 자원이 비이동적인 산업[1]에서 파괴적 경쟁이 두드러지게 나타난다. 이러한 성격을 갖고 있는 산업에서 경쟁이 심화되면 결국 기업들은 과잉생산 능력을 갖게 되므로 공급량이 수요량을 초과함으로써 시장가격이 평균비용 이하로 떨어져 경제적 손실을 입게 된다. 생산을 계속하든 아니하든 어떤 경우에라도 고정비용은 생산량과 관계 없이 발생하므로 과잉생산 능력을 보유하고 있는 기업들은 가변비용을 충당할 수 있는 한 생산을 계속하는 것이 바람직하다. 이에 따라 생산한 재화와 서비스 한 단위에 대해 총평균비용에서 평균가변비용을 뺀 금액만큼 손실이 발생할 것이다. 반대로 재화와 서비스 생산에 투입되는 비용이 가변적이라면, 기업은 생산량을 줄여 총비용을 낮출 수 있으므로 평균비용 이하로 가격이 떨어지는 것을 막음으로써 경제적 손실을 초래하지 않으려 할 것이다. 마찬가지로 자원이 이동적이라면 한 산업 또는 한 지역에서 경기가 침체된 경우에 자원을 다른 곳으로 전용할 수 있어 자원의 비효율성을 방지할 수 있다. 이러한 이유로 고정비용이 크고 자원의 이동이 불가능한 산업에서 자유로운 경쟁이 이루어지는 경우 과당경쟁은 산업 전체를 파괴할 수 있기 때문에 사전에 이를 예방하기 위해 규제하는 것이다.

둘째, 시장의 경쟁이 해롭다는 것은 기업 간에 가격경쟁이 장기간 지속되는 경우에 경제적 손실로 이어져 투자와 기술개발을 저해한다는 것이다. 그러면 재화와 서비스의 품질이 떨어지고, 때로는 일시적인 물량부족 현상이 초래함으로써 소비자들이 원하는 가격에 필요한 수량만큼 재화와 서비스를 구입할 수 없어 국민들의 경제적 후생이 낮아지는 부정적 결과를 초래할 수 있다.

산업 진입에 대한 규제가 없는 경우에는 비효율적이고 불공정한 경쟁이 유발할 가능성이 높아짐으로써 재화와 서비스의 가격이 하락하고 이에 따라 그 품질도 떨어질 수 있다. 산업에 대한 자유로운 진입과 퇴출로 기업들의 빈번한 진입과 퇴출이 이루어지면 기업들은 소비자에게 안전하고 품질 좋은 재화와 서비스를 제공하려고 하기보다 시장을 점유하려는 시도에서 비정상적이고 불공정한 방법으로 재화와 서비스를 제공할 수 있다는 것이다. 이 때 비정상적으로 낮은 가격은 기업의 채산성을 떨어뜨림으로써 기업의 생존에 필요한 자본투자와 기술혁신에 쓸 자금 조달을 어렵게 만들 것이다. 그러면 재화와 서비스의 안정적인 공급이 어려워지고, 소비자는 경제적 손실뿐만 아니라 일상적인 생활에 불편을 겪음으로써 국민들의 경제적 후생은 당연히 낮아질 수밖에 없다. 그러므로 정부는 이러한 해로운 경쟁을 방지하기 위해 가격하한

1) 이러한 산업의 대표적인 예로서 농업, 석탄채굴업, 철도산업 등을 들 수 있다.

제, 즉 최저가격 규제를 실시하는 한편, 산업에 대한 자유로운 진입을 제한하는 진입규제를 하게 된다.

셋째, 시장지배적 기업의 선점가격 책정행위가 산업을 파괴할 수도 있다. 선점가격 책정행위란 시장지배력이 있는 기업이 산업으로부터 경쟁력이 약한 기업을 축출하기 위한 의도에서 일시적으로 평균가변비용 이하로 가격을 낮춰 받는 행위를 말한다. 선점가격책정 행위를 한 기업이 산업에서 지배적인 위치를 확보한 후에 다시 높은 가격을 받을 수 있게 된다. 그러나 선점가격 책정행위를 하는 기업이 의도했던 대로 그 결과가 시장에 나타나지 않는 수도 있다. 즉 선점가격책정 기업은 처음에 큰 규모의 손실을 감당하고 후에 가서야 비로소 이윤을 얻을 수 있는데, 후에 얻을 수 있는 이윤이 이전에 감당한 손실을 초과할 수 있어야 하지만 이윤이 손실을 초과하지 못하는 경우도 있다는 것이다.

또한 시장지배력을 갖고 있는 기업이 약한 기업과 담합하거나 합병하는 것이 보다 이로운 경우도 있지만 독과점금지법에 적용되는 산업에 참여하고 있다면 담합과 합병은 불법적인 것이 된다. 합병이나 담합은 차치하고서라도, 산업의 진입이 용이한 경우라면 선점가격책정 행위는 여전히 이롭지 못할 것이다. 왜냐하면 산업진입이 쉬워 이윤이 발생하는 단계에서는 새로운 경쟁기업을 끌어들임으로써 기업 간에 경쟁이 초래되고 이에 따라 경쟁수준 이상의 이윤을 보장받을 수 없기 때문이다. 따라서 산업 진입이 용이하거나 규제가 없는 산업에서는 선점가격책정 행위를 하는 것은 합리적인 선택이 되지 못할 것이다. 이와 같이 면허 또는 인허가 등 산업에 대한 진입을 어렵게 하는 규제가 없다면 기업의 선점가격책정 행위는 시장에서 가능하지 않을 것이다. 한편 규모의 경제를 가지고 있거나 시장지배력이 큰 기업의 재화와 서비스에 대해 매우 강한 소비자 선호가 나타나는 산업처럼 신규기업의 진입이 어려운 경우에는 선점가격 책정행위가 기업에게 이로울 수 있다.

넷째, 비공식적인 과점적 시장지배를 도모하기 위한 카르텔 조직을 예방하기 위해서라도 파괴적 경쟁은 규제되어야 한다. 이처럼 규제는 경쟁력 있는 기업이 시장을 지배하려는 시도를 예방하기 위한 목적으로 시행하는 것이다. 중소기업이 주류를 이루고 있는 산업에서는 대기업이 장기간 가격을 인하할 수 있고, 또한 중소기업에게서는 가능하지 않은 시장전략과 생산기술을 가지고 있으므로 이를 이용하여 중소기업들을 시장에서 축출할 수 있다. 그러면 시장은 독과점화되고, 이에 따라 독과점적 폐해가 초래될 수 있어 이를 방지하기 위해 규제를 시행하는 것이다.

끝으로, 파괴적 경쟁을 방지하기 위한 규제는 산업의 생존이 국익에 부합하는 것으로 인정되는 농업, 해상운송 등 국내산업의 생산능력을 제고해야 하는 경우에 필요하다. 이것은 농업 분야에서 양곡관리기금을 두어 운영하고 있는 것이 잘 설명해 주고 있다. 그러나 파괴적 경쟁에 대한 규제가 부정적 결과를 초래할 수 있는데, 이 경우에는 규제가 경쟁을 불필요하게 제한하여 비효율적이고 비혁신적인 기업과 산업을 보호함으로써 오히려 산업이나 기업의 발전에 장애가 될 것이다. 이러한 규제는 경제적 근거에 바탕을 두어 시행하기보다 그동안 산업이나 기업과 호의적인 관계를 맺어온 규제기관이 경쟁 자체가 산업을 파괴할 수도 있다는 구실로 시행하는 것이다. 그러나 파괴적 경쟁에 대한 규제가 시장의 경쟁을 제한함으로써 경제적 비효율성을 초래한다는 이유로 반론이 제기될 수 있다. 이러한 반론은 산업에 대한 진입장벽이 낮아지면 기업이 효율적인 혁신을 도모하기에 충분한 규모로 성장할 수 있는데도 불구하고 규제가 이를 어렵게 만드는 요인으로 작용할 수 있다는 데 그 근거를 두고 있다.

파괴적 경쟁에 대한 규제는 공급량이 가격의 변화에 민감하게 반응하지 못하는, 공급의 가격탄력성이 아주 낮은 과잉시설의 문제를 안고 있는 산업에서 시행하는 것이 일반적이다. 이러한 산업에 참여하고 있는 기업들이 경기가 침체하면 심각한 가격경쟁을 하게 되고, 이에 따라 대부분의 기업들이 돌이킬 수 없는 경제적 손실을 입게 될 가능성이 높아진다. 따라서 이런 산업에 대해서는 경기침체기에 발생할지도 모를 파괴적인 가격경쟁을 방지하기 위해 최저가격을 설정하는 등 가격규제를 하는 것이 일반적이다. 그런데 이처럼 최저가격을 설정해 규제하는 경우에는 동시에 산업에 대한 진입을 제한하는 규제를 시행해야 할 것이다. 그렇지 않으면 신규 기업들이 시장에 진입함으로써 최저가격을 유지할 수 없게 되기 때문이다.

파괴적 경쟁의 방지를 목적으로 한 가격과 진입규제는 특정 산업의 생산기반을 안정적으로 유지하게 함으로써 경기의 변화에 효과적으로 대응할 수 있도록 하기 위한 것이다. 그러나 산업의 특성상 과잉시설이 유발되기 쉬운 대공황과 같은 심각한 경기침체기에 직면하는 경우에는 파괴적 경쟁에 대한 규제의 당위성이 상당히 인정되지만, 정상적인 경제상황에서는 파괴적 경쟁의 의미가 애매모호하기 때문에 이를 구실로 한 규제의 당위성은 상당히 약화될 것이다(최병선, 2002: 35). 따라서 파괴적 경쟁에 대한 규제를 시행하기 전에 경제상황에 대한 보다 정밀한 이해가 요구된다.

### 3) 외부비용의 내부화

규제로 외부비용을 적절하게 다루어야 할 필요가 있다. 외부비용으로 생산이나 소비활동에 직접 참여하지 않은 제3자가 적절한 보상 없이 피해를 당하는 경우에는 자원의 효율적 이용이 어렵게 된다. 공기나 수질오염을 예로 들 수 있다. 대량의 연기나 매연을 뿜어대는 공장은 대기오염 및 이름 모를 각종 질병을 유발함으로써 그 주변의 주민에게 해로운 피해를 준다. 그럼에도 불구하고 오염을 배출하는 기업이 재화와 서비스의 생산과정에서 이러한 외부비용을 고려할 것이 강제적으로 요구되지 않으면 오염배출 기업은 그 비용을 무시하려고 할 것이다. 반대로 이들 비용이 기업에 부과된다면, 오염배출 기업은 이 비용을 노동력, 원자재, 감가상각비 등과 같은 직접생산비용처럼 내부 생산비용으로 취급하여 그 비용을 최소화하려는 노력을 할 것이다. 그리고 외부비용이 재화와 서비스를 생산하는 데 드는 생산비용에 반영된다면 외부비용의 내부화로 인해 재화와 서비스의 시장가격이 그만큼 인상하므로 이에 대한 수요량이 줄어들 것이다. 이에 따라 소비자들은 이전보다 적은 수량의 재화와 서비스를 구입하게 될 것이며, 그 결과 외부비용이 반영된 사회적정수준에서 재화와 서비스가 생산·공급됨으로써 자원의 효율적 배분이 가능해진다.

외부비용에 대한 규제가 없는 경우에는 공기, 물 등 자연자원이 낭비되어 적재적소에 이용될 수 없으므로 자원배분의 비효율성이 나타난다. 근래에 증가되고 있는 환경문제에 대한 관심은 경제활동으로 인한 외부비용을 고려하는 입법을 제정하도록 고무시키고 있다. 이러한 입법에 준해서 환경규제기관은 개인, 기업, 정부 등이 오염절감을 위한 노력을 하도록 명령을 할 수 있는 권한을 부여받았다. 이러한 면에서 환경규제는 외부비용의 전부 또는 부분을 규제대상기업이나 그 생산물을 사용하는 사람이 부담하도록 하는 효과를 지닌다고 볼 수 있다.

#### 4) 부적합한 시장정보의 배제

시장에서 개인들이 생산과 소비에 대한 결정을 하는 데 충분한 정보를 갖고 있지 못하는 경우에는 시장에 결함이 생긴다. 충분한 정보를 가지고 있는 완전경쟁시장에서는 소비자들은 자유로이 의사결정을 할 수 있으며, 이러한 결정은 기업에게 생산비용에 비해 상대적으로 높은 가치를 지니고 있는 재화와 서비스를 생산하도록 하는 동기를 부여할 것이다. 이에 따라 시장은 소비자의 선호에 맞는 생산물을 생산할 수 있게 할 뿐만 아니라 이들 생산물을 생산하는 데 적합한 생산요소와 결합을 이룰 수 있게 한다. 그러나 완전경쟁시장과는 달리 실제 사회에서 대부분의 소비자와 근로자들은 단지 부분적인 정보만을 가지고 경제활동을 위한 결정을 내리기 때문에 그 결정이 잘못될 수 있고, 이에 따라 경제적 손실을 볼 수도 있다.

개인들이 정확하게 정보를 평가할 수 있는 능력을 가지고 있다고 하더라도, 시장은 아주 적은 정보만을 제공하므로 적절한 정보에 접할 수 있는 기회가 적은 것이 일반적이다. 생산자는 고객에게 정보를 충분히 제공하려는 동기를 거의 갖고 있지 않다. 왜냐하면 정보를 제공한 자가 정보 제공에 드는 비용을 정보로부터 편익을 받는 사람에게 부담시킬 수 없기 때문이다.

사회적 관점에서 보면, 일단 정보가 생성하면 이를 보급시켜 모든 사람에게 알리는 것이 효율적이다. 그러나 시장이 정보제공자에게 정보창출에 대한 비용을 보상받도록 보장하지 못하고 있으므로 시장은 효율적으로 작용하는 데 필요한 정보를 창출해내지 못하며, 또한 정보가 너무 기술적이기 때문에 대부분의 사람들이 이해하지 못하는 경우가 많이 생긴다. 이러한 이유로 정보를 제공하거나 보급하는 데 정부의 역할이 강조되고 있는 것이다.

정보 제공과 관련한 규제는 소비자와 근로자가 가지고 있는 지식의 정도에 따라 주로 두 가지 유형으로 구분해 시행하고 있다.

첫째, 소비자가 정보를 평가하는 데 비교적 용이한 경우에 시행되는 규제는 정확한 라벨을 부착할 것을 요구하거나, 내용물에 대한 설명서의 첨부를 의무화하거나, 허위·과장 광고를 금지하는 방법 등으로 이루어진다.

둘째, 소비자가 필요한 정보를 평가하는 데 기술성 또는 전문성이 요구되는 경우에는, 이러한 능력을 가지고 있는 공공기관이 품질, 안전성, 효능 등에 대한 검사를 하고 그 결과에 따라 품질마크, 검사필증 등 검사 표시를 부착하도록 의무화하거나, 정부가 인정한 기관으로 하여금 그 자격 여부를 심사하여 자격기준에 통과한 사람에게 특종 직종에서 경제활동을 하도록 면허를 주거나 특정 영역에서 영리활동을 할 수 있도록 허용하는 규제를 시행할 수 있다. 또한 기준을 설정하여 이를 근거로 개인이나 기업의 경제활동을 제한하는 규제를 시행할 수 있다. 이들 방법은 충분한 정보 없이 생산자나 소비자가 생산과 소비를 결정하는 경우에 입게 될지도 모를 육체적·경제적 피해를 줄이기 위하여 채택할 수 있는 것들이다. 실제적으로 정보 제공방법과 기준 설정방법 중 어떤 방법이 더 유효할 것인지를 판정하는 일은 그리 쉽지 않다. 그러나 의약품이나 음식물의 경우에는 기준이나 유통일자를 설정하여 규제하는 방법이 보다 바람직할 수 있다.

#### 5) 주요 산업의 육성

산업 육성을 위한 규제는 경제발전에 긍정적으로 기여할 것으로 인정되거나 기본적으로 필요한 산업이나 기업을 선별하여 그 활동을 지원·조장·보호하기 위한 목적으로 시행하는 것이다. 이러한 규제는 신규기업의 산업진입이나 경쟁의 위험성으로부터 유치산업을 보호하거나 위험부담이 큰 산업에 참여하는 투자자를 보호하여 투자에 상응하는 수익을 거둘 수 있도록 함으로써 그 산업의 계속적인 존립 및 성장을 가능하게 하기 위한 것이다. 이는 발명과 기술혁신을 고무하기 위하여 채택하는 특허제도와 유사한 근거에서 시행하는 것으로서 새로운 모험산업이나 위험부담이 높은 산업을 대상으로 하여 제한적으로 시행하는 것이다. 따라서 일단 안정적인 상태에 도달하면 이러한 규제의 당위성은 더 이상 인정되지 않는 것이 일반적이다.

산업 선진국과는 달리 개발도상국의 경우에는 자본시장이 발달되지 못하여 국민경제에 바람직한 산업인데도 불구하고 투자가 원활하게 이루어지지 않음으로써 산업육성을 더디게 하는 경우가 있다. 이 경우 정부가 자본시장에 개입하여 각종 금융지원을 해줌으로써 산업육성에 기여할 수 있다. 그 외에 산업육성을 위하여 채택하는 규제로서는 외국기업의 경쟁으로부터 국내 산업을 보호할 목적으로 시행하는 수입규제, 규모의 경제 효과가 비교적 크다고 인정되는 산업에 대한 투자기업 수의 제한 또는 기술 도입선의 제한, 중소기업의 보호 육성을 위한 중소기업 고유 업종 지정 등과 같은 것들을 들 수 있다(최병선, 2002: 37).

그러나 산업육성을 목적으로 하는 규제가 이들 산업에서 생산하는 재화와 서비스의 가격을 기타 산업에 비하여 높게 하고, 생산량을 제한하는 부정적 효과도 병행하여 나타날 수 있다. 또한 이러한 규제로 육성대상 산업이 마치 불가침적 영역을 확보하여 안정적인 상태를 향유할 수 있도록 하는 결과를 초래하기도 한다. 그러면 차후에 규제를 제거하거나 완화하려는 정부의 노력이 주요 산업을 위험에 빠뜨리는 것처럼 보일 수도 있고 부정적인 영향을 받는 당사자들이 이러한 정부 조치에 단호하게 저항할 가능성을 높일 수 있다. 따라서 육성적 목적으로 규제를 할 경우에는 이러한 부정적인 결과가 초래될 수 있다는 사실을 감안해야 할 것이다. 이러한 점에서 정부가 자유로운 산업진입이 초래할 수 있는 부정적 효과를 방지할 의도나 또는 특정 산업을 지원할 의도에서 시행하는 육성적 규제는 일시적인 것이라야 할 것이다.

특히 국방이나 안보상 중요시되는 산업을 보호·육성하려는 장기적 노력에서 규제를 하는 제한적인 방법을 채택하면 오히려 지나친 비용을 요구할 수 있다. 이러한 규제방법보다는 경쟁입찰제를 통해 산업에 참여하는 기업과 계약을 맺어 이를 바탕으로 이루어지는 간접적 규제방법이 목적달성에 보다 효과적인 것이 될 수 있다. 이러한 방법은 예산과정을 거치는 동안에 국회의 심의대상이 될 수 있어서 규제의 내용을 검토할 수 있는 기회가 주어짐으로써 재정지출을 줄일 수 있을 뿐만 아니라 직접적 규제의 범위도 상대적으로 줄일 수 있기 때문이다.

### 6) 자연자원의 적절한 이용의 도모

개인에게 자연자원을 마음대로 발굴할 수 있도록 허용하면, 자손 대대로 보존해야 할 자연자원이 크게 훼손될 수 있다. 따라서 사회는 자연자원을 개발하려고 할 때에는 현재에 이용할 것인지 또는 미래에 이용할 것인지 그 이용 시기를 선택하여 개발할 자연자원의 종류와 그 규모를 결정하여야 한다. 합리적인 보존정책은 자연자원을 전혀 이용하지 못하도록 규제하는 것이 아니라 가장 가치 있을 때 효율적으로 이용할 수 있도록 하기 위한 것이다. 이를 위해 할인율을 적용하여 자연자원의 현재 이용가치와 미래 이용가치를 비교·평가하여 개발 시기를 결정하는 방법이 채택될 수 있다.

금광을 예로 들어 제기되는 중요한 문제 중의 하나는 현재에 개발할 것인지 또는 미래의 어떤 시점에 개발할 것인지 그 시기를 결정하는 것이다. 사회적 관점에서 보면 자연자원의 보존문제는 미래의 여러 시점에서 채굴될 금의 이용가치를 산정하고 이러한 미래 이용가치를 현재 이용가치로 할인한 수치와 비교·평가할 수 있으면 해결될 수 있다. 만약 금의 현재가치가 미래의 어떤 한 시점에서 할인된 금의 현재가치를 초과한다면 매장된 금을 지금 채굴하는 것이 사회의 경제적 이익에 부합할 수 있다. 그러나 미래의 일정한 시점에 채굴한 금의 할인된 현재가치가 금의 현재가치를 초과할 것으로 예상하면 그 때까지 매장량을 보존하는 것이 보다 바람직할 것이다. 따라서 가장 합리적인 보존정책은 비용이 가장 적게 드는 금광으로부터 시작하여 비용이 보다 많이 드는 금광은 나중에 개발함으로써 자원 이용의 효율성을 높일 수 있는 방법을 채택해 운영하는 것이다.

대부분의 경우에 민간인이 자연자원을 소유한다면 이러한 근거를 바탕으로 개발 시기를 결정할 가능성이 클 것이다. 금광을 소유한 민간인은 현재가치가 최고 수준에 도달할 때 채굴함으로써 그 가치를 극대화하려고 할 것이다. 그러나 생산자가 자원에 대한 명확한 소유권을 가지고 있지 못한 경우에는 위와 같은 근거에 따라 이용 시기를 결정할 수 없을 것이다. 예를 들어, 전파 파장, 유전, 온천 등과 같은 소위 공유자원의 경우에는 어떤 생산자도 자연자원을 보존하려고 하는 동기를 갖지 못하게 된다. 왜냐하면, 한 생산자가 개발하지 않으면 다른 생산자가 개발함으로써 수익이 그 개발업자에게 돌아가기 때문이다. 이러한 경우에 그 개발과 활용을 무제한적으로 허용하면 생산자 상호 간에 갈등이 발생하거나 마찰을 일으켜 자산의 가치를 파괴하거나 자원을 무절제하게 개발할 유인을 줌으로써 자원의 낭비를 초래할 가능성이 높아진다. 따라서 정부는 이러한 공유자원을 보존하기 위한 수단으로써 규제를 채택해, 자원의 이용권을 제한하는 진입 제한적 규제를 시행하는 것이 보통이다(최병선, 2002: 37).

## 2 외부 목적

규제는 자원 이용의 비효율성을 초래하기도 하지만, 사회적으로 바람직하다고 인정된 목적을 수행하기 위하여 도입해 운영할 수 있다. 이는 규제를 위한 정당성이 시장실패에만 있지 않다는 것을 의미한다. 많은 경우에 규제는 안정성, 공평성과 같은 규범적 목적을 위해 채택해 시행하기도 한다. 이러한 외부 규범적 목적 달성에 기여하는 실제적 목적으로는 다음과 같은 것을 들 수 있다.

### 1) 경쟁산업에 대한 규제

경쟁산업에 대한 규제는 한 산업이 규제 하에 관리되고 있는 경우에 이와 유사한 성격을 가지고 있는 다른 산업도 마찬가지로 규제를 함으로써 이들 산업 간에 공정하게 경쟁하도록 하기 위한 것이다. 예를 들어 화물차 운송산업에 대한 규제는 이미 규제가 되고 있던 철도산업에 화물차 운송산업이 점차 중요한 경쟁자가 되고 있다는 주된 이유로 시행된 것이다. 즉 화물의 물동량이 많아지고 화물차가 갖고 있는 신속한 이동성과 화주와의 근접성 때문에 화물차 운송산업이 점차적으로 철도 화물의 상당한 부분을 잠식한 것이 주된 원인이 되었다. 최근에는 유선방송이 민영화됨으로써 이들 방송사에 대한 규제가 예상되고 있다. 즉 앞의 논리에 따른다면, 정규 방송은 이미 규제 하에 운영되고 있기 때문에 같은 분야에 참여하고 있는 유선방송도 정규방송에 대한 규제에 상응하는 규제를 받아야 한다는 것이다.

경쟁산업에 대한 규제는 공평성을 제고하고 이미 통제되고 있는 산업을 보호한다는 근거로 합리화되고 있지만, 이에 대한 규제는 실제로 산업의 경영능력을 개선하는데 기여하기도 한다. 그러나 이미 규제받고 있는 산업을 보호하려는 의도에서 시행하는 규제가 경쟁산업에 확대될 때 규제로 인하여 초래되는 비효율성은 공평성이란 관점에서 감수할 수밖에 없게 된다.

### 2) 교차보조의 촉진

특정 집단이나 지역에 서비스가 제공되도록 하기 위해 요금과 진입에 대한 규제가 요구되기도 한다. 이러한 목적을 위해 채택할 수 있는 규제 방식 중의 하나가 교차보조를 위한 규제이다. 이것은 수익적인 기업활동을 통해 벌어들인 수익으로 비수익적인 서비스를 제공하는 데 초래된 손실을 충당할 수 있게 함으로써 누구에게나 또는 어디에서나 공평한 서비스가 제공되도록 하기 위한 것이다.

교차보조는 시장에 맡겨서는 제공될 수 없는 비수익적인 서비스를 공급하는 데 필요한 자금을 수익적 서비스로부터 충당하도록 하기 위하여 수익적 서비스 공급에서 경쟁을 제한하기 위한 진입에 대한 규제를 불가피하게 한다. 이러한 규제방식은 기업이 변화하는 시장조건에 따라 서비스의 공급을 결정할 수 있는 자유를 구속한다는 점에서 비효율성을 초래하지만 보이지 않는 소득재분배 효과를 초래함으로써 공평성을 제고하는 효과를 초래할 수 있다. 이 경우 정부의 추가적인 재정부담을 요구하는 것도 아니어서 재정부담 없이 서비스의 공급을 확대할 수 있다.

이처럼 작은 마을이나 농촌 지역에 교차보조로 제공되는 서비스는 공평성의 제고라는 측면에서 그 당위성이 인정되고 있다. 그러나 이들 지역에 서비스를 제공하는 데 드는 비용이 높고 요금이 비용을 반영할 수 없다면 이들 서비스 지역은 수익성이 있는 지역과 비교해서 상대적으로 열악하고 품질이 낮은 서비스를 제공받을 것이다. 또한 이러한 규제가 시행되어 온 산업에서 실제로 교차보조에 의한 서비스의 제공이 가능할지 그 여부조차 의문이 제기될 수도 있다.

작은 마을에 대한 교차보조를 통한 서비스 제공이란 문제는 어떤 점에서는 의미가 없을 수도 있다. 무엇보다 서비스 제공에서 제기되는 실질적 문제는 가격이 얼마이고 누가 비용을 부담하는지 하는 것이기 때문이다. 소비자가 지불할 의사를 가지고 있고 규제로 인해 실제 비용을 반영할 수 있는 요금 결정이 허용된다는 가정 하에서는 이들 지역에 대한 서비스 제공이 부족할 이유가 전혀 없다. 그러나 서비스가 지속적이지 못하거나 서비스의 가격이 터무니없이 높은 경우에는 작은 마을은 적절한 서비스를 받지 못하는 상태에 직면할 가능성이 크다. 따라서 서비스의 제공이 가능하다는 것은 서비스가 지속적으로 제공된다는 것을 의미하는 것이고, 이러한 의미에서 작은 마을이 서비스의 중단에 직면하거나 수용할 수 없는 높은 가격을 감수해야 하는 경우에는 정부가 서비스 제공업체에게 보조금을 지불하거나 조정 지원금을 줌으로써 지속적으로 서비스를 제공하도록 하는 것이 보다 적절한 시정책이 될 수 있을 것이다.

한국의 경우, 시외버스의 벽지노선의 운행을 가능하도록 하기 위하여 벽지노선 운행에 따른 손실을 국가에서 시외버스 벽지노선의 보상금 지급이란 형태로 보조해 주었다. 그러나 이 제도는 벽지노선 운행으로 인한 손실보상금 청구방법 및 보상금 수령에서 요구되는 복잡한 절차와 구비서류 때문에 많은 업체에서 보상금을 포기하는 현실이어서 그 유효성에 대한 의문이 제기되기도 했다.

교차보조는 정부가 특정 산업에 대하여 가격차별을 허용하는 규제라고도 할 수 있다. 전력, 교통과 같은 공익서비스 분야에서는 어떤 그룹의 소비자에게 한계비용을 초과하는 가격을 부과하도록 허용하고, 이로부터 얻은 수익을 가지고 그 대신 다른 그룹의 소비자에게 생산비에 미달하는 가격수준으로 서비스를 공급하고 있다. 이러한 예는 대도시를 왕래하는 소비자에게 높은 운임을 부과해 얻은 수익으로 교통량이 극히 낮은 지역의 주민에게 교통서비스를 값싸게 공급할 수 있게 함으로써 공익서비스의 이용을 확대하는 경우에서 볼 수 있다(최병선, 2002: 36).

### 3) 부당이득과 이익의 분배

규제가 되지 않을 경우에 사회를 구성하는 집단이나 구성원이 높은 가격을 지불해야 하는 상황이 전개될 수 있기 때문에 이를 예방하기 위해 규제가 실시되는 경우가 있다. 정유산업을 예로 들면, 원유 공급국의 공급량 증대로 국내시장에서 형성되는 정유의 가격수준이 낮아지면 정유에 대한 수요가 증가하여 물량부족 현상을 초래할 수 있다. 그러나 이러한 경우에 정부가 물량부족 현상을 해결하기 위해 규제를 통해 시장에 개입할 필요가 없을 것이다. 규제되지 않는 시장에서 나타나는 물량부족 현상은 수요와 공급의 법칙에 따라 정유의 가격을 인상시킴으로써 보다 많은 원유를 수입하여 정유의 공급량이 증가하도록 유인하거나, 그렇지 않으면 소비자 스스로 그 소비를 억제하도록 하기 때문이다.

반대로 원유 공급국이 공급량을 감소시킴으로써 국내시장 조건의 변화로 국내가격이 상승하는 경우에는 기존에 원유를 많이 확보하고 있는 정유기업은 원유의 경제적 가치가 급등함으로써 경제적 지대나 불로소득을 얻게 될 뿐만 아니라 정유가격의 상승으로 큰 폭의 초과이윤을 얻을 수 있을 것이다. 또한 부동산 가격의 폭등은 투기를 조장하는 데 근본적 원인이 되어 왔고, 이로 인해 부동산을 소유한 사람들은 상당한 불로소득을 얻게 되었다. 이것이 과소비를 조장하여 국민들 간에 위화감을 조성하였을 뿐만 아니라 국민들의 근로의욕을 저해하는 요인으로 작용하여 왔다. 위와 같은 경우는 국민들 간에 소득분배의 불공평성과 기업들 간의 경제력의 차이를 야기해 사회불안 요인으로 작용할 수 있으므로 이에 대한 규제를 불가피하게 한다.

이처럼 석유나 천연가스 등 유한한 천연자원의 수입이나 개발에서는 물론이고, 토지와 같이 공급이 단기적으로 고정되어 있거나, 주택과 같이 공급의 가격탄력성이 비탄력적인 산업에서는 수요가 증가하면 초과이윤 또는 경제적 지대가 발생하기 쉽다. 따라서 생산자는 아무런 노력 없이도 수요의 증가에 따라 초과이윤을 얻을 수 있다. 그러나 수요자의 입장에서 볼 때 이러한 초과이윤으로 인한 부당이익은 지극히 불공평한 일이 아닐 수 없어 부당이득이 발생하는 곳에는 정부가 개입하여 최고가격의 지정 등 가격규제를 통해 소비자의 이익을 보호하는 것이 일반화되어 있다(최병선, 2002: 34).

### 4) 가격차별의 금지

규제를 하는 주요한 목적 중의 하나는 유사한 서비스에 대하여 상이한 가격으로 거래하는 가격차별 행위를 금지하는 것이다. 독점상태에서 가격규제는 선점가격 책정행위를 통제하기 위한 수단으로써 그 당위성을 확보해 왔다. 그러나 시장지배적인 기업은 선별적 가격책정 또는 선점가격 할인 등과 같은 가격차별 행위를 함으로써 과도하게 기업의 이익을 증대하는 한편, 높은 요금을 지불하는 소비자를 경제적으로 불리하게 할 뿐만 아니라 경쟁기업의 시장진입을 방해할 수 있다. 가격차별은 생산자가 재화와 서비스의 생산비용에 각기 다른 폭의 이윤을 붙여 각기 다른 고객에게 판매할 때 발생한다. 만약 재화와 서비스는 동일하지만 다른 소비자집단에 비해 한 소비자집단에게 높은 가격으로 판매한다면 높은 가격에 구입하는 소비자집단은 저렴한 가격에 구입하는 소비자집단에 비해 상대적으로 차별을 받게 되는 셈이다(최병선, 2002: 35).

가격차별의 방지를 위한 규제기관이 규제를 하는 데 근거로 삼는 법 규정의 공통점은 독점기업의 지나친 가격차별을 방지함으로써 고객에게 주는 편익의 공평성을 기해야 한다는 것이다. 그러나 실제로는 가격차별에 대한 규제가 시행되면 특정 고객은 보다 유리한 요금을 제시하는 서비스 분야로 이동할 수 있기 때문에 가격차별로 인한 편익을 누릴 수 있다. 즉 독점기업은 이와 같은 이동성을 가진 고객들에게 보다 낮은 가격을 제시함으로써 다른 서비스 분야로 고객을 빼앗기는 것을 막으려고 할 뿐만 아니라 가격에 대한 협상능력이 큰 고객을 위해서는 특별한 요율체계를 마련해 이들 고객을 흡수하려고 할 것이다. 그러면 이들은 독점기업이 제시한 낮은 가격이나 특별한 요율체계로 인해 경제적 편익을 누릴 수 있다.

이처럼 독과점적 지위에 있는 기업은 이윤의 극대화를 위해 가격차별화를 시도한다. 이런 가격차별이 가능한 것은 각기 다른 수요자 간에 수요의 가격탄력성이 상이하기 때문이다. 이런 차이가 생기는 것은 다음과 같은 이유에서이다. 그 중 하나는 대규모 수요자는 수요독점적 위치에 가까운 위치를 갖거나 또는 스스로 수요를 충족할 수 있는 능력을 가질 수 있으므로 이들의 수요의 가격탄력성은 높게 나타나는 것이 일반적이다. 어떤 소비자의 경우에는 구입하려는 재화와 서비스를 대신할 수 있는 대체재가 다양하기 때문에 수요의 가격탄력성이 높은데 반해, 대체재가 없어 유일한 생산자가 공급하는 재화와 서비스를 구입하는 소비자의 경우에는 선택의 여지가 없으므로 수요의 가격탄력성이 낮다. 어떤 경우에 해당하든지 간에 수요의 가격탄력성이 낮은 그룹의 소비자는 보다 높은 가격을 지불할 수밖에 없으므로 불공평한 편익을 받는 셈이다. 이런 문제의 해결을 위해 정부가 가격규제를 하는 경우에는 가격수준보다는 주로 가격구조 또는 요율구조를 규제하는 것이 보통이다. 이러한 규제는 경제적으로 합리화될 수 없는 부당한 이유로 가격차별하는 행위를 금지함으로써 취약한 입장에 있는 소비자를 보호하기 위한 것이다.

부당한 가격차별은 비단 가격을 통해서만이 아니라 간접적인 형태로 다양하게 이루어질 수도 있다. 예를 들면 거래조건, 거래시기, 대금 지불방법, 거래 상대방 등에 차등을 둠으로써 가격차별을 하는 것과 유사한 효과를 얻을 수도 있을 것이다. 이런 차별적인 거래방법에 대한 규제 역시 부당한 가격차별과 같은 효과가 초래되는 것을 방지할 목적으로 시행하는 것이다.

### 5) 기업 간의 불공정한 경쟁방지

위에서 교차보조를 통한 서비스 공급의 확대에 대해 설명한 것과 같이, 서비스의 공급대상을 확대하기 위해서는 교차보조가 필요한 경우가 있을 수 있고, 이런 교차보조가 가능하도록 하기 위해서는 우선 이 부문에서의 과도한 경쟁을 방지해야 할 필요성이 제기된다. 또한 상대적으로 수익성이 높은 특정 사업부문에만 전문화하는 기업의 참여를 배제해야 할 필요도 생긴다. 예를 들면 지방 소도시에 항공 서비스를 제공하기 위해서는 항공 이용도가 높은 대도시 간을 운행하는 항공 서비스의 요금을 상대적으로 높게 책정하고, 여기에서 얻은 수익으로 지방 소도시를 운행하는 항공 서비스의 지원에 전용할 수 있어야 한다. 이 때 수익성이 좋은 대도시 간의 노선에서만 항공 서비스를 제공하려고 항공사가 난립하면 결국 수익성이 낮아지고, 이에 따라 교차보조를 통하여 지방 소도시에 제공되는 항공 서비스의 공급은 곤란하게 될 것이다.

이와 같이 수익성이 높은 구간에서만 서비스를 특화하고 수익성이 낮은 구간의 서비스를 외면하는 현상을 소위 탈지행위(cream-skimming)라고 하며, 이런 행위는 불공정한 경쟁행위 중의 하나로 간주하여 규제하는 것이 일반적이다.

이런 이유에서 시행하는 진입규제는 특히 교통 등 서비스의 공급 형태가 다양한 공익 서비스 산업에서 흔히 볼 수 있는 것으로서, 이 경우에는 진입규제와 동시에 교차보조를 통한 서비스 공급의 확대와 균형을 도모하기 위한 노선 규제, 사업 영역에 대한 규제 등을 함께 시행하는 것이 보통이다. 그러나 불리한 여건에 있는 소비자 또는 지역에 대한 서비스의 공급을 위해 규제의 교차 보조적 기능을 활용하려는 시도에 대해 이론의 여지가 있는 것 또한 사실이다.

# 제 8 장 규제의 종류

규제는 경제 전체의 경쟁적 체질을 보전하거나 증진하기 위하여 시행하는 독과점 금지 및 불공정거래의 규제, 특정 산업이나 공익사업에서 결정되는 가격, 생산량, 수익률 등의 제한에 초점을 둔 경제적 규제, 그리고 환경보호, 생산물의 안전성, 근로자 보호, 자연자원의 보존 등에 관심을 두고 있는 사회적 규제 등 세 가지 종류로 대별할 수 있다.

릴리(Willam Lilly)와 밀러(James C. Miller)는 경제적 규제나 사회적 규제 모두 인간의 복지에 영향을 미친다는 점에서 '사회성'이라는 공통점을 가지고 있다고 보고 있다. 그러나 경제적 규제는 전형적으로 시장의 진입과 퇴출, 재화와 서비스의 가격 또는 요금, 시장에서 지켜야 할 의무 등에 초점을 맞추고 있는 한편, 사회적 규제는 재화와 서비스의 생산·판매조건 또는 물리적 성격 등에 영향을 미치므로 매우 세부적인 생산·유통단계에까지 관여하고 있다는 점에서(Lilly & Miller, 1977: 53-54) 두 종류의 규제의 성격에 차이가 있다는 사실을 제시하고 있다.

그러나 기업이 시장지배력을 확보하려는 행위와 시장지배력을 남용한 불공정거래 행위에 대한 규제에 관하여는 언급하지 않고 있다. 그 이유는 독과점 금지 및 불공정거래에 대한 규제가 역사적으로 경제적 규제의 원형을 이루어 왔고, 시장과 분리하여 논의할 수 없다는 논리에 따라 경제적 규제의 특수한 유형으로 취급해 온 데 원인이 있다. 그런데 이들 두 가지 종류의 규제에는 엄연한 차이가 있다. 경제적 규제는 주로 자유로운 시장경쟁을 제한한다는 특성을 갖고 있는 데 반해, 독과점 금지 및 불공정거래의 규제는 시장경쟁을 제한하는 행위를 지양함으로써 경쟁을 창출하는 데 목적을 두고 있다. 물론 시장을 중심으로 그 필요성이 제기되어 왔다는 점에서 독과점

금지규제도 경제적 규제의 일종으로 다루고 있는 학자도 있지만 독과점금지규제와 경제적 규제를 서로 분리해 논의하는 것이 최근의 학문적 추세이다.

독과점 금지 및 불공정거래 규제란 시장에서 독과점적 위치를 확보하려고 노력하거나 이를 발판으로 시장지배력을 남용하거나 불공정한 거래행위를 함으로써 시장의 공정한 경쟁 질서를 저해하고, 경제력의 집중을 초래할 가능성이 있을 때 이를 방지 또는 시정하기 위해 시행하는 것이다. 이러한 규제의 전제가 되는 것은 기업은 시장에서의 경쟁을 제한하기 위하여 갖가지 행위를 통해 독과점적 위치를 확보하려고 시도한다는 점이다. 그러나 시장에서 경쟁을 제한하는 행위가 나타난다고 해서 이들 행위가 반드시 독과점을 목표로 하는 것은 아니기 때문에 독과점화하는 것을 막기 위해서는 이를 위한 별도의 규제가 마련되어야 한다.

전통적 규제(traditional regulation)라고도 불리는 경제적 규제는 자연독점 때문에 초래되는 사회적 폐해, 중복 투자로 인한 자원의 낭비, 과당경쟁으로 인한 산업 발전의 저해 또는 산업의 파괴, 지나친 경쟁으로 인한 제품의 품질 저하, 생산물의 수요와 공급의 불균형으로 인한 시장의 불안정성 등과 같이 기업의 행위가 사회적으로 바람직하지 않은 결과를 초래할 것으로 예상되거나 초래할 때 공익이라는 명분 하에 이를 시정하기 위하여 시행되는 것이 일반적이다. 이처럼 시장에 많은 기업들이 참여하는 것이 불가능하거나 때로는 사회적으로 바람직하지 않은 경우가 있고, 이러한 경우에는 시장에 경쟁이 존재하는 것이 오히려 사회에 부정적 효과를 초래할 수 있다는 인식에서 경제적 규제가 비롯된 것이다.

사회적 규제는 경제적 규제처럼 기업 또는 산업의 가격책정이나 생산량 결정에는 초점을 두고 있지는 않지만, 사회적으로 바람직하지 않은 결과를 초래할 수 있는 기업의 행위 또는 행태를 통제하는 것에 관심을 두고 있다. 신규제(new regulation)라고도 불리는 사회적 규제는 시장의 작용으로 적절하게 취급받지 못하는 이해나 가치를 보호하기 위한 것으로서 산업보건 및 안전, 환경보호, 자연자원의 보존, 소비자 보호 등을 목표로 시행되는 것들이다. 이러한 규제는 경제 전체에 산재한 많은 산업이나 기업에게 영향을 미치고 있다. 또한 사회적 규제는 생산결정 과정에서 나타나는 행위로부터 시장전략에 이르기까지 갖가지 기업의 행태를 변경하기 위하여 시행되기도 한다.

## 제1절 | 독과점 금지 및 불공정거래의 규제

독과점 금지 및 불공정거래의 규제는 경기에서 지켜야 할 일련의 규칙을 정하여 이에 위배되는 행위를 금지하기 위한 것으로서 시장이라는 경기장에서 경기를 하는 기업이라는 선수들이 의무적으로 지켜야 할 행동규칙을 정하여 이에 따를 것을 요구하고 있다. 그러나 정해진 대로 행동할 것인지의 여부는 기업 자체의 자의적인 판단이나 결정에 맡기고 있다. 따라서 독과점 금지규제는 다른 종류의 규제와 비교해서 상대적으로 정부의 개입이 적은 형태로 이루어지는 규제라고 할 수 있다. 그럼에도 불구하고 이러한 규제는 기업들의 행태를 사회적으로 바람직하고 건설적인 방향으로 지향하도록 유도할 수 있는 효력을 가지고 있다.

독과점 금지규제는 너무 적은 양의 생산물을 너무 높은 가격으로 공급하려는 독점기업의 결정으로 초래되는 사회적 손실, 즉 독과점으로 초래되는 경제적 순손실을 예방하기 위하여 시행하는 것이다. 그러나 독과점으로 발생하는 경제적 순손실을 측정하여 이러한 손실을 초래하는 기업의 행태를 규제한다는 것은 단순하지도 않고 쉬운 일도 아니다. 이에 따라 시장에서 이루어지는 순수한 경쟁 행위는 저해하지 않으면서, 사회적으로 해롭고 불공정한 행위만을 배제하는 데 그 목표를 둔 정교한 법과 제도적 장치가 마련되어야 한다.

미국에서는 1890년 셔먼 법(Sherman Act)을 제정함으로써 독과점 금지 및 불공정거래를 규제하기 위한 법체계가 구축되기 시작하였다. 동법이 제정되는 데 기여한 주요 요인으로는 시장지배력의 행사가 가능한 대기업의 출현을 꼽을 수 있다. 예를 들어 철도산업은 대규모로 토지, 노동, 자본 등 많은 생산요소의 확보를 요구하는 산업으로서 대기업화되었고, 이는 결국 교통비용을 저렴하게 함으로써 제강, 정유, 식품가공 등 관련 산업이 전국적으로 시장을 확장하는 데 도움을 주었다. 즉 이들 분야에 참여하는 기업들이 대규모 기업으로 성장하는 데 촉매적 요인으로 작용하였다. 더욱이 기술 개발과 기계화는 기업의 생산 규모를 대규모화하는 데 기여하는 요인으로 작용함으로써 전국의 시장에서 요구하는 수요를 충족할 수 있었다. 이로써 다양한 산업에서 대기업이 출현하기 시작하여 대기업이 중소기업을 대체함으로써 대기업의 시장지배력이 강화되었다. 이에 따라 시장지배력의 행사를 통한 경쟁 제한적 효과가 나타나게 되고 이를 규제하기 위하여 셔먼 법이 제정된 것이다.

셔먼 법은 특정 기업이 독점하거나, 독점하려고 시도하거나, 독점하려고 다른 기업과 공모하거나 결합하는 모든 행위를 불법으로 간주하여 이를 규제하는 데 필요한 법적 근거를 제공했다. 이에 따라 기업결합, 다른 형태의 기업 간의 계약 및 결합 또는 거래를 제한하기 위한 공모 행위(공동행위) 등이 규제되었다. 그러나 셔먼 법이 기업의 공동행위를 통제하는 데 실질적 효력이 거의 없다는 인식이 확산되면서 이를 보완하기 위한 입법으로 1914년에 클레이튼 법(Clayton Act)이 제정되기에 이르렀다.

동법은 경쟁자를 축출하기 위한 기업의 행위가 만연되어 있고, 이러한 행위가 금지되지 않으면 독점을 방지할 수 없다는 입법부의 견해를 반영하여 제정한 것이다. 그 주요 내용을 보면, ① 사업에 참여하고 있는 자가 동일한 등급 및 품질의 상품에 대해 구매자에 따라 가격을 달리함으로써 그 효과가 경쟁을 약화하거나 독점을 도모할 가능성이 있는 행위를 할 때 이를 위법으로 간주하고, ② 사업에 종사하는 자가 임차자나 구매자에게 임대자나 판매자와 경쟁관계에 있는 경쟁자의 제품을 사용하지 않거나 거래하지 않는다는 조건으로 임대해 주거나 판매하거나 판매계약을 함으로써 그 효과가 현저하게 경쟁을 약화하거나 독점을 도모할 가능성이 있는 행위를 할 때 이를 위법으로 간주하며, ③ 사업에 종사하는 어떤 기업도 동일한 업종에 참여하고 있는 다른 기업의 주식의 전부 또는 일부를 취득하거나 자본의 일부분을 취득함으로써 그 효과가 현저하게 경쟁을 약화하거나 독점을 도모할 가능성이 있는 행위를 할 때는 이를 위법으로 간주한다는 것이다.[1)]

첫째는 가격차별을, 둘째는 끼워 팔기나 배타조건부 거래를, 셋째는 기업결합을 제한하기 위한 규제이다. 그러나 이들 규제 중 어떤 것도 절대적인 것은 없으며, 다만 경쟁을 현저히 약화하는 행위를 미리 구체화해 법규로 정함으로써 이를 기준으로 특정 행위가 불법인지 판정하여 시행하는 것이다. 동시에 독과점 금지규제기관은 특정 행위가 궁극적으로 경쟁 제한적 효과를 나타낼 것으로 인지하면 실제적으로 경쟁 제한적 효과가 나타나기 전에 이러한 행위에 적절히 대처할 수 있는 권한을 부여받게 되었다.

이러한 권한을 가지고 실제적으로 규제를 시행하는 데 책임을 질 규제기관의 설치를 위한 근거법으로 1914년에 연방교역위원회법이 제정되었다. 연방교역위원회법은

---

1) ①은 Clayton Act의 Section 2에, ②는 Section 3에 그리고 ③은 Section 7에 규정되어 있다.

연방법원이 갖지 못한 전문성을 갖고 있는 전문기관이 독과점 금지규제를 효과적으로 수행할 수 있을 것이라는 입법부의 견해를 반영해 제정한 것이다. 이 법에 의하여 독과점금지법을 위배한 행위를 적발하여 기소할 수 있는 연방교역위원회가 설치되었다. 이에 따라 독과점 금지 및 불공정거래를 규제하는 업무는 1903년에 셔먼 법을 집행할 책임을 가지고 법무성에 특별기관으로 설치된 독과점금지 규제과(Antitrust Division)와 연방교역위원회가 함께 수행하게 되었다.

한국은 1980년에 '독점규제 및 공정거래에 관한 법률'을 제정하여 독과점 행위를 규제하기 위한 법적 근거가 처음 마련한 후 2009년 3월 제15차 개정을 마지막으로 오늘에 이르고 있다. 제1차 개정은 경제력 집중의 억제를 위한 새로운 제도의 도입을 위하여 지주회사의 설립 또는 전환의 금지, 대규모 기업집단에 속하는 회사의 출자제한, 동일한 대규모 집단에 속하는 회사 간의 직접적인 상호출자의 전면 금지, 대규모 집단에 속하는 회사의 타 회사 출자총액의 제한 등을 내용으로 하고 있으며, 기존제도의 보완·개선을 위한 시장지배적 사업자의 남용행위의 관리, 기업결합의 신고기준의 상향 조정, 공동행위의 관리, 과징금제도의 신설 등을 내용으로 하고 있다. 한편 제2차 개정은 경제력 집중에 대한 억제 강화, 불공정거래 행위에 대한 규제의 보완, 체결이 금지되는 국제계약의 범위 확대·신고 대상 국제계약의 범위의 축소, 조사 및 제재 조치의 보강, 전담기구의 개편 등을 내용으로 하고 있다.

또한 1992년 제3차 법 개정을 통해 계열회사 간 채무보증을 자기자본의 200% 이내로 제한하는 채무보증제한제도를 신규로 도입하고, 1994년 제4차 법 개정을 통하여 출자총액의 한도를 순자산액의 40%에서 25%로 축소하였으며, 1996년 제5차 법 개정을 통하여 계열회사 간 채무보증한도를 자기자본의 100%로 축소하였다. 소위, IMF 외환위기를 겪고 난 후 1998년 제6차 법 개정에서는 차입경영을 통한 무리한 기업 확장이 기업집단 소속회사들의 동반부실화로 인한 연쇄도산을 초래하였다는 인식에 따라 채무보증을 전면 금지하였으며 또한 출자총액제한제도가 당시 활발하게 행해지던 기업구조 조정, 신규사업 진출 및 적대적 M&A에 장애가 될 수 있다는 지적에 따라 동 제도를 폐지하였다. 그러나 1999년, 제8차 법 개정에서는 출자총액제한제도의 폐지 이후 기업들이 무분별한 순환출자 등을 통해 중복된 사업 영역에 진출하는 등의 폐해가 증가함에 따라 출자총액제도를 재도입하고 지주회사를 활용하여 기업의 효율적인 구조조정 및 경쟁력 강화가 가능하다는 인식 하에 종래 금지되던 지주회사의 설립·전환을 허용하기에 이르렀다.

2002년 제10차 법 개정을 통하여 기업진단에 대한 경제력 집중의 억제 제도는 커다란 변화를 겪게 되었다. 즉 종전에 자산총액 순위별로 대규모 기업집단을 지정하고, 이들 대규모 기업집단에 대하여 상호출자금지, 출자총액제한, 채무보증금지 등 경제력 집중의 억제 조항들을 일괄적으로 적용하는 방식에서 각 조항별로 그 대상이 되는 기업집단을 지정하는 방식으로 변경하여, 법령상 "대규모 기업집단"이라는 개념은 사용하지 않게 되었고, 대신 "상호출자제한 기업집단" 등으로 명명하고 그 지정기준도 상이하게 규정하였다.

다시 2004년 법 개정에서는 우선, 지주회사의 설립·전환을 용이하게 하기 위하여 모든 유형의 지주회사로의 전환에 대하여 부채비율(100%)을 충족하여야 할 유예기간을 1년에서 2년으로 연장하고, 사업관련 손자회사의 국내계열회사 주식의 소유를 금지하되 일정한 유예기간을 두었다. 한편, 지주회사체제의 투명성을 제고하여 지주회사제도가 과도한 경제력 집중을 유지하는 수단으로 악용되는 것을 막기 위해 지주회사에 대하여 비계열 회사의 주식을 5% 초과하여 소유하는 것을 원칙적으로 금지하였고, 자회사에 대해서도 지주회사와 마찬가지로 사업관련 손자회사에 대한 지분율 요건을 부과하였으며, 종전에 허용되었던 자회사 간 출자를 금지하였다.

2005년 법 개정은 "남북교류협력에 관한 법률"에 의하여 협력사업자로 승인된 회사로서 매출액 비중 등 일정기준에 해당하는 회사의 주식을 취득 또는 소유하는 경우에는 출자총액제한을 받지 않도록 하여 남북 간 경제교류를 활성화하였다. 또한 2007년 법 개정에는 지주회사의 자회사에 대한 주식보유기준과 자회사에 대한 주식보유기준을 완화하고 출자총액제한 기업집단의 출자총액제한을 완화하였다. 또한 현행 불공정거래행위에 대한 행정제재(시정조치, 과징금 등)만으로는 피해자의 신속하고 실질적인 피해구제가 미흡하여 분쟁 당사자 간 자율적인 합의를 통해 적은 비용으로 신속하게 분쟁을 해결할 수 있도록 '한국공정거래조정원'을 설립하고 '공정거래분쟁조정협의회'를 두도록 하였다. 또한 낙후된 지방경제를 활성화하고 지방의 고용능력을 창출하기 위하여 수도권이 아닌 지방에 새로 설립된 기업이나 공장·본사를 수도권 외의 지역으로 이전하는 법인의 주식을 취득하는 경우에는 출자총액제한의 예외를 인정하였다. 2009년 법률 개정에서는 사전적 총량규제인 출자총액제한제도를 폐지하여 기업의 투자유인을 높이고, 시장참여자에 의한 자율적 감시기능을 강화하기 위해서 상호출자제한 기업집단의 주식소유 현황 등에 대하여 공시하도록 하였다.

## 1 독과점 금지규제

기업이 시장지배력을 갖게 되면 가격을 인상시키고 소비자 잉여를 생산자 잉여로 전환하기 위하여 생산량을 인위적으로 조정할 수 있는 능력을 가지게 된다. 기업은 이러한 조정능력을 갖기 위하여 시장을 지배하려는 노력을 하고 시장지배력 자체가 기업의 수익을 증대시키는 데 기여할 수 있게 한다. 기업의 이러한 속성을 규제함으로써 공정한 시장경쟁 질서를 확보하고, 경제력의 집중을 억제하려는 것이 독과점 금지규제 또는 독과점화 규제가 실현하려는 목적이다.

우선 독과점 금지규제를 실시하기 위해 할 일은 기업이 독점하려는 의도를 가지고 있는지를 탐지하는 것이다. 이 때 한 기업이 시장에서 수요하는 재화와 서비스 중에서 얼마나 판매하고 있는지, 모두 판매하는 경우라도 대체재로부터의 경쟁이 독점기업의 시장지배력을 행사하려는 시도를 실제로 제약할 수 있는지 파악해야 하지만, 이를 파악하는 데는 현실적으로 어려움이 따르게 마련이다. 다만 한 기업이 같은 시장에 참여하고 있는 다른 기업들에 비해 상대적으로 커지는 경우에는 그 독점가능성을 판단하여 이를 바탕으로 규제할 것인지를 결정할 수 있을 뿐이다. 이 때에는 이러한 기업이 독점하려고 한다는 의심을 받기에 충분할 만큼 커졌는지 또는 실제적으로 시장을 지배하고 있는지 그 여부를 우선 결정해야 한다.

이러한 조사와 판단을 거쳐 독점적이라고 판명되면, 그 다음으로 독점기업에 대해 어떤 조치를 취하는 것이 적절한지를 결정해야 한다. 이 때 독점에 대하여 무슨 조치를 취할 것인지에 대한 결정은 독점이 어떤 방법으로 초래되었는지에 따라 좌우된다. 만약 한 기업이 우수한 경영이나 효율적인 생산비용을 통해 시장지배적 위치를 차지했다면 독점금지 규제로 이를 시정하는 것이 바람직한지, 또는 독점금지 규제를 한다 하더라도 기업이 시장지배력을 차지하거나 유지할 수 있는 전략을 가지고 있는지를 확인해야 한다. 만약 가지고 있다면 이러한 전략적 행위가 건설적인 동기에서 이루어진 것인지, 그렇다면 특정한 상황에서는 허용될 수 있는지 등에 관하여 고려하여야 한다(Walters, 1993: 133-134).

그러나 이들 문제를 독점금지 규제법에 모두 구체적으로 명시한다는 것이 실제로는 매우 어렵기 때문에 실질적으로 규제 방침을 결정하는 것은 독점금지 규제기관의 의사에 달려 있다. 이러한 경우 독점 규제기관이 시장의 성격을 분석하여 독과점을 규제하는 데 활용할 수 있는 이론적 틀로서 '구조-행위-성과 패러다임(Viscusi, Vernon & Harrington Jr., 1992: 54-55)'을 도입할 수 있다. 구조-행위-성과 패러다임은 미시경제학에서 소개하고 있는 시장구조에 관한 이론인 완전경쟁, 독점, 과점, 독점적 경쟁 등의 모형이 너무 추상적이어서 실제적으로 산업시장을 분석·설명하는 데 한계가 있다는 점에 착안하여, 이들 모형을 여러 가지 방향으로 확대·연구한 결과로 개발한 것이다.

### 1) 구조-행위-성과 패러다임과 시장구조의 결정요소

#### (1) 구조-행위-성과 패러다임의 특성

우선 구조-행위-성과 패러다임은 시장을 설명할 수 있는 세 가지, 즉 시장구조, 기업행위 또는 행태, 시장성과 등의 개념을 개발하여 이들 간의 상관관계를 제시하고 있다. 이러한 모형에 의하면 특정한 시장구조가 시장에 참여하고 있는 기업의 행위를 결정하고, 기업의 행위가 시장운영 성과의 질을 결정한다는 것이다. 이를 구체적으로 표현하면 시장구조의 요소(기업의 수와 크기, 수요와 공급조건, 생산물의 성질, 진입조건과 규제의 정도 등), 기업행위(가격, 생산량, 투자, 시장전략, 생산방법 등에 관한 결정), 시장운영 성과(배분적 효율성, 수익성, 공평성, 고용효과, 기술혁신 등) 등 이들 세 가지 요소들 간에 직접적인 인과관계가 있다는 것이다.

본질적으로 이러한 이론적 틀은 한 산업의 구조적 성격이 단기적으로는 적어도 안정적이므로, 이들 조건이 기업의 행태에 영향을 미치는 요인으로서 작용할 수 있다는 점을 제시하고 있다. 예를 들어, 한 산업에 참여하고 있는 기업의 수가 많아서 어떤 기업도 산업에서 생산할 수 있는 재화와 서비스의 수량을 통제할 수 없는 경우에 개별 기업은 시장가격을 인상하거나 시장의 거래량을 제한할 능력을 갖지 못한다는 것이다. 그러나 하나의 대기업이 전체 산업을 지배하거나 소수의 기업들이 고도로 차별화된 재화와 서비스를 시장에서 판매하면 이들은 가격과 생산량을 조정할 수 있는 능력을 갖게 되고, 이에 따라 시장운영 성과에 영향을 미칠 수 있다는 것이다.

구조-행위-성과 패러다임은 그 적용성과 관련해 학자들 간에 많은 이견을 노출하고 있지만(송정원, 2005: 12-14), 산업조직을 분석하는 데 유용한 틀을 제공하고 있으므로 독점금지 규제를 하는 데 하나의 도구로써 활용할 수 있다. [그림 8-1]은 구조-행위-성과 패러다임을 체계적으로 설명하고 있는데, 구조와 행위를 나타내는 사각형 간에 점선으로 표시된 화살표는 기업행위가 때로는 시장구조를 변경하기 위하여 환류된다는 사실을 제시한다. 한 시장에 참여하고 있는 기존 기업의 행태가 여러 가지

[그림 8-1] 구조-행위-성과 패러다임

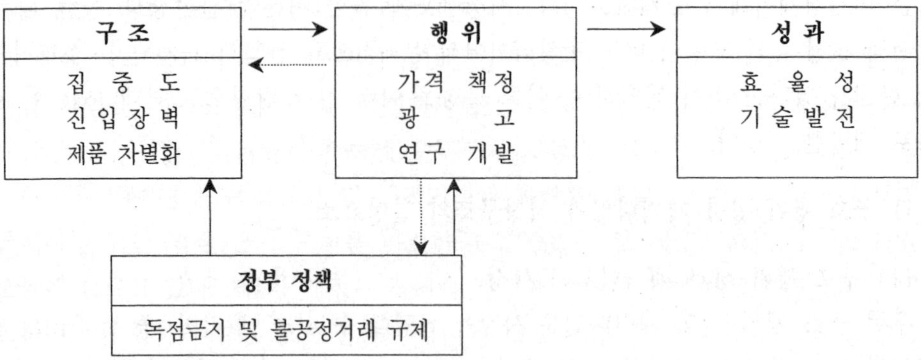


방법으로 미래에 형성될 시장구조에 영향을 미칠 수 있다는 것이다. 이러한 방법은 연구개발에 투자를 함으로써 한 기업이 그의 경쟁자를 시장에서 축출할 수 있는 가격 결정이 가능한 수준까지 그 비용을 낮추는 것이다. 또 다른 방법으로는 기존 기업들이 잠재적 진입자인 기업들이 시장에 진입하려는 결정에 영향을 미침으로써 시장구조에 영향을 미치는 것이다. 기존 기업들이 전략적으로 가격이나 자본을 조정함으로써 신규 기업이 진입하는 경우에 다양한 대책을 통해 신규 기업이 시장에서 벌어들일 수 있는 수익성에 영향을 미칠 수 있다.

무엇보다도 기업행위가 시장구조에 영향을 미칠 수 있는 가장 대표적인 방법이 기업결합이라 할 수 있다. 기존 기업들의 합병이 시장구조에 직접적으로 영향을 미치는 좋은 예로 제시될 수 있다. 시장구조, 기업행위 및 시장성과를 설명하는 요소가 많이 있지만 [그림 8-1]에서는 주요한 것에만 한정해 제시되고 있다. 그러나 포괄적인 그림에서는 다른 많은 요소들을 추가할 수 있다는 점을 간과해서는 아니 된다.

### (2) 시장구조의 결정요소

독과점을 규제하기 위해서는 우선 특정 시장에서 시장지배력을 갖고 있는 사업자를 지정하여 이들을 대상으로 적절한 규제수단과 내용을 마련하여야 한다. 따라서 시장구조를 결정할 수 있는 요소들을 설정하여 이들 기준에 따라 독과점적 기업가를 지정하여야 한다. 시장구조를 결정하는 요소로서 많은 것들이 있지만, 여기에서는 시장집중도, 진입장벽, 제품차별화 등 세 가지만을 선택해 논의하려고 한다.

① 시장집중도

경쟁, 과점, 독점 등 시장에 관한 이론들은 전형적으로 동일한 크기의 판매자를 가정함으로써 판매자의 수(다수, 소수, 하나)에만 초점을 두어 논의하고 있다. 그러나 실제 산업에는 각기 다른 시장점유율을 갖고 있는 판매자들이 참여하고 있고, 판매자들 간에 시장점유율의 분배에서 보다 큰 몫을 차지하려는 시도에서 집중화가 추구되고 있다. 시장구조의 집중도를 측정하기 위하여 공통적으로 이용할 수 있는 지표로는 표준적 집중도와 허핀달 지수(Herfindahl Index)가 있다(Herfindahl, 1950).

가) 표준적 집중도

표준적 집중도(concentration ratio: *CR*)는 판매고와 시장점유율이라는 두 가지 변수를 가지고 측정할 수 있다. 전자는 특정 산업에 참여하고 있는 상위 대기업을 선정하여 그 수를 제한시켜, 이들 기업이 특정 시장에서 차지하고 있는 판매고의 합계를 산업 전체의 총판매고로 나누어 백분율로 표시하는 '판매고에 의한 표준적 집중도 산정방식'이고, 후자는 특정 산업에 참여하고 있는 상위 몇 개 회사를 선정하여 이들의 시장점유율을 단순히 합산하여 백분율로 표시하는 '시장점유율에 의한 표준적 집중도 산정방식'이다. 예를 들어 $CR_n$은 특정 산업에 참여하고 있는 $n$개의 상위 대기업들이 한 시장에서 거래하고 있는 총판매고 중에서 차지하고 있는 판매고를 백분율로 측정한 것을 말한다.

$CR_n$이 70인 경우는 $CR_n$이 50이나 40인 경우보다 $n$개 기업의 시장지배력이 크다는 것을 의미한다. 그러나 표준적 집중도(*CR*)는 새로운 경쟁자가 시장에 진입할 수 있는 가능성은 전혀 고려하지 않고 있다. 실제로 특정 시장에서 한 기업이 차지하는 표준적 집중도가 100이지만 진입이나 퇴출이 용이하다면 소비자들은 독점가격의 책정이나 생산량의 제한으로 불이익을 당하지 않을 수도 있다. 이러한 점에서 시장구조를 제시하기 위한 수치로 표현된 지표로서 표준적 집중도는 특정 시장에서의 경쟁을 평가하는 데 고려할 수 있는 많은 지표들 중의 하나에 불과하다는 점을 이해해야 할 것이다(Walters, 1993: 137).

나) 허핀달 지수

산업의 집중도를 보다 정교하게 측정할 수 있는 방법이 허핀달(O. C. Herfindahl)에 의하여 제안된 허핀달 지수($H$)를 산정하는 것이다. 이것은 특정 산업에 참여하는 모든 기업들의 시장점유율을 제곱한 수의 합계로써 구할 수 있다.

$$H = \sum_{i=1}^{N} \left( \frac{X_i}{T} \right)^2$$

여기에서 $N$은 한 산업에 참여하고 있는 기업의 수를 가리키고, $X_i$는 $i$기업의 판매액을 말하며, $T$는 총산업판매액을 지칭한다. $H$지수는 0과 1 사이에 있게 되고, 많은 중소기업이 참여하고 있는 산업에서 $H$지수의 가치는 0에 가까워지고, 독점적 산업에서는 $H$지수가 1에 가까워진다. 허핀달 지수는 여러 면에서 표준적 집중도와 유사한 점이 많지만 시장점유율을 제시함으로써 하나 또는 소수의 대기업에 의하여 지배되고 있는 산업을 규명하는 데 효과적이다. 따라서 허핀달 지수는 독과점 규제기관이 독과점화하려는 행위에 대한 규제, 특히 기업결합을 규제하는 데 중요한 도구로 이용할 수 있다.

② 진입장벽

진입장벽이란 산업에 대한 진입을 어렵게 하거나 진입하는 데 많은 비용이 소요하도록 만드는 것이다. 진입장벽은 기존 기업들이 신규 기업의 진입을 막음으로써 경쟁시장에서 형성되는 가격수준 이상으로 가격을 책정하여 부과할 수 있게 한다. 대표적인 예로 대체재가 없는 재화와 서비스를 독점적으로 생산할 수 있도록 허용하는 특허제도를 들 수 있다. 대체 가능한 제품이 없는 의약품에 대한 특허 소지자는 새로운 경쟁자의 시장진입에 대한 위협 없이 법적으로 보장된 특허기간 동안 독점가격을 부과할 수 있다.

진입장벽에 관하여 일률적으로 정의할 수는 없지만 진입장벽이라고 간주할 수 있는 몇 가지 예가 제시될 수 있다. 만약 한 산업으로 진입하려는 신규 기업이 같은 수준의 생산물을 생산하는 데 기존 기업보다 절대적으로 비싼 비용을 지불해야 한다면 이러한 경우는 진입장벽의 일종에 해당한다. 또한 시장수요에 비하여 상대적으로 큰 규모의 경제를 갖고 있는 기업이 존재하면 이것이 진입장벽을 쌓는다고 할 수 있다. 집중적 광고를 통하여 형성된 고유품명에 대한 높은 애착심이나 선호도가 새로운 기업의 진입을 방해하는 일종의 진입장벽으로 간주할 수 있다. 예를 들어, 특정 시장에 진입하기를 원하는 신규 기업이 소비자에게 새롭고 잘 알려지지 않은 생산물을 구입해 사용하도록 유인하기 위해서는 상당한 정도까지 가격을 인하해야 하고 이것이 진입장벽으로 작용할 수 있다는 것이다(Viscusi, Vernon & Harrington, 1992: 56).

③ 제품차별화

소비자가 시장에서 판매되는 제품들의 차이를 구별하기 어려울 때보다 실질적인 차이를 쉽게 분간할 수 있을 때, 판매자는 광고와 제품디자인에 보다 많은 관심과 노력을 집중함으로써 제품차별화를 도모하는 경쟁전략을 택할 것이다. 이는 동질적인 제품이 판매되는 시장에서는 가격을 가지고 경쟁할 가능성이 크지만 차별화된 제품들이 거래되는 시장에서는 가격을 근거로 경쟁할 가능성이 희박해진다는 것을 의미한다. 따라서 시장구조 중에서 제품차별화 요소는 경쟁전략의 성격을 결정하는 중요한 요인으로 작용한다. 그래서 제품차별화는 진입에 대한 장벽을 구축하는 데 중요한 요소로 작용할 수 있다(Viscusi, Vernon & Harrington, 1992: 56-57).

### 2) 독과점금지 규제대상 행위

독과점 금지규제의 대상이 되는 행위는 시장을 독점하려는 행위, 독점하려고 시도하는 행위, 독점하려고 공모하는 행위 등 세 가지로 구분할 수 있다. 이 중 독점하려는 행위는 독점화에 대한 규제, 독점하려고 시도하는 행위는 기업결합에 대한 규제, 독점하려고 공모하는 행위는 기업의 공동행위에 대한 규제로 분류할 수 있다.

#### (1) 독점화 행위

독점화 행위에 대한 규제는 독점 자체에 대한 규제가 아니라 독점하려는 행위 자체를 금지하기 위한 것이다. 그러나 독점화 행위가 모두 규제되는 것이 아니라 그 행위가 시장지배력의 형성에 기여할 때에만 규제되는 것이다. 품질경쟁, 연구개발, 원가절감 등 각종 기술혁신은 독점화를 초래할 수 있지만 이를 부당하다고 할 수 없기 때문에 규제대상에서 제외하고, 부당한 독점화 행위는 시장을 독점하기 위한 선점가격 책정행위, 진입제한 가격책정 행위 등을 말한다(Walters, 1993: 149-157).

① 선점 가격책정(predatory pricing)

독점은 하나 또는 그 이상의 기업이 시장을 선점하려는 전략을 통하여 이루어질 수 있다. 선점가격 책정행위는 주로 시장을 독점화하려는 전략으로 이용되어 왔다. 이론적으로 시장을 선점하려는 기업은 경쟁기업을 시장으로부터 축출하기 위하여 경쟁기업의 생산비용뿐만 아니라 그 자신의 생산비용 수준 이하로까지도 가격을 인하하려고 할 것이다. 이것은 선점 기업이 생산비용 이하의 가격을 책정하여 제품을 판매하는 동안에 입은 손실을 경쟁기업이 시장에서 제거된 후 생산비용보다 높은 수준으로 가격을 인상함으로써 경제적 이윤을 벌어들일 때 만회할 수 있는 투자로 여기기 때문에 가능한 것이다.

생산비용과 수요조건은 모든 기업 또는 모든 기간에 걸쳐 동일하지 않기 때문에 무엇을 선점가격 책정행위로 간주할 것인지를 결정하는 것은 신중을 기해야 할 문제이다. 만약 한 기업이 경쟁기업보다 낮은 비용으로 생산물을 생산하여 경쟁기업보다 저렴한 가격으로 판매할 때 이러한 행위는 선점이 아니라 경쟁적 행위로 보아야 한다. 또한 한 기업이 평균비용 이하로 가격을 책정하여 생산물을 판매하고 있지만 이러한 행위가 단순히 불경기로 인한 수요의 감소를 극복하기 위한 방편으로 취해졌거나, 시장가격이 평균비용 이하이지만 평균가변비용을 초과한다면 기업이 생존하기 위한 자구책으로 보아야 할 것이다. 이것은 가격과 한계비용이 동일한 선에서 생산량을 결정함으로써 기업이 손실을 극소화하려는 행위로 볼 수 있다. 이 경우 그 취지가 명백해야 함은 물론이다.

아리다(Phillip Areeda)와 터너(Donald F. Turner)는 선점행위로 간주할 수 있는 기준을 제시하고 있는데, 이 기준에 의하면 가격을 평균가변비용까지 인하하는 행위는 적법한 것으로 보고 있으며, 가격을 평균가변비용 이하로 인하할 때에만 선점행위로 간주하고 있다(Areeda & Turner, 1975: 697-733). 이러한 가격책정은 독점화를 꾀하는 행위임을 입증하는 것이라고 보고 있다. 따라서 선점 가격책정은 독점화를 시도하기 위하여 채택할 수 있는 행위 중의 하나라고 할 수 있다. 그러나 여기에서는 몇 가지 예외가 있을 수 있는데, 선점 가격책정은 전리품에 소요되는 비용보다 훨씬 더 큰 비용을 선점 기업이 부담하는 경우도 있다. 실제로 선점 기업의 시장점유율이 커짐에 따라 그 기업의 실질적인 손실은 전리품을 얻기 위하여 부담한 손실보다 몇 배로 더 커질 수 있다.2)

일단 선점 가격책정 행위로 선점 기업이 마지막 경쟁자를 시장에서 축출하면 그 동안 초래된 손실을 만회하기 위하여 비용보다 높은 선에서 가격을 책정할 수 있다. 그러나 문제는 이러한 상태가 얼마만큼 지속될 수 있느냐는 것이다. 만약 시장에서 축출된 기업들의 생산능력이 파괴되지 않았다면 이들 기업 또는 신규 기업들이 선점 기업들과 경쟁하기 위하여 다시 시장에 참여할 수 있고, 이로 인하여 선점 기업은 선점가격 책정으로 투자한 금액을 만회하는 데 요구되는 경제적 이윤을 벌어들일 수 있을 만큼 그 기한이 보장받지 못하게 된다. 다시 말해 진입장벽이나 재진입장벽이

2) 이에 대한 예로서 John S. McGee, "Predatory Price Cutting: The Standard Oil (N. J.) Case," *Journal of Law and Economics, 1* (October 1958), pp. 137-169를 참고.

존재하지 않는다면 선점 기업은 금전적 손실을 감수해야 할 처지에 빠지고 만다. 따라서 진입이 용이한 분야에서는 선점가격 책정행위는 독점화를 모색하기 위하여 이용할 수 있는 전략으로 적절하지 않다고 할 수 있다.

② 진입제한 가격책정(limit pricing)

경쟁기업의 진입으로부터 보호받을 수 없는 시장지배력은 실질적인 시장지배력이라고 할 수 없다. 한 기업이 어떤 재화와 서비스에 대하여 일정한 몫의 시장점유율을 가지고 있을지라도 다른 기업들이 생산비용 이상으로 가격을 인상할 수 있을 때에는 신규 기업의 시장진입이 용이해짐으로써 기업들은 더 이상 경제적 이윤을 벌 수 있는 기회를 상실할 것이다. 경제적 이윤을 벌어들이는 기업이 있는 한 신규 기업이 시장에 진입할 것이고, 그러면 시장의 공급량의 증가로 인해 가격이 하락하고 이에 따라 가격이 평균비용과 같아질 때까지 신규 기업의 진입이 이루어질 것이다. 시장에 참여하고 있는 기업의 경제적 이윤이 0이 되면 비로소 신규 기업의 진입이 그치고 시장의 균형이 형성된다. 장기(long-run)를 가정할 때 경쟁시장에 참여하는 개별 기업의 이윤은 이처럼 0이 되므로 기업들은 진입장벽을 쌓음으로써 경제적 이윤을 도모하려는 의도에서 독점화를 시도하는 노력을 한다.

많은 학자들이 시장진입에 대한 장벽을 규명하려는 노력을 하여 왔지만, 무엇이 실질적으로 진입장벽을 구축하는지에 대한 통일된 견해는 없다. 대부분의 학자들은 광범위한 개념을 신호하는 것 같고, 신입상벽이란 기존 기업들이 잠재적 경쟁자에 대하여 상대적으로 가지고 있는 장점을 이용해 이들의 시장의 진입을 막을 수 있는 힘이라고 할 수 있다. 이러한 의견에 따르면 한 시장에 규모의 경제가 존재하는 것은 일종의 진입장벽이라고 볼 수 있을 것이다(Walters, 1993: 153).

이러한 경우를 [그림 8-2]에서 예시할 수 있는데, 한 기업의 장기평균비용곡선 $LATC$이 시장수요곡선 $D$의 전 범위에 걸쳐 감소한다고 가정하자. 만약 이 기업이 가격을 $P_m$에서 생산량을 $Q_m$만큼 생산한다면 [그림 8-2]에서 검은색으로 표시한 부분인 가격에서 총평균비용을 뺀 금액을 판매량으로 곱한 $(P_m - ATC_m)Q_m$만큼의 경제적 이윤을 벌어들일 것이다. 이러한 경제적 이윤이 경쟁자의 시장진입을 유인하는 요인으로 작용하는 것이 정상적인 예이지만 이 경우에는 이와는 다른 현상이 발생한다.

잠재적 진입자가 그 시장에 진입하는 즉시 기존 기업과 시장점유율을 반분할 것으로 가정하면, 개별 기업은 시장수요곡선 $D$의 반에 해당하는 수요곡선을 갖게 됨으로

[그림 8-2] 규모의 경제와 진입

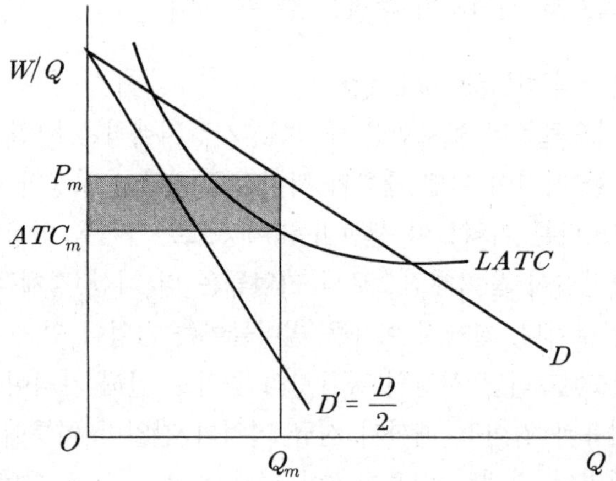


써 개별 기업의 수요곡선은 $D'=D/2$가 될 것이다. 그러나 $D'$는 어떤 생산량에서도 $LATC$보다 낮은데, 이는 어떤 개별 기업도 그 비용을 충당할 만한 가격을 받지 못한다는 것을 의미한다. 만약 신규 기업이 기존 기업보다 낮은 비용으로 재화와 서비스를 생산할 수 있거나 또는 시장점유율을 획기적으로 늘릴 수 있다고 믿지 못하면 그 기업은 시장진입이 어리석은 행위라는 것을 인식할 것이다.

진입장벽의 가능성을 가지고 있는 예는 여러 가지 있을 수 있다. 대규모 자본투자비용도 하나의 장벽을 구성하는 것으로 알려져 있다. 만약 한 신규 기업이 효율적인 생산 규모를 갖추어 진입하려고 할 때 건물, 설비, 장비 등에 대한 투자비용으로 수천억 원이 소요된다면 진입하려는 기업이 거의 없을 것이다. 또는 재화와 서비스를 생산하는 데 희귀한 자원의 투입이 요구된다면 마찬가지 결과를 초래할 것이다. 이러한 자원에 대한 접근을 통제함으로써 독점기업은 신규 기업의 시장진입을 봉쇄할 수 있다. 그 외에도 다양한 시장전략이 진입을 제한하기 위하여 마련될 수 있다(Comanor & Wilson, 1974; Schmalensee, 1978: 305 -327). 즉 집중적인 광고, 고유품명의 채택과 고유상표의 확산, 제품차별화, 스타일의 잦은 변화 등은 모두 신규 기업의 시장진입을 제한하기 위한 방법으로 이용될 수 있다.

시카고 학파로 분류되는 경제학자들은 경쟁제한 행위에 관한 분석에서 무엇이 진입장벽을 구성하고 있는지와 관련된 문제에 대해 협의의 견해를 가지고 있다. 특히 스티글러는 신규 기업은 지불해야 하지만 기존 기업들은 지불하지 않아도 되는 비용이 존재할 때 이를 진입장벽으로 보아야 한다고 강조한다(Stigler, 1968). 신규 기업이 생산능력을 갖추어 특정한 시장에 진입하는 데 수천억 원의 비용이 소요되고 채산성을 맞추는 데 수십 년이 경과해야 하는 경우에는 이들이 진입을 막는 요인으로 작용할 수 있다는 것이다.

독점기업이 신규 기업의 진입을 제한하기 위해 벼랑 끝 가격책정라고도 하는 진입제한 가격책정행위(Walters, 1993: 155-156)를 할 수 있다. 이것은 독점기업이 단기적으로 진입을 저지하기에 충분할 만큼 낮은 가격을 책정함으로써 그만큼의 경제적 이윤을 포기하는 대신 장기적으로 적지만 일정한 경제적 이윤을 보장받는 방법이다. 진입제한 가격책정행위라는 이러한 전략을 [그림 8-3]을 통하여 설명할 수 있다.

대부분의 진입제한 가격책정모형은 규모의 경제만으로는 진입을 저지하지 못할 경우에 도입할 수 있는 것이지만 이러한 모형도 우선 규모의 경제가 존재한다는 것을 전제로 한다(Modigliani, 1958: 215-232).

[그림 8-3]은 독점기업의 장기평균비용곡선 $LATC$이 생산량 수준 $Q^*$를 넘어서 일정해지기 전까지는 우하향적인 가파른 기울기를 가지고 있다는 것을 가정하고 있다. $Q^*$는 효율적인 생산 규모에서 생산가능한 생산량을 표시한 것으로서 진입을 위해 요구되는 최소한의 생산 규모를 말한다. 독점기업의 시장수요곡선 $D$이고, 이 때 가능한 한계수입곡선은 $MR$이다. 진입에 대한 위협이 없는 독점기업은 한계수입곡선과 한계비용곡선인 $LATC$(장기평균총비용곡선이 수평이므로 경쟁시장의 공급곡선과 마찬가지이므로 수평인 곡선이 한계비용곡선이 된다.)과 만나는 생산수준인 생산량 $Q_m$을 결정하고 그 생산량에서 최대 지불용의를 나타내는 수요곡선 $D$와 만나는 점에서 독점가격 $P_m$을 책정할 것이다. 한편 경쟁시장에 참여하는 개별 기업의 가격 및 생산량은 각각 $P_c$와 $Q_c$에서 결정될 것이다.

이 경우 진입제한 가격을 책정하면, 그 가격은 $P_m$도 $P_c$도 될 수 없을 것이다. 대부분의 진입제한 가격책정 모형은 잠재적 경쟁기업들이 진입한 후에도 독점기업이 생산 규모를 변경하지 않을 것으로 가정하고 있다. 이러한 상황에서는 잠재적 진입기업은 진입가능 최소생산 규모인 $Q^*$에서 생산비용을 충당할 만한 시장수요가 남아 있는지(기존 기업이 생산량을 책정한 후)를 확인함으로써 시장진입이 바람직한지를 판단할 것이다. 이 때에는 경쟁시장에서의 가격수준이 평균총비용과 같으므로 경제적 이윤이 0이 되므로 신규 기업이 시장에 진입할 것이다. 그러면 진입제한 가격을 책정하는 독점기업의 목표는 벼랑 끝에서 시장진입을 결정해야 하는 잠재적 진입기

[그림 8-3] 진입제한 가격책정

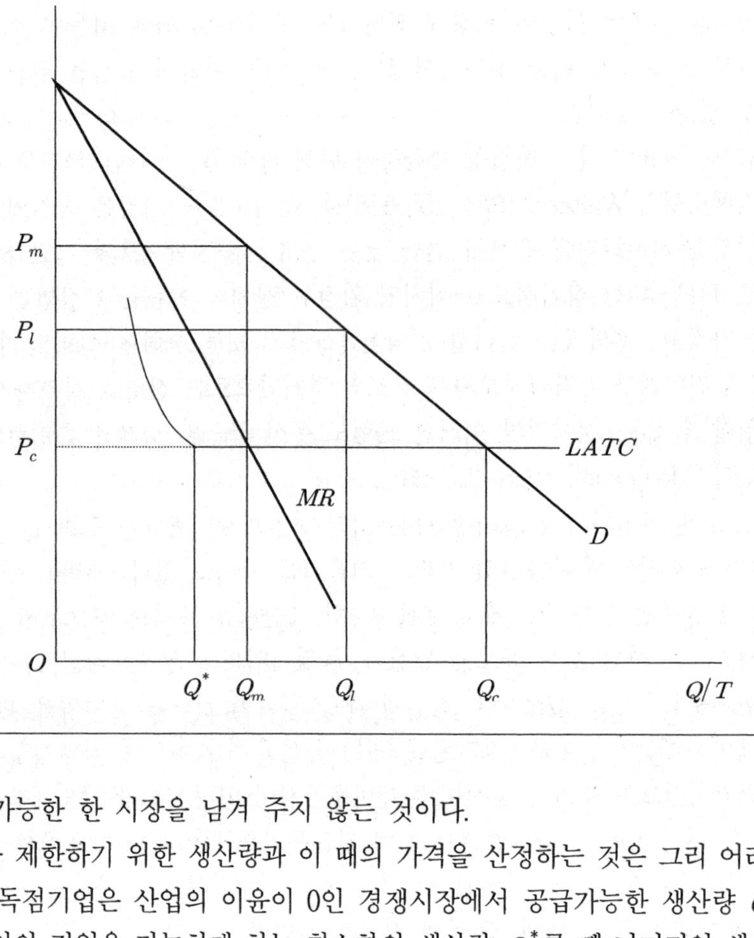


업에게 가능한 한 시장을 남겨 주지 않는 것이다.

진입을 제한하기 위한 생산량과 이 때의 가격을 산정하는 것은 그리 어려운 일이 아니다. 독점기업은 산업의 이윤이 0인 경쟁시장에서 공급가능한 생산량 $Q_c$로부터 신규 기업의 진입을 가능하게 하는 최소한의 생산량 $Q^*$를 뺀 나머지인 생산량 $Q_c-Q^*$에서 한 단위의 재화와 서비스를 추가로 생산하면 이것이 진입을 제한할 수 있는 생산량 $Q_l$이 될 것이다. 만약 독점기업이 이 수준에서 생산량을 생산하고 경제적 이윤을 벌어들일 수 있으면, 신규 기업이 진입을 한다고 하더라도 그 생산 규모를 변경하지 않을 것이다. 이 때 신규 기업이 진입하면 신규 기업의 진입가능 생산량 $Q^*$만큼 추가로 공급량이 증가함으로써 산업 전체의 공급량은 독점기업의 생산량 $Q_l$에 신규 기업의 생산량 $Q^*$만큼을 합한 수량이 될 것이다. 그러면 산업 전체의 공급량은 경쟁시장에서의 공급량 $Q_c$보다 한 단위 큰 수준에서 생산될 것이고, 이 때 시장가격은 경쟁가격 $P_c$이하로 떨어질 것이다. 이에 따라 $P_c$이하의 가격수준에서 신규 기업은 평균비용마저 충당할 수 없으므로 진입을 꺼릴 것이다. 신규 기업이 실제로 진입하지 않으면 독점기업은 계속해서 신규 기업의 진입 저지를 위한 생산 규모인 $Q_l$에서 가격은 $P_l$수준을 그대로 유지함으로써 독점적 생산 규모에서보다는 적지만 지속적으로 경제적 이윤을 벌어들일 수 있다. $Q_l$에서의 가격과 생산량 그리고 경쟁시장에서의 가격과 생산량 수준 사이의 가격이 바로 신규 경쟁기업의 진입을 제한할 수 있는 가격이다.

그러나 진입 제한적 가격책정 전략이 신규 기업에게 위협으로 작용하지 않을 수도 있다. 그러면 독점기업은 실제적으로 $Q_l$의 생산 규모를 유지하고 있는 상태에서, 신규 기업이 독점기업의 행위를 단지 위협으로 받아들여 생산 규모 $Q^*$에서 실제로 시장에 진입하면 신규 기업과 독점기업 모두 경제적 손실을 입게 된다. 이러한 상황에서는 독점기업은 경제적 손실을 피하기 위해 생산 규모를 $Q_l$이하로 줄이면 독점기업과 신규 기업 모두 경제적 손실을 입지 않고, 신규 기업의 반응에 따라 두 기업 모두 어느 정도의 경제적 이윤을 얻을 수 있을 것이다. 다시 말해 신규 기업이 독점기업의 행위를 단지 위협용으로 받아들이면 기업들이 서로 경쟁하기보다 서로 타협하거나 협력하려는 동기를 부여할 것이다. 이는 독점기업의 진입제한 가격책정 행위가 신규 기업에게 위협으로 작용하지 못하면 그 실효성을 잃게 된다는 것을 의미한다. 따라서 신규 기업이 독점기업의 진입제한 가격책정 행위를 어떻게 받아들이느냐에 따라 이러한 가격책정방법이 진입제한 내지 저지용으로 이용될 수 있다.

## 2 기업결합

흔히 M&A(Merger and Acquisition), 또는 단순히 Merger라고 부르는 기업결합은 이론적으로는 "개별 기업의 경제적 독립성이 소멸됨으로써 사업활동에 관한 의사결정이 통합되는 기업 간의 자본적 · 인적 · 조직적 결합"으로 정의하고 있다.[3] 즉 두 개 이상의 기업이 사실상 단일경영 지배체제 속으로 들어감으로써 개별 기업의 경제적 독립성이 없어지고, 사업활동에 대한 의사결정이 통합되는 기업 간의 자본적 · 인적 · 조직적 결합을 의미한다(박세일, 1994: 598).

3) 권오승, 「경제법」(서울: 법문사, 2005), p. 184, 임영철, 「공정거래법」(서울: 법문사, 2008), p. 52에서 재인용.

기업결합은 복수의 기업이 독립성을 유지하면서 특정 사업활동을 조정하는 공동행위와는 구별되는 개념이다. 기업결합은 우호적인 것과 적대적인 것이 있을 수 있다. 우호적 기업결합은 관련 기업 모두가 합병이 이롭다는 것을 인식하는 경우이다. 이 경우에는 합병 사실이 발표되기 전에 관련 기업 간에 협상과 타협을 통하여 거래조건과 합병 후 갖추어야 할 기업구조에 관한 대략적인 동의가 이루어질 수 있다. 그러나 적대적 기업결합의 경우에는 표적 기업의 경영진이 합병을 위하여 제안한 거래방법이나 그 조건을 불리한 것으로 간주하여 통합을 방해하기 위하여 또는 거래조건이 개선될 때까지 결합을 연기하기 위하여 다양한 전략을 구사하려고 할 것이다.

### 1) 기업결합의 유형

우호적 기업결합이든 적대적 기업결합이든 관계없이 기업결합은 수평적·수직적 또는 혼합적 세 가지 유형으로 이루어진다(Walters, 1993: 205). 하나의 사다리를 한 생산과정으로 보아 사다리의 각 계단이 생산과정의 각기 다른 차원을 의미한다고 상정하여 보면, 사다리의 첫째 계단은 원자재를 확보하는 단계이고, 두 번째 계단은 이들 원자재를 사용 가능한 형태로 전환시키는 단계이고, 세 번째는 이들 원자재를 투입하여 완제품으로 제조하는 단계이고, 네 번째는 완제품을 판매하는 단계가 해당된다고 가정할 수 있다. 이러한 가정을 근거로 기업결합의 유형[4]을 분류해 보면 다음과 같다.

#### (1) 수평적 기업결합

수평적 기업결합은 생산과정을 상징하는 사다리의 같은 계단에 속하여 있는 기업들끼리의 통합을 의미하는 것으로서 동일한 업종에 참여하고 있는 기업들끼리의 결합을 말한다. 일반적으로 동일한 산업이나 업종에 참여하고 있는 기업들 간에 이루어지는 수평적 형태의 결합은 시장 집중도를 증대함으로써 시장지배력을 강화하는 데 기여할 수 있으므로 시장경쟁을 제한할 위험성이 가장 큰 것으로 알려져 있다. 특히 대기업 간의 수평적 결합은 시장에서 가격을 마음대로 좌우할 수 있는 새로운 독과점기업의 발생을 가져올 수 있다. 그러나 수평적 형태의 결합은 생산성을 증대하는 생산효과가 시장 지배적 효과보다 클 수도 있기 때문에 독점효과만을 강조하여 규제일변도로 운영하는 것은 바람직하지 않다는 주장도 있다(Siegfried & Sweeney,

4) 임영철, 「공정거래법」(서울: 법문사), pp. 54-55에는 이들 세 가지 유형의 기업결합을 수평결합, 수직결합, 혼합결합 등으로 표현하고 있다.

1982).

(2) **수직적 기업결합**

수직적 기업결합은 상이한 계단에 참여하고 있는 기업들끼리의 통합을 의미하는 것으로서 동일한 산업 또는 연관된 산업에 속하지만 거래 단계를 달리하는 기업, 즉 구매자와 판매자의 관계에 있는 기업들 간의 결합을 지칭한다. 예를 들면 철강 제조업체가 철강을 생산하는 데 필요한 원자재 중의 하나인 석탄의 안정적인 확보를 위하여 석탄을 공급하는 석탄 채굴기업과 결합하거나 철강 제조업체가 철강을 판매하는 동일한 업종의 유통업체와 결합하는 것이다. 수직적 형태의 결합은 각기 상이한 산업이나 같은 산업이라도 각기 다른 업종에 참여하는 기업들끼리의 결합이므로 상이한 산업에서는 시장경쟁력을 제약하는 효과가 거의 나타나지 않고, 각기 다른 업종의 경우에는 이러한 효과가 별로 크게 나타나지 않을 것이다. 그러나 독과점기업이 수직적 결합을 하면 다른 기업들은 그 기업과 거래하는 기회를 잃게 되어 시장으로부터 봉쇄될 우려가 크다.

(3) **혼합적 기업결합**

혼합적 기업결합은 서로 다른 사다리에 속에 있는 기업들끼리의 통합을 의미하는 것으로서 흔히 재벌의 형성과정에서 볼 수 있는 것처럼 전혀 다른 산업에 참여하고 있는 기업들끼리 결합하여 기업집단을 구성하는 경우이다. 혼합적 형태의 경우에는 시장경쟁력을 약화시킬 위험성이 거의 없는 기업결합이라 할 수 있다. 그러나 혼합적 기업결합은 피결합기업이 존재하는 시장의 잠재적 경쟁자를 배제하는 효과가 있으며, 또한 결합을 통해 경제력이 집중되면 자금·인력면의 우월성이나 기타 사회적 세력화 등을 이용하여 정치적 영향력을 행사할 수 있는 가능성을 높일 수 있고(Williamson, 1977), 때에 따라서는 이러한 영향력이 시장 전체의 경쟁에 영향을 미칠 수도 있다.

이를 종합해 보면, 혼합적 기업결합이 수평적 또는 수직적 기업결합보다 독점금지법에 비교적 덜 저촉된다고 할 수 있다. 왜냐하면 혼합적 형태가 생산물 시장이나 지역 시장 내에서 경쟁력을 제약할 가능성을 가장 적게 가지고 있기 때문이다. 그러나 혼합적 거래에 관련된 화폐 금액의 규모가 매우 큰 때에는 이로 인한 총체적 집중도의 증대를 방지하기 위하여 독점금지 규제기관이 이러한 거래에 개입하는 것이 바람직하다. 이 경우 규제기관의 개입은 경제적 결정권의 과도한 집중을 예방함으로써 정치권력이 대기업에게 유리한 방향으로 이용될 수 있는 여지를 감소할 수 있어 공정성의 확보에 기여할 수 있다.

물론 이들 각기 다른 형태의 기업결합 간에 존재하는 차이를 명확히 파악하는 것은 용이한 일이 아니다. 그러나 기업결합은 근본적으로 경쟁을 제약하거나 독점을 도모함으로써 시장지배력을 증대해 결국 가격인상을 가능하게 하고 독점이윤을 벌어들일 수 있게 한다. 이러한 점에서 기업결합은 대부분의 국가에서 위법인 것으로 취급하여 규제의 대상이 되고 있다. 시장지배력의 강화라는 측면에서 제기되는 부정적 견해 외에도 다른 기업을 인수하는 데 필요한 자금 동원으로 말미암아 인수기업에게 막대한 부채로 인한 부담을 갖게 하고, 경기가 침체되는 상황에서는 기업이 도산하는 지경에까지도 이를 수 있어 국민경제에 해로운 효과를 미칠 수 있기 때문에 규제되어야 한다는 견해도 있다.

그러나 기업결합이 오히려 시장경제를 보다 효율적으로 작용하게 한다는 견해도 상존하고 있다. 기업결합은 규모의 경제를 가능하게 하여 생산비용을 감소시킴으로써 소비자에게 가시적인 편익을 줄 수 있으며, 인수에 따른 부담을 우려하는 경영자가 기업을 더욱 효율적으로 운영하게 하는 동기를 부여할 수 있다. 뿐만 아니라 한 산업에 참여하는 기업의 수를 줄임으로써 직원이 다른 기업으로 전근할 기회를 적게 하므로 현재 근무하고 있는 기업의 주주(株主)의 이익을 위하여 행동하게 할 수 있다는 긍정적인 측면이 제시되기도 한다.

이처럼 기업결합이 긍정적인 측면과 부정적인 측면을 동시에 가지고 있기 때문에 기업결합을 규제하기 위한 정부행위 자체도 이러한 단순한 분류체계가 제시하고 있는 것보다 훨씬 더 복잡하다고 할 수 있다.

### 2) 기업결합에 대한 규제

기업결합에 대한 규제의 형태로는 경쟁 제한적 기업결합의 금지, 탈법행위의 금지 등으로 분류될 수 있다.

#### (1) 경쟁 제한적 기업결합의 금지

기업결합은 자본과 시설 규모의 확대를 통해 재화와 서비스의 생산에서 기술적·경제적 효율성을 제고하고 국제경쟁력을 강화할 수 있다는 점에서 긍정적 효과를 가지고 있다. 그러나 경제력 집중과 독과점 시장구조의 형성에 영향을 미침으로써 자원의 효율적 배분을 저해할 위험성이 있다는 부정적 효과를 갖고 있다. 이에 따라 경쟁의 실질적 제한을 목적으로 기업결합을 강요하거나 기타 불공정한 방법으로 기업결합을 하는 행위를 금지하고 있다. 이는 경쟁의 실질적 제한을 통해 기업결합 행위가 기업들 간에 지배 내지 결합관계를 형성·유지·강화하고 그 결합으로 시장지배력을 형성·유지·강화함으로써 기업의 경제적 이윤을 도모하기 때문이다.

기업결합은 그 수단별로 주식 취득, 임원 겸임, 합병, 영업의 양수(讓受), 새로운 회사설립에의 참여 등으로 나눌 수 있다. 주식 취득은 한 기업이 다른 기업의 주식을 전액 현금으로 매수하거나 한 기업이 다른 기업을 흡수하는 거래를 말한다. 임원 겸임의 경우는 그 행위의 정도 여부에 따라 결합의 강도가 정해지며, 임원 겸임은 주식 취득의 후속조치로 취해지는 경우가 대부분이다. 합병은 서로 다른 두 기업이 통합하여 법적으로 완전히 일체가 되어 새로운 기업을 설립하는 결합이며, 영업 양수에서도 영업 전부의 양수는 사실상 합병과 동일한 효과를 갖는다.

가) 주식 취득 또는 소유

주식 취득이란 새로운 주식을 입수하는 것이며, 소유란 계속적으로 주식을 보유하는 것을 말하는데, 이들 두 가지는 기업결합의 가장 보편적인 유형이다. 기업결합의 경우 지배·결합관계는 반드시 주식 소유 비율만으로 그 형성 여부를 판단할 수 없고, 주식 발행회사의 주주 구성, 주식의 분산도, 주식 취득회사와 피취득 회사 간의 사업상의 관계 등 제반 여건을 고려하여 판단한다. 즉 주식의 취득 또는 소유의 판단은 그 명의와 관계없이 실질적인 소유관계를 기준으로 한다는 것이다.

나) 임원겸직

임원겸직이란 어떤 회사의 임원 또는 종업원이 경쟁관계에 있는 다른 회사의 임원을 겸임하는 경우를 말한다. 여기에서 임원은 이사나 대표이사, 업무집행을 하는 무한책임사원, 감사나 이에 준하는 자 또는 지배인 등 본점이나 지점의 영업 전반을 총괄적으로 처리할 수 있는 상업사용인을 말하며, 종업원은 임원 이외의 자로서 계속하여 회사의 업무에 종사하는 자를 의미한다. 임원겸직은 '주식의 취득'에 의한 지배·결합관계를 보완하는 수단으로 사용하는 경우가 많다. 임원이 업무집행에 참여하는 경우, 직접 또는 간접으로 영향력을 행사할 수 있는 지위에 있기 때문에 경쟁관계에 있는 사업자 간의 임원겸직은 결합기업 간의 의사를 효과적으로 통일시켜 경쟁을 제한하고 시장지배력을 형성하는 수단이 되기 쉬우므로 이를 예방하기 위하여 임원겸직에 대하여 일정한 제한을 설정하고 있다. 이 때 지배·결합관계의 형성 여부는 겸임자가 당해 회사에서 점하는 지위, 겸임자의 수, 임원의 경력, 기타 구체적인 사정을 고려하여 판단해야 한다.

다) 합병

합병은 기업결합 중에서 강도가 가장 강한 것으로서 두 개 이상의 회사가 법적으로 하나의 독립된 회사로 결합하는 것을 말한다. 합병의 종류로는 한 기업이 다른 기업에 흡수되어 소멸하는 흡수합병(merger)과 기존의 기업들이 소멸하고 제3의 새로운 기업을 신설하는 신설합병(consolidation)이 있다(임영철, 2008: 60). 합병은 기업의 수를 줄이고, 산업집중도와 시장점유율을 높임으로써 합병기업으로 하여금 가격관리나 생산조정을 통해 시장지배력을 행사할 가능성을 증대시킴으로써 실질적으로 경쟁을 제한할 가능성이 있을 때에만 이를 규제한다.

라) 영업양수

영업양수는 다른 회사의 영업의 전부 또는 주요 부분의 양수·임차 또는 경영의 수임이나 다른 회사의 영업용 비유동자산의 전부 또는 주요 부분의 양수를 말한다. 즉 영업의 양도를 양수인 측에서 본 경우를 말하는 경우로서, 양도인이 영업의 양수인으로 하여금 자기를 대신하여 그 영업의 경영자 지위를 차지하도록 하고, 영업을 일괄적으로 양도하는 것을 약속하는 채권계약이다(김충환, 1987: 144). 여기서 '주요 부분'이라 함은 그 부분이 없으면 당해 재화와 서비스의 생산·공급 면에서 실질적으로 영업활동이 곤란할 정도의 영향을 미칠 수 있는 부분을 의미하는데, 양도 회사의 당해 사업을 기준으로 판단한다. 그리고 영업의 수임이란 경영위탁계약을 체결하고 수임인이 경영권을 행사하는 것을 말한다. 영업양수는 '사실상 합병'이라고도 하는데, 영업양수만으로는 법인격의 소멸이 발생하지 않는다는 점에서 '합병'과는 다르기 때문이다.

마) 새로운 회사설립에의 참여

기업결합은 기존에 존재하는 기업 간의 결합을 의미하는 것이 본래의 개념이지만, 공정거래법은 새로운 회사설립에 참여(임영철, 2008: 61)하는 경우도 기업결합으로 규제하고 있다. 기존 회사의 기업결합에서처럼 새로이 설립되는 회사도 일정한 거래분야에서 실질적으로 경쟁을 제한할 가능성이 있고, 경쟁관계에 있는 두 개 이상의 회사가 공동으로 새로운 회사를 설립하면 서로 간의 경쟁을 회피할 수 있기 때문이다. 이러한 경우에 경쟁제한 가능성은 새로 설립되는 회사가 기존 당해 회사와 상호경쟁 또는 원자재 의존관계에 있는지, 또는 새로 설립되는 회사와 당해 회사 간에 사실상 지배관계가 형성되어 있는지를 기준으로 검토·심사된다. 다만 특수관계인들만 참여하는 회사설립의 경우에는 기존의 경쟁관계에 대한 특별한 영향이 없기 때문에 규제대상에서 제외되며, 회사분할에 의한 회사설립에 참여하는 경우도 규제대상에서 제외되고 있다.

### (2) 탈법행위의 금지

탈법행위란 직접적으로 강행 법규에 위반하지는 않지만, 강행 법규가 금지하고 있는 것을 회피하기 위하여 다른 수단을 사용함으로써 처음에 의도했던 것과 실질적으로 동일한 효과를 실현하는 것을 말한다. 따라서 법률이 금지하고 있는 사항을 형식적으로는 직접 위반하지 않는 수단을 써서 회피하더라도 실제로는 금지하고 있는 사항을 실현하는 행위이므로 탈법행위는 금지 법규에 대한 간접적인 위반이라고 할 수 있다. 그 이유는 탈법행위가 직접적인 법률 위반은 아니지만 실질적으로 경쟁을 제한하기 때문이다. 탈법행위에 의한 기업결합도 법에서 금지하고 있는 기업결합과 동일한 효과를 발생시키고 있다는 점에 주목해야 할 것이다.

예를 들어, 일정 규모의 자본금 또는 자산 총액을 가진 회사가 직접 또는 계열회사나 당해 회사가 대통령령이 정하는 특수한 관계에 있는 자를 통하여 타 회사 주식을 취득 또는 소유함으로써 일정한 거래 분야에서 경쟁을 실질적으로 제한하게 되는 경우에는 금지의 대상이 되지만, 그 회사의 자금으로 이들 외의 타인의 명의로 타 회사 주식을 취득하는 경우에는 형식상으로는 금지대상이 되지 않는다. 그렇다고 해서 이러한 방법에 의한 주식 취득을 인정하면 실질적인 기업결합을 허용하는 것이나 마찬가지이며, 법 규정에 명시된 금지행위를 면탈하는 길을 열어 주는 결과가 된다. 따라서 공정거래법은 이러한 경우를 명문으로 금지함으로써 탈법행위를 못하게 규정하고 있다.

### (3) 기업결합의 예외적 인정

기업결합 수단 중에서 규제대상이 되는 것은, 거래의 각 업체별, 단계별, 또는 지역별로 경쟁관계에 있거나 경쟁관계가 형성될 수 있는 일정한 거래 분야에서 (2)에서 제시한 것과 같은 수단을 통해 실질적으로 경쟁을 제한할 수 있는 경우에만 국한한다. 그러나 산업합리화 또는 국제경쟁력의 강화를 위하여 기획재정부장관이 필요하다고 인정하는 경우에는 예외적으로 취급한다. 이처럼 예외를 인정하는 것은 자원이 부족하고 시장 규모가 협소하기 때문에 기업결합이 오히려 국민경제 발전에 효율적인 수단으로 이용할 수 있는 특수한 분야가 있을 수 있고, 기업결합이 오히려 국민경제 발전에 기여함으로써 경제적 효율성을 높일 수 있다는 데 그 근거를 두고 있다.

산업합리화를 위한 기업결합의 허용 요건은 산업활동의 능률 증대 및 경영합리화를 위하여 산업구조 및 조직의 개편이 불가피하거나, 시설투자 및 운영에 거액의 자금이 필요하지만 통상적인 방법으로는 그 자금의 조달이 곤란하거나, 또는 공익을 위하여 필요한 경우 중 하나에 해당되는 경우이다. 한편 국제경쟁력 강화를 위한 기업결합의 허용요건으로 기술개발의 촉진, 적정 운영 규모의 확보 등으로 가격 및 품질 면에서 현저하게 국제경쟁력을 향상시키거나 해외시장에서 정보수집, 판매활동 등 기업활동을 촉진시킴으로써 수출 증대에 현저하게 기여할 수 있는 경우를 제시할 수 있다(손주찬, 1990: 108).

## 3 공동행위

구매자는 다수이지만 판매자가 소수인 시장을 가리켜 과점시장이라고 부른다. 과점시장에서는 한 산업에 소수의 기업들만이 참여하여 생산한 재화와 서비스가 모두 판매되고 있다. 이러한 시장에서는 비교적 적은 수의 기업이 총판매금액 중의 많은 부분을 점유하게 된다. 따라서 과점시장의 주요한 특성들 중의 하나는 판매자들 간에 형성되는 상호의존성[5]이라 할 수 있다.

이와 대조적으로 완전경쟁시장에서는 개별 판매자는 시장에서 거래되는 제화와 서비스의 생산량 중에서 극히 일부만을 생산하고 있어 판매자 서로 간의 생산계획을 무시하여도 무방하므로 판매자들이 독립적으로 행동하고 있다고 가정한다. 그러나 과점시장에서는 판매자들이 가격과 생산량 수준을 결정하거나 재화와 서비스 및 그 생산과정을 고안하고 광고예산을 배정할 때조차 경쟁자들의 계획이나 동향을 고려해야 한다. 특히 경쟁자들을 시장에서 축출하기 위하여 필수적으로 이러한 문제를 고려하여 결정을 내려야 한다. 이러한 상황에서 일단 판매자들이 그들 간에 존재하는 상호의존성을 인식하면 시장에서 서로 간의 경쟁을 제한하려는 전략을 강구할 것이다. 이러한 전략의 하나로 기업들 간의 공모를 통하여 공동행위를 모색할 수 있다.

공동행위란 동일한 산업에 참여하는 기업들 각자가 독립성을 유지하면서 담합을 통하여 다른 사업자와 공동으로 재화와 서비스 가격의 조정, 생산량의 할당이나 판매지역의 분할, 또는 판매조건이나 방법을 확정하는 것을 말한다. 이러한 공동행위는 엄격한 규제의 대상인 부당한 공동행위와 예외적으로 허용하고 있는 공동행위 두 가지로 구분한다.

---

5) Frederick M. Soberer and Davis Ross, *Industrial Market Structure and Economic Performance*, 3rd ed. (Boston, Mass.: Houghton Mifflin Co., 1990), pp. 199-233에서 과점산업에서의 기업의 상호의존성에 관하여 설명하고 있다.

### 1) 부당한 공동행위

일반적으로 기업 간의 공동행위는 경쟁 제한적이어서 공익에 어긋나는 것으로 인식되고 있는데, 공동행위는 다음과 같은 두 가지 요인에 의하여 부당한 것으로 간주하고 있다.

첫째, 기업들 간에 경쟁하지 말자는 협약, 즉 공모가 가능하고, 공모자의 수가 적을수록 성공하기 쉽다는 가능성 때문에 기업의 수를 제한하는 전략을 택함으로써 경쟁을 제한할 수 있기 때문이다. 둘째 위법으로 간주될 수 있는 담합을 하지 않는다 하더라도 과점시장에서는 경쟁시장에서 형성되는 수준보다 높은 가격을 도모할 수 있기 때문이다. 다시 말해 독점시장에서 초래될 수 있는 경제적 순손실이 과점시장에서도 나타날 가능성이 있으며, 이러한 경제적 순손실의 발생을 방지·위축해야 한다는 차원에서 과점시장에서 가능한 공동행위와 경쟁수준 이상의 가격책정 행위를 규제해야 할 당위성이 제기된다.

부당한 공동행위는 오히려 '담합'이나 '카르텔'이라는 용어로 보다 잘 알려져 있는데, 이를 규제하는 이유는 경쟁기업들이 서로 합의하여 시장에서 경쟁을 제거함으로써 자신들의 이익을 제고하는 반면, 자원의 효율적인 배분을 저해하고 소비자의 경제적 후생을 감소시키는 결과를 초래하기 때문이다. 이러한 규제는 애초에 경쟁은 항상 바람직한 것이고 기업들 간에 가격을 결정하거나 생산량을 제한하기 위한 공모는 바람직하지 않다는 생각에서 비롯되었다고 할 수 있다. 실제로 이러한 공모는 해로운 것으로 인정되어 부당한 공동행위에 대한 규제는 시장에서 공정하고 자유로운 경쟁을 촉진하는 데 그 목적이 있다. 가격결정 및 이와 관련된 일체의 행위가 위법으로 간주되므로 이러한 행위를 허용해야 하는 상황이 실제로 존재하는지에 대한 조사까지도 불필요한 것으로 치부되어 왔다.

#### (1) 사업자 간의 부당한 공동행위

사업자 간의 부당한 공동행위란 경쟁관계에 있는 두 개 이상의 사업자 간에 계약, 협정, 결의 또는 기타의 방법으로 상호 간의 경쟁을 제한하는 행위를 말한다. 한 기업이 다른 기업과 공동으로 가격을 결정, 유지, 변경하거나 공급량, 설비 또는 거래상대방을 제한하는 등 일정한 거래 분야에서 경쟁을 실질적으로 제한함으로써 공익을 저해하면, 이를 부당한 행위로 인정하여 규제하고 있다. 이러한 부당한 공동행위는 여덟 가지 유형[6]으로 제시할 수 있다.

---

6) 임영철, 「공정거래법」, pp. 228-241의 내용을 간추려 재정리하고 재구성.

가) 가격공동행위

가격공동행위란 사업자가 다른 사업자와 공동으로 가격을 결정 · 유지 또는 변경하는 행위를 말한다. 시장경제의 효율적 운영을 위한 장치라고 할 수 있는 가격은 아담 스미스가 말한 소위 '보이지 않는 손'이라고 할 수 있는 수요와 공급의 결합으로 결정된다. 그러나 기업들이 공동으로 가격을 결정하거나 유지 또는 변경하는 것은 시장의 효율적 배분 기능을 저해해 사회구성원들의 경제적 후생을 낮추는 결과를 초래한다. 이에 대한 규제는 시장에서 기업들 간에 공정하고 자유로운 경쟁이 이루어지도록 함으로써 경제적 효율성을 개선하는 데 그 목적이 있다.

나) 거래조건 공동행위

거래조건 공동행위란 재화와 서비스의 거래조건이나 그 대금 또는 대가(代價)의 지급조건을 공동으로 정하는 행위를 가리킨다. 재화와 서비스의 거래조건이나 지급조건은 가격과 함께 당해 거래를 결정하는 데 중요한 영향을 미치는 요소들이다. 시장에 참여하는 개별 기업들이 이들 조건을 독립적으로 결정할 수 있을 때 시장에서 공정한 경쟁이 이루어질 수 있다. 따라서 기업들이 이들 조건을 공동으로 결정하는 경우에는 불완전한 경쟁시장이 되고, 이러한 시장에서는 시장의 효율성을 이루지 못한다. 그러면 소비자와 생산자가 시장거래를 통해 얻을 수 있는 사회적 총잉여를 극대화하지 못함으로써 경제적 후생을 감소시키게 되므로 정부는 이러한 행위는 규제하는 것이다.

다) 공급제한 공동행위

사업자들이 업체별로 공급물량을 할당하거나 특정 회사를 통해서만 공급하는 등 공급방식을 제한할 것을 합의함으로써, 궁극적으로 재화와 서비스의 시장 공급물량을 제한하는 행위를 말한다. 이는 시장의 재화와 서비스의 수급상황에 영향을 미치고 결과적으로 가격상승 압력으로 작용한다. 재화와 서비스의 공급량이 수요량보다 적어짐으로써 시장에 물량부족 현상을 초래해 결국 수요와 공급의 법칙에 따라 가격을 인상시킨다는 것이다. 그러면 시장에 거래량이 줄어듦으로써 시장 규모가 축소되고 이에 따라 국민들의 경제적 후생이 줄어드는 결과를 초래하므로 정부가 이러한 공동행위를 규제한다.

라) 시장분할 공동행위

시장분할 공동행위는 기업들이 공동으로 거래 지역 또는 거래상대방을 제한하는 행위를 말한다. 기업별로 거래 지역 또는 거래 상대방을 분리하여 정하면 경쟁기업들 간의 경쟁 가능성이 줄어들어 분할 지역에서 시장지배력을 행사할 수 있는 여지가 높아진다. 그러면 재화와 서비스의 시장가격이 올라가고 시장거래량이 줄어들더라도 기업은 경제적 이윤을 벌어들이는 대신, 소비자들은 높은 가격의 지불로 인해 경제적 손실을 입고, 시장거래량의 감소로 시장거래를 통해 얻을 수 있는 소비자 잉여가 감소할 것이다. 특히 개별 기업에게 지역별로 판매 지역, 즉 시장을 분할하면 분할된 지역에서는 한 기업이 독점적 지위를 누리게 되어 독점적 폐해가 나타남으로써 독점으로 인한 경제적 순손실을 초래할 것이다. 이에 따라 이러한 결과를 위축시키고 방지하기 위해 정부가 시장분할행위를 금지하는 것이다.

마) 설비제한 공동행위

설비제한 공동행위는 기업들이 합의하여 공동으로 설비의 신설 또는 증설이나 장비의 도입을 방해하거나 제한하는 행위를 말한다. 이러한 행위는 기업의 생산 및 사업활동을 제약함으로써 기업의 경쟁수단을 제한하여 시장에서 거래될 수 있는 재화와 서비스의 수량을 줄이는 결과를 초래함으로써 시장규모의 축소로 인한 시장의 비효율성을 초래하게 된다. 또한 시장의 공정하고 자유로운 경쟁을 저해함으로써 경쟁이 초래할 수 있는 이점을 살리지 못해 정부의 규제 대상이 되는 것이다.

그런데 설비제한 공동행위는 시장의 공급량을 직접적으로 제한하지 않고 시장에 미치는 효과도 장래에 나타난다는 특성을 가지고 있어 경쟁제한성 여부를 판단하는데 신중을 기해야 할 것이다. 특히 설비증설 제한이 공해의 방지나 위험의 방지 등 공익을 위해 필요하거나 수요의 지속적인 감소를 경험하는 산업에서 설비의 지속적인 증설은 산업 전체의 불황을 초래할 수도 있으므로 그 제한이 필요한 경우에는 경쟁제한이 초래하는 편익과 기타 편익을 비교해 평가하는 노력이 요구된다.

바) 영업수행·관리 공동행위

영업수행·관리 공동행위란 다수의 기업들이 영업의 주요 부문을 공동으로 수행·관리하거나, 수행·관리하기 위한 회사 등을 설립하는 행위를 말한다. 이러한 행위는 소위 '조인트 벤처'와 실질적으로 동일한 의미를 갖고 있다 할 수 있는데, 조인트 벤처란 두 개 이상의 회사가 각자 수행해야 할 사업활동을 공동으로 수행하기 위하여 결성한 연합체로 정의할 수 있다. 조인트 벤처는 가격협정, 공급량 제한, 신규 사업자의 배제 등의 반경쟁적인 효과가 있는 반면, 연구·개발을 촉진하고 효율성을 개선함으로써 혁신의 원동력으로 작용하는 긍정적인 효과도 있다. 영업수행·관리 공동행위도 조인트 벤처와 유사한 효과를 가지고 있으므로 긍정적 효과와 부정적 효과를 비교·분석해 개별 사안별로 판단해 규제 대상을 선별해야 할 것이다.

사) 입찰 또는 경매에서의 공동행위

입찰 또는 경매는 일반적인 재화와 서비스 시장을 전제로 하기보다는 특정 재화와 서비스가 거래되는 시장에서 이루어지는 행위를 말한다. 보통 입찰과 경매는 입찰의 경우에는 경쟁자가 제시하는 조건을 서로 알 수 없는 가운데 진행이 되고, 경매의 경우에는 경쟁자가 제시하는 조건을 서로 아는 상태에서 진행하는 것을 알 수가 있다는 데 차이가 있다. 이러한 입찰 또는 경매의 절차에서 사업자 간에 순번을 정해 놓고 낙찰자를 결정하는 등의 공동행위가 빈번히 이루어져 왔다. 이는 시장에서의 경쟁을 제한함으로써 공정한 경쟁을 제한하는 결과를 초래하는 것으로 간주해 규제되고 있다.

아) 기타 사업활동방해·제한 공동행위

기타 사업활동방해·제한 공동행위란 위에 제시한 유형 이외의 공동행위로서 다른 기업의 사업활동 또는 사업내용을 방해하거나 제한함으로써 일정한 거래 분야에서 경쟁을 실질적으로 제한하는 행위를 말한다. 즉 위에 열거한 행위 외의 행위에 대한 합의를 통해 공동적으로 하는 행위로서 시장의 경쟁을 제한하는 것을 규제대상으로 삼는다.

물론 이들 여덟 가지 유형의 공동행위는 그 공동행위의 내용에 따라 시장에 미치는 효과가 다르다. 일반적으로 가격, 공급량, 판매 지역 등에 관한 협정은 시장에서의 경쟁제한 효과가 강하지만 거래조건이나 규격 등에 관한 공동행위는 경쟁제한 효과가 상대적으로 약한 것이 보통이다. 그러나 정도의 차이는 있지만 공동행위는 일반적으로 경쟁제한적 성격을 갖는다는 점에서 규제되고 있다.

**(2) 사업자단체를 통한 부당한 공동행위**

사업자단체를 통한 부당한 공동행위란 동일한 업종에 참여하고 있는 업체들이 단체를 구성하여 이를 통하여 담합하는 것을 말한다. 여기에서 사업자단체란 중소기업협동조합법, 각종의 특별법, 민법 등을 근거로 하여 설립된 각종 사업자협동조합, 공업진흥회, 공업협회 등을 지칭한다. 사업자단체를 통한 공동행위는 명시적인 계약이나 합의에 의하여 이루어지기도 하지만, 은밀한 방법으로 이루어지는 것이 일반화되어 있다.

동종 산업의 사업자들이 한 장소에 모여 사업 대책을 논의할 때 자연적으로 대두되는 주제는 경쟁을 제한할 수 있는 방법을 강구하는 것이다. 이 때 명시적인 동의를 통한 방법은 쉽게 가시화되기 때문에 묵시적인 연계에 의존할 수밖에 없게 된다. 이러한 방법으로 이루어지는 공동행위는 동일한 업종에 참여하는 기업들 간의 시장경쟁을 실질적으로 배제하거나 제한하고, 사업자의 수를 제한하거나, 단체 가입자의 사업활동을 부당하게 제한함으로써 공동의 이익을 도모하기 위한 것이다. 이미 18세기에 애덤 스미스(Adam Smith)는 「국부론」에서 "동업자가 어쩌다가 회합을 하는데 그 회합은 소비자에 대하여 좋지 않은 공모로 끝난다."고 말하고 있다(Smith, 1937: 128).

이와 같이 동업자들은 단체를 통해서 가격 유지, 공급량 제한 등 시장에서 기업 간의 경쟁을 제한하는 협의 또는 담합을 하는 것이 관행이다. 또한 사업자단체가 직접 또는 간접으로 가격·수량 등에 대하여 담합행위를 하지 않더라도 사업자단체의 결속력이나 구속력이 강해지면 사업자단체 구성원의 활동을 구속하거나 단체 외의 사업자의 자유로운 사업활동을 억압하는 등의 행위로 자유로운 경쟁을 제한한다. 그러나 사업자들 간의 정보교환이 시장의 집중화를 초래하지 않거나 공동으로 결정한 사항을 견지하도록 강요하는 어떤 조짐도 나타나지 않는다면 이러한 정보교환은 합법적인 것으로 간주된다. 때로는 사업자들 간의 교신은 유용한 목적에 기여할 수도 있다. 사업자들이 협의하여 공동으로 설비나 제품의 표준을 결정할 수 있고, 특수한 경제상황에 처하여 기업들 간의 이해관계의 조율이 필요하거나 불황산업의 구조적 조정이 필요할 때 기업들 간의 공동행위가 허용되고 있다. 이처럼 사업자단체는 바로 이러한 노력을 용이하게 할 수 있게 하는 유용한 장치로 활용될 수도 있다.

#### (3) 음성적 공동행위

기업들이 단체를 구성하여 정보를 교환하지 않는다 하더라도 암묵의 양해 등 소극적인 공동의 의사를 반영하여 행동하는 경우에는 은밀하게 행해지는 공모라고 의심할 수 있다. 기업들 간에 일사불란한 행태가 독립적인 요인과 독립적인 결정의 결과로서 나타난 것이라 하더라도 이러한 일사불란한 행태(consciously parallel behavior)가 나타나면 처음에는 엄격한 규칙을 적용하여 통제하는 것이 바람직하고, 그 결과에 따라 신축적인 기준을 개발하여 규제하는 노력이 필요하다.

### 2) 인가받은 공동행위

공정거래법은 산업합리화, 연구·기술개발, 불황극복 산업구조 조정, 중소기업의 경쟁력 향상, 거래조건의 합리화 등 부득이한 사유가 있어 당해 사업자가 이를 입증한 경우에는 공동행위를 예외적으로 인가되고 있다(임영철, 2008: 244-246).

**(1) 산업합리화**

산업합리화를 위한 공동행위는 공동행위에 의한 기술향상·품질개선·원가절감 및 능률 증진 등의 효과가 명백한 경우, 공동행위 외의 방법으로는 산업합리화의 달성이 곤란한 경우 그리고 경쟁제한을 금지하는 효과보다 산업합리화의 효과가 클 경우에 한하여 허용되고 있다.

**(2) 연구·기술개발**

연구·기술개발을 위한 공동행위는 연구·기술개발이 산업경쟁력 강화를 위하여 긴요하며 경제적 파급효과가 클 경우, 연구·기술개발에 소요되는 투자금액이 과다하여 한 사업자가 조달하기 어려운 경우, 연구·기술개발 성과의 불확실성에 따른 위험분산을 위하여 필요한 경우, 경쟁을 제한하는 효과보다 연구·기술개발의 효과가 클 경우에는 인가된다.

**(3) 불황 극복을 위한 공동행위**

불황 극복을 위한 공동행위는 특정한 재화와 서비스의 수요가 상당 기간 계속하여 감소하고 수요에 비하여 공급이 크게 초과하는 상태가 계속되며 앞으로도 그 상태가 계속될 것이 명백한 경우, 당해 재화와 서비스의 거래가격이 상당 기간 평균생산비용을 하회(下廻)하고 있는 경우, 당해 사업 분야의 상당수의 기업이 불황으로 사업활동을 계속하기가 곤란하게 될 우려가 있는 경우 그리고 기업의 합리화에 의하여는 위의 세 가지 사항을 극복할 수 없는 경우에 한하여 인가되고 있다.

**(4) 산업구조 조정**

산업구조 조정을 위한 공동행위는 국내외 경제여건의 변화로 특정 산업의 공급능력이 현저하게 과잉상태에 있거나, 생산시설·생산방법의 낙후로 인하여 생산능률이나 국제경쟁력이 현저하게 저하되어 있는 경우, 기업의 합리화에 의하여는 위의 사항을 극복할 수 없는 경우 그리고 경쟁을 제한하는 효과보다 산업구조를 조정하는 효과가 클 경우에 한하여 인가되고 있다.

**(5) 거래조건의 합리화를 위한 공동행위**

거래조건의 합리화로 생산능률의 향상, 거래의 원활화 및 소비자의 편익 증진에 명백하게 기여하는 경우, 거래조건의 합리화 내용이 당해 사업 분야의 대부분의 사업자들에 의하여 기술적·경제적으로 가능한 경우, 그리고 경쟁제한을 제한하는 효과보다 거래조건의 합리화의 효과가 클 경우에 한하여 인가되고 있다.

### (6) 중소기업의 경쟁력 향상을 위한 공동행위

중소기업의 경쟁력 향상을 위한 공동행위는 중소기업의 품질·기술향상 등 생산성의 향상이나 거래조건에 관한 교섭력의 강화효과가 명백한 경우, 참가사업자 모두가 중소기업자인 경우 그리고 공동행위 외의 방법으로는 대기업과의 효율적인 경쟁이나 대기업에 대항하기 어려운 경우에 한정해 공동행위가 인가되고 있다.

## 4 경제력 집중의 억제

한국이 경제적 후진성을 탈피하고 선진국 대열에 들 수 있었던 데는 1960년대 이후 추진되어 온 각종 산업정책이 큰 기여를 했다고 할 수 있다. 산업정책은 국민경제의 생산구조에 직접적인 변화를 모색하기 위한 광범위한 정부행위로 정의되어 경제발전의 목적을 성취하기 위하여 바람직하다고 인정되는 산업이나 기업을 선별하여 그 활동을 지원·조장 ·보호하기 위한 것이다.

이러한 산업정책이 수행되면서 정부가 산업 또는 기업에게 각종 지원을 함으로써 비교적 짧은 기간 동안에 급속한 경제성장과 산업구조적인 변화를 이룩하여 국민 대부분이 높은 수준의 경제적 후생을 누릴 수 있게 하였고, 고용기회도 확대하는 등 국민의 경제적 생활의 번영을 성취하는 데 견인차 역할을 해온 것도 사실이다. 그러나 다른 한편으로 이 같은 산업육성정책은 자원배분의 왜곡현상을 초래하여 경제적 효율성을 저해해 왔을 뿐만 아니라 경제 부문에서 산업 간, 기업 간, 집단 간, 지역 간에 부와 경제력의 집중 등 불공평한 분배현상을 심화함으로써 공평성의 측면에서 많은 문제를 야기해온 것도 사실이다.

경제력 집중은 대기업들이 단기적으로 이익을 추구할 수 있고, 기업경영에서 오는 위험성을 분산하기 위해 과도한 업종의 다양화를 모색한 결과 나타나는 현상으로서 이는 기업의 업종의 전문화와 기술개발 능력을 저해하는 요인으로 작용할 수 있다. 특히 세계화의 가속화, 경제민주화에 대한 요구, 소득양극화에 따른 사회적 갈등, 대기업에 대한 사회의 부정적 인식 등 여러 문제를 초래한다. 이에 따라 균형 있는 국민경제의 발전을 저해하고, 기업의 경쟁을 가로막는 경제력 집중을 억제함으로써 장기적인 국민경제의 성장 기반을 구축하려고 지주회사 설립·전환의 신고, 상호출자금지, 출자총액제한, 채무보증제한, 금융회사 또는 보험회사의 의결권 제한, 신고의무·자료확인 요구·탈법행위 금지 등 경제력 집중을 억제하기 위한 규제를 시행하고 있다(임영철, 2008: 161-208).

### 1) 지주회사 설립 · 전환의 신고

지주회사란 "주식의 소유를 통하여 국내회사의 사업 내용을 지배하는 것을 주된 사업으로 하는 회사로서 자산총액이 대통령령이 정하는 금액 이상인 회사"를 말한다. 이러한 지주회사의 개념정의로부터 지주회사의 요건을 도출할 수 있는데, 이들 요건은 다음의 네 가지로 제시할 수 있다(임영철, 2008: 158-160).

첫째, 지주회사는 다른 회사의 주식이나 지분을 소유하고 이를 통하여 다른 회사에 대한 지배력을 행사하는 회사이다. 따라서 다른 회사를 지배하고 있는 경우에도 주식이나 지분을 소유하고 있지 않은 경우에는 지주회사에 해당될 수 없다.

둘째, 지주회사는 국내회사의 사업 내용을 지배하는 회사이므로, 외국회사만을 지배하고 있거나, 외국회사와 국내회사를 함께 지배하지만 국내회사를 지배하는 것이 뒤에서 보는 주된 사업으로 인정되지 않으면 지주회사가 될 수 없다.

셋째, 지주회사가 되기 위해서는 국내회사의 사업 내용을 지배하는 것이 주된 사업이어야 한다. 즉 국내회사의 사업 내용을 지배하고 있지만 그러한 사업 내용이 당해 회사의 주된 사업이 아니라 부수적인 사업에 불과한 경우에는 지주회사가 될 수 없다. 여기서 주된 사업인지 여부는, 회사가 소유하고 있는 자회사 주식가액의 합계액이 당해 회사 자산총액의 50% 이상인지 여부에 따라서 판단한다.

넷째, 지주회사가 되기 위해서는 직전 사업연도 종료일 현재 재무상태표상의 자산총액이 1000억원 이상이어야 한다. 지주회사의 자산총액 규모는 경제 규모와 경제여건에 따라 변해 왔다.

이상의 요건을 갖추고 지주회사를 설립하거나 지주회사로 전환한 자는 일정한 기한 내에 공정거래위원회에 신고해야 한다. 신고시에는 일정한 사항을 기재한 신고서에 그 내용을 입증할 수 있는 서류를 첨부하여 제출하도록 한 것은 지주회사의 설립 · 전환을 관리하기 위한 취지에서 이루어진 것이다. 또한 지주회사가 경제력 집중의 또 다른 수단이 되거나 지주회사 내 소유구조가 왜곡되어 소수 주주의 권익이 침해되는 것을 방지하기 위해 공정거래법은 지주회사의 행위에 대해 부채비율 제한, 자회사에 대한 최저지분율 제한, 타 회사 주식소유제한, 금융회사와 일반지주회사의 분리, 보고의무 등의 제한을 두고 있다.

### 2) 상호출자금지

상호출자는 대규모 기업집단을 형성할 의도로 계열회사들 간에 서로 출자하는 것으로서 이는 실질적인 출자 없이 가공자본으로 기업을 지배함으로써 경제력이 집중되고 소유지배구조가 왜곡되는 것을 방지하기 위한 것이다. 예를 들어, A회사가 50억 원으로 B회사의 유상증자에 참여해 B회사 주식 50%를 인수한 후 B회사가 다시 그 자금으로 A회사의 유상증자에 참여해 A회사의 주식을 인수하면 A회사는 자금의 감소 없이 B회사 주식의 50%를 인수한 것이 되고, 결국 A회사를 지배하는 동일인이 신규 자금을 투입하지 않고서도 가공자본으로 B회사를 지배할 수 있다. 이처럼 상호출자는 동일인이 가공자본을 형성하여 지배력을 확장 또는 강화시키는 수단으로 악용될 수 있기 때문에 공정거래법상 금지되는 것이다.

상호출자가 금지되는 회사는 상호출자제한 기업집단 소속 계열회사들로서 이들 간에는 주식의 상호보유뿐만 아니라 자본의 상호보유도 금지된다. 따라서 주식회사 이외의 계열회사들도 상호출자를 할 수 없다. 다만 계열회사 간의 직접적인 상호출자만 금지되고, A사→B사→C사→D사로 주식소유관계가 연결되는 소위 '순환출자'는 공정거래법상으로 금지대상이 아니다. 또한 상호출자제한 기업집단이 아닌 기업집단 소속의 계열회사들은 공정거래법상의 상호출자 금지의 대상이 아니며, 상호출자제한 기업집단 소속인 계열회사라 하더라도 비계열회사와의 상호출자는 제한을 받지 않는다.

### 3) 출자총액제한

출자총액제한 기업집단에 속하는 회사는 당해 회사 순자산액의 40%(출자한도액)를 초과하여 다른 국내회사의 주식을 취득 또는 소유하여서는 안 된다. 여기서 '자산총액'이란 지정 직전 사업연도 재무상태표(대차대조표)상의 자산총액(금융업 또는 보험업을 영위하는 회사의 경우에는 자본총액 또는 자본금 중 큰 금액)을 말하는데, 새로 설립된 회사로서 직전 사업연도의 재무상태표가 없는 경우에는 지정일 현재의 납입자본금을 말한다. 그리고 '순자산액'이란 직전 사업연도의 재무상태표상에 표시된 자본총계와 자본금 중 큰 금액에서 직전 사업연도 종료일 현재 당해 회사에 대한 계열회사의 출자금액(소유주식 수에 1주당 액면가액을 곱한 금액)을 뺀 금액을 말한다.

이러한 출자총액제한제도의 취지는 간접적인 상호출자에 의한 무분별한 계열기업 확장을 억제하고 선단식 경영 폐해를 예방하며 소유지배구조의 왜곡을 막기 위한 것이다. 그러나 전국경제인연합회를 중심으로 한 기업 측에서 이 제도가 기업의 투자를 저해하고 국내기업의 경영권 방어를 제한하여 외국기업의 국내기업에 대한 적대적 M&A의 가능성을 높이므로 이를 폐지해야 한다고 주장해 왔다.

#### 4) 채무보증제한

채무보증제한 기업집단에 속하는 회사는 국내금융기관의 여신과 관련하여 국내계열회사에 대하여 보증을 하여서는 아니 된다. 이처럼 계열회사에 대한 채무보증을 금지하는 주된 취지는 다음의 두 가지 이유로 요약할 수 있다.

첫째, 계열회사 간의 채무보증이 허용되면 능력은 있지만 보증을 받을 수 없는 우량 독립기업보다는 부실하더라도 계열회사로부터 채무보증을 받을 수 있는 대기업집단 소속회사에 여신이 편중되어 대기업기업집단으로 경제력이 집중되고 사회 전체의 자원배분이 왜곡될 우려가 있기 때문이다.

둘째, 계열회사 간의 채무보증으로 인해 부실기업 퇴출이 저해되고 기업집단의 동반부실화가 초래되어 궁극적으로 대출을 한 금융기관까지도 부실화되면 결국 국가경제 전체의 위기를 초래할 위험성이 있으므로, 이러한 폐단을 사전에 방지하기 위해서이다.

#### 5) 금융회사 또는 보험회사의 의결권 제한

상호출자제한 기업집단에 속하는 회사로서 금융업 또는 보험업을 영위하는 회사는 취득 또는 소유하고 있는 국내 계열회사 주식에 대하여 의결권을 행사할 수 없다. 금융·보험사의 수탁재산은 원래 고객의 자산이라는 점을 감안하여 대규모 기업집단 소속 금융·보험사가 수탁자산을 수탁자산 자체의 수익성 제고가 아니라 대규모 기업집단 동일인의 지배력 확장 수단으로 활용하는 것을 방지하기 위한 규정이라고 할 수 있다. 다만 공정거래법은 주식의 취득 또는 소유 그 자체를 금지하는 것이 아니라 의결권 행사만을 제한하고 있다.

#### 6) 신고의무 · 자료확인 요구 · 탈법행위 금지

상호출자제한 기업집단, 출자총액제한 기업집단, 채무보증제한 기업집단에 속하는 회사는 당해 회사 주주의 주식소유현황 및 재무상황, 다른 국내회사 주식의 소유현황, 순자산액, 출자한도액, 출자총액, 채무보증 금액 등을 신고하여야 한다. 그리고 주식취득 등 소속회사의 변동사유가 발생한 경우에는 30일 이내에 그 변동 내용을 기재한 신고서를 공정거래위원회에 제출하여야 한다. 또한 공정거래위원회는 대규모기업집단 제도의 집행을 위하여 필요한 경우 금융감독원이나 국내금융기관 등에 대하여 필요한 자료의 확인 또는 조사를 요청할 수 있다.

그리고 누구든지 지주회사 등의 행위제한, 채무보증 기업집단의 지주회사 설립, 상호출자의 금지, 출자총액의 제한, 계열회사에 대한 채무보증 금지, 금융회사 및 보험회사의 의결권 제한의 규정을 면탈하려는 행위를 금지하기 위해 그 유형과 기준을 공정거래위원회의 고시로 정해 운영하고 있다.

첫째, 자기 계열회사의 기존의 채무를 면하게 함이 없이 동일한 내용의 채무를 부담하거나 다른 회사로 하여금 자기의 계열회사에 대하여 채무보증을 하게 하는 대신 그 다른 회사 또는 그 계열회사에 대하여 채무보증을 하는 행위, 둘째, 자본시장과 금융투자업에 관한 법률 시행령 제103조 제1호에 따른 특정 금전신탁을 이용하여 신탁업자로 하여금 자기의 주식을 취득하거나 소유하고 있는 계열회사의 주식을 취득하거나 소유하도록 하고 신탁업자와의 계약 등을 통하여 해당 주식에 대한 의결권을 사실상 행사하는 행위 또는 자기의 주식을 취득하거나 소유하고 있는 계열회사의 주식을 타인의 명의를 이용하여 자기의 재산으로 취득하거나 소유하는 행위 등이다.

## 5 시장지배적 지위의 남용규제 및 불공정거래 규제

시장에서 이루어지는 거래는 단순경제순환모형에서 제시되는 것처럼 단순하지 않다. 시장에 경쟁이 존재하면 소비자와 생산자가 완전한 정보를 바탕으로 거래하고 이들 간에 어떠한 거래상의 마찰도 생기지 않으므로 정교한 시장전략이나 분배전략은 불필요하다. 그러나 현실적으로는 이러한 모형이 제시하는 것처럼 시장거래가 이루어지지 않는다는 데 문제가 있다. 기업들은 시장지배력, 불완전한 정보, 시장거래상의 허점 등을 교묘히 이용하여 이윤을 제고하기 위한 시장전략을 구사하거나 공정하지 못한 거래를 자행하기도 한다. 이러한 거래로 인하여 시장질서가 교란되고, 결국 소비자와 생산자 모두 손실을 입게 되기도 한다. 이에 따라 국민경제 전체가 불건전해지고 결국에는 국민경제를 불안하게 하는 요인이 될 수도 있다. 이에 대처하기 위하여 정부는 공정거래법을 제정하여 시장에서의 시장지배적 지위를 남용하는 행위와 불공정 거래행위를 규제함으로써 건전한 시장경쟁 질서를 확립·유지해 창의적인 기업활동을 조장함과 아울러 소비자를 보호함으로써 국민경제의 균형 있는 발전을 모색하려고 한다.

### 1) 시장지배적 지위의 남용규제

시장지배적 지위의 남용규제란 시장지배적 사업자가 경제력을 남용하여 경쟁을 제한하거나 그 지위를 남용하여 자신을 유리하게 하는 행위를 하지 못하도록 하기 위한 것이다. 여기에서 시장지배적 사업자란 시장을 마음대로 지배할 수 있는 시장지배력을 갖고 있는 사업자로서 일정한 지정 기준에 따라 공정거래위원회가 지정·고시한 사업자를 말한다. 이들은 경쟁적 압력이 적다는 점을 이용하여 바람직하지 못한 행위를 하기가 쉬우므로 일반 경쟁사업자와는 달리 특별한 규제를 받아야 한다.

한국의 경제체제는 정부가 재정·금융정책을 통하여 거시적으로 경제에 개입할 뿐 아니라 가격, 인·허가 등으로 기업활동을 규제·조정하는 혼합경제체제를 택하고 있다. 그러나 기본적으로는 시장경제에 바탕을 두고 있어 누가 무엇을 어떻게 생산·판매하는지는 기업의 자유로운 의사결정에 맡기고 있다. 그러므로 이윤을 목적으로 하는 기업이 높은 이윤을 창출할 수 있는 시장에 진입하여 효율적 경영을 하면, 시장에 경쟁기능이 작용하여 경제성장, 자원의 효율적 배분, 기술 향상 및 국민복지의 신장과 같은 바람직한 경제적 성과를 실현할 수 있을 것이다.

그러나 단독 또는 소수의 기업이 시장을 지배하면, 재화와 서비스의 가격, 품질, 수량 등의 결정이 시장지배적 지위를 갖는 기업들의 영향력 행사에 의해 좌우될 가능성이 커지므로 소비자들이 좋은 품질의 재화와 서비스를 저렴한 가격에 공급받을 수 있는 가능성을 제약할 뿐만 아니라 경쟁기업들도 시장활동에 제약을 받을 수 있으며, 시장지배적 기업 자신도 내부적 효율성, 기술개발의 저해 등 바람직하지 못한 결과가 나타날 수 있다. 이에 따라 시장지배적 사업자가 초래할 수 있는 재화와 서비스 가격의 부당한 결정, 재화와 서비스 판매의 부당한 조절, 다른 사업자의 사업활동의 부당한 방해, 새 경쟁사업자의 참여 방해, 기타 실질적인 경쟁제한 행위 등이 시장지배적 지위남용의 규제대상으로 정하여 이러한 행위를 제한 또는 금지하고 있다(손주찬, 1990: 210-214; 임영철, 2008: 22-30; 송정원, 2005: 498-518).

#### (1) 부당한 가격남용행위

경쟁적 시장에서는 재화와 서비스의 수요와 공급에 의하여 시장가격이 결정되므로 기업은 시장에서 결정된 가격수취자(price-taker)로서 경쟁가격으로 거래하게 된다. 그러나 독점시장에서는 독과점기업이 경쟁을 배제할 수 있는 힘이 있기 때문에 가격을 마음대로 결정할 수 있는 가격결정자(price-maker)로서의 역할을 할 수 있다. 이에 따라 판매가격에 독과점 이윤을 붙이거나 출고하는 생산량을 제한하여 경쟁가격 이상으로 가격을 인상할 수 있다. 특히 진입장벽이 있는 경우에는 신규 기업의 시장 진입에 대한 위협도 없으므로 마음 놓고 가격을 올릴 수 있다. 반대로 진입장벽이 없는 경우에는 이러한 가격 인상은 처음에는 초과이윤을 초래하지만 초과이윤은 당해 산업으로 신규 기업의 진입을 유인하는 효과가 있으므로 원칙적으로 가격 인상이 어렵다. 그러나 실제로 진입장벽을 구성하는 요소는 인위적인 신규 기업의 진입제한에서부터 원료 조달 또는 기술상의 우위, 생산과정의 효율성 등 경제적인 진입장벽에 이르기까지 무수히 많으며, 진입에는 시간을 요하기 때문에 독과점기업은 가격을 인상할 가능성을 가질 수 있다.

독과점기업의 가격 인상은 소비자의 경제적 후생을 감소시키고 자원배분의 왜곡을 초래하므로 이를 적절히 규제·조정할 필요성이 생긴다. 이러한 필요성에 따라 '상품의 판매 또는 용역의 대가를 부당하게 결정·유지 또는 변경하는 행위'를 부당한 행위로 간주하여 규제하고 있다. 여기에서 재화와 서비스의 가격을 부당하게 결정·유지·변경하는 행위는 일정한 재화와 서비스의 가격이 상당 기간 수요와 공급의 변동이나 그 공급에 필요한 비용의 변동에 비하여 정당한 이유 없이 현저히 상승하거나 그 하락이 근소한 경우, 당해 시장지배적 사업자가 속하는 업종 또는 유사한 업종의 통상적인 수준에 비하여 판매비와 일반관리비를 정당한 이유 없이 과다하게 지출하고 있는 경우 그리고 두 개 이상의 시장지배적 사업자가 일정한 재화와 서비스의 가격을 정당한 이유 없이 동일 또는 유사한 금액이나 비율로 인상하는 경우로 나누어 볼 수 있다.

이 중 세 번째 경우에 해당되는 '가격의 동조적 인상'이란 사업자 간의 협의가 없더라도 가격담합을 한 것과 같은 결과를 발생시키는 것이다. 즉, 사업자가 소수인 경우에는 판매, 생산, 경리, 임원의 인적 사항 등 제반 경영상황이나 행동유형을 서로 간에 잘 알고 있기 때문에 여타 사업자가 추종하리라고 예상하거나 추종하지 않을 수 없다고 생각되는 정도로 가격을 인상할 수가 있다. 이 경우 다른 사업자는 그 인상폭이 고객의 이동을 일으킬 정도로 큰 것이 아니라고 판단하거나, 설사 그렇게 판단되더라도 가격경쟁을 하기보다는 비슷한 정도로 동조적 가격인상을 하는 것이 유리하다고 생각되는 경우에는 가격선도자의 가격인상에 추종하게 된다.[7]

---

7) Dennis W. Carlton and Jeffery M. Perloff, *Modern Industrial Organization* (Glenview, Ill.;

(2) **출고량조절행위**

'상품의 판매 또는 용역의 제공을 부당하게 조절하는 행위'는 시장지배적 지위남용행위의 하나로 보아 이를 규제하고 있는데, 여기에서 재화와 서비스는 시장지배적 사업자의 지정 대상인 재화와 서비스를 가리키며, 조절하는 행위라 함은 생산·판매를 중단·감축하거나 출고를 증감시키는 행위를 말한다.

조절행위의 부당성, 즉 '부당하게 조절되는 행위'에는 정당한 이유 없이 재화와 서비스의 생산량 및 판매량을 최근의 추세에 비추어 현저하게 감소시키는 행위, 정당한 이유 없이 재화와 서비스의 재고량을 최근의 추세에 비추어 현저하게 증진시키는 행위, 정당한 이유 없이 성수기에 유통단계에서 품귀 현상이 있음에도 불구하고 재화와 서비스의 국내 판매량을 유지 또는 감축하는 행위 그리고 회사 간에 생산 또는 판매 비율을 일정한 수준에서 유지 또는 변경하는 행위가 해당된다.

(3) **사업활동방해행위**

'다른 사업자의 사업활동을 부당하게 방해하는 행위' 중에서 '다른 사업자'라 함은 당해 시장지배적 사업자와 경쟁관계에 있거나 경쟁관계가 성립될 수 있는 사업자를 지칭하며, '사업활동을 부당하게 방해하는 행위'라 함은 시장지배적 사업자가 재화와 서비스의 생산에 필요한 원재료(부품, 부자재를 포함)의 구매를 정당한 이유 없이 필요량 이상으로 현저하게 증가시킴으로써 다른 사업자의 원자료 구매를 어렵게 하는 행위, 정상적인 거래관행에 비추어 과도한 경제상의 이익을 제공하거나 제공할 것을 약속하면서 다른 사업자의 재화와 서비스의 생산에 필수적인 기술요원을 유인·채용함으로써 정상적인 생산활동을 어렵게 하는 행위, 허위 또는 불확실한 내용으로 경쟁사업자를 중상·비방함으로써 사업활동을 어렵게 하는 행위, 각종 금융 및 보험기관을 통하여 다른 사업자의 어음할인, 매출, 사채 발행 등 제반 재무활동을 방해하거나 부당한 방법으로 다른 사업자의 주식가격 및 거래량 등을 조작하여 자금조달을 어렵게 하는 행위 그리고 직접 또는 간접으로 사업자금으로 대여한 후 정당한 이유 없이 대여자금을 일시에 회수함으로써 다른 사업자의 사업활동을 어렵게 하는 행위를 말한다.

시장지배적 지위의 남용행위 조사지침에는 이 밖에 당해 사업자의 계열기업을 통하여 사실상 각 항의 행위와 동일한 효과가 있는 행위를 하는 것도 남용행위로 규정하고 있다.

---

Scott, Forsemen, 1990)에서 지배적 기업이 가격을 선도하는 기능에 관하여 자세히 설명하고 있다.

### (4) 진입제한행위

'새로운 경쟁사업자의 참가를 부당하게 방해하는 행위'에서 새로운 경쟁사업자라 함은 시장지배적 사업자의 지정 대상인 재화와 서비스 시장에 신규 진입을 시도하는 사업자 및 실제로 신규로 진입하여 판매를 개시하기 전까지의 사업자를 말하는 것이고, '참가를 부당하게 방해하는 행위'라 함은 정당한 이유 없이 시장지배적 사업자가 신규 진입기업과 거래하거나 거래하려고 하는 기업에 대하여 재화와 서비스의 판매 및 구매를 거절하거나 감축하는 행위, 경쟁기업의 신규 진입에 필요한 절차(관계 기관 또는 단체의 허가, 추천 등)의 이행을 부당한 방법으로 방해하는 행위, 당해 재화와 서비스의 생산에 필수적인 원재료의 수급을 부당하게 조절함으로써 경쟁기업의 신규 진입을 봉쇄하는 행위, 기존의 유통 상인과 배타적 대리점 계약 등을 체결함으로써 경쟁기업의 신규 진입을 방해하는 행위 그리고 국내외의 사업자의 면허권, 특허권, 상표권 등 계속적인 사업활동에 필요한 권리 등을 다른 정당한 이유 없이 구입함으로써 경쟁기업의 신규 진입을 방해하는 행위를 말한다.

### (5) 경쟁사업자 배제행위 및 소비자이익 저해행위

부당하게 경쟁사업자를 배제하기 위하여 거래하거나 소비자의 이익을 현저히 저해할 우려가 있는 행위가 규제되고 있다. 경쟁사업자 배제행위는 두 가지로 세분할 수 있는데, 첫째, 부당하게 상품 또는 용역을 통상거래가격에 비하여 낮은 대가로 공급하거나 높은 대가로 구입하여 경쟁사업자를 배제시킬 우려가 있는 경우, 둘째, 부당하게 거래 상대방이 경쟁사업자와 거래하지 아니할 것을 조건으로 그 거래 상대방과 거래하는 행위가 해당된다. 한편 소비자이익 저해행위는 법률상의 규정만 있을 뿐, 시행령이나 하위 규정에서 그 구체적인 행위 유형에 대한 규정을 두고 있지 않다. 결국 '소바자이익 저해'라는 추상적이고 포괄적인 내용만이 동 행위 유형에 해당되는지 여부를 판단할 수 있는 유일한 기준이 되고 있다.

상기와 같은 시장지배적 지위남용행위를 특정 기업이 행한 것으로 감지할 때에는 공정거래위원회는 최근 2년간의 포괄손익계산서와 재무상태표, 가격을 결정하는 원가계산, 원자재 및 상품의 수입가격 동향, 생산·출고·가격 동향 및 거래조건에 관한 자료, 기업회계 원칙에 따른 간접비의 배부 기준과 내용 등의 자료의 제출을 요청할 수 있으며, 관계 행정기관의 장이나 물가조사 업무를 수행하는 공공기관에 재화와 서비스의 가격에 대한 조사를 의뢰할 수 있다. 그 결과 사업자가 시장지배적 지위남용 행위를 하여 법을 위반한 경우로 드러나면 이에 대한 행정적 규제로서 공정거래위원회가 당해 행위의 중지, 기타 시정을 위한 조치를 명할 수 있고, 이러한 명령에 응하지 않는 때에는 과징금을 납부하게 하고 있다.[8)]

### 2) 불공정 거래행위의 규제

불공정 거래행위라 함은 부당하게 거래를 거절하거나 거래의 상대방을 차별하여 취급하는 행위, 부당하게 경쟁자를 배제하는 행위, 부당하게 경쟁자의 고객을 자기와 거래하도록 유인하거나 강제하는 행위, 자기의 거래상의 지위를 부당하게 이용하여 상대방과 거래하는 행위, 거래의 상대방의 사업활동을 부당하게 구속하는 조건으로 거래하거나 다른 사업자의 사업활동을 방해하는 행위, 부당하게 특수관계인 또는 다른 회사에 대하여 가지급금 · 대여금 · 인력 · 부동산 · 유가증권 · 무체재산권 등을 제공하거나 현저히 유리한 조건으로 거래하여 특수관계인 또는 다른 회사를 지원하는 행위 및 기타 공정한 경쟁을 저해할 우려가 있는 행위를 일컫는다. 이를 근거로 해 불공정거래행위의 종류로 거래 거절, 차별적 취급, 경쟁사업자 배제, 부당고객 유인, 거래 강제, 거래상 지위남용, 구속조건부거래, 사업활동방해, 부당지원행위, 기타 공정한 거래를 저해할 우려가 있는 행위 등 10가지 유형을 제시하고 있다(송정원, 2005: 198). 이들 행위는 사업자 개인이 직접적으로 행하거나 계열회사 또는 다른 사업자를 통해 행해지기도 한다. 이것은 가격이나 품질 등 정당한 방법으로 경쟁을 하는 데 방해되는 요인으로 작용하므로 법으로 금지하고 있다. 다만 법이 금지하는 불공정 행위는 이에 대한 집행책임을 지고 있는 공정거래위원회가 다시 그 행위의 유형과 기준을 지정하여 고시한 것에 한하여 규제하고 있다.

여기에서는 독점규제 및 공정거래에 관한 법률에 규정되어 있는 불공정 거래행위의 유형에 따라 규제대상이 되는 불공정 거래행위를 거래 거절과 차별적 취급, 경쟁사업자의 배제, 부당한 고객의 유인 · 강제, 우월적 지위 남용, 구속조건부 거래, 부당한 표시 · 광고 등 여섯 가지 유형으로 분류하여 논의하고자 한다.

#### (1) 거래 거절

거래 거절은 부당하게 거래를 거절하는 것으로 공정한 거래질서를 저해하는 것으로 규제대상이 된다. 시장에서는 기업들이 누구와 어떻게 거래할 것인지에 대한 자유로운 의사결정이 보장되어야 한다. 그러나 이러한 의사결정의 자유가 보장되지 않으

8) 그 외에 민사적 규제로서 위반행위의 사법상의 효력이 문제되며, 피해자에 대한 사업자의 손해배상 책임이 문제된다. 또한 형사 제재로써 벌칙에 의한 형사책임을 사업자가 지는 수가 있다.

면 거래 상대방의 사업활동을 어렵게 하고, 그 결과 시장에서 경쟁이 제한될 수 있다. 그러면 시장의 효율성을 저해하고 궁극적으로는 소비자의 경제적 후생을 낮추는 결과를 초래하게 된다(송정원, 2005: 214-215). 이에 따라 시장의 효율성을 도모하고 소비자의 경제적 후생의 감소를 막기 위해 '부당하게 거래를 거절하는 행위'를 규제한다. 이러한 행위는 공동의 거래 거절, 단독 거절 등 두 가지 유형으로 구성된다.

① 공동의 거래 거절

공동의 거래 거절은 '정당한 이유 없이 자기와 경쟁관계에 있는 다른 사업자와 공동으로 특정 사업자에 대하여 거래의 개시를 거절하거나 계속적인 거래관계에 있는 특정 사업자에 대하여 거래를 중단하거나 거래하는 상품 또는 용역의 수량이나 내용을 현저히 제한하는 행위'로서 이에는 직접거래의 상대방에게 하는 직접적 거래 거절(primary boycott), 거래의 상대방을 통해 제3자와의 거래를 거절하는 간접적 거래 거절(secondary boycott) 등 두 가지 경우가 있다. 여기에서 말하는 공동 거래 거절은 전자의 경우에 해당하는 것이고, 후자의 경우는 다른 사업자를 통해 거래 거절을 하는 경우와 사업자 단체를 통해 거래 거절을 하는 수도 있다. 이 중 사업자단체의 공동 거절은 사업자단체가 직접 거래 거절을 하는 경우(구성 사업자로 하여금 거래 거절을 하는 경우)와 사업자단체가 간접적으로 거래 거절을 하는 경우(구성 사업자 이외의 사업자로 하여금 하게 하는 경우) 두 가지가 있으며, 이는 사업자단체의 금지행위 중의 하나로서 별도로 규정해 이 규정에 위반하는 행위를 예방하기 위하여 필요한 경우에 사업자단체가 준수하여야 할 지침을 제정·고시하여 규제하고 있다(손주찬, 1990: 235).

② 단독 거절

단독 거절이란 한 사업자가 '부당하게 특정 사업자에 대하여 거래의 개시를 거절하거나 계속적인 거래관계에 있는 특정 사업자에 대하여 거래를 중단하거나 거래하는 상품 또는 용역의 수량이나 내용을 현저히 제한하는 행위'로서 단독사업자가 행위주체가 되어 직접적으로 거래 거절을 하는 경우이다.

시장경제에서는 개개의 사업자가 누구와 거래를 하느냐 하는 결정은 원칙적으로 개인의 자유의사에 달린 것이며 동시에 적법한 것이지만 이러한 결정이 공정하고 자유로운 경쟁의 진입을 저해하는 경우에는 부당한 거래 거절로 간주된다. 예를 들어 독점적 또는 시장지배적 사업자가 위법한 목적을 달성하기 위한 수단으로서 거래를 거절하거나, 상거래상 수긍할 수 없는 이유로 거래를 거절하는 경우는 정당한 이유로서 인정되기 어렵다. 반대로 거래 거절이 정당한 것으로 인정받는 경우는 일반적인 상거래상의 관행에 비추어서 거래조건이 합치되지 않는다든가 상대방이 채무불이행 등으로 부적격하다든가 등의 여러 가지를 들 수 있다.

(2) **차별적 취급**

차별적 취급은 시장의 공정한 경쟁을 저해하는 행위로 간주되어 규제의 대상이 되고 있다. 시장에서 기업들은 기본적으로 거래가격, 조건 등을 자유로이 설정할 수 있어야 한다. 그러나 정당한 이유 없이 거래 상대방을 차별 취급하는 것이 당사자의 문제로만 한정되지 않고 시장의 공정한 경쟁을 왜곡한다면 시장의 비효율성을 초래하고, 소비자의 경제적 후생을 감소시키는 결과를 가져올 것이다(송정원, 2005: 237). 이에 따라 차별적 취급은 '부당하게 거래 상대방을 차별하여 취급하는 행위'로서 가격차별, 거래조건 차별, 계열회사를 위한 차별, 집단적 차별 등 네 가지 유형으로 분류되어 정부의 규제를 받고 있다.

① 가격차별

경쟁시장에서는 거래가격이 소비자와 생산자의 수요와 공급에 따라 결정되는 것이 원칙이다. 그러나 실제로는 수요와 공급의 법칙에 따라 시장에서 자동적으로 결정되기보다 거래 상대방과의 거래의 수량, 신용도, 거래의 계속 가능성, 지역 등 이해관계를 고려한 인위적 요인에 의하여 결정되기도 한다. 이에 따라 거래 상대방이나 지역에 따라 가격에 차이를 두어 거래함으로써 가격차별이 발생된다. 그러나 거래 상대방을 부당하게 유리하게 하거나 불리하게 하는 가격차별은 공정한 경쟁 질서를 저해함으로써 자원 이용의 비효율성을 초래할 뿐만 아니라 사업자 간의 경제적 기회에서 불공평성을 발생하는 등 부정적인 결과를 초래할 수 있다. 이러한 이유로 정부는 '부당하게 거래 지역 또는 거래 상대방에 따라 현저하게 유리 또는 불리한 가격으로 거래하는' 가격차별 행위를 규제하고 있다.

지역에 따른 가격차별은 다른 지역과 비교하여 상대적으로 특정 지역에 대해서만 부당하게 높거나 낮은 가격으로 거래하는 행위를 말하며, 이는 주로 특정 지역에서 경쟁자를 배제하거나 또는 시장에서의 자기의 위치를 확립하기 위한 수단으로 이용된다. 한편 거래 상대방에 따른 가격차별은 거래 상대방에 따라 서로 다른 가격으로 거래하는 행위를 말하며, 이러한 행위는 자기의 경쟁자와의 관계에 영향을 미치는 수도 있고 또한 상대방끼리의 경쟁에도 영향을 미치는 경우가 있다.

② 거래조건 차별

사업자가 어떠한 조건이나 내용으로 거래하느냐 하는 결정은 원칙적으로 거래 당사자의 자유로운 의사결정에 달려 있다. 그러나 사업자는 자기의 경쟁수단으로 또는 거래선 업자 간의 경쟁을 촉진하기 위하여 거래조건이나 내용에 차별을 두어 거래할 수 있다. 따라서 사업자에 대하여 거래조건이나 내용 등에 차별을 둔다는 것 자체가 부당한 것으로 취급될 수는 없다.

그러나 '부당하게 특정 지역이나 특정 사업에 대하여 수량·품질 등의 거래조건이나 거래 내용에 관하여 현저하게 유리 또는 불리하게 취급하는' 거래조건 차별행위는 위법으로 간주되고 있다. 즉 품질·규격·수량에 관한 조건, 대금 결제조건, 대금 지불조건, 거래의 시기 및 방법에 관한 조건, 보증조건, 판촉비 지원조건 등 거래조건 그리고 거래 상대방에 대한 거래조건은 동일하더라도 재화와 서비스의 우선적 공급이나 우열 등 거래 내용에서 지역에 따라 또는 거래 상대방에 따라 차별을 두어 거래함으로써 사업자들 간에 한쪽이 다른 쪽보다 유리 또는 불리하게 하여 현저하게 공정한 경쟁 질서를 저해할 위험성이 있는 경우에는 부당한 것으로 인정하여 규제하고 있다.

③ 계열회사를 위한 차별

이는 '정당한 이유 없이 자기의 계열회사를 유리하게 하기 위하여 가격·수량·품질 등의 거래조건이나 거래 내용에 관하여 현저하게 유리 또는 불리한 취급을 하는 행위'를 말한다. 예를 들어 A회사가 동일한 기업집단에 속하는 B계열 회사의 시장점유율을 높이기 위하여 B회사에게 상품 또는 원료를 공급하는 사업자 C에 대하여 좀 더 대량의 공급을 해줄 것을 요구하고, 그 대신 C사업자가 필요로 하는 원자재(수입자재 등) 등을 다른 수요자보다 우선하여 공급하거나 더 낮은 가격으로 공급하기로 한 경우 등을 들 수 있다. 이 경우 C가 A사의 요구를 받아들이지 않는 경우에는 A는 C가 필요로 하는 원자재 등의 공급을 중단하게 될 것이다. 여기서 A는 C가 필요로 하는 자재에 관하여는 시장지배력이 있는 경우에 가능할 것이다. 이러한 A의 행위는 우월적 지위 남용에 해당하는 것으로 볼 수 있다(손주찬, 1990: 240-241).

④ 집단적 차별

집단적 차별취급이란 '집단으로 특정 사업자를 부당하게 차별적으로 취급하여 그 사업자의 사업활동을 현저히 유리 또는 불리하게 하는 행위'를 말한다. 이러한 행위에는 다수의 사업자가 집단으로 특정 사업자와 경쟁관계에 있는 사업자를 배제하기 위한 방법으로 이용되어 특정 사업자를 유리하게 하거나 또는 사업자 단체의 구성 사업자의 일부가 단체와 관계없이 집단적으로 특정 사업자에 대하여 융자, 거래 지불 방법, 공동시설의 이용 등에서 차별적으로 취급함으로써 특정 사업자를 불리하게 하는 것이 해당된다. 다만 사업자 단체를 통한 차별취급은 집단적 차별 행위에 해당되지 않는다는 점에 유의해야 한다.

(3) **경쟁사업자의 배제**

경쟁기업을 시장에서 축출할 의도를 가지고 부당하게 시장에서 거래하는 행위를 규제함으로써 시장의 경쟁을 제고하기 위해 시행하는 규제를 말한다. 경쟁사업자의 배제는 '부당하게 경쟁자를 배제하기 위하여 거래하는 행위'로서 부당염매, 부당 고가 매입 등 두 가지 유형의 행위로 이루어진다.

① 부당염매

소비자가 시장에서 보다 좋은 품질의 재화와 서비스를 낮은 가격에 구입할 수 있으면 소비자의 경제적 후생이 증가함으로써 사회에 긍정적인 효과를 초래한다. 그러나 기업이 자신의 경쟁자를 압박해 시장에서 퇴출시키기 위한 의도로 원가 이하의 가격으로 판매하는 행위를 부당염매라고 하여 규제하고 있다. 부당염매(不當廉賣)는 '자기의 상품 또는 용역을 공급함에 있어서 정당한 이유 없이 그 공급에 소요되는 비용보다 현저히 낮은 대가로 계속하여 공급하거나 가타 부당하게 상품 또는 용역을 낮은 대가로 공급함으로써 자기 또는 계열회사의 경쟁사업자를 배제시킬 우려가 있는 행위'를 말한다. 경쟁자를 배제하기 위한 행위이어야 하므로 사업자 자신의 상업적인 사유에 의하여 염매하거나 선의의 경쟁을 위하여 염매하는 행위는 통상 경쟁의 정상적인 수단이기 때문에 원칙적으로 위법한 것으로 간주되지 않는다. 다만 경쟁 질서에 나쁜 영향을 미치는 경우에만 해당되는데, 사실상 어느 정도의 가격수준을 부당염매 행위로 간주하는지 판단하는 것은 쉬운 문제가 아니다.

원칙적으로 재화와 서비스의 판매가격은 시장에서 나타나는 수요와 공급의 법칙에 의하여 결정된다. 이러한 판매가격에는 생산원가에 사업자의 적정이윤이 가산되어 있으므로 사업자에게 사업을 통하여 이윤을 얻을 수 있도록 함으로써 사업을 계속하도록 할 뿐만 아니라 더욱 발전할 수 있는 동기를 부여한다. 이러한 점을 고려할 때 사업가가 재화와 서비스의 시장판매를 통하여 생산원가를 회수할 수 없는 경우에는 사업을 계속할 수 없다.

따라서 부당염매의 판단은 특수한 사정이 없는 한, 일반의 독립사업자가 자기의 책임 하에서 기업을 유지할 수 있는 생산원가를 기준으로 삼아 이루어지고 있다. 그러나 가격이 원가를 하회한다고 해서 모두 부당한 것이 아니며 또한 가격이 원가를 상회한다고 해서 모두 부당하지 않은 것으로 일률적으로 판단할 수는 없다. 원가를 하회하는 판매의 경우일지라도 유행에 뒤지거나 계절이 지난 상품의 염매, 개업을 선전하기 위한 일시적 염매, 폐업에 따르는 재고정리 등은 비록 그 판매가격이 원가를 하회하더라도 경쟁질서에 미치는 영향을 감안할 때 부당한 염매라고 할 수 없다. 또한 비능률적인 사업자가 능률적인 사업자에 대항하기 위해 자기의 제조원가보다 낮거나 능률적인 사업자의 가격과 동일한 값으로 가격을 책정했을 경우에도 부당하다고 할 수 없다.

그러나 사업자가 자신의 경쟁자를 압박하여 시장에서 퇴출시킬 목적으로 원가 이하의 가격으로 판매할 경우에는 불공정한 거래행위로 규제대상이 될 것이다. 유력사업자가 자금력이 상대적으로 풍부하거나 또는 다양한 재화와 서비스의 판매로 얻는 이윤을 이용하여 특정 품목에 대해 원가 이하로 판매할 수 있는 여유를 가질 수 있다. 그러면 이를 무기로 특정 품목에서 경쟁자를 퇴출시키기 위해 원가 이하로 판매할 수 있다. 이러한 것을 선점가격책정행위라고 하며 이로 인한 피해는 일차적으로 경쟁기업에게 돌아가는 한편, 소비자들은 보다 싼 가격으로 재화와 서비스를 구입할 수 있어 경제적 후생이 늘어난다. 그러나 중장기적으로 볼 때, 선점가격책정행위로 경쟁기업을 시장에서 퇴출한 후에는 시장을 지배하면 시장지배력을 행사해 경쟁가격보다 높은 수준의 가격을 받음으로써 과거의 경제적 손실을 만회하려 할 것이다. 이때 소비자들은 동일한 재화와 서비스를 구입할 다른 기업들이 없으므로 높은 가격을 지불할 수밖에 없고 결국 그 부담은 소비자에게 귀착된다(송정원, 2005: 273-274).

② 부당 고가 매입

부당 고가 매입은 '부당하게 상품 또는 용역을 통상거래가격에 비하여 높은 대가로 구입하여 자기 또는 계열회사의 경쟁사업자를 배제시킬 우려가 있는 행위'를 말한다.

판매가격과 매입가격은 원래 시장의 자유로운 의사결정에 따라 결정되어야 하며, 원가 이하의 가격으로 판매하든 통상 가격보다 높은 가격으로 매입하든 규제할 성질의 것이 아니다. 이것을 획일적으로 규제한다는 것은 오히려 경쟁을 저해하는 결과를 가져올 수도 있는 것이다. 그러나 부당하게 저가로써 계속 공급을 하거나 부당하게 높은 가격으로 계속 매입을 함으로써 원래 존속이 가능한 사업자를 배제하려고 하는 것은 공정한 시장 경쟁질서를 저해하는 행위로서 규제의 대상이 되는 것이다(손주찬, 1990: 244).

따라서 유력한 사업자가 자기 또는 계열회사의 경쟁사업자를 시장에서 배제할 의도와 목적을 가지고, 경쟁사업자가 구입하기 어려운 정도의 높은 가격으로 원료 등을 매점함으로써 경쟁자의 원료 구입을 방해하는 행위는 규제된다. 이러한 행위는 통상 거래가격보다 높은 대가로 구입함으로써 원료 공급사업자에게 적정이윤을 초과한 이윤을 주는 대가를 치르게 한다. 높은 대가와 계속성은 경쟁사업자가 추종할 수 없는 것이어서 경쟁자의 사업 자체의 연속성을 위태롭게 함으로써 정상적인 경쟁질서가 침해받는다. 여기에서 높은 대가라 함은 시장가격보다 높은 가격이어서 경쟁자가 대항할 수 없는 가격을 말한다.

### (4) 부당한 고객 유인

부당 고객 유인은 '부당하게 경쟁자의 고객을 자기와 거래하도록 유인하는 행위'를 말하며, 이 행위는 '부당한 이익에 의한 고객유인'과 '위계(僞計)에 의한 고객유인' 두 가지 유형으로 나뉜다.

① 부당한 이익에 의한 고객 유인

시장 경쟁질서에서는 시장거래에 있어서 고객을 유치하기 위하여 양질(良質)의 재화와 서비스를 저렴한 대가로 제공하고 기타 고객을 위한 편의 제공 등의 방법으로 경쟁을 해야 한다. 그러나 경쟁사업자의 고객의 유인을 방임하는 경우에는 고객 쟁탈이 과도해져 폐단이 생기고, 나아가서 소비자의 이익에도 영향을 미친다. 그러므로 고객 확보를 위한 경쟁은 재화와 서비스의 품질 향상 등 실행성과를 중심으로 한 테두리 안에서 이루어져야 한다(손주찬, 1990: 246). 이에 따라 '정상적인 거래관행에 비추어 부당하거나 과대한 이익을 제공 또는 제공할 제의를 하여 경쟁사업자의 고객을 자기와 거래하도록 유인하는' 행위를 말한다. 이러한 것은 부당한 고객 유인 행위로 취급되어 규제 대상이 된다.

'정상적인 거래관행'은 당해 업계의 현실에 존재하는 거래관행 그 자체를 의미하는 것은 아니며, 공정한 경쟁 질서를 저해할 우려가 없는 거래관행을 의미하는 것이다. 따라서 당해 업계의 거래관행으로서 공정한 경쟁 질서의 확보라는 점에서 보아 용인될 수 있는 것이라고 해석할 수 있다. 한편 '부당하거나 과대한 이익'은 실제로 당해 업계에서 사실로서 통상 행해지고 있는 관행을 기준으로 하되 공정한 경쟁을 저해할 우려가 있는지에 따라 판단된다.

고객의 유인방법으로 전형적인 것은 재화와 서비스의 거래에 부수하여 경품이나 현상을 이용하여 경쟁사업자의 고객을 자기와 거래하도록 하는 방법이다. 이 때 불공정 거래행위로서 규제대상이 되는 것은 거래 관행상 통상 인정되는 정도를 넘어서 받게 되는 경품이나 현상으로서 고객이 대가를 지급하지 않고는 취득할 수 없는 정도의 것에 한정된다.

② 위계에 의한 유인

위계에 의한 고객 유인은 부당한 표시·광고 외의 방법으로 자기가 공급하는 상품 또는 용역의 내용이나 거래조건 기타 거래에 관한 사항에 관하여 실제보다 또는 경쟁사업자의 것보다 현저히 우량 또는 유리한 것으로 고객을 오인시키거나, 경쟁사업자의 것이 실제보다 또는 자기의 것보다 현저히 불량 또는 불리한 것으로 고객을 오인시켜 경쟁사업자의 고객을 자기와 거래하도록 유인하는 행위를 말한다. 여기에서의 재화와 서비스의 내용에는 품질·규격·제조일자·원산지·제조방법, 유효기간 등이 포함된다. 거래조건에는 가격, 수량, 지급조건 등이 포함된다. 기타 거래에 관한 사항에는 국산품 또는 수입품인지 여부, 신용조건, 업계에서의 지위, 거래은행, 명칭 등이 포함된다. 따라서 기만 또는 위계의 대상은 자기가 공급하는 재화와 서비스의 내용뿐만 아니라 자기와 경쟁사업자의 경영상태, 기술수준, 영업 전반에 관한 사항 등 고객 유인에 활용할 수 있는 사실상 모든 항목을 포함하는 것이라고 할 수 있다(송정원, 2005: 314). 이들 모든 항목을 활용하여 경쟁사업자에 대한 오인, 즉 잘못된 인식을 갖게 함으로써 고객을 유인하는 행위는 소비자가 재화와 서비스를 선택하는 행위를 왜곡시켜 선택을 제약할 수 있을 것이다. 이러한 행위는 경쟁하는 데 기만적인 수단을 사용함으로써 고객을 유인하고, 거래상에 불공정성을 야기하며, 고객의 자유롭고 적정한 선택을 왜곡시킨다는 점에서 규제되고 있다.

**(5) 거래강제**

실제 시장거래에서 사업자는 자기에게 유리하고 거래 상대방에게는 불리한 요구를 할 수도 있는 것이지만 자기의 거래상의 지위를 이용하여 정상적인 거래관행에 비추어 부당하게 불이익을 제시하여 강제적으로 거래하는 경우가 있다. 이러한 경우에는 거래 상대방의 재화와 서비스 선택의 자유를 제한한다는 점에서 공정한 거래와 건전한 경쟁을 저해할 우려가 있는 것이다. 따라서 부당한 조건 등의 불이익을 거래 상대방에게 제시하여 자기와 거래하도록 하거나, 자기 또는 계열회사와 거래하도록 강제하는 행위는 불공정거래행위로서 규제되고 있다. 거래 강제행위는 끼워 팔기, 사원판매, 기타의 거래강제 세 가지 유형으로 분류될 수 있다.

① 끼워 팔기

끼워 팔기는 '거래 상대방에 대하여 자기의 상품 또는 용역을 공급하면서 정상적인 거래관행에 비추어 부당하게 다른 상품 또는 용역을 자기 또는 자기가 지정하는 사업자에게서 구입하도록 하는 행위'를 일컫는다. 즉 한 제품을 판매하면서 동일한 기업이 생산한 다른 제품을 거래 상대방이 구매한다는 단서를 붙여 거래를 하는 행위로서 구체적으로 구매자가 Y라는 비인기 품목을 구매한다는 약속 하에서 판매자가 X라는 인기 품목을 판매하거나 X와 Y품목을 묶어서 판매하는 경우이다.[9]

이와는 달리 생산물이 서로 밀접한 관계를 가지고 있어 끼워 파는 것이 오히려 효율적인 경우도 있다. 전형적으로 운동화는 끈을 매어 판매되고 있으며, 자동차도 타이어나 카세트 등이 부착되어 판매되고 있다. 이들 생산물은 각각 별개로 판매하는 것이 가능하고 실제로 끈, 타이어, 카세트를 교체하기 위한 교체시장(after-market)이 잘 발달되어 있기 때문에 개별적 판매가 가능하지만 대부분 많은 상품들이 다양한 제품과 결합해 판매하고 있다.

그러나 이러한 제품들을 끼워 팔지 않는 것은 오히려 소비자에게 피해나 번거로움을 가져올 수 있다. 운동화를 구입한 후 이에 맞는 한 쪽의 끈을 찾아 구매하는 것은 이들 제품이 결합된 상태에서 구매하는 것보다 거래비용이 훨씬 더 많이 든다. 따라서 이와 같은 끼워 팔기는 오히려 구매자에게는 자연스런 일이고 또한 편익을 주는 일이어서 경쟁제한 행위로 간주되지 않는다.

이처럼 끼워 팔기가 모두 소비자를 이롭게 하는 것은 아니고, 경쟁제한 효과를 초래하는 경우가 있는데, 끼워 팔기에 문제가 제기되는 이유는 다음과 같다.

첫째, 끼워 팔기는 특정 시장으로부터 중소기업체를 배제시키기 위해 이용될 수 있다. 한 예로서 지역 유선TV가 시청자의 신청을 받을 때 방송과 관련한 일체의 서비스를 제공하는 총괄적 거래(package deal)조건으로 계약을 맺을 수 있다. 이에 따라 시청자의 접수는 자사가 제공하는 모든 연결 장치를 구매한다는 조건과 다양한 연결선의 구매 및 일정 기간 동안의 서비스를 제공한다는 계약과 연계하여 이루어질 수 있다. 즉 유선TV를 시청하기 원하는 고객은 전체 계약조건에 동의하여야 하고 계약기간 동안에는 연결 와이어나 서비스를 독립적으로 구매할 수 없게 된다. 이러한

9) 이에 대한 예로 A라는 커피 생산업체가 구매자에게 커피를 판매할 때 다른 업체가 있는데도 불구하고 A라는 업체가 생산한 프림을 구매한다는 단서를 붙여 판매하는 것을 볼 수 있다.

행위는 다른 업자로부터 이와 같은 제품과 서비스를 구매할 수 있는 기회를 제한함으로써 경쟁을 제한하고 결국 소비자에게 물질적 피해를 입게 할 수 있다. 이에 따라 끼워 팔기가 정당화될 수 있는 상황이라 할지라도 규제기관은 이러한 행위를 시정할 것을 기업에게 요청하기도 한다.

둘째, 끼워 팔기는 판매자에게 한 시장을 지배할 수 있는 기회를 주어 이러한 시장 지배력을 이용하여 다른 시장으로 이를 확대할 수 있는 지렛대를 제공한다. 예를 들어 X라는 필름 제조회사는 필름 판매와 필름 현상을 연계시키고 있는데 이로 인하여 필름 한 통을 다 쓰고 난 고객은 추가적 부담 없이 X사에 필름을 우송하면 필름 현상을 위한 추가적 부담을 줄일 수 있다. 즉 필름 가격에 현상요금이 포함된 것이나 마찬가지이다. 이러한 제도에서는 사진사가 찍은 필름 중의 대부분이 X사에 의하여 판매되어 현상된다. 이것은 X사가 필름산업에서 확보한 독점력을 이용하여 필름 현상을 하는 데도 독점을 할 수 있게 된다는 것을 의미하고, 이러한 결과는 X사 제품의 우수성과 기업이 보유하고 있는 특허권에 기인된다고 볼 수 있다. 이에 따라 규제 당국은 필름 자체의 판매와 필름 현상을 분리하여 판매하도록 규제하여 새로운 진입자에게 필름 현상업으로의 진입을 할 수 있게 하고 있다.

셋째, 끼워 팔기는 시장으로의 진입장벽을 구축할 수 있다. 어떤 기업들은 X라는 제품시장에 진입하기에는 충분한 자본을 확보하고 있지만 Y라는 제품시장에 진입하기 위한 자본을 확보하지 못하는 경우가 있다. 이 때 다른 기업이 X와 함께 Y를 끼워 팔게 되면 잠재적인 진입자는 두 제품을 함께 생산해서 판매할 필요성을 갖게 되지만 재정적으로 가능하지 않게 된다. 그 결과 X상품을 위한 시장으로의 진입마저 어렵게 되고 이에 따라 경쟁이 제한될 수 있다.

넷째, 끼워 팔기는 기업 공동행위의 원칙을 지속시킬 수 있다. 만약 제품 X가 기업 공동행위에 의하여 고정된 가격으로 판매된다면 이러한 가격을 다른 기업이 모르게 인하하는 방법 중의 하나는 관련 제품 Y, Z 등을 할인가격으로 판매하는 것이다. 즉 관련 제품이 상당히 인하된 가격에 거래되는 동안 X는 균일한 가격으로 거래될 것이다. 공동행위에 참여하고 있는 기업들은 이러한 문제를 해결하기 위하여 묶음당 하나의 가격을 책정함으로써 X의 판매를 Y, Z 등의 판매와 결부시킬 것을 요구할 수 있다. 이로써 카르텔 가격보다 저렴하게 판매하는 행위를 적발하기 쉬워지게 되고 결국 기업의 공동행위가 효력을 발생할 수 있게 된다. 그러면 기업 간의 경쟁을 제한하게 되고, 이러한 끼워 팔기는 위법한 것으로 간주되어 규제의 대상이 되어 왔다.

② 사원판매

시장에서의 정상적인 경쟁은 가격과 품질, 고객서비스를 통해 이루어져야 할 것이다. 그러나 사업자가 자기 또는 계열회사의 임직원에게 자신의 지시를 따를 수밖에 없는 사원들에게 목표할당 등의 방법으로 자신 또는 계열회사의 재화와 서비스를 구입하거나 판매할 것을 강요하는 경우가 있다. 이 경우 회사 임직원의 숫자에 따라 시장점유율에 영향을 미침으로써 작지만 효율적인 기업의 사업적 근거를 훼손하는 결과를 초래해 시장의 공정한 경쟁을 저해하게 된다(송정원, 2005: 344). 이에 따라 정부는 경쟁을 제한함으로써 시장의 효율성을 떨어뜨리는 기업의 행위를 부당한 것으로 규정해 이를 규제하는 것이다. 이는 우월적 지위를 남용하는 행위에 해당하기도 하지만 이와 다른 것은 구입을 강요받는 상대방이 자사 또는 계열회사의 임직원이라는 점과 거래 당사자가 자기 외에 계열회사도 포함된다는 점이다.

③ 기타 거래강제

기타 거래강제는 정상적인 거래관행에 비추어 부당한 조건 등 불이익을 거래 상대방에게 제시하여 자기 또는 자기가 지정하는 사업자와 거래하도록 강제하는 행위를 말한다. 예컨대 갑이라는 사업자가 을이라는 사업자에게 X상품을 구입하지 않으면 Y상품을 공급하지 않겠다고 하는 부당한 조건을 붙여서 X상품을 구입하게 하는 경우 등이 해당된다. 이 경우는 Y상품을 공급받지 못하면 을이 불이익을 당하게 되는 상황이어야 하며, 다른 공급자가 있거나 대체품이 있는 경우에는 X상품의 구매강요가 불가능하게 된다. 따라서 강요하는 갑 사업자는 Y상품에 대하여 시장 지배적 지위를 갖는 경우가 보통일 것이다. 여기에서 거래강제는 유인의 정도를 넘어서 을이 X상품을 구입하지 않을 수 없도록 하는 행위이며, 강제당한 을이 실제로 그러한 상품을 구입하였는가의 여부는 불문한다(손주찬, 1990: 250-251).

**(6) 거래상 지위 남용**

거래상 지위 남용은 '사업자 간의 거래에서 자기의 거래상의 지위를 부당하게 이용하여 상대방과 거래하는 행위'를 말하며, 이는 구입강제(송정원, 2005: 363), 이익제공, 판매목표 강제, 불이익 제공, 경영간섭(손주찬, 1990: 254-259) 등 다섯 가지 유형[10]으로 분류된다.

---

10) 자세한 내용은 송정원(2005). 카르텔 및 불공정거래행위규제, pp. 375-413 참고.

① 구입강제

거래 상대방이 '구입할 의사가 없는 상품 또는 용역을 구입하도록 강제하는 행위'를 말한다. 여기에서 말하는 상품 또는 용역은 거래상 지위를 가진 행위자 자신이 생산·공급하는 것뿐만 아니라 행위자가 지정하는 사업자가 공급하는 것도 포함한다. 이러한 재화와 서비스를 거래 상대방에게 권장 또는 요청과 같은 방법을 통해 자기 판단에 따라 자유로이 구입할 기회를 주는 것이 아니라 지위를 이용하여 강제적으로 구입하게 하는 것은 불공정거래행위로 규제의 대상이 된다. 여기에서 강제적 행위란 상대방이 구입하지 않을 수 없는 객관적인 상황을 만들거나 묵시적인 방법으로 구입을 거절하지 못하게 하는 것이다.

② 이익 제공 강요

이익 제공 강요란 '거래 상대방에게 자기를 위하여 금전, 물품, 용역, 기타의 경제상의 이익을 제공하도록 강요하는 행위'를 가리킨다. 여기에서 금전상의 이익은 예컨대 협찬금 따위를 뜻하는 것이며, 용역에 관한 이익의 예로는 보조원의 파견 등을 들 수 있다. 경제상의 이익은 이외에 경제적 실익을 가져올 수 있는 다른 형태의 이익 제공 등을 의미한다. 행위자에게 제공하도록 강요하는 것이 보통이지만 이러한 제한이 없으므로 행위자가 지정되는 제3자에게 제공하도록 하는 경우도 포함될 수도 있다.

③ 판매목표 강제

판매목표 강제란 '자기가 공급하는 상품 또는 용역과 관련하여 거래 상대방의 거래에 관한 목표를 제시하고 이를 달성하도록 강제하는 행위'를 말한다. 이 유형의 행위는 제조업자가 대리점을 통해 공급하는 경우에 흔히 볼 수 있다. 예컨대 X라는 제품을 제조·판매하는 A라는 회사가 대리점에 대하여 판매 지역을 제한하고 판매 목표량을 배정하고, 그 목표량을 달성하지 못하는 경우에는 재고 없이 대리점 계약을 해약할 수 있다고 한 것 등을 예로 들 수 있다.

④ 불이익 제공

불이익 제공이라 함은 '위의 ① 내지 ③에 해당하는 행위 이외의 방법으로 거래 상대방에게 불이익이 되도록 거래조건을 설정 또는 변경하거나 그 이행과정에서 불이익을 주는 행위'를 말한다. 이러한 행위는 거래의 대상이 되는 상품 또는 용역의 거래조건을 상대방에게 불이익이 되도록 설정하거나 또는 설정된 거래조건을 상대방에게 불이익이 되도록 하는 행위로서 위의 ① 내지 ③의 세 가지 이외의 방법으로 하는 것을 말한다. 예컨대 우월적 지위를 가진 사업자가 구입한 상품의 반품을 할 수 있도록 하는 조건을 붙여서 거래를 하는 경우가 상대방에게 불이익이 되는 거래조건이 될 수 있지만, 거래 이행과정에서 실제로 반품을 함으로써 상대방에게 불이익을 주게 되는 경우가 불공정 거래행위로 간주되어 위법한 것이 된다. 여기서 말하는 거래조건에는 계약서 등에 명시되어 있는 것뿐만 아니라 구두로 합의된 것도 포함된다. 이에 더해 거래의 이행과정에서 사실상 발생하고 상대방이 고려하지 않을 수 없는 부수적인 사항으로서 거래·계약의 내용이 될 수 있는 것도 포함된다.

⑤ 경영간섭

경영간섭이란 '거래 상대방의 임직원을 선임·해임함에 있어서 자기의 지시 또는 승인을 얻게 하거나 거래 상대방의 생산품목·시설 규모·생산량·거래 내용을 제한함으로써 경영활동을 간섭하는 행위'를 말한다. 이러한 행위는 상대방 사업자의 경영에 대한 부당한 간섭으로서 이로 인해 상대방이 임직원의 선·해임 및 경영에 관한 자율성을 행사할 수 없을 때 규제된다. 즉 상대방 사업자가 스스로의 판단에 따라서 임의로 임직원의 선·해임을 결정하거나 생산품목의 결정 또는 기타 경영활동을 자유로이 결정할 수 없는 경우를 말한다(손주찬, 1990: 254-259).

**(7) 구속조건부 거래**

시장에서 활동하는 사업자들 사이에는 다양한 이유에서 형성된 다양한 내용과 형태의 '구속(restraint)'이 존재할 수 있다. 사업자들 사이에 존재하는 '구속'은 크게 '수평적 구속(horizontal restraint)'과 '수직적 구속(vertical restraint)'으로 나눌 수 있는데, 전자는 동일한 시장에서 활동하는 경쟁사업자 간의 구속을 의미하고 후자는 상부시장(upstream market)과 하부시장(downstream market)에서 각각 활동하면서 거래관계에 있는 비경쟁사업자 간의 구속을 의미한다. 그런데 이러한 수평적 구속이나 수직적 구속은 그 동기나 시장에 대한 효과가 다양할 수 있는데, 미국에서는 이러한 구속을 설정하는 행위들을 경쟁법상 어떻게 평가하여야 할 것인지에 대해서 많은 논의가 있어 왔다(임영철, 2008: 356).

구속조건부 거래 중에서 배타조건부 거래는 수평적 구속의 형태로 이루어지는 한편, 거래 지역·거래 상대방 제한은 수직적 구속의 형태로 이루어지는 것이 일반적이다. 이들 수평적 구속과 수직적 구속으로 이루어지는 거래를 통틀어 구속조건부 거래라고 한다. 구속조건부 거래는 '거래 상대방의 사업활동을 부당하게 구속하는 조건으로 거래하거나 그 사업활동을 방해하는 행위'를 말하는 것으로서 이에는 배타조건부 거래, 거래 지역·거래 상대방 제한, 기타 거래 상대방의 거래 구속 등이 해당된다.

① 배타조건부 거래

배타조건부 거래는 '부당하게 거래 상대방이 자기 또는 계열회사의 경쟁사업자와 거래하지 않는 조건으로 그 거래 상대방과 거래하는 행위'를 일컫는다. 이러한 행위는 거래 상대방이 자기 또는 계열회사하고만 거래하도록 조건을 붙이는 것으로서 구체적으로 기업 X가 구매자인 Y에게 X의 경쟁사업자로부터 어떤 제품도 구입하지 않는다는 조건으로 Y에게 재화와 서비스를 판매하는 것이다. 일반적으로 이러한 행위는 행위자가 매도인이냐, 매수인이냐 또는 매도인과 매수인 상호 간이냐에 따라 세 가지 형태로 이루어지는 조건부 계약행위(requirement contracts)라고 할 수 있다. 행위자가 매도인 경우에는 배타적 공급계약, 매수인인 경우에는 배타적 매수계약, 또는 매도인과 매수인 상호 간인 경우에는 상호배타조건부 계약행위라고 부른다.

배타적 공급계약은 상대방인 매수인에 대하여 자기 또는 계열회사의 경쟁사업자로부터 재화와 서비스를 공급받지 않는다는 조건으로 거래하는 것이다. 이러한 거래를 배타조건부 판매행위라고도 하며 그 예로서 특정 지역의 취급업체가 모기업의 상표를 사용하고 그 기업에서 공급되는 모든 주요 제품을 구입하기로 동의한다는 조건에서 이루어지는 거래를 들 수 있다. 배타적 매수계약은 상대방인 매도인에 대하여 자기 또는 계열회사의 경쟁사업자에게는 공급하지 않도록 조건을 붙여 거래하는 것이나. 기입들이 한 공급업체로부터 그들이 필요로 하는 원자재 등 생산 투입물 중의 하나 또는 그 이상에 대하여 요구되는 전량을 구입하기로 동의한다는 조건에서 이루어지는 거래이다. 그리고 상호배타조건부 계약은 앞의 두 가지와 다른 제3의 형태로서 거래관계에 있는 매수인과 매도인 상호 간에 상대방에게 배타적 조건을 붙여 거래하는 것이다. 이들 배타조건부거래에서 제기되는 문제는 시장을 제한한다는 점이다. 끼워 팔기와 마찬가지로 조건부 계약행위는 한 구매자가 필요로 하는 투입물에 대한 구매를 한 공급업체에게 유보함으로써 다른 공급업체가 구매자의 구매량의 일부라도 공급하기 위하여 경쟁하지 못하도록 한다.

조건부 계약행위는 공급자 차원에서 진입을 제한하고 있다. 이에 따라 한 기업이 여러 구매자를 독점적인 장기 공급계약으로 묶는 효과를 초래한다. 그러므로 잠재적 진입자가 시장에 참여하기 위해서는 새로운 출구(즉 생산과정의 한 차원 이상에 진입)를 개발해야만 할지도 모른다. 이것은 가능한 일이지만 한 차원에서의 진입보다 일반적으로 더 높은 비용의 지불을 요구한다.

그러면 진입을 제한하여 궁극적으로 한 공급업체의 시장지배력을 강화하거나 구축하는 조건부 계약행위에 구매자 자신들이 왜 구속되어야 하는지 그 이유를 알아볼 필요가 있다. 실제로 조건부 계약이 지배적인 공급업체의 시장지배력을 강화한다면 구매자는 그러한 계약을 회피하려고 할 뿐만 아니라 경쟁(잠재적) 공급업체가 시장에 남아 있도록 유도하기 위하여 특별가격(premium prices)을 부담할 수 있어야 한다. 그러나 계약을 회피하거나 특별가격을 부담하는 경우에는 단기적으로 구매자에게 경제적 손실을 초래하기 때문에 결국 조건부 계약에 구속될 수밖에 없게 된다.

배타조건부 거래는 거래 상대방의 사업활동을 제한하거나 시장유통경로를 폐쇄하는 등 공정한 경쟁을 저해하는 면이 있지만, 생산자와 판매자 간의 계속적 거래관계의 안정을 도모하고 과당경쟁을 지양하고 생산자의 판매비를 절감할 수 있는 등의 장점도 있으므로 배타조건부거래 자체를 위법으로 볼 수는 없고, 정당한 이유가 없는 경우에 한하여 공정한 경쟁을 저해할 우려가 있어야 부당 배타조건부 거래가 된다.

② 거래 지역 또는 거래 상대방의 제한

거래 지역 또는 거래 상대방의 제한은 '상품 또는 용역을 거래함에 있어서 그 거래 상대방의 거래 지역 또는 거래 상대방을 부당하게 구속하는 조건으로 거래하는 행위'를 말한다. 이러한 행위는 행위자가 공급자인 때, 상대방을 구속하는 조건으로 거래하는 경우에 관한 것이다. 상대방을 구속하는 내용으로 상대방 사업자의 거래 지역을 제한하는 경우와 상대방 사업자가 거래할 상대방을 제한하는 경우가 해당된다. 이러한 행위는 수직적 제한의 대표적인 형태로서 보통 제조·서비스 업체와 대리점 등 유통업자 간의 관계에서 많이 이루어진다. 사업자가 자신의 대리점에 대해 그 영업구역 또는 영업대상(예: 도매상·영업대상고객)을 중복 없이 분할하여 지정하고 강제한다면, 대리점은 할당받은 지역 또는 영업대상에 대해 독점력을 부여받는 것과 같은 효과가 있다(송정원, 2005: 433).

가) 거래 지역 제한

거래 지역 제한행위에는 생산업자나 판매업자가 거래의 상대방에게 상품의 판매권을 주면서 상대방의 판매 지역을 지정하는 경우가 해당된다. 대리점 내지 특약점 계약에서 이러한 조건을 붙이는 수가 있다. 행위자가 경제력이 강한 대기업인 경우에는 상대방 대리점·특약점은 그에 종속적인 지위에 서기 마련이며, 이러한 경우에 판매 지역에 관한 구속조건을 붙이기 쉬울 것이다.

판매 지역의 구속은 특약점 등을 지점 내지 영업소와 같이 보면 그 부당성이 문제되기도 할 것이다. 즉 특약점 상호 간의 경쟁이 배제되고, 이에 따라 매수인의 선택가능성이 없어진다는 점에서 경쟁질서에 미치는 영향력을 인정할 수 있을 것이다.

나) 거래 상대방 제한

거래 상대방 제한에는 행위자인 생산자 또는 판매자가 상품을 공급할 때 공급받는 상대방(예: 도매업자)이 특정 제3자(예, 소매업자)에게는 판매하지 못하도록 하는 조건을 붙이는 경우가 해당한다. 반대로 특정 제3자에게 공급을 지시하는 경우도 거래 상대방에 관한 제한하는 구속조건이 된다. 공급 지시를 하는 조건은 당해 제3자의 시장에서의 지위를 유리하게 할 목적으로 붙여진다. 특정 제3자에게 공급을 하지 못하게 하는 조건은 그 제3자를 경쟁자의 시장에서 배제하는 목적으로 붙여진다.

거래 지역 또는 거래 상대방을 제한하는 조건은 상대방의 거래에 관한 결정의 자유를 제한하는 행위라는 면에서 자유롭고 공정한 경쟁질서에 대한 영향을 인정할 수가 있으므로 규제되고 있다(손주찬, 1990: 264-267).

**(9) 사업방해활동**

시장의 경쟁은 가격과 품질, 고객서비스를 통해 이루어져야 할 것이다. 경쟁사업자나 다른 사업자의 사업활동을 방해함으로써 자신의 시장지위를 유지 또는 강화하거나 고객을 확보하는 행위가 용인된다면 공급과 수요 양 측면에서 시장의 비효율성을 초래할 것이다.

우선 공급 측면에서는 경쟁력 있고 효율적인 기업보다는 다른 사업자의 사업활동을 교묘히 방해하는 사업자들이 시장지위를 획득할 것이며, 그러면 가격과 품질에 의한 경쟁이 저해되어 품질 좋고 저렴한 재화와 서비스가 원활하게 공급되는 것을 어렵게 할 것이다. 또한 사업활동 방해자는 방해활동에 드는 비용을 소비자에게 전가하려고 할 것이다.

한편 수요 측면에서 사업자들 간의 방해행위는 소비자들이 자신들의 효용가치를 극대화하는 구매활동을 제한한다. 소비자들이 효용가치를 극대화하는 소비를 할 수 있기 위해서는 재화와 서비스들 간 다양한 선택가능성이 존재하고 올바른 정보를 취득하는 것도 요원해진다(송정원, 2005: 442). 이에 따라 사업활동을 방해하는 행위는 시장의 공정한 거래를 저해하는 것으로 간주되어 규제의 대상이 되고 있다. 이러한 활동에는 기술의 부당한 이용, 인력의 부당유인·채용, 거래처 이전 방해, 기타의 사업활동방해 등 네 가지로 제시할 수 있다(송정원, 2005: 444-452).

① 기술의 부당한 이용

다른 사업자의 기술을 부당하게 이용하여 다른 사업자의 사업활동을 심히 곤란하게 할 정도로 방해하는 행위를 말한다. '다른 사업자'는 경쟁사업자를 포함하여 협력업체, 거래 상대방, 계열회사의 경쟁사업자 또는 거래 상대방 등 사업자를 포괄한다. 한편 '다른 사업자의 기술'이란 특허법 등 관련법령에 의해 보호되거나 상당한 노력에 의하여 비밀로 유지된 생산방법·판매방법·영업에 관한 사항 등을 의미한다. '기술을 부당하게 이용'하였는지 여부는 기술이용의 목적 및 의도, 당해 기술의 특수성, 특허법 등 관련 법령위반 여부, 통상적인 업계관행 등을 고려하여 판단한다.

② 인력의 부당유인·채용

다른 사업자의 인력을 부당하게 유인·채용하여 다른 사업자의 사업활동을 심히 곤란하게 할 정도로 방해하는 행위를 말한다. 외부에서 자유로이 유인·채용할 수 있는 인력이라면 사업활동에 현저한 곤란을 초래하지 않을 것이므로 사업활동에 핵심적인 역할을 하고 단기간 내에 외부에서 충원이 가능하지 않은 인력을 말할 것이다. 만약 이러한 인력이 예고도 없이 빠져나간다면 사업활동 자체가 불가능한 경우가 있어 관련 기업뿐만 아니라 국가경제에도 피해를 줄 수 있다.

③ 거래처 이전 방해

다른 사업자의 거래처 이전을 부당하게 방해하여 다른 사업자의 사업활동을 심히 곤란하게 할 정도로 방해하는 행위를 말한다. 거래처 이전의 부당성 여부를 판단하는 일은 쉬운 것이 아니지만 거래처 이전 방해의 목적 및 의도, 거래처 이전 방해에 사용된 수단, 당해 업계에서의 통상적인 거래관행, 이전될 거래처가 사업영위에서 차지하는 중요성, 관련 법령 등을 고려해 결정하도록 하고 있다. 그러나 대체로 거래처 이전을 방해하고 그 거래가 정상적인 거래관행에 배치된다면, 그 부당성을 인정하는 것이 일반적이라고 할 수 있다.

④ 기타의 사업활동방해

기술의 부당이용, 인력의 부당 유인·채용, 거래처 이전 방해 외에 기타의 방법으로 다른 사업자의 사업활동을 현저히 방해하는 모든 행위가 대상이 된다. 방해수단을 묻지 않으며, 자기의 능률이나 효율성과 무관하게 이루어지는 모든 행위가 여기에 해당하므로 그 적용범위도 넓다. 이러한 행위를 심사하기 위한 기준도 다른 사업활동방해행위에 적용하는 것과 유사하며, 그 예로서 경쟁사의 도서할인판매 금지요청, 경쟁사업자에 관한 근거 없는 불리한 내용이나 허위사실의 유포 등과 같은 것들을 제시할 수 있다.

**(10) 부당한 자금 · 자산 · 상품 · 인력의 지원**

부당지원행위는 부당한 자금지원, 부당한 자산지원, 부당한 인력지원 등 세 가지 유형으로 세분할 수 있다. 이를 종합적으로 정리하면 '부당지원행위는 부당하게 특수관계인 또는 다른 회사에 대하여 자금(가지급금 · 대여금 등), 자산 · 상품(부동산 · 유가증권 · 상품 · 용역 · 무체재산권 등), 인력을 현저히 낮거나 높은 대가로 제공 또는 거래하거나 현저한 규모로 제공 또는 거래하여 과다한 경제상 이익을 제공함으로써 특수관계인 또는 다른 회사를 지원하는 행위'라고 정의할 수 있다. 이러한 부당지원행위를 금지하는 근거로서 첫째, 지원객체가 속한 시장에서의 정당한 경쟁상태를 교란시키는 폐해가 있고, 둘째, 우량기업이 부실기업을 지원함으로써 동반 부실화의 우려가 있다는 사실을 제시할 수 있다.

전자의 경우 대규모 기업집단 소속회사들이 계열회사의 지원을 바탕으로 부당한 경쟁우위를 차지함으로써 기업집단 전체의 경제력 집중현상을 심화시키고, 한계기업이나 부실기업의 시장퇴출을 부당하게 저지함으로써 시장의 기능을 왜곡하게 된다는 것이 주된 내용이고, 후자의 경우에는 기업집단 내 우량기업의 역량이 부실 계열회사로 유출 또는 분산됨으로써 기업집단 전체의 부실화를 초래할 우려가 있다는 것이다. 이러한 부당지원행위의 폐해와 규제 필요성에 대한 일반적인 견해에 따르면 결국 공정거래법상 부당지원행위는 공정한 거래질서의 확립과 경제력 집중을 방지하는데 그 목적이 있다고 할 수 있다(임영철, 2008: 369-370).

## 6 재판매가격 유지행위 금지

독점규제 및 공정거래에 관한 법률은 재화와 서비스를 생산 또는 판매하는 사업자가 그 재화와 서비스를 거래함에 있어서 거래 상대방인 사업자 또는 그 다음 거래단계별 사업자에 대하여 거래가격을 정하여 그 가격대로 판매 또는 제공할 것을 강제하거나 이를 위하여 규약 또는 기타 구속 조건을 붙여 거래하는 행위를 원칙적으로 금지하고 있다. 예를 들어 생산자가 재화와 서비스를 도매업자에게 공급할 때 소매업자나 소비자에게 공급하는 가격을 미리 정하여 그 가격을 받도록 강요하는 것이다.

이러한 행위는 사업활동에서 기본이 되는 판매가격의 자유로운 의사결정을 구속할 뿐만 아니라 본래 시장을 통하여 자유롭게 결정되어야 하는 가격에 개입하여 판매자의 가격경쟁수단을 봉쇄하므로 필연적으로 규제를 받게 된다. 그러나 일정한 저작물과 공정거래위원회가 미리 지정한 상품에 대해서는 재판매가격 유지행위가 예외적으로 허용되고 있다. 이에 대하여 재판매가격 유지행위가 허용되는 이유는 재판매행위에 의한 폐해보다는 해당 재판매행위가 가져다주는 국민경제적 이익이 상대적으로 크다고 믿기 때문이다. 그러나 이러한 예외적인 행위가 소비자의 이익을 해치거나 공공의 이익에 반해서는 아니 되므로 이들의 재판매가격을 결정하기 위한 계약을 체결하려고 할 때에는 공정거래위원회로부터 미리 지정을 받도록 하고 있다.

재판매가격 유지를 시도하는 방법으로 여러 가지가 있지만 여기에서는 개별 실시방법과 공동 실시방법 두 가지로 구분하여 살펴보려고 한다.

### (1) 개별 실시방법

개별 실시는 제조업자, 도매업자, 재배업자 또는 수입업자 등(이들을 생산업자라고 총칭하여 부르기도 한다)이 단독으로 직접적인 상대방과 소매업자 등에 대한 전매가격 및 소비자에 대한 소매가격을 정하고, 정해진 전매가격과 소매가격을 유지할 것을 약속하고, 소매가격을 유지하지 않는 소매자에게는 상품을 전매하지 않는 것 등을 내용으로 하는 계약을 체결하는 형태로 이루어지는 재판매가격 유지방법을 말한다.[11)]

### (2) 공동 실시방법

개별 실시방법은 독점시장에서는 실효를 거둘 수 있지만 다른 생산업자가 동종 또는 유사한 재화와 서비스를 더 저렴한 가격으로 공급하는 경우에는 소기의 목적을 달성하기 어렵게 된다. 따라서 동일한 시장에 참여하고 있는 생산업자가 공동으로 실시하는 재판매가격 유지방법은 두 가지 형태로 구분될 수 있다.

#### ① 제조업자의 협정

둘 이상의 제조업자가 협정을 체결함으로써 수평적 결합에 의하여 공동으로 실시하는 형태이다. 이러한 방법은 동일한 종류와 품질의 재화와 서비스의 재판매가격을

---

11) 생산업자가 결정한 재판매가격을 소매업자가 준수하지 않는 경우에는 자기 상품의 공급을 정지하는 수단을 강구하게 되는데, 생산업자와 소매업자의 중간에 도매업자가 개입하는 경우에는 상품의 공급 정지가 쉽지 아니하므로, 생산업자는 자기가 정한 재판매 가격을 지키지 않았다는 이유로 공급정지 대상이 되는 소매업자의 명단(stop list: 거래정지자 명단)을 작성하여 도매업자에게 배부하는 방법이 사용되기도 한다.

일률적으로 결정할 수 있게 함으로써 제조업자 간에 경쟁을 피할 수 있을 뿐만 아니라 재판매가격 유지의 효과도 극대화시킬 수 있다. 그러나 이 방법은 가격의 결정 및 유지에 관한 공동행위의 일종으로 간주되어 규제대상이 될 수 있다.

② 기업조합의 조직

제조업자와 공급업자(예: 도매업자, 소매업자 등) 등이 기업조합(trade association)을 결성하여 공동으로 실시하는 방법으로서 조합구성원의 수직적 내지 수평적 결합을 도모함으로써 가장 강력한 효과를 거둘 수 있다.

## 7 하도급 규제

하도급 거래라 함은 원사업자가 수급(受給)업자에게 제조위탁(가공위탁 포함), 수리위탁, 건설위탁 또는 용역위탁을 하거나 원사업자가 다른 사업자로부터 제조위탁·수리위탁 또는 용역위탁을 받은 것을 수급업자에게 다시 위탁을 하고, 이를 위탁받은 수급업자가 위탁받은 것(目的物)을 제조 또는 수리하거나 시공하여 이를 원사업자에게 납품, 인도 또는 제공하고 그 대가(하도급 대금)를 수령하는 행위를 말한다. 불공정 하도급 거래는 원사업자와 수급업자 간의 경제력의 차이 때문에 원사업자가 우월한 지위를 남용해 공정한 거래를 저해해 왔다는 점에서 규제되고 있다.

### 1) 불공정 하도급거래 규제의 목적

한국 경제에서는 하도급 거래가 일반화되어 왔음에도 불구하고 원사업자와 하도급사업자(수급업자) 간에 호혜적인 관계가 정립되지 못하고 원사업자 위주의 거래가 이루어지는 실정에 있어 하도급업자의 권익을 보호할 수 있는 장치가 부족하다. 따라서 정부는 불공정 하도급거래 유형을 지정하여 규제를 하고 있는데, 그 목적은 하도급 거래질서를 확립하여 원사업자와 수급업자가 대등한 지위에서 상호 보완적으로 균형 있게 발전할 수 있도록 함으로써 국민경제의 건전한 발전에 이바지하는 데 있다.

### 2) 불공정 하도급거래 행위의 유형

불공정 하도급거래 행위의 유형으로는 부당한 하도급 대금의 결정, 물품 등의 구매강제, 부당한 수령거부, 납품된 목적물의 검사기준의 불명확, 부당한 반품, 대금의 부당한 감액, 하도급 대금 지급의 지연, 부당한 대불변제, 경영간섭, 보복조치 등을 들 수 있으며, 이들은 엄격한 규제대상이 되어 법으로 금지되고 있다.

**(1) 부당한 하도급 대금의 결정**

부당한 하도급 대금의 결정은 원사업자가 '수급업자에게 제조 등의 위탁을 하는 경우에 부당한 방법을 이용하여 목적물과 동종 또는 유사한 것에 대하여 통상 지급되는 대가보다 현저하게 낮은 수준으로 하도급 대금을 결정하는 행위'를 말한다.

**(2) 물품 등의 구매강제**

구매강제는 원사업자가 '수급업자에게 제조 등의 위탁을 하는 경우에 그 목적물의 품질의 유지·개선이나 기타 정당한 사유 없이 그가 지정하는 물품설비 등을 수급업자에게 매입 또는 사용하도록 강요하는 행위'를 말한다.

**(3) 부당한 수령 거부**

부당한 수령 거부는 원사업자가 '제조 등의 위탁을 임의로 취소 또는 변경하거나 목적물의 납품에 대한 수령 또는 인수를 거부 또는 지연하는 행위'를 말한다.

**(4) 검사기준의 불명확**

검사기준의 불명확은 '수급업자가 납품 또는 인도한 목적물에 대한 검사의 기준 및 방법이 원사업자와 수급업자가 협의하여 객관적으로 공정·타당하게 정해져야 하는데도 불구하고 원사업자 위주로 정하는 행위'를 말한다.

**(5) 부당한 반품**

부당한 반품은 '원사업자가 수급업자로부터 목적물을 수령 또는 인수할 때 수급업자에게 책임을 돌릴 사유가 없음에도 불구하고 이를 수급업자에게 반품하는 행위'를 말한다.

**(6) 부당한 감액**

부당한 감액은 '원사업자가 수급업자에게 책임을 돌릴 사유가 없음에도 불구하고 제조 등의 위탁을 할 때 정한 하도급 대금을 부당하게 감액하는 행위'를 말한다.

**(7) 하도급 대금의 지연**

지급의 지연은 '원사업자가 수급업자에게 제조 등의 위탁을 할 때 정한 목적물의 수령일 내에 목적물을 수령했는데도 불구하고 정당한 사유 없이 법에 의하여 정해진

지급 기일 내에 하도급 대금을 지급하지 아니하고 지연시키는 행위'를 가리킨다.

### (8) 부당한 대물변제

부당한 대물변제는 '원사업자가 수급업자의 의사에 반하여 하도급 대금을 물품으로 지급하는 행위'를 말한다.

### (9) 부당한 경영간섭

부당한 경영간섭은 '원사업자가 하도급 거래량을 조절하는 방법 등을 이용하여 수급업자의 경영에 간섭하는 행위'를 말한다.

### (10) 보복조치

보복조치는 '원사업자가 법을 위반하였을 때 수급업자가 이를 관계기관 등에 신고한 것을 이유로 하여 당해 수급업자에 대하여 수주 기회를 제한하거나 거래의 정지 또는 기타 불이익을 주는 행위'를 말한다.

## 제 2 절 | 경제적 규제

시장경제에서는 원칙적으로 시장에 참여하는 경제주체인 일반가계와 기업의 자유로운 의사결정에 따라 경제활동을 하도록 허용되어 있다. 기업은 그 경제활동인 생산과 투자에 관한 결정을 하고, 일반가계는 가계의 경제활동인 소득 창출과 소비와 관련된 제반 사항을 결정한다. 그러나 기업과 일반가계의 경제활동의 자유가 사회에 바람직한 결과를 초래할 수 없다고 판단하는 경우에는 정부가 기업경영과 가계의 소득·소비행위에 직접적으로 개입함으로써 사회적으로 바람직한 방향에 부합되는 방향으로 그 의사결정이 이루어지도록 기업과 가계의 재량권을 제한할 수 있다. 이와 같이 경제적 규제는 주로 기업의 경제활동이라 할 수 있는 특정 산업에 대한 진입, 수익률, 가격, 생산량, 품질 등을, 그리고 가계의 임금, 토지 사용, 건축, 소비 등을 대상으로 이루어지는 것이다. 따라서 시장경제에서 이루어지는 경제적 규제란 민간 경제주체의 자유로운 의사결정에 따른 경제활동이나 행위에 정부가 직·간접적으로 개입함으로써 사회적으로 바람직한 방향에 부합되도록 하는 정부의 인위적인 행위라고 할 수 있다.

## 1 경제적 규제의 발생요인과 특성

경제적 규제는 주로 개인, 가계, 조직, 기업, 기업집단, 산업 등 경제활동의 주체 및 그 주체의 행위·기능·활동 등 객체를 대상으로 시행하는 것이다. 이러한 규제는 주로 판매자가 재화와 서비스를 팔고 받는 가격, 판매자가 벌어들일 수 있는 수익률, 판매자가 제공하는 재화와 서비스의 혼합과 품질, 또는 재화와 서비스가 판매되고 있는 조건, 특정 시장의 진입(또는 퇴출)조건 등을 대상으로 국가가 통제하는 작용이라고 할 수 있다. 이를 위하여 규제기관은 심사과정을 거쳐 재화와 서비스의 주체와 객체 측면에서 제기되는 공급 변수를 통제할 수 있는 권한을 가지고 구체적인 시장이나 서비스 분야에서 판매자 간의 경쟁을 금지하고 있다. 물론 어떤 경제적 규제는 이들 변수 중의 하나 또는 두 가지에 영향을 미칠 수 있으며, 이들 모든 변수에 미치는 영향력의 정도도 각기 상이할 수 있다.

### 1) 경제적 규제의 발생요인

경제적 규제의 발생요인으로서 자연독점의 폐해 시정, 파괴적 경쟁의 방지, 공유자원의 효율적 배정(rationing), 편익 제공의 공평성 개선, 시장의 안전성 추구, 포획과 지대추구 등을 제시할 수 있다(Walters, 1993: 349-359).

#### (1) 자연독점의 폐해 시정

자연독점으로 인한 경제적 규제는 대규모 생산으로 인한 규모의 경제의 이점을 활용하여 사회에 편익을 제공하는 동시에, 시장지배력의 남용으로부터 소비자를 보호할 수 있다는 사실을 전제로 시행되어 온 것이다. 이러한 전제는 오늘날까지도 공익을 추구한다는 명분 하에 경제적 규제를 시행하도록 하는 근거로 작용하여 왔다. 따라서 자연독점에 대한 규제의 목적은 자연독점으로 초래되는 문제에 적절히 대처함으로써 시장의 효율성을 제고하고 자연독점의 폐해로부터 소비자를 보호하기 위한 것이다.

일반적으로 경쟁적 행위는 최소의 비용으로 최대의 성과를 달성할 수 있게 하는 요인으로 작용할 수 있으며, 이러한 행위는 시장에 수많은 기업들이 존재하여 시장수요와 시장공급에 의해 결정된 가격대로 거래할 수밖에 없는 가격수취자로서 행동할 수 있는 경쟁적 시장구조를 가지고 있는 상황에서 보장될 수 있다. 그러나 특정 비용 및 수요조건 하에서는 이와 같은 경쟁적 시장구조가 오히려 시장의 비효율성을 초래하는 경우가 있다.[12] 이러한 경우에는 두 개 이상의 기업이 생산하는 경우보다 하나의 기업이 생산할 때 더 저렴한 비용으로 재화와 서비스를 생산할 수 있으므로 하나의 기업에게 생산이 집중되는 것이 사회적으로 보다 바람직할 수 있다. 바로 이러한 경우가 자연독점으로 지칭되며 자연독점에서는 경쟁적 시장구조를 확보하는 데 오히려 상당한 자원의 낭비가 초래되어 시장의 비효율성이 초래된다. 그러나 자연독점에서는 시장을 완전히 독점한 하나의 기업이 시장지배력을 남용하여 사회에 폐해를 초래할 수 있다. 따라서 독점의 횡포로 인하여 소비자가 감수해야 할 경제적·물질적 손실을 방지하기 위하여 정부가 개입하게 된다. 즉 소비자의 물질적 손실을 예방하고 효용가치의 극대화를 위하여 독점가격을 규제하는 한편, 소비자가 구매하기를 원하는 것만큼 시장에 재화와 서비스가 공급될 수 있도록 그 수량을 규제하게 된다는 것이다.

### (2) 파괴적 경쟁의 방지

경제적 규제는 기업 간의 지나친 경쟁으로 산업 자체를 파괴할 수 있는 파괴적 경쟁을 방지하기 위하여 시행될 수 있다. 자연독점이 더 이상 지속될 수 없는 경우에 자연독점 산업에 많은 기업들이 경쟁적으로 진입하면 기존 기업이 가지고 있던 시장이 잠식되고 많은 기업들이 가격을 중심으로 지나친 경쟁을 함으로써 파괴적 경쟁을 초래하여 결국 자원의 낭비를 초래할 수 있다. 그러나 파괴적 경쟁을 보다 넓은 의미로 이해하는 학자들은 경쟁가격(가격=한계비용)은 고정비용의 규모가 크고 수요가 아주 가변적인 산업에서만 산업을 파괴시키는 요인으로 작용할 수 있다고 보고 있다.[13] 이러한 산업에서는 자유로운 경쟁이 많은 기업들을 도산상태에 몰아넣기에 충

---

12) 자연독점이 경제적 비효율성을 초래하는 과정에 관한 논의는 William J, Baumol, John C. Panzar, and Robert D. Willing, *Contestable Markets and the Theory of Industry Structure* (New York: Harcourt Brace Javanovich, 1988) 참고.

13) 파괴적 경쟁이 경제적 해악으로 크게 부각되는 산업 중의 하나가 철도산업이라 할 수 있다. 철도산업에서는 서비스 제공을 위하여 선로, 객차, 중앙통제시설 등 대규모 고정투자가 필요하고 철도산업이 도산된다 하더라도 이러한 시설을 다른 산업에 이동시켜 활용할 수 없게 됨으로써 이들 비이동적인 시설은 결국 고철에 불과하게 되어 국민경제적 관점에서 볼 때 자원의 파괴에 의한 경제적 비효율성을 초래하게 된다. 이와 대조되는 산업으로서는 화물차 운송산업을 들 수 있는 데, 이러한 산업의 도산으로 불필요하게 된 화물차는 이동성을 가지고 있어서 다른 산업이나 다른 용도로 사용될 수 있다.

분할 만큼 오랫동안 평균비용 이하로 가격을 책정하게 한다는 것이다. 이에 따라 생산자나 소비자 모두의 이익에 부합하지 않는 결과를 초래한다. 이처럼 국민경제적 관점에서 경쟁이 오히려 바람직하지 않은 결과를 초래할 수 있는 경우에는 특정 산업을 보호하거나 주요 시설을 보존하기 위한 목적으로 경제적 규제가 시행될 수 있다. 즉 자유로운 경쟁으로 유사한 산업 간에 과당경쟁이 초래되거나, 자본집약적인 산업에서 과당경쟁으로 생산시설이 과대하게 되는 결과를 초래하거나, 시설의 중복현상으로 자원 이용의 효율성을 저해하거나, 또는 특정 산업에 참여하고 있는 기업 간에 가격을 통한 파괴적 경쟁으로 기업도산을 초래함으로써 국민경제 전체적 입장에서 바람직하지 않은 경우에, 산업을 보호하거나 주요 산업을 육성하기 위하여 각종 진입규제, 수입규제 등을 시행하게 된다는 것이다.

### (3) 편익 제공의 공평성 개선

경제적 규제는 효율성보다 오히려 공평성을 고려하여 시행되기도 한다. 어떤 유형의 규제는 비효율적이지만 공평성을 제고하기 위하여 시행되는 경우가 있다. 물론 공평성은 파악하기 어려운 개념일 수 있고 개인에 따라 그 개념을 다르게 해석할 수도 있다. 더욱이 이기적인 동기가 공평성이란 미명으로 위장될 수도 있다. 그러나 공평성의 개념이 오늘날까지 진지하게 논의되어 왔고 규제정책에 상당한 영향을 미쳐 왔다는 것은 부인할 수 없다.

미국의 경우 철도산업에 대한 규제의 필요성은 가격차별에 대한 국민들의 부정적인 여론이 비등하기 시작하면서 대두되었다. 철도요금이 규제되지 않았던 때까지 화물요금은 어떤 화주(貨主)들에게는 유리하게 책정되는 한편 다른 화주에게는 불리하게 책정되어 왔다. 대량 화물운송을 위탁하는 화주는 철도회사로부터 낮은 요금을 약속받거나 부분적 환불을 받기 위하여 구매력을 활용하곤 했다. 그리고 여러 화물차 운송업체들이 경쟁하고 있는 대도시에 있는 화주는 가격경쟁으로부터 편익을 받는 한편, 도로에서 벗어난 지역에 있는 화주는 더 높은 가격을 지불해야만 했다. 가격은 특정한 화물이 운송되는 거리에 따라 책정되지 않았기 때문에 불공정하고 비효율적인 것으로 인식되었다. 이에 따라 제정된 주간상무법의 목표는 주로 차별요금을 배제하고 공정하고 합리적인 요금구조를 확보하기 위한 것이었다(Ripley, 1913; Hoogenboom & Hoogenboom, 1976; Friedlaender & Spady, 1981).

### (4) 공유자원의 효율적 배정

가치 있는 공유자원의 효율성 제고를 위한 목적으로 이들 자원에 대한 접근을 제한하거나 배정하기 위하여 경제적 규제가 필요한 경우가 있다. 이러한 자원의 대표적인 예로 라디오 스펙트럼, 텔레비전 방송 채널 등을 들 수 있다.14) 이러한 스펙트럼은 하나의 연속체이지만 방송업체가 스펙트럼을 따라 분산되어 있는 경우에 수신 상태가 가장 좋다. 만약 주파수에 대한 접근이 자유롭고 제한이 없으면 한 방송업체가 특정한 주파수나 채널을 통하여 방송을 하기보다 더 많은 주파수나 채널을 사용함으로써 전파의 홍수를 이룰 수 있다. 이러한 경우 경쟁적인 방송사끼리 중복된 채널이나 주파수를 사용함으로써 시청자나 청취자에게 좋은 방송을 보낼 수 없다. 이로써 공유재산에 대한 경쟁이 그 가치를 훼손시킬 수 있다. 따라서 이러한 자원을 사용할 수 있는 권한을 배정할 수 있는 방법을 강구하여야 한다. 그러나 정부가 여러 가지 인위적인 기준을 마련하여 이를 만족시키는 자에게 방송 면허를 부여하는 현재의 규제 형태는 이러한 목적을 아주 공정하게 또는 효율적으로 달성하고 있는지 그 여부가 불분명하다.

### (5) 시장의 안정성 확보

시장의 안정성 확보라는 측면에서 경제적 규제가 실시될 수 있다. 어떤 시장은 내재적으로 불안정하기도 하고 다른 시장은 생산자가 취하는 행동 여하에 따라 불안정하게 되는 경우가 있다. 이 때는 정부가 시장에 개입하여 가격변동을 완화하고 진입을 제한하거나 생산량을 통제함으로써 시장을 안정시킬 수 있다. 그렇지 않은 경우에는 생산자의 행위 자체를 직접 규제할 수 있는 조치를 취하여 시장의 안정성을 확보할 수 있다.

예를 들어 기후에 영향을 많이 받는 농작물과 관련하여 정부가 농산물 시장의 안정성을 유지하기 위하여 양곡관리기금을 설치하여 곡물에 대한 공급과 수요를 적절히 조정할 수 있다. 이에 따라 소비자가 가격에 대한 급격한 변동 없이 안정적으로 농산물을 구입·소비할 수 있도록 하는 추곡가 안정정책을 채택하고 있다. 농산물은 기후 등 자연조건에 따라 생산량이 매우 불규칙하고 대부분 1년에 한 번씩 생산되며, 저장성이 약하여 공급이 매우 불안정적인 반면 수요는 가격에 비탄력적인 특성을 가지고 있다. 이러한 수요와 공급의 특성을 가지고 있는 농작물의 거래를 시장장치에만 맡겨 두면 기후조건에 따라 가격이 크게 변동될 수 있기 때문에 농산물의 안정적인

14) 미국의 방송스펙트럼 배정방식과 그 관리방법에 관한 문헌으로서 Thomas W. Hazelett "The Rationality of U. S. Regulation of the Broadcast Spectrum," *Journal of Law and Economics*, 33 (April 1990), pp. 133-175 참고.

공급을 위하여 가격을 규제하고 있다. 가격이 지나치게 상승할 때에는 최고가격 규제를 실시하고 가격이 지나치게 하락할 때에는 최저가격 규제를 하고 있다. 농산물에 대한 최저가격 규제는 가격안정을 통해 생산자의 생활안정을 유지시켜 주려고 하는 목적과 함께 농산물의 가격을 적정수준에서 유지하여 일정한 농가소득을 보장해 주려고 하는 소득분배정책 차원의 목적도 있다.

그 외에 공익사업에 의하여 공급되고 있는 생산물 가격, 즉 공공요금에 대한 규제도 시장의 안정성을 확보하기 위하여 시행되고 있는 규제라고 할 수 있다. 또한 진입제한, 가격통제 등을 위한 정당성이 약화된 시장에서 시행되는 규제를 설명하기 위하여 시장의 불안정성의 지양이란 정당성이 사용될 수 있다. 그 가장 좋은 예로 금융산업과 보험산업을 들 수 있다. 이들 산업이 규제되는 이유는 공신력을 확보하기 위한데 있다. 만약 특정 시장에서 기업이 도산하면 이것은 부정적 파생효과를 낳게 되는 경우이다. 예를 들어 한 은행이 도산하면 마찬가지로 다른 은행에 대한 공신력도 흔들리게 된다. 이에 따라 예금주들은 은행으로부터 예치금을 인출하게 되어 선량한 은행이 재정적 어려움을 겪게 될 뿐만 아니라 더 중요한 것은 국민경제에 해로운 효과를 미치게 될 것이다. 따라서 은행과 보험회사가 지불 능력을 확보하도록 관리하는 것이 공익에 좀 더 합당하다고 할 수 있다.

### (6) 포획과 지대 추구

공익 추구보다 사익을 추구하는 기업의 포획행위[15]와 지대 추구 행위[16]에 의하여 경제적 규제가 발생된다. 규제에 관한 근원을 설명하고 있는 이론은 규제의 목적이 공공의 이익을 증진시키기 위한 것이라는 공익이론과 규제가 실질적으로는 규제를 받는 규제대상자 또는 특정 이익집단의 이익을 위한 것이라는 사익이론으로 나뉜다.

---

15) 산업이나 기업의 부당행위로부터 사회를 보호하기 위하여 설립된 규제기관이 이들의 포로가 되어 오히려 소비자의 희생으로 산업이나 기업의 이익증진에 기여한다는 것을 설명하고 있는 이론을 포획이론이라고 하며, 산업이나 기업이 자신의 사적 이익을 도모하기 위하여 규제기관에게 영향력을 행사하여 규제기관을 도구화하는 행위를 포획행위라고 한다. Samuel Huntington, “The Marasmus of the ICC: The Commission, the Railroad, and the Public Interest,” *Yale Law Journal* (April 1952), pp. 457-507 참고.

16) 정부규제행위는 잠재적 소득의 원천으로서 어떤 집단에게는 경제적 이익을 주는 한편 다른 집단에게는 경제적 부담을 주게 된다. 따라서 각 이익집단들은 경제적 이익을 얻기 위하여 정부를 상대로 경쟁을 벌이게 되고 이 때 경쟁에서 이기는 집단은 초과소득이라고 할 수 있는 경제적 이득, 즉 지대를 얻을 수 있게 되고 이러한 경제적 이득을 확보하기 위하여 정부를 상대로 집단 간에 벌이는 행위를 지대 추구 행위라고 한다.

이 두 가지 이론 외에도 관료집단이 자신들의 권한과 예산을 증대시키기 위해 규제를 만들어낸다는 공공선택 이론도 있으나 이것은 결국 특정 이익집단의 이익을 위해 규제를 하는 과정에서 관료의 이익이 반영되는 것이므로 사익이론과 논리상 유사하다. 이처럼 경제적 규제는 규제를 받는 집단 또는 특정 이익집단의 이익을 위하여 발생되는 경우도 있는데, 이러한 규제는 이익집단의 정치적 활동의 결과로 발생한다.

최저가격 규제가 과당경쟁 방지, 서비스의 질 보호, 선점가격 책정의 방지에 그 목적이 있다면 이는 공익이론에 입각한 규제로 설명할 수 있다. 그러나 최저가격 규제가 규제를 받는 집단 또는 특정 이익집단의 이익을 위해 이루어지는 것이라면 이는 사익을 위한 규제라고 할 수 있다.

사업자들은 계약, 협정, 결의 등의 방법으로 다른 사업자와 공동으로 일정한 거래분야에서 경쟁을 실질적으로 제한하기 위해 가격, 거래조건, 거래 지역, 경쟁요소 등을 공동행위를 통해 협조적으로 통제할 수 있다면 더욱 많은 이익을 얻을 수 있을 것이다. 담합이 성공적으로 이루어지고, 또한 오랜 기간 유지된다는 것은 대단히 어려울 뿐만 아니라 공정거래법 위반으로 제재를 받을 위험성을 감수해야 한다. 따라서 사업자들이 정부 측에 로비를 하여 최저가격을 설정하여 이에 위반하는 행위를 규제하도록 한다면 그들 간의 담합을 법적으로 보장받을 수 있고, 정부로 하여금 담합 이행 여부를 감시·감독하는 업무를 대행하게 함으로써 더욱 안전하고 효율적으로 가격담합을 해나갈 수 있는 것이다.

### 2) 경제적 규제의 특성

위에서 논의한 경제적 규제의 발생요인들을 중심으로 경제적 규제가 가지고 있는 주요한 특성을 살펴보면 다음의 세 가지로 요약할 수 있다.

첫째, 경제적 규제는 산업, 기업, 기업집단 등 경제주체의 가격, 생산물, 수익률, 진입, 탈퇴 등 구체적인 행위를 대상으로 하고 있다는 점에서 규제의 범위가 극히 제한적이다. 둘째, 경제적 규제는 산업, 기업 등의 경영이나 가계의 행위에 직접적으로 개입함으로써 자유로운 경쟁을 제한하고 있다. 셋째, 경제적 규제는 진입, 가격 등 규제대상과 관련하여 정부로부터 어떠한 규제를 받는지에 따라 기업의 경제적 혜택에 상당한 차이를 초래하므로 규제와 정치권과의 관계형성이 기업의 이익을 좌우할 수 있다. 따라서 기업은 규제를 통해 혜택을 추구하는 반면 경쟁자에게는 법적 손해를 주려고 노력하고, 이러한 과정에서 정치권이나 행정관료와 결탁할 소지가 크다. 이러한 특성을 가지고 있는 경제적 규제 중에서 대표적인 것만을 간추려 가격규제, 진입규제, 품질규제, 생산량 규제, 수익률 규제 등 다섯 가지 유형으로 나누어 논의하려고 한다.

## 2 경제적 규제의 유형

### 1) 가격규제

가격규제란 시장에서의 지불용의를 반영하는 수요곡선과 비용 또는 판매의사를 반영하는 공급곡선이 교차하는 수준에서 결정되는 재화와 서비스의 가격을 직접적으로 규제하는 것을 말한다. 시장은 원칙적으로 시장의 자동조절 기능에 맡겨 운영해야 하지만, 이것이 현저하게 공익에 위배하는 것으로 간주되는 경우에 정부가 시장에 개입하게 된다. 이에 따라 일반가계가 제공하는 생산요소의 가격이나 기업이 생산하는 재화와 서비스의 가격을 규제한다. 생산요소에 대한 가격규제로서 대표적인 것은, 노동에 대한 총액임금제,[17] 최저임금제 등을 들 수 있고, 자본에 대한 가격규제로는 사채이자율의 제한, 토지와 건물에 대한 가격 규제로는 공시지가, 아파트 분양가격, 임대차 가격 등을 들 수 있다. 한편 재화와 서비스에 대한 가격규제로는 전기, 상하수도, 교통 등 각종 공익 서비스산업의 요금에 대하여 규제하는 공공요금 규제를 들 수 있다. 다음으로 가격규제의 대상이 되는 것으로 희소한 경제적 자원인 가스, 석탄 등 에너지 가격에 대한 규제를 들 수 있다.

다른 형태의 가격규제로는 가격인상을 억제하는 최고가격 규제와 가격인하를 억제하는 최저가격 규제가 있다. 보통 독과점 품목에 대해서는 최고가격 규제를, 농수산물이나 노동력에 대해서는 최저가격 규제를 시행하는 것이 일반적이다. 그 외에도 요금구조에 대한 규제가 있다. 예를 들면 전기요금의 경우에 가정용과 산업용에 차등을 두고 사용 시간대에 따라 다른 요금체계가 적용되고 있으며 보험의 경우에도 피보험자의 특성에 따라 차등적으로 보험료가 정해지고 있다. 이처럼 동일한 재화와 서비스에 대해 소비자 집단에 따라 다른 가격으로 거래하는 행위를 가격차별이라고 하여

17) 총액임금제란 간단히 설명하면 노동자에게 지급되는 수당 중에서 야근수당, 특근수당, 연월차 유급수당을 제외한 기본급, 상여금, 통상임금에 포함되는 수당 등 지급금액이 사전에 확정되어 있는 모든 임금구성 요소의 1년 총액을 12개월로 나눈 액수를 기준으로 한 달 총수입이 100만 원에서 200만 원까지는 5%, 50만 원에서 100만 원까지는 10%, 200만 원 이상은 완전히 동결하고 50만 원 이하는 저임금에 대하여는 노사 자율에 맡기는 임금규제 방식이라고 할 수 있다.

규제를 하고 있다. 그 이유는 독점기업이 생산하는 재화와 서비스에 대한 소비자의 최대 지불용의에 따라 가격을 달리 적용함으로써 소비자가 시장거래를 통해 얻을 수 있는 이득을 생산자의 경제적 이윤으로 흡수함으로써 소비자의 경제적 후생을 현저하게 저해하기 때문이다.

가격에 대한 직접규제에 대한 당위성은 벌써 19세기 후반기 말부터 제시된 것으로서 최근의 현상이 아니다. 가격에 대한 직접규제를 하게 된 핵심적 원인은 '자연독점'이라 할 수 있다. 동질적 재화와 서비스를 생산하는 한 개의 기업을 가정하여 기술적 요인에 의하여 생산 규모가 증대하는 데 따라 평균비용이 지속적으로 감소하면 그 기업이 경쟁기업을 시장에서 축출하기 위하여 어떤 인위적 행위를 하지 않더라도 결국 한 시장을 자연적으로 독점한다. 이러한 상태에서는 한 기업이 규모의 경제를 이루어 가장 효율적인 방법으로 재화와 서비스를 생산·공급함으로써 오히려 시장이 경쟁을 통하여 재화와 서비스를 생산·공급할 때보다 사회에 초래하는 경제적 후생을 높일 수 있다.

자연 또는 기술적 독점은 전력, 상하수도, 가스 서비스 등의 제공과 같이 공급자와 최종 수요자 간에 물리적 연결 장치를 통해 재화와 서비스 공급이 이루어지거나 전력 발전, 철도, 송유관 서비스 분야에서와 같이 고정시설에 대한 대규모 투자가 이루어진 후 추가적으로 보다 많은 수의 고객을 유치하면 할수록 평균비용이 체감하는 산업에서 발생한다. 고객이 많아질수록 자본관련 고정비용이 많은 사용자에게 분산됨으로써 평균고정비용이 낮아지지만, 평균가변비용이 평균고정비용보다 낮아지는 생산 규모에서는 평균비용이 감소하게 된다.

이 때에는 독점기업이 부과하는 가격이 경쟁시장에서 결정되는 가격과 어느 정도 일치하게 되어 사회적정생산량의 생산을 유도함으로써 독점기업의 생산물 공급으로 사회가 편익을 누릴 수 있다.[18] 그러나 한 기업이 시장을 독점하면 시장지배력을 행사하려고 하고, 그 결과 독점가격으로 소비자의 소득의 일부가 독점기업으로 이전하

18) 이러한 문제는 처음에 램지에 의하여 다루어졌으나 보이토에 의하여 독립적으로 그리고 더 일반화된 방법으로 다루어졌다. F. P. Ramsey, "A Contribution to the Theory of Taxation," *Economic Journal* (March 1927), pp. 47-61; M. Boiteaux, "Sur la question des monopolies publique astreints a lequilibre budgetaire," *Econometrica* (January 1956), pp. 22-40, trans. by W. J. Baumol and D. F. Bradford as "On the Management of Public Monopolies Subject to Budget Constraints," *Journal of Economic Theory* (September 1979), pp. 219-240: W. J. Baumol and D. F. Bradford, "Optimal Departures from Marginal Cost Pricing," *American Economic Review* (June 1970), pp. 265-283.

는 결과를 초래함으로써 소비자가 경제적 손실을 입게 된다. 이는 사회적 관점에서 볼 때 바람직하지 않으므로 소비자 보호를 위해 정부가 독점기업의 행태를 규제하는 것이다. 이에 따라 자연독점에 대처할 수 있는 방법의 하나로서 정부는 가격규제를 사용해 왔다.

그러나 자연독점에 대한 규제를 이론적으로 뒷받침하는 이러한 당위성에도 불구하고 다음과 같은 이유로 해서 그 당위성과 실제적 규제 간에는 상당한 괴리가 나타나고 있다. 첫째, 규제기관이 가격 통제에 그 업무를 제한하지 않고 규제대상 산업에 대한 진입도 통제하고 있어 자연독점에 근거한 규제의 당위성과 상치해 왔다. 둘째, 기술적 요인은 별개로 하더라도 유사한 대체재가 있는 재화와 서비스를 제공하고 있는 산업에 대하여는 자연독점에 근거한 가격규제를 시행하지 못했다.

이론적 근거와 실제적 규제 간에 차이가 있다는 인식과 더불어, 규제대상산업과 기업의 행위에 대한 불만이 증가함에 따라 자연독점에 대한 적절한 대책을 마련하는 데 보다 많은 관심을 집중시켜야 했다. 자연독점의 경우처럼 이로 인해 제기되는 문제에 대하여 의견을 같이해 왔던 규제 분야에서조차도 이제는 합의가 이루어지지 않고 있다. 이에 따라 탈규제와 경쟁을 도모해야 한다는 주장이 확산되고 있는 가운데 전통적 방법을 지지하고 있는 사람들은 이러한 주장을 무시하거나 그들의 입장을 뒷받침할 수 있는 증거를 찾기 위하여 노력하고 있다.

자연독점 규제는 그 효과성을 입증할 만한 충분한 실증적 자료가 부족하다는 점에서 비판받고 있다. 자연독점기업은 생산량이 커지는 데 따른 평균비용의 감소로 신규기업의 시장진입을 어렵게 하므로 경쟁의 압력으로부터 보호되는 것이나 마찬가지 효과를 누릴 수 있다. 이러한 이유로 효율적이고 혁신적으로 운영할 유인을 갖지 못하고 시장지배력의 행사로 가능한 독점가격을 통해 이윤을 모색하려고 한다. 그러면 독점기업은 경제적 잉여가 늘어나는 것과는 대조적으로 소비자의 경제적 잉여는 줄어들기 때문에 소비자를 보호하기 위해 규제해야 한다. 그러나 자연독점기업은 기술적 측면에서 단기적으로는 규모의 경제의 이점을 살림으로써 이윤을 증대시킬 수 있지만, 장기적으로는 생산 규모가 커지는 데 따라 기업경영이 방만해지고 혁신노력이 부족해짐으로써 평균비용이 체증한다. 그러면 잠재적 경쟁기업의 진입으로 인한 위협 때문에 비용을 절감함으로써 가격을 낮추는 동시에 생산량을 증가하는 노력을 해야 할 것이다. 이에 따라 효율적인 기업경영과 경영혁신에 관심을 갖게 되고 이러한 관심은 효율적 기업경영을 가능하게 하는 계기를 마련할 수 있다. 그 결과 경쟁가능성에 대한 위협으로 자연독점기업도 독점가격의 부과를 통해 독점이윤을 챙기기보다 소비자의 이익을 도모하는 쪽으로 기업경영을 할 수 있는 동기를 부여할 수 있다. 이러한 사실은 자연독점에 대한 규제의 효과성이나 당위성에 의문을 갖게 하는 것이다.

### 2) 진입규제

정부의 개입이 없는 상태에서 특정 산업이나 직종에 참여하여 수익적 또는 영업적 행위를 할 것인지 결정하는 것은 개인 당사자의 손에 달려 있다. 그러나 특정 산업이나 직종이 모든 개인에게 공개되어 사회적으로 바람직하지 않는 결과를 초래할 때, 정부는 진입에 대한 규제를 시행한다. 따라서 진입규제란 어떤 산업 또는 직종에 참여하여 사업을 할 수 있는 영업의 자유를 제약하는 것을 말한다.

정부의 직접적 규제행위는 많은 수의 경쟁기업들이 존재하는 시장에서 효력을 발휘할 수 있다. 넓은 의미로 진입규제는 비규제된 시장의 운영으로 초래되는 부정적 결과를 시정하기 위하여 시행되고 있다. 경쟁적 산업을 규제하는 데 정당성을 제공하는 근거는 산업에 따라 상당히 차이가 있지만 모든 산업에 적용되는 공통적인 근거는 경쟁 상태에서 재화와 서비스가 생산·공급되는 시장에서 발생가능한 부정적 결과를 방지 또는 시정하기 위한 것이다. 특히 교통산업 분야에서처럼 비이동적인 산업에서 진입을 규제하기 위한 명분을 주는 근거는 과도하거나 파괴적인 경쟁이 산업자체를 파괴함으로써 경제적 비효율성을 초래할 수 있으므로 이를 예방하기 위해 시상에 내한 진입을 규제해야 한다는 것이다.

진입에 대한 통제(면허, 독점영업권, 인·허가, 수수료 등)가 없는 경우 이들 산업에 대한 낮은 진입장벽은 비효율적이고 과당경쟁을 야기하여 부정적 결과를 초래할 수 있다. 부정적 결과의 예로서 많은 소규모적이고 파렴치한 경쟁자가 계속하여 유입 또는 퇴출하는 결과를 초래하고, 이러한 경쟁자들은 때로 국민들에게 저질적이고 불안전하고 불안정적인 서비스를 제공하며, 계속적으로 사업에 참여하고 퇴출함으로써 서비스의 안정적인 공급을 저해하고, 사기 행각을 벌일 수 있으며, 그리고 시장점유율을 높이기 위하여 터무니없이 낮은 가격으로 판매하는 행위 등을 지적할 수 있다. 터무니없이 낮은 가격은 너무 낮은 이윤을 얻게 함으로써 기업이 생존하기에 충분한 자본투자와 기술혁신을 하는 데 필요한 자금을 확보할 수 없게 한다.

파괴적 경쟁을 예방하기 위한 진입규제에 대하여는 일반적으로 부정적인 견해가 확산되어 있다. 그 이유는 대부분의 진입규제는 불필요하게 경쟁을 제한함으로써 국민경제발전에 기여하지 못하거나 비효율적인 기업이나 산업을 보호하는 결과를 초래할 수 있기 때문이다. 이러한 견해에 따르면 비효율적이거나 비혁신적인 기업과 산업에 우호적인 규제자들이 파괴적 경쟁으로 인한 부정적 결과를 빌미로 삼아 이러한 기업과 산업을 보호하기 위한 규칙을 만드는 데 참여해 왔다고 한다. 이처럼 진입규제에 대해 일반적으로 제기되는 부정적인 견해는 경쟁을 제한하는 행위가 시장의 효율성을 저해한다는 효율적 시장의 경쟁논리에 근거를 두고 있다. 이러한 견해는 낮은 진입장벽이 오히려 기업을 효율적인 규모로 성장시키는 요인으로 작용할 수 있다는 사실을 인정하지 않는 견해를 반박한다. 또한 재화와 서비스를 생산하는 데 투입하는 비용이 적게 드는 산업의 경우에는 규모의 경제가 오히려 잠재적 경쟁기업의 진입을 저지하기에 충분할 만큼 작용할 수 없을 것이라고 주장한다.

가장 대표적인 진입규제 유형으로는 각종 사업에 대한 인·허가를 들 수 있다. 사업의 인·허가는 공익적 목적을 추구하거나 또는 산업구조를 변화시킬 목적으로 운영하는 것이 보통이다. 예를 들면 공공서비스 산업의 경우에는 그것이 갖는 자연독점적 산업구조의 성격으로 인해 초래될 수 있는 자원의 낭비를 막는다는 취지에서 산업에 대한 참여를 제한하며, 금융산업(은행, 보험, 증권 등)에서는 공신력의 확보를 위하여 진입을 제한한다. 그렇게 하면 산업구조의 고도화 또는 생산 단위의 국제적 규모화 등을 명목으로 진입제한이 이루어지기도 하고 대기업으로부터 중소기업을 보호하기 위하여 중소기업 고유 업종 등을 지정함으로써 특정 업종에 대한 대기업의 사업 참여를 제한하기도 한다.

또한 희소한 경제적 자원의 사용을 억제하기 위하여 이루어지는 진입규제로서 전파의 이용권, 광업권, 어업권 등을 예로 들 수 있다. 이 밖에도 사업의 인·허가와 유사한 것으로서 특허와 수입규제를 들 수 있다. 먼저 특허는 지적 발명자의 고유 권한을 보장하기 위하여 모방을 하지 못하도록 하는 것이고, 수입규제는 국내산업의 보호를 위하여 국제수지 방어 목적으로 외국 기업이 생산한 제품의 수입을 금지하는 것으로서 이 모든 경우에 시장경쟁은 제약된다. 다음으로 특이한 유형의 진입규제로는 직업면허를 들 수 있다. 이것은 의사, 약사, 변호사, 건축사, 공인회계사 등과 같이 전문 직종에 종사할 수 있는 특수한 자격요건을 정하여 이에 부합하는 자에게만 그 사업을 영위할 수 있도록 하기 위한 것이다.

끝으로, 진입규제와는 정반대로 어떤 사업에의 참여가 아니라 기존에 운영해 왔던 사업으로부터 손을 떼지 못하도록 하는 퇴출규제도 있다. 예를 들면 대기업의 청산에 관하여는 많은 제한이 있다. 이것은 공장폐쇄로 인해 그 공장이 위치한 지역경제와 사업체에 고용되어 있는 근로자들이 일시에 받게 될 충격을 완화하려는 목적으로 시장의 퇴출을 정부가 제한하고 있는 것이다(최병선, 2002: 242).

### 3) 품질규제

가격규제와 밀접하게 관련된 것으로서 품질에 대한 규제를 들 수 있다. 품질규제란 생산자가 시장에 공급하여 유통되는 재화와 서비스의 품질을 규제하기 위한 것으로서 시장에서 거래되는 재화와 서비스의 품질이 그 가격의 화폐가치에 상응하도록 하거나 소비자가 시장에 유통되는 재화와 서비스의 품질을 제대로 인식하지 못하고 구매할 때 입는 피해를 예방하기 위하여 실시하는 규제이다. 이를 위하여 규제기관이 품질의 신뢰성을 높이기 위하여 최소기준을 설정하여 이러한 기준에 적합하지 못한 품질의 시중 판매를 금지하기도 한다. 이것은 가격규제의 작용으로 품질수준이 저하되는 것을 막기 위한 목적으로 실시하는 경우이고, 이와 반대로 가격규제 하에서 품질경쟁이 야기되어 그것이 규제가격의 상승을 유발할 것을 염려하여 품질경쟁을 제한하는 경우도 있다.

특히 소비자는 재화와 서비스의 품질을 파악할 수 있는 기술적·전문적 지식이 부족할 뿐만 아니라 그 순수성, 효능, 안전성 등을 파악할 수 없기 때문에 소비자 대신 이들에 관한 정보를 제공해 줄 수 있는 공인기관이 필요하게 된다. 따라서 정부는 이러한 업무를 담당하기 위한 기관을 설치 또는 지정하여 품질규제를 실시하게 된다. 정부는 품질의 파악에서 전문성과 기술성이 요구되는 경우에는 공공연구소나 공인시험소에서 검사하도록 하여 이에 통과한 것에 대하여만 시중에 판매를 허용하는 규제를 실시한다.

규제방법의 하나로서 품질검사 통과를 표시하는 품질마크를 부착한다거나, 안정성 검사에 통과한 것을 입증하는 안정성 검사필증을 부착하거나, KS 마크를 부여함으로써 공인기관이 인정한 품질의 재화와 서비스를 구매하도록 하여 소비자가 입을 수 있는 피해를 예방하고 있다. 또한 식품에 대하여는 시장에 유통될 때 유통기간을 의무적으로 표시하도록 함으로써 식품의 신선도에 대한 지식을 갖고 소비자가 구매행위를 할 수 있도록 도움을 줄 수 있다. 이처럼 품질에 대한 규제가 재화와 서비스의 안전성에 초점을 맞추고 있기도 하지만, 품질의 신빙성을 제고하기 위한 목표에서 시행하는 것이 전형적인 경우이다.

품질규제가 비효율성을 초래한다는 견해도 있지만 이로 인한 비효율성을 추정하는 것은 쉽지가 않다. 품질을 가치화하는 데는 어려움이 있으며, 특히 시장거래에서 나타나는 경험적 자료와 이론적 분석을 통하여 가격과 품질 그리고 수량과 품질 간에 상호작용하는 관계를 명확히 규명한다는 것은 거의 불가능한 작업이다. 특히 품질 자체는 여러 면에서 평가되어야 하며 재화와 서비스의 미적 성격이나 소비자 개인의 만족도를 개별화하여 측정하는 것은 매우 어렵다. 그럼에도 불구하고 품질이 재화와 서비스의 중요한 속성인 경우에는 품질에 대한 규제가 어떠한 효과를 초래할 수 있는지를 평가해야 한다.

이에 대한 효과를 실증적으로 검증할 수는 없지만, 품질규제로 재화와 서비스의 품질이 실제로 보다 높아질 수 있기 때문에 품질규제가 비효율성을 초래한다는 견해는 과대평가된 것이라고 할 수 있다. 그러나 경쟁이 존재하고 경쟁이 가능한 시장에서의 품질규제는 효과가 없거나 그 비용이 편익을 초과하는 것으로 평가되고 있다. 그러나 실제적으로 품질에 대한 규제가 이루어지고 있는 대부분의 시장은 경쟁상태에 있거나 경쟁이 가능한 상태에 있다는 사실을 염두에 두어야 한다. 그런데도 불구하고 품질규제가 시행되고 있는 이유는 효율성의 추구보다는 사회복지적 측면에서 찾아야 할 것이다.

#### 4) 생산량 규제

생산량 규제는 자연독점기업이 생산량을 제한함으로써 가격인상을 도모할 때 초래되는 부정적 효과를 사전에 예방하기 위해 시행되는 것이다. 독점기업이 재화와 서비스의 공급을 조정하여 공급량보다 수요량이 많아지면 수요와 공급의 법칙에 따라 경쟁시장에서 보다 높은 수준에서 가격이 형성되고, 이에 따라 독점기업의 이윤이 그만큼 증가하지만 소비자 소득의 일부분이 독점이윤이란 형태로 독점기업의 소득으로 이전된다. 이로 인하여 효용가치가 더 높은 다른 용도에 사용될 수 있는 소비자의 소득의 일부가 독점기업의 손에 넘어감으로써 소비자의 경제적 후생이 그만큼 낮아지고, 그 수가 국민의 다수를 구성할 때 사회의 국민복지 수준이 감소할 것이다. 이러한 국민복지 수준의 감소를 방지하기 위하여 시행하는 생산량 규제는 주로 전력, 상수도, 가스 등 공익사업 분야에 적용될 수 있다.

생산량에 대한 규제는 석유를 포함한 지하자원과 같은 고갈자원에 대한 생산량을 제한하기 위한 경우에도 시행되고 있다. 그 이유는 이러한 자원은 재생산이 불가능하기 때문이다. 그런가 하면 독극물, 총포 등과 같이 위험성이 있는 물건의 생산량을 규제하는 경우도 있다. 이러한 규제는 단독으로 시행되기보다 사업의 인·허가를 통한 진입규제에 부수하여 이루어지는 것이 보통이다.

이와는 달리 주류업에서는 정부가 주정의 생산량과 거래량을 규제하는데, 이러한 규제는 경제적 합리성을 근거로 하기보다는 세원(稅源)의 정확한 포착, 조세 탈루의 방지 등 재정수입의 확보를 보다 용이하게 하기 위한 행정 편의에서 시행하는 것이다. 이와 비슷한 것으로 은행대출액, 채권매입액 등에 개인별 상한을 두는 경우도 있는데, 이것 역시 부동산 투기를 예방하거나 이자소득세의 감면 등 세무행정상의 편의를 도모하기 위해 시행되는 것으로 보아도 무방할 것이다. 극단적인 생산량 또는 거래량에 대한 규제로서는 전시나 비상사태 하에서 물자의 부족상태를 극복하기 위하여 실시하는 생산할당제 또는 배급제(rationing)를 제시할 수 있다.

### 5) 수익률 규제

수익률 규제란 자원배분의 비효율성을 제거하고, 비효율적이고 과도한 비용이 소요되는 생산방법을 배제하며, 합리적인 수익을 포함한 비용수준에서 가격이 결정되도록 하기 위한 것이다. 사실 수익률 규제가 목표로 삼고 있는 이들 세 가지 과제는 시장이 완전경쟁 상태에 있다면 동시에 달성될 수 있는 것들이다. 그러나 현실적으로 완전경쟁시장은 거의 존재하지 않으므로 시장에 참여하는 기업의 수익률에 대한 규제가 불가피한 경우도 있다. 이러한 점에서 보면 수익률 규제는 완전경쟁시장이 초래할 수 있는 이러한 결과를 얻기 위하여 시행하는 것이라 할 수 있다.

경쟁상태에서는 기업의 총수입이 임금, 원자재 등 생산에 직접 투입된 모든 명시적 비용과 자본의 기회비용, 즉 다른 용도에 자본을 투자했을 때 벌어들일 수 있었을 수익이라 할 수 있는 암묵적 비용의 합계와 같아지고, 이러한 조건에서는 기업은 경제적 이윤을 얻지 못할 것이다. 만약 투자자본이 $K$와 같고 자본의 기회비용(수익률)이 $r_0$와 같다면 기업의 암묵적 비용은 $roK$가 되고, 기업의 명시적 비용(또는 운영비용)을 $OC$로 표기하면 기업의 총비용($TC$)은 $OC+roK$으로 표기할 수 있다. 균형상태에서 총수입($TR$)은 총비용($TC$)과 같아지므로 이를 등식으로 나타내면 $TR=TC=OC+roK$와 같다.

더욱이 경쟁시장에 참여하는 개별기업들은 한계수입을 나타내는 가격과 한계비용이 같아지는 수준에서 생산량을 결정함으로써 이윤을 극대화하려고 하고, 이러한 수준의 생산량을 생산하는 데 소요되는 비용을 극소화하는 투입물의 결합방법을 선택하려는 동기를 갖게 될 것이다.

만약 규제기관이 이러한 경쟁적 결과를 초래하는 것을 목표로 잡는다면 가격을 규제하는 과정은 단순할 것으로 보인다. 규제기관은 기업의 명시적 비용(운영비용) $OC$를 결정하고 이 금액에 암묵적 비용인 $roK$와 동일한 금액을 추가하여 가격을 결정하면 기업의 총수입은 이들 금액을 합한 총액과 같아질 것이다. 이처럼 기업이 총비용을 충당할 수 있는 수익률($ro$)을 결정할 수 있다면 합리적인 수익률에 대한 규제가 가능하다. 그러나 실제로 수익률 규제는 이론적으로 제시한 것처럼 그리 간단하지도 않고 용이하지도 않다. 규제기관은 수익률의 결정에서 사용할 수 있는 기업의 명시적 비용이나 자본의 기회비용인 암묵적 비용 등 그 비용을 정확히 산정하는 데 여러 가지 어려움에 직면하게 된다. 더욱이 수익률을 결정한다 하더라도 규제대상기업들은 규제기관이 겨냥하고 있는 공익적 목적에 어긋나는 방법으로 행동할 강한 동기를 가질 수 있다.

규제기관의 규제자들은 이론처럼 아주 적정한 수준에서 수익률을 결정할 수 없다. 왜냐하면 규제자들이 적정수익률을 책정하는 데 필요한 모든 정보를 입수할 수 없는 경우도 있고 경제적 효율성보다는 행정적 편의만을 고려하는 경우도 있기 때문이다. 그 결과 수익률 규제 자체에 결함이 내재될 수 있고, 규제대상기업이 취할 수 있는 가장 전형적인 행동의 하나로서 애버치-존슨 효과(Averch-Johnson effect)[19]가 나타날 수 있는데, 이는 비효율적 생산자원의 이용과 이에 따른 비용상승 효과가 초래된다는 것이다.

규제기관의 준사법적 행위라 할 수 있는 규제가격의 결정은 대개 직접 생산비용인 명시적 비용에 적정수익을 보장해 주는 형태를 취하고 있으므로 규제대상기업은 비용을 줄일 이유가 없게 되고 심지어는 비용을 과장하여 계산하는 동기를 갖게 한다. 수익률을 적정수준에서 규제할 수 없게 되면 기업들은 수익률이 적용되는 근거인 자본을 다른 투입물보다 상대적으로 많이 사용하는 생산방법을 채택하게 되고 그 결과 비효율적으로 높은 비용으로 생산물을 생산하게 된다. 그 근본 이유는 허용된 수익이 수익률을 적용하는 기준인 자본에 비례하여 직접적으로 달라지기 때문이다. 따라서 기업은 수익을 극대화하기 위하여 다른 투입물을 자본으로 대체하려고 하고, 이에 따른 자본투자를 증대시킴으로써 한 산업에 과잉투자가 초래될 수 있다.

---

19) 규제기관이 수익률이 적용되는 대상인 자본의 규모(rate base)에 따라 일정한 수익(return)을 허용한다는 입장에 근거하여 수익률을 책정하고, 이러한 허용된 수익률이 자본의 증대에 투입된 비용을 초과하는 경우에는 관련 기업(특히 공익사업)은 자본의 규모를 증대할 유인을 갖게 되고 자본의 규모를 증대시킴으로써 주주(株主)들의 순소득을 증가시키게 된다. 다시 말해 자본의 규모에 비례해서 허용된 이윤이 증가하게 되고 이에 따라 너무 많은 자본을 사용하게 되고 불필요하게 비용이 많이 소요되는 투자결정을 하게 됨으로써 과잉 자본투자를 초래하는데, 이러한 효과를 가리켜 A-J 효과라고 한다. Harvey Averch and Leland L. Johnson, "Behavior of the Firm under Regulatory Constraint," *American Economic Review, 52* (December 1962), pp. 1052-1069 참고.

## 제 3 절 | 사회적 규제

아담스미스는 「국부론」에서 시장은 "보이지 않는 손"에 의해 자유경쟁을 가능하게 함으로써 사회 전체의 경제적 후생을 증진한다는 경제적 자유주의를 주장하였다. 그러나 경제적 자유주의에 따라 시장을 운영하다 보면 시장의 자유경쟁 작용이 모든 면에서 사회의 이익을 증진시키지는 못한다. 즉 "보이지 않는 손"이 미치지 못하는 부분이 존재하는 한계를 나타낸다는 것이다. 따라서 이러한 한계를 해결하기 위해 정부는 시장에 개입하게 된다. 이러한 정부의 개입을 사회적 규제라고 할 수 있다. 한마디로 말해 사회적 규제는 시장의 작용에 의하여 적절하게 취급되지 않는 가치와 집단의 권익을 보호하기 위한 것이다. 이러한 사회적 규제의 예로 환경오염과 같이 해로운 결과를 초래하는 행위를 사전에 위축·방지하거나 의료 목적 외로 생산·판매·사용하는 마약거래로 인하여 사회에 미칠 해로운 결과를 금지하기 위하여 채택하는 규제 등이 있다.

이처럼 사회적 규제는 시장에 참여하고 있는 경제주체가 사적 이익을 추구하는 과정에서 적절히 취급되지 않는 환경, 소비자 이익, 근로자 권익 등을 보호하기 위하여 시행하는 것이다. 기업의 경제적 활동으로 인해 부수적으로 야기되는 결과에 따라 상대적으로 사회적 약자가 출현하는데 소비자, 환경, 근로자, 여성, 청소년, 장애인 등이 여기에 속한다. 그런데 이들 사회적 약자는 시장경제에 있어서 피해자에 해당되므로 정부가 나서서 시장에 개입함으로써 이들 피해자를 구제해 주는 방법이 필요한 것이다. 이러한 의미에서 사회적 규제는 신규제라고 불리기도 한다. 그런데 상대적으로 사회적 약자의 지위에 있는 대상에 대해서는 사회가 소홀히 하기 쉬워 그 가치에 대한 인식이 제대로 정립되지 않는 한 규제가 이루어지기 어렵다.

따라서 사회적 규제는 기업의 경제적 활동 그 자체만이 아니라 기업활동을 통해 야기되는 사회적 결과에 대한 보다 높은 가치인식이 있을 때 비로소 가능해진다. 당장 생산의 확대가 급한 상황에서 사회적 규제가 이루어지기 어렵고, 기업활동으로 인한 사회적 결과에 대한 관심이 산업화의 진전에 따라 지속적으로 상승함으로써 이에 대한 규제가 요청된다. 이것은 산업화에 따라 소득수준이 향상하고 소득수준의 향상은 더 나은 생활에 대한 새로운 욕구를 만들어내기 때문이다(최병선, 2002: 413-

414). 즉 이러한 결과에 따라 복지나 환경, 소비자, 근로자, 여성, 청소년, 장애인 등에 대한 가치 인식이 높아졌기 때문에 사회적 규제의 필요성에 대한 인식을 갖게 된 것이다.

이러한 점에 비추어 볼 때 사회적 규제의 목적은 삶의 질 확보, 인간의 기본적 권리의 신장, 경제적 약자의 보호 및 사회적 공평성의 제고라 할 수 있다. 이들 목적을 달성하기 위하여 사회적 규제는 산업의 환경오염 방지, 산업현장에서의 근로자의 보건과 안전, 재화와 서비스의 안전성과 신빙성의 확보를 통한 소비자 보호 등과 같이 경제를 구성하고 있는 여러 부문에서 포괄적으로 적용되고 있다.

## 1 사회적 규제의 발생요인과 특성

사회적 규제는 오염물질 배출 허용기준, 근로자의 위험성 노출 허용기준, 재화와 서비스의 안전성 기준 등처럼 세부적으로 표준을 설정하여 시행하는 것이 일반적이다. 이러한 유형의 규제는 외부효과, 공공재의 존재, 소득의 불공평한 분배 등을 발생요인으로 하여 그 정당성을 확보하고 있다. 여기에서는 사회적 규제의 발생요인을 살펴 본 후 그 특성에 관해 논의하려고 한다.

### 1) 사회적 규제의 발생요인

부정적 외부효과(외부비용)는 기업의 생산활동이 생산과 아무 관련 없는 제3자에게 피해를 줌으로써 그들의 경제적 후생을 낮추지만 이에 대한 보상을 해주지 않는 현상을 말한다. 시장에 외부불경제가 존재하면 기업은 사회가 필요로 하는 생산량인 사회적정 생산량보다 너무 많이 생산함으로써 자원의 비효율성을 초래하므로 이를 시정하기 위해 정부가 규제를 통해 시장에 개입한다. 정부는 부정적 외부효과(외부비용)로 인한 비효율성을 시정하기 위해 어떤 형태로든 시장에 개입해 이를 개선하기 위한 규제방법을 모색한다.

정보는 공공재적 성격을 가지고 있으므로 일단 정보가 창출되면 정보를 사용하는 국민의 수가 많아짐에 따라 그 한계비용이 낮아지거나 0으로 접근하게 되고, 추가적 사용자를 그 편익으로부터 제외한다는 것은 현실적으로 어렵다. 따라서 정보를 창출하는 데 소요되는 비용을 충당하기 위하여 정보에 대한 가격을 부과하는 것은 부적절하거나 불가능하다. 이러한 이유 때문에 시장이 재화와 서비스에 동반해야 할 적절한 수량의 정보를 제공할 것이라는 보장이 없다. 이러한 이유는 정부는 생산자에게 특정한 정보를 제공할 것을 요구하는 형성적 의무를 부여하거나 구체적인 재화와 서비스 또는 근로환경을 제공해서는 아니 된다는 금지적 의무를 규정한다.

시장은 경제적 능력에 따라 그 성과를 분배한다. 이에 따라 저학력 근로자, 미숙련공, 청소년, 여성 등 근로능력이 낮은 부류의 사람들에게는 낮은 소득을 보장함으로써 소득의 불공평한 분배를 초래한다. 즉 시장은 '기여도에 따른 보상의 원칙'에 따라 사회구성원들 간에 소득을 분배한다는 것이다. 그러면 부익부 빈익부 현상으로 소득격차가 벌어지고 사회가 이를 용납하지 못하는 경우에는 사회적 불안 요인으로 비화할 수 있다. 이에 따라 정부가 개입해 시장이 만든 소득분배를 다시 재조정해 공평성을 제고하기 위한 방법의 하나로 규제를 할 수 있다는 것이다. 또한 시장에서는 재화와 서비스에 대한 정보와 근로환경에 관한 정보를 입수해 평가하는 데 어려움이 있을 수 있다. 그러면 소비자와 근로자들은 그들의 권익을 보호할 수 없으므로 소비 및 소득창출 활동에 제약을 받을 수밖에 없다. 따라서 시장이나 산업현장에서 이들에게 제공하는 정보만으로는 그들의 권익을 보호하기에 충분하지 못해 재화와 서비스 및 근로환경에 대한 정부의 직접적인 제한이 불가피하게 된다.

이러한 불가피성이 사회적 규제를 수행하도록 하는 이론적 근거를 제공하고 있다. 실제적으로 환경오염은 나쁜 것이어서 가능한 한 최소화하거나 없는 것이 더 좋고, 근로자가 위험성에 노출되지 않고, 소비자 또한 불안전하고 결함 있는 재화와 서비스에 노출되지 않는 것이 바람직하다. 이와 같이 도덕적이고 온정주의적인 근거에 기초하고 있는 주장에서 사회는 소비자와 근로자를 위해서 무엇이 좋은 것인지 더 잘 알기 때문에 그들을 보호해야 한다는 것이다.

### 2) 사회적 규제의 특성

사회적 규제는 두 가지 측면에서 독과점 금지 및 불공정 거래규제와 경제적 규제 등과는 근본적으로 다른 특징을 가지고 있다. 첫째, 사회적 규제는 기업의 가격, 생산량, 수익률, 진입 등 기업이 결정해야 할 사안에는 관심을 가지고 있지 않지만 기업이 재화를 어떻게 생산하고 구매자가 제품을 어떻게 사용하는지에 초점을 두고 있다. 이러한 점 때문에 사회적 규제는 생산과정에 대한 세부적인 사항을 자세히 검토하여 구체적인 제조방법이나 생산물의 설계 등 내역을 승인하거나 거부하기 위하여 시행하는 것이 일반적이다. 이것은 명백히 기업의 의사결정의 자유를 구속하는 것이기 때문에 사회적 규제행위는 논쟁적인 경우가 많다.

둘째, 사회적 규제는 구체적인 산업을 대상으로 이루어지지 않는다. 경제적 규제기관들이 상대적으로 소수의 산업을 대상으로 상당한 영향력을 미치고 있는 것과는 대조적으로 사회적 규제기관들은 거의 모든 산업을 대상으로 조금이라도 영향을 미치고 있다. 그러므로 사회적 규제기관은 그들의 관할 하에 있는 기업이나 산업에 의하여 포획당하고 있다는 의심을 덜 받을 수 있다. 그 이유는 어느 한 기업이나 산업이 규제기관의 결정에 커다란 이해관계가 달려 있지 않기 때문이다.

## 2 사회적 규제의 유형

### 1) 식품 · 의약품 안전규제

식품 · 의약품 안전규제는 소비자 보호를 위해 시행하는 규제 중의 하나이다. 소비자 보호규제는 독과점 및 기업담합으로 인한 소비자들의 물질적 · 경제적 손실을 방지하고, 소비자들이 소비하는 생산물의 안전성과 질을 제고함으로써 소비자의 건강과 복지를 증진시키며, 기업의 부당행위와 기만행위로부터 소비자를 보호하기 위하여 시행하는 등 세 가지 목적의 달성을 위해 시작하였다. 이 중 둘째의 경우는 주로 식품 · 의약품과 같이 국민들의 보건과 직접적으로 관련 있는 재화와 서비스에 대한 규제가 주류를 이루는 것으로서 소득수준과 교육수준이 높아짐에 따라 소비자들이 그들이 소비하는 식품 · 의약품의 안전성, 신선도, 효능, 품질 등에 대하여 보다 높은 관심을 갖게 됨으로써 시행되는 규제이다.

식품 · 의약품의 경우 소비자의 실생활과 복지에 밀접한 관련을 맺고 있다. 식품에 대해 자급자족이 어려운 대부분의 소비자들은 식품시장을 통해 식품에 대한 신뢰성을 바탕으로 구매하여 먹는 문제를 해결한다. 그리고 의약품의 경우 건강상의 문제를 해결하기 위하여 의사의 처방 아래 병원이나 약국 등을 통하여 의약품을 구매하게 된다. 이와 같이 식품과 의약품의 경우 소비자의 삶에서 결코 적지 않은 비중을 차지한다. 그러나 식품과 의약품을 구매할 때 소비자에게 주어지는 정보는 극히 제한적이다. 식품의 경우 판매자가 제공하는 정보가 식품의 유통과정 중에 조작될 우려가 있다. 또한 의약품의 경우 제공되는 정보가 지극히 전문적이어서 일반 소비자들이 정보를 접하고서도 유해한지, 유익한지 구분하기 어려운 문제가 있다. 이러한 문제에도 불구하고 소비자들은 생필품으로서 식품과 의약품을 구매할 때 판매자에 대한 신뢰성을 바탕으로 구매할 수밖에 없다.

이처럼 대부분의 식품·의약품에 대하여 소비자들은 완전한 정보를 가지고 있거나 그렇지 않은 경우에는 완전 무지라는 극단적인 경우가 있을 수 있다. 소비자가 이미 식품·의약품에 대한 정보를 이해하고 있을 경우에는 입법을 위한 대안을 선택하는 데 구체적으로 영향을 미칠 수 있기 때문에 정보와 소비자의 지적 능력의 수준이 어느 정도인지 자세히 조사할 필요가 있다. 따라서 정부는 정보의 불공평한 분배 현상으로 인해 소비자가 피해를 입지 않도록 식품·의약품에 대해서 규제를 하게 된다. 특히 식품·의약품은 소비자의 건강에 직접적인 영향을 미치므로 더욱 적극적인 규제가 필요하다.

생산물의 성격을 파악할 수 있는 소비자의 지적 능력과 시장경제에서 소비자의 자유로운 선택으로 초래된 사회적 비용(한 소비자의 행위로 인하여 다른 소비자가 부담하게 되는 비용)과 관련하여 제기되는 경제적·윤리적 문제를 중심으로 이루어져 왔다. 이를 살펴보면 다음과 같다.

첫째, 시장경제를 찬성하는 주장들은 소비자들이 시장에서 거래되고 있는 재화와 서비스에 대한 완전한 지식을 가지고 있다고 가정하고 있기 때문에 소비자의 지적 능력의 보유 여부에 관한 문제를 전혀 고려하지 않고 있다. 이러한 완전한 지식이란 가정은 동질적 재화시장을 설명하는 데는 합리적으로 접근하고 있지만 차이가 심한 생산물 시장을 설명하는 데는 미흡한 점이 많다.

둘째, 또 다른 주요한 문제는 사회적 비용이다. 소비자가 정보를 가지고 있는 경우에라도 어떤 소비자들은 위험 가능성이 있는 생산물을 구매하려고 하여 결국 피해를 입을 수 있다. 이러한 피해를 방지하기 위한 입법이 이루어지면 이러한 생산물을 생산한 기업에게 추가적 비용이 발생되어 궁극적으로 피해 비용의 일부분이 다른 소비자에게 전가되는 경우가 발생할 수 있다는 것이다. 사회는 사회적 비용, 윤리적 기준 및 보호를 원하는 개인의 요구에 근거하여 소비자의 자유로운 선택을 제약할 수 있다.

식품·의약품 안전에 대한 규제는 이러한 집합적 행위의 한 예에 불과하다. 이들 사회적 비용의 총액이 파악될 수 없기 때문에 소비자의 선택의 자유와 이러한 자유로 인하여 초래되는 사회적 비용 간의 상관관계를 명백하게 분석할 수는 없다. 그러나 이러한 문제를 평가하는 데 필요한 틀을 제시하여 이러한 틀 안에서 이를 논의하려고 한다.

건강에 해롭지 않은 생산물의 경우에는 구입과정에서 시행착오를 거쳐 비로소 생산물의 속성을 파악하였다 하더라도 이에 대한 비싼 대가가 요구되지 않은 방법이다. 소비자들은 또한 과거에 특정 상표가 붙은 제품을 구입했거나 상점을 이용했던 경험을 통하여 생산물에 대한 평가를 할 수 있다. 이러한 유형의 구매자 행태로 인하여 만의 하나 잘못된 생산물을 생산하여 시장에 판매하게 되면 그동안 상표 이미지의 제고에 들인 상당한 투자가 허위로 돌아가는 경우가 발생할 수 있고, 이러한 이유 때문에 기업은 동일한 상표로 생산되는 모든 생산물에 대하여 일관된 표준을 지키도록 하고 품질을 유지하도록 노력하게 된다. 마찬가지로 질 좋은 음식물을 취급하고 있다는 명성을 가지고 있는 상점은 그 가게에 진열한 모든 생산물을 양질의 것으로 채우려고 노력하는 경제적 유인(誘因)을 갖게 된다.

식품·의약품에 대한 규제를 담당하고 있는 곳으로 식품의약품안전청이 있다. 이 기관에서는 식품·의약품의 안전성을 높이기 위해 다방면으로 노력하고 있다. 식품·의약품 등의 기준·규격·시험방법 등의 제·개정과 유통되는 제품의 품질관리를 위한 지도·단속업무 등을 수행한다. 또한 이 기관은 단속업무에 그치는 것이 아니라 식품·의약품에 대한 올바른 정보를 소비자에게 제공하는 데도 심혈을 기울이고 있다. 식품·의약품의 분야를 식품, 건강기능식품, 의약품, 화장품, 의료기기로 분류하여 구매 시 주의할 사항, 사용 시 주의할 사항, 위생검사 결과, 위생검사 기관에 대한 정보 등 식품·의약품에 대한 정보의 투명성 제고에 힘쓰고 있다. 이렇게 함으로써 소비자와 판매자 사이에서 발생하는 정보의 불공평한 분배현상을 해소하여 규제의 효과를 보고 있다.

그러나 이러한 기관의 노력도 기업의 윤리의식과 투명성이 뒷받침되지 않는 한 완전하게 이루어질 수는 없을 것이다. 따라서 규제로 인한 효과를 시장 전체가 누리기 위해서는 가계와 기업 역시, 정부의 노력에 대해 협조적인 자세를 취해야 할 것이다.

### 2) 환경규제

산업화, 급속한 기술변화 등 다른 요인으로 인해 환경오염이 심각해지기 전까지는 공기, 물, 토지 등 자연자원들은 자유재로서 취급되었다. 특정 재화와 서비스의 생산자와 소비자가 그 생산과 소비와 관련하여 발생하는 환경오염 비용 중 아주 근소한 부분만을 부담하여도 그것만으로도 충분한 것으로 인식되었기 때문에 이들 자연자원이 남용되거나 과용될 수밖에 없다. 이에 따라 자유방임정책에 내재된 위험성에 대한 인식이 불가피하게 환경 악화 행위를 제한하거나 금지하도록 하였으며, 환경보호 규제는 규제입법 권한을 가진 규제기관에 의하여 공포된 규칙과 청정법과 같은 입법에서 구체화되었다. 이러한 과정을 통해 외부효과를 내부화함으로써 자연자원의 효율성을 개선하기 위한 노력에서 시행해 온 것이 환경규제이다.

외부효과란 시장의 주체가 어떤 활동을 수행함으로써 제3자에게 의도하지 않은 이익이나 손해를 가져다주는 데 이에 대한 대가를 받거나 비용을 지불하지 않는 것을 말한다. 이 때 제3자에게 이익을 가져다주는 경우를 외부경제라고 하고 제3자에게 손해를 가져다주는 경우를 외부불경제라고 한다.

환경오염은 외부불경제의 대표적인 예라고 할 수 있다. 시장의 주체가 발생하는 환경오염은 이에 대한 비용을 지불하지 않는다. 그러므로 사적 비용이 사회적 비용보다 적게 발생하게 되고 이에 따라 외부불경제가 초과공급 상태를 초래한다. 그렇기 때문에 이러한 시장실패를 시정하기 위해 환경규제가 필요한 것이다. 만약 이러한 정부의 환경규제가 존재하지 않으면 환경오염을 해결하는 데 필요한 비용을 아무도 지불하지 않은 채 환경오염만 증가하게 된다. 또한 환경을 오염시키는 대상은 기업뿐만 아니라 환경을 이용하는 사람들 모두, 즉 소비자, 농업·축산업·어업 종사자 등도 여기에 속하기 때문에 환경오염이 발생하는 양이 막대하여 정부의 개입이 불가피하다. 그러므로 외부효과를 내부화해 환경오염을 발생시키는 비용을 받아 내거나, 환경오염의 발생 자체를 줄이는 정부의 역할이 필요하다. 또한 환경오염은 한 국가에만 국한되는 문제가 아니다. 한 국가에서 발생한 환경오염으로 인해 지구 전체의 환경에 영향을 미치고 있으므로 국제적인 관계를 고려하여 각국의 정부가 적극적으로 해결하려고 노력해야 하는 부분이다.

이에 따라 환경과 관련한 제반 문제들을 신중히 검토하여 합리적으로 조화를 이룰 수 있는 환경보존 방안을 모색하는 것이 무엇보다도 시급하다. 아울러 정부가 추진하고 있는 환경규제는 직접적으로 오염방출을 금지하거나 구체화된 수준으로 오염물질 배출수치를 줄이도록 의무화하고 구체적이면서 가능한 기술적 기준을 제시하여 이에 따르도록 시정 조치를 내림으로써 해로운 오염물질을 감소하기 위한 노력을 하고 있다. 이외에도 정부의 환경규제 수단으로 환경오염을 일으키는 주체에게 직접 사회적 비용을 전가시키는 방법이 있다. 이렇게 함으로써 외부효과를 해소하여 환경오염의 초과공급 현상을 막을 수 있기 때문이다. 이러한 환경규제로 인해 얻을 수 있는 효과는 가시적이지 않지만 사회 전체적인 편익을 증가시킨다는 점에서 큰 역할을 한다. 공기, 수질 및 다른 유형의 오염은 국민건강에 해로운 요소로 작용하여 생활의 질을 악화시키고 외부불경제로 인한 사회적 비용을 초래하기 때문에 환경규제가 제대로 시행될 수 있다면 실질적으로 사회에 경제적 편익을 초래할 수 있다는 것은 의심의 여지가 없다.

그러나 이러한 환경규제행위는 기업과 소비자에게 모두 규제를 이행하는 데 막대한 비용을 부담시키게 된다. 특히 환경을 오염하는 활동에 대해 부과금을 부과할 경우 부과하지 않는 경우보다 재화와 서비스의 가격이 상승하게 된다(최병선, 2002: 464). 물론 어느 정도까지 이들 비용은 정당화될 수 있고 피할 수 없는 것이다. 그러나 문제는 어느 정도까지 이들 비용을 감수해야 하는지에 있다. 환경규제로부터의 편익이 그 비용을 초과해야 하고 오염 절감 조치가 가능한 한 최소의 비용으로 이루어져야 한다는 데는 이론(異論)의 여지가 없다. 그러나 환경규제의 복잡성 때문에 환경규제가 창출하는 편익이 환경규제가 산업 및 경제 일반에 초래하는 비용을 정당화하기에 충분하다고 결론을 내리기는 쉽지 않다. 또한 환경의 특성상 환경오염을 야기한 경제주체에게 그에 알맞은 비용을 부담하게 하는 것이 어렵기 때문에 정부와 비용부담 주체 간에 비용의 적정성 문제와 관련해 갈등을 유발할 수 있다. 그리고 환경문제가 국제적으로 관련해 있기 때문에 국제적인 환경규제가 전 세계의 국가를 대상으로 시행해야 할 필요성이 제기되고 있다. 그러므로 기업활동에서 국제환경규제를 이행하도록 정부가 기업에게 국제환경규제에 대한 다방면의 정보를 제공하는 노력을 해야 할 것이다.

### 3) 직업안전 및 보건규제

직업안전 및 보건규제는 모든 근로자를 가능한 한 안전하고 건강한 작업조건에서 일을 하도록 함으로써 근로자의 생명과 건강을 보호하기 위한 목적으로 수행되는 것이다. 완전경쟁시장에서의 안전성과 보건의 결정에 관한 전통적 경제모형은 근로자와 사용자 모두 작업장에 존재하는 위험 가능성에 대한 정보를 가지고 있다는 것을 가정하고 있다. 이러한 모형에서 근로자들은 그들의 작업이 위험에 노출되는 정도에 따라서 높은 임금을 요구한다. 기업은 더 높은 직업안전과 보건을 달성하는 데 소요되는 비용을 위험감수 지불비용과 사고와 질병이 발생해 요구되는 비용에서의 저축분과 대비해 이들을 균형시킴으로써 보건과 안전기준을 결정한다. 동시에 근로자와 사용자의 사적 이익에 기반을 둔 행위가 사고와 질병으로 초래하는 손실의 합계와 예방비용을 최소화하는 효율적인 성과를 달성하도록 한다.

안전하고 건전한 작업조건은 절대적 의미로 정의될 수는 없는데, 모든 일을 금지시킬 수 없으므로 어느 정도의 직업적 위험성은 항상 존재한다. 상이한 정도의 위험성은 그들의 효율성과 공평성 모두에 따라 판단해야 한다. 경쟁적 시장의 성과는 효율성 기준을 만족시킨다. 그러나 보건과 안전수준은 불공평하게 분배되는데, 일반적으로 위험 가능성이 높은 상황에서 아주 적은 임금을 받는 가난한 근로자들의 안전과 보건을 위한 조치는 미약할 것이다. 그러나 이러한 인지된 불평등성을 시정하려는 노력은 그들에게 고용기회를 줄임으로써 근로자의 복지를 실제적으로 감소시킬 수도 있다. 이와 같이 실제적 노동시장은 완전경쟁에 관한 이론적 모형에서 제시하고 있는 것과는 상당한 차이가 있다. 즉 기업은 근로자를 고용하여 작업을 하는데 있어서 완전한 비용을 부담하지 않고 있다. 따라서 이러한 외부효과는 직업적 보건 및 안전의 수준을 증가시키기 위하여 정부가 개입하게 만드는 근거가 된다.

노동시장에서 이와 같은 외부효과가 발생하는 이유는 근로자가 기업주에 비해 상대적으로 사회적 약자의 위치에 있기 때문이다. 근로자와 기업주는 고용주와 피고용자 사이에 있기 때문에 피고용자인 근로자는 기업주에게 정당한 자기 권리를 주장하기 어려운 상황에 놓인다. 그러므로 근로자의 권리를 대변해 줄 정부의 역할이 필요하게 되는 것이다. 또 직업안전과 보건의 문제는 사람의 생명과 관련된 문제이기 때문에 근로자의 안전을 위해 더욱 더 정부의 개입이 필요한 것이다.

또 직업안전 및 보건규제가 필요한 이유는 근로자가 직업안전 및 보건 등 작업환경에 대한 인식이 부족하고 기업주의 무관심 때문에 규제가 존재하지 않다면 산업재해의 악순환이 반복될 것이다. 그러므로 위와 같은 이유로 인해 정부의 직업안전 및 보건규제가 정당화될 수 있다.

직업안전 및 보건규제의 방법에는 다음과 같은 것들이 있다. 우선 첫째로 안전기준의 설정과 공장검사의 방법이 있다. 안전기준을 설정한다는 것은 각종 작업장 안전기준을 제정하여 고용주가 이를 지키도록 함으로써 안전사고를 예방하는 것이다. 안전기준에는 기계·기구·장치의 안전설계 기준, 설치 장소 및 방법에 관한 기준, 가동방법에 관한 기준, 작업장소 기준, 작업환경 기준, 근로시간 기준, 작업장의 건축물 방호 기준 등 다양한 형태가 있다. 그러나 이러한 안전기준이 존재하더라도 안전기준의 이행 여부에 대한 공장검사와 감시체제가 구비되지 않는 한 규제의 효과가 불확실해진다. 둘째로 보건기준과 공장검사가 있다. 보건기준이란 안전사고를 예방하여 근로자의 안전을 확보하는 안전기준과 달리, 근로자의 건강을 위협하는 요인들, 즉 직업병이라고 불리는 보건사고를 야기하는 여러 요인들을 예방하기 위해 세운 기준을 말한다. 보건기준에는 가스·증기·분진 등에 대한 기준, 방사선·유해광선·초음파·소음·진동·이상기압 등에 대한 기준, 환기·채광·조명·보온·방습 등에 대한 기준 등 다양하다. 보건기준 역시 그 기준이 제대로 이행되고 있는지 공장검사가 같이 이루어져야 규제의 효과를 볼 수 있다. 셋째로 안전정보를 제공하는 방법이 있다. 안전에 대한 정보를 제공하면 안전의식을 고취시켜 안전사고를 예방하고 적당한 위험수당을 요구할 수 있으며 사업주 역시 예방조치에 심혈을 기울이게 될 것이다. 넷째로 상해세를 부과하는 방법이 있다. 상해세란 규제기관이 근로자의 작업상 상해에 대하여 사업주에 부과하는 부과금이다. 이는 노동시장에서의 외부효과를 해결하기 위해서 부과하는 비용으로 환경규제에서의 오염배출에 대한 부과금과 같은 성격으로 볼 수 있다(최병선, 2002: 512-521).

직업안전 및 보건규제의 경우 규제의 효과를 얻기 위해서는 정부의 노력도 중요하지만 이 외에도 근로자들의 역할도 한 몫을 한다. 규제가 잘 이행되고 있는지 수시로 기업에 대한 감시가 필요하며 안전 및 보건교육에도 힘써야 할 것이다. 그리고 근로자 역시 부주의와 태만을 경계하여 안전사고에 스스로 유의해야 할 것이고 자신이 적합한 환경에서 근로하지 않는다고 여길 때는 스스로 신고하여 시정하려는 노력이 필요하다.

### 4) 사회적 차별에 대한 규제

민주화의 진전에 따라 한국에서도 사회적 차별의 문제에 대한 인식이 높아지고 있다. 사회적 차별의 형태로서 중요한 것들은 고용과 임금에서의 남녀차별, 학력에 의한 차별, 장애자에 대한 고용차별, 출신 지역에 따른 차별 등이 있다(최병선, 2002: 444). 이러한 사회적 차별을 배제하기 위해 한국의 법률도 평등권을 기본권으로 명시하고 있음에도 불구하고 실제 생활에서는 사회적 평등이 제대로 지켜지지 않는 부분이 아직 많이 남아 있다. 따라서 이러한 문제를 해결하기 위해 사회적 차별에 대한 규제를 시행하게 되었다.

남성에 비해 상대적으로 사회적 약자로 인식되어 있는 여성은 특히 고용과 임금에 있어서 남녀차별의 난관을 많이 겪는다. 기업에서 근로자를 고용하는 데 있어서 남성을 보다 선호하고, 특히 고위관리직에서는 여성의 비율보다 남성의 비율이 현저하게 높은 것을 알 수 있다. 또한 남녀가 동일 노동을 하고서도 임금에서의 차이가 나는 일도 비일비재하다. 따라서 정부가 직접적으로 나서서 남녀차별에 대해 규제하지 않는다면 여성이 남성에 비해 약자라는 인식이 굳어짐으로써 이런 일이 악순환이 되어 남녀 간의 갈등의 골이 점점 깊어질 것이다.

남녀차별 외에도 학력에 의한 차별이나 출신 지역에 따른 차별도 존재한다. 이와 같은 차별은 부적당한 차별의 문제 외에도 사회 구성원 간의 불필요한 경쟁을 조장하여 다른 양상의 사회적 문제로 확대될 수 있다. 또한 장애인에 대한 사회적 차별 문제도 소홀히 할 수 없다. 장애인 차별의 경우 고용이나 임금에서 뿐만 아니라 사회생활에서 전반적으로 관련된 사항이므로 이들의 안정적인 사회생활을 위해 반드시 규제로서 보장해야 할 부분이다. 우선 이들이 다른 이들의 시선을 신경 쓰지 않고 자유롭게 활동할 수 있도록 돕기 위해 사회복지의 여러 부분에서 장애인의 입장에서 배려하도록 하는 점이 필요로 하다. 또한 고용이나 교육을 받는데 있어서 자유롭게 참여할 수 있도록 도와줌으로써 장애인들이 인간으로서 최소한의 행복을 느낄 수 있도록 사회적 차별에 대한 규제가 시행되는 것이다. 이 외에도 장애인이 자유로운 사회생활을 할 수 있도록 장애인의 취업을 장려하고 이에 대한 정보를 제공하는 등의 노력이 필요하다.

그러나 이러한 제도들이 구축되어 있음에도 불구하고 사회적 차별에 대한 문제가 쉽사리 해결되지 않는 이유는 첫째로 사회적 차별의 문제는 정통적인 관습, 뿌리 깊은 사회적 편견에 기인하는 것이기 때문이다(최병선, 2002: 444). 둘째로 법제도의 강제성 부족과 적절한 예산이 편성되지 못하고 있다는 점을 들 수 있다. 셋째로 이러한 제도들의 구멍과 허술한 감시체제를 교묘하게 이용하여 규제를 피해가는 사람들이 많다는 것이다. 이들 요인은 사회적 차별에 대한 규제의 효과를 저해하는 것으로 작용할 것이다.

위와 같은 이유를 살펴보면 사회적 차별에 대한 규제가 쉽지 않음을 알 수 있다. 왜냐하면 사회적 차별과 관련된 문제들은 주로 소수 특권자와 사회적 약자들의 상호 이익과 관련되는 문제가 많기 때문에 서로의 이해와 양보가 규제 이전의 문제라고 볼 수도 있다. 따라서 사회적 차별에 대한 규제가 원활하게 법제도로서의 역할을 수행하기 위해서는 법제도의 강제성을 높이고 이에 대한 경제적 지원을 아끼지 않아야 하며, 일차적으로 사회 구성원의 사회적 차별에 대한 인식을 뿌리뽑기 위한 의식 교육과 사회적 약자에 대한 양보와 이해가 필요할 것이다.

### 5) 음란매체에 대한 규제

현대인은 정보화 시대에 살면서 인터넷을 통해 수많은 정보들에 접근하기가 용이해졌다. 그러나 이러한 것을 무조건 장점으로만 볼 수는 없다. 왜냐하면 인터넷이 제공하는 정보가 항상 진실만을 말하고 있는지 알 수 없고 정서와 사상을 해치는 정보들도 난무하기 때문이다. 음란물 역시 이러한 문제를 똑같이 제기하고 있다. 음란물이란 사전적 정의에 의하면 음탕하고 난잡한 내용을 담은 책이나 그림, 사진, 영화,

비디오테이프 따위 등을 통틀어 이르는 개념이다. 개념에서도 알 수 있듯이 음란물은 그 존재 형태가 매우 다양하다. 음란물은 각각의 형태로 인터넷이나 케이블 TV 등 여러 음란매체에 존재한다. 국내외 사이트, p2p 프로그램, 케이블 방송 등이 그 수를 셀 수 없을 정도로 많아서 음란물에 대해 접근하려는 마음만 먹는다면 얼마든지 음란물들을 접할 수 있다.

그런데 이러한 음란물이 규제의 대상으로서 문제가 되는 이유는 크게 두 가지 측면에서 살펴볼 수 있다. 우선 첫째로 음란물 유포가 끼치는 사회적 문제 측면에서 음란매체에 대한 규제가 이루어져야 한다. 음란물이 유포되면 음란물을 접하는 대상은 불특정 다수가 된다. 올바른 성의식을 정립하고 있는 성인의 경우는 문제가 적지만 음란물 유포는 특히 청소년에게 치명적인 영향을 미친다. 인터넷을 조금만이라도 다룰 줄 알게 되면 아직 성교육 이전의 초등학생들도 자극적인 글과 영상에 호기심을 갖게 될 것은 두말할 나위가 없다. 이렇게 아직 미성숙한 청소년들이 음란물에 대해 무방비상태로 노출될 경우 왜곡된 성의식, 잘못된 이성(異性)관을 갖게 될 우려가 있고, 성충동을 조절하지 못해 발생하는 각종 성범죄들을 저지를 위험이 있다. 또한 음란물 중독 등 정신질환의 문제도 충분히 일어날 수 있어서 2차적 사회적 문제가 발생하는 것도 자연스러운 일이 될 것이다.

둘째로 음란물 유포의 외부불경제 측면에서도 규제가 필요하다. 음란물 유포는 주로 기업이 그들의 이익을 위해 무차별하게 이루어진다. 그런데 기업의 이러한 행위는 인터넷을 사용하는 불특정 다수와 사회 전체적으로 의도하지 않은 피해를 주게 된다. 그러나 기업은 이에 대한 비용을 지불하지 않는 상태여서 사적 비용이 사회적 비용보다 적게 되고 이에 따라 시장 전체적으로 음란물이 과잉공급되는 결과를 초래한다. 위에서 음란물의 유포에 따른 사회적 문제를 살펴본 바와 같이, 음란물의 유포는 다른 외부불경제 현상들만큼이나 사회적 파장이 크기 때문에 정부가 시장에 개입해 음란물 시장의 외부불경제를 해소하는 노력을 해야 할 것이다.

이러한 이유에 따라 정부가 음란물에 대해 규제를 시행한다. 정부의 규제수단으로, 불법 정보의 유포에 대해 법률로써 음란죄가 적용되고 형법에 의해 음란물 유통과 방조에 대해서도 형사적 규제가 가해지며 행정처분 등이 내려진다. 이외에도 사이버 수사대를 통한 24시간 인터넷 감시체제를 구축하고 있고, 24시간 불법유해정보 신고센터의 운영, 청소년들이 유해정보의 접근하는 것을 막도록 접속제한 프로그램, 음란물 차단 프로그램 등의 기술적인 장치 보완 등을 통해서 음란물의 유포를 막는데 노력을 다하고 있다.

그러나 정부의 이와 같은 노력에도 불구하고 음란매체에 대한 규제는 쉽사리 효과를 보지 못하고 있다. 24시간으로 인터넷과 p2p프로그램을 감시하더라도 우후죽순처럼 유포되는 많은 음란물을 규제하는 데는 한계가 있으며 나날이 발전하는 음란물 유포의 교묘한 방법에 규제로써 대응하기가 쉽지 않아 규제는 소 잃고 외양간 고치는 격으로 사후처리 형식으로 시행될 수밖에 없다. 또한 음란물 개념 자체에 대한 모호성 때문에 엄격한 규제를 하기 어려우며 음란물의 게시에 대해서 개인의 표현의 자유와도 문제가 얽혀 있어 규제만으로는 음란매체에 대한 규제의 한계를 극복할 수 없는 것이 사실이다. 따라서 정부는 기술적 문제의 보완을 통해 음란물에 대한 엄격한 규제의 노력을 하고 가정, 학교 및 사회복지 기관에서는 청소년의 올바른 성의식 정립을 위한 성교육 활동, 윤리 교육 등의 노력이 뒷받침 될 때 음란매체에 대한 규제의 효과를 볼 수 있을 것이다.

## 3 사회적 규제에 대한 비판

사회적 분야에서 많은 학자들은 이러한 정부의 조치가 필요하다는 것에 동의하지만 신규제의 범위와 방법에는 동의하지 않고 있다. 사회적 규제에 대한 현행 접근방법에 대하여 그들이 만족하지 못하고 있는 데에는 여러 가지 이유가 있다(White, 1981: 35-43).

첫째, 현행 규제 중 많은 부분이 깨끗한 환경, 안전한 작업장, 안전한 생산물 등 달성해야 할 편익에만 관심을 두고 있을 뿐 이러한 것들을 달성하는 데 소요되는 비용에는 관심이 적다는 것이다. 이들 목표들은 물론 사회적으로 바람직하고, 많은 경우에 편익이 크지만 비용이 많이 소요된다. 이러한 비용이 기업이윤을 감소시키는 요인으로 작용함으로써 그 부담이 우선 생산자에게 돌아간다. 그러나 최종적으로는 이러한 비용을 생산자가 부담하는 것이 아니라 대신 소비자나 근로자가 부담하지 않을 수 없다.

오염통제, 안전한 작업장 설비 및 안전한 생산에 소용되는 추가비용은 궁극적으로 관련 재화와 서비스에 보다 높은 가격으로 반영되고 토지, 노동, 자본 등 생산요소의 공급자에게는 더 낮은 소득을 제공하게 된다. 따라서 경제활동에 참여하고 있는 소비자들은 그들의 역할을 수행하는 과정에서 더 높은 가격을 지불하거나 또는 생산요소의 공급자로서 더 낮은 소득을 벌게 됨으로써 이러한 편익에 대한 비용은 궁극적으로 소비자나 근로자가 부담하게 된다. 많은 경우 이러한 사회적 규제가 적절하게 시행되어 사회적 편익이 사회적 비용을 초과하는 결과를 초래할 수 있지만 이러한 목표를 달성하는 데 소요되는 비용을 생산자가 부담할 것이라고 생각하는 것은 잘못된 것이다.

둘째, 많은 사회적 규제가 한계를 가지고 있다는 점을 인식하지 못하고 있다. 완전히 오염이 없고 위험성이 없는 환경은 실제로 가능하지 않다. 이러한 환경을 조성하는 데는 실제로 많은 비용이 들기 때문에 모든 오염과 위험성을 제거시키는 것은 불가능하고, 더 많이 제거시키려고 노력한다 해도 노력 수준이 높아지는 데 따라 추가적 비용이 누진적으로 증대된다. 따라서 규제 노력에 대한 한계를 설정하여 조화가 이루어질 수 있도록 국민 간에 사회적 합의가 이루어져야 한다. 이를 위해서는 규제 조치의 사회적 편익과 사회적 비용을 비교하여 국민에게 제시되어야 하고 정부는 국민들이 용납할 수 있는 한계를 설정해야 한다. 그러나 보건환경과의 개선과 인명의 구조가 가치화될 수 없기 때문에 규제 조치로 인한 편익이 적절하게 평가될 수 없고, 비용-편익 분석 또한 현실적으로도 가능하지도 않다는 이유에서 이에 대한 반대 의견이 대두될 수 있다. 그러나 사회가 언제나 보건과 인명구조에 암시적인 가치를 부여하고 있으므로 이러한 의견이 수용될 수 있는 가능성은 적을 수도 있다.

상해를 방지하는 행위를 예로 들어 비용과 편익을 조화시킬 수 있는 규제의 경우가 시간당 100km의 고속도로 속도제한으로 연료의 효율성도 높이고 자동차 사고로 인한 사망자 수를 줄이기 위해 부과하는 규제이다. 속도를 100km가 아니라 90km로 더 낮게 제한하면 자동차 사고로 인한 사망자 수를 더 줄일 수 있을 것이다. 그러나 사회에서는 그러한 속도제한을 하지 않고 있는데, 그 이유는 90km의 속도제한은 너무 비싼 비용을 요구할 것이기 때문이다.

셋째, 어떤 규제는 사회적 비용을 최소화할 수 있는 기회를 무시하고 있다. 특정 사회적 목표를 달성하기 위하여 또는 특정 수준의 규제적 통제를 위하여 비용이 가장 적게 드는 수단을 강구하여야 한다. 이러한 수단은 비용-효과성 원칙을 적용시켜서 마련될 수 있는 것으로서 이 원칙에 의하면 성취할 결과를 구체화시키는 실행성과 기준제가 선호되어야 한다는 점을 제시하고 있다. 실행성과 기준제는 기업에게 요구되는 결과를 달성시키는 데 최소의 비용이 소요되는 방법을 개발하여 비용의 극소화와 이윤의 극대화를 추구할 수 있도록 하는 동기를 제공할 수 있다. 한편 내역기준제는 규제기관에게 피규제 기업의 비용을 최소화시키려는 어떤 동기도 주지 않기 때문에 기업을 과도하게 통제하게 되고, 통제기술 또한 경직되어 있어 결과적으로 기업에게 높은 비용을 부담시키게 된다(Friedlaender, 1978: 379-385). 따라서 비용-효과성 원칙을 도입하여 명시된 결과를 달성하는 데 소용되는 비용을 비교할 수 있도록 함으로써 가장 효율적인 수단을 선택하도록 해야 한다.

넷째, 강력한 정부통제 없이 오염과 위험성이 없는 사회를 실현할 수 없다는 이유에서 오염물질을 배출하거나 위험성을 방치하는 행위를 절대악으로 간주하여 이를 규제하려 할 때에는 이것이 예민한 정치적 문제로 비화되기 쉽다. 따라서 민간부문에게만 일방적으로 오염물질을 배출하지 말 것을 요구할 것이 아니라 정부가 운영하는 시설물에서도 오염이 방출되는 것을 사전에 방지하는 조치를 취해야 한다. 또한 오염배출 행위가 타산적인 동기에서만 기인한다고 생각해서도 아니 된다. 오히려 외부효과 문제는 시장이 오염에 대한 비용을 산출하여 그에 적절한 가격을 부담시키지 못함으로써 오염 감소를 위한 올바른 유인을 제공하지 못하기 때문에 제기된다 할 수 있다. 즉 오염물질을 배출하는 것을 무조건 나쁜 것으로 볼 것이 아니라 시장의 비용-편익에 의한 문제에 따라 불가피한 부분이 있었을 것이라는 시장의 한계에 대한 인식의 과정이 필요하다. 주로 개인적 목적이 추구되는 사회에서 소비자가 직접적으로 편익을 얻지 못하는 데도 불구하고 편익에 대한 비용을 자발적으로 부담할 것이라고 기대하는 것은 현실적이지 못하다. 마찬가지로 기업이 어떤 직접적 편익을 얻지 못하는 데도 오염통제 비용을 부담할 것이라고 기대하는 것도 비현실적이다.

끝으로, 규제비용은 주로 민간부문이 감수하게 되므로 규제기관의 예산에는 이러한 비용이 반영되어 있지 않다. 규제기관이 규제하는 데 실제로 비용을 지불하지 않기 때문에 사회적 규제를 과다하게 시행하는 경향이 있다. 이에 따라 규제순응 비용이 기업의 생산비에 반영되어 인플레이션을 초래하거나 또는 기술개발에 투자될 수 있는 자금이 규제순응비용으로 사용됨으로써 기업의 경쟁력을 약화시키는 요인으로 작용할 수 있다.

경제적 규제보다 사회적 규제와 관련하여 발생되는 문제를 해결하는 데 채택될 수 있는 방법들이 상대적으로 많이 개발되지 못한 것이 현실이다. 보건, 안전 및 환경, 규제는 아직도 도덕적 문제로 다루어지고 있으며, 비용-효과성의 개념은 여전히 논쟁의 대상이 되고 있다. 그리고 보건·안전·환경 분야에서의 비용-편익 분석기법은 생명과 건강에 대하여 가치화할 것을 요구하기 때문에 더 논쟁적이다.

# 제 9 장 규제기관

규제기관은 경제·사회적 집단들 간에 정부가 시행하는 규제를 둘러싸고 형성되는 이해관계를 조정하여 합의할 수 있는 규칙이나 기준을 마련하여, 이에 따라 규제업무를 실제적으로 집행하고 관리하여야 할 책임을 가지고 있다. 규제기관이 이러한 책임을 수행하는 과정에서 경제·사회적 집단들은 자신의 이익을 최대한 확보하려고 하거나 손해를 최소화하려는 노력에서 다양한 정치적 경로를 통하여 영향력을 행사하려고 할 것이다. 이에 따라 정치적 영향력이 규제기관의 업무수행에 개입하게 되면 업무의 객관성이나 일관성이 결여되게 마련이다. 이러한 점을 고려해 볼 때, 규제기관이 합리적으로 규제업무를 수행할 수 있도록 하기 위해서는 가능하면 정치적 영향력을 배제시킬 수 있고 기술적 전문성을 확보해 이를 실제로 적용함으로써 효율적인 규제업무를 수행할 수 있는 규제행정제도가 마련되어야 할 것이다. 그러나 규제행정제도의 운영에 참여하고 있는 규제기관은 업무수행 과정에서 정치적 영향력을 받는 경우가 비일비재하고, 또한 효과적·효율적 업무 수행에 필요한 전문성이나 능력을 갖추지 못하고 있는 경우도 있다.

여기에서는 규제업무의 실제적 수행에 책임을 지고 있는 규제기관의 성격 및 역할을 살펴보고, 규제기관의 유형을 구분한 다음 각 유형별로 그 특성에 관하여 고찰함으로써 규제기관을 설립하는 데 고려해야 할 사항에 대한 안목을 제공하려고 한다.

## 제1절 | 규제기관의 환경

규제기관이 어떠한 역할을 수행하는지 이해하기 위해서는 규제행정제도에서 규제기관이 차지하고 있는 위상을 파악해 볼 필요가 있다. 규제기관은 독립적으로 그 업무를 수행하는 것이 아니라 그 환경과 상호연관성을 가지고 있기 때문에 그 환경을 구성하고 있는 규제행정제도 전반에 대해 고찰해야 할 것이다. 규제기관이 속해 있는 규제행정제도의 이해를 위해 우선 소비자의 이익을 보호하기 위한 규제대상이 기업이라는 점을 가정하여, 규제기관의 위상을 [그림 9-1]과 같이 단순한 형태로 도식화할 수 있다(Mitnick, 1980: 37).

규제행정제도를 형성하고 있는 의사결정주체 간의 관계를 살펴보면, 입법부는 규제기관을 설립하거나 지정하여 규제업무 집행에 필요한 권한을 위임하고, 이에 따라 규제기관은 소비자 또는 기타 집단에 영향을 미치는 기업이나 산업의 활동을 규제하고 있다. 이들 소비자와 기타 집단들은 여러 가지 방법으로 규제대상산업의 활동으로 영향을 받기도 한다. 만약 규제대상산업의 활동이나 행위가 이들의 이익을 저해하는 경우에는 이에 대응하기도 한다. 즉 이들은 규제기관이 산업의 활동에 대하여 적절한 조치를 취해 줄 것을 요구하기도 하고 입법부에 규제입법을 개정 또는 제정해 줄 것을 요청하기도 한다.

한편 규제기관의 행위가 부당한 것으로 법원에 고소당하는 경우에 법원은 이를 심사하여 규제기관에게 그 행태를 변경할 것을 지시할 수 있고, 입법부가 위임한 규제기관의 권한을 다시 해석할 수 있으며, 규제기관이 이러한 권한을 행사하지 못하도록 하는 조치도 내릴 수 있다. 아울러 규제기관도 입법부에 그의 권한을 확대·변경할 것을 요청할 수도 있다.

또한 다른 행정기관들의 행위도 규제행정제도에 포함될 수 있다. 이들은 입법부에 대하여 규제기관의 권한이나 구조의 변경을 요구하거나 또는 규제기관의 설립을 요구할 수 있다. 그리고 규제기관의 공직자를 임명하는 데 행사할 수 있는 권한을 요구할 수 있으며, 규제기관에 대해서는 산업과 이익집단에게 영향을 미칠 수 있는 규제행위 및 조치를 취할 것을 요구할 수 있다. 또한 규제기관의 행위에 대해 법원에 기소 및 소송하는 등의 행위를 수행할 수 있다. 이처럼 규제행정제도를 구성하고 있는

[그림 9-1] 규제기관의 환경

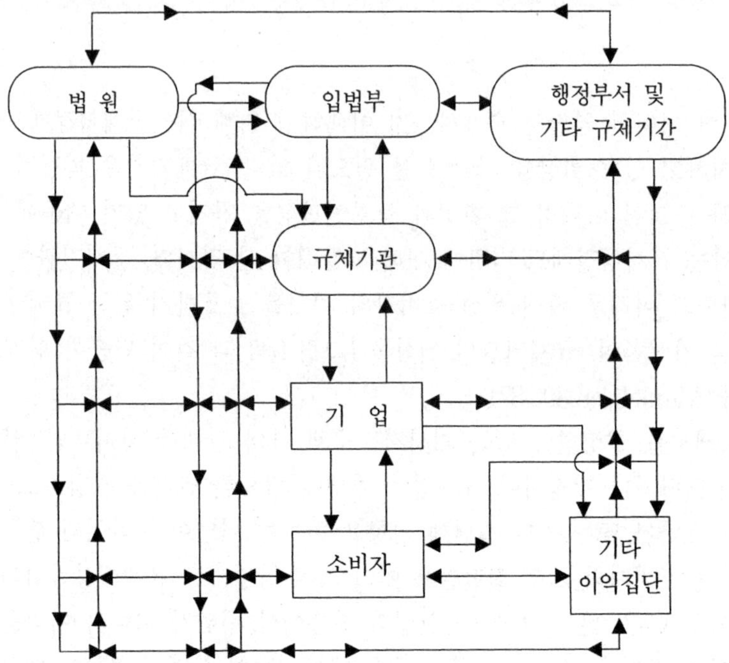


자료: Mitnick, *The Political Economy of Regulation*, p. 35.

의사결정 주체들은 그 제도 내에서 각자 독립적인 목적을 추구하지만, 이들 간의 관계는 상호연관성을 가지고 있다고 할 수 있다.

이를 종합하여 볼 때, 입법부는 일반 소비자, 이익집단, 기업, 규제기관의 의사를 수용하여 입법과정에 참여하고 있으며, 규제기관은 입법부가 위임하거나 인정한 범위 내에서 입법부가 부여한 책임을 수행하기 위하여 산업, 기업 또는 이익집단의 행위를 규제하고 있다. 따라서 규제행정제도를 운영하는 데 핵심적인 역할을 하고 있는 의사결정 주체가 입법부와 규제기관이라고 할 수 있다. 요약하면, 입법부는 규제를 위한 입법을 하고, 규제기관은 이를 실제로 집행하는 책임을 지고 있다. 그러므로 규제행정제도 내에서 규제행정의 주체로서 규제업무를 직접 담당하고 있는 것은 규제기관이고, 규제행정제도는 규제기관을 중심으로 운영된다.

## 제2절 | 규제기관의 설립

규제기관은 규제를 시행하는 데 필요한 법적 근거를 제공하는 법령에 따라 새로이 설립되기도 하고, 법적 근거에 명시되어 있는 규제업무 수행에 적합한 행정기관이 있을 때는 이러한 기관에게 규제업무를 수행할 수 있는 권한을 부여함으로써 그 모습을 나타내게 된다. 이러한 규제기관은 준입법적·준사법적 기능을 수행한다는 점에서 일반적인 행정기관과는 구별된다. 그러나 한국의 경우에는 일반 행정기관에서 규제업무와 기타 행정업무를 구별 없이 함께 수행하고 있다는 사실에 주목할 필요가 있다.

여기에서 규제기관이란 민간 경제주체가 수행하는 경제적·생산적·소비적·금융적 행위에 대하여 편익을 부여하거나 제약을 부과하기 위하여 규칙이나 기준을 설정하여, 이에 따라 규제함으로써 경제주체의 행태나 행위에 영향을 미칠 수 있는 권한을 행사하는 정부기관을 의미한다.

### 1 규제기관의 역할

규제기관은 규제입법의 집행 및 관리에 책임을 지고 있는 기관으로서 규제대상에게 부과할 규칙 및 기준을 결정하여야 한다. 그리고 규제입법이 특정 유형의 행위 및 행태에 대하여 적용해야 할 벌칙 또는 보상의 규모 및 내용을 명시하고 있지만, 규제기관은 입법에서 요청되는 행태 및 행위에 일치 또는 위배하는 사항을 조사하거나 적발하기 위해 실제로 어떤 활동을 할 것인지를 결정해야 한다. 또한 적발된 위배사항 중 어떤 것을 고발할 것인지를 결정하고, 어떤 위반자를 고발할 것인가 하는 선별기준을 설정하는 것도 규제기관의 임무이다. 위반자를 고발하는 데 적용할 제재 정도나 방법은 순전히 규제기관의 의사에 따라 결정할 수 있는 중요한 요소 중의 하나이다.

규제기관은 위반자를 적발하고 고발하는 데 필요한 감시, 조사, 사실 확인 등의 활동을 하고 규제대상자에게 적용할 벌칙 및 보상의 기준을 결정한다. 즉 규제기관이 제재활동과 집행기능을 수행하는 데 필요한 실질적 벌칙이 규제입법에 명확하게 규정되어 있을지라도 규제기관은 구체적 형태의 벌칙 및 보상의 규모를 결정할 수 있는 폭넓은 재량권을 가지고 있다. 그러나 규제입법에 명시된 '행태기준'은 규제기관에게 어느 정도의 재량권을 행사하여 적용할 수 있는지 그 정도를 명확하게 제시하지 못하고 있다. 이에 따라 규제입법에 행태에 관한 기준과 벌칙이 명시되어 있는 경우에도 규제대상자의 부정적 행태가 어느 정도의 벌칙을 받아야 하는지 구체화되지 있지 않기 때문에 규제기관이 규제입법에 명시된 '요청된 행태기준'을 재량적으로 해석해 벌칙의 정도를 결정할 수 있다. 예를 들어 텔레비전, 라디오 방송, 의료, 택시 운행 등과 같은 업종에 참여할 수 있는 면허를 발급하는 규제기관이 면허 발급에 참고할 수 있는 법적 기준이 '공익에 기여하는', '적절한 서비스를 제공하는', '적절한 가격에 서비스를 제공하는' 등과 같은 애매한 용어로 표기된다. 이러한 애매성은 면허 발급 업무수행 시에 규제기관에게 폭넓게 재량권을 부여해 주는 요인 중의 하나로 작용할 수 있다.

규제기관이 법규를 해석하는 데 행사할 수 있는 재량권을 제약할 수 있는 방법이 없는 것은 아니다. 이러한 방법은 규제기관이 부여된 규제업무를 예산의 범위 내에서 수행해야 한다는 점에서 찾을 수 있다. 예산상의 제약성은 예산배정에 책임을 지고 있는 입법부 또는 행정부의 결정의 결과로 나타나는 것이다. 규제기관의 업무수행이 이들을 불만족스럽게 하면 규제기관은 예산상의 불이익을 받게 될 것이다. 더욱이 예산결정에 참여하고 있는 당사자들이 대부분 피선공직자들이기 때문에 규제기관의 업무수행의 결과에 따라 예산상에 제약을 가할 의무를 가지고 있다. 피선공직자들은 이들을 선출한 사회구성원들의 이익을 대변하여 의사결정에 참여해야 하기 때문에 규제기관의 활동을 제약하려고 할 것이다.

만약 경제나 사회가 완전히 자율적으로 운영될 수 있다면 규제는 더 이상 필요하지 않게 될 것이다. 반대로 모든 것을 국가계획으로 수행할 수 있다면 계획에 의한 행정 외에 정부가 수행할 어떤 규제활동도 필요하지 않을 것이다. 그러나 현실적으로 완전히 자율적이거나 완전히 계획된 경제나 사회가 존재할 수 없으므로 규제는 필수불가결한 요소 중의 하나라고 할 수 있다. 이러한 점으로 미루어 볼 때, 규제의 중요한 목적은 경제나 사회가 성공적으로 운영될 수 있는 조건을 제공하기 위한 것이라고 할 수 있다.

민간기업 제도에서는 시장경쟁이나 가격장치가 외부로부터 방해받지 않고 운영되는 것이 자율적 규제를 위한 필요조건이다. 이에 정부는 시장의 자유로운 경쟁을 보장하기 위해 시장의 효율적 운영에 바람직하지 않은 민간 경제주체의 인위적 개입을 배제하기 위한 규제적 기능을 수행하고 있다. 이러한 사실은 과점시장에 참여하고 있는 기업들의 담합행위나 독점기업의 반시장적 활동을 규제하는 예에서 볼 수 있는 것처럼, 정부가 시장의 공정한 경쟁을 저해하는 기업의 행위에 대처하기 위하여 규제라는 수단을 사용하는 것을 보아도 알 수 있다. 계획경제에서는 정부가 설정한 국가계획 목표의 달성에 모든 국민들이 합심하여 헌신적으로 기여하는 것이 경제제도의 원활한 작용을 위한 필요조건이다. 계획경제에서는 국민들 모두가 희생적으로 목표달성에 기여할지 모르지만, 이러한 제도에서 성공적인 국가계획의 목표를 달성하기 위해 규제가 필수적인 것으로 인정하고 있다.

앞에서 모든 국가가 법과 질서를 유지하기 위해 표준을 설정할 필요가 있다는 사실을 언급하였다. 그 이유는 이들이 현대 경제의 성공적 운영을 위하여 필요한 것들이기 때문이다. 통화제도와 금융제도에 대한 규제도 또한 이러한 목적에 기여하고 있다. 이미 밝힌 바대로 규제행정의 다른 중요한 목적은 국민의 일반적 이익, 특히 소비자의 이익을 보호하기 위한 것이다. 더욱이 이러한 목적은 적극적 측면에서 인간환경의 보전과 국민의 복지 증진이라는 효과를 촉진시키고, 소극적 측면에서 국민, 기업, 산업 등의 활동이 초래할 수 있는 부정적 효과를 방지하기 위한 것으로 더욱 확대되어 왔다. 이러한 규제적 기능은 완전히 자율적인 경제제도에서조차 필요한 것으로 인정되고 있는 것이 현실이다. 왜냐하면 이러한 경제에서 생산은 최대화되지만 생산활동이 인간 환경과 인간 복지에 부정적 영향을 미칠 수도 있기 때문이다. 자본주의 경제제도이든 사회주의 경제제도이든, 기업의 경영자들은 생산성, 효율성 및 수익성(사회주의 국가에서는 잉여를 창출하는 능력으로서 정의되어야 함)에 관심을 집중시키고 있으므로 이들의 시야는 좁을 수밖에 없다. 따라서 정부는 규제를 통해 생산제도가 국민들의 일반 복지에 미치는 효과를 고려하여 운영하도록 할 필요가 있다.

제2차 세계대전 이래 대부분의 국가들은 복지국가를 건설하기 위하여 규제 또는 이와 유사한 권력을 사용해 왔다. 이것은 일할 권리와 빈곤으로부터 자유로울 권리를 포함한 국민들의 '경제권'을 보호하고, 국민들에게 보건, 안전, 치안 등 필수적인 서비스를 제공하기 위한 것이다. 많은 개발도상국들이 계획경제를 부분적으로 도입하여 왔을 뿐만 아니라 계획경제를 유지하고 있는 국가에서도 독립적 규제위원회가 설립·운영되어 왔다는 사실은 이를 잘 입증해 주고 있다. 이에 따라 거의 모든 국가에서 계획은 행정부의 필수적 기능 중의 하나가 되었고, 계획된 목표를 달성하기 위하여 행정부와는 독립적으로 강력한 규제기관인 규제위원회가 운영되기도 하였다. 특히 개발도상국에서는 국가계획의 틀 안에서 규제활동을 집행하는 것이 더욱 효과적이어서 행정부서를 통해 규제기능을 수행하도록 하고 있다. 그 이유는 행정부가 계획기구와 규제기관의 업무를 조정・통합하여 규제의 목적을 용이하게 달성할 수 있기 때문이다.

## 2 규제기관의 조직구조

규제행정을 위한 조직구조의 설정과 관련하여 제기되는 문제는 규제행정을 위한 조직유형을 획일적으로 결정할 수 없다는 것이다. 물론 국가가 규제행정을 위하여 오직 한 형태의 조직구조만을 고집할 필요도 없다. 일반적으로 개발도상국, 특히 계획경제를 택하고 있는 국가는 규제적 기능을 주로 행정부서의 틀 안에서 수행하도록 하는 것이 일반적 경향이다. 왜냐하면 계획경제에서의 규제활동은 국가계획의 일부분을 형성하고 있기 때문이다. 그러나 모든 국가에서의 규제행정은 입법적・사법적・집행적 기능을 포함하고 있다는 사실을 염두에 두는 것이 중요하다. 규제기관이 성공적으로 업무를 수행하기 위해서는 입법부와 사법부로부터 일정한 권한을 위임받아 규칙 제정과 판정기능을 수행할 수 있을 뿐만 아니라 실제로 규제업무를 효율적・효과적으로 집행할 수 있어야 한다.

그러면 입법부와 사법부가 규칙제정 및 판정기능을 각각 직접적으로 수행하지 않고, 별도의 규제기관을 설립하거나 지정해 이들 기관에게 그 기능을 수행할 수 있는 권한을 위임해야 하는지 그 이유에 대한 의문이 생길 수 있다. 이러한 의문은 세 가지 이유로 설명될 수 있다.

첫째, 규제는 사법부나 입법부가 다루기에 적합하지 않은 세부적인 행정행위를 필요로 한다. 사법부는 어떤 사안의 규제업무를 수행하는 데 필요한 기술적 능력이 부족하기도 하고, 고도의 전문성이 요구되는 규제기능을 수행하는 데 제도적・행정적 제약성을 가지고 있다. 사법부가 법적이나 기술적으로 이러한 규제 문제를 다룰 수 있다고 하더라도, 규제기관은 일괄된 규칙과 절차를 통하여 규제업무를 수행할 수 있는 데 비하여, 사법부에서는 상이한 소송절차 및 제도를 통해 각각 규제와 관련된 문제를 다루어야 하므로 같은 문제에 대하여도 상이한 결론을 내릴 수 있는 위험성을 가지고 있다. 또한 입법부는 일상적으로 시간에 쫓기고, 복잡한 규제 문제를 다루기에 적절한 전문 인력이나 필요한 기술적 정보를 가지고 있지 못하다. 한편 책임이 분명하게 정의되어 있는 규제기관은 많은 분량의 업무를 처리할 수 있고, 이에 필요한 기록이나 정보를 확보·유지할 수 있으며, 지속적이고 일관된 방법으로 규제업무를 수행할 수 있다는 점에서 규제업무를 수행하는 데 입법부보다 유리한 입장에 있다.

둘째, 입법부는 상황의 변화에 따라 적용할 수 있는 법규를 신속하게 준비하는 것이 불가능하기 때문에 상당한 신축성을 가지고 있는 규제기관이 규제업무를 수행하는 것이 보다 합리적이다. 입법부가 상세한 법규를 통과시키고, 법원이 바람직하지 않거나 바라지 않는 결과가 이미 발생되어 사후에 법적 절차를 통하여 벌칙을 부과하는 것보다, 상황 변화에 신축적으로 대처할 수 있는 규제기관이 부정적 결과를 예상하여 이를 방지하는 데 적합한 방안을 마련하여 실시하는 것이 사회적으로 보다 바람직하다.

셋째, 규제기관은 특정 규제업무 수행에 요구되는 전문성과 구체적인 기술을 가지고 있다. 이처럼 규제기관은 보통 기술적·법적 지식을 보유하고 있는 전문인으로 구성되는 경우가 많고, 특정 분야에서 장기적인 규제 업무의 담당으로 얻은 경험을 축적한 인력자원을 확보하고 있다. 그러므로 규제기관의 조직구조를 업무별로 전문화시킬 수 있고, 그 업무를 신축적이고 지속적으로 운영할 수 있다. 이러한 점으로 미루어 볼 때, 규제기관은 규제적 문제를 효과적이고 신속하게 처리할 수 있는 능력을 가져야 하고, 이러한 능력을 제고하기 위한 물적·인적·기술적·전문적 자원을 확보하는 데 노력을 경주해야 할 것이다.

## 3 규제기관 조직유형의 결정

우선 규제기관의 조직유형을 결정하는 데 고려해야 할 몇 가지 문제점에 관하여 살펴보려고 한다.

첫째, 규제기관들이 독립적으로 운영되어야 하는지 또는 행정부의 부속기관으로 운영되어야 하는지에 관한 것이다. 대부분의 경우에 첫 번째 방법의 도입 가능성을 배제해서는 안 되지만 두 번째 방법이 개발도상국에 보다 적합한 것이라고 할 수 있다.

둘째, 규제기관이 행정부를 구성하고 있는 행정부서장에게 책임을 져야 하는지 또는 행정부의 수장(首長이)에게 직접 책임을 져야 하는지에 관한 것이다. 이러한 문제는 주로 규제의 성격과 규제기관이 설립된 특수한 여건을 고려해 결정해야 할 것이다.

셋째, 규제기관이 단독제로 운영될 것인지, 아니면 합의제로 운영될 것인지에 관한 것이다. 미국의 독립적 규제위원회는 위원회 또는 합의제 형태의 조직을 가지고 있다. 독립적 규제위원회가 합의제 형태의 조직을 갖게 된 데는 책임자 한 사람의 의사결정에 의한 것보다 집단의 의사결정에 의한 것이 공익을 보다 잘 보호할 수 있거나 도모할 수 있을 것이라는 이유에 따른 것이다. 더욱이 합의제 형태의 조직에서는 위원들의 임기에 시차제를 적용할 수 있어 업무의 지속성과 안정성을 확보할 수 있다. 이외에도 독립성의 확보를 위해 위원들의 임기를 임명권자인 대통령의 임기보다 긴 기간으로 정할 수도 있다. 또한 위원회에 속하는 모든 위원들이 모든 정당이나 단체로부터 선발해 구성해야 한다는 전제조건을 두어 이를 실천함으로써 정치적 영향력을 중화할 수 있다.

이러한 합의제는 동등한 권한을 보유한 위원들 다수로 구성되어, 이들의 공통된 의사를 바탕으로 발생 가능한 문제를 해결할 수 있다. 이러한 점 때문에 민주성과 전문성의 측면에서 한 사람의 행정수장의 책임 하에 문제를 처리하는 단독제보다 바람직하다고 할 수 있다. 그러나 일반적 정책과 규칙에 대한 합의에 도달하기 어렵고, 업무수행 과정에서 절차가 지나치게 중시될 수 있다. 또한 결정과정에서 익명이 사용되기 때문에 책임 소재를 명확히 확인할 수 없고, 문제해결을 위한 신속한 결정이 이루어지기 어렵다는 것이 문제점으로 지적되고 있다.

넷째, 규제가 모든 시민의 이익에 영향을 미칠 수 있다는 사실이다. 특히 독립적 규제위원회의 경우에는 일반적 책임의 소재를 정확히 밝힐 수 없다는 취약점을 가지고 있으므로 회의 과정을 시민들에게 공개함으로써 시민들과 규제대상자들이 참여하여 그들의 이익을 보호받을 수 있는 기회를 제공하는 것이 중요하다. 이러한 맥락에서 규제기관들의 결정을 심사할 목적으로 설치하는 행정법원은 규제행정제도를 합리적으로 운영하는 데 이용할 수 있는 중요한 기관 중의 하나가 될 수 있다.

다섯째, 규제기관들의 업무를 조정・통합할 수 있는 중앙관리감독기구를 설립하여야 하는 문제이다. 중앙관리감독기구나 조정・통합기관이 부재하다는 것이 많은 국가에서 규제행정 수행과정에서 제기되고 있는 문제점 중의 하나로 지적되고 있다. 조정・통합의 문제는 수평적 그리고 수직적 두 가지 측면에서 발생하고 있다. 수평적 측면에서는 이러한 기구가 없으면 규제기관들 간에 그리고 규제기관과 행정부서, 특히 독립적 규제위원회들 간에 규제업무 수행과 관련하여 조정・통합을 이루기가 어렵다는 점이다. 교통의 예에서 제시되듯이, 많은 국가에서 철도, 고속도로, 항공, 해운 등에 대한 규제의 책임이 그 형태에 따라 각각 별개의 규제기관에 부여됨으로써 이들이 서로 독립적으로 운영되기도 하고, 각 기관은 그 기관이 규제하고 있는 교통 분야를 육성하려고 노력하거나 때로는 변호하는 입장을 택하게 된다. 결과적으로 다양한 형태의 교통수단들 간에 조정·통합이 이루어지지 않기 때문에 중복투자 또는 과다 이용으로 자원의 낭비를 초래하는 경우가 많이 발생한다.

대부분의 개발도상국의 경우 이러한 자원의 낭비를 감수할 수 있는 능력이 부족하다. 또한 각기 다른 형태의 교통문제를 다루고 있는 규제기관들은 그들의 행위가 환경이나 국민에게 이익이 되는 다른 분야에 어떠한 영향을 미치는지에 대해서는 거의 고려하지 않으려는 성향을 가지고 있다. 그들은 간혹 그들이 규제할 대상인 산업의 보호자가 되기도 하고, 특히 가격경쟁으로부터 산업을 보호하려고 노력하기도 한다. 민간기업제도를 가지고 있는 국가에서 규제기관의 이러한 행위는 경쟁의 창달, 담합금지 및 소비자 보호 등과 같은 규제와 상충되는 결과를 초래할 수도 있다.

수직적 측면에서는 동일한 규제기관이 추구하는 상이한 목적들 간에 조정·통합이 어렵다는 점이다. 만약 한 기관이 두 개 이상의 목적들을 가지고 있다면 목적들 간에 서로 상충하는 업무를 수행할 가능성을 배제할 수 없어, 이것은 업무에서 비일관성과 갈등을 초래할 수 있을 뿐만 아니라 효과적인 규제성과를 달성하는 데 저해요인으로 작용할 수 있다. 따라서 각 규제기관들이 수행하여야 할 기능과 달성해야 할 목적을 구체화해 배정하지만, 규제기관이 독립적으로 규제업무를 수행하는 데 따라 발생할 수 있는 부작용을 최소화하기 위하여 규제기관들의 업무를 총괄적으로 관리할 수 있는 제도적 장치를 마련하는 것이 바람직하다. 즉 가능한 한 각 기관은 하나의 규제기능에 집중할 수 있도록 함과 동시에 모든 차원에서 집행되고 있는 규제활동을 조정·통합·조화할 수 있는 관리감독기관이 설치되어야 한다는 것이다. 이러한 관리감독기관은 경제·사회발전 계획을 수립하는 중앙계획기관이 될 수도 있고, 총괄적으로 규제업무를 관리하도록 별도로 설립되는 중앙규제 총괄관리기관 또는 행정업무를 조정·통합하는 책임을 맡고 있는 국무총리 소속의 중앙행정기관이 될 수도 있을 것이다.

끝으로, 개발도상국과 선진국이 규제행정 과정에서 실제적으로 당면하고 있는 문제로 지연현상, 이익집단의 압력, 부정·부패행위 등을 들 수 있다. 이미 논의된 것처럼 규제행정에서 행정의 지연을 초래하는 원인으로는 법규 제정의 비연속성, 이익집단들의 정치적 참여, 행정절차 및 제도의 경직성 등 여러 가지를 소개했지만 무엇보다도 지연의 요인은 규제기관의 행정능력의 부족에서 기인한다고 할 수 있다. 또한 모든 국가에서 독립적 규제위원회를 포함한 규제기관들이 이익집단들로부터의 강력한 압력에 노출되어 있는 것이 일반적인 현상이다. 그리고 어떤 국가에서는 규제행정 행위와 관련해 부정부패행위가 성행하고 있는 것은 아주 공통적인 현상으로 잘 알려진 사실이다. 아무리 규제행정이 중요하더라도, 규제행정이 이러한 문제들을 극복할 수 없다면 그 역할을 효과적 · 효율적으로 수행할 수 없다. 따라서 이러한 문제를 해결할 수 있는 방안이 마련되어야 하고, 이것이 바로 규제개혁을 통해 이루어져야 할 과제 중의 하나라고 할 수 있다.

## 제 3 절 | 규제기관의 유형

### 1 독립적 규제위원회

한국에서는 아직 미국과 같은 독립적 규제위원회의 형태를 가지고 있는 규제기관은 없다. 그러나 미국에서는 가장 보편적으로 이용되고 있는 조직유형으로서 규제행정이 독립적 규제위원회의를 통해 수행되는 행정을 의미하는 것으로 일반화되어 왔다. 독립적 규제위원회는 입법부 · 행정부 · 사법부의 통제권 밖에 위치하여, 입법부로부터 법의 집행에 필요한 규칙 및 규제를 결정할 수 있는 권한을 위임받아 이러한 규칙 및 규제를 실제적 또는 구체적으로 시행하는 독립적 기구로 운영되고 있다. 이러한 배경에는 경제적 이해관계를 조정하는 것은 입법부의 전통적인 권한에 속하지만 입법부가 첨예하게 대립하는 이해관계로 야기되는 분쟁에 깊이 개입하는 것을 꺼리는 한편, 대통령이 규제업무에 대하여 정치적 영향력을 행사하지 못하도록 벽을 쌓기 위한 이중적 필요가 작용했을 것이다.[1)]

미국의 독립적 규제위원회의 특성을 살펴보면 다음과 같다.

첫째, 독립적 규제위원회가 규제할 책임을 지고 있는 산업들은 고도로 전문화되어 있다는 것이다. 따라서 판단이나 결정의 적절성과 정확성의 확보를 위해 하나의 전문화된 위원회가 하나의 전문 분야를 담당하는 것이 바람직하다는 것이다. 독립적 규제

1) 최병선(2002). 「정부규제론」, p. 191, 원용된 문헌은 Marver H. Bernstein, *Regulating Business by Independent Commission* (Princeton, N. J.: Princeton, University Press, 1955) 참고.

위원회에 독립적 지위를 부여하는 이유는 규제대상 분야에 전문적 지식과 경험을 갖고 있는 위원들이 이러한 지식과 경험의 바탕 위에서 규제사항 및 집행방법을 결정할 수 있도록 보장하기 위한 것이다.

둘째, 독립적 규제위원회의 결정 및 행위에 미치는 정치적 또는 이와 유사한 다른 영향력을 가능한 한 배제함으로써 합리적 근거에서 규제를 수행할 수 있도록 하기 위하여 독립적 지위가 주어진다는 것이다. 독립적 규제위원회의 구성 요건으로 주요 정당의 대표성이 동등하게 반영하도록 한 것은 이와 같은 이유에서이다.

셋째, 전문성과 비정치성을 지속하기 위하여 독립적 규제위원회에 이에 상응하는 권한을 위임하고 있다는 것이다. 따라서 독립적 규제위원회의 결정은 행정부의 거부권 행사에 종속되지 않고 오직 법원의 판결로 변경될 수 있다.

넷째, 독립적 규제위원회는 영구적 기구로서 그 위원들은 시차 임명제로 임용되고, 그 중 매년 소수 위원의 임기가 만료되어 새로운 위원이 임명되거나 재임명된다. 이에 따라 위원회 업무의 지속성과 안정성이 보장된다.

다섯째, 독립적 규제위원회는 조직구조에서 합의제의 형태를 취하고 있다는 것이다. 위원장이 있지만 위원회의 결정은 위원들의 합의로 이루어지며, 때로 각 위원은 위원회에서 결정한 업무 중의 일부분에 대해 책임을 지는 경우가 있으므로 위원회의 상이한 분과에 의해 취해진 결정이 잘 통합되지 않는 경우도 있다. 이 때에는 지속적인 자료의 제출과 결정에 대한 정당성을 입증할 근거를 제시함으로써 합의에 도달할 수 있도록 노력하고 있다.

여섯째, 독립적 규제위원회는 보통 행정직 직원으로부터 업무지원을 받고 있다는 것이다. 독립적 규제위원회의 대부분의 업무가 준사법적 · 준입법적 성질을 가지고 있기 때문에 행정직 직원의 상당한 부분이 법조인 출신과 법적 지식을 가진 사람으로 구성되는 것이 보통이다. 독립적 규제위원회는 또한 개별적 사안을 처리하기 위해 많은 수의 조사원을 두고 있으며, 개별적 사안은 1인 이상의 조사원에 의해 처리된다. 이러한 이유로 조사원의 업무가 잘 통합되지 않는 경우도 있다.

이러한 독립적 규제위원회에는 위원장직이 있음에도 불구하고, 대부분의 위원회가 팀을 구성하여 업무수행을 하며 입법부나 행정부의 관리 감독을 받지 않고 독립적으로 운영된다는 의미에서 '수뇌 없는 조직'이라 불리고 있다.

## 2 집행부 소속 규제기관

미국에서도 독립적 규제위원회 형태의 규제기관이 규제업무를 담당하는 유일한 조직이 될 수 없다. 독립적 규제위원회 형태는 전문성, 기술성 등을 확보하여 외부의 정치적 압력 없이 그의 업무를 객관적 입장에서 수행할 수 있다는 장점을 가지고 있지만, 개발도상국처럼 국가발전계획을 수립하여 경제·사회 발전을 적극적으로 추진해 나가야 하는 상황에서는 적합하지 않다고 할 수 있다. 그 이유는 발전정책이 국가계획의 틀 안에서 일관성 있게 추진되어야 하기 때문이다. 따라서 독립적 규제위원회에 대한 대안으로써 행정부 소속형 규제기관이 설치·운영되는 것이 보통이며, 이러한 유형의 규제기관의 특징은 정부조직구조 내에서 대통령 직속기구, 행정부서의 부속기구 또는 행정의원회의 형태로 운영되고 있다. 다시 말해, 규제기관은 행정부의 조직구조 내에서 독립적 합의제 형태뿐만 아니라 계층적 관료조직 내에서 그 부속기구의 형태로 설립·운영되고 있다는 것이다.

### 1) 대통령 직속기구

한국에서 대통령 직속 규제기관의 대표적인 예로 합의제 행정기구로서 출범한 방송통신위원회를 제시할 수 있다. 방송통신위원회는 디지털기술 등의 발전으로 급속히 진행되고 있는 방송과 통신의 융합화 추세에 능동적으로 대응하고 나아가 국민들이 보다 풍요로운 방송통신융합의 혜택을 누릴 수 있도록 하기 위해 설치되었다. 이 위원회는 방송과 통신의 융합현상에 능동적으로 대응하고, 방송의 자유와 공공성 및 공익성을 보장하며, 방송과 통신이 균형 있게 발전하고 국제경쟁력을 강화하는 것 등을 설립 목적으로 하고 있으며, (舊)방송위원회의 방송정책 및 규제 기능과 (舊)정보통신부의 통신서비스 정책과 규제 기능을 총괄하고 있다.

방송통신위원회가 담당하는 주요 기능은 방송통신 융합정책의 수립과 융합서비스의 활성화 및 관련 기술 개발, 전파에 관한 정책 수립 및 전파자원의 관리, 방송통신정책의 수립과 방송통신 시장의 경쟁 촉진, 방송통신망의 고도화와 방송통신의 역기능 방지, 방송통신 이용자 보호정책의 수립과 방송통신 사업자의 불공정행위 조사 및 분쟁조정 등이 있다. 방송통신위원회에는 전문위원회와 특별위원회를 둘 수 있고, 방송통신심의위원회가 있으며, 구성은 위원장을 포함한 5인의 상임인 위원으로 구성하고 정무직 공무원으로 보한다.

### 2) 행정부서 소속 규제기관

행정부서에 속한 규제기관은 각각 행정부문과 사법부문으로 구분된다. 행정부문은 부서 내에 속한 국(局)이나 과(課)로 구성되고 그 운영은 경력직 공무원에 의해 이루어지고 있으며, 공무원 관련법에 따라 통제되고 있다. 규제기관의 책임은 장관이 직접적인 책임을 지며, 궁극적으로는 장관을 통하여 대통령에게 책임을 진다. 한편 사법부문에서는 예산, 인사행정 등 일반 행정 업무수행에 필요한 것만을 일반 행정부서의 업무에 의존하고, 그 외의 규제업무는 독립적으로 수행함으로써 일반 행정부서와는 독립적인 관계를 유지할 수 있을 뿐만 아니라 규제업무 결정 및 수행에 대하여 대통령에게 책임을 지지 않을 때도 있다.

그러나 그 구성원은 행정부서장의 동의나 국회의 동의를 얻어 대통령이 임명하지만 행정부서장이나 대통령에 의해 임의로 면직되지 않는 경우도 있다. 이것은 전적으로 부서장과는 독립적으로 운영되고, 그의 업무와 관련하여 대통령과는 독립적인 관계를 가지고 있음을 의미한다. 그러나 한국처럼 강력한 대통령 중심제의 국가에서는 대통령이 그 임면에 직접적으로 관여하지 않는 경우가 거의 없다고 할 수 있다. 이러한 구분에 따라 행정부문에서는 국무총리 소속형, 행정부서 부속기관형, 그리고 사법부문, 즉 심의·판정이 필요한 부분에서는 행정위원회형의 규제기관으로 설립·운영될 수 있다.

#### (1) 국무총리 소속 중앙행정기관

① 공정거래위원회

공정거래제도는 시장경제체제의 기본원리인 기업 간의 공정하고 자유로운 경쟁을 보장하기 위한 경제활동의 기본질서를 확립하기 위한 것이다. 이 제도를 운영하기 위해 설립한 공정거래위원회는 독점 및 불공정거래에 관한 사안을 심의, 의결하기 위해 설립된 국무총리 소속의 중앙행정기관이자 합의제 준 사법기관으로 공정거래 관련 사건을 심결 처리하는 역할을 담당한다. 이에 따라 “사업자의 시장지배적 지위의 남용과 과도한 경제력의 집중을 방지하고, 부당한 공동행위 및 불공정 거래행위를 규제하여 공정하고 자유로운 경쟁을 촉진함으로써 창의적인 기업활동을 조장하고 소비자를 보호함과 아울러 국민경제의 균형 있는 발전을 도모”할 목적으로 설치·운영되고 있다. 이러한 목적을 달성하기 위한 이 위원회의 소관 사무는 시장지배적 지위의 남용행위 규제에 관한 사항, 기업결합의 제한 및 경제력 집중의 억제에 관한 사항, 부당한 공동행위 및 사업자단체의 경쟁제한 행위 규제에 관한 사항, 불공정 거래행위 및 재판매가격 유지행위 규제에 관한 사항, 부당한 국제계약의 체결제한에 관한 사항, 경쟁제한적인 법령 및 행정처분의 협의, 조정 등 경쟁촉진정책에 관한 사항, 기타 법령에 의하여 공정거래위원회의 소관으로 규정된 사항 등이다.

또한 공정거래위원회는 각종 진입장벽 및 영업활동을 제한하는 반경쟁적 규제를 개혁하고 경쟁제한적 기업결합을 규율함으로써 경쟁적 시장환경을 조성하고, 시장지배적 지위남용행위, 부당한 공동행위, 기타 각종 불공정 거래행위를 금지함으로써 시장에서의 공정한 경쟁질서를 확립하고, 소비자의 주권확립을 위한 각종 약관 조항을 심사하고 표준약관을 보급함으로써 불공정 약관으로 인한 소비자 피해를 방지하며, 허위 과장의 표시·광고를 시정하고 중요 정보를 공개토록 한다. 또한 대기업의 하도급업체에 대한 불공정 행위시정과 대기업 집단 계열사 간 상호출자 등 부당 내부거래 억제 등의 규제기능을 수행한다.

2009년 12월 1일 현재 공정거래위원회는 공정거래법, 표시·광고법, 하도급법, 약관법, 방문판매법, 할부거래법 등의 집행을 담당하는 합의제 중앙행정기관으로 사무처는 6개국과 5개 지방사무소로 구성되어 있다. 조직에서 특이한 사항은 소비자정책국과 경제분석과의 신설이다. 이는 최근 공정거래위원회의 업무와 주안점이 소비자보호와 공정거래법 적용에서의 경제학적 분석의 중요성을 강조하고 있는 추세를 반영하고 있는 것이다.

② 금융위원회

금융위원회는 금융산업의 선진화와 금융시장의 안정을 도모하고 건전한 신용질서와 공정한 금융거래 관행을 확립하며 예금자 및 투자자 등 금융수요자를 보호함으로써 국민경제의 발전에 기여함을 목적으로 제정된 금융위원회의 설치 등에 관한 법률에 의거, 금융정책, 외국환업무취급기관의 건전성 감독 및 금융 감독에 관한 업무를 수행하게 하기 위하여 국무총리 소속 하에 설립되었다. 그 구성은 위원장·부위원장을 포함한 9인의 위원으로 구성하되 위원장은 국무총리의 제청으로 대통령이 임명하며, 부위원장은 위원장의 제청으로, 위원은 당해 추천기관의 추천을 받아 대통령이 임명한다.

금융위원회는 금융산업의 선진화와 금융시장의 안정을 꾀하고, 건전한 신용질서와 공정한 금융거래 관행을 확립하기 위하여 설립되었으며, 금융정책 기능과 감독정책

기능을 통합하고, 금융위원장과 금융감독원장을 분리하여 정책기능과 집행기능을 분리하는 것을 주요 내용으로 하고 있다. 특히 금융위원회는 금융에 관한 정책 및 제도에 관한 사항, 금융기관 감독 및 검사·제재에 관한 사항, 금융기관의 설립, 합병, 전환, 영업 양수·도 및 경영 등의 인·허가에 관한 사항, 자본시장의 관리·감독 및 감시 등에 관한 사항, 금융 중심지의 조성·발전에 관한 사항, 금융 및 외국환업무취급기관의 건전성 감독에 관한 양자·다자 간 협상 및 국제협력에 관한 사항, 외국환업무취급기관의 건전성 감독에 관한 사항, 그 밖에 다른 법령에서 금융위원회의 소관으로 규정된 사무를 관장하고 있으며, 금융기관에 대한 검사·감독업무 등을 수행하기 위하여 설립된 금융감독원을 지도·감독하는 증권선물위원회도 운영하고 있다.

③ 국민권익위원회

부패방지 및 국민권익위원회의 설치와 운영에 관한 법률에 의해 설립된 국민권익위원회는 부패방지와 국민의 권리보호 및 구제를 위하여 과거 국민고충처리위원회와 국가청렴위원회, 국무총리 행정심판위원회 등의 기능을 합쳐 위법 부당한 처분으로부터 국민의 권리를 보호하기 위한 규제행정과 규제완화정책을 동시 수행하는 규제기관이라 할 수 있다. 3개의 위원회를 하나로 통합한 이유는 국민고충처리위원회의 국민권리구제업무와 국가청렴위원회의 국가청렴도 향상을 위한 활동, 행정심판위원회의 행정과 관련한 쟁송업무 등 국민의 권익보호 관련 업무들을 한 기관에서 처리하기 위한 것이다.

이러한 기능들이 여러 기관으로 나뉘어져 있어 국민에게 혼란과 불편을 초래함에 따라, 고충민원처리, 부패방지 및 행정심판 기능을 통합함으로써 국민의 권익 구제 창구를 일원화하고 신속하고 충실한 원스톱 서비스 체제를 마련하게 된 것이다.

위원회의 기능은 과거 국민고충처리위원회와 국가청렴위원회, 국무총리 행정심판위원회가 해왔던 기능들을 그대로 수행하고 있다. 이를 구체화해 보면, 첫째, 고충민원 처리와 이와 관련된 불합리한 행정제도 개선과 둘째, 공직사회 부패 예방· 부패행위 규제를 통한 청렴한 공직 및 사회풍토 확립, 셋째, 행정쟁송들을 통하여 행정청의 위법· 부당한 처분으로부터 국민의 권리 보호 등 세 가지로 분류할 수 있다.

국민권익위원회는 고충민원의 처리와 이에 관련된 불합리한 행정제도를 개선하고, 부패의 발생을 예방하며 부패행위를 효율적으로 규제하도록 하기 위하여 국무총리 소속으로 설치되었으며, 위원장을 포함한 15명의 위원으로 구성되어 있다.

(2) **행정부서 부속기관**

이러한 유형의 규제기관은 일반 행정부서장의 책임 하에 규제활동을 수행할 수 있게 한 것으로서 규제업무를 담당하는 규제기관이 주로 행정부서에 속해 있는 하부행정기구가 된다. 이러한 규제기관으로는 재정경제부의 증권국과 보험국, 국토해양부의 안전관리국·육운국·항공국과 토지국·수자원국, 보건복지가족부의 위생국·의정국, 노동부의 노정국과 근로기준국 등이 있다. 이러한 규제기관들은 행정부처의 부속기구로 설치·운영하지만 규제적 성격이 강한 법 규정의 집행을 담당하고 있으므로 행정부서형 규제기관이라 할 수 있다.

미국의 교통 분야에서 규제업무를 담당하고 있는 행정부서형의 규제기관을 예로 들면, 연방정부의 교통부 산하에 속하는 규제행정기관들은 연방고속도로행정국(고속도로 건설을 위한 지원, 고속도로 안전운행 업무를 위하여 1966년에 설립), 연방항공행정국(항공기의 운항 능력을 점검·확인하고, 조종사에게 면허증을 부여하며, 항공교통 통제제도를 운영할 목적으로 1958년에 설립), 연방철도행정국(고속철도 발전사업을 관리하고, 연방교역위원회로부터 철도 및 송유관 안전관리 업무를 인수하기 위해 1966년에 설립), 국민교통안전처(육로 및 항공교통 사고를 조사하고 사고 원인을 규명하기 위해 1966년에 설립), 해안방위청(1915년에 선박의 운항 능력을 점검하고 상선 운항 요원에게 면허증을 부여하며, 해안경비 및 구조 서비스를 수행하고 안전항해를 지원할 목적으로 설립) 등이 있다. 또한 보건부 산하에는 식품과 의약품의 순수성, 안정성, 효과성 및 정확한 라벨링에 대한 규제에 책임을 지고 있는 규제기관으로 연방식품·의약품안전청(FDA) 등이 있으며, 농림부 산하에는 가축이나 육류시장에서의 공정한 거래를 관리할 책임을 지고 있는 규제기관이 있다. 재무부에 속해 있는 모든 조세업무 취급기관들도 규제기능의 일부를 담당하고 있다. 경제안정을 도모하기 위하여 연방정부 산하에 임금 및 가격통제와 농산물 가격지원 등을 책임지고 있는 규제기관들이 있고, 금융기관과 곡물교환을 규제하기 위한 부서형 규제기관들도 있다.

정부의 행정부서 구조 내에 속해 있는 규제기관들은 원유와 유화제품과 같은 수입품 및 수출품을 규제하기 위하여 설립되기도 하였다. 1933년 이래 미국은 연방실업보험제도를 관리하기 위해 노동부 산하에 보건·교육·복지처를 설치·운영해 왔으며, 고용보장사무처 산하에 사회보장행정국을 설립·운영하여 왔다. 또한 노동부 산하에 근로자 복지 및 연금계획을 위한 규제기관들을 설치하여 왔다. 교역과 복지 차원에서 육성적 목적을 위하여 시행되는 규제 외에도 정부는 농촌 지역에 전력 및 전화서비스를 원활하게 제공해 왔다. 그리고 상운을 촉진시키고 특정 상선의 제조와 운영을 보조하였으며 항만시설의 개선 등을 추진하기 위해 각각의 분야에서 규제업무 수행을 위한 규제기관을 설립·운영해 왔다. 이상과 같이 미국에서는 독립적 규제위원회가 더 이상 규제행정의 유일한 조직형태가 될 수 없으며, 행정부서에 속해 있는 규제기관들도 독립적 규제위원회가 수행하는 것보다 훨씬 더 많은 규제업무를 수행하고 있음을 알 수 있다.

### (3) 전문행정위원회

이러한 유형의 규제기관은 행정부서장의 직접적인 감독을 받고 있기 때문에 일반 행정부서로부터의 영향력을 배제할 수 있다. 즉 행정부 소속의 전문행정위원회로 설립되어 일반 행정부서와는 독립적으로 운영되기도 하고, 일반 행정부서에 의하여 설치되어 부서장의 감독을 받기도 하지만 가능한 한 독자적 업무의 영역을 확보하여 운영되는 수도 있다.

이러한 조직유형의 규제기관에서는 개인의 권리를 포함한 법적 문제의 처리가 정치적인 대응에 따라 이루어지는 수도 있으며, 때에 따라서는 정책결정에 참여하고 있는 공직자의 철학이나 가치관에 따라 이루어지기도 한다. 독립적인 사법부문(행정위원회형)에서의 규제업무는 민간인의 권리와 의무에 대한 심판업무를 주로 수행함으로써 개인의 권리를 제한할 수 있는 것이기 때문에 국민들로부터 예상보다 훨씬 더 큰 저항을 받을 가능성이 있으므로 유의해야 한다.

행정부서장이 책임을 지고 궁극적으로 대통령이 책임을 질 수 있는 장치를 마련할 수 있다면 행정위원회 유형은 여러 규제 분야에서 정책과 행정을 조정·통합시킬 수 있는 장점을 가질 수 있다. 반면에 이러한 유형은 공공정책을 결정하고 집행하는 책임이 때로는 민간인의 권리를 제한할 수 있을 뿐만 아니라 민간의 행위가 공익에 부합하는 것인지에 대한 판정기능이 공직자의 판단에 의해 수행됨으로써 비민주적이고 합리적이지 못할 수 있다는 단점을 가지고 있다. 그러나 국가의 전체적 정책에 맞는 규제정책을 수행할 수 있다는 점에서는 행정위원회형의 규제기관이 행정부서 소속 규제기관에 비해 더 큰 장점을 가지고 있다고 할 수 있다.

미국의 경우 동력자원부 조직법으로 1977년에 설립된 동력자원부(DOE) 내에 에너지 가격과 에너지와 관련된 규제행위를 관리하기 위해 연방동력자원규제위원회(Federal Energy Regulatory Commission)가 설립되었다. 입법부는 국가 전체의 동력자원 정책과 일치하는 규제 결정을 내리도록 할 필요성이 있다는 것을 인식하였으며, 동시에 이러한 중요한 규제 결정이 완전하고, 비편파적이며 독립적 평가를 바탕으로 이루어지도록 하기 위해 동력자원부 안에 합의제 규제기관으로서 연방동력자원규제위원회를 설립한 것이다. 이에 따라 동력자원부장관이 규제의원회의 결정과정에 적극적으로 참여할 수 있는 기회를 제공하는 한편, 규제위원회가 중요한 규제문제에 신속하게 대처할 수 있는 권한을 주었다. 이러한 조치는 규제기관의 활동이 국가정책 및 계획목표에 중요한 영향을 미치는 다른 분야에도 적용시켜 볼 가치가 있는 모형으로 대두되고 있다.

한국에서는 정부조직법에 "행정기관에는 그 소관 사무의 일부를 독립하여 수행할 필요가 있을 때에는 법률이 정하는 바에 의하여 행정위원회 등 합의제 행정기관을 둘 수 있다."고 한 규정이 행정위원회 형태로 규제기관을 설치·운영할 수 있는 법적 근거를 제공하고 있다. 이들 합의제 규제기관으로서 행정부서 소속 행정위원회의 예로서 노동위원회(노동부 소속), 최저임금심의위원회(노동부 소속) 등이 있다.

노동위원회는 "부당 노동행위에 대한 심사 판정을 비롯하여 노사관계의 공정한 조정을 기하고 노동행정의 민주화를 도모하기 위하여 설치된 행정기관이다." 즉 노사관계에서 발생하는 각종 노동문제를 신속하고 간편한 방식에 따라 해결방안을 모색하기 위하여 특별한 국가기관으로 설치된 행정위원회로서 그 기본적 특성은 첫째, 독립성을 갖는 행정기관이라는 점, 둘째, 노·사·공익 위원의 3자로 구성된 합의제 행정기관이라는 점, 셋째, 기능 수행방법이 법원의 역할 수행방식과 흡사하다는 점이다.

최저임금위원회는 최적임금에 관한 심의 및 기타 최저임금에 관한 중요한 사항의 심의를 위하여 노동부에 소속되어 있다. 최저임금위원회의 역할은 최저임금제에 관한 심의 및 재심의, 최저임금 적용산업의 직종별 구분에 관한 심의, 최저임금제의 발전을 위한 연구 및 건의, 기타 최저임금에 관한 중요 사항을 심의하는 일을 한다. 최저임금위원회는 행정위원회형의 규제기관으로서 노·사·공익을 대표하는 위원 각 9인씩(전체 인원 27인)으로 구성되어 있다. 노·사 양측의 의견이 대립되면 조정이 어려우므로 노·사로부터 독립적인 입장에서 의견을 제시하고 조정하는 공익위원회는 구성원들 9인 중 2인은 상임위원으로 하며, 위원장, 부위원장은 공익위원 중에서 심의위원회가 선출하게 되어 있다.

## 3 공기업

정부가 소유·운영하는 공기업은 개발도상국에서는 경제발전을 위한 중요한 수단이 되어 왔다. 많은 개발도상국은 물론 서구 선진국들도 에너지, 통신, 교통 등과 같은 공익산업 분야에서는 대부분 정부 소유 기업으로 운영하고 있는 것이 일반적이다. 개발도상국과 대륙법계통의 국가들은 이들 분야를 공공 소유에 의한 공공규제 방식을 통해 운영함으로써 공기업을 통한 규제를 용이하게 수행하고 있는 반면, 미국에서는 대부분 민간부문에 의해 소유되어 공공부문에 의해 규제되는 민간 소유에 의한 공공규제 방식을 택하고 있어 이들 분야에 대한 규제입법이 많이 제정·운영되고 있다.

민간 소유에 의한 공공규제 방식이란 독립적 규제위원회, 행정부서의 부속기관 또는 행정위원회 등과 같은 규제기관을 통해 민간이 소유해 운영하는 기업, 산업 등의 행태를 규제하는 것을 말한다. 이러한 규제방식은, 일련의 규제행정이 규제행정제도의 조직구조 내에서 이루어지며, 독립적 인적·물적 자원과 정보를 가지고 운영하는 것이 일반적이다. 이와는 달리 공기업을 통한 규제기능의 수행은 규제와 관련된 결정은 행정부서에 의해 이루어지고 실제적 집행기능만 공기업이 수행한다고 할 수 있다. 그 이유는 공공 소유(행정부서에 의한 공기업 소유·감독)에 의한 공공규제 방식(행정부서에 의한 공기업의 가격, 임금, 생산량 등 주요 정책사안에 대한 통제)을 채택하고 있기 때문이다.

공기업을 통한 규제를 논의하기 전에 공기업을 정의해 보면, 공기업이란 소유주인 중앙정부 또는 지방자치단체가 공공 목적의 수행을 위하여 기업적 성격을 가진 활동분야에서 설립하여 공공기관이 임명한 최고경영진의 지배 하에 투자에 대한 수익을 기본 운영 원칙으로 삼아 재화와 서비스의 형태로 생산한 산출물을 시장을 통해 판매하는 생산조직이라고 정의할 수 있다. 이러한 공기업은 규제, 육성, 개발, 사회 하부구조 확충, 공공서비스 제공 및 재정적 기능을 수행하고 있으며, 공기업적 성격을 갖기 위해서는 재정적 기능을 포함하여 그 외에 공공성 측면과 연관된 하나 이상의 기능을 함께 수행해야만 한다.

이와 같이 공기업이 그 기능을 수행하는 과정에서 규제와 육성을 포함한 광의의 규제와 관련된 업무를 수행하고 있다. 이는 '정부기관이 공공 소유에 의한 공공규제'

를 함으로써 '민간 소유에 의한 공공규제'를 통한 규제에서 실제로 성취할 수 없는 성과를 용이하게 달성하기 위해 공기업을 규제기관화하여 간접적으로 규제하는 방식이다. 민간기업의 활동이나 행위를 공공기관이 규제한다 하더라도 사적 이익의 추구를 목적으로 하는 기업의 모든 행위를 효과적으로 규제할 수 없다. 이로 인해 사회에 심각한 부정적 영향을 미칠 수 있을 때 공공기관은 이러한 분야를 공공부문으로 흡수하여, 공공기관이 추구하는 공적 목적에 부합하도록 공기업의 내부적 경영에 참여한다. 이로써 소비자인 국민에게 공기업이 생산하는 생산물을 지불할 수 있는 가격에 국민들이 필요로 하는 양만큼 질 좋은 서비스를 적절한 시기에 제공할 수 있도록 한다.

공기업이 규제기관이 되는 경우에는 규제행위가 공공부문에서 이루어진다는 점에서 다른 규제기관이 기업을 대상으로 하는 규제와는 다른 성격을 가지고 있다. 이러한 성격은 공공 소유를 통한 공공규제 방식이 좀 더 정확한 정보를 용이하게 수집할 수 있어 공익에 부응하는 규제가 가능하게 된다는 점이다. 민간 이해당사자가 제공하는 왜곡된 정보에 따라 규제업무를 수행할 경우 규제의 목적을 효과적으로 달성할 가능성이 적으므로 특정 산업에 대해 아예 공공기관이 투자·소유·관리하도록 함으로써 더욱 용이한 통제를 가능하게 하기 위한 것이다.

## 4 지방자치단체

업무의 성격상 지방자치단체 간에 외부효과가 없어 특정 지방자치단체의 의사결정이 다른 지방자치단체에 영향을 끼치지 않는 경우, 지방자치단체 간에 경쟁을 유발해 효율성을 제고할 수 있는 경우, 그리고 지방의 특성에 맞는 규제를 선별해 시행하는 것이 중앙정부에 의한 획일적인 규제보다 효율적인 경우에는 지방자치단체가 주체가 되어 규제기관으로서의 역할을 수행할 수 있다. 중앙집권적인 행정의 형태를 바꾸어 지역 실정에 맞는 분권화 정책과 이를 뒷받침할 수 있는 조례제정 등을 통해 지역주민을 위한 보다 효과적인 행정 서비스가 제공되도록 해야 할 것이다(김재홍·홍성종, 1993: 63).

중앙정부의 권한이 지방자치단체로 이양될 수 있는 근거는 한국 헌법에도 잘 명시되어 있다. 헌법으로 지방자치를 보장하고 있으며 이 단체의 조직과 구체적인 운영사항에 대해서는 지방자치법에 의해 법률로 정해져 있다. 지방자치단체의 구성은 광역

지방자치단체와 기초지방자치단체로 나눌 수 있다. 그 중에서 광역지방자치단체는 특별시, 광역시, 도의 경우에 해당되며 기초지방자치단체는 시, 군, 구의 경우를 의미한다. 광역지방자치단체와 기초지방자치단체를 아울러 각각의 지방자치단체는 의결기관과 집행기관으로 나뉜다. 의결기관은 지방의회를 의미하는데 시·구·군·도의회로 불린다. 또 실질 업무를 처리하는 집행기관이 존재하는데 집행기관은 지방자치단체의 장, 그 외에 지방자치단체의 장을 돕는 보조기관, 소속행정기관 등을 말한다.

지방자치단체는 자신이 가진 권한에 의해 자율적으로 운영하고 있다. 이 단체가 가진 권한으로는 각 지역의 실정에 맞는 조례의 제정과 개폐를 할 수 있도록 자치입법권, 자치조직권, 자치행정권, 지방세 과징 등의 업무를 담당하고 지방의 재정을 필요에 맞게 사용할 수 있는 자치재정권, 재산관리권 등이 인정된다. 이를 바탕으로 지방자치단체에서는 지역 살림과 관련된 여러 분야의 일에 관여하고 있다. 구체적으로 지방자치단체의 업무를 보자면, 지역의 안전을 지키고, 교육·문화의 질을 향상시키려 노력하며, 사회복지 개선을 위해 여러 가지 서비스를 제공한다. 또한 공공시설의 관리 등을 통한 지역의 개발을 위해 노력하고 농업·수산업·관광업 등의 지역 산업경제의 개발에도 지방자치단체가 참여하고 있다. 이 외에도 지방자치단체는 지역의 발전과 각 지역에 거주하는 주민들의 복지를 위해 많은 업무를 담당하고 있는데 이렇게 함으로써 중앙정부에 의한 규제보다 더 신속하게 사무가 처리되고, 각종 규제들이 지방 특성에 맞아 규제의 융통성도 늘어나며 과도한 규제로부터 일반 국민들이 입는 피해가 줄어드는 효과를 볼 수 있다.

이상과 같이 중앙정부에 의한 획일적인 규제보다 지방자치단체인 광역자치단체와 기초자치단체가 지방의 특성에 맞게 규제를 실시하는 것이 보다 효율적인 경우에는 지방자치단체가 주체가 되어 규제를 실시하는 것이 바람직하다. 따라서 규제행정의 다양한 활동과 구조에 비추어 볼 때, 규제행정이 단지 중앙정부 차원에서만 수행될 수 있다고 보는 시각은 잘못된 것이라 할 수 있다.

## 5 민간단체

정부는 특정 분야에서 규제를 직접적으로 관장하여 수행함으로써 나타나는 비효율성을 배제하고 업무의 전문성을 제고하기 위해 전문성을 가진 민간단체에 규제업무를 위탁 내지 이양하여 민간단체로 하여금 자율적으로 규제를 실시하도록 하는 경우도 있다. 이러한 경우처럼 민간단체가 규제기관이 되어 자율적으로 규제를 실시하는 것을 자율규제라고 한다.

자율규제를 시행하는 민간단체는 다양한 분야에서 존재하지만 그 중 예를 들면 대한변호사협회, 대한의사협회, 대한약사회 등이 있다. 대한변호사협회는 인권옹호사업 등 많은 공익적 기능을 수행하는 단체로서 그러한 업무를 효과적으로 수행하기 위하여 전국의 모든 변호사들을 회원으로 가입하게 한다. 이렇게 해서 변호사들이 인권옹호사업, 사회정의 실현을 위한 정부정책의 감시, 법률 문화 창달, 변호사 연수 교육, 의뢰인 보호 등의 활동을 효율적으로 할 수 있도록 한다. 특히 변호사 단체 스스로가 변호사 윤리장전을 제정하고 그 규칙을 준수하게 하여 사회정의를 실현하고 변호사로서의 명예와 품위를 유지하도록 노력하고 있다. 바로 이러한 부분들이 민간단체가 자율규제를 하는 양상이며, 이를 통해 변호사 집단 업무의 전문성을 높여 사무의 효율성을 높일 수 있다.

대한의사협회는 의사들이 그들의 활동의 자율성을 부과하고 보다 나은 의료제도와 의료체계를 구축하기 위하여 만든 단체이다. 이 단체에서는 의사 윤리 지침을 만들어 그들 스스로 지킬 수 있도록 하고, 국민의 복지를 증진시키는 의료정책을 연구, 수립하며 국민의 건강상태를 개선하는 공익활동 등에서 자율적으로 수행하고 있다.

이 외에도 많은 민간단체들은 그들 활동의 자율성을 부여받아 그들의 행동을 스스로 규제하고 규제대로 잘 지켜지는지 감시활동을 꾸준히 행하고 있다. 만약 이들이 자율규제를 위반하게 되면 그들이 속한 단체에게 장기적으로 손해를 입힐 수 있으므로 단체의 모든 구성원들이 상호 경계·감시 활동을 하기 때문에 오히려 어떤 부분에서는 정부의 규제보다 더 엄격해질 수 있다. 그러나 민간단체의 자율규제에는 공평성 한계의 문제가 남아 있다. 민간단체 스스로 규제기준을 정할 경우, 사회 전체의 이익보다 단체의 이익을 옹호하는 방향으로 기준을 정하게 되면 독점 및 불공정 거래의 가능성을 안게 된다.

또한 자율규제를 위반한 경우에 대한 벌칙이 미미할 경우, 조직 구성원들이 규제사항을 잘 지키지 않게 되어 규제의 실효성이 약해질 수 있다. 따라서 정부는 민간단체의 자율규제 측면을 꾸준히 감시하여, 규제가 잘 이행되는지 확인해야 할 것이다. 또한 자율규제의 기준을 정하는 과정에서 시민의 적극적인 참여를 유도하여 공평한 규제기준을 정할 수 있도록 해야 한다. 그리고 자율규제의 기준을 정하는 데 있어서 대기업의 과도한 영향력 행사를 제한하고 기술·설계 등 내역기준보다 실행성과기준 방식을 적용한다면 자율규제의 효율성이 더욱 증가될 것이다(최병선, 2002: 405-409).

# 제10장 규제수단

규제의 목적을 달성을 위하여 규제기관이 선택할 수 있는 규제수단은 크게 직접적 규제수단, 간접적 규제수단, 제3의 규제수단으로서의 행정지도 등 세 가지 유형으로 분류할 수 있다. 이 중 직접적 규제수단은 지시, 기준 설정, 사전 승인 등의 형태로 수행되는 것으로서 근거법을 마련하여 이에 명시되어 있는 규칙에 따라 시행되는 것이다. 즉 '해야 할 행동선택'을 제시하거나 '해서는 아니 될 행동선택'을 지정하여 그 외의 다른 행동선택을 하지 못하도록 강제하기 위한 것이다. 한편 간접적 규제수단은 직접적 규제수단처럼 규칙을 설정하여 그에 구속되도록 하는 강제적 조치에 의하지 않고, 규칙에 간접적으로 의존하여 국민과 대등한 입장에서 개인이나 기업의 행동선택에 개입하는 것으로서 유인(誘因), 지원 등의 수혜성을 통해 수행하는 것이다. 간접적 규제수단이 갖고 있는 수혜성은 규제대상자의 선택대안이나 선택대안과 관련한 특성을 변경하거나 또는 인식의 변화를 초래함으로써 정부가 설정한 방향으로 유도·발전시키기 위한 것이다. 마지막으로 행정지도는 직접적 규제수단이 갖고 있는 강제성이나 간접적 규제수단이 갖고 있는 수혜성을 그 내용으로 하지 않고, 규제대상자의 자의적 판단이나 결정에 따라 그 행동선택을 일정한 방향으로 유도하기 위해 시행하는 것으로 정부가 민간 경제주체의 경제적 활동을 지도하는 행위를 총칭하는 것이다.

# 제1절 | 직접적 규제수단

직접적 규제수단은 규제를 시행하기 위한 규칙과 기준을 설정하여, 이에 따라 형성·발생하여야 할 행위는 의무화하고, 금지·위축·방지하여야 할 행위는 제한하기 위해 이들 행위를 구체적으로 규정하여 시행하기 위한 것이다(박윤흔·정형근, 2009: 612-619). 또한 규제기관의 판정행위에 따라 일정한 요건을 갖춘 경제주체를 대상으로 특정 행위를 할 수 있도록 이를 심사해 허용하는 것을 말한다.

## 1 명령·통제 등 직접 법령

명령·통제는 정부의 권력을 근거로 규제대상자가 일정한 행위를 하도록 의무화하거나 금지하는 것과 같이 강제적인 방법으로 수행하는 규제수단을 말한다. 이를 위해 우선 규제의 법적 근거가 되는 법령을 만들고, 직접 법령에 따라 규제하는 것으로서 직접적으로 국민에게 구체적인 의무를 부과하거나 금지한다. 의무 부과형태의 직접 규제는 일정한 요건에 해당하는 국민에게 행정 주체에 대한 의무를 부과하는 것으로서 양곡의 정부에의 매도의무 부과, 가격표시 등이 있다. 환경규제의 예를 들어 설명하면, 정부가 오염배출 물질을 줄이기 위한 정화기술을 의무화하는 경우이다. 금지형태의 규제는 개인 간에 행해지는 사법상의 경제적 거래에 형성적으로 개입하는 것으로서 이러한 규제에 해당되는 예로 고시가격을 초과한 거래의 금지, 폭리를 위한 매점의 금지 등이 있다.

## 2 행정처분

법령에 근거하여 규제기관의 개별적 판정에 따라 특정 분야에서 활동할 수 있는 자격을 부여해 시행하는 규제를 말한다. 이러한 행정처분에 의한 규제의 예로 면허, 인허가, 특허 등을 제시할 수 있다. 이들을 각각 살펴보면 다음과 같다(박윤흔·정형근, 2009: 417-420).

### 1) 면허

경제활동에 필요한 정보를 개인이 입수하거나 파악하기 어려운 경우, 개인의 실수가 커다란 비용이나 위험을 초래할 수 있는 경우에 정부가 이로 인한 피해로부터 개인을 보호하기 위한 적절한 조치를 취하는 것이 바람직하다. 이러한 조치의 하나로써 특정 업종이나 직종에서 도입되고 있는 면허는 여러 가지 형태로 운영되고 있다. 이 중 극단적인 형태로서의 법정면허는 주로 의사, 약사, 변호사 등 전문 직종에 종사하는 사람에게 발급되는 것이다. 이러한 면허는 특정 업종이나 전문 직종에 종사하려는 사람에게 요구되고, 면허 없이 이러한 직종이나 업종에서 활동을 하는 사람에게는 민사 또는 형사상의 제재가 취해진다. 정부는 국가시험을 실시하거나 그렇지 않으면 능력을 검사하여 이에 통과하는 사람에게만 자격증을 발급한다. 소비자들은 자격증을 보유하고 있는 사람을 선택하여 마음 놓고 서비스를 받을 수 있는 기회를 가질 수 있다.

면허를 통한 규제의 목적은 국민 개인의 건강과 안전을 보호하거나 경제적 손실을 방지하고, 사회에 미치는 외부비용효과를 방지 또는 감소시키기 위한 것이다. 따라서 면허를 발급할 때 고려해야 할 요인으로 업종 또는 직종의 복잡성, 정보 해득의 난이도, 잠재적 피해의 규모, 외부비용효과의 가능성 등을 고려해야 한다. 이들 요인이 크면 클수록 생산 또는 서비스 제공 과정과 관련해 세부적인 것까지 구체화함으로써 면허요건을 엄격하게 적용해야 할 필요가 있다. 즉 소비자가 정보를 평가하기 어렵거나, 외부비용효과가 발생할 가능성이 크거나 소비자의 실수가 초래할 수 있는 비용이나 위험성이 크거나, 업종이나 직종의 성질이 복잡한 분야에서는 법정면허를 채택하는 것이 바람직하다는 것이다.

### 2) 인 · 허가

재화와 서비스의 생산 또는 공급 과정과 관련한 세부적인 것까지 구체화해 시행할 필요가 있는 법정 면허와는 달리, 위험성과 외부비용효과가 적고 재화와 서비스의 성격과 그 생산과정이 단순해 소비자가 이해하기 비교적 용이한 경우에는 민간의 자율적 인증제도나 시장에 자유로운 의사결정에 맡기는 것이 보다 바람직한 선택대안이 될 수 있다. 법정면허가 요청되는 분야와는 달리 엄격한 면허요건이 요구되지 않는 경우에는 인증서만이 요구되며, 이러한 분야에서는 면허제도의 일종인 인 · 허가제도가 시행될 수 있다. 이들의 중간적인 형태로서, 법정면허가 요구되기는 하지만 실행성과를 평가하는 데 적은 비용이 드는 경우에는 설비 내역, 교육수준 등과 같은 면허요건을 구체화해 면허발급 여부를 결정하는 것이 아니라 일정한 수준의 실행성과를 입증할 수 있는지를 근거로 면허발급 여부를 결정하는 인·허가제도가 있다. 이는 생산물과 생산과정에 세부적으로 적용시키는 내역기준과 대조되는 실행 성과기준을 책정하여, 이에 따라 자격증의 부여 여부를 결정하는 것이다.

이 제도는 새로운 기술의 도입을 가능하게 하고 상이한 상황에 따라 바람직한 결과를 얻을 수 있는 가장 좋은 방법을 개발할 수 있도록 한다는 점에서 그 중요성이 평가되고 있다. 그러나 법정면허와는 달리 인·허가는 인증서만 요구되는데, 이 경우 인증서의 유무는 단지 특정 서비스를 제공할 수 있는 능력이나 자격을 가지고 있는지를 알려주기 위한 것에 불과하다.

인가와 허가의 차이는 전자는 법률에 의하여 규제기관의 승인이 개인의 법률행위의 유효요건으로 되어 있는 경우에 규제기관이 개인의 법률행위에 승인을 부과하여 그것을 유효하게 하는 것을 말하고, 후자는 법령으로 금지하고 있는 행위를 규제기관이 해제하여 개인이 그 행위를 할 수 있도록 허용하는 것을 말한다. 인가의 예로서는 자동차 운송사업의 운임 및 요금의 인가 등이 있고, 허가의 예로서는 수출입의 허가, 외국환 업무의 허가, 보험업의 허가, 토지매매의 허가 등 개인의 행위에 대한 허가 등이 대표적이다.

### 3) 특허

특허(特許)는 일정한 개인의 행위를 국가적 사업으로 하여 그 행위를 수행할 수 있는 권리를 국가가 가지고 있다고 전제하고, 특정한 경우에 행위 수행권을 일정한 자에게 부여하는 것을 말한다. 예를 들어, 새로운 약품을 발명한 제약회사가 정부에 특허권을 신청하면, 정부는 이를 심사하여 이 약품을 새로운 발명품으로 인정해 이 회사에 특허권을 부여할 수 있다. 그러면 이 회사는 일정한 기간(미국의 경우 20년간) 독점적으로 이 약품을 생산·판매할 수 있는 권리를 확보해 제품을 높은 가격에 팔 수 있고, 이로 인해 높은 이윤을 보장받게 함으로써 정부는 사회적으로 바람직한 개인의 행동을 유발할 수 있다. 개인에게 특정 재화나 서비스를 독점적으로 생산·판매할 수 있는 권리를 부여하면 당사자들은 새로운 재화나 서비스를 보다 열심히 연구·개발할 유인이 발생한다. 따라서 특허권을 인정해 주는 것은 사회적으로 득과 실이 있다. 즉 창의적 활동이 장려된다는 점에서는 사회에 이득을 가져오지만 독점적 지위를 줌으로써 독점가격 형성을 가능하게 하여 사회에 경제적 순손실을 가져온다는 것이다(김경환, 김종석: 2009: 376-377).

## 3 기준설정

기준설정에 의한 규제는 개인이나 기업이 지켜야 할 기준이나 달성해야 할 기준을 설정하여 이러한 기준을 충족시키지 못할 때 개인이나 기업의 행위를 통제하기 위해 시행하는 것이다. 기준설정에 의한 규제는 법령에 기준을 구체적으로 명시하여, 이러한 기준을 충족시키지 못하는 행위는 행정명령의 대상으로 규제된다. 법령을 근거로 규제된다는 점에서는 법령에 따른 규제에 해당하지만 기준을 설정하여 이를 근거로 규제한다는 특성을 가지고 있으므로 여기에서는 직접적 규제수단의 한 유형으로 분류해 논의하려고 한다.

### 1) 기준설정의 유형

#### (1) 비교기준

비교기준은 규제대상 행위 또는 생산물이 기준으로 제시된 일정 수준이나 절대적 가치에 얼마만큼 부합되는지 비교하여 평가하는 데 사용된다. 이와 관련해 환경기준에 이용될 수 있는 것으로 허용기준과 수용기준을 들 수 있다. 허용기준은 일정한 지역의 환경이 최대한 수용할 수 있는 오염집중도를 의미하며, 수용기준은 특정 오염물질이 환경에 미치는 영향을 평가해 이에 대한 책임을 지게 하는 시도에서 시행되는 기준이다.

#### (2) 내역기준제

내역기준은 조정 또는 통합기준이라고도 불린다. 이것은 규제대상 주체나 그 활동이 전체적으로 작용하기 위한 연결 부분으로 사용되거나 또는 한 생산물이 효능을 갖게 하는 데 필수적이거나 그 용도에 적합한 것을 구체적으로 지정하여 이러한 지정된 기준에 따르도록 하기 위한 것이다. 이러한 기준의 예로서 공해 업체의 환경오염 방지시설 또는 처리시설, 자동차의 배기가스를 줄이기 위한 엔진 규격 또는 부착장치, 환경오염을 유발하는 생성과정에 투입되는 원료, 중간재의 성질이나 재질에 관한 기준 등을 들 수 있다. 선로의 높이, 자동차의 설계, 오염통제 장치와 같이 생산이나 소비과정의 속성을 구체화하는 기준인 내역기준을 설정하여 집행하는 것이다.

내역기준은 무엇이 어떻게 되어야 하는지를 구체적으로 지정함으로써 기업이 가장 효율적인 방법을 선택할 수 있는 기회를 제한한다. 제조과정에 대한 통제가 제대로 이루어지지 않을 때 초래할 위험성이 매우 크거나 또는 생산물의 안전성이나 효과성을 보장하는 데 확신이 서지 않을 때에는 내역기준제를 도입하는 것이 바람직하다. 그러나 내역기준제는 비용을 동반하게 되어 생산자가 처음에는 규제순응비용을 부담하지만 궁극적으로 소비자에게 전가되고, 생산과정의 내역을 구체화하는 것이 결국 기술혁신을 더디게 하거나 저해할 수 있다는 단점이 있다. 따라서 내역기준제는 요구되는 제품의 생산과정을 감독하는 데 높은 비용이 들거나 기술혁신에 미치는 파생효과가 미비한 경우에 선호될 수 있는 것이다. 만약 제품의 제조방법이 안전하다는 일반적 합의가 있고 이러한 방법이 바람직한 결과를 초래할 수 있다면 내역기준 설정제는 유용한 것이 될 수 없다.

그러나 소비자 취향의 패턴이 비교적 일정하여 기술혁신과 제품의 다양화에 대한 요구가 크지 않으므로 소비자의 수요가 안정적이고, 단순한 기술로도 소비자 선호를 충족할 수 있는 경우에는 기술혁신에 미치는 내역기준제의 부정적 효과는 미비할 것이다. 마찬가지로 소비자 취향이 비교적 동일할 때 내역기준제는 경제적 해악의 가능성을 낮출 수 있는데, 그 이유는 제품의 종류가 제한되어 있기 때문에 소비자가 그 내용을 파악하기 용이하므로 소비자에게 발생되는 손실이 적어질 수 있기 때문이다. 그리고 다양한 등급의 제품을 생산하는 데 드는 비용에 차이가 적다면 소비자 피해의 가능성은 더 낮아질 것이다. 이러한 경우에 소비자는 비용이 적게 든 생산물을 택한다 하더라도 안전한 생산물의 구입이 가능하게 된다.

### (3) 실행성과기준제

실행성과기준은 통제기준이라고도 하는데, 통제기준이라고 한 이유는 규제될 대상과 관련하여 질의 수준이나 실적 수준을 설정하여 이에 따라 통제가 가능하도록 하기 위한 것이기 때문이다. 이러한 표준은 규제를 통한 개입을 하기 위하여 사용되는 것으로 근본적으로 규제하기 위한 기준이라 할 수 있다. 수질오염 통제에서 설정된 배출기준을 예로 들 수 있다. 이것은 오염 배출자가 최종적으로 달성해야 할 환경기준을 설정하여 이의 달성방법은 규제대상자에게 일임하는 방법이다. 현재 한국에서 환경오염과 관련하여 실시하고 있는 대표적인 기준은 대기환경 기준과 수질환경 기준을 들 수 있다. 환경규제의 기본법이라고 할 수 있는 환경정책기본법에서는 "정부는 국민의 건강을 보호하고 쾌적한 환경을 조성하기 위하여 환경기준을 설정하여야 하며, 환경 변화의 여건에 따라 그 적정성이 유지되도록 하여야 한다."고 규정하고 있다.

이처럼 실행성과기준제는 달성해야 할 실적기준을 설정하고, 이러한 기준을 달성하기 위한 방법을 선택할 수 있는 자유는 생산자에게 맡김으로써 효율적으로 기준 달성에 기여할 수 있게 한다. 실행성과기준으로서 리터당 자동차 주행거리(연비)나 배기가스의 배출기준과 같이 요구되는 성취도 또는 수준을 지정함으로써 이러한 규제수준을 실행하는 데 가장 편리한 방법과 효율적인 수단을 채택할 수 있도록 하거나 역효과를 최소화할 수 있는 방법을 선택할 수 있는 자유를 기업에 허용하여 집행되는 것이다. 이와 같이 실행성과 기준설정제는 일반적 유인책을 통하여 도모할 수 있는 신축성과 같은 유사한 효과를 초래할 수 있다.

### 2) 기준설정제의 특성

기준설정제를 도입할 때는 그 성공적인 운영을 위해 효과적인 제재 및 집행장치를 마련하는 노력이 매우 중요하다. 만약 설정된 기준을 이행하지 않을 때 부과되는 형벌이나 벌금의 수준이 아주 낮으면 기준을 이행하려는 유인이 적어지기 때문이다. 또한 검사하는 횟수가 적고, 검사가 부정확하고 부적절하게 수행되며, 적발된 위반행위에 대한 벌칙이 대수롭지 않을 때는 기준이행가능성이 낮아질 것이다. 즉 이행에 대한 유인을 거의 제공하지 않는 벌칙은 사고 방지에 전혀 또는 거의 영향을 미치지 못할 것이다.

기준설정은 생산물과 생산 또는 제조과정에 따라 상이한 내용으로 이루어진다. 한 예로, 식료품의 안전성과 신선도를 높이기 위한 기준설정은 제조과정과 관련 있는 설비, 재료, 조리기간, 작업장 상태 등과 같은 것을 대상으로 하고 있으며, 정해진 기준에 따라 식료품이 생산되지 않으면 불량식품으로 간주되어 기준을 위반한 제조업체는 민사상 또는 형사상의 책임을 지게 하는 것이 일반적이다.

## 제2절 | 간접적 규제수단

간접적 규제수단은 국가가 강제적 수단에 의하지 않고 국민과 대등한 입장에서 경제에 개입하여 국가정책 실현의 견지에서 경제의 동향을 일정한 방향으로 유도하는 작용을 말한다. 간접적이라는 용어를 사용한 이유는 강제성을 수반하는 것이 아니라 수혜성의 수여 여부에 의존하여 간접적으로 규제목적 달성을 위해 시행할 수 있는 규제수단이라는 의미를 제시하기 위한 것이다. 이러한 규제수단으로는 크게 유인책, 부담금, 정보 제공 등이 있다.

## 1 유인책

여기에서는 전통적인 직접적 규제방식에 대한 대안으로 기업과 개인의 특정 행태를 유발하기 위해 선택할 수 있는 유인책들 중에서 직·간접적 보조, 금융지원, 조세 지불 유예, 감세와 면세 등을 소개하고, 그 특성 및 효과에 관해 논의하려고 한다. 이들 유인책은 경제주체의 결정이 사회적 목표 달성에 적합하도록 유도하기에 적합한 경제적 환경을 조성·촉진시키려는 의도에서 강구되는 것이다.

### 1) 보조금

보조금이란 기술 변화, 수요변동, 불경기 등 기업의 통제 범위를 초월한 요인으로 경제활동이 원활하게 이루어지지 않을 때 또는 국민경제에 긍정적 효과를 초래할 것으로 인식되는 경제주체에 제공되는 것이다.

보조금은 예산편성 과정에서 우선순위에 포함시키기에 수월한 특성을 가지고 있으므로 정부가 사용할 수 있는 용이한 규제수단이다. 보조금은 직접소득과 비용에 영향을 미침으로써 더 많은 소비와 수익을 가능하게 한다. 소득증대라는 해택 때문에 경제주체는 더 많은 보조금을 받으려고 노력한다. 원칙적으로는 기업이 국민경제나 사회적 측면에서 발생하는 경제 외부편익의 효과에 대하여 보상해 줌으로써 사회 적정수준의 재화와 서비스를 국민에게 제공하기 위한 것이다. 그러나 적정수준을 초과한 과다한 보조금의 지급은 정부 수혜적 성격을 강하게 가지고 있어 문제가 되기도 한다.

#### (1) 직접보조금

직접보조금은 가시적 형태를 가지고 있는 간접적 규제수단의 하나로 사용되어 왔으며, 이것은 또한 규제를 필요로 하고 확대시키는 요인으로 작용한다. 보조금 사업의 범위는 노약자 및 빈곤층에 대한 의료 서비스를 제공하는 데 소요되는 재원의 지원, 농산물의 가격 지원을 위한 양곡관리제도, 각종 보험 등 위험성을 흡수하여 사회화하려는 사업까지를 포함하여 매우 광범위하다. 이들 사업은 시장에서 자율적으로 결정되는 것과는 달리 정부가 재화와 서비스의 가격이나 수량을 결정하려고 한다는 점에서 넓은 의미의 규제로 분류할 수 있다.

직접보조금은 정부가 가시적인 형태로 특정 집단에게 수여하는 현금, 신용 및 실물과 같은 여러 가지 형태로 제공하는 편익이다. 신용보조는 시장금리보다 낮은 이자율의 대부, 정부차관 보증 등을 포함하고 있고, 실물 보조는 식료품, 주택, 의료 서비스, 우편 서비스 등과 같은 형태의 재화와 서비스를 무료 또는 저렴한 가격으로 제공하는 것을 말한다 (JEC, 1974: 14).

### (2) 간접보조금

간접보조금은 간접적으로 주어지기 때문에 세출예산이나 조세지출 예산 어디에도 나타나지 않는다는 의미에서 비가시적이라고 할 수 있다. 그 외에 다른 유형의 간접보조금은 진입제한으로 발생할 수 있는 혜택의 형태로 주어지기도 한다. 한 예로 시장진입을 제한하면 경쟁시장에서 형성되는 가격보다 높은 가격을 책정하여 판매할 수 있고 이에 따라 더 높은 수익이 보장될 수 있다.

간접보조금은 기업이나 개인을 대상으로 이루어지므로 직접적인 것처럼 보일 수 있기 때문에 '간접적'이란 용어를 붙여 정의하는 것이 타당하지 않을 수도 있다. 그러나 간접적 보조금의 예를 들면, 정부가 재고를 확보하기 위해 시장보다 높은 가격으로 물자를 구입하면 물자를 판매한 기업은 정부로부터 간접적으로 보조금을 받게 되는 셈이다. 다시 말해 공공정책의 수행을 위한 정부 구매행위를 통해 편익을 주려고 의도했던 집단이 아닌 다른 집단에게 편익이 주어진 경우에 이를 간접적 보조금이라고 할 수 있다.

간접보조금은 또한 특정 시장을 보호하기 위해 경쟁을 제한하는 형태로 제공될 수도 있다. 특정 산업에 대한 보호는 경쟁제한 효과를 가지고 있으며, 이로 인해 경제적 이득을 얻게 되면 그만큼 보조금을 받게 되는 셈이 된다. 이러한 형태의 간접보조금은 특정 산업에 종사하는 근로자의 경제적 복지를 증진시키기 위해 채택될 수도 있고 경제발전에 기여할 것으로 인정되는 산업을 육성할 목적으로 수행되기도 한다.

#### ① 공공 서비스의 제공

공공자원과 마찬가지로 공공 서비스도 부(富)의 원천이 될 수 있다. 이들 중 어떤 것은 분명히 사업적 가치를 가진 것도 있다. 위생, 소방, 대중교통 등 국민들의 일상생활이나 기업과 산업의 생산적 활동을 간접적으로 지원하는 것들이 이에 해당된다. 특히 정부에 의한 연구개발과 정부가 가지고 있는 노하우를 민간 경제주체로 이양하는 것은 서비스를 통한 정부보조의 일종이라고 할 수 있다. 가장 중요한 공공 서비스인 고속도로, 항만, 공항 등은 개인이나 기업들이 경제활동이나 일상생활에 가치 있는 것들이다. 정부의 재정지출이나 정부투자로 설립된 공기업 등 공공기관이 제공하는 이러한 유형의 정부 지원은 은닉성이 강해 비가시적인 형태를 띠고 있는 것이 특징이다. 이러한 이유로 공공 서비스를 제공하는 데 드는 최종 부담은 궁극적으로 국민 전체에 귀착되는 반면, 특정 집단이나 기업에게 그 편익이 집중된다는 사실이 간과되기 쉽다.

교통산업을 예로 들면, 해운업자들은 정부가 자본을 투자하여 개발한 해로(海路)를 이용하고 있지만 정부는 이들에게 통행료를 부과하지 않고 있다. 승용차들은 정부가 건설한 고속도로를 이용하고 있지만 이용자들이 내는 면허세, 자동차세, 연료세, 통행세 등의 형태의 수익자 부담만으로는 고속도로의 건설과 유지에 소요되는 비용을 완전히 충당할 수 없다. 이러한 경우에는 사회간접자본의 사용으로 발생된 실제 비용을 산정하는 것은 어렵지만 여하튼 투자비용을 충당하지 못한 금액만큼 이용자에게 보조금을 주는 것과 마찬가지 결과를 가져온다. 그리고 이러한 형태의 보조금의 비용과 편익을 추정하기란 쉬운 일이 아니다. 그러나 비용 발생원에 따라 비용 발생 가능 규모를 서열화 또는 등급화하는 것이 가능하므로 이에 따라 비용을 부담시킬 수 있는 경우도 있다.

② 공공자원 이용의 허용

국민경제를 구성하고 있는 많은 자원이 공공에 의해 소유·운영되고 있다. 정부는 광물이 저장되어 있고, 산림이 조성되어 있으며, 위락시설의 운영에 이용할 수 있는 토지 등 가치 있는 자연자원을 소유하고 있다. 그 외에 수력, 항구, 고속도로, 버스 및 항공노선, 라디오 전파파장, 텔레비전 채널, 공공건물과 시설 등 많은 것을 소유하거나 관리하고 있다. 이들 공공자원의 이용을 기업이나 개인들에게 허용하는 것은 정부가 이들에게 보조금을 주는 것이나 마찬가지인 효과를 초래한다. 예를 들어 기업이 공유자원인 공기와 물을 마음대로 이용하면, 기업의 생산활동이 사회에 오염이란 외부비용을 초래하는데도 불구하고 그 비용을 부담하지 않는 경우가 비일비재하다. 그러나 그 비용이 오염배출 기업에게서 모두 충당할 수 없다면 그만큼 보조금을 주는 셈이 된다. 또한 방송산업은 희귀한 자원인 전파 파장을 이용하고 있고, 전력회사는 자연자원인 수력을 이용하고 있다. 그리고 선박과 항공산업은 공유자원인 항만과 공항을 이용하고 있으며, 원자력산업은 정부시설 및 노하우를 이용하고 있다.

간접적 보조금은 철도청과 대학에 대한 정부 소유토지의 증여처럼 실물로 주어지는 경우와 특정 사업자에게 연안 해상운송에 대한 독점권과 같은 법적 권리의 부여를 통하여 수입원을 제공하는 간접적인 형태로 주어지는 경우가 있다. 즉 정부는 이들에게 공공자원을 이용하여 소득을 벌어들일 수 있는 기회를 부여한다는 것이다.

항공교통 통제는 정부가 민간기업에게 수여하는 다른 형태의 간접보조금이라고 할 수 있다. 항공운항의 안전성의 확보라는 명제가 이 분야에서의 중앙집권적 통제방식을 정당화시키는 요인으로 작용하여 모든 공항의 항공통제제도는 정부 소유로 운영되는 것이 세계적인 추세이다. 그럼에도 불구하고 착륙세, 연료세, 공항세 등 항공 관련 부담금으로 거둬들이는 수입은 항공통제제도를 운영하는 데 소요되는 비용을 충당하지 못하고 있다. 결과적으로 항공사들은 활주로와 항공노선을 사용하는데 적정한 요금을 지불하지 않음으로써 상당한 보조금을 받는 효과를 갖게 된다는 것이다. 그 이유는 항공사로부터 거둬들이는 부담금이 항공통제제도를 운영하는 데 소요되는 실질적 비용을 반영하지 못하기 때문이다. 이러한 형태의 보조금은 정부예산에 반영해 있지 않지만 항공통제제도를 운영하기 위해 발생하는 실질적 비용이다.

③ 정부계약

정부계약은 정부가 유통과정에 개입하는 것으로 정부 스스로 또는 기금을 설치하여 특정 물자를 매입하거나 매출함으로써 그 수급의 조정 또는 가격의 안정을 도모하는 작용을 말하며, 그 예로 정부구매제도와 양곡관리제도를 들 수 있다. 또한 정부는 사회하부구조 등의 확충으로 국민경제 발전에 지대한 영향을 미치고 있으며, 민간기업들의 이해로는 직접 참여하기 어려운 분야에 많은 사업을 수행하고 있다. 따라서 정부사업 수행을 위한 계약제도에 입찰하는 계약자로서의 기업은 이익을 얻을 수 있는 기회를 갖게 된다. 즉 기업은 정부계약에 참여함으로써 정부 혜택을 받을 수 있다는 것이다.

예를 들어 방위산업에 참여하고 있는 기업과 정부 간에 계약이 체결되고, 기업에게 국방비 지출이란 명목으로 정부예산 중의 상당한 부분이 유출된다. 이러한 계약은 간혹 보조금과 유사한 성격을 가지고 있고 이에 따라 계약으로 손해를 본다는 것은 상상하기 쉽지 않다. 기업은 때때로 정부를 그들의 주요 수입원으로 삼아 정부와 긴

밀한 관계 유지를 통해 수입을 창출하려고 노력한다. 많은 기업들이 정부와 계약을 하기 위하여 경쟁적으로 입찰에 참여하는 것이 이를 입증한다 할 수 있다.

### 2) 금융지원

금융지원은 정부가 특별기금을 설치하거나 금고, 기금, 특수은행에 대한 출자·대부를 통하여 국책상 조성을 요하는 기업의 사업에 국가자금을 공급하는 것을 말한다. 기업에 대한 자금 공급은 대부의 경우도 있고, 보조금·채무보증 등 무상출연의 경우도 있다. 자금지원 행정은 국가의 재정투융자 비중이 커짐에 따라 규제의 유력한 수단이 되고 있다.

금융지원은 장기 저리대여, 대출금의 분할상환, 대출금의 원금과 이자의 상환 유예, 차관보증 등의 형태로 주어지는 것으로서 산업 육성적 목적을 달성하기 위하여 정부가 경제주체에게 주는 정부지원이다. 생산 규모가 적어 세제지원을 받을 수 없거나 자본시장에 쉽게 접근할 수 없는 기업을 선별적으로 지원할 수 있다는 데 장점이 있으나, 경제력이나 사회적 영향력 행사에서 중소기업보다 상대적으로 유리한 조건을 가진 대기업이나 산업에 집중적으로 지원될 소지가 많다는 데 결점이 있다. 금융지원은 특정 활동의 상대적 가격과 비용에 영향을 미침으로써 추가로 투자 지출을 가능하게 하며, 이러한 지출은 생산과정에서 직접적으로 실행되어 수익을 얻기 위한 추가 자원으로 사용된다.

### 3) 세제지원

직접보조금이나 금융지원보다 덜 가시적인 형태의 간접적 규제수단으로 이용될 수 있는 세제지원은 조세감면, 면세 등의 조치를 강구하여 일정한 방향으로 경제활동을 조장하는 수단으로서 수혜자의 수익 및 소득에 직접 연결됨으로써 수혜자에게 경제적인 이득을 제공한다. 세제지원은 그 내용이 입법부나 일반국민에게 쉽게 노출되지 않을 뿐만 아니라 그 금액의 추정이 용이하지 않기 때문에 일반국민의 감지 또는 항의를 피할 수 있어 집행하기 용이하다(Surrey, 1970: 705-738)는 장점을 가지고 있다. 이에 따라 직접보조금이나 금융지원은 이를 경제활동에 이용하여 수입이 발생하면, 그 중의 일부가 국고로 환원됨으로써 정부예산의 증대에 기여할 수 있지만, 세제지원은 지원 성격상 최종적이기 때문에 수혜자를 일방적으로 유리하게 하는 경향이 있다. 이러한 이유에서 경제성장을 위한 자본축적보다 소득재분배 등 사회적 목적 달성에 상대적으로 보다 큰 비중을 두고 있는 미국에서는 '비영리 부분'인 교육, 보건

및 종교활동에 대한 투자의욕을 고취하기 위해 세제지원이 이루어지고 있다.[1)]

세제지원으로 나타나는 비용은 현금이나 실물로 제공되는 정부의 직접보조금으로 인한 예산비용과 유사한 성질을 가지고 있다. 이들 간에 차이점이 있다면 직접보조금이 기업의 이윤을 증대시키는 데 기여하는 경우에 처음에 보조된 지원금 중의 일부가 조세수입으로 정부에 반환될 수 있다. 한편, 조세부담의 감면이라는 세제지원은 이러한 효과를 초래하지 못하지만 과세로부터 면제된 금액이 기업에게 그 금액 이상의 소득을 창출할 수 있는 자원으로 사용할 수 있는 기회를 제공할 수 있다. 그 예로 법인세의 조정은 다양한 산업에서 이루어지는 투자 규모와 생산성에 영향을 미칠 수 있다. 마찬가지로 개인소득세의 공제나 납기 연기제도는 소비자의 소비에 대한 결정에 영향을 미치기 위해 사용할 수 있다. 또한 세제지원은 교육, 보건 및 종교계를 포함한 비영리 부문에서의 투자를 촉진하기 위해 사용할 수 있다. 이처럼 정부예산에 미치는 영향력의 차이 때문에 직접보조금이 매력적인 것으로 보일 수 있다. 그러나 세제지원과 직접 또는 간접보조금 간의 선택은 두 제도 간의 본질적 차이보다 오히려 정치적 신축성과 행정편의에 의존해 이루어진다.

보조금사업이나 직접규제를 통해 추구할 수도 있는 목표를 달성하기 위해 세제상에 혜택을 주는 방법이 채택될 수 있으며, 이러한 방법이 채택될 때는 기업 결정에 영향을 미칠 수 있는 것이라야 할 것이다. 그러나 보조금은 재화와 서비스 수준에 따라 주어질 수 있지만, 세제상의 지원은 보조금처럼 정확한 기준에 따라 제공하는 것이 어렵다. 다만 가능한 방법으로 채택할 수 있는 것은 바람직한 활동과 관련된 기업의 지출액에 대비하여 법인세 납부액을 감해 주거나 법인세의 납기를 연장시켜 주거나 감가상각비의 계상에서 혜택을 주는 방법 등이 있을 뿐이다. 그러나 조세부담을 거의 하지 않아도 되는 기업이나 개인이 있을 수도 있기 때문에 세제상의 혜택은 충분한 유인을 제공하지 못할 수도 있다.

조세지출과 같은 세제지원은 특정 활동에 대한 정상적인 조세징수로 거둬들일 수 있는 수입수준 이하로 조세수입이 감소된 만큼의 금액으로 측정될 수 있다. 이러한 세제지원은 상당한 금액에 달하고 있는 것이 현실이지만 직접보조금의 경우처럼 조세지출도 단지 예산지출액만을 나타내고 있을 뿐 조세지출 사업의 실질적 경제비용은 반영시키지 못하고 있다. 여하튼 조세상의 우대적 취급은 운영경비를 낮추게 함으

---

1) Joint Economic Commission, *Federal Subsidy Programs* (Washington D. C.: U. S. Government Printing Office, 1974). 이 자료는 미국 Joint Economic Committee의 소위원회인 Subcommittee on Priorities and Economics in Government의 사용을 위하여 작성된 Staff Study이다.

로써 새로운 기업의 참여를 촉진하고 생산 규모를 확대하는 계기가 될 수 있다. 그러나 새로운 기업의 참여와 생산 규모의 확대로 기업의 이윤은 떨어지고 기업은 불리한 상황에 직면할 수도 있다.

## 2 부담금

교통혼잡세, 환경오염부담금, 시내진입통행료 등은 조세, 부담금, 요금 등의 명목으로 경제적 부담을 줌으로써 사회에 부정적 영향을 미치는 요소를 최소화하기 위하여 시행하는 규제의 간접적 수단 중의 하나이다. 이들은 오염배출, 교통혼잡, 자원의 낭비, 부동산 투기 등 개인의 그릇된 동기로 초래되는 부정적 요소에 초점을 두어, 이러한 요소의 발생을 억제·위축·방지하여 그 영향력을 최소화할 수 있는 방법을 강구하여 이를 제도화한 것이다. 이 때에 중요한 것은, 부담발생요소를 너무 좁게 한정하여 이에 과도한 비용을 부담시키면 부담발생요소를 억제·방지하기보다 오히려 이를 방치하는 결과를 초래할 수 있다는 것이다. 따라서 기준설정이나 강제적 제재의 경우에서처럼, 규제를 통해 추구하는 목표치를 정확하게 설정하고, 목표치의 달성이 가능한 선에서 적정하게 부담률이나 부담액을 결정해야 한다. 이러한 제도를 도입하려고 할 때에는 실행성과기준제에서 보는 것처럼 오염배출 허용기준, 보건·안전기준 등 측정 가능한 목표치를 정해 이를 근거로 운영해야 한다.

부담금제도의 장점은 부담금이 부과되면 기업에게 부담발생요소를 경감하는 것이 수익적이라는 인식을 갖게 하는 계기를 마련할 수 있고, 특정 목표치의 달성을 위해 가장 효율적인 방법을 찾도록 유도할 수 있다는 데 있다. 이 제도는 특정한 방법에만 집착하지 않고 다각도로 가능한 방법을 모색하도록 할 것이다. 그 결과 부담금제도는 규제대상기업이 자발적으로 비용을 들여 부담발생요소를 경감하는 데 주력하도록 유도할 수 있다.

부담금제도는 개인이나 기업으로 하여금 부담금을 포함해 추가 생산에 드는 비용이 이로 인해 확보할 수 있는 추가적 편익으로 충당할 수 있는 한도 내에서 부담발생요소의 경감을 위한 조치를 취하도록 유도할 수 있다. 이러한 한도 이상으로 부담발생요소를 경감하려는 노력을 계속하면, 오히려 비용이 편익을 초과할 것이다. 또한 부담금이 전력, 노동력, 원자재, 임금 등처럼 직접 생산비용의 하나로 취급되면, 기업은 부담발생요소를 경감하기 위한 조치를 취하는 데 소요되는 비용과 부담금으로 내는 비용을 비교하여 경제적으로 유리한 방법을 선택하려고 할 것이다. 이 때 경감 노력을 위해 기업이 취할 수 있는 활동이나 조치는 경감시설의 설치 및 유지, 생산물 의장(意匠)의 수정, 제조과정이나 재료의 변경, 생산량의 감소 등 상당히 다양한 형태로 이루어질 것이다. 이러한 형태의 경감 노력은 모두 지출을 증가시키거나 또는 이윤을 감소시킴으로써 비용을 발생하게 한다.

부담금제도가 효과를 얻으려면, 기업이 경감 노력에 쓰는 비용과 부담금으로 내는 금액 간에 균형을 맞추는 방법이 필요하며, 이러한 방법을 [그림 10-1]과 같이 예시될 수 있다. [그림 10-1]에서 부담발생요소의 경감수준이 수평선을 따라 왼쪽으로부터 오른쪽으로 측정치로 제시하고 있다. 수평선의 가장 왼쪽에 표시한 점은 부담금을 전혀 부과하지 않은 경우에 가능한 경감수준을 나타낸 것으로서, 이 점은 편의상 경감이 전혀 이루어지지 않은 측정치인 0단위로 표시하고 있다. 한편, 부담금의 부과로 달성할 수 있는 최대경감 가능수준은 10단위로 표시하고 있다. 경감수준은 왼쪽에서 오른쪽으로 측정되고, 반대로 부담발생요소 수준은 오른쪽에서 왼쪽으로 측정된다. 완전한(100%) 부담발생요소 경감수준이 달성되었다는 가설적 상황에서 10단위의 부담발생요소가 제거되었다면, 반대로 경감수준은 0으로 감소하게 되고, 이 점은 수평선의 가장 오른쪽에 표시되어 있다. 마찬가지로 이들 두 점 사이의 중간점인 50%의 경감은 5단위의 부담발생요소가 제거되고 동일한 단위의 부담발생요소가 남아 있다

[그림 10-1] 부담발생요소 경감비용

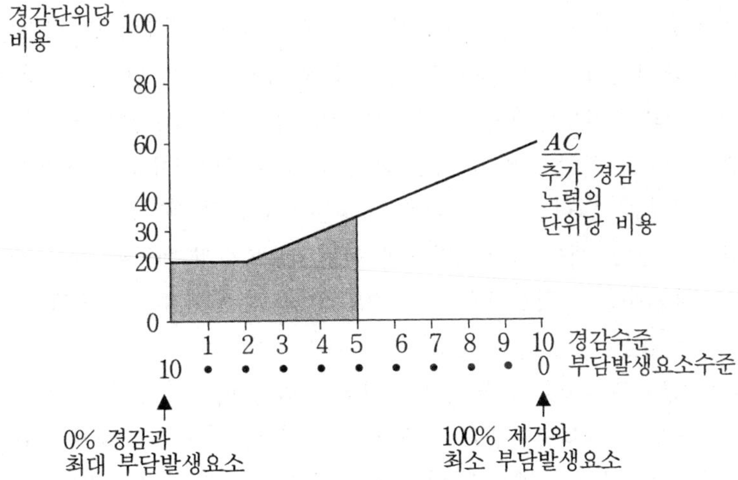

는 것을 의미한다.

[그림 10-1]에서 $AC$로 표시한 상향 경사곡선은 부담발생요소 경감에 소요된 비용을 나타낸다. 각 경감수준에서 이 곡선의 높이는 마지막 단위의 경감수준을 달성하는 데 소요된 비용인 추가적 경감비용을 나타내고 있다. 이 비용은 부담발생요소 경감수준이 높아지는 데 따라 급격히 증가할 것으로 가정하고 있다. 즉 $AC$곡선은 부담발생요소 수준을 10에서 9로 낮춘 첫 단위의 경감수준의 달성에 매월 20만원의 비용이 소요되고, 둘째 단위에도 같은 금액의 지출이 발생됨을 알 수 있다. 또한 그 이후에는 기업이 점점 비싼 경감방법을 택하게 됨에 따라 부담발생요소를 보다 낮은 수준으로 경감하는 데 더 많은 추가 비용이 발생한다는 사실을 제시하고 있다.

이러한 사실은 40%에서 50%로 경감수준이 높아지는 데 드는 추가비용이 매달 30만원과 35만원 사이에 이르는 한편, 경감수준을 70%에서 80%로 높이는 데 드는 추가비용이 45만원에서 50만원 사이라는 것을 제시하고, 이러한 내용이 [그림 10-1]에 표현되어 있다.

반대로, 부담발생요소 수준을 10에서 8단위로 낮추는 데 드는 총비용은 첫 단위 20만원에 둘째 단위의 20만원을 더하여, 총 40만원으로 모두 20%의 부담발생요소를 줄일 수 있는 것으로 나타난다. 따라서 부담발생요소 제거에 드는 총비용은 $AC$곡선 아래 부분이 될 것이고, 50%의 경감수준을 달성하는 데 소요되는 총비용은 [그림 10-1]에서 빗금친 부분으로 표시할 수 있다.

[그림 10-2]는 [그림 10-1]을 재작성한 것이지만, 매월 한 단위의 부담발생요소에 30만원의 부담금이 부과된다는 것을 가정하여 만든 것이다. 이와 같은 부담금제도에서 부담발생요소가 전혀 제거되지 않은 경우에는 기업은 [그림 10-2]의 $S$선으로 나타난 것처럼 10단위의 부담발생요소 각 단위에 대하여 30만원의 부담금을 지불해야 한다. 따라서 0의 제거수준에서 총부담금의 비용은 [그림 10-2]의 빗금친 직사각형으로 나타낼 수 있다. 만약 기업이 매월 한 단위의 부담발생요소를 제거하는 노력으로 30만원을 절약할 수 있다면, 그 금액은 사실상 부담금의 제거로 절약할 수 있는 총비용과 동일하게 된다. 예를 들어, 2단위의 부담발생요소의 제거를 의미하는 20%의 부담발생요소 제거수준을 확보함으로써 절약할 수 있는 부담금의 총액은 매달 60만원이 된다.

그러나 이 금액은 물론 $AC$곡선에 제시되어 있는 비용의 점증 현상을 고려하지 않고 있다. 추가 단위의 부담발생요소 제거는 [그림 10-2]에서 부담금의 금액을 나타내는 $S$선의 높이로 나타난 매월 30만원의 추가편익을 초래한다. 따라서 ($AC$의 높이

[그림 10-2] 부담금의 부담발생요소 제거

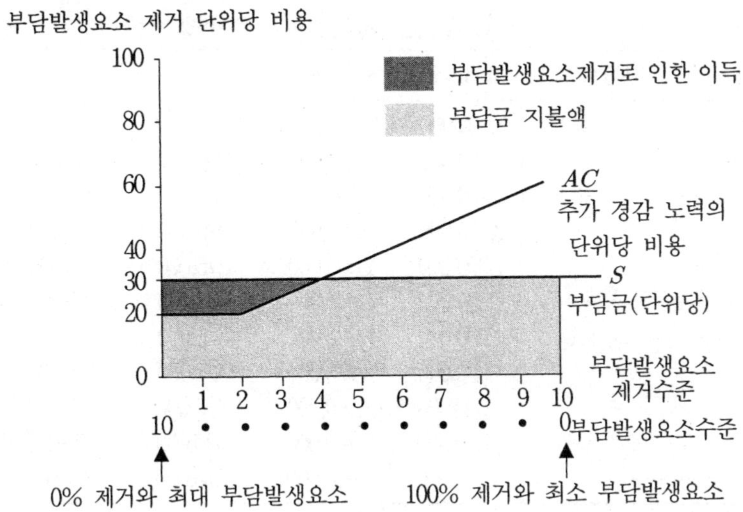


인) 추가 비용부담금이 (부담금선인 $S$의 높이인 매월 30만원만큼) 부담금 절약액을 초과하지 않는 한도 내에서 제거수준을 높임으로써 부담발생요소 제거로부터 얻는 총편익을 증대시킬 수 있다. 그러므로 기업은 추가된 통제비용($AC$)이 부담금에서 절약된 금액보다 더 커지기 시작하는 선까지 제거수준을 높임으로써 경제적 이익에 최선으로 기여하려고 할 것이다. [그림 10-2]에서 보면, 기업의 이윤동기가 부담발생요소를 40%까지 제거시키는 요인으로 작용한다고 할 수 있다. [그림 10-2]의 검은 부분이 이러한 전략으로 기업이 얻은 순이득을 나타내고 있다.

<표 10-1>은 다양한 수준의 부담발생요소 제거 노력으로 기업이 얻을 수 있는 이득의 규모를 나타냄과 동시에 기업이 마지막 단위의 제거 노력에 쓰는 추가 비용이 부담금과 동일해질 때까지 제거수준을 높이려 하는 이유에 관하여 보여 주고 있다. 첫 단위와 둘째 단위 모두, 각 단위의 제거수준 달성에 20만원이 소요되지만, 30만원씩의 부담금 절약이 가능하여 10만원씩의 순이득을 얻을 수 있다. 40%의 제거수준까지 제거비용보다 부담금 지출이 더 많이 되고 있다.

<표 10-1>과 [그림 10-2]에서 나타난 바와 같이, 네 번째 단위의 제거수준의 달성은 약 27만5천원의 비용을 초래하지만 부담금은 그 이상이 되기 때문에 제거 노력을 하는 것이 기업에게 이득을 가져온다. 그러나 그 수준 이상의 제거 노력에 드는 비용

〈표 10-1〉 부담발생요소 제거의 비용과 이윤

| | 부담금 지불액 | 부담금 지불액 | 점증차 제거비용* | 순이득 | 총이득 |
|---|---|---|---|---|---|
| 부담발생요소 제거수준 | | 경감노력 | | | |
| 0 | 3,000,000 | 0 | | | 0 |
| 1 | 2,700,000 | 300,000 | 200,000 | 100,000 | 100,000 |
| 2 | 2,400,000 | 600,000 | 200,000 | 100,000 | 200,000 |
| 3 | 2,100,000 | 900,000 | 225,000 | 75,000 | 275,000 |
| 4 | 1,800,000 | 1,200,000 | 275,000 | 25,000 | 300,000 |
| 5 | 1,500,000 | 1,500,000 | 325,000 | -25,000 | 275,000 |
| 6 | 1,200,000 | 1,800,000 | 375,000 | -75,000 | 200,000 |
| 7 | 900,000 | 2,100,000 | 425,000 | -125,000 | 75,000 |
| 8 | 600,000 | 2,400,000 | 475,000 | -175,000 | -100,000 |
| 9 | 300,000 | 2,700,000 | 525,000 | -225,000 | -325,000 |
| 10 | 0 | 3,000,000 | 575,000 | -275,000 | -500,000 |

* 부담발생요소 제거의 마지막 단위비용

이 부담금을 초과하기 때문에 손실을 초래해 결국 기업의 총이득이 그만큼 줄어들게 된다. 이에 따라 부담발생요소를 10단위에서 6단위까지 줄이는 데 드는 비용이 부담금보다 낮으므로 부담발생요소를 줄이려는 노력이 순이득을 초래한다. 그러나 이것보다 더 높은 수준의 부담발생요소의 통제 노력을 유도하기 위해서는 이보다 더 높은 부담금을 책정할 필요가 있다. 예를 들어, 70% 수준의 부담발생요소를 제거하기 위해서는 부담금 수준이 약 45만원선에서 결정해야 한다는 것이다. 부담금이 이러한 수준에 미치지 못하면, 기업은 그러한 수준의 통제 노력을 하기 위해 추가로 비용을 지불하는 것이 수익적이지 못하다는 것을 알게 된다.

부담금제도에서 만약 제거비용이 얼마나 드는지 분명하지 않으면 제거해야 할 목표수준 또한 분명하지 않을 것이라는 것은 명확해진다. 제거비용이 $AC$곡선처럼 나타나고, 바람직한 목표나 기준이 40%의 제거를 위한 통제 노력이라고 가정하면, 이러한 가정 하에서는 30만원의 부담금이 설정될 것이다. 만약 이러한 추정치가 정확한 것으로 증명된다면, 그 목표는 자발적으로 달성될 가능성이 있을 것이다. 그러나 만약 계획이 잘못되어 제거비용이 오히려 부담금보다 더 높다면 제거수준은 더 낮아지게 되는데, 그 이유는 제거하려는 노력에 비용을 지불하는 것보다 오히려 부담금을 내는 방법이 기업에게 더 많은 수익을 얻게 하기 때문이다.

한편 비용이 기대한 것보다 더 낮다면 목표수준보다 더 높은 수준까지 제거 노력을 하게 할 수 있다. 이것은 바람직한 목표수준에 도달하기 위하여 부담금을 하향 조정할 필요가 있다는 사실을 제시하는 것이다. 따라서 상황에 따라 부담금의 조정이 불가피하다. 이러한 불가피성은 기준설정·집행방법의 경우에도 마찬가지로 나타난다. 다시 말해, 만약 제거 통제비용이 기대된 것보다 더 높은 것으로 나타나면, 더 높은 이행비용을 지불하게 되는 기업은 정부가 요구하는 행위를 하지 않으려 할 것이고, 이 때에 바람직한 수준의 통제 노력을 유도하기 위해 정부의 집행 노력이나 제재가 강화되어야 할 것이다.

부담금은 기업으로 하여금 비용 측면에 보다 많은 관심을 갖게 함으로써 피해 예방행위를 유인하기 위해 효과적인 방법으로 이용될 수 있다. 높은 위험성이나 외부효과의 결과가 큰 피해를 초래할 수 있는 상황에서는 보다 효과적인 방법으로 채택될 수 있다. 그러나 특정 목표의 달성이 국민복지에 매우 중요한 것으로 간주되면, 이러한 목표의 달성을 위해 부담금제도를 채택하는 것은 바람직하지 않을 수도 있다. 왜냐 하면 부담금을 낼 때와 제거 노력을 할 때 드는 비용을 비교하여 유리한 쪽으로 결정하는 기업에게 이러한 목표 달성을 기대하는 것은 불확실한 방법이기 때문이다.

반드시 기업의 제거 노력이 요구되는 경우라면, 오히려 수량적 기준을 설정하여 이를 엄격히 집행하거나 이와 유사한 다른 방법들을 채택하는 것이 보다 합리적인 방법이 될 것이다. 또한 규제순응비용이 적게 들지만 구체적으로 목표수준이 알려져 있고 그 목표수준의 달성이 중요한 것으로 간주되는 경우에는 부담금제도는 설득력을 상실하게 되는데, 그 이유는 부담금제도가 제거 노력 수준이나 부담발생요소 제거에 어느 정도 기여할 수 있는지 불확실하기 때문이다. 이 경우에는 기준설정제도와 같이 요구되는 수량적 기준을 설정하여 이를 엄격히 집행하는 방법이 비교적 확실하게 부담발생요소를 제거하거나 기타 요구되는 활동을 수행하도록 유도할 수 있는 것으로서 더 선호될 수 있다. 이 때에는 총순응비용이 얼마나 소요될 것인지 비록 분명하지는 않지만 그 비용이 매우 높을 것으로 짐작은 할 수 있다.

부담금제도가 효율적으로 운영되기 위해서는 부담금을 적정수준에서 결정해 오염물질을 배출하는 모든 사람에게 이를 지불하도록 함으로써 배출을 예방하려는 유인을 확대하도록 하여야 한다. 그러나 이러한 방법은 공평성 기준과는 상충되는데, 예를 들어 배출하는 것 외에 어떤 다른 대안이 없는 개인이나 기업에게 높은 부담금을 부과하는 것은 금전적인 부담을 줄 뿐 근본적인 문제 해결에 도움이 되지 못하는 결과를 초래할 수 있다. 현실적 대안이 부족한 경우에는 부담금을 내더라도 오염 배출

행위를 계속해서 할 수밖에 없기 때문이다.

이러한 가능성을 줄이기 위한 대안으로는 기업의 금전적 부담과 지불능력을 감안하여 이에 따라 부담금을 차등화하는 부담금 차등제도를 도입·운영하는 방법이 제시될 수 있다. 그러나 이러한 제도를 도입하기 위해 우선 등급의 법정 분류가 필요하고 집행을 하는 데 필요한 정교한 규제장치가 요청된다. 즉, 각 등급에 속할 기업이나 개인 그리고 예외조항 설정 여부 등에 관하여 결정하여야 한다. 따라서 기업들은 가장 유리한 등급에 속하려고 노력하고, 가능한 예외나 기타 특별한 대우를 받으려고 노력할 것이다. 이러한 과정에서 부담금 차등제도의 실시 시기가 지연될 수 있고, 이 제도의 가장 큰 장점이라고 할 수 있는 자발적인 예방 유인효과가 약화될 수밖에 없다. 더욱이 유리한 등급에 속한 기업들은 낮은 부담금을 지불하게 되기 때문에 부담 발생요소를 제거하려는 동기를 거의 갖지 못하게 되는 경우도 있게 된다.

또한 기업에게 사회적으로 바람직하지 않은 대안을 채택하게 하는 계기를 제공할 수도 있다. 예를 들어, 소규모 공장이 낮은 부담금 지불등급으로 분류되면 대규모 공장보다는 소규모로 여러 개의 공장을 건설·운영함으로써 효율성 측면에서 사회에 더 많은 희생을 요구할 수 있다. 여하튼 부담금 차등제도는 부담금 지불을 위한 기업의 상대성을 감안해 차등화하여 운영을 할 수 있게 함으로써 공평성 측면에서는 긍정적인 효과를 초래할 수 있다. 하지만 기업들을 소규모화하도록 유인하게 됨으로써 효율성의 측면에는 상당히 높은 잠재적 비용을 발생시킬 수 있는 위험성이 있다.

부담금제도는 유인책 중의 하나로서 유인책이 가지고 있는 긍정적 속성 중의 하나인 유인효과를 가져올 수 있으나, 자발적 행위를 유발하여 목표를 달성하는 방법이기 때문에 목표 달성이 중요시되는 경우에는 이러한 방법이 적합하지 않다. 이 경우에는 목표 달성에 강제력을 동원할 수 있는 방법을 채택하여 목표 달성을 확실하게 할 수 있는 것이 합리적이다. 이 제도는 추가적 제거 노력에 드는 비용이 모든 사용자에게 동일하게 부과될 수 있게 하므로 일률적인 부담금의 책정이나 집행이 최소비용으로 어느 정도의 제거 노력을 유발하는 데는 효과적이다. 대조적으로 기준설정·집행방법은 전체 경제에 걸쳐 구체적인 생산과정과 각 생산과정에 대하여 세부적으로 분류하여 그 기준을 설정해야 하므로 집행기준을 설정하는 데는 상당한 지식을 요구하므로 일정한 수준의 제거 노력을 유도하기 위한 일률적 부담금제도보다 더 높은 비용을 발생시킬 것이다.

## 3 정보의 제공

규제되는 시장이든 그렇지 않은 시장이든 모든 시장에서의 거래는 언제나 개인의 권리와 의무를 규정하고 있는 법적 테두리 안에서 이루어진다. 따라서 시장이 자유롭게 운영된다고 해서 경제가 무정부 상태에서 운영될 수 있다는 것을 의미하는 것은 아니다. 무정부 상태는 현실 세계에 실제로 존재할 수 없으며, 국민들은 정부가 어떤 방법으로든 시장 및 경제질서의 확립 및 유지에 그 역할을 수행할 것을 기대하고 있다. 그 역할을 수행하기 위해 정부가 시장에 정보를 제공하고 있다는 사실은 정부의 개입이 없는 순수한 시장제도만을 원하지 않고 있다는 국민들의 의사를 대변하고 있는 것이라고 할 수 있다.

시장에서 완전한 정보 또는 지식을 갖지 못하면 기업과 개인은 자유로운 의사결정에 장애를 받게 되고, 이에 따라 개인적 효용가치를 극대화할 수 없으므로 경제적 비효율성이 따르게 된다. 여기에서는 시장에서 민간 경제주체가 위험 가능성에 대하여 어떻게 대응하고 있는지를 보기 위해 우선 이에 대한 정보가 제공된 시장을 전제로 고찰한 후, 이를 바탕으로 정보가 불완전한 시장에서 위험 가능성이 어떠한 효과를 초래하며, 이에 대처하기 위해 정부가 어떤 행위를 하는지에 대해 논의하려고 한다.

### (1) 위험비용에 대한 시장의 평가

시장에서 소비자와 근로자가 위험 가능성에 대한 적절하고 정확한 정보를 바탕으로 소비와 고용을 결정할 수 있다면, 위험한 생산물의 가격은 인하되고 위험 가능성이 큰 직업의 임금은 인상될 것이다. 이는 가격 및 임금의 차이는 위험 가능성에 대한 인지비용을 반영한 결과로 생기며, 그 수준은 예상된 피해에 대해 개인이 인지하고 있는 가치에 따라 결정된다는 것을 의미한다. 생산물의 생산과정에서 위험 가능성이 크면 클수록 생산량이 그만큼 감소함으로써 생산자의 이익에 역행하는 결과를 초래할 것이다. 따라서 생산자는 위험 가능성을 줄이려는 노력을 하고, 이러한 노력은 추가로 지불하는 비용이 이로 초래된 생산자들의 편익과 같아지는 선에서 이윤을 극대화할 수 있는 수준까지 계속될 것이다. 이처럼 시장에 위험 가능성에 대한 정보가 주어지면, 생산자와 소비자가 위험 가능성으로 인한 비용을 인지하고 이를 근거로 수요와 공급을 결정할 수 있으므로 자원의 효율성을 제고할 수 있다. 산업의 위험 가능성은 주로 상해율로 측정할 수 있지만 제조업들 간 상해율의 차이는 각 산업의 근로자의 이직률, 사고로 인한 사용자의 비용부담 등과 같은 지표로 알 수 있다.

이와 같이 직종에 따른 임금의 차이는 위험 가능성을 줄이도록 유인할 수 있지만, 위험 가능성을 보상할 수 있는 선에서 적절한 임금을 결정하는 것은 쉬운 일이 아니다. 근로자가 위험한 직업을 택할 때 받는 보다 높은 임금은 상해가 발생하기 전에 근로자가 위험 가능성에 대해 인지한 피해액의 추정만을 바탕으로 결정한 것에 불과하다. 만약 실제로 상해나 직업병이 발생하면, 실제 피해액은 이보다 훨씬 크고 이에 따라 그 보상액도 커질 것이다. 이 때 피해보상의 문제는 그 예방을 위한 유인의 문제와는 별개의 것으로 취급해야 하지만 피해보상도 피해 예방에 기여할 수 있다는 점은 부인할 수 없다.

위에서 설명한 것은 시장에 위험 가능성에 대한 정보가 있을 때 시장 스스로 이에 대응하는 작용에 대하여 살펴본 것이다.

이러한 논리에 따라 시장에 정보가 부족할 때, 정부는 산업과 직종에 대한 상해율, 이직률, 사고피해 비용 등 각종 통계자료를 제공함으로써 근로자 스스로가 자유로이 의사결정을 할 수 있도록 돕고 있다. 이러한 정보 제공은 시장의 자동조절 기능이 갖고 있는 장점을 살려 효율성을 제고하려는 정부의 의도에서 수행하는 광의의 규제를 위한 간접적 규제수단 중의 하나라고 할 수 있다. 그러면 이러한 정보가 없을 때 시장에서 어떠한 효과가 초래되는지, 즉 불완전정보가 시장에 어떻게 영향을 미치는지 살펴보려고 한다.

#### (2) 시장에 미치는 불완전정보의 효과

정보는 시장에 참여하는 경제주체에게 위험 가능성을 고려하여 자유로이 결정을 내릴 수 있는 기회를 주기 위해 필수적으로 제공해야 하는 것이다. 그런데 시장에 정보가 불완전하여 경제주체가 자유롭게 결정할 수 없는 경우도 있고, 제한된 정보만을 바탕으로 결정을 내리면 물리적·육체적 피해를 입는 경우도 있다. 직업과 발병 간의 인과관계는 잘 알려져 있지도 않고 잘 이해될 수도 없으며, 대부분의 경우 직업병은 여러 해에 걸쳐 진전되므로 초기에 발견하기 어려운 경우도 있다. 이러한 경우에는 경제활동에 대한 결정을 경제주체의 자유로운 의사에만 맡기는 것은 바람직하지 않다. 이 때에는 정부가 개입하여 건강에 피해를 줄 수 있는 위험요인을 제거하는 노력을 함으로써 근로자의 보건 향상에 기여할 수 있다.

근로자가 스스로 위험 가능성에 대한 정보를 갖지 못하거나 확보하는 데 오랜 시간이 걸린다면 정보를 얻을 수 있을 때까지 근로자는 알지 못하는 위험 가능성에 노출될 수밖에 없다. 특히 생산과정의 위험 가능성이 큰 데도 불구하고 이를 인지하는 데 미묘하고 복잡한 요인이 많이 개입해 있으면 아주 심각한 문제가 대두될 수 있다. 이 때에는 사용자와 근로자 모두 작업장의 위험 가능성을 파악하기 어려우므로 이를 줄이는 데 드는 비용을 부담하려고 하지 않을 것이다. 이에 따라 예방적 조치를 취하려는 노력은 소홀해질 수밖에 없을 것이고, 이들의 결정이 작업의 위험 가능성으로 인해 초래되는 모든 비용을 고려해 내려질 수 없을 것이다. 이러한 결과를 초래한 원인은 무엇보다도 작업장과 위험 가능성 간의 인과관계를 파악할 수 있는 지식이 부족하므로 비용을 추정할 수 없다는 데 있다. 예를 들어, 어떤 병은 작업장의 독소와 담배연기와 같은 다른 위험물질이 상호작용하여 발병하기도 하고, 작업장에서의 굉음은 반드시 청각장애만을 유발하는 것이 아니라 심장병의 원인이 될 수도 있으며, 시력을 감퇴시켜 사고 발생 가능성을 높일 수도 있다. 더욱이 정보 부족으로 근로자가 적기에 피해보상을 요구할 수 있는 기회를 갖지 못하거나 사용자에게 예방 조치를 취할 수 있는 기회를 갖지 못하거나 사용자에게 예방 조치를 취할 수 있는 적절한 유인을 제공하지 못하면 근로자는 더 큰 피해를 당할 수 있다.

그러나 근로자의 피해보상에 대한 요구가 없더라도, 사용자는 부상이나 직업병의 위험 가능성을 줄이기 위해 인지된 위험요소를 감소하는 데 필요한 적절한 조치를 취할 수 있다. 그렇지 않으면 사용자는 근로자의 결근과 이직으로 인한 결원 보충을 위한 새로운 근로자의 채용과 훈련에 드는 비용, 생산 공정의 일시적 중단으로 초래된 이윤 손실, 일을 할 수 없는 근로자에 대한 계속적인 임금 지불 등의 직접비용을 부담해야 하기 때문이다(Ashford, 1976: 347). 실제로 이러한 비용이 전적으로 사용자의 부담이 되고 있는지에 대해서는 의심의 여지가 있으며, 그 비용 중의 일부분이 근로자에게 떠넘겨질 수 있다는 것을 고려하면 사용자보다는 근로자에게 위험가능성에 대한 정보가 더 요청된다. 그래야만 근로자가 위험 피해로부터 보호될 수 있고, 더욱이 근로자는 정보를 입수하는 데 취약한 위치에 있기 때문에 정부의 근로자에 대한 정보 제공의 역할은 더욱 중요성을 갖는다(Brodeur, 1974: 80). 정부의 정보 제공과 같은 간접적 규제수단으로 근로자의 이익이 적절히 보호될 수 없는 경우에는 기준설정 등 직접적 규제방법이 채택될 수 있다.

### (3) 안전성과 건강에 미치는 불완전정보의 효과

시장은 근로자와 소비자에게 각종 정보지를 입수해 검토할 수 있게 하고, 다른 사람과 접촉할 수 있도록 한다. 또 생산물의 라벨을 읽을 수 있는 기회를 줌으로써 정보 제공의 역할을 수행하고 있지만, 실제로 필요한 모든 정보를 제공하지 못하므로 정보의 불완전성이란 시장실패를 초래한다. 정보 제공자가 정보를 제공하는 데 든 비용을 편익을 받는 모든 사람에게 부과할 수 없고, 이러한 비용을 거두어들이려고 시도하면 다른 곳에서 무상으로 정보를 얻으려는 노력을 고무시킬 것이다. 게다가 일단 정보가 개발되면 적은 비용만으로도 모든 사람은 정보를 제공받을 수 있다. 그러면 정보의 개발비용은 충당될 수 없기 때문에 결과적으로 시장은 정보를 적게 산출해낼 것이다. 이러한 현상은 복잡한 정보가 요구되는 과정에서는 더욱 크게 나타난다. 기업은 생산물이나 생산과정의 위험 가능성에 대해 완전하고 적합한 정보를 공개하려고 하지 않기 때문에 근로자와 소비자는 결국 정보를 입수하고 해석하는 데 어려움을 가지게 된다. 특히 경험이 없거나 교육수준이 낮은 사람들이 가장 높은 위험가능성에 노출되는 것이 일반적이다.

또한 근로자 스스로 정보를 확보해야 하는 경우도 있을 수 있다. 이 때에는 근로자 스스로가 확보한 정보에 따라 위험 가능성이 아주 크다고 판단할 때는 회사나 산업을 떠날 것이고, 이러한 이탈현상이 심화되는 경우에는 결국 다른 근로자의 수입원까지 위협하여 소득을 벌어들일 수 있는 기회를 잃게 만들 수 있다. 이러한 이탈현상은 근로자 스스로가 갖는 위험성에 대한 정보가 상대적으로 부족한 데 연유하고 있다고 할 수 있다. 이 때는 정부가 정보 부족으로 경제가 받게 될 충격을 완화하기 위해 필요한 조치를 취해야 하고, 이를 위한 대안은 근무연한에 따른 퇴직금의 지급, 고용보험 및 연금제도의 설치 등을 의무화함으로써 특정 산업이나 직장에서 이직하려는 동기를 감소하려는 노력을 하여야 할 것이다. 그러나 이러한 대안은 기업의 비용을 증가시키고 불필요하게 근로자의 이직을 훼방하는 결과를 초래할 수 있다. 그 외에 보건·안전기준을 설정하여 엄격하게 집행하는 방법도 있지만 이것은 상대적으로 기술이 낮은 근로자를 위험 가능성으로부터 보호하기보다는 소득을 벌어들여야 할 급박한 상태에 있는 근로자들에게 고용기회를 감소시킬 수도 있다. 따라서 이들 대안은 결국 공평성과 사회적 측면에서 문제를 야기할 수도 있다.

이러한 이유로 이와는 다른 경제적 유인책으로서 근로자에 대한 보상제도가 도입될 수 있다. 보상제도는 크게 두 가지 내용, 즉 연금, 유급휴가, 건강보험 등의 편익 제공을 의미하는 화폐적 보상과 안전, 보건 및 건전한 작업조건 등의 비화폐적 보상으로 구성되어 있다. 일반적으로 근로자들에게 높은 보상을 해주는 것이 적절하지만 화폐적 보상보다 화폐적 보상과 비화폐적 보상을 함께 하는 총보상제도가 사회적 측면에서 더 바람직한 것이라 할 수 있다. 왜냐하면 총보상을 통한 분배가 공평성을 더 개선할 수 있기 때문이다. 특히 위험 가능성이 큰 산업이나 직업에 종사하는 근로자가 피해를 당할 가능성을 가장 많이 가지고 있으므로 이들은 집중된 위험 가능성에 놓여 있다. 마찬가지로 어떤 특정 지역이나 이웃에 오염으로 위험 가능성이 집중되어 있으면 이러한 곳은 집중된 오염 지역이라고 할 것이다.2)

모든 국민들의 경제적인 생활수준의 개선을 위해 근로자들이 높은 위험성을 감수한다는 점을 고려하면 이들에게 적절한 보상을 하는 것이 사회적 편익을 초래할 것이다. 아무리 지출이 적고 효율적인 방법이 있더라도, 근로자가 그 비용을 전적으로 부담하는 것보다 국민에게 골고루 분배하여 부담하게 하는 것이 공평성이라는 측면에서 보다 바람직한 것이다. 이러한 점을 고려할 때 설정된 보건 및 안전 기준을 지키려는 기업의 노력과 위험 가능성에 대해 적절하게 보상할 수 있는 제도를 마련하는 정부의 노력이 요청된다(Ashford, 1976: 361). 이처럼 정부의 규제 조치로 시장에서 나타난 소비자 선호에 따라 결정해야 할 생산물의 배분과 비용의 분배를 변경하는 것이 바람직한 경우도 있다. 그러나 보건과 안전을 위한 비용을 균등하게 분배하는 노력이 전체적으로 어떤 효과를 초래할 수 있을지는 불분명하다. 위험 가능성으로 인한 비용을 균등하게 분배하는 것은 위험한 직업에 종사하는 근로자에게 더 높은 임금을 지불하도록 하는 시장의 원칙을 약화시킬 수 있다. 또한 근로자가 가족들의 더 나은 생활을 위해 위험을 무릅쓰고서라도 더 높은 임금을 받을 수 있는 직종을 선택하는 자유를 제약할 수도 있다(Bailey, 1980). 이를 고려할 때 모든 국민이 금전적 소득이나 고용 및 소득창출 기회에서 상당한 희생을 감수하는 것보다 안전과 보건을 증진하는 것을 더 원하는지는 분명하지 않다. 더욱이 규제로 인해 생산수준이 감소하면 기술이 가장 낮은 근로자부터 먼저 해고될 가능성이 높아지고, 이것은 또 다른 사회적 문제로 대두될 가능성이 크다.

## 4 유인책과 기준설정제

유인책은 정부가 경제·사회적으로 바람직한 민간경제 주체의 행위 또는 행태를

2) 오염 정도와 재산가치 간의 관계에 관한 입증 자료는 Jon P. Nelson, "The Effects of Mobile-Source Air and Non-Pollution on Residential Property Values," *Report* No. DOT-OS-40094 (Washington, D. C., Government Printing Office, 1975) 참조.

유발하여 산업 또는 기업을 육성·보호·장려하기 위해 재정적 또는 금융적으로 지원하는 일체의 행위를 말한다. 대부분의 유인책은 특정 수준을 초과하는 배기가스를 배출해서는 아니 된다거나 어떤 생산물이 안전도 기준에 맞아야 한다거나 하는 규칙을 정하여 집행하는 기준설정제와는 대조를 이루고 있다. 그러나 이러한 규제수단은 여러 형태로 시행하는 직접규제나 직접적인 정부개입을 보충하거나 대체할 수 있는 수단으로 이용될 수 있다. 조세나 보조금과 같은 유인책의 사용은 자발적 행위를 유발할 가능성이 크다는 점에서 기준설정 방법과도 차이가 있을 수 있다. 반면 기준설정의 경우처럼 의도하는 행위나 효과가 발생했는지의 여부에 따라 그 효과를 측정한다는 점에서 유사한 성질도 가지고 있다.

유인적 방법은 기업이나 개인에게 목표를 달성하는 데 가장 적합한(가장 이익적인) 방법을 자유로이 채택할 수 있는 기회를 제공한다는 점에서 기준설정제도보다 선호될 수 있다. 그러나 기준설정 방법도 유인책이 가지고 있는 신축성을 제공할 수 있다는 점에서 유인책만이 유일한 대안일 수는 없다. 유인책은 많은 분야에서 기준설정·집행방법의 유형에 따라 상호의존적으로 사용될 수 있다.

기준설정제는 설정된 기준에 위반(또는 기준 이행)되는 행위에 부과되는 벌칙(또는 보상)이 적절한 수준에서 정해지지 않으면, 규제의 이행 정도가 낮아질 수밖에 없다. 단지 기준을 설정하는 것은 어느 정도의 자발적 행위를 유도하기는 하지만 불가피하게 위반행위가 발생하기 마련이고, 이에 따라 집행적 행위가 요청된다. 이는 집행적 행위의 내용이나 벌칙의 정도가 적당하지 못한 경우에는 규제를 이행하도록 유도하는 유인책으로써 충분하지 못한 효과를 초래할 수도 있다는 것을 의미한다. 이러한 이유에서 실질적인 집행장치 없이 단지 기준을 설정하는 것은 실효성이 없다. 수많은 오염원과 작업장을 모두 관리해야 하는 환경규제, 직업안전규제, 보건규제 등과 같은 경우에는 특히 이러한 사실이 현실적으로 잘 입증되고 있다. 또한 규제를 이행하는 데 소요되는 비용이 지나치게 높은 경우에는 자발적 이행의 정도가 미비한 수준에 멈추게 된다는 사실도 유의해야 한다.

기준설정제가 갖는 이러한 효과 때문에 규제방법을 선택할 때 당면하는 실질적 문제는 기준설정제와 유인책 중 양자택일하는 것이 아니라, 기준설정제의 성격을 파악하여 규제업무 수행에 적합한 최선의 방법을 강구하는 것이다. 그러나 기준설정제와 유인책 간에는 차이점이 많다. 기준설정제는 지정된 부류에 속하는 기업이나 개인에게 설정된 기준을 이행할 것을 요구하고 있다. 실행성과이든 내역기준이든 간에, 설정된 기준을 위반하는 행위는 조업 중단과 같은 무거운 벌칙이 내려지므로 그 대가로 높은 비용을 치러야 한다. 그런데 반해 그 편익은 극히 적게 나타나는 경우가 있을 수 있어, 이러한 경우에는 기준을 이행할 것을 강제하는 것은 오히려 바람직하지 않다. 대조적으로 유인책(또는 가벼운 벌칙을 가진 기준)은 개인과 기업에게 기준을 이행할 때 초래되는 비용과 이행하지 않을 때 초래되는 비용을 비교해 그 이행 여부를 결정할 수 있게 한다.

기준설정제가 비록 구속적이고 절대적인 명령이 아니라 하더라도 위반행위를 한 경우에는 사회적으로 부정적인 인상을 줄 수 있기 때문에 편익이 비용을 초과하지 않을 때라도 이를 이행하도록 유도할 수도 있다. 반면 유인책은 규제순응비용에 따라 그 이행 정도를 결정하는 기회를 제공할 수 있다. 즉 유인책은 오염원 제거에 비용이 적게 드는 경우에는 실효성이 있지만 오염원을 제거하는 비용이 높을 때는 오히려 적발을 당해 벌과금을 무는 것이 경제적 실익이 있으므로 그대로 오염원을 방치하게 하는 부정적 측면도 있다.

이러한 논리는 단지 보건, 안전, 환경규제에만 적용되는 것은 아니다. 예를 들어 버스운행에 대한 규제의 경우, 도로를 이용해 영업할 수 있는 노선운행권을 부여하는 조건으로 산간오지 등 촌락에도 버스운행을 의무화할 수 있다. 그러나 이러한 규제가 운송업자들에게 실제로 촌락에 버스운행 서비스를 제공할 수 있게 하는 데 효력이 있는지는 불확실하다. 이러한 규제는 실행성과 기준설정 방법과 같은 효과를 가지고 있지만 구체적으로 요구되는 실행성과 수준을 구체적으로 정하는 일은 쉽지 않다. 이 때에 그 이행 여부는 규제의 강제성에 대한 운송업자의 태도에 따라 달라질 수 있으므로 불공평성이 초래될 가능성이 있다. 즉 어떤 운송업자는 과다하게 부담을 가질 수 있고, 어떤 촌락은 너무 적게 서비스를 받게 되거나 너무 많은 서비스를 받을 수 있다는 것이다. 이러한 점에서 특정한 수준의 서비스 제공에 대해 보조금(조세 지불유예)을 제공하는 유인적 방법이 운송업자에게 합리적으로 편익과 비용을 평가할 수 있는 기회를 줄 수 있기 때문에 보다 효과적인 방법이 될 수 있다.

규제를 위한 기준설정 방법과 유인책을 비교할 때 세 가지 기본적인 사항이 고려되어야 한다. 첫째 설정된 기준을 이행하지 않는 경우에 초래할 비용을 고려해야 한다. 이것은 이행 여부가 적발 가능성과 예측되는 벌칙이나 벌과금을 고려하여 결정한다는 것을 의미한다. 둘째, 기준설정 방법의 효과성은 어떤 기준을 선택하느냐 그 기준의 유형에 따라 다를 수 있다는 점을 고려해야 한다. 적정한 실행성과 기준의 설정은 기술적 내역 기준의 설정보다 신축적으로 운영될 수 있고 그 순응비용도 낮을 수 있다. 셋째, 유인책은 바람직하지 않은 파생효과를 극소화하면서 바람직한 형태를 최대한으로 유도할 수 있는 것이라야 한다. 즉 경제적 유인책의 장점은 지속적으로 혁신하도록 유인하는 효과를 초래하는 한편, 규제를 이행하지 않고 대치하려는 가능성을 줄일 수 있어 산업이 극단적인 행위를 취하는 위험성을 막을 수 있다.

기준설정제는 유인책이나 정보 제공방법과는 여러 면에서 차이가 있다. 기준설정제는 요구하는 기준을 확실하게 이행할 수 있게 하는 한편, 유인책이나 정보 제공은 이행효과가 늦게 나타나고, 불확실하고 동일하지 않다는 것이다. 이러한 차이는 기준설정제의 시행을 위해 적절한 집행 자원과 효과적인 제재 수단이 강구되어 있고, 이에 따른 '도덕적 설득'이 효과가 있다는 것을 가정하여 제시한 것이다. 도덕적 설득효과는 그 영향력이 동일하지 않지만 확실하게 나타나고 있다. 그러나 효과적인 제재수단 없이 이러한 효과에 너무 의존하다 보면, 도덕심이 강한 생산자는 기준을 이행하는 데 너무 큰 부담을 느껴 결국 시장에서 퇴출할 수 있다.

## 제 3 절 | 행정지도

강제성이 동반하는 직접적 규제수단과 수혜성이 뒷받침하는 간접적 규제수단도 아닌 제3형태로서의 규제수단으로서 행정지도가 있다. 행정지도는 국가가 경제질서의 외부에서 개인에 대하여 알선·권고 등을 행하거나 상대방의 자발적인 협력을 얻어 민간의 경제활동을 지도하는 경우를 총칭하여 부르는 것이다(박윤흔·정형근, 2009: 617).

이러한 행정지도는 행정기관이 그 소관 사무에 속하는 사항에 대하여 지도, 권고, 조언, 요망 등의 방법으로 의사를 표명하여 상대방의 자발적인 협력을 얻어 일정한 목적을 실현할 수 있도록 국민을 유도하는 작용이다. 이에는 기술원조적인 조언도 있고, 명령에 가까운 성질의 것도 있다. 특히 명령에 가까운 규제적 행정지도는 공익일반 또는 구체적 행정 목적에 위배되는 행위를 예방하기 위한 것으로서 국회에 의한 구체적인 권한의 위임 없이도 활용될 수 있으므로 행정편의에 의한 자의적 운영이 될 위험성이 높다(최신융, 1992: 52).

행정지도는 세 가지 유형으로 분류될 수 있는데, 첫째는 규제적 행정지도로서 이것은 행정 목적을 달성하기 위한 질서 유지에 장애가 되는 행위나 또는 공익을 저해하는 행위를 규제, 예방, 억제하기 위한 것이다. 둘째는 조정적 행정지도로서 이는 개인이나 관계 단체, 관계 업계 등의 이해관계가 대립하여 바람직한 일정한 질서의 확립 또는 목적의 실현이 불가능한 경우에 정부가 개입하여 이해관계와 조정과 타협을 위하여 작용하는 것이다. 끝으로 촉진적·조성적·육성적 행정지도로서, 예를 들면 중소기업의 경영합리화 및 현대화를 위한 지도, 농가에 대한 작물, 가축 등에 관련된 지도, 작업지도, 생활지도와 같은 상대방에 대한 촉진적·조성적·육성적 목적으로 민간 당사자의 행위와 선택을 권고, 회유, 권유하는 것들이 있다(김영훈, 1995: 120).

## 1 행정지도의 기능

법령의 규정에 의해 집행할 수 있는 일반 규제업무와는 달리, 행정지도는 반드시 법률적 근거가 있어야만 시행할 수 있는 것이 아니므로 신속적·편의적·신축적으로 운영할 수 있다는 장점들을 가지고 있다. 이러한 장점으로 인해 행정지도는 여러 기능을 수행할 수 있는데, 그 기능을 구체적으로 살펴보면 첫째, 행정지도는 법령의 보완적 기능을 수행한다. 국가의 모든 행정활동은 법령에 근거를 두어 법령의 테두리 안에서 수행해야 한다는 법치행정의 일반적인 원리에 따라야 한다. 그러나 법령이 규제행정 분야에서 다루어야 할 사항을 빠짐없이 규정한다는 것은 사실상 불가능하다. 설령 가능하다 하더라도 규제행정의 대상이 되는 현실은 끊임없이 변화하므로 기존의 법규만으로는 항상 부족한 점이 발생하기가 쉽다. 즉 현실적 행정수요와 법 규정간에 괴리가 생기는 경우가 많다는 것이다. 이러한 경우에 행정기관은 공익의 추구라는 관점에서 적절한 조치를 취해야 할 책임을 갖게 되고 이 때에 행정지도는 아주 유용한 도구로 이용될 수 있다. 행정지도는 법령의 근거가 없이도 수행할 수 있으므로 법률에 규정된 법 제도와 현실과의 괴리를 극복할 수 있고, 지역성 및 다양성을 확보할 수 있는 등 법령을 보완할 수 있는 기능을 수행할 수 있다(김남진, 1995: 384; 박윤흔·정형근, 2009: 617).

둘째, 행정지도는 권력의 완화기능을 수행한다. 행정지도는 법률에 의한 권력적인 조치를 완화함으로써 상대방과의 원만한 합의 아래 행정목적을 달성할 수 있는 수단으로 활용할 수 있다. 실제로 한국의 국민성은 같은 내용이라 할지라도 법률에 의한 강제적 조치를 싫어하고 보다 온건하다고 생각하는 조치를 희망하는 성향이 있으므로(양승두, 1982: 359) 행정기관도 권력적 조치를 회피하려는 경향이 있는 것으로 보인다 (김도창, 1992: 398). 따라서 이러한 여건에서 행정지도는 국민과의 마찰을 줄이면서도 행정의 목적을 달성할 수 있는 유용한 수단을 제공한다.

셋째, 행정지도는 새로운 정책을 위한 실험적 기능을 수행한다. 일반적 행정 분야에서 새로운 정책을 시행하려고 할 때 정상적인 입법조치를 통하는 것이 바람직하지만 주변의 여건상 입법화가 어렵거나 이를 실험해 보려고 시도하는 경우에는 행정지도를 활용할 수 있다. 실제로 환경영향평가가 장기간의 행정지도 과정을 거쳐 '환경보전법'으로 제도화된 예도 있다 (서원우, 1983: 48). 또한 오늘날 급속한 환경의 변화로 예상하지 못했던 사태가 발생하면 국민은 정부가 적극적으로 이에 대처해 주기를 희망하는 정부의 적극성을 요구한다. 그러나 긴급한 사태에서 적절한 법률을 마련하여 이에 따라 사태를 수습 또는 대처하는 것은 합리적이라고 할 수 없을 것이다. 따라서 임시적 또는 한시적으로 행정지도를 통해 대처하는 것이 바람직할 수도 있다.

넷째, 행정지도는 이해관계를 조정·통합하는 기능을 가지고 있다. 특히 경제 분야에서 행정지도는 경쟁 업종 간의 이해대립이나 업계 내부의 갈등을 조정해 주는 기능을 발휘할 수 있다. 한국의 업계는 기업 상호 간에 자주적인 이해관계의 조정이 어려운 경우가 많다. 또한 감독기관인 행정기관과 기업 간에는 사실상의 특별 권력관계가 성립되어 있으므로(박윤흔·정형근, 2009: 617) 경제계에서는 갈등이 빚어지면 정부의 조정을 바라는 경우가 흔히 나타나고 있다.

## 2 행정지도의 유형

행정지도는 법률적 행위가 아닌 사실행위로서 직접적으로 법률적 효과를 발생하는 것은 아니다. 그러나 현실에 있어서는 행정지도가 시행 당사자인 행정기관과 그 상대방 간에 강약의 차이는 있을지라도 법률관계에 영향을 미치고 있다고 보는 것이 학계의 일반적인 관점이다. 따라서 행정지도의 권한의 한계와 그 특성을 정확하게 분석하기 위해서는 행정지도의 유형을 분류하여 유형에 따라 법률관계에 어떻게 영향을 미치는가를 파악해 볼 필요가 있다. 행정지도의 유형은 다양한 방법으로 분류할 수 있지만[3] 일반적으로 기능에 의해 분류하는 방법이 통용되고 있다.

---

3) 행정지도의 유형을 구분하는 방법은 여러 가지로 나뉘는데 흔히 분류되는 방법들로서는 법령의 근거 유무에 의한 분류, 상대방에 따른 분류, 시기에 의한 분류, 내용의 차이에 의한 분류, 상대방의 신청 유무에 의한 분류, 표현방법에 의한 분류 등이 많이 언급되고 있다 (김남진, 1995; 김형배, 1992; 김도

그러나 기능을 중심으로 행정지도의 유형을 분류할 수 있다고 해서 사실상 기능이나 역할에 따라 그 유형을 명확하게 분류할 수 있는 것은 아니다. 이는 하나의 행정지도 행위가 한 가지의 역할이나 기능만을 수행하는 것이 아니라 두 가지 이상의 기능이 복합적으로 얽혀 작용하는 경우가 흔히 있을 수 있다는 것을 의미한다. 따라서 이러한 방법을 사용할 때에는 행정지도가 어떤 기능을 주로 수행하고 있는지에 초점을 맞추어 분류할 수밖에 없으며, 이를 다른 명칭으로는 성질별 분류라고 부르기도 한다. 행정지도의 유형에 대한 분류는 여러 가지 형태로 이루어지고 있지만, 여기에서는 국내의 다수 학자들이 분류하고 있는 제약적 행정지도,[4] 조정적 행정지도, 조성적 행정지도 등 세 가지로 분류해 살펴보려고 한다.

### 1) 제약적 행정지도

제약적 행정지도는 국민들의 활동을 금지 또는 억제하거나 형성 또는 발생하게 하기 위한 것으로서 정부가 설정한 정책적 목적을 달성하기 위해 민간 경제주체로 하여금 공공복리 또는 질서유지에 기여하는 행위를 하도록 요구하거나 이를 해치는 행위를 제거 또는 억제하기 위하여 특정인, 단체, 기업 등에 대하여 일정한 작위나 부작위를 요청하거나 권고하는 것이다. 이는 한국에서 가장 폭 넓게 활용되고 있는 행정지도로서 대기업에 대한 구조조정의 유도, 자연보호를 위한 행정지도, 물가안정을 위한 물가억제지도, 공해방지를 위한 지도 등을 예로 들 수 있다. 이들은 원래 법률에 의한 행정행위로서 규제의 대상이 될 수 있는 것이지만 행정지도라는 형식을 통해 국민에게 협력을 구하는 것이라고 할 수 있다.

제약적 행정지도는 규제를 위한 법률이 존재하지 않는 경우 또는 법률에 의한 규제권을 발동하기 전 단계에 시행하는 것이 일반적이다. 즉 정부규제를 통해 이행을 강요할 수 있는 것이지만 정책적 배려 또는 국민과의 마찰을 줄이기 위해 사전적 또는 대체적 수단으로서 시행하는 행정지도를 말하는 것이다(김동희, 1992: 102; 김영훈, 1995: 15).

---

창, 1992; 박윤흔·정형근, 2009).

4) 이 제약적 행정지도라는 용어는 일반적으로 학계에서 '규제적 행정지도'라는 용어로 흔히 쓰이고 있으나 여기서는 제약적 행정지도라는 용어를 사용하고자 한다. 그 이유는 정부규제, 행정규제 등 규제행정과 관련하여 쓰이고 있는 규제라는 용어가 일반적으로 금지적 또는 억제적이라는 뜻으로 흔히 쓰이고는 있으나 본 논문에서는 정부규제와 관련하여 사용하고 있으며 정부규제의 범위를 폭넓게 인정하고 있는 만큼 정부규제에 금지적인 규제만 있는 것이 아니기 때문에 여기서는 규제적 행정지도라는 말 대신에 제약적 행정지도라고 표현하기로 한다.

### 2) 조정적 행정지도

조정적 행정지도는 기업 간이나 업계 간 또는 기업과 주민, 개인이나 단체 간에 이해의 대립이나 과열경쟁 등으로 경제·사회적 혼란을 초래할 것으로 예상하거나 행정목적의 달성 또는 공공복리의 증진을 위해 필요하다고 판단되는 경우에 행해진다. 또한 행정기관이 그 당사자들의 이해관계를 조정하여 관계자의 양해와 타협을 형성하기 위하여 개입하는 것을 말한다. 이러한 행정지도는 관계자가 자발적으로 행정기관에 요청을 하는 경우, 행정기관이 임의적으로 개입하는 경우 등이 있을 수 있다. 예를 들어 신축건물의 건축주와 인근 주민과의 마찰의 방지 및 조정, 노사 간의 갈등조정, 수출입 물량의 조정, 업체 간의 과열경쟁의 조율 등을 위해 조정적 행정지도가 이루어지는 경우가 많다. 이는 관계자들의 이해관계를 조정함으로써 공익과 사익을 동시에 보호하고 아울러 그 신장을 도모하려는 행정지도로 볼 수 있다(김형배, 1992: 41; 오석홍, 1985: 43).

### 3) 조성적 행정지도

조성적 행정지도는 자생력이나 경쟁력이 적은 기업 또는 국민의 이익을 보호하거나 증진하기 위해 시행하는 것으로서 사인에 대하여 정보 또는 기술을 제공하거나 조언하는 방법을 사용하여 영농지도, 중소기업의 경영 및 기술지도, 취업정보 제공, 취업능력 향상을 위한 직업훈련 및 지도 등 서비스의 성격이 강한 것을 말한다. 이러한 행정지도는 국민에게 혜택을 주는 지도로서[5] 국가의 적극적인 정보취득 노력과 국민을 위해 서비스하려는 대 국민 봉사자세가 필요한 경우라고 볼 수 있다. 국민생활에 혜택을 주는 행정지도는 복지국가를 지향하는 현대사회에서 더욱 바람직하게 쓰일 수 있는 것으로 경제적으로 어려움을 겪고 있을 때에 절실히 요구된다고 할 수 있다.

---

5) 여기서 국민에게 직접적인 수혜를 준다는 것은 간접적 규제방식에서 사용되는 보조금, 지원금 등의 경제적 수혜를 의미하는 것이 아니라 정부가 제공하는 정보나 기술 등을 통하여 규제대상자가 그로부터 어떤 형태의 이익을 취할 수 있는 것으로 말하자면 간접적 수혜라 할 것이나 그 수행되는 방식이 직접적이라는 의미이다.

## 3 행정지도의 시행과정과 실시방법

행정지도에 대하여 특정한 형식의 규정이 없다는 것은 오히려 행정지도의 근본취지에 부합하는 것이라고 할 수 있다. 그러나 행정지도는 사적인 업무의 수행을 위한 것이 아니라 공적인 업무를 수행하기 위한 것이고 모든 행정기관에서 시행할 수 있는 것이라는 사실을 감안한다면, 기준이 없이 자유로운 판단으로 시행하는 행정지도는 여러 가지 부작용을 초래할 수 있다. 이러한 이유로 행정지도가 특별한 형식을 요구하지는 않지만 행정행위의 요건, 절차, 방법, 내용, 제재방법 등을 규정하여 시행하는 것이 바람직할 수도 있다. 그러나 규정이 있다고 해서 행정지도에 대한 구체적인 사항을 명시한 것이라기보다는 전반적인 것을 설명하는 경우가 많다. 이는 행정기관이 여러 가지 사정과 상황을 고려하여 행정지도를 시행하는 데 있어서 재량권이 필요하다고 보기 때문이다.

행정지도가 필요한 이유 중의 하나가 급격한 사회변동에 신속하고 적절하게 대응할 수 있도록 함으로써 변화에 따른 법률의 적응력의 부족을 보완하기 위한 것이라는 것을 감안한다면 재량권을 인정해야 할 것이다. 그러나 재량권의 남용은 공평성, 부정부패, 민원 등의 문제를 야기할 가능성이 있고, 법에 의한 행정의 원리가 무력해질 수 있으며, 행정의 자의적이고 임의적인 수행 가능성이 커질 수 있으므로 가능한 범위에서 구체적인 절차 등을 규정하는 것이 이러한 부작용을 방지하는 데 도움이 될 것이다. 그러나 행정지도를 위한 규정이 법률로 정해져 있지 않다고 해서 그 내용, 절차, 수단 등을 모두 자유롭게 선택할 수 있는 것이라고 볼 수 없고 조리상의 제한을 받는다고 할 것이다.

### 1) 행정지도의 시행과정

행정지도의 시행과정을 네 가지 단계로 구분하기도 하지만(김영수, 1984: 40-43) 여기에서는 [그림 10 -3]에서 제시하고 있는 것처럼 문제의 인지, 사전조사, 행정지도 계획, 행정지도 실시, 평가 등 다섯 단계로 구분하여 논의하려고 한다.

첫째는 문제를 인지하는 단계이다. 문제는 스스로 존재하지 않는다(Nadler, 1983). 문제를 문제로 규정하는 인간의 의식작용에 의해서 존재하는 것이라고 할 수 있다. 즉 문제는 어떤 현상과 인간 사이의 상호작용의 결과로 생성·발현하는 것이다

[그림 10-3] 행정지도의 시행과정

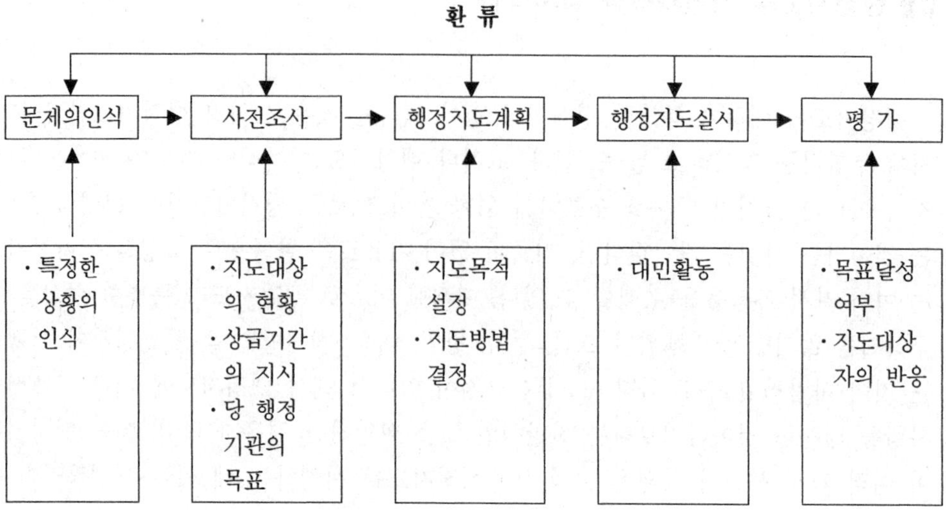


자료: 김영수(1984: 41)에서 재구성.

(Schwenk & Thomas, 1983). 따라서 특정 문제가 존재한다는 것은 특정 현상을 문제로 여기는 인식자가 필요하다는 것을 의미한다.

문제에 대한 인식자는 다양할 수 있다(Ackoff, 1981). 문제에 대한 인식자가 다양하다는 것은 하나의 상태를 서로 다른 관점에서 바라보는 일이 발생할 수 있다는 것이다. 예를 들어 가을 도로변에 은행나무가 노랗게 물들어 있는 것을 구청의 청소과 직원들과 미술가들이 보았을 때 이를 인식하는 관점이 다를 수 있다는 것이다. 이처럼 전혀 다른 관점에서 문제를 인식하고 해결하려는 사람들이 서로 어우러져 하나의 집단을 이루고 있다고 가정한다면, 그 집단에 속한 이들 소집단의 참여구성비율이나 발언권의 비중이라든지 이들 의견의 반영도 또는 대표성은 그 집단의 성격이나 집단적 의사결정을 규정하게 될 것이다(이준형, 1994: 240). 따라서 정책 결정자들 간에 각기 문제를 달리 인식할 수 있고 그 대처방안도 각기 달라질 수 있을 것이다.

둘째, 사전에 조사하는 단계로서 행정지도를 시행하기에 앞서 시행기관이 문제인식단계를 거쳐 확정한 문제의 해결을 위해 지도 대상을 선별하고 이와 관련한 제반 사항을 조사해 행정지도 방향 등을 모색하는 데 필요한 자료와 정보를 입수해 분석해야 한다. 이 단계에서 시행기관은 지도 대상의 여건을 파악하고 의견을 수렴해, 이를 바탕으로 행정지도의 내용을 결정하기 위한 사전 준비작업을 해야 한다.

셋째, 행정지도 계획을 수립하는 단계로서 사전조사를 통해 얻은 자료를 기초로 시행할 행정지도의 계획을 확정한다. 이 단계에서는 행정지도 계획을 결정함과 동시에 그 실현가능성을 점검하여 효과적인 달성방안을 모색해야 한다. 아울러 수립된 행정지도 계획이 행정기관의 목적과 일치하는지뿐만 아니라 다른 정책과의 조화도 검토하여 조율하는 노력을 해야 할 것이다.

넷째, 행정지도를 실시하는 단계로서 지도대상에게 정책방향과 행정지도 내용을 전달하고 설명하여 지도대상자의 행태 또는 행위를 정책방향과 행정지도 내용에 상호 결합시키는 대민활동을 해야 한다(Bernays, 1963: 2). 이 때 지도를 받는 대상자의 자발적인 협조와 참여를 이끌어낼 수 있는 실시방법을 마련해 이를 실천에 옮기는 노력을 해야 한다.

다섯째, 행정지도를 실시한 결과를 평가하는 단계로서 정확하게 수립한 행정지도 계획이라 하더라도 실시단계에서 항상 계획한 대로 움직여지는 것은 아니다. 어떤 때는 전혀 다른 방향으로 일이 처리되거나 효과가 제대로 나타나지 않거나 수행 중에 중단되는 경우도 있어 행정지도의 결과를 평가·분석하여 다음의 행정지도에 반영할 수 있게 환류하는 조치를 취해야 한다(박동서, 1983: 51-52).

### 2) 행정지도의 실시방법

행정지도를 시행하는 과정에서 택할 수 있는 방법은 무척 다양하지만 현행 법률이 규정하고 있는 것을 중심으로 살펴보고자 한다. 물론 행정지도가 법률적 근거를 필요로 하지 않기 때문에 이보다 더 많은 방법을 사용할 수 있지만 논의의 범위를 제한하기 위해 법률에 명시된 것 중에서 행정지도의 성격을 가진 것만을 골라 소개하려고 한다.

#### (1) 권 고

권고라 함은 행정기관이 특정의 상대방에 대하여 일정한 행위를 하도록 또는 하지 않도록 권하는 것으로서 제약적 행정지도를 위해 선택하는 것이다.

#### (2) 경 고

경고란 의미는 경계하여 주의하라는 뜻을 가지고 있는 것으로서 일반적으로 제약적 행정지도를 위한 방법으로 사용되며, 의무를 위반하거나 위반할 위험성이 있다고 보이는 행위에 대하여 이행 또는 금지를 촉구하고 이행하지 않을 경우에 불이익이 수반될 수 있음을 알리는 행위를 말한다.

(3) 지 시

지시는 어떠한 것을 하거나 하지 말도록 요구하는 것으로 주로 제약적 행정지도의 성격이 강하다. 지시는 행정지도를 위한 중요한 방법으로 이용되고 있지만 행정처분의 성격을 지니고 있기도 하다.

(4) 지 도

지도란 일반적으로 어떤 방향으로 구성원을 이끈다는 의미로 사용되는 것이 많다. 말 그대로 전형적인 행정지도의 한 방법에 해당된다.

(5) 알 선

알선은 어떠한 일이 잘 되도록 돌보아 준다는 의미로 조정적 행정지도 또는 조성적 행정지도를 위한 방법으로 사용되고 있다. 일반적으로 지원적 사업에서 많이 사용되고 있다.

(6) 지 정

지정이란 어떠한 것을 가리켜 결정한다는 의미로 제약적 행정지도에 많이 사용되며, 여기서는 행정기관이 스스로 행정지도의 구체적 방침 내지 관계자의 행동기준을 성문화하여 공포하거나 관계자에게 제시해서 준수를 유도하기 위한 것을 말한다.

(7) 주 선

주선이란 일이 잘 되도록 도와준다는 의미이지만 분쟁해결에 사용되는 경우가 많아 일반적으로 조정적 행정지도에 쓰이고 있다.

(8) 장 려

장려란 권하여 기운을 불러일으킨다는 의미로 국가적으로 필요하다고 판단되는 부문에 대해 사업 또는 투자의 촉진이나 확대를 유도하기 위한 조성적 성격을 가진 지도이다.

(9) 조 언

조언은 일이 잘 이루어지도록 도와준다는 뜻으로 주로 분쟁이 발생하지 않도록 하기 위한 조성적 또는 조정적 성격을 가지고 있다.

(10) 촉 진

촉진은 어떠한 것이 빨리 되도록 하게 한다는 의미로 장려와 비슷한 조성적 행정지도의 성격을 가진다.

### (11) 보 급

보급은 널리 퍼지게 한다는 것으로 필요한 사업을 널리 펼치기 위한 조성적 행정지도의 성격을 가진다.

### (12) 조 성

조성은 어떠한 것이 성사되도록 도와준다는 것으로 조성적 행정지도의 성격이 강하다.

### (13) 조 장

조장이라 함은 잘 커 나갈 수 있게 도와준다는 뜻으로 조성적 성격의 행정지도에 사용된다. 예를 들어, 농업생산성 향상, 수출 및 공업원료농산물의 증산 그리고 사회보장에 대한 민간부문의 참여를 조장할 수 있도록 필요한 정책을 개발·시행하도록 하고 있다.

### (14) 교 육

교육은 어떠한 것이 더 나아지도록 영향을 미치는 것을 의미하며 조성적 또는 제약적 행정지도에 많이 사용된다. 필요한 기술이나 능력이 뒤떨어진 경우 이러한 능력을 키워주기 위하여 실시되는 행정지도로서 예를 들면, 장애인의 생활안정에 기여하여 장애인의 복지를 증진할 수 있도록 국가나 지방자치단체가 장애인에게 장애의 정도에 따른 충분한 교육을 하며, 이에 따른 시설이나 필요한 조치를 취하도록 하고 있다.

### (15) 조 정

조정이란 골라내어 알맞게 만든다는 의미로 조정적 행정지도에 주로 사용되며 당사자 간에 분쟁이 발생하거나 과다경쟁 등이 발생하였을 경우에 많이 쓰인다.

### (16) 요 청

요청은 행정기관이 필요하다고 생각되는 시설이나 자료를 관계당사자 또는 기관에게 요구하는 것으로서 '환경영향평가법'에서 환경처장관은 평가서를 검토함에 있어서 사업계획 등이 환경영향을 초래할 위험이 있어 사업계획 등의 조정 또는 보완 등이 필요하다고 인정하는 경우에는 사업자 및 승인기관의 장에게 사업계획의 조정 또는 보완 등 필요한 조치를 할 것을 요청할 수 있도록 한 것을 예로 들 수 있다.

# 제 11 장 규제의 효과

규제가 사회에 초래한 효과를 평가하기 위해서는 우선 규제가 시행되기 전과 그 후에 나타난 결과를 바탕으로 그 차이 또는 격차에 대한 분석이 필요할 것이다. 그러나 이러한 작업은 현실적으로 쉬운 일이 아니지만 이에 대한 대안으로 규제에 대한 비용-편익 분석기법을 이용할 수 있을 것이다. 그러나 규제의 경제적 효과가 규제기관보다 오히려 규제대상산업이 주축이 되어 평가해 왔기 때문에 규제가 산업에 초래한 편익보다는 비용을 부각하는 데 비중을 두어 왔다. 그동안 경쟁제한, 산업보호, 산업육성 등을 위한 규제가 실질적으로 특정 산업이나 기업에 많은 편익을 주었다는 사실을 볼 때, 규제가 산업이나 기업에 초래한 편익은 등한시한 채 비용에 치중하여 평가하는 것은 합당하지 않다.

규제로 인해 직접적으로 혜택을 받아 온 산업에서는 규제로 얼마만큼의 편익을 받아 왔으며, 그 비용은 얼마나 되는지에 대한 평가가 제대로 이루어지지 않고 있는 실정이다. 이것은 단적으로 기업이나 산업들이 자신들에게 편익을 준 규제의 긍정적 측면을 은닉하는 대신 부정적 측면을 부각함으로써 자신들에게 유리한 규제정책을 정부가 입안해 운영하게 하기 위해 영향력을 미치려는 노력을 한다는 사실을 제시한다.

보건, 안전 및 환경보호에 대한 규제가 초래한 효과를 평가한다는 일은 쉬운 일이 아니다. 특히 이러한 규제의 총비용을 산출한다는 것은 사실상 불가능하고, 총비용과 소요된 비용으로 발생된 편익과의 관계를 명확히 규명하는 일도 용이하지 않기 때문이다. 그러나 보건, 안전 및 환경 분야에서 시행되는 규제로 얼마의 비용이 초래되는지 관계없이 이들 규제가 사회에 편익을 도모하고 있다는 것은 분명한 사실로 받아들이고 있다. 이에 따라 이러한 분야에서 규제가 강화되고 있는 것이 세계적으로 나타나는 일반적 현상이다.

이러한 논리로써 제도화된 규제의 예로는 국민 다수의 보건을 위해 시행하는 전염병 예방접종, 고기류의 안전검사, 특허의약품에 대한 통제, 항공 안전운항 규제, 의약품 사전검사, 고속도로 안전 등을 위한 통제를 들 수 있다. 이들 분야에서 시행하는 규제의 효과는 실질적인 사회적 가치를 가지고 있다는 것은 분명한 사실이다. 그럼에도 불구하고, '비용-편익 분석기법'과 같은 계량적 방법으로 그 비용과 편익을 측정할 수 없다고 해서 그 효과를 평가절하해서는 아니 될 것이다. 최근에는 보건, 안전, 환경보호 등을 위한 규제가 사회적으로 바람직한 것으로 국민들 간에 합의가 이루어져 있으므로 이들 규제의 효과를 높이기 위해 강제적인 방법을 동원한다 하더라도 국민들 간에 그 정당성이 인정되고 있다.

여하튼 어떤 규제이든 그 종류에 관계없이 규제의 목적을 달성하기 위하여 채택할 수 있는 수단은 가능한 한 효율적이고, 저렴한 방법이어야 한다는 데는 이론의 여지가 없다. 그러나 사회적 규제에서는 이에 대한 예외적인 고려가 있어야 할 것이다.

## 제 1 절 | 규제의 직접비용효과

규제가 초래하는 직접비용은 규제기관의 규제업무를 수행을 위한 예산지출, 민간부문의 경제주체인 일반가계, 기업 또는 산업이 규제기관을 상대하는 과정에서 발생하는 거래비용, 이들 민간 경제주체들이 규제기관이 요구하는 규제를 이행하기 위해 치러야 하는 규제순응 또는 규제이행비용 등 세 가지 종류로 구성된다.

### 1 규제기관의 예산지출

규제기관의 직접비용의 대표적인 것은 보조금, 지방자치단체로의 재정이전, 연구비, 훈련비 등이다. 비규제적인 성질을 가지고 있는 업무를 수행하기 위한 정부기관의 예산지출은 규제의 직접비용의 산정에서 제외해야 한다. 규제기능을 수행하는 데 소요된 비용만을 선별하여 산정해야 정확한 규제의 직접비용을 도출할 수 있기 때문이다.

일반적으로 독과점 금지 및 불공정 거래를 규제하는데 책임을 지고 있는 규제기관의 직접비용은 경제적 규제업무를 수행하는 규제기관의 직접비용보다 낮다고 할 수 있다. 독과점 금지 및 불공정 거래를 규제하는 규제기관은 민간부문에서 이루어지는 경제적 거래의 대부분을 시장의 자동조절 기능에 맡기는 것을 원칙으로 하고 특수한 경우에 한정하여 경쟁을 유지하거나 창출하기 위해 규제하는 한편, 기타 경제적 규제를 시행하는 규제기관의 대부분은 규제대상 산업의 많은 경제적 문제를 대상으로 규제 업무를 수행해야 하기 때문이다.

보건, 안전, 환경 등의 개선을 위한 사회적 규제에 책임을 지고 있는 규제기관은 전통적인 경제적 규제를 위한 규제기관의 예산보다 많은 예산을 가지고 운영하는 것이 보통이다. 왜냐하면 사회적 규제를 위한 규제기관은 그 업무관할 분야가 넓을 뿐만 아니라 잦은 조사를 하고 그 결과에 따라 집행 및 제재 업무를 수행해야 하기 때문이다.

## 2 민간부문의 거래비용

민간부문의 거래비용은 규제기관의 업무관할 하에 있는 민간 경제주체들이 규제기관을 상대로 하는 데 초래하는 비용을 말한다. 거래비용은 규제기관이 요구하는 보고서를 준비하고, 필요한 회의를 하는 데 소요된 시간 비용 등을 근거로 산출하여 평가할 수 있다. 그 외에 규제와 관련하여 제소된 법적 소송에 들어 간 비용도 이에 가산된다. 그러나 민간 소송비용을 산출하는 데 이용할 수 있는 기준을 제시하는 것은 용이한 일이 아니지만 그 비용 규모가 매우 클 것이라는 것은 추측할 수 있다.

미국 연방전력위원회(Federal Power Commission)의 경우, 1960년대 매년 법적 비용이 1천만 달러에 이른 반면, 연방전력위원회와 관련된 소송에서 민간부문이 부담한 비용은 매년 2천4백만 달러에 달했던 것으로 알려져 있다(Breyer & MacAvoy, 1974: 14). 이 경우에서 보는 바와 같이, 민간부문이 부담한 소송비용이 규제기관이 지불한 법적 비용을 초과하고 있다. 비슷한 규모의 소송비용은 면허와 가격규제를 담당하고 있는 다른 규제기관에서도 발생하고 있다.

이와는 달리 보건, 안전, 환경 등 사회적 규제를 담당하는 규제기관은 예산 중 많은 부분을 조사·적발 및 집행에 지출하는 데 비해, 기업이 직접비용과 소송비용으로 치른 금액은 상대적으로 적은 것으로 나타나고 있다. 전체적으로는 규제와 관련하여 초래된 민간부문의 총소송비용은 규제기관의 예산 규모와 거의 비슷한 것이 미국의 일반적인 현상이다.

### 3 민간부문의 규제순응비용

규제순응비용은 규제로 요구되는 사항을 이행하기 위해 민간부문에서 초래된 비용으로서 민간부문에서 발생하는 규제관련 비용 중 가장 규모가 크다. 과다한 규제로 인해 발생한 규제순응비용은 규제대상 기업의 고객에게 전가되는 수가 많아 전반적인 물가수준에 영향을 미치기도 하고, 기업의 자본투자에 사용될 자금이 규제순응비용에 투입됨으로써 생산성과 경제성장을 저해하는 요인으로 작용하기도 한다.

## 제 2 절 | 규제의 비의도적 효과

규제의 비의도적 효과는 규제입법에 명시된 구체적 규제사항을 준수함으로써 초래되는 비효율적 생산방법에서 비롯하거나 산업의 보호·육성을 위한 정부의 적절성이 부족한 지원의 결과로 초래되는 것이다. 다시 말해, 정부가 실제적 규제 목적을 수행하기 위하여 채택·사용해 온 규제수단이나 방법의 결과로 나타난 의도하지 않았던 효과라고 할 수 있다. 이러한 것은 소위 제3차 효과라고 하여 유발비용이라고도 한다.

### 1 과잉 자본투자

자본투자에 드는 비용 중 상당 부분이 정부의 금융 및 세제지원으로 충당되면 기업은 투자 규모를 증대하려고 할 것이다. 투자비용 중 정부지원으로 보충되는 부분이 상대적으로 커지게 되면 이것이 자본투자를 유인하는 요인으로 작용하기 때문이다.

예를 들어, 정부가 특정 기업의 투자를 유인하기 위하여 금융지원을 통해 시장금리보다 싼 금리로 자금을 대부받을 수 있게 하면, 이로 인한 차액만큼 기업의 금융비용이 감소되는 것이나 마찬가지인 셈이다. 또한 세제지원으로 감면을 받는 경우 감면된 만큼의 금액이 기업의 소득으로 돌아가는 결과를 초래한다. 이 두 가지 경우 모두 투자를 증대하면 증대할수록 투자를 위한 자금지원을 정부로부터 보다 많이 받게 되어 결국 기업의 수익을 증대시키는 데 기여함으로써 부의 축적을 가능하게 할 수 있다.

특히 자본집약적인 생산방법을 채택하고 있는 산업은 자본투자를 크게 증대해 적정 생산 규모보다 큰 자본투자를 함으로써 자원의 비효율성을 초래하는 수도 있다. 이처럼 규제가 과잉 자본투자의 모순을 가져오는 것을 가리켜 애버치-존슨 효과라고 부른다. 이는 규제기관이 특정한 수익을 보장하는 선에서 요금 또는 가격을 규제하면 산업의 과잉 자본투자를 유발하게 된다는 사실을 제시하는 것이다. 규제로 수익이 보장되면 기업은 보다 높은 수익을 벌어들이기 위해 과다한 자본투자를 하게 된다. 다시 말해, 허가받은 수익이 투자의 규모에 비례해 증가하게 되면 기업이 과다한 투자를 하도록 유인해 결국 불필요한 투자에 비용을 지출하게 한다는 것이다(Courville, 1974: 38-74).

이에 따라 기업은 자본집약적 생산방법을 채택하게 되고, 과잉투자는 결과적으로 유휴생산 능력을 초래한다. 그러면 성수기에는 수요가 증대하여 유휴생산 능력을 가동할 수 있으므로 생산비용이 낮아지지만 비수기에는 비용이 높아지므로 성수기 가격에 비해 비수기 가격이 상대적으로 보다 높아진다. 이로써 성수기에는 보다 많은 수요가 유발되고, 이러한 수요를 충족시키기 위하여 다시 보다 많은 생산능력의 확보가 필요하게 됨으로써 과다한 투자를 유발하게 된다. 이러한 결과는 최소비용, 즉 효율적으로 생산하려는 동기를 제공하기보다 자본에 보다 많은 투자를 하도록 유인하는 요인으로 작용할 것이다.

결국 과잉 자본투자는 자원배분의 비효율적인 결정의 결과로 초래된 것으로 사실상 자원의 효율적 배분이 이루어지지 않은 결과 사회에 경제적 손실을 초래한다. 특히 규제대상 부문에서의 과잉 자본투자에 이용된 자금이 소비자가 원하는 다른 부분에 배정해 사용함으로써 소비자의 효용가치를 증가시킬 수 있는 기회가 없어지면 그만큼 국민들의 경제적 후생이 낮아지는 결과를 초래한다.

## 2 과잉 생산시설

생산비용보다 높은 수준에서 규제가격이 결정되면 기업이 과대하게 생산시설을 보유하도록 유인하는 규제의 비의도적 효과가 발생한다. 만약 규제가격이 평균비용보다 높게 책정되고 생산하는 대로 판매된다면 기업은 보다 많은 이윤을 벌어들이기 위하여 보다 많이 생산하려고 할 것이고, 이에 따라 적정 규모보다 큰 생산시설을 가지게 될 것이다. 이것은 생산시설의 확장에 따라 그에 비례하여 이윤의 증가한다는 것을 의미한다. 이러한 경우에는 기업은 생산시설의 완전가동을 통해 생산비를 절감하려고 노력하기보다 시장지배력을 확대하여 독과점적 이윤을 벌어들이는 데 보다 많은 관심을 쏟게 될 것이다. 자연히 기업은 필요 이상으로 생산시설을 확장하려고 할 것이고, 생산시설의 일부가 가동하지 못하는 경우가 발생하게 된다. 특히 생산시설의 확장이 자기 자금으로 이루어지는 것이 아니라 국가의 자금지원이나 저리의 대출로 추진될 경우에는 시장점유율의 확대에만 관심을 쏟게 되어 경제성을 무시한 시설 확장으로 과잉 생산시설의 폐단을 초래하는 경향이 있다.

국내 판매가격과 수출가격 간에 차이를 두는 이원가격제가 허용된 수출산업에서는 해외시장에서 국내가격보다 저렴한 가격으로 판매가 가능함으로써 해외시장 점유율을 높일 수 있고, 이러한 점유율이 생산량의 증가로 더욱 높아진다면 생산시설을 확장하려는 유인에 빠지게 된다. 즉 생산된 제품이 국내시장에서는 높은 가격에 판매되고, 해외시장에서는 이보다 낮은 가격으로 판매될 수 있다고 할 때, 이 해외시장 가격으로 생산제품이 해외시장에서 계속 판매된다면 기업은 해외시장에서 시장점유율을 높이기 위하여 생산시설을 확대하려는 유인에 빠지게 되고, 결국 과잉 생산시설을 가지게 될 수 있다. 이것은 해외시장에서 판매되는 생산물의 국내 소비가격과 국제 소비가격 간의 차이만큼 국내 소비자가 해외 소비자에게 보조금을 주는 것이나 마찬가지인 셈이 되며, 판매량의 증대에 따라 그 보조금의 절대 금액이 커지게 될 것이다.

이에 따라 수출업체는 국내 소비자의 희생으로 해외 소비자의 수요를 충족시키게 되고 해외시장의 점유율을 높이게 됨으로써 수익을 보장받을 수 있게 되는 것이다. 결국 소비자의 손실 부분이 기업가의 수익으로 환원되어, 해외유출 부분이 국내로 다시 흡수된다면 문제가 없지만 그렇지 않은 경우에는 경제적 손실이 발생한다. 더욱이 해외의 보호무역주의 장벽에 부딪치게 되면, 해외 판매가 제약을 받게 되어 생산 과잉상태가 발생하게 된다. 만약 국내에서 초과이윤의 실현이 불가능한 경쟁적인 시장 구조를 가지고 있다면 국내 판매가 이하의 저가 수출은 사실상 불가능할 수밖에 없고, 이에 따라 과잉 생산시설도 초래되지 않을 것이다. 이와 같이 특정 산업에 대한 보호 때문에 발생되는 비용이 국내 소비자에게 가격상승 형태로 전가되고 있음에도 불구하고 보호무역주의 정책으로 인한 소비자 부담이 일반적으로 잘 인식되지 못하고 있다.

오래된 예이지만 미국 정부가 원유 생산의 비례배급 정책을 수행하는 과정에서 원유 생산시설의 과대한 확장을 초래하였던 경우를 살펴보면 이를 쉽게 이해할 수 있을 것이다. 1950년과 1960년대에 비례배급제의 운영에 책임을 지고 있던 규제기관이 원유 시추비용에 비해 상대적으로 높은 가격을 책정하여 원유 생산량을 조정하는 정책을 채택·운영했다. 이러한 가격을 유지하기 위해 규제기관은 유전의 생산능력에 비례하여 그 생산량을 책정하는 제한정책을 사용했다. 이러한 정책이 실시되자 원유업자들은 보다 많은 원유를 생산할 수 있는 권리를 갖기 위해 보다 많은 유전의 확보가 필요했다. 이에 따라 많은 유전이 개발되어 과잉생산을 초래하게 됐다. 결국 이를 제한하기 위해 저장 능력에 맞추어 원유를 생산하도록 생산량을 제한하는 또 다른 종류의 정책을 도입하게 됐다.

이러한 규제의 결과는 미국이 세계 유전의 90%를 가지고 있음에도 불구하고 전 세계 원유 생산량의 5분의 1만을 생산하도록 한 부분적인 이유가 되었다. 1960년대 초반에 미국의 원유 총생산량은 총생산능력의 28% 수준에 머물렀고, 그 이후에는 원유에 대한 수요가 증가하고 새로운 유전 개발을 제한하는 정책으로 인해 과잉 생산시설의 문제를 어느 정도 해소할 수 있었다. 1972년 이래 모든 유전에 대한 생산량 제한정책이 거의 철폐되었지만, 제2차 세계대전 이후부터 1970년대 전반기까지의 경험은 규제가격이 어떻게 과잉 생산시설을 초래하는지에 대한 좋은 사례를 제시하고 있다.

비슷한 예는 1978년의 민간항공규제완화법이 통과되기 전까지 규제되었던 미국의 항공산업에서도 찾아볼 수 있다. 항공산업에 대한 규제 때문에 민간항공국이 폐쇄된 1985년까지만 해도 항공사들은 가격경쟁을 할 수 없었다. 그러나 항공사들이 운항할 수 있는 항공기의 수는 규제되지 않았다. 따라서 편리한 시간에 항공기를 운항하는 것만이 고객 유치경쟁에서 이길 수 있는 유일한 방법이라고 여겼다. 즉 민간항공국이 비용에 비해 상대적으로 높은 항공료를 책정했을 때에는 경쟁 항공사들은 보다 많은 운항 횟수를 늘리는 것만이 보다 많은 이익을 벌어들일 수 있는 대안이라고 믿었던 것이다 (Douglas & Miller, 1974). 실제로 항공사들이 보다 많은 항공기를 확보하여 운항 횟수를 증가함으로써 이익의 증대를 도모하려고 했지만 결과적으로 빈 좌석이 많은 항공기의 운항 횟수가 잦아지게 되어 금전적 손실을 보게 되었다. 과잉 생산시설로 인한 이윤손실은 또다시 항공료를 인상시키는 요인으로 작용했고, 이는 결국 항공사 간에 시설 확장을 위한 경쟁을 유발하여 끝없는 '톱니효과(ratchet effect)'를 나타내어 항공산업 전체를 과잉 생산시설로 인한 재정적 손실에 허덕이게 만들었다.

## 3 성수기 가격의 유지

규제로 성수기와 비수기의 서비스 가격이 일정하게 되면, 자원 이용의 경제적 비효율성이 나타나게 된다. 성수기인지 비수기인지에 따라 서비스를 제공하는 데 드는 비용이 크게 달라지는 경우를 보면, 성수기의 비용에는 연료, 노동력, 재료, 설비 및 공장 유지비용 등 생산과정에 투입되는 모든 생산요소에 치른 금액이 포함된다. 한편 비수기 동안 공장이 완전히 가동되지 않는 경우에는 공장의 기계, 설비 등은 생산적인 자원으로서 그 역할을 다 하지 못한다. 이에 따라 비수기에는 매몰비용인 고정비용을 제외한 가변비용만 충당할 수 있는 가격을 받을 수 있으면 생산을 계속할 것이다.

성수기인지 비수기인지 그 상황에 따라 서비스에 대한 수요에 차이가 있는데도 불구하고, 이러한 사실을 고려하지 않고 일정하게 규제가격이 결정되는 경우에는 자원이 비효율적으로 배분된다. 예를 들어 성수기 때의 고객이나 비수기의 고객이 똑같은 가격을 지불한다면, 성수기의 고객들은 비수기의 가격을 그대로 지불하기 때문에 서비스를 제공하는 데 소요되는 총비용을 반영시킨 가격수준에서보다 많이 수요하려고 할 것이다. 그러면 기업은 생산시설에 대한 투자를 통해 생산능력을 확대하여 성수기의 수요를 충족시킴으로써 성수기 가격을 그래도 유지하려고 할 것이다.[1] 이에 따라 생산시설을 확대함으로써 비수기에 유휴생산시설이 보다 많아지는 악순환을 초래할 수 있다.

---

1) 복지수준의 극대화를 위하여 성수기와 비수기 모두의 수요곡선을 고려한 가격과 생산능력의 결정방법에 관하여 Oliver E. Williamson, "Peak-Load Pricing and Optimal Capacity under Indivisibility Constraints," *American Economic Review,* 56 (September 1966), pp. 810-827 참고.

## 4 기술개발의 저해

규제로 보호받는 산업은 새로운 기술개발이나 경영혁신으로 생산비용을 최소화하려는 노력을 게을리하게 된다. 이는 규제가격으로 인해 일정액의 수익이 보장되기 때문에 기술개발에 대한 투자를 등한시하기 때문이다.

미국에서 규제가 기술개발에 역효과를 미치고 있는 대표적인 산업 중의 하나가 제약산업 분야라고 할 수 있다. 식품의약품안전청(FDA)은 1962년부터 새로운 식품 및 의약품에 대한 규제책임을 맡게 됨에 따라 식품, 약품, 화장품 등의 유효성 실험과 판매될 상품에 대한 안전도 검사 등 사전검사를 의무화했다. 그 결과 제약회사들은 신제품의 출고 전까지 사전검사 및 구비서류 준비에 드는 많은 부담을 감수해야 했다. 이 때문에 시중에 새로운 약품이 나오기까지 걸리는 기간이 1962년에는 2년 반에서 1972년에는 7년 반이나 걸리게 되었다. 전보다 엄격해진 검사 요건 때문에 시간적으로 개발기간이 길어졌을 뿐만 아니라 비용도 증가하게 되었다. 따라서 이러한 요인들이 의약품의 연구·개발에 부정적 영향을 미침으로써 새로 개발되어 시중에 시판되는 의약품의 수가 크게 줄어들었다. 결국 규제로 인한 높은 개발비용과 의약품 독점 판매기간의 단축으로 위험부담이 보다 커짐에 따라 새로운 의약품의 개발을 지연시켰다. 특히 제한된 시장에서 거래되는 약품의 경우에는 기술개발을 보다 크게 저해하는 요인으로 작용했다.

## 5 경쟁의 제한

경제적 규제에서 공통적으로 나타나는 효과 중의 하나가 규제대상 부문에서 경쟁을 위축시킨다는 것이다. 대부분의 전통적인 경제적 규제기관들은 시장진입을 통제하는 업무에 참여하고 있다. 대부분의 국가에서는 민간항공, 택시, 전기, 가스, 전화, 전신, 방송 등의 산업에서 자유로운 시장진입을 규제하고 있으며, 일반적으로 이들 산업에 대한 규제는 신규 기업의 시장참여를 제한하고 있다. 전형적으로, 신규 기업이 산업에 진입하기 위해서는 참여기업의 서비스가 일반 소비자에게 필요한 것이며, 현재 상황에서 어떤 다른 기업이 제공하지 않는다는 것을 증명할 수 있어야 한다. 그러나 진입기업은 경쟁대상인 기존 기업의 반대에 부딪치게 되고, 이러한 반대는 대부분의 경우 극복하기 어려운 것이 될 수 있다. 극단적인 경우, 1938년 미국의 민간항공국이 처음 개설된 이래 얼마 동안 항공교통량이 증가했지만 새로운 항공운항 인가권은 어떤 기업인에게도 새로 발부하지 않음으로써 경쟁을 제한해 왔다.

규제대상산업이 제공하는 재화와 서비스의 가격을 경쟁기업들 간의 협의를 통해 결정해 규제기관이 이를 규제가격으로 정해 직접 집행하기도 한다. 또한 규제기관은 이러한 산업에 독점금지법의 적용을 폐지함으로써 담합을 허용하기도 하고 기업 간에 동의된 가격을 허용함으로써 경쟁을 제한하기도 한다.

## 6 인플레이션의 유발

규제의 인플레이션 효과는 규제가 재화와 서비스의 공급과 비용에 미치는 영향을 고찰하면 파악할 수 있다. 오염통제를 위한 규제의 경우, 오염통제 시설을 위한 자본투자에 지출이 증가하게 되면 가격이 상승함으로써 수요가 감소하는 것이 일반적인 이론이다. 그러나 자본에 대한 투자지출의 규모는 재정 및 금융정책의 내용에 따라 결정된다는 사실을 인식하여야 한다. 따라서 규제의 인플레이션 효과는 규제로 인한 직접비용뿐만 아니라 금융비용 등 다른 요인도 동시에 고려하여 추정해야 할 것이다.

이러한 규제의 인플레이션 효과는 소비자 물가지수와 같은 지표만으로 평가해서는 아니 된다. 왜냐하면 규제로 인한 생산물의 안전성, 근로조건의 개선 등은 시장가격에 반영하기 어렵기 때문이다. 그러나 오염통제 시설의 설치 의무화 등과 같은 규제로 인해 기업이 추가로 부담하는 비용은 일반적으로 가격에 반영하기 용이하다. 따라서 인플레이션에 미치는 규제의 효과를 추정하기 위해서는 위에 언급한 모든 비용과 편익을 감안해야 한다. 그 이유는 인플레이션 효과를 측정하기 위해 이용할 수 있는 지표가 규제로 인한 모든 비용과 편익을 반영하지 못한다면, 그 평가는 왜곡될 수밖에 없고, 때로는 비가시적이지만 중요한 편익을 초래할 수 있는 규제를 시행하는 것을 막을 수도 있기 때문이다. 이것은 규제로 인해 발생하는 모든 비용과 편익을 고려하여 인플레이션 효과를 추정해야 한다는 것을 의미하는 것이다. 이렇게 볼 때, 사회에 초래한 비용보다 적은 편익을 초래하는 규제는 인플레이션 효과를 초래한다고 볼 수 있다. 즉 규제로 추구되는 편익이 규제하는 데 드는 비용보다 적다면 자원의 배분을 왜곡시켜 경제의 실질적 생산수준을 낮게 함으로써 결국 가격을 상승시키는 요인으로 작용할 것이다.

한 사회가 일정한 기간 동안 생산한 최종재의 가치를 화폐액으로 환산한 GNP 중의 상당 부분은 최종재와 서비스를 생산하는 데 소요된 직접생산비용 외에 규제로 인한 비용 상승분을 포함한 것이라고 할 수 있다. 그러나 새로운 오염통제 시설이나 장비를 생산하는 산업을 발전시키는 등 규제로 인한 파생적 편익은 외부로 나타나지 않는 것이 일반적이다. 미국에서는 임금가격안정위원회와 같은 규제기관이 규제의 인플레이션 효과를 평가하는 데 필요한 기준을 제시하고 있다. 이에 따르면, 규제로 비용이 편익을 초과하여 사회에 부담을 준다면 그것은 인플레이션적이고, 비용을 초과하는 편익을 창출하는 규제는 경제안정에 기여하므로 비인플레이션적이라고 할 수 있다.

실제로는 규제가 인플레이션에 미치는 효과를 파악하기 위하여 표본 가격지수를 평가기준으로 채택하는 성향이 높다. 왜냐하면 규제의 인플레이션 효과를 규명하기 위하여 비용-편익의 원칙을 적용하는 경우에는 편익과 비용을 정확히 측정할 수 있는 경우가 그리 많지 않기 때문이다. 여하튼, 임금가격안정위원회도 규제의 인플레이션 효과는 단순히 비용과 총지출 측면에서 발생하는 영향만을 고려해 평가할 수 없을 뿐만 아니라 그래서도 아니 된다는 점을 강조하고 있다. 이 위원회가 발표한 규제의 인플레이션 효과에 대한 보고서는 다음과 같은 견해를 제시하고 있다.

깨끗한 물을 보존하기 위해 설정한 수질오염 기준을 지키는 데 소요된 비용의 증가분이 깨끗한 물을 갖게 됨으로써 개인이 부담해야 할 비용의 감소분보다 적으면 사회가 부담해야 할 총비용은 줄어들게 되고, 이에 따라 자원이 보다 효율적으로 이용될 수 있으면 규제의 효과는 비인플레이션적이 된다. 반면에 환경을 깨끗하게 하는 데 소요되는 비용의 증가분이 개인이 부담할 비용의 감소분을 초과하면 규제의 효과는 인플레이션을 자극하게 된다는 것이다.

## 제 3 절 | 자원배분 및 소득분배효과

### 1 비용의 증가

규제의 비용증가 효과는 비규제산업과 규제산업을 비교·분석하면 쉽게 파악할 수 있다. 민간항공산업에 대한 규제가 철폐되기 이전의 미국을 예로 들면, 주내(州內)를 운항하는 항공사는 주(州) 차원에서 시행하는 규제에는 영향을 받지만 주간(州間)을 운항하는 항공사의 항공료에 대한 규제를 담당하는 연방민간항공국(CAB)의 영향권 밖에 있었다. 이는 캘리포니아나 텍사스 주 등 주내 운항 항공사들이 항공료를 결정하는데 규제를 받지 않기 때문에 승객을 유치하기 위한 치열한 가격경쟁을 벌이게 되고, 이러한 경쟁은 주내 항공료를 민간항공국에 의해 규제되는 항공료보다 낮게 책정하는 데 영향을 미쳤다. 예를 들어 1975년에 같은 주에 위치한 도시인 로스앤젤레스로부터 샌프란시스코 간의 항공료가 각기 다른 주이지만 동일한 거리인 일리노이로부터 미네소타, 그리고 뉴욕과 피츠버그 간에 운항하는 주간 항공사의 항공료인 38.89달러와 37.96달러에 비교하여 훨씬 저렴한 18.75달러에 불과했다. 이는 주내 항공료가 같은 거리를 운항하는 주간 항공료의 50~70% 수준에 지나지 않았다는 사실을 제시하고 있다(SAPPSJC, 1975: 41). 이러한 항공료의 차이는 서비스를 제공하는 데 실제로 든 비용의 차이에서 기인한 것이 아니라, 가격경쟁을 할 수 없는 주간 운항 항공사들이 운항계획을 잡기 위해 항공사들 간에 치열한 경쟁을 하고, 운항 횟수를 늘리기 위해 대규모 시설을 확보하려는 노력에서 초래된 높은 비용 때문이었다.

미국의 법원이 냉동 닭고기, 냉동 야채·과일 등을 농산물이라고 판결을 내림에 따라 냉동 생산물의 육로운송이 주간상무위원회의 규제에서 제외되었다. 이러한 판결의 결과로 비규제 산업에서 생산물 가격이 상대적으로 저렴하게 되는 효과를 초래하게 되는 또 다른 예를 보여 주고 있다. 1957년에 미국 농산부는 비규제대상 화물차 운송가격과 규제되었던 때의 운송가격을 비교하는 연구를 했다. 이 연구 결과, 규제되지 않을 때의 생(生) 닭고기에 대한 화물차 운송가격이 평균 33% 가량 하락했으며, 냉동 닭고기에 대해서는 평균 36%, 그리고 냉동과일과 야채는 평균 19%가 하락했다는 사실을 발견했다. 이러한 규제가격과 비규제가격 간에 발생되는 차이가 생산물의 성질 때문에 발생했는지 또는 1957년 이래 변화된 사회·경제적 여건 때문인지 불분명하지만 비규제가격이 규제가격보다 적어도 20% 낮은 것으로 밝혀지고 있다(Snitzler & Byrne, 1958).

여하튼 규제가격은 한계비용보다 높은 수준에서 결정되고 있음이 일반적인 사실이다. 그러나 규제로 책정된 높은 가격이 초래한 이윤이 필연적으로 사회에 환원되는 것은 아니다. 규제가격으로 인한 이윤 중의 일부분은 자본화될 것이고, 나머지 부분은 규제된 산업의 진입 허가를 받은 기업들의 순수익으로 처리되어 자체적으로 사용될 것이기 때문이다.

## 2 소득분배의 변화

규제는 본질적으로 사회구성원 간에 권리와 이해관계를 변화시키는 속성을 갖고 있기 때문에 거의 모든 경우에 직·간접적으로 소득재분배 기능을 수행한다고 할 수 있다.[2] 규제의 소득재분배적 효과가 규제의 직접적인 목적이 되는 경우가 있는가 하면 전혀 의도하지 않은 결과로서 소득재분배적 효과를 초래하는 경우도 있다. 그런가 하면 규제의 소득분배적 기능이 명시적으로 드러나 있기보다는 은폐되어 있거나 잘 인식되지 못하는 경우도 있다.

경제적 규제 가운데 진입규제는 소득재분배적 효과가 은닉되어 있는 경우라고 할 수 있다. 예를 들면 국제경쟁력이 없는 산업을 위한 수입규제, 직업면허(변호사·의사·약사 등에 대한 면허), 관허독점권(franchise) 등의 경우에서와 같이 규제가 시장경쟁을 제한한 결과 해당 업계(업체)나 개인이 독과점적 이득을 향유하게 되는 경우가 바로 그것이다. 이런 규제는 모두 국내산업 육성을 통한 경제성장의 촉진, 소비자의 보호 등을 표면적인 이유로 내세우고 있지만 특정 업종 또는 직종에 특수한 이익을 초래하는 실질적 효과는 흔히 무시되고 있다. 물론 이런 경제적 규제들이 공익과

2) 정책의 이러한 속성은 반드시 정부규제의 경우에 국한되는 것이 아니다. 좀 더 넓게 말하여 경제성장, 안정정책 등 경제정책 모두가 직·간접적으로 소득재분배적 기능을 발휘한다고 할 수 있다. Burton A. Weisbrod, "Collective Action and the Distribution of Income: A Conceptual Approach," in Robert H. Haveman and Julius Margolis, *Public Expenditure and Policy Analysis* (Chicago, Ill.: Rand McNally, 1977), 2nd ed., pp. 105-113.

무관하다고는 할 수 없다. 그러나 부분적으로는 공익에 부합하는 것임에도 불구하고 그것이 순전히 공익을 위한 것처럼 과장되는 수도 있다.

이에 비해 가격규제는 소득재분배적 특성을 갖고 있지만 일반 국민이 이러한 사실을 잘 인식하지 못하고 있는 경우이다. 예를 들면, 자동차 손해보험요율을 적용할 때에 운전자의 주거 지역 · 연간 주행거리 · 운전 경력 · 음주 습관 등에 관계없이 요율을 일률적으로 적용한다면 실질적으로 사고위험이 높은 사람이 이득을 보는 결과를 낳게 된다. 그리고 시내버스 · 택시 · 지하철 등처럼 요금이 획일적으로 정해지는 공공요금의 경우는 이용자 간에 소득이 이전되는 효과가 나타난다. 교통 · 철도 · 상하수도 · 전기통신사업 등의 경우에 한계비용을 근거로 한 요금의 차등화가 이루어지지 않으면 대도시 지역 주민과 오지 지역의 주민, 산업용 대 가정용, 장거리 전화 대 지역내 전화 등의 이용자 집단 간에 교차보조 현상이 나타나 소득이전 효과가 나타난다고 할 수 있다(최병선, 2002: 250-252). 왜냐하면 일률적으로 비용을 부담시킨다는 것은 한계비용이 낮은 집단이 한계비용이 높은 집단을 보조하는 것과 같은 효과를 초래하기 때문이다.

또한 경쟁수준보다 높거나 낮은 규제가격은 생산자와 소비자 간의 소득이전에서 각기 상이한 효과를 초래한다. 즉 가격이 규제로 상승되는 경우에는 소비자는 보다 가난해지고 생산자는 보다 부유해진다는 것이다. 소비자나 생산자 모두 사회의 구성원이기 때문에 소득이전 그 자체는 사회 전체적으로 볼 때는 비용이라고 할 수 없다. 그러나 소비자와 생산자 간에 소득이전 금액의 규모가 크기 때문에 관심사가 아닐 수 없다.

가격규제의 분배적 효과를 미국의 예를 들어 좀 더 자세히 논의하려고 하는데, 그 이유는 이러한 논의를 통해 소득이전의 모습을 파악함으로써 문제의 본질에 보다 가까이 접근할 수 있기 때문이다.

보조금을 받기 이전의 항공사의 총수입은 1976년 6월 30일 현재 166억 달러로 계산되었다. 그러나 가격규제의 결과 항공료가 20% 상승했다면, 규제가 없는 경우보다 그 해에 항공기 이용자가 항공여행에 지출하는 비용이 33억 달러만큼 증가하게 되었을 것이다(CAB & BAS, 1976).

마찬가지로, 화물차 운송산업의 수입이 1973년에 207억 달러였는데, 화물차 운송가격이 규제의 결과로 20%만큼 상승했다면, 소비자는 규제가 없는 경우에 같은 서비스를 위해 지불한 것보다 1973년에 운송된 화물차 운송에 41억 달러를 더 지불한 셈이 된다(ICC, 1973). 따라서 이것이 단지 소득이전금이라 한다면 소비자는 보다 많이 지불한 금액만큼 보다 가난해진 셈이고, 운송업자는 그만큼 더 부유해진 것이다. 물론 규제로 인해 초래된 보다 높은 가격은 주로 과잉 생산시설, 빈 화물차, 우회 운송로 이용 등으로 비용이 상승한 때문이라고 할 수 있다. 그러나 규제로 인해 사회에 초래된 실질적인 비용일 수 있다는 점을 간과해서는 안 될 것이다.

경쟁수준 이하의 규제가격 또한 소득이전효과를 초래하는데, 이 경우에는 생산자로부터 소비자에게 소득이 이전된 효과를 제시하는 것이다. 1975년에 연방동력자원위원회(EPC)의 통제 하에 11조4천억 입방피트의 가스가 입방피트당 1달러에 팔렸는데, 규제가 없는 경우에는 규제가격보다 1.50달러가 더 비싼 2.50달러에 시장에서 거래되었을 것이다. 이것은 가스 소비자가 실제로 11조 4천억 달러만을 지불했지만 가스가격 규제가 전면 철폐되는 경우에는 가스 구입에 17조 1천억 달러를 지불해야 했다는 사실을 제시한다. 따라서 가스 생산업자는 그 차이만큼 소득이 적어지게 되는 셈이 된다.

규제의 소득재분배 기능은 공익적 목적의 실현을 위해 불가피한 것으로 주장되고 있지만 경제적 효율성과 공평성 측면에서는 많은 문제를 안고 있다. 이러한 문제에 대해 일반 소비자의 인식이 낮은 이유는 개별 소비자의 입장에서 볼 때 이로 인한 소득이전 효과가 그리 크지 않다고 보기 때문이다(최병선, 2002: 252).

## 3 자원배분의 왜곡

규제로 가격이 경쟁시장보다 높거나 또는 낮은 수준에서 책정되면 사회에 경제적 순손실을 초래할 수 있다. [그림 11-1]은 규제로 경쟁시장보다 높은 수준에서 재화와 서비스의 가격이 책정된 경우에 최소비용으로 가능한 서비스의 공급과 수요를 나타내고 있다. 규제로 높은 수준에서 가격이 결정되면 판매자는 비용을 충당하고도 높은 가격에 팔 수 있기 때문에 비용을 절감하려는 노력을 하지 않는 것이 보통이다. 규제가격에 얼마든지 생산한 재화와 서비스를 시장에서 판매할 수 있으면, 한계비용은 생산량과 관계없이 일정하게 되므로 수평적인 곡선으로 제시할 수 있다. 그러면 규제가격 $P_1$에서 소비자들은 높은 가격을 지불하고 $Q_1$만큼의 생산량을 구입할 수밖에 없지만, 그 보다 낮은 가격에서는 보다 많은 수량의 서비스를 구입하려고 할 것이다. 규제가 없는 경우에는 서비스의 가격이 최소비용을 충당할 수 있는 한 서비스의 공급이 가능하기 때문에 소비자가 원하는 만큼의 서비스가 공급될 수 있다. 이는 규

[그림 11-1] 가격하락으로 인한 경제적 잉여

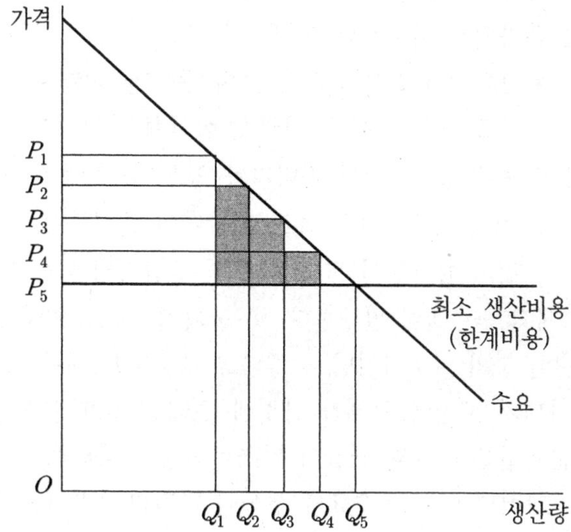


제가격 때문에 소비자가 구매하려는 수량만큼 서비스를 시장에서 구입할 수 없게 되고, 이에 따라 시장의 거래량이 줄어들 수밖에 없다는 것을 의미한다. 규제가격과 한계비용, 즉 최소생산비용의 차이만큼 시장거래가 이루어지지 못함으로써 시장거래를 통해 소비자가 얻을 수 있었던 이득을 얻지 못함으로써 사회에 경제적 순손실을 초래한다. 다시 말해, 보다 많은 생산물을 구입하기 위해 소비자가 지불하려는 가격과 단위당 최소비용의 차이만큼 소비자의 수요가 충족되지 못해 사회에 경제적 순손실을 초래한다. 소비자가 추가로 소비할 서비스에서 얻을 수 있는 효용가치가 이를 생산하는 데 치르는 비용보다 높은데도 불구하고 수요가 충족되지 않음으로써 그만큼의 효용가치를 누릴 수 없기 때문이다. 예를 들어, 가격이 $P_1$으로부터 $P_2$로 낮아지면 소비자는 [그림 11-1]의 $(Q_1 - Q_2)$만큼 추가로 서비스를 구입하려고 할 것이다.

이 때 추가된 서비스의 공급도 최소 생산비용으로 가능하기 때문에, 추가 서비스를 생산하면, 사회가 얻는 순이득은 [그림 11-1]에서 첫 번째 난에 빗금으로 표시된 가격과 단위당 최소 생산비용 간의 차이만큼 증가한다. 마찬가지로, 가격이 더 낮아져 $P_3$가 되면, 순이득은 첫 번째 난의 빗금 친 부분에 추가하여 두 번째 난에 나타난 소비량만큼 더 커지게 된다. 이것은 경쟁시장에서는 가격이 생산자의 최소생산비용을 충당할 수 있는 수준까지 계속 낮아질 수 있다는 것을 의미한다. 그러나 이러한 수준보다 낮은 가격에서는 사회는 더 이상 얻을 것이 없는데, 그 이유는 소비자에게 추가될 생산물의 효용가치가 비용보다 적어지기 때문이다.

[그림 11-2]는 [그림 11-1]과 같은 내용을 보여 주지만, 이것은 가격이 지속적으로 변화한다는 가정을 근거로 그린 것이다. 빗금친 삼각형은 규제로 가격이 $P_1$으로 책정되면 가격규제가 없는 경쟁시장에서 소비자가 얻을 수 있었던 소비자잉여인 수요곡선 아래 가격선 $P_5$ 위의 삼각형에서 $ADCE$만큼이 줄어들어, 소비자잉여가 수요곡선 아래 가격선 $P_1$ 위의 삼각형이 된다. 그러면 생산자잉여는 $ABCE$만큼 증가하지만 $ABD$만큼 경제적 순손실이 발생한다. 이는 가격규제로 인해 소비자가 얻지 못하는 비가시적인 손실 중의 일부이지만, 그렇다고 생산자가 대신 그만큼의 이익을 얻을 수 있는 것이 아니기 때문에 규제가 사회에 초래한 경제적 순손실이다.

이러한 경제적 순손실은 수요와 공급의 가격탄력성을 나타내는 두 곡선의 기울기로 평가할 수 있다. 그러나 이것은 수요와 생산이 가격의 변동에 얼마나 민감하게 반응하는지 그 민감도를 기준으로 내린 평가이기 때문에 정확하지 않을 수도 있다. 만약 수요가 가격에 비탄력적이라면 규제로 인한 높은 가격이 사회에 초래하는 손실은

[그림 11-2] 가격규제의 경제적 순손실

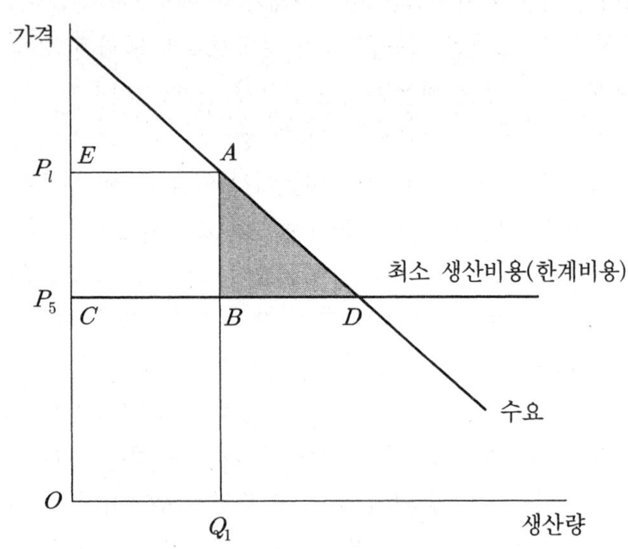

적어질 것이다. 그 이유는 소비자의 수요가 가격에 비탄력적이므로 소비자의 수요량에 대한 결정이 가격에 크게 영향을 받지 않기 때문이다. 그러나 수요가 가격에 탄력적인 경우에는 소비자의 결정이 가격의 변동에 영향을 받기 때문에 사회에 초래되는 경제적 순손실은 커진다. 예를 들어 항공여행과 화물차 운송서비스에 대한 수요의 가격탄력성이 1이라고 가정하면, 가격이 10% 증가하는 데 따라 수요량이 10% 감소한다는 것을 의미한다. 그러면 규제로 인해 가격이 20%만큼 인상되었다면, 이 두 분야의 운송수단을 이용하려는 소비자는 동일한 서비스에 대해 20%만큼 인상된 가격을 지불해야 하기 때문에 수요량도 20%만큼 감소한다. 그 결과 규제가 사회에 초래한 경제적 손실은 규제 이전에 이들 분야에서 생산자가 벌 수 있었던 총수입의 약 20%에 해당하는 금액이다.

규제가격이 경쟁시장 가격수준 이하에서 책정될 때도 또한 사회에 경제적 순손실을 초래한다. 이 경우에 경제적 순손실은 초과수요, 즉 물량부족 현상으로 초래한 것이다. 예를 들어, 보다 높은 가격을 지불하고서라도 가스를 구입하려는 의사가 있는데도 불구하고 가스를 구입할 수 없는 제조업체는 가스 소비량을 절감할 수밖에 없게 될 것이고, 새로운 일반 소비자들은 가스를 전혀 구입할 수 없을 수도 있다. [그림

[그림 11-3] 가격상승으로 인한 경제적 잉여

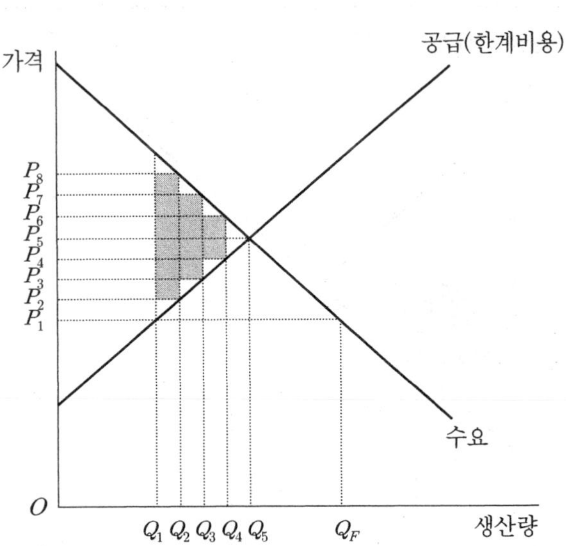

11-3]은 규제가격을 $P_1$에 책정하면 소비자가 $Q_F$만큼의 가스를 구입하기를 원하지만 실제 구입량은 $Q_1$수준에서 가능하게 되므로 $(Q_F - Q_1)$만큼 가스 물량이 부족하다는 사실을 보여 주고 있다. 이와는 달리 규제가 없는 경쟁시장의 경우에는 소비자가 보다 많은 수량의 가스를 구입하기 위해 보다 높은 가격을 지불하려고 할 것이다. 예를 들어 소비자들은 $P_1$보다 높은 가격에 보다 많은 수량의 가스를 구입하기 위해 $P_2$를 지불하려고 할 것이다. 그러나 규제가격 $P_1$에서는 생산자가 $Q_1$만큼의 가스를 공급하려 하기 때문에 최소 생산비용으로 가능한 가스의 공급이 불가능해지므로 그만큼의 가스를 소비자가 구입·소비할 수 있는 기회가 상실됨으로써 사회에 경제적 순손실을 초래하게 된다.

구체적으로 설명하면, $P_2$의 가격을 지불하여 가능한 추가 공급량을 통해 사회가 얻을 수 있는 순편익은 [그림 11-3]의 첫 번째 난의 빗금친 부분으로 표시할 수 있다. 마찬가지로 가격이 $P_3$로 높아지면 생산자는 $Q_3$만큼의 가스를 공급하려고 하지만 소비자는 두 번째 난의 빗금친 부분으로 표시된 보다 많은 이득을 얻기 위해 $P_7$을 지불하려고 할 것이고, 이것은 가스 생산자가 보다 많은 가스를 공급하도록 유인할 것이며, 이러한 과정은 균형가격에 도달할 때까지 계속되어 그만큼 사회에 초래하는 경제적 잉여를 증대시킬 것이다.

[그림 11-4] 물량부족의 경제적 순손실

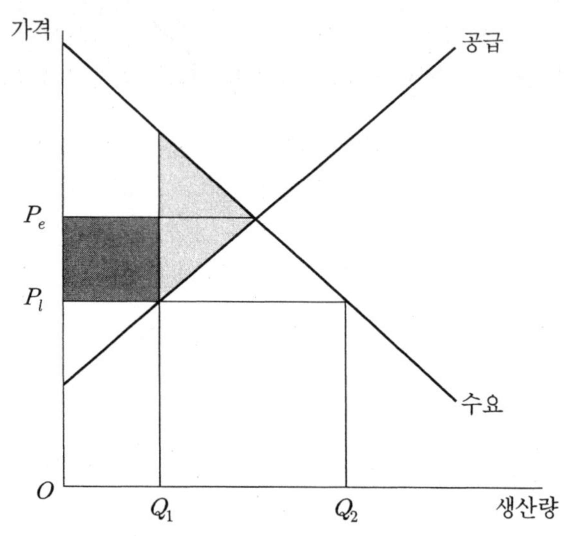

[그림 11-4]에서 경쟁시장 가격보다 낮은 수준에서 규제가격이 설정될 때 사회에 어떻게 경제적 순순실이 초래되는지 제시할 수 있다. 가격 $P_1$에서는 구매자는 $Q_2$까지의 생산량을 수요하지만 공급자는 $Q_1$만큼만 공급하려 하기 때문에 $Q_1-Q_2$만큼 초과수요로 인한 물량부족현상이 초래된다. 이에 따라 $Q_1$만큼 공급되고 경쟁시장에서 소비자와 생산자가 시장거래로 얻을 수 있었던 이득을 얻지 못함으로써 시장거래로 얻을 수 있었던 이득, 즉 규제로 얻지 못한 이득이 사회적 총잉여의 감소분이다. 이러한 감소분인 경제적 순손실이 그림에서 빗금친 삼각형으로 표시할 수 있다. 이는 경쟁시장에서 거래되는 생산량보다 적은 수량($Q_1$)의 재화 또는 서비스가 시장에서 거래되어 소비자와 생산자들이 거래로 얻을 수 있는 이득을 규제로 얻지 못함으로써 사회에 초래된 것이다. 만약 가격이 경쟁시장의 가격수준인 $P_e$까지 높아지면, 소비자는 검은색으로 표시된 사각형만큼의 이득, 즉 소비자잉여를 잃게 되지만, 가스공급업자가 그만큼의 이득, 즉 생산자잉여를 얻을 수 있을 것이다. 그 외에 빗금친 아래 삼각형만큼의 생산자잉여를 얻게 됨으로써 경쟁시장에서 얻을 수 있을 만큼의 생산자잉여를 얻게 된다.

한편 소비자는 빗금으로 줄쳐진 위 삼각형으로 표시되는 소비자 이득를 추가로 얻음으로써 경쟁시장에서 얻을 수 있을 만큼의 소비자잉여를 얻게 되어 사회 전체의 경제적 후생을 높게 할 것이다. 이러한 이득이 얼마나 큰지는 수요와 공급곡선의 기울기에 따라 달라질 수 있다. 그러나 규제로 사회가 시장을 통해 얻을 수 있는 사회적 순잉여를 얻지 못하면, 그만큼 사회구성원들의 경제적 후생이 낮아지고 그만큼 국민들의 생활이 어렵게 되는 셈이다. 실제로 이러한 경제적 순손실로 사회가 입는 직접적인 손실을 산정하는 것은 어려운 일이지만 어느 정도 예상할 수는 있을 것이다.

# 제12장 탈규제

규제는 공익적 성격을 가지고 있는 산업 분야에서 국민들이 필요로 할 때 부담할 수 있는 실비의 가격으로 양질의 서비스를 제공한다. 뿐만 아니라 파괴적 경쟁으로 인한 자원 이용의 비효율성을 배제하고, 독점으로 인한 소비자들의 피해를 방지하기 위한 수단으로써 활용되어 왔다. 그러나 규제를 해야 할 규제기관들이 오히려 규제대상 산업을 경쟁으로부터 보호함으로써 사회에 비싼 대가를 요구하는 비효율성을 초래했다. 이것이 최근에 제기되고 있는 규제에 대한 비판 중의 하나라고 할 수 있다(Derthick & Quirk, 1985: 8).

한국의 경우, 경제발전 단계에서는 규제의 점진적인 확대가 필요한 것으로 인정되어 왔지만, 경제 규모가 증대되고 국민경제가 성숙한 단계에 접어든 현재 상태에서는 국가경쟁력을 약화시키는 주요 요인 중의 하나로 지적되고 있다. 이에 따라 정부는 경제부문에서 효율성을 제고하고 국가경쟁력을 강화하기 위한 방안의 일환으로 규제완화를 모색해 왔다.

현재 경제의 각 부문에서 검토・진행되고 있는 규제완화 작업의 내용을 살펴보면, 규제의 전격적 폐지, 단계적 축소, 해제, 해체 등 다양한 유형의 탈규제 방법이 이용되고 있다. 이와 같이 다양한 유형으로 탈규제가 이루어지고 있는 상황인데도 불구하고 '규제완화'라는 개념으로 이들 모든 유형의 탈규제 방법을 포용해 사용하고 있으므로 규제개혁에 대한 성과를 제대로 평가할 수 없게 만든다.

한국은 규제를 총체적 개념으로 파악하여 규제의 범위 및 정도를 축소한다는 의미를 갖고 있는 규제완화란 개념으로 이보다 광범위한 내용을 포괄하고 있는 '탈규제' 개념을 대신하여 사용하고 있다. 그러나 엄밀한 의미에서 현재 진행되고 있는 규제완화란 규제업무의 비중, 규제기관의 조직기구 및 규제의 정도를 축소하는 것을 의미하는 것으로서, 개별적인 규제사안에 적용하기에는 적절하지 않은 용어라고 할 수 있다. 따라서 여기에서는 규제완화라는 개념보다 좀 더 포괄적인 의미를 갖고 있는 탈규제란 개념을 사용하여, 이 개념에 규제의 폐지로부터 규제이행 정도의 완화까지를 포괄해 논의하려고 한다. 이를 위해 우선 탈규제의 개념 및 정의를 고찰하고, 이를 토대로 다양한 유형의 탈규제 방법을 소개한 다음, 각 탈규제 방법으로 초래할 수 있는 탈규제의 효과에 관해 고찰하려고 한다.

## 제1절 | 탈규제의 이론적 근거

탈규제는 지금까지 실시해 온 규제의 성격을 근본적으로 변경하기 위해 수행하는 규제개혁 방법 중의 하나라고 할 수 있다. 민간 경제활동에 대한 정부개입이 꾸준히 확대됨에 따라 사회에 규제의 비의도적 효과 등 많은 비용을 초래했다. 이러한 현상에 대해 이익집단, 정책분석가, 공직자, 국민 등은 더 이상 현실성이 없고 부정적 효과를 초래하며 부담스런 규제가 과연 필요한 것인지에 대해 많은 문제를 제기해 왔다. 이에 따라 정부는 규제완화 작업의 일환으로 지금까지 시행해 온 각종 규제를 전면 재검토하여 시정하려는 노력을 해왔다.

그러나 무엇보다도 중요한 것은 조직력이 약한 이익집단의 이익보다 조직력이 강한 이익집단의 이익에 부합하는 쪽으로 규제완화 작업이 추진되어 온 것은 아닌지 규제완화 과정을 구체화해 그 내용을 파악하는 작업이 선행해야 할 것이다. 여기에서는 탈규제에 이론적 근거를 제시하고 있는 경제이론에 관하여 논의하고, 탈규제의 개념 및 유형에 대하여 고찰하려고 한다.

탈규제 발생에 관한 이론적 근거를 제시하고 있는 첫 번째의 이론(Derthick & Quirk, 1985: 19-27)은 당초에 규제에 당위성을 부여했던 공익적 목적이 경제적 현실에 비추어 더 이상 부합하지 않기 때문에 규제의 의미가 무색해져 탈규제해야 한다는 것이다. 일반적으로 통신산업에 대한 규제의 경우 처음에는 독점으로 인한 소비자의 권익을 보호한다는 취지에서 시행했지만 새로운 기술의 개발이 통신산업의 자연독점적 위치를 약화시킴에 따라 경쟁적 산업으로 전환되었다. 따라서 최근에 이러한 산업 분야에서 전개되고 있는 경제적 상황을 고려해 이들 산업 분야에서 이루어지고 있는 규제의 성격에 본질적 변혁을 도모하는 꾸준한 탈규제가 시행되어 왔다. 그러나 이러한 탈규제의 요인을 설명하는 경제이론의 해석에는 몇 가지 잘못된 점이 있다.

첫째, 규제를 결정하는 과정에서 제시했던 경제적 당위성이 규제를 도입한 실질적 근거로 작용하였다는 것은 규제를 도입하는 데 정치적 요인 등 다른 것은 고려하지 않았다는 사실을 제시한다.

둘째, 경제적 현실의 변화에 따라 경제적 당위성도 변화한다는 사실을 무시하고 있다. 가격 및 진입규제를 시행하기로 결정했던 당시의 경제적 현실은 최근의 경제적 현실과 상당한 차이가 있을 수 있으므로 그 당위성도 새로이 검토해야 한다는 것이다.

마지막으로, 규제의 본래 당위성과 현실적 당위성 간의 차이점이 과학적 심사를 통해 밝혀졌는지 그 여부에 따라 규제완화의 성과가 다르게 나타날 수 있다는 것이다. 정책결정자는 정책결정 과정에서 강력한 영향력을 행사할 수 있는 이익집단의 반대를 무릅쓰고라도 새로운 변화를 시도하려는 의지를 가질 수 있다. 그러나 합리적인 근거를 마련하여 이를 토대로 변화를 시도할 때 이익집단의 요구를 거절할 수 있고, 이에 대한 반대도 무마할 수 있을 것이다.

탈규제의 배경에 관한 경제이론의 두 번째 설명은 경제적 현실의 변화에 대처하기 위하여 탈규제를 시도하더라도 규제대상산업이나 이익집단들이 이에 동의해야 탈규제가 가능하다는 것이다. 이러한 해석은 사적 이익의 추구를 정치적 행위의 동기로 인식하고, 사적 이익의 내용을 물질적 의미로 정의하고 있는 소위 정치경제이론으로부터 나온 것이다. 이러한 이론에 의하면, 피선된 공직자들은 재선할 수 있는 기회를 확보하기 위한 수단으로 규제를 이용하고, 임명된 공직자들은 그들이 근무하고 있는 규제기관의 유지 또는 권한의 확보를 통한 승진, 미래의 직장 보장 등 사적 이익을 추구하려 한다는 것이다. 더욱이 공직자들은 조직적 행위를 통해 정치적 자원을 동원하는 데 상대적으로 우월한 위치에 있는 이익집단과 결탁하여 그들의 이익을 도모하는 경향이 있다는 것이다.[1)]

이것은 진입을 제한하는 특정 산업에 진입하려는 기업은 탈규제를 지지하는 세력

---

1) 이러한 이론을 전개하고 있는 대표적인 학자들의 견해는 Anthony Downs, *An Economic Theory Of Democracy* (Harper, 1957): Morris P. Fiorina, *Congress: Keystone of Washington Establishment* (Yale University Press, 1977); William Niskanan, *Bureaucracy and Representative Government* (Aldine-Atherton, 1971)에서 찾아볼 수 있다.

으로 등장해 진입규제를 완화하려고 적극적으로 노력하지만, 이미 규제대상산업에 참여하고 있는 기존 기업은 정치·경제적으로 우세한 입장에 있기 때문에 규제완화에 소극적일 수밖에 없다는 것을 의미한다. 따라서 기존 기업이 진입규제에 대한 탈규제에 동의해야 진입규제가 완화될 수 있다고 할 수 있다. 이러한 점으로 미루어 보아, 정부가 이익집단 간에 경제적 이익의 분포를 변경하기 위해 일방적으로 경쟁지향적인 탈규제를 추진할 수 없으며, 탈규제를 한다 하더라도 이는 이들 이익집단들 간에 타협과 협상의 산물로도 볼 수 없을 것이다. 또한 정부가 탈규제를 해서 진입규제를 완화한다 하더라도 기존 기업들이 진입규제가 그들의 이익에 부합한다고 보는 경우에는, 기존 기업들이 쌓아놓은 장벽으로 인해 신규 기업들이 시장에 진입하는 데 어려움을 겪을 것이다.

규제완화 작업을 수행하는 과정에서 진입, 가격 등 핵심적인 규제완화는 추진하지 못하고 인·허가 등 제한적인 규제완화를 추진하고 있는 점이 이를 잘 입증한다. 이러한 현실을 고려할 때, 탈규제에 대한 정치경제이론은 부정할 수 없는 것이므로 이러한 이론이 제시하고 있는 상황에 대처할 수 있는 방안을 마련해 규제완화를 실시해야 할 것이다.

## 제 2 절 | 탈규제의 개념

일반적인 의미로 규제란 "활동수행에 직접적으로 개입하지 않는 한 개체가 다른 경제주체의 활동의 선택을 의도적으로 제한하기 위한 것"이다(Mitnick, 1980: 5). 따라서 '탈규제'는 이러한 선택을 제한하는 정부의 행위를 완화해 결국 제거하는 것이라고 정의할 수 있다. 그동안 탈규제란 개념이 여러 가지로 정의되어 왔지만 여기에서는 제거해야 할 목표, 규제할 활동의 성질, 제거할 대상, 규제의 이행 정도 또는 대응력의 변화 등에 초점을 맞추어 정의하려고 한다(Mitnick, 1978: 350-357).

첫째, 제거해야 할 목표로서 이윤창출에 장애가 되는 정부개입과 가격경쟁을 가로막는 정부개입을 탈규제의 대상으로 한다. 이러한 개념의 탈규제는 정부통제로부터 시장통제로의 전환을 의미하는 것이다.

둘째, 규제할 활동의 성질에 따라 정의하는 탈규제는 시장의 공정한 경쟁을 창출하기 위한 시장에 대한 정부제약을 제거하는 것을 의미한다. 이것은 독점금지 및 불공정거래 규제의 탈규제, 시장의 경쟁을 제한하기 위한 정부제약을 제거하는 경제적 규제의 탈규제, 그리고 사회적 행태에 대한 정부제약을 제거하는 사회적 규제의 탈규제로 분류할 수 있다.

셋째, 제거할 대상에 따라 정의되는 탈규제는 다양한 형태로 이루어지고 있는데, 이 때의 탈규제는 제거할 규제기관의 조직기구, 제거할 규제업무, 제거해야 할 구체적인 규제를 대상으로 시행하는 것으로서 규제기관이 시행하는 규제가 관심의 초점이 되고 있다.

마지막으로, 규제에 대한 규제대상자의 대응 태도의 변화에 영향을 미치기 위한 것으로서 규제업무의 효과성이나 규제의 이행수준을 낮추기 위한 것이다. 즉 규제가 집행될 때 이에 동반하는 강제성의 정도를 조정하는 것을 말한다. 만약 규제업무의 효과성이나 이행수준을 낮추기 위해서 탈규제가 고려된다면, 목표와 관련해 성취해야 할 효과성을 우선 결정해야 하고, 이에 따라 기대하는 이행수준을 결정해야 할 것이다.

## 제 3 절 | 탈규제의 형태

탈규제의 형태는 크게 계획적인 것을 의미하는 공식적 형태의 탈규제와 점진적인 것을 의미하는 비공식적 형태의 탈규제로 구분할 수 있다. 비공식적 형태의 탈규제로는 생명주기에 따른 탈규제와 시행중단으로 인한 탈규제가 있고, 공식적 형태의 탈규제는 전격적 폐지, 단계적 축소, 해제, 해체 등 네 가지 유형으로 분류할 수 있다(Mitnick, 1978: 357-360).

이러한 유형의 변화는 탈규제에만 국한하는 것이 아니라 이와는 다른 조직개편의 예에도 그대로 적용할 수 있다. 여하튼 탈규제는 이들 네 가지 유형 중에 어떤 한 가지 형태로 또는 두 개 이상이 혼합된 형태로 시행되는 것이 일반적이다.

## 1 비공식적 탈규제

### 1) 생명주기에 따른 탈규제

규제기관의 진화에 관한 생명주기이론은 소비자의 이익 또는 공익(규제의 공적 목표)을 적극적이고 신축적으로 보호해야 할 규제기관이 시간이 경과함에 따라 여러 단계를 거치면서 규제를 운영하는 절차가 경직되고, 이에 따라 수동적 입장에서 결국 규제대상산업의 이익에 기여하는 방향으로 진화한다고 보고 있다(Bernstein, 1955). 만약 이러한 것이 사실로 나타난다면 생명주기 이론이 제시하는 것처럼 공익 보호를 목적으로 한 규제의 성질이 변질되어 실질적으로 규제의 의의가 점차 사라지게 될 것이다. 따라서 산업보호라는 실질적 목적을 위해 규제가 시행된 것이라면 산업의 행위를 제약하기 위해 규제가 이루어진 것이라기보다 오히려 공익적 목적이라는 미명 아래 처음부터 산업에 대한 탈규제가 실시되어 온 셈이라고 할 수 있다.

물론 규제대상산업의 이익에 초점을 맞추어 설명하면 이와는 다른 상황이 전개될 수도 있다. 시간이 흐름에 따라 산업이 규제기관의 환경을 통제할 수 있고, 이에 따라 규제대상산업의 이익에 기여할 수 있는 규제가 증가하게 될 것이다. 때로는 산업이 스스로 산업관리라는 집단적 문제의 처리를 규제기관에 위탁해 규제기관을 산업보호를 위한 기관화함으로써 이러한 문제를 해결하려고 할 것이다. 이처럼 산업이 환경을 관리할 수 있는 능력을 확보함에 따라 처음에 규제되지 않은 상태를 일탈하여 오히려 산업의 이익을 보호할 수 있는 규제를 요청함으로써 산업에게 유리한 규제가 증가한다는 것이다.

여하튼 생명주기 이론이 제시한 것처럼 규제기관은 처음부터 사실상 공식적 목적을 위한 규제의 탈규제 작업을 시작해 온 셈이다. 그러나 탈규제를 시작하기 전에는 탈규제로 누구의 이익이 보호되어야 할 것인지를 공익 개념들 중에서 선별해야만 하는 공식적인 절차를 거쳐야 할 것이다.

규제를 위한 공식적 이유가 더 이상 바람직한 것이지 못한다면 물론 탈규제되어야 한다. 하지만 탈규제라는 규제의 변화에 따라 초래할 수 있는 정치적 혼란, 경제 판도의 재편 등으로 사회에 커다란 부담을 주거나[2] 실제 상황에 비추어 특정인에게 편

2) 미국의 경우 주간상무위원회(ICC)의 기능을 탈규제화하려고 할 때 규제의 변화가 정치·경제적으로

익을 주는 것이 사회적으로 바람직한 것으로 여기는 경우에는 어떤 변화도 추구하지 않는 것이 최선책이 될 것이다. 더욱이 규제기관의 활동이 명목상으로만 공식적인 공익 목적에 기여할 뿐 실질적인 성과를 초래하지 못할 때에도 규제와 규제기관이 지속적으로 유지되는 경우가 있을 수 있다.

### 2) 규제 시행중단

탈규제의 한 형태라고 할 수 있는 시행중단은 규제기관의 예산이나 다른 지원이 삭감되어 규제기관이 실질적으로 규제를 시행할 수 없는 경우를 말한다(Jaffe, 1954: 118-119). 규제 조치를 변경하는 공식적 탈규제가 사회에 큰 부담을 주기 때문에 그 대안으로서 시행중단이란 탈규제 방법을 채택할 수 있다. 결국은 시행중단은 미래의 위기상황이나 일시적인 필요에 대응하려고 하는 경우에 비공식적으로 채택할 수 있는 방법이다. 그러나 시행중단은 법적 문제로서 '법 앞의 평등'이라는 공평성의 문제를 야기할 수도 있다.

시행중단의 유용성을 입증하기 위해 건물의 책임을 지고 있는 뉴욕시 맨해튼 구(區)정부의 건물관리국을 예로 들어 설명하려고 한다. 뉴욕의 건설산업에서 자행되고 있는 독직사건은 진부한 사실로 전해지고 있다. 이 부서에 근무하고 있는 거의 2/3 이상에 달하는 건물 조사관들이 1975년에 독직 혐의로 기소되었다. 이들은 복잡한 건축법을 위반한 사실을 눈감아 주고 건축사업의 승인을 신속히 처리해 주는 대가로 건축업자들에게서 뇌물을 받았다. 물론 이로 인해 건설현장의 작업이 중단되어 현장 근로자들이 일을 하지 못함으로써 사회에 실업이라는 경제적 부담을 안겨 주었다. 따라서 이러한 부담을 줄이기 위한 부분적 해결책은 적어도 제한이 필요 없는 행위에 대한 법 규정의 시행만이라도 중단하는 것이 될 수 있다(Darnton, 1975). 물론 다른 해결책은 건축법 규정의 많은 부분을 탈규제하는 것일 수 있지만 건축물이란 특성으로 볼 때, 이러한 방법은 국민들에게 불편을 주거나 국민들의 생명과 건강을 위협할 수 있기 때문에 채택하기 어려운 것이다.

---

혼란을 야기하여 이로 인해 막대한 비용이 발생된다는 사실을 근거로 이에 대하여 반대 의견이 제기되기도 했었다.

## 2 공식적 탈규제

### 1) 전격적 폐지

전격적 폐지는 규제기관의 기능이나 활동을 단계적으로 축소하지 않고 정해진 시일을 기점으로 전격적으로 중단 또는 폐지하는 형태의 탈규제 방법을 말한다. 이러한 극단적 형태의 탈규제는 급작스런 변화로 예상되는 부정적 효과 때문에 채택하는 데 많은 제약이 따를 수 있다. 따라서 그 효과를 점검하여 부작용을 최소화하려는 노력이 동반되어야 한다. 만약 전격적 폐지란 탈규제가 실시된다면 폐지된 규제활동을 담당했거나 폐지된 규제기관에 근무했던 요원들이 일시에 불필요하게 되므로 이들을 다른 규제기관에 배치해야 하거나 규제기능을 다른 행정부서에 배치하도록 해야 한다. 또한 이들 규제활동과 규제기관에 의해 영향을 받는 조직들이나 경제 단위들도 이들에게 부과되었던 규제가 일시에 제거됨으로써 새로운 환경에 적응하고 불확실성을 감소할 수 있는 충분한 시간적 여유를 가져야 한다.

물론 전격적 폐지란 탈규제 방법이 그 형태에서처럼 그 효과에서도 전격적일 것으로 기대할 필요는 없을 것이다. 실제로 규제가 폐지되기 전에 이에 대한 홍보를 함으로써 규제기관의 요원과 규제업무 담당자뿐만 아니라 규제대상자들도 폐지에 대해 미리 대비할 수 있는 기회를 주는 것이 바람직할 것이다. 그러나 앞으로 닥칠 사건을 알고 있는 조직요원들은 열심히 일할 동기를 상실하게 되고, 앞으로 전개될 사태를 예상할 수 있는 관련 당사자들도 다른 기관이나 부서의 요원들과 인적 관계를 형성하려고 노력할 것이므로 이들의 일거리나 권한이 사실상 줄어들 것이다.

불가피한 상황에서 이루어지는 규제의 폐지는 행정적인 문제를 거의 발생하지 않을 수 있지만, 외부로부터 상당한 영향을 받을 수도 있다. 그러나 국민의 지지가 있어야 시행 가능한 규제활동의 경우에 탈규제를 요구하는 이해당사자들이 탈규제로 인해 불이익을 받는 이해당사자들에게 보상하려고 하기 때문에 외부로부터 받는 영향을 상당히 완화할 수 있다.

일몰법(日沒法)은 평상적으로 1년을 단위로 그 유예기간을 허용하고 있다는 점에서 한 시점을 기준으로 시행되는 전격적 폐지라는 형태의 탈규제와 차이가 있지만, 결국은 일정한 시점에서 탈규제 된다는 유사한 특성을 가지고 있다. 그러나 유예기간이 1년 또는 그 이상이 된다면 단계적 축소라는 다른 유형의 탈규제 방법과 동일한 효과를 가지고 있다.

### 2) 단계적 축소

단계적 축소라는 탈규제 형태는 모든 기능이 명목상으로는 동일하게 유지되면서, 더 낮은 수위로 활동이 지속되는 것을 말한다. 단계적 축소는 정해진 계획에 따라 진행하는 방법과 전혀 예측 불가능하게 진행되는 비계획적인 방법으로 이루어진다.

단계적 축소는 규제기관의 조직 내부와 외부에서 모두 이에 적응·조정해 나갈 수 있도록 함으로써 전격적 폐지의 형태를 채택할 때 초래할 수 있는 부정적 효과를 배제할 수 있다. 그러나 업무 의욕의 감소, 유능한 인력의 유출, 인력감축, 잔여인력의 낮은 업무 수행능력 등이 규제활동을 축소시키고 업무 수행성과를 현저하게 저해하는 요인으로 작용할 수 있다. 따라서 단계적 축소의 탈규제 형태를 취할 때 발생할 수 있는 이러한 부정적 효과를 최소화하기 위해서는 능력 있는 핵심요원들이 규제기관에 남아 있을 수 있는 행정적 조치를 취하여 이들에게 축소된 규제업무를 담당하도록 하는 것이 무엇보다도 바람직할 것이다.

### 3) 해 제

해제는 규제기관의 기능, 활동 및 업무들을 차례로 하나씩 제거하여 나감과 동시에 나머지 기능이나 업무 또는 활동은 이전과 동일한 수위로 지속하거나 후일에 동일한 형태나 다른 형태로 제거하는 탈규제의 형태이다.

해제될 규제업무나 활동은 위에 논의한 다른 형태의 탈규제 방법으로 나타나는 효과를 고려하여 전격적 폐지 또는 단계적 축소의 형태로 추진할 수도 있다. 규제대상 산업에서 규제대상이 되는 여러 가지 활동 중에서 진입제한과 같은 한 가지만을 선별해 이를 철폐하는 단편적 탈규제가 이러한 유형에 해당하는 것이다.

### 4) 해 체

규제업무 이양에 따른 해체는 규제업무 중의 일부분이 새로운 기관이나 다른 기관으로 이양되거나 또는 다른 기관으로 이관된 규제업무가 새로운 형태로 재결합함으로써 규제업무나 규제기관을 해체하는 탈규제 방법이다 이러한 방법은 규제업무의 중요성이 감소·변경되거나 또는 규제업무의 이양으로 규제적 기능이 약화될 때 채택되는 것이다.

반대의 경우는 소비자 보호와 환경보호 분야에서처럼 규제의 중요성이 강화되어 소비자보호원의 기구가 확대되고 환경부의 위치가 급상승한 예에서 찾을 수 있다. 규제업무 이양에 따른 해체로 어떤 활동이나 업무에 대한 공식적 권한이 약화되기도 하며, 다른 활동이나 업무가 현재 상태에 머물거나 실질적으로 중단되는 효과를 초래하기도 한다.

## 제 4 절 | 탈규제 과정

규제기관, 규제업무 등과 관련된 탈규제는 그 자체가 의제로 채택 · 결정해 그 결정이 집행된다는 점에서 일종의 정책이라고 할 수 있다. 그러므로 탈규제에 관한 정책결정과 집행과정은 규제도입 과정에서 나타나는 성격과 유사하게 진행한다고 할 수 있다. 그러나 탈규제 이전까지 규제의 결과로서 긍정적 보상과 부정적 보상을 받았던 여러 부류의 이해당사자들이 탈규제 과정에 개입하게 되므로 조직 감축이나 업무 축소로 제기되는 이해당사자들 간의 이해관계를 조정 · 관리해야 하는 구조적 문제를 안고 있다. 예를 들어 탈규제의 집행과정에서는 탈규제로 영향을 받는 규제기관이나 다른 기관에 종사하는 요원들이 탈규제를 지연시키게 되고, 그 방향을 전환시키고 회피하기 위해 모든 기회를 동원하려고 할 것이다, 만약 시간이 경과함에 따라 이러한 시도가 현실화되면 이로 인해 예기하지 못했던 결과를 초래할 수도 있다는 것이다.

### 1 규제기관의 환경통제

거의 대부분의 경우에 기존에 규제를 관리하던 행정관료들은 아마도 탈규제에 반대할 것이다. 봉급과 지위를 유지하고 제고하려는 이들의 사적 목적의 추구는 규제기관이나 규제업무의 존속과 확대에 달려 있다고 할 수 있다. 그리고 이러한 사적 목적의 추구는 업무, 조직, 사회 전체에 기여하려는 동기를 유발할 수도 있다. 규제자들은 단순히 규제하는 업무로부터 자부심을 가질 수도 있고 그러한 일을 수행하는 데 필요한 편의수준을 유지하거나 높이기를 원한다. 이러한 이유 때문에 규제자들은 그들이 관리하는 규제를 조립 · 구조화하려고 노력할 것이다. 즉 그 자신의 이익에 기여할 수 있는 환경을 조성 · 관리하려 하기 때문에 탈규제에 반대하거나 이를 지연시키는 데 적극적 역할을 수행하려 한다는 것이다.

그러므로 탈규제 과정에서 작용하는 주요한 요인 중의 하나는 규제기관이 그의 환경을 얼마만큼 통제할 수 있는 능력을 가지고 있느냐 하는 것이다. 예를 들어, 경제적 규제 분야에서 규제기관은 규제되는 대상의 수와 이들 대상들과의 관계를 포함해 그 환경을 조정할 수 있는 능력을 가지고 있다. 따라서 진입제한, 합병통제, 영업활동의 제한 및 서비스 제공의 자격요건의 설정 등과 같은 규제를 통해 규제대상 시장에 영향을 미칠 수 있다. 또한 규제기관은 다양한 가시적 · 비가시적 그리고 긍정적 · 부정적 보상이나 유인책을 제공할 수 있는 권한을 가지고 있다. 다시 말해, 이들 규제기관은 산업규제를 위한 전문적 지식의 출처이자 정보의 저장소임과 동시에 공공서비스의 공급자이며, 산업의 채산성에 영향을 미칠 수 있는 규제의 원천이 될 수 있다는 것이다. 규제기관은 규제대상과의 원만한 교환관계의 안정성과 연속성을 유지함으로써 규제대상산업이나 규제대상자 및 규제기관이 처할 수 있는 환경의 불확실성을 소화할 수 있다.

## 2 규제기관의 환경통제력의 상실

환경을 통제할 수 있는 규제기관의 능력이 규제를 하는 데 필요한 지지기반의 상실로 떨어질 수 있으며, 이를 몇 가지 유형으로 구별하면 다음과 같다.

첫째, 규제기관이 규제활동에 투입할 수 있는 자원을 상실하는 경우이다. 이러한 자원에는 자금, 주요 참모의 전문기술 및 지식, 물리적 시설 등이 포함된다. 만약 환경에 대한 통제의 성공도가 다른 조직을 감시하고 단속할 수 있는 능력에 달려 있다면 자금과 유능한 인적 자원의 부족은 환경을 성공적으로 통제할 수 없게 할 것이다.

둘째, 규제기관이 소위 '공조(共助) 기반'이라고 할 수 있는 것을 상실하는 경우이다. 규제기관의 행위는 다른 기관의 행위와 상호의존적으로 행해지거나 다른 기관의 행위를 보충할 수도 있는데, 이러한 경우 관련기관과 공조할 수 없게 되면 규제기관의 행위를 위한 지지 기반이 상실되는 효과를 초래해 원만한 규제활동을 어렵게 한다.

셋째, 피선된 정치인과 의원, 임명된 공직자 등으로부터의 지지 기반을 상실하는 경우이다. 이것은 규제정책의 집행을 방해할 수 있고 더욱이 규제기관의 존립 자체를 위협할 수 있다. 재임명 대상이 되는 규제기관 요원은 이러한 지지 기반을 중요시하고 지지 기반을 유지하기 위해 규제활동의 수준을 낮추거나 이들과 절충하는 경우가 발생한다.

넷째, 국민들의 지지 기반을 상실하는 경우이다. 규제시행 과정에서 이해당사자의 정치적 개입의 폭이 크고, 규제적 지시에 대한 이행도가 낮은 경우에는 국민들의 지지 기반을 상실할 가능성이 커진다. 지지 기반을 상실하는 원인이 많이 있지만 정치적 · 국민적 지지 기반을 상실하는 이유를 고찰하면, 국민들이 기대했던 대로 업무수행을 하지 않아 그 결과가 국민의 기대에 어긋난 경우, 규제기관이 효과적으로 규제를 집행한 결과로 기존 법의 효력이 약화되어 새로운 입법이 요구되거나 탈규제가 요청되는 경우를 들 수 있다. 따라서 규제기관이 환경을 관리하는 데 다른 기관보다 상대적으로 우월한 능력을 가지고 있더라도, 국민들의 지지 기반을 얻지 못하면 탈규제 또는 기구개편의 대상이 되는 경우도 있다.

## 제 5 절 | 탈규제의 효과

위에서 탈규제의 네 가지 형태를 논의했는데, 이론적으로는 전격적 폐지는 규제완화라기보다는 규제철폐라고 함이 타당한 한편, 해제, 단계적 축소 및 해체를 가리켜 규제완화라고 함이 옳을 것이다. 한국의 경우에는 전격적 폐지를 포함하여 모든 형태의 탈규제를 규제완화로 표현하고 있다. 여기에서는 전격적 규제폐지를 대규모적 탈규제로 분류하고 해제, 단계적 축소 및 해체를 부분적 · 점차적 탈규제, 즉 규제완화로 대별하여 그 효과를 논의하려고 한다.

### 1 대규모적 탈규제

규제의 전격적 폐지는 규제되지 않은 시장에서나 가능한 완전경쟁 상태로 전환하는 것을 의미하는 것으로서 가격, 수익률, 생산량, 생산물의 품질과 다양성, 서비스 수준 등을 시장에서 결정하도록 하기 위한 것이다. 다시 말해, 완전한 규제폐지는 '규제되는 시장'이 '경쟁이 이루어지는 시장'으로의 전환을 뜻하는 것으로서 주로 효율성에 근거하여 그 당위성을 확보할 수 있다.

재화와 서비스의 가격, 수량, 품질 등이 소비자 선호와 생산비용을 반영할 수 있는 경쟁시장에서 결정될 때 효율성을 제고할 수 있다. 수요량보다 공급량이 크면 수요와 공급의 법칙에 따라 가격은 생산비용 이하의 수준으로 떨어지고, 수요량이 공급량보다 적으면 가격이 높아짐으로써 재화와 서비스의 수량이 효율적으로 시장에서 조정되는 것이다. 규제되지 않은 시장에서는 가격과 생산비용과 동일해지는 수준에서 균형을 이루는 성질을 가지고 있다. 이에 따라 시장에서의 경쟁은 효율성을 제고하고 비용을 감소시키는 요인으로 작용한다. 이러한 방향으로 경제가 움직이는 것이 바람직하다는 생각은 시장이 충분히 경쟁적으로 작용할 것이라는 기대와 규제를 정당화할 수 있는 어떤 다른 조건이 시장에 존재하지 않는다는 사실에 근거하고 있다.

### 1) 가격에 미치는 효과

탈규제의 가격효과와 관련하여 두 가지 중요한 문제가 제기될 수 있다. 첫째, 탈규제가 가격에 미치는 실질적 효과가 무엇이며, 둘째, 탈규제로 가격경쟁이 발생할 가능성이 어느 정도 있는가 하는 것이다.

규제로 경쟁수준 이상에서 가격이 규제되었던 산업에서 규제가 폐지되면 기업들은 더 많은 매상을 확보하기 위하여 가격을 인하하고, 더욱이 유휴 생산시설을 가지고 있는 경우에는 이를 활용하여 효율성을 제고함으로써 가격을 인하할 수 있다. 진입규제에 대한 완화는 새로운 경쟁자의 진입을 가능하게 하므로 생산시설의 확장을 초래하여 가격을 낮추게 하는 요인으로 작용할 수 있다. 이러한 경우에 가격담합이 불가능하다면 추가로 생산하는 데 소요되는 비용인 한계비용이 낮아지고 이에 따라 가격이 낮아지는 한편 생산량은 증가할 것이다. 반대로 경쟁수준 이하로 가격이 규제되었던 산업에서 규제가 폐지되면 가격은 인상되고 기업들이 더 높은 수익을 벌어들이기 위해 생산량을 증가함으로써 산업의 생산시설도 증대될 것이다.

이와 같이 탈규제로 가격이 조정되는 범위와 속도는 진입 및 생산시설 증대의 용이성 정도에 달려 있다. 만약 더 많은 생산량의 공급이 가능하지 않다면 가격은 하락하지 않을 것이다. 그리고 규제가 과잉 생산시설을 초래하였거나 생산시설의 증대를 유발해 온 분야에서의 가격은 아주 신속하게 조정될 것이다.

미국의 의회회계국(GAO)이 발표한 한 연구(U.S. GAO, 1977: ii-iii)의 결과는 항공요금에 대한 규제가 엄격하게 시행되지 않은 경우에 전국적으로 실제 항공요금이 추정된 요금보다 연평균 22%에서 52%까지 낮게 책정되었다는 사실을 밝히고 있다. 규제가 덜한 경우에 소비자들은 연간 14억 달러에서 18억 달러까지 저축할 수 있었던 셈이다. 이 연구는 또한 더 낮은 항공요금을 책정하여 더 많은 여행객을 유치할 수 있다면 저축액은 더욱 늘어날 가능성이 있다는 사실을 제시한다. 민간항공국의 회장이었던 칸(Alfred Kahn)의 주도로 제도화했던 항공규제를 위한 개혁 조치들은 거의 모든 항공여행 시장에서 할인요금으로 항공권을 판매하도록 함으로써 경제가 총체적으로 호전되지 않은 상태에서도 항공여행을 하는 고객의 수를 증가시킬 수 있었다. 개혁 조치가 취해지기 이전보다 싼 항공요금으로 항공여행 산업에 호황을 가져왔고, 결국에는 규제완화가 의회회계국이 추산한 것보다 훨씬 많은 저축액의 증대에 기여하여 왔다는 사실을 보여 주고 있다.

기업이 탈규제로 나타나는 편익을 누릴 수 있기까지는 상당한 시간이 걸린다. 그 이유는 규제되었던 기업들은 탈규제로 인한 새로운 여건에 적응하는 데 필요한 마케팅과 가격결정에서 탁월한 지식을 가진 전문가를 단기간 내에 확보하기 어렵기 때문이다. 그러나 신규 기업들은 오랜 관행에 물들어 있지 않으므로 적극적이고 창조적으로 경쟁에 대처하려는 자세를 갖게 될 것이다. 이에 따라 가격이 비용을 충당할 수 있는 한 새로운 진입은 계속될 것이고, 가격은 하락할 것이다. 그러나 탈규제는 두 가지 상황에서 가격을 상승시킬 수도 있다.

첫째, 규제로 가격이 경쟁시장 수준 이하로 책정된 경우에 단행된 탈규제는 가격을 상승시키는 요인으로 작용함으로써 소비자는 더 높은 가격을 지불해야 한다. 이러한 탈규제는 자원을 가치가 낮은 용도로부터 높은 용도로 전환해 사용하게 함으로써 자원의 효율성을 제고할 수 있다는 긍정적 효과를 초래하기도 하지만,[3] 자원의 소유자와 생산자 모두에게 상당한 횡재를 안겨주는 부정적 효과를 초래할 수 있다. 왜냐하면 탈규제 이전의 가격수준에 판매하려고 하지 않던 자원의 소유자에게 수익을 보장할 수 있을 뿐만 아니라 그 가격수준에 공급할 의사를 가지고 있던 생산자에게도 높은 수익을 보장할 수 있기 때문이다. 미국이 1978년에 제정한 천연가스정책법은 이러한 점을 고려하여 새로이 생산하는 천연가스에만 탈규제를 적용함으로써 탈규제로 초래될 많은 횡재를 미연에 방지하려고 시도하였다.

둘째, 규제로 독점을 통제하거나 독점의 출현을 방지하여 왔던 산업에서 탈규제가

---

3) 이것은 많은 소비자들이 더 높은 가격을 지불하지 않으려고 하기보다는 오히려 자원배분이 더 효율적이 됨에 따라 실질비용이 감소되리라는 것을 의미한다.

이루어지면 재화와 서비스의 가격이 상승할 것이다. 한국의 경우에는 자연독점산업을 거의 공기업으로 운영하고 있으므로 그 예를 찾아보기 어렵지만, 독점산업 분야에서 탈규제로 초래된 가격인상은 생산성과 효율성을 저해하는 요인으로 작용할 수 있다. 즉 독점규제로 억제되었던 가격이 일시에 상승함으로써 소비자는 더 높은 가격을 지불하고 생산자는 보다 높은 이윤을 보게 됨으로써 당연히 자원 배분의 효율성은 떨어질 것이다. 마찬가지로, 탈규제로 독점이 출현한다면 이 경우에도 가격이 인상될 것이다. 이러한 현상은 자연독점 또는 과점상태에서 발생하는 부작용을 배제하기 위해 규제해 왔거나 또는 시장점유율을 높이지 못하도록 규제해 왔던 산업에서 나타날 수 있다. 그러나 독점이 초래되었다고 해서 반드시 가격이 상승하지 않는 경우도 있다. 탈규제로 인한 비용절감 효과가 가격에 미치는 독점시장의 효과를 상쇄할 수 있기 때문이다. 즉 탈규제로 시장의 자유로운 진입과 퇴출이 가능하면, 독점시장에 신규 기업들의 진입이, 시장가격의 경제적 이윤이 0이 되는 평균비용 수준으로 하락할 때까지 지속적으로 이루어지기 때문이다.

### 2) 가격구조와 서비스의 다양화에 미치는 효과

탈규제로 산업이 경쟁시장으로 전환되면 재화와 서비스의 종류가 다양해지고 가격은 보다 저렴해질 수 있다. 그러면 소비자는 다양한 서비스를 보다 저렴한 가격으로 더 많이 소비할 수 있어 시장거래를 통해 얻을 수 있는 이득이 늘어남으로써 탈규제 이전보다 높은 경제적 후생을 누릴 수 있다. 반대로, 규제로 억제되었던 재화와 서비스의 가격이 탈규제로 상승하더라도, 상승한 가격수준에서 총생산비용을 충당할 수 있을 만큼 시장수요가 충분하지 않으면 이러한 재화와 서비스는 시장에서 더 이상 공급되지 않을 것이다. 한편, 기업의 자금지원을 위해 인위적으로 높여 주었던 가격은 자연적으로 떨어지고, 가격인하에 따라 수요량이 증가하게 되어 보다 많은 서비스의 공급이 이루어질 것이다.

한편 생산비용에 따라 가격이 신축적으로 조정될 수 있는 경우에는 재화와 서비스의 종류가 다양해질 수 있다. 재화와 서비스 유형에 따라 생산비용이 상이하므로 기업은 소비자의 필요에 맞는 것을 공급하려고 노력하기 때문이다. 예를 들어, 화물차 운송산업에 대한 규제가 철폐되면 운송시간대에 따라 다르게 요금을 조정할 수 있기 때문에 신속한 서비스에는 높은 요금을, 그렇지 않은 서비스에는 낮은 요금을 적용할 수 있게 되므로 서비스가 다양해질 수 있다.

한 연구 결과는 화물차 운송서비스를 이용하려는 사람들은 가능한 한 다양한 가격과 서비스를 선택할 수 있는 기회를 갖기 원하고, 산업에 대한 탈규제가 이러한 다양성을 충족시킬 수 있다는 사실을 제시하고 있다(U.S. Senate & CCST, 1978: 73-74, 127). 규제로부터 자유롭게 되면, 기업들은 성수기에는 높은 요금을 받을 수 있고, 비수기 동안에는 생산시설의 유휴화를 막는 것이 오히려 비용을 줄일 수 있는 방법이 된다. 그러므로 이 때에는 가변비용만을 충당할 수 있는 수준에서 가격을 결정하게 되고, 이러한 낮은 가격은 더 많은 서비스를 공급할 수 있게 한다.

이러한 가격 차이로 제기되는 문제는 이것이 가격차별로 보일 수 있다는 점이다. 특히 성수기 가격결정의 경우에는 이러한 현상이 더욱 뚜렷이 나타나는데, 성수기의 보다 높은 가격은 추가로 비용이 발생한 데서 연유한다기보다는 오히려 이러한 서비스에 대한 성수기 소비자의 높은 수요를 충족하기 위해 생산시설을 추가로 늘린 데서 비롯한 것이다. 따라서 이러한 생산시설의 확장은 단지 성수기에만 요구되기 때문에 이에 드는 추가비용은 성수기의 고객에게 전가될 수밖에 없다. 왜냐 하면, 성수기에 소비자의 수요가 높지 않다면 적은 생산시설로도 수요를 충족할 수 있으므로 생산시설을 확장해야 할 필요가 없기 때문이다. 결국 성수기의 소비자는 높은 가격을 지불하는 데 비해 비수기의 소비자는 낮은 가격을 지불하므로 가격차별은 불가피한 것으로 보인다. 그러나 규제를 받게 되면 가격이 성수기와 비수기에 대한 구별 없이 일률적으로 적용되기 때문에 생산시설 투자에 드는 비용이 소비자에게 분산되어 은닉될 가능성이 있다. 이러한 이유로 공익적 목적을 위해 설립·운영되는 공익사업체는 성수기 가격책정 방법을 거의 사용하지 않고 국민인 소비자가 지불할 수 있는 능력을 감안해 성수기와 비수기 구별 없이 일정한 가격을 받는 일률적 가격책정 방법을 채택하는 것이 일반적이다(Shepherd, 1966: 58-70).

독과점 기업처럼 시장지배력의 행사가 가능한 시장에서는 소비자에 따라 가격차별을 할 수 있다. 그러나 진입장벽이 높지 않은 시장은 신규 기업의 시장진입이 가능하므로 기업 간의 경쟁을 유발함으로써 가격차별 효과가 어느 정도 상쇄될 수 있다. 즉 탈규제된 과점시장에서 시장지배력을 가지고 있던 기업들이 가격차별을 함으로써 높은 수익을 얻으려고 시도하면 소수의 기존 기업들 간에 경쟁이 이루어지고 더욱이 신규 기업의 진입을 가능하게 함으로써 경쟁이 심해져 이러한 시도는 뜻을 이루지 못할 것이다.

### 3) 기술변화에 미치는 효과

가격 및 진입에 대한 탈규제는 기술변화를 가속화시키고 재화와 서비스를 다양화시킬 수 있는 긍정적인 효과를 초래할 수 있다. 생산비용을 고려해 자유로이 가격을 결정할 수 있는 기업들은 새로운 재화와 서비스에 대한 수요를 창출하고 이를 충족하려는 동기를 갖게 될 것이다. 즉 탈규제로 기업들이 새로운 기술을 개발하는 데 쓴 비용을 가격에 반영할 수 있고, 새로운 재화와 서비스의 가격을 스스로 결정할 수 있으면 가격과 서비스가 다양해지고 기술개발의 속도를 가속화하는 요인으로 작용할 수 있다. 미국의 예를 들어, 속달우편 서비스의 특별 할인가격은 이용자를 많이 끌어들임으로써 충분히 비용을 충당할 수 있게 하였고, 이에 따라 속달우편 서비스란 제도가 정착하는 데 기여하였다. 또한 화물차 운송사업자가 가격결정의 자유를 갖게 되면, 다양한 종류의 서비스가 제공될 수 있어 소비자 선호를 충족하는 결과를 초래할 것이다.

재화와 서비스의 다양성은 진입제한에 대한 탈규제가 이루어질 때 시장이 초래할 수 있는 성과라 할 수 있다. 탈규제로 인해 새로운 기술을 개발할 수 있는 기업이나 재화와 서비스에 대한 새로운 아이디어를 가지고 있는 기업들은 시장에 용이하게 진입할 수 있다. 대표적인 예는 이동전화, 인터넷 등 통신산업에서 다양한 유형의 새로운 제품이 고안·생산되어 시장에서 판매하고 있는 현실에서 찾을 수 있다. 일반적으로 탈규제로 시장에 경쟁이 가능해지면 기업들이 기술혁신을 하려는 동기를 갖게 됨으로써 사회의 경제적 후생의 증진에 기여할 수 있다. 한편 수익률에 대한 탈규제는 기술개발에 드는 비용을 가격에 반영할 수 있게 함으로써 자본집약적 기술혁신을 초래할 가능성을 크게 할 수 있다.

## 2 부분적·점차적 탈규제

일반적으로 채택되는 규제개혁 방법은 탈규제의 범위가 부분적인 단계적 축소, 해제 및 해체라고 할 수 있다. 이들 탈규제 방법은 규제기관을 일시에 철폐하거나, 가격과 진입에 대한 규제를 한꺼번에 제거함으로써 민간 경제주체의 자유로운 의사결정에 따라 자유롭게 경제활동을 하도록 하는 것이 아니다. 그러나 완전하고 전격적인 탈규제보다 부분적이고 점차적인 탈규제가 오히려 현실적인 선택대안으로 고려해 왔다. 그 이유는 규제의 전격적 변화가 주는 부담을 조정할 수 있는 시간적 여유를 제공하는 것이 오히려 사회적으로 보다 바람직하다는 인식 때문이다. 경제적 후생의 극대화란 목표가 완전경쟁시장으로의 전환을 위한 전격적 탈규제를 선호하게 할 수도 있지만 공평성의 관점에서는 부분적이고 점차적인 변화가 오히려 바람직할 수가 있다. 급격한 변화를 지양함으로써 이해관계가 걸린 모든 이익집단들 간에 조정할 수 있는 기회를 갖고 변화에 대응할 수 있기 때문이다.

점차적 탈규제는 공평성 문제의 범위를 넘어 기업의 경제적 실행성과에도 긍정적으로 영향을 미칠 수 있다. 소비자와 생산자 모두 자연적으로 규제된 환경에 익숙해져 있으며, 기업의 제품가격 및 투자전략도 이미 규제에 조율되어 있다. 규제된 환경에 길들여진 기업들이 새로운 환경에 적응하기 위해서는 이에 대한 충분한 검토를 해야 하므로 시간적 여유가 필요하고, 그래야만 경영상의 부담을 줄여 기업경영 성과를 높일 수 있다. 더욱이 단계적 탈규제의 시기를 미리 공포해 놓으면 기업과 소비자가 그 시기에 따라 대응방안을 계획할 수 있기 때문에 탈규제로 인한 조정비용은 보다 낮아질 수 있고, 단계적으로 탈규제의 영향력을 평가해 이에 대응할 수 있다.

그러나 점차적 탈규제는 근본적으로 잠재적 편익의 가치를 절감시킬 수 있다. 예를 들어, 화물차 운송산업에서 많은 개별 운송업자들은 예측 가능한 요금으로 영업을 한다. 탈규제된 환경에서는 운송업자는 소비자가 그 비용을 지불하려고 할 때에만 영업을 계속할 수 있다. 탈규제가 되면 안정된 요금을 원하고 확실한 서비스를 요구하는 소비자들은 미리 장기계약을 맺으려 할 것이다. 그 결과 이러한 계약으로 화물차 운송산업에 대한 탈규제의 효과가 절감될 것이다. 또한 특정 생산물에 대한 점차적 탈규제는 생산자로 하여금 가격이 더 상승할 것이라는 기대를 갖게 하고, 이러한 기대가 생산량을 제한하게 함으로써 가격을 상승시키는 결과를 초래할 수도 있다. 따라서 시장에 경쟁이 존재하기 위해서는 그 조건을 갖추어야 한다는 점을 염두에 두어, 이러한 조건이 갖추어질 때까지 탈규제에 대한 세심한 접근으로 그 부정적 효과를 최소화하는 노력을 하여야 한다. 이와는 달리, 상대적으로 경쟁적 조건을 신속하게 갖출 수 있는 시장에서는 점차적 탈규제보다는 전격적 탈규제 방법을 택하는 것이 보다 효율적일 것이다.

부분적 탈규제의 대상 중에서 가장 적합한 것은 최고가격 및 최저가격을 설정해 이를 정부가 통제하는 가격규제의 완화라고 할 수 있다. 그러나 이러한 가격규제에 대한 규제완화는 진입에 대한 규제완화와 함께 실시해야 그 성과를 높일 수 있다. 가격을 완화한다고 하더라도 시장에 경쟁이 존재하지 않으면 경쟁시장이 초래할 수 있는 성과를 낼 수 없기 때문이다. 이에 따라 가격규제의 완화와 함께 진입규제에 대한 규제완화가 이루어져야 신규 기업의 시장진입으로 기업의 수가 많아지므로 비로소 시장에 경쟁이 가능할 수 있다.

### 1) 최고가격 규제의 완화

가격상한제라고도 부르는 최고가격 규제는 정부가 시장수요와 시장공급이 결합하는 균형에서 결정된 균형가격과 다른 수준에서 시장가격을 유지하려는 시도로서 법정최고수준을 정해 이를 규제하는 것이다. 최고가격규제의 목적은 기업이 시장지배력을 남용해 시장성과를 왜곡하거나 터무니없이 높은 가격을 통해 이윤을 추구하려는 행위를 위축하기 위한 것이다. 이러한 최고가격규제의 완화는 산업의 집약성과 분산성을 고려하여 추진해야 한다. 항공, 자동차, 원유, 가스 산업 등은 집약적 산업 분야인데 반하여 전자, 화물차 운송, 해운산업 등은 분산적 산업 분야라고 할 수 있다. 일반적으로 분산적 산업 분야에서는 규제기관이 산업을 통제하기에 그 능력이 미치지 못할 뿐만 아니라 다른 산업으로부터의 경쟁이 어느 정도 가능하기 때문에 가격규제를 완화하는 것이 보다 바람직할 것이다. 한편 다른 산업으로부터의 경쟁이 가능하지 않은 집약적 산업 분야에서는 최고가격규제를 시행한다 하더라도 산업이 규제로 인해 경제적 손실을 입지 않을 것이다. 그 이유는 이러한 분야에서는 고정시설에 대한 투자가 크고, 규모의 경제에 의한 생산이 가능하며, 기술집약적인 특성을 가지고 있으므로 경쟁이 가능하지 않기 때문이다.

최고가격규제는 진입규제와 함께 완화되지 않으면 더 위험한 것이 될 수 있다. 신규 기업의 시장진입이 어려운 경우에는 기존 기업의 시장지배력의 행사가 가능해짐으로써 높은 가격이 형성될 가능성 커진다. 아울러 진입제한이 폐지되었더라도 가격이 일정기간 경쟁수준 이상에서 유지되면 신규 기업이 진입할 수 있으므로 기존 기업들이 제공할 수 있었던 것보다 많은 생산량이 공급되고 이는 결국 과잉 생산시설을 초래하게 될 것이다. 따라서 부분적 또는 완전한 탈규제가 바람직한 것이 되려면 가격규제와 함께 진입규제도 완화되어야 한다. 진입이 규제되어 기존의 기업들이 혜택을 보고 있는 상태에서 진입규제는 그대로 두고 다른 규제만 완화한다면 오히려 독과점 문제가 심화될 우려가 있다. 따라서 신규 진입의 자유로운 시장진입을 전제로 하지 않는 최고가격 규제완화는 기존 기업의 이익을 보호하는 결과를 초래하므로 바람직하지 않다.

부분적 탈규제(가격이나 진입 중 어떤 한 가지는 탈규제되었지만 두 가지가 동시에 탈규제되지 않은 경우)는 정부통제를 장기화하는 결과를 초래한다는 면에서는 부정적이다. 그러나 전격적 탈규제보다 점차적 탈규제를 거친 완전 탈규제로의 전환은 경제와 기업에 주는 타격을 완화할 수 있고, 해당 산업에 참여하고 있는 기업이 탈규제에 대비해 기업경영 및 구조를 조정할 수 있는 시간적 여유를 줄 수 있다는 점에서 그 타당성이 인정되고 있다.

### 2) 최저가격 규제의 완화

가격하한제라고도 하는 최저가격 규제는 정부가 시장의 균형가격과는 다른 시장가격을 유지하려는 시도에서 법정최저수준을 규정해 이에 따라 규제하는 것이다. 이 때 최저가격을 정할 수 있는 합리적인 범위는 재화와 서비스를 생산해 공급하는 데 드는 최소수준의 직접비용을 산정해 이를 충당할 수 있는 가격 선까지라고 할 수 있다. 이러한 최저가격을 규제하는 주요 목적은 기업의 선점가격 책정행위를 방지함으로써 시장을 점유하려는 기업의 시도를 제한하기 위한 것이다.

이미 논의한 것처럼, 선점가격책정행위는 진입장벽이 없는 산업에서는 그 효과를 발휘할 수 없다. 선점가격 책정행위를 통해 수익을 올리기 위해서는 선점기업이 다른 경쟁기업보다 낮은 가격으로 재화와 서비스를 공급함으로써 경쟁기업들을 시장에서 축출한 후 그동안의 경제적 손실을 보충할 수 있는 수준까지 가격을 인상할 수 있어야 한다. 그런데 이러한 가격의 인상은 신규 기업의 진입이 가능하지 않은 높은 진입장벽이 보장될 때에만 가능할 것이다. 진입이 용이한 경우에는 신규 기업들이 시장에 진입함으로써 기존 기업과 경쟁해야 하므로 가격 인상이 불가능하기 때문이다. 이는 선점가격 책정행위로 가격경쟁에서 이긴 기업이 시장을 선점한 이후 가격을 인상하면 다시 신규 또는 다른 기업들의 시장진입으로 경쟁이 형성되어 더 이상 선점가격 책정행위를 할 수 없다는 것을 의미한다. 이처럼 선점가격책정행위는 진입이 규제되지 않는 산업에서는 불가능할 것이다.

규제된 산업에서 선점가격은 처음에 생산비용 이하의 가격으로 재화와 서비스를 공급한 후 일단 시장을 선점한 기업이 실제로 든 생산비용을 근거로 가격을 인상할 수 있는 발판을 마련하기 위해 이용할 수 있다(Averch & Johnson, 1962: 1053-1067). 즉 가격규제가 완화되어도 진입규제가 계속 유지된다면 기존 기업은 진입에 대한 위협을 받지 않고 선점이 수익적이라는 것을 알게 될 것이다. 이것은 진입규제가 유지되고 있는 시장에서는 최저가격 규제만이 선점가격 책정행위를 막기 위한 가장 좋은 대안이 될 수 있다는 사실을 제시하는 것이다. 또한 시장에서 기업들 간에 가격경쟁의 자유가 허용되면 재화와 서비스의 경쟁으로 인한 비효율성을 배제할 수 있다.

가격경쟁을 할 수 없는 경우, 기업들은 재화와 서비스의 품질로써 경쟁해야 하므로 소비자는 원하는 수준 이상으로 좋은 품질의 재화와 서비스로의 소비로부터 높은 효용가치를 누릴 수 있다는 것이다. 만약 몇 개 기업들이 시장을 점유하고 있고 규제가격이 처음부터 비용을 초과하는 선에서 책정되었다면, 이들 기업들은 비가격경쟁에 참여하려고 할 것이고, 그 결과 기업들이 비가격경쟁에서 치른 희생의 대가로 소비자가 편익을 받게 될 것이다. 이것은 소비자에게 이러한 편익을 제공할 수 없는 기업은 비가격경쟁에서 요구되는 충분한 지출을 하지 않았고 그 결과 판매량을 늘리지 못한다는 것을 의미한다. 이처럼 규제로 가격경쟁을 할 수 없는 기업들은 재화와 서비스의 품질과 같은 비가격경쟁에 높은 비용을 지불해야 하므로 비효율성이 초래된다(Douglas & Miller, 1974). 더욱이 재화와 서비스의 품질을 통한 경쟁은 사실상 기업들이 그 재화와 서비스를 구입하기 원하는 소비자들에게 보조금을 주는 것과 같은 효과를 초래한다.

미국의 항공산업이 규제되었던 당시의 예를 들면, 항공산업은 비행 중의 무료 영화상영, 무료 음식의 제공 등과 같은 서비스의 질을 통해 경쟁했지만 오히려 낮은 탑승 효과를 초래하고 생산능력 확보에 많은 비용을 치르게 하였다. 이와는 달리 항공요금을 신축적으로 결정할 수 있었다면 아마도 탑승객의 수를 증가시키는 데 기여함으로써 항공요금을 평균비용 수준까지 인하할 수 있었을 것이다. 이러한 예에서 주목해야 할 사실은 기업이 가격결정의 신축성을 갖게 되면, 소비자 수요를 충족할 수 있는 요금과 서비스 질을 조정할 수 있어 효율성을 제고할 수 있다는 것이다.

최저가격규제는 선점을 위한 가격경쟁을 방지하기 위해 필요한 것으로 정당화될 수 있지만 목표로 하는 효과를 발생하기보다는 오히려 비효율성을 초래하는 것이 일반적이다. 따라서 가격규제의 완화는 진입규제가 완화된다는 전제 하에서 추진하는 것이 바람직할 것이다.

# 제13장 규제개혁

규제개혁이 규제완화라는 이름으로 추진되기 시작한 때는 1980년대 후반부터라고 할 수 있다. 정부는 경제 규모가 증대되고 산업구조가 고도화됨에 따라 정부의 시장에 대한 과도한 규제가 민간 경제주체의 자율성과 창의성을 억제하여 경제의 효율성을 저해하는 요인으로 작용한다는 사실을 인식하였다. 정부는 이를 해결하기 위해 노사문제에 대한 각종 규제의 완화, 경제력 집중의 방지를 위한 여신규제 강화, 금융실명제의 실시, 공정거래 및 소비자보호 규제의 강화, 토지공개념의 입법화, 환경규제의 강화, 최저임금제의 실시 확대 등을 추진할 것을 밝혔지만 경제계에서는 이에 반대하는 견해가 많았다.

이러한 추세가 바뀐 것은 정부 주도로 규제완화를 추진하는 과정에서 그 한계를 확인한 정부가 기업을 대표하는 민간위원과 학계, 전문가 등을 규제개혁과정에 참여시켜 규제완화를 위한 주제를 선정하고 이를 추진하면서부터라고 할 수 있다. 이로써 기업의 의사가 반영되는 적극적인 규제완화가 추진되었다. 이러한 추세변화는 매번 경제관련 장관이 바뀔 때마다 경제정책의 운영을 위한 계획에 대한 언론의 질문이 제기되면 규제완화를 꾸준히 추진해 국민경제에 활력을 불어넣겠다는 장관들의 답변을 보면 실감할 수 있다.

그동안 규제개혁 차원에서 규제완화를 꾸준히 해왔지만 아직도 국민들 대부분은 규제개혁의 성과를 실제로 느끼지 못하는 실정이다. 그 원인은 규제완화의 건수는 많았지만 그 효과를 나타내기에는 미흡한 정도에서 규제개혁을 추진해 왔다는 데 있다. 또한 규제폐지의 건수는 많았지만 폐지된 규제의 내용을 살펴보면, 규제폐지라기보다는 같은 규제대상을 중심으로 시행하는 중복규제들 중에서 한 가지 규제를 없애고 나머지는 그대로 두는 규제해제가 주류를 이루었다. 규제개혁 방향에는 규제완화만이 아니라 규제강화 개혁방향도 있고, 규제정책 개선방향도 있음에도 불구하고 규제완화가 규제개혁의 유일한 방향인 것처럼 혼동해 왔으며, 규제완화라는 용어가 탈규제 대신에 사용됨으로써 여러 가지 유형의 탈규제를 추진하는 데도 한계를 보여 왔다. 이는 규제완화처럼 규제정책의 본질을 바꾸는 데 초점을 둔 규제개혁을 추진했을 뿐 이러한 개혁을 성공적으로 이끄는 데 도움을 줄 수 있는 절차적 개혁을 위한 노력을 등한시해 왔다는 사실을 제시하는 것이다. 따라서 규제개혁이 체계적이고 과학적인 기준과 절차를 마련하여 추진해 왔다기보다 관련 당사자의 이해관계나 규제개혁 관련기관의 임의적 판단에 의해 이루어졌다고 할 수 있다.

제13장에서는 우선 규제개혁에 대한 요구가 발생한 배경을 고찰하고, 규제개혁의 개념을 정의함과 동시에 정부가 지향해야 할 규제개혁 방향을 제시하려고 한다. 또한 규제개혁의 유형을 본질적 규제개혁과 절차적 규제개혁으로 구분해 규제개혁의 내용을 규명한 후에 그 대안을 제시하려고 한다. 그리고 규제를 평가하는 데 유용한 수단으로 이용할 수 있는 심사분석 기법의 장점과 한계점을 고찰하여, 이를 바탕으로 합리적 제도개선 방안을 모색하려고 한다.

## 제 1 절 | 규제개혁의 필요성과 추진 배경

규제개혁에 대한 관심을 갖기 시작한 것은 1980년대 초, 미국에 이어 일본이 추진했던 규제개혁의 성공에서 많은 영향을 받은 때부터라고 할 수 있다. 그런데 이 때의 규제개혁은 실질적인 규제개혁에 대한 논의보다는 규제 자체에 대한 개념을 파악하고, 과거에 수행해 온 규제정책이 경제발전에 걸림돌로 작용했다는 사실을 확인하는 수준에 그쳤다고 할 수 있다. 아직 정치권, 경제계 그리고 국민들 일반에게 규제에 대한 개념이 생소한 상태에 있었고, 다만 행정부에서 외국의 경험을 토대로 과다한 규제의 부작용을 인식하여 이를 개혁하기 위한 필요성을 인정했다. 이 때에 비로소 규제완화라는 용어가 등장하기 시작했고, 규제라는 용어의 개념 정립보다는 규제완화를 추진하기 위한 노력이 앞서 진행되었다. 이는 그동안 시행해 온 규제를 체계적으로 조사·검토하기보다 우선 규제완화가 시급한 사회적 과제로 등장했다는 사실을 입증하는 것이다.

실제로 규제는 지식계층과 행정관료를 중심으로 그 개념이나 장·단점을 논의해 왔기 때문에 이에 대한 국민의 관심도 적었고, 대통령 선거나 국회의원 선거 등 선거의 논제로 부각하지도 못했다. 정치적 선거에 참여해 왔던 입후보자들은 규제의 문제점을 지적하여 이를 정치문제로 쟁점화하기보다는 관료제도의 규모와 행정의 비효율성을 비난하는 데 보다 많은 관심을 가졌다. 그러나 정치권에서 수행해 온 선거전에서의 양상과는 대조적으로 1980년대 이후부터 행정부 내부에서는 규제개혁에 대한 논의가 진척되어 왔다. 그 이유는 규제가 세계시장에서 국제경쟁력을 약화시키는 부분적인 요인으로 작용해 왔다는 인식 때문이었다. 즉 규제가 기술혁신의 저해, 자본투자의 감소, 생산성의 감소 등을 초래해 왔다는 것이다. 이러한 견해는 자원의 희소성이란 경제적 개념에서 시작하는데, 기업이 규제이행을 위해 자원을 소비하면 새로운 설비, 연구개발 등 생산적 목적을 위해 사용할 수 있는 자원이 부족하게 된다는 점에 근거를 두고 있다. 따라서 규제개혁과 관련해 비중을 두어야 할 문제는 규제가 생산성 감소에 얼마나 중요한 영향을 미치는지 파악하는 일일 것이다.

미국의 자료를 인용하면, 브루킹스 연구소의 후원으로 경제학자인 데니슨(Edward F. Dennison)이 수행한 연구 결과는 1948년부터 1973년까지 25년이란 기간 동안 개인당 고용국민소득(NIPPE)의 조정성장률이 1년에 평균 2.6%이던 것이 1973년부터 1976년까지의 기간에는 1년에 -0.6%로 감소했고, 그 이후에도 이를 계속 만회하지 못해 왔다는 사실을 보여 주고 있다. 이 중 보건, 안전 및 환경규제와 범죄예방을 위한 규제는 1973~76년 동안 고용국민소득 성장률을 0.4% 포인트만큼 저하시킨 것으로 추정하고 있다(Dennison, 1978). 이와 같이 규제가 생산성 감소라는 경제적 문제를 야기한 원인이 자본설비투자나 연구개발에 사용할 자금을 규제순응비용으로 전환해 사용하게 한 데 있다고 지적하고 있다.

이를 요약하면, 자원이 한정되어 있는 상태에서 '과잉규제'가 생산성의 제고, 혁신 자본투자, 경제력의 증대 등을 위한 활동에 투입해야 할 자원을 오히려 이들 활동의 목적 달성에 장애가 되는 활동에 사용하도록 했다는 것이다. 더욱이 이러한 목표가 달성되면, 이로 인해 인플레이션 효과를 중화하는 데 기여할 수 있었지만 과잉규제가 이러한 기회를 빼었다는 것이다. 따라서 '과잉규제'가 이러한 목표의 달성을 방해한다는 것은 반대로 인플레이션의 유발에 기여한 요인으로 작용했다는 것을 의미한다.

이러한 인식에서 출발한 외국 규제개혁의 교훈을 바탕으로 한국 정부도 규제완화를 통해 국가경쟁력을 높이기 위한 노력을 해왔다. 국가경쟁력 강화를 위한 규제완화

정책은 결국 기업의 이익에 부합할 것으로 기대된다. 기술적 · 산업구조적 측면에서 산업에 자유로운 진입이 제한되어 있는 상태에서 기업에게 자율성의 폭을 확대하는 정부의 규제완화 정책은 단기적으로는 기업들에게 상당한 경제적 편익을 줄 수밖에 없을 것이다. 이러한 부정적인 인식도 있지만 세계화가 추진되고 있는 상황에서 규제완화는 거의 모든 국가에서 경제활성화를 위한 대안으로 부각되고 있다. 따라서 합리적인 규제완화 방법들을 모색해 효율적인 자원 이용으로 생산성을 제고함과 동시에 규제완화가 초래할 수 있는 역효과를 최소화하는 방향으로 규제개혁을 단행해야 할 것이다.

## 제 2 절 | 규제개혁의 정의

규제개혁을 추진해 온 대부분의 국가에서 규제개혁은 주로 탈규제와 동일한 것으로 여겨져 온 것이 일반적인 성향이다. 규제와 반대되는 개념인 탈규제는 일반적으로 개인과 기업의 자유로운 의사결정을 제한하는 법과 규칙을 제거하여 시장에 참여하고 있는 기업, 개인 등 경제주체가 선택할 수 있는 의사결정의 자유를 증진함으로써 민간부문의 자율성과 창의성을 바탕으로 자원배분의 효율성을 제고하고, 국가경쟁력을 높이기 위한 노력이라고 할 수 있다. 그러나 이러한 내용은 탈규제의 의도가 무엇인지 알 수 있게 하지만 규제개혁에 대한 정의는 정확하게 제시하지 못하고 있다. 실제로 규제개혁이라는 용어가 자주 등장하고 있지만 그 정의는 불분명한 것이 사실이다. 규제개혁을 논의하고 있는 대부분의 문헌들조차 과다한 규제가 국민경제에 부정적인 요인으로 작용하고 있다는 사실을 부각함으로써 규제개혁의 당위성을 주장하고 있지만 그 정의는 명확하게 소개하고 있지 않다. 탈규제의 중요성을 강조하여 각 산업별로 이루어지고 있는 탈규제를 사례별 또는 산업별로 분석한 것이 대부분이므로 여기에서는 소수이지만 가능한 문헌을 찾아 이를 참고로 하여 규제개혁에 대한 정의를 내리려고 한다.

매존(Giandomenico Majone)은 규제개혁이란 사회에 초래하는 부담을 최대한 줄일 수 있도록 탈규제와 규제화를 적절히 혼합하여 규제를 통해 추구하는 소기의 목적을 달성하기 위한 것이라고 정의하고 있다. 이를 바탕으로 규제의 구조는 이념적 ·

기술적·경제적 영향에 의해 나누기도 하고, 제거되기도 하며, 전환되기도 하므로 규제를 경제적 또는 사회적 성질에 따라 분류하여 각각에 맞는 규제개혁을 추진해야 한다고 강조하고 있다(Majone, 1990: 3). Breyer는 규제개혁을 규제가 사회에 초래하는 부담을 줄이기 위해 특정 규제를 없애거나 고쳐나가는 것이라고 정의하면서, 규제개혁을 위한 대안으로 탈규제와 제한이 적고 엄격성이 적은 여러 가지 유형의 규제를 제시하고 있다(Breyer, 1990: 15-19). 최병선은 규제개혁은 변화된 정치사회, 경제산업, 기술환경 속에서 시장과 정부라는 두 가지의 사회조직 원리를 어떻게 조화하느냐의 문제라고 정의하고 있다(최병선, 2002: 836).

이들 정의는 규제개혁을 탈규제, 규제화, 제한이 적은 규제 등 규제개혁의 본질을 변화하는 데 초점을 맞추고 있거나 시장과 정부라는 두 가지 장치를 적절히 조화시키는 문제에 초점을 맞추고 있다. 이처럼 규제개혁 과정에서 자유로운 시장의 원리에 맡겨 국민경제를 운영해야 한다거나 가능한 한 민간의 자유로운 의사결정의 폭을 넓혀 주어야 한다는 규제의 본질에 관한 논의도 중요하다. 그러나 규제를 심사, 분석, 평가하여 어떠한 규제를 존속시키고, 어떠한 규제를 축소 또는 폐지할 것인지를 결정하는 데 필요한 기준이나 기법을 마련하여, 이를 근거로 결정한 사항을 실제로 집행하는 데 필요한 과정이나 절차를 합리화하는 노력인 절차적 문제도 함께 다루어야 할 것이다.

이러한 두 가지 측면에서의 변화를 모두 포괄하여, 톰슨(Thompson)과 존스(Jones)는 규제개혁을 규제정책의 본질과 그 집행수단을 변경하거나 규제와 그 효과를 평가하는 데 이용할 수 있는 심사, 절차 등의 변화를 모색하는 것이라고 정의한다(Thompson & Jones, 1982: 131). 이것은 규제개혁을 위한 심사 및 절차가 바르게 마련되어야 규제정책의 본질을 바로 잡을 수 있고, 그래야만 비로소 규제개혁을 성공으로 이끌 가능성이 높다는 점을 강조한 것이다. 이를 보다 구체적으로 설명하면, 규제개혁은 과거에 수행해 왔던 규제정책의 성과를 점검하고 그 결과를 바탕으로 미래에 수행할 규제정책의 본질을 변경하거나 그 집행과정에서 채택할 수 있는 수단을 변경하기 위해 이들을 심사·평가하는 데 필요한 기법 및 절차를 변경하여 이를 실행에 옮김으로써 합리적·효율적·민주적으로 규제정책의 목적을 달성하기 위해 취하는 일련의 정부행위라고 할 수 있다.

## 제 3 절 | 규제개혁 방향

비용-효과성이나 비용-편익 분석에서나 규제개혁이 요구되는 전체 분야에서 정치적 또는 사회적 가치들을 수량적으로 측정할 수 있어야 하지만 현실적으로 계량화가 가능하지 않은 부분이 많이 존재하고 있다. 이는 비용-효과성 또는 비용-편익 분석이 과학적 분석을 위한 기법으로 이용할 수 없다는 점을 제시하는 것이 아니라 경제적·사회적 규제에 관한 대부분의 문제가 가치, 경향의 과학적 분석을 토대로 논의되어야 한다는 점을 강조하기 위한 것이다. 이처럼 가치와 경향의 가시화는 개혁을 위한 정확한 처방을 마련하는 데 전제가 되어야 한다.

웰번(David Welborn)은 규제개혁을 위한 세 가지 주요 방향을 이해하는 데 도움을 주는 하나의 틀을 제공하고 있다. 그는 규제개혁을 전통적(tradi- tional), 제한적(restrictive), 대중적(populist) 등 세 가지 방향으로 대별해 제시하고 있다(Welborn, 1977). 이는 현실적 상황의 변화에 따라 이들 세 가지 개혁방향에서 강조하는 요소들이 수정되기도 하고 새로이 부각하기도 한다는 점에 착안하여, 이들 개혁 방향은 미국사회에서 전개된 역사적 상황의 변화라는 틀 속에서 추진해 온 규제개혁의 변화를 관찰하여 도출한 것이다. 한국은 규제개혁의 역사가 짧아 웰번이 제시한 세 가지 유형의 개혁방향에 따라 그동안 추진해 온 규제개혁 노력을 시대별로 구분할 수는 없다. 그러나 한국의 규제개혁 노력은 이들 모든 개혁방향을 동시에 지향해야 하는 특수한 입장이어서 이러한 구분은 시실상 불필요한 것이라고 할 수 있다.

이들 규제개혁 방향이 제시하고 있는 요소를 한국의 규제개혁 상황에 적용해 보면 한국이 추구해야 할 규제개혁 방향을 모색하는 데 도움을 줄 것이다. 따라서 이들을 변형해 앞으로 한국이 지향해야 할 개혁 추진방향을 규제강화 개혁, 규제완화 개혁, 규제환경 개선 등 세 가지로 분류하여 고찰하려고 한다.

### 1 규제강화 개혁방향

정부는 경제력을 남용해 자유로운 시장에서 사적 이익을 추구하는 기업의 행태를 개선해 사회적 목표를 달성하려고 한다. 또한 희귀한 자원이 비효율적으로 이용되거나 자원의 부족 현상이 심화할 것으로 인정되는 분야에서 이러한 현상을 해소할 뿐만 아니라 자원이 효율성을 제고하기 위해 규제강화 방향을 모색할 수 있다.[1)]

예를 들어, 채소류의 유통과정에 대한 규제는 미래에 가격이 인상될 것에 대비하거나 가격조정을 통해 높은 가격을 받기 위해 매점하거나 저장하려는 생산자와 유통업자의 행태를 위축할 수 있다는 점에서 정당성을 가지므로 강화될 수 있을 것이다. 규제강화는 기존 생산물의 가격을 안정시킬 수 있고 새로운 생산물의 가격을 제한할 수 있다는 두 가지 장점을 동시에 가지고 있다. 그러나 이러한 가격규제는 실질적으로 재화와 서비스의 안정적 공급을 가능하도록 하기 위한 동기를 부여하기 위하여 인플레이션율을 반영하여 가격을 결정해야 하는 부담을 안고 있다.[2)]

---

1) 이러한 경우를 미국 정부가 행한 규제되지 않은 주(州)내 가스 공급시장에 대한 규제강화의 예에서 찾을 수 있다. 규제에 의하여 주간 그리고 주내 시장에서 공급되는 가스에 대하여 새로운 기준가격(price parity)을 설정해야 했고, 1978년에 제정된 자연가스정책법에서 제안되었던 '천연가스생산과 보존법'에 이러한 규제가 구체화되었다.

1977년 4월 카터 대통령은 그의 에너지 프로그램의 부분으로서 새로 생산된 주내 가스가 주간시장에서 거래되는 새로운 가스와 같은 가격으로 규제할 것을 제안했다. 이 제안으로 새로운 가스의 가격이 거의 오일가격에 근접되는 선까지 상승됨과 동시에 주간과 주내 시장 간에 새로운 가스기준가격(parity)을 형성했다. 그 결과 새로이 발견된 가스가 주내 거래처럼 주간에도 균등하게 배분될 수 있도록 하는 데 기여했다. 가스 공급이 과거처럼 계속 확대될 것이라는 가정 하에 투자해 왔던 주내 사용자들이 물량부족 현상에 당면하게 되었다. 이처럼 주간과 주내 시장이 모두 물량부족 현상을 함께 감수해야 하지만 이것은 장기적으로 볼 때 심각성이 더 적고 피해도 더 적게 될 것으로 보인다. 만약 가격이 시장판매 수준보다 낮게 설정되면 총체적 물량부족 현상은 여전히 존재하게 될 것이기 때문이다.

2) 미국의 카터에너지 프로그램은 기존 가스 생산물의 실질가격을 동결하고 새로운 가스에 대한 미래가격의 형성 국면을 예상할 수 있도록 함으로써 인플레이션을 유발하는 요인으로 작용하였다. 또한 전력공급과 가격에 대한 연방전력위원회(EPC)의 규제를 강화할 것을 제안하고 있다. 예를 들어 제안된 전력조정법은 연방전력위원회에게 합리적인 조건에서 전력공익사업체 간에 가격의 결정과 가격을 상호 연계시킬 범위를 명령할 수 있는 권한을 부여했다.

비슷한 제안이 카터 대통령에 의해 제시되었는데 여기서 중요한 것은 제3의 회사에 의하여 소유된 송전선을 통하여 A회사가 B회사에게 전력을 판매할 수 있도록 한 것이다. 이러한 조치는 경제적으로 너무 적어서 그 스스로 전력을 송출할 수 없는 많은 지역회사들의 경쟁적 입지를 제고할 수 있었고, 판매지역 밖으로부터 송출되는 전력으로부터 경쟁에 당면함으로써 대규모 회사의 독점력을 감소시키는 데 기여하였다. 따라서 어떤 회사들은 이러한 송출 서비스를 제공하기를 꺼려해 왔고, 연방전력위원회는 송출 서비스를 제공하도록 명령할 수 있는 권한이 부족했음을 인정했던 것으로 밝혀지고 있다. 결국 국가에너지법의 규정에 의하여 물리적 상호연결과 전력송출제도 간의 송출을 명령할 수 있는 권력을 연방동력자원규제위원회(FERC)가 갖도록 함으로써 이러한 문제가 시정되어 왔다. U. S. Senate Committee on Commerce, Report on S. 3311, *Electric Utility Coordination Act,*

한국의 경우에는 부동산 투기억제, 농지보전 등을 목적으로 한 토지규제 관련 사항이 계속 증가하여 왔고, 환경규제도 대폭 강화해 왔으며, 노사관계 변화에 따른 기업의 의무조항도 늘어났다. 또한 경제력 집중의 해소를 위한 여러 가지 제도를 도입·실시해 왔으며 환경보호, 산업안전, 보건의료 등 국민생활과 근로자 보호의 사회적 측면이 강한 규제는 현실을 감안하여 규제수준을 단계적으로 강화하고 절차 및 운영방식을 합리화하는 방향으로 규제개혁을 추진해 왔다.

규제가 완전한 수단의 하나라고 간주될 수는 없지만 많은 경우에 적어도 시장보다 좋은 수단이 되는 경우를 볼 수도 있다. 그러나 규제가 완전한 기법의 하나로 간주하기 어렵기 때문에 규제강화 개혁에서는 규제과정과 절차를 계속 개선해야 할 필요성을 강조하고 있다. 그러므로 규제강화 개혁에서는 절차, 조직 및 공무원의 자질 개선뿐만 아니라 업무를 보다 잘 수행할 수 있도록 규제기관에게 부여된 권한의 개혁에 초점을 맞추고 있다. 따라서 규제의 목적과 규제기관의 업무수행이 사회의 목적 달성에 기여하는지 그 여부를 정기적으로 조사할 수 있는 제도적 장치의 마련이 요청된다.

## 2 규제완화 개혁방향

규제완화 개혁은 가능한 한 민간 경제활동에 대한 정부의 개입, 특히 규제를 배제하기 위한 것이다. 규제의 필요성은 인정하지만 규제는 그 순편익이 시장을 통해 얻을 수 있는 순편익을 초과한다는 사실을 입증할 수 있는 경우에 한해 인정한다는 것이다. 또한 규제의 필요성이 판명된다고 하더라도 무거운 규제수단으로 초래되는 순편익이 가벼운 규제수단의 순편익보다 높다는 것을 증명하지 못하면 규제대상에 무거운 부담보다 오히려 가벼운 부담을 부과하는 대안을 선택해야 한다는 것이다. 이러한 개혁에서는 평상적으로 내역 표준제보다 실행성과 표준제를 선호하고, 더 나아가 이보다 정보제공 방법을 선호한다.

정부의 통제를 가능한 한 적게 하려는 이러한 개혁은 철학적·경제적 이론에 근거하여 추진되고 있다. 철학적 이론에 의한 규제완화는 규제가 민간의 자유를 침해한다는 사실에 근거해 요구되고 있다. 한편 경제적 이론에 의하면 시장경제가 대부분의

---

1976, pp. 1, 7.

경우에 규제보다 목적 달성에 오히려 잘 기여할 것이라는 점에 기인한다. 이에 맞추어 규제완화를 위한 개혁은 효율적 시장조건으로의 전환을 의미하는 탈규제, 규제의 수단으로서 직접규제보다는 유인책과 재산권 조정장치로의 대체, 그리고 규제개혁의 평가를 위한 비용-효과성, 비용-편익 분석기법 등과 같은 과학적 방법의 도입을 강조하고 있다.

## 3 규제환경 개선방향

세 번째 주요 개혁방향은 사회적으로 용인될 수 있는 규제는 수용하지만, 기업과 산업의 이익에 기여하는 규제는 거부하는 것이다. 예를 들어, 소비자가 보다 싼 가격을 지불함으로써 더 윤택해질 수 있다면 가격에 대한 규제가 용인되지만, 소비자가 경쟁시장에서 지불하는 것보다 더 지불해야 하는 가격규제는 거부하는 것이다. 따라서 이러한 입장의 개혁방향은 기업과 산업이 입법부와 행정부에 막강한 영향력을 행사함으로써 그들에게 유리한 규제[3]를 결정하도록 조정할 수 있기 때문에 이러한 영향력을 배제할 수 있는 규제환경을 조성하려는 데 관심을 두고 있다.

산업에 대한 진입규제는 산업에 과잉생산 시설이 초래되는 것을 억제하려는 시도에서, 이를 위한 규제입법을 마련하여 시행한 데에서 시작했다. 그러나 기업들이 행정부 차원에 자원을 집중해 이익표출 활동(김용우, 1988)을 함으로써 규제기관들이 그들에게 유리한 쪽으로 규제 업무를 운영하도록 영향력을 행사함에 따라 이에 대응하는 조치로서 규제개혁을 추진할 수 있다. 특정 법률, 명령, 규칙 등이 규제대상기업들의 이익표출 활동의 결과로 결정된다고 보는 것이 규제환경 개선을 주장하는 입장이다. 이러한 입장에서는 규제대상기업들이 규제행위를 합리적인 타협의 산물로 시행하는 것이라고 인정하거나 느낀다면, 그 규제행위는 기업과의 결탁으로 가능해진 것으로 간주해 부정한 절충으로 보거나 공익에 합당한 것으로 인정하지 않는다.

규제강화 또는 규제완화 개혁과 같은 본질적 개혁과는 달리, 규제환경 개선은 입법부와 행정부 차원에 미치는 기업의 영향력을 제한하기 위한 절차적·조직적 개혁의 추진을 강조하고 있다. 이들 중 가장 중요한 것은 국민들의 참여를 증대하도록 하

3) 요금과 진입에 대한 규제는 기업들이 연합하여 시장지배력을 강화함으로써 이윤을 추구하려는 기업들의 그릇된 행위로 인해 초래되는 것이 일반적인 것으로 알려져 있다.

려는 데 있는 것이다. 예를 들어, 자동차 안전과 같은 구체적 분야에서 입법부와 행정부의 활동을 면밀히 검사할 수 있는 공익집단들의 형성과 확산은 이러한 규제방향이 추구하는 주요한 전략 중의 하나이다. 그러나 공익집단과 기업들 간의 자원보유능력에 차이가 큰 경우에 채택할 수 있는 방안의 하나는 행정과정에 공익집단들이 참여할 수 있도록 정부가 자금을 지원하거나 제도를 마련하는 것이다. 또 다른 개혁방안은 규제기관의 절차를 개정하여 공익집단이 결정과정에 직접 참여할 수 있도록 하거나 소비자의 공익을 대표할 수 있는 기구를 규제기관 내에 설치함으로써 기업이나 산업과는 다른 입장에서 그들의 견해를 반영할 수 있는 기회를 제공하는 것이다.

끝으로 국민들의 참여와 영향력을 확대하는 것이 필요한 것처럼, 또한 규제대상기업들의 정치적 영향력을 제한할 수 있는 조치가 필요하다. 따라서 이러한 개혁방향은 공무원과 규제대상기업의 경영진들 간의 직접적 접촉의 금지와 상충되는 이해의 조정, 규제기관 퇴직 공무원의 민간부문 고용에 대한 엄격한 제한, 규제기관 업무에 참여할 수 있는 기업의 권리에 대한 제한 조치 등을 취하는 것이다.

규제개혁에 대한 요구가 국민여론으로 폭넓게 확산함에 따라 규제개혁이 지향해야 할 방향은 상당한 분쟁의 소지를 안고 있다. 규제개혁 과정에서 다양한 이익집단들이 주창하는 표현들에는 상당히 다른 요소들이 강조되어 있고, 이들 요소들을 규명·분석해 합의에 이르도록 하는 조정·통합작업은 용이하지 않다. 따라서 이러한 합의의 도출이 용이하지 않기 때문에 개혁 방향의 명확한 설정은 현실적으로 불가능하다고 할 수 있다. 바로 이러한 점이 객관적·과학적인 심사제도를 마련해 이를 중심으로 규제개혁을 추진해야 할 당위성을 제시하는 것이다.

## 제 4 절 | 규제개혁의 유형과 심사제도

규제개혁의 개념적 정의를 고려하면, 규제개혁은 규제정책의 본질적인 면과 절차적인 면을 모두 고려하여 추진해야 한다. 규제개혁을 위해서는 정부는 우선 그동안 시행해 온 규제정책의 긍정적 효과와 부정적 효과를 파악해 그 결과를 근거로 앞으로 수행할 규제정책의 추진방향을 설정하여, 이를 위한 제도적·방법적 방안을 마련해 실천해야 한다. 이는 규제정책의 본질을 변경하기 위해 규제를 심사·평가할 수 있는 방법이나 기법을 마련하여, 그 결과를 바탕으로 규제정책의 본질을 변경하기 위한 방향을 정해 이를 실천할 수 있는 방법이나 절차를 모색하여 실시해야 한다는 것을 의미한다. 규제개혁을 위한 과정을 이처럼 서술하면, 규제정책의 본질을 변경하기 위한 노력은 본질적 규제개혁으로, 그리고 규제를 심사·평가해 그 실천방법이나 절차를 마련하려는 노력을 절차적 규제개혁으로 구분할 수 있다. 따라서 규제개혁의 유형은 그 성질을 기준으로 본질적 규제개혁과 절차적 규제개혁 두 가지로 분류할 수 있다. 그리고 이들 두 가지 유형의 규제개혁에서 그 변화의 규모, 즉 현상에 대한 변화의 정도 또는 폭에 따라 제한적 규제개혁과 포괄적 규제개혁으로 양분할 수 있다(김용우, 1988: 131-132).

## 1 규제개혁의 유형 및 관계

### 1) 규제개혁의 유형

규제개혁을 위한 선택대안은 그 범위를 기준으로 제한적 규제개혁과 포괄적 규제개혁, 그리고 성질을 기준으로 절차적 규제개혁과 본질적 규제개혁이라는 두 가지 축을 따라 파악할 수 있을 것이다. 따라서 규제개혁은 성질상 크게 절차적 규제개혁과 본질적 규제개혁 두 가지 유형으로 구분된다. 각 유형의 개혁 내용에서 그 변화 규모, 즉 현상(現狀)에 대한 변화의 정도와 폭을 기준으로 삼아 제한적 규제개혁과 포괄적 규제개혁으로 구분할 수 있다(Thompson & Jones, 1982: 131-132).

#### (1) 본질적 규제개혁

본질적 규제개혁은 규제정책의 본질 및 그 집행과정에서 채택할 수 있는 규제대안의 변화를 모색하는 것으로서 규제정책의 근본적인 방향을 규제화 또는 탈규제 쪽으로 변경하기 위한 것이다. 규제화 개혁은 자유로운 시장에서 개인과 기업이 추구하는 사적 이익과 이보다 상위에 있는 사회적 목표 간에는 괴리가 있으므로 정부가 시장에 개입하여 개인과 기업의 행태를 사회적 목표의 달성에 기여하도록 조정하기 위한 것이다. 이와 같은 개혁대상에는 주로 사회적 규제가 포함되는데, 이는 시장의 작용으로 적절하게 취급받지 못하는 이해나 가치를 보호하기 위한 것으로서 산업보건과 안전, 환경보호, 자연자원의 보전, 소비자보호 등을 목표로 시행하는 것들이다. 한편, 탈규제 개혁은 가능한 한 민간부문에 대한 정부의 개입, 특히 규제를 배제하기 위해 시도하는 것으로서, 규제의 필요성은 인정하지만 그 범위를 축소하기 위한 것이다.

이러한 개혁대상에는 경제적 규제가 주종을 이루고 있는데, 이는 자연독점의 폐해, 중복투자로 인한 자원의 낭비, 과당경쟁으로 인한 산업발전의 저해 및 품질의 저하, 생산물 수급의 불균형으로 인한 시장의 불안정성 등과 같이 기업의 행위가 바람직하지 못한 결과를 초래할 것으로 예상하거나 초래할 때 공익이라는 명분에서 이를 시정하기 위해 시행하는 것들이다. 이들에 대한 개혁은 규제의 순편익이 시장에서 초래할 수 있는 순편익을 초과한다는 것을 입증할 수 있을 때에만 시행해야 하고, 또한 규제의 필요성이 인정된다고 하더라도 무거운 규제수단을 택해 초래되는 순편익이 가벼운 규제수단을 택했을 때 나타나는 순편익보다 높다는 것을 증명하지 못한다면, 규제대상에 가벼운 부담을 주는 대안을 선택할 것을 요구하고 있다.

또한 본질적 규제개혁을 할 때, 그 변화의 폭이 한계적인 조정에 불과할 때에는 제한적인 본질적 규제개혁이라고 한다. 한편 규제대상의 범위 또는 규제영향력의 상당한 확대 또는 축소를 모색하는 것을 포괄적인 본질적 규제개혁이라고 한다. 즉 제한적인 본질적 규제개혁은 큰 폭이 아닌 적은 규모로 규제의 본질을 변경하는 경우이고, 포괄적인 본질적 규제개혁은 전면적인 규제철폐와 같은 급격한 변화를 모색하는 경우를 말한다.

### (2) 절차적 규제개혁

절차적 규제개혁은 규제와 그 성과를 심사, 평가하기 위한 기법 또는 절차에 있어서의 변화를 변경하기 위해 이루어지는 것이다. 이러한 유형의 규제개혁도 앞에서 논의한 대로 제한적인 절차적 규제개혁과 포괄적인 절차적 규제개혁으로 양분할 수 있다. 전자는 규제영향력 평가, 비용-편익 분석 등 과학적이고 합리적인 규제심사기법을 이용할 수 있도록 절차를 마련함으로써 규제를 객관적·합리적으로 심사할 수 있도록 하기 위한 것이다. 한편, 포괄적인 절차적 규제개혁은 정부의 규제관련 직접비용, 민간부문에 발생한 규제이행을 위한 직접비용과 간접비용 모두를 정부부문에서 발생한 비용으로 처리해 운영할 수 있게 함으로써 규제가 사회에 초래한 비용을 최소한으로 줄일 수 있는 방안을 강구하는 경우를 말한다. 이러한 절차적 규제개혁이 필요한 이유는 규제개혁을 위한 결정과정에서 정부도 과오를 저지를 수 있고, 이를 최소화하기 위해서는 과오를 미리 방지할 수 있는 장치를 마련해야 하기 때문이다. 바로 이와 같은 장치는 규제의 본질과 규제집행수단을 객관적·과학적으로 평가하기 위해 이들을 엄밀히 심사·분석할 수 있는 제도와 절차(Thompson & Jones, 1982:

4)를 의미하는 것으로서, 이는 규제심사과정에 참여하는 공직자들의 자의성을 배제할 수 있고, 심사활동에 필요한 권한의 독립성을 보장할 수 있으며, 심사업무의 수행에 요구되는 전문성을 갖추도록 하기 위한 것이다. 특히 이러한 제도가 마련되어야만 본질적 규제개혁의 성공가능성을 높일 수 있다는 사실을 상기하면, 무엇보다 규제를 심사하기 위한 기법과 절차가 마련되어야 하고, 이를 위해 절차적 규제개혁을 추진하는 것이 순서라고 할 수 있다.

더욱이 정부가 재정 등 다른 조치를 통해 민간경제에 개입할 때보다 규제를 통해 개입할 때, 공공정책의 결정과 집행과정에서 보다 많은 과오가 발생할 가능성이 있다는 점을 고려하면, 규제개혁 과정에서 이러한 과오를 줄일 수 있는 장치를 구축하는 것은 필수적이라고 할 수 있다. 왜냐하면 규제정책의 결정과 집행과정에서 제기되는 문제는 다른 정책으로 야기되는 문제보다 쉽게 인식될 수 없으며, 이를 시정하는데도 상당한 사회적 부담을 요구하며, 이에 따라 그 성과도 다른 정책의 성과보다 만족스럽지 못하게 나타날 수 있기 때문이다. 그런데도 불구하고, 다른 정책보다 규제정책은 포괄적이고 지속적인 심사의 대상이 되지 못하고 있다. 이는 규제정책의 집행에 드는 재정지출이 적으므로 대통령, 예산관리실 그리고 국회의 관심을 끌지 못하는 데 그 원인이 있다고 할 수 있다 (Thompson & Jones, 1982: 135). 따라서 규제정책의 성과를 제고하기 위해서는 규제에 대한 적절한 심사·분석 및 절차를 마련하는 절차적 규제개혁이 이루어져야 할 것이다.

### 2) 본질적 규제개혁과 절차적 규제개혁의 관계

규제개혁의 유형을 본질적 그리고 절차적 두 가지로 구분하여 설명하면, 규제개혁은 규제정책의 본질과 집행대안을 심사하는 기법과 절차를 마련하여, 이에 따라 규제에 관련된 사항을 평가하여 그 결과를 바탕으로 규제정책의 본질을 결정하여 이를 집행할 수 있게 함으로써 규제업무를 보다 합리적으로 수행할 수 있도록 도움을 주는 과정이라고 할 수 있다. 즉 규제를 심사하는 데 현재 이용되고 있는 기법 및 절차에 대한 대안을 발굴하여, 이들을 현실에 맞게 수용 또는 변형함으로써 보다 합리적으로 규제를 평가할 수 있는 하나의 총체적인 제도를 확립하여 규제의 적정수준을 유지하기 위한 것이라고 할 수 있다. 따라서 규제개혁과정에서는 규제정책의 본질과 집행과정에서 이용할 수 있는 규제대안의 변경을 모색하기 위한 방법을 강구하는 노력과 이들을 평가하기 위한 제도 및 절차를 마련하기 위한 노력은 구분해야 한다. 전자에서의 변화를 모색하는 것은 본질적 규제개혁이라고 하고, 후자에서의 변경을 추구하는 것을 절차적 규제개혁이라고 한다.

이들 두 가지 유형의 규제개혁은 서로 상호의존적 관계를 가지고 있는 것이 일반적이어서, 절차적 규제개혁이 올바로 이루어져야 본질적 규제개혁을 성공적으로 이끌 수 있는 가능성을 높일 수 있을 것이다. 물론 절차적 규제개혁 없이도 본질적 규제개혁을 추진할 수 있지만, 절차적 규제개혁이 제대로 이루어질 때 본질적 규제개혁을 위한 용이한 결정과 좋은 결정을 내릴 수 있어 적정수준의 규제를 확보할 가능성을 높일 수 있는 것이다. 그러나 아무리 절차적 규제개혁이 잘 이루어졌다고 하더라도 본질적 규제개혁을 위한 대안을 충분히 개발하지 못하고 한정된 것에만 의존할 경우에는 규제개혁이 의도한 목표를 달성하지 못할 뿐만 아니라 절차적 규제개혁 노력 자체도 그 결과를 거두지 못할 것이다. 그러므로 일부에 한정된 대안을 기초로 한 본질적 규제개혁보다는 많은 대안을 상정하여 포괄적인 본질적 규제개혁을 추진해야 규제개혁의 성공가능성을 높일 수 있을 것이다.

## 2 규제 심사제도

규제심사는 규제를 심사하기 위한 방법을 구체화하기 위한 일련의 기준을 설정함으로써 그 제도를 마련할 수 있다. 규제심사는 규제정책과 규제활동을 위해 과거에 채택하였던 규제 근거가 적절한지 그 당위성 여부, 규제 목적이 입법과정에서 구체화되고 그 달성을 위한 예산이 배정되는 방법, 규제정책의 집행이 입법적 취지에 부합하는 정도, 규제의 편익과 비용의 비교, 규제성과를 포함한 규제 목적의 적시성 등 규제를 체계적이고 포괄적으로 평가하는 과정에서 필수적으로 요청된다.

규제심사는 단지 기존의 규제에만 집중하여 행해질 수도 있으며, 기존 또는 신규 규제 모두를 평가하기 위해 이용할 수도 있다. 규제심사는 순수한 독점금지 및 불공정거래규제, 순수한 경제적 규제와 경제적 결과를 가진 사회적 규제 또는 순수한 사회적 규제를 평가하기 위해 채택할 수 있다. 규제심사는 전형적으로 기업활동에 대한 정부통제에 집중할 수 있지만 정부기관이나 다른 차원에 속한 정부에 대한 통제도 동시에 평가할 수 있다(Thompson & Jones, 1982: 132).

위에 소개한 규제심사에 대한 설명은 규제심사가 실제로 무엇인지에 관한 것보다 무엇일 수 있는지에 대하여 언급하고 있다. 아울러 이러한 결론은 기존 및 신규 규제에 대한 평가방법을 개선하는 데 고려해야 할 제안이라는 점에 중요성이 있다. 개혁

대안들을 고려하는 데 규제심사와 개혁의 목적은 규제의 결정 및 집행, 그리고 이로 인해 초래되는 성과를 개선하기 위한 것이란 점이 강조되어야 한다.

이를 위해 무엇보다 규제에 대한 체계적인 평가가 요청되고 이는 규제의 총편익과 비용 간의 관계, 즉 순편익의 명확한 파악을 필요로 한다. 아마도 더 중요한 것은 비용과 편익의 균형성을 보다 면밀히 평가하는 것일 것이다. 정부의 행정비용 또는 민간부문의 순응비용에만 전적으로 초점을 맞추어 평가하면 균형적 효과의 중요성을 무시하는 결과를 초래할 수 있기 때문이다. 규제심사는 규제자들로 하여금 정부의 일방적 행위에 대한 한계성, 특히 순응비용이 생산자보다 오히려 소비자에게 귀착되어 소비자의 부담이 되고 있는지에 대하여 생각하도록 하는 기회를 제공할 수 있다. 또한 규제심사는 규제의 초안자들로 하여금 간결한 언어로 규칙을 명기하도록 자극할 수 있다. 규제심사는 평가자로 하여금 경제 분석과 비용-편익 분석을 사용하는 데 내재해 있는 함정이 무엇인지에 대하여 고려하게 한다. 끝으로 규제심사는 규제가 도입되고 이를 위한 예산이 배정되는 정치과정의 개혁을 불가피하게 함으로써 규제결정과정을 개선할 수 있다. 이를 종합하여 볼 때 규제심사제도는 규제의 결정, 집행과 시행전략 및 이들의 한계점을 명확히 파악하도록 함으로써 규제정책 과정을 개선하는 데 기여할 수 있다.

### 1) 기본적 규제심사기법

의도한 규제개혁 방향과 실제로 개혁을 추진하여 나타난 성과 간에는 상당한 차이가 있을 수 있다. 이미 논의했지만 규제개혁 방향은 규제의 기존 구조를 다른 대안, 특히 시장제도로 전환하는 본질적 변화를 추구하기에 적합한 방안을 마련함과 동시에 관료주의적 형식주의나 지연요인을 통제하고 절차상의 개혁방안을 제도화함으로써 전반적인 규제수행 능력을 개선·발전시키는 것이다. 그럼에도 불구하고 현재 추진하고 있는 규제개혁은 규제수행 능력을 제고하기 위한 절차적 개혁에 대한 관심보다는 규제완화의 대상 선별에만 치중하고 있으며, 이러한 대상 선별에서도 자의성이 많이 내재해 있다. 따라서 이러한 행정편의와 자의성을 배제하기 위해서는 규제개혁이 당위성 검사, 비용-편익 및 비용-효과성 분석 등의 결과가 제시하는 객관적인 심사기준에 따라 추진해야 할 것이다(Stone, 1982: 243-246).

#### (1) 당위성

규제개혁을 위하여 다루어야 할 우선적 문제는 규제를 통하여 추구하는 목적이 현실적으로 정당한 것인지를 판명하는 것이다. 따라서 규제의 당위성 분석은 규제 목적과 관련하여 이루어지며, 이 때 주요 관심사는 규제 목적을 현실적 상황에 비추어 그 적합성을 확인하는 작업이다.

일반적으로 새로운 규제의 도입과 기존 규제의 지속성 여부에 대한 결정이 객관적이고 합리적인 분석과 효율적인 대안을 고려하여 이루어지기보다 행정편의, 정치적 개입, 사회적인 요청 등 비과학적 방법으로 결정하는 경향이 있다. 규제가 초래하는 비용을 제대로 추정한다는 것은 쉬운 일이 아니지만 이러한 비용을 정기적으로 심사·평가하는 노력이 부족하고, 규제활동이 초래하는 편익에 관한 검토도 제대로 하지 않는다는 사실이 이러한 경향을 잘 입증하고 있다.

경우에 따라서는 현재 시행하고 있는 규제방법보다 다른 대안이 보다 바람직할 수도 있고, 또한 다른 대안이 보다 저렴한 사회적 비용으로 규제 목적을 더욱 효과적으로 달성할 수 있음에도 불구하고 이러한 대안의 선택이 사회적 저항에 부딪칠 수 있다. 어떤 규제 목적은 현실에 더 이상 적합하지 않을 수도 있고, 다른 규제 목표의 당위성이 환경의 변화에 따라 약화될 수도 있다. 때로는 규제가 변화하는 환경에 부응하지 못함에 따라 부적합하게 되는 경우도 있다. 따라서 규제가 다양한 목표에 미치는 실제적 효과를 제고하기 위해서는 비용, 편익 및 유발효과를 가시화하여 평가할 수 있어야 하고, 가능한 한 많은 선택대안을 발굴해 이 중에서 올바른 선택을 하여야 할 것이다. 이러한 사실은 단순히 규제로 인한 비용과 편익만을 분석할 것이 아니라 규제의 영향력과 효과를 정기적으로 평가해야 한다는 점을 강조하는 것이다.

규제가 지속적으로 시행되는 것은 대부분 변화를 원하지 않는 이익집단들의 행위 때문에 가능한 것으로 알려져 있고, 이것은 결국 규제로 인하여 혜택을 받는 사람이 있다는 것을 의미하는 것이다. 근로자들은 정부의 통제로부터 보호를 받을 수 있고, 기업들은 규제된 환경에 익숙해 있는 것이 일반적이다. 이들 이익집단은 규제의 내용이 변하는 것을 원하지 않으며, 그 변화에 반대함으로써 그들 자신의 편익을 지속시킬 수 있는 것이다. 규제의 비용은 보통 분산되어 있어 국민에게 가시화될 수 없고, 그 영향력도 적절하게 평가될 수 없기 때문에 국민들뿐만 아니라 정책 결정자조차도 확실한 비용을 산정할 수는 없다. 또한 규제 변화로 인해 초래되는 편익도 고도로 분산되어 있는 경우가 많기 때문에 규제 변화가 국민들에게 주는 혜택도 구체화할 수 없으며, 이에 대한 국민들의 지지를 받는 데에도 한계가 있기 마련이다. 따라서 정부는 규제의 효과성과 적합성을 심사할 수 있는 제도를 마련하여 이를 정기적으로 평가해야 할 것이다.

여하튼 어떤 규제는 현재에도 당위성을 갖는 한편, 다른 것은 상황의 변화에 따라 더 이상 현실성이 없는 것으로 인식할 수도 있다. 또한 처음부터 당위성이 확보될 수 없는 것도 있다. 일반적으로 규제의 당위성은 어느 정도 지속될 수 있고 이에 따라 정부개입에 정당성을 부여하게 된다. 그러나 기존 규제를 위한 근거가 되는 당위성에 상당한 결함이 나타나는 경우도 있을 수 있다. 대부분의 경우에는 저렴한 비용으로 또는 부정적인 파생효과를 최소화하여 규제의 목표를 보다 효과적으로 달성할 수 있는 대안들이 있을 수 있다.

이것은 단순히 규제에 문제가 발견되고, 이러한 문제를 정부개입으로 치유할 수 있다고 해서 규제가 바람직하다는 것을 의미하는 것은 아니다. 직접규제, 보조금 및 다른 정부개입으로 초래되는 간접비용 및 결과가 분명히 판명될 수 있고, 이로 인한 직접비용도 상당히 클 것으로 예상할 수 있다. 따라서 정부행위로 얻을 수 있는 잠재적 편익과 이에 드는 부담을 비교하여 편익이 부담보다 큰 경우에만 정부개입이 이루어지는 것이 바람직할 것이다. 정부행위로 인한 편익 및 결과는 경제적 효율성, 소득분배의 공평성, 기회균등과 균등한 보호 등과 같은 가치에 미치는 효과로 나타날 수 있다.

일반적으로 경제적 측면에서는 자연독점, 외부비용, 불완전한 정보, 자연자원의 낭비 등의 문제들이 많은 분야에서 정부개입을 정당화하는 요인으로 작용하여 왔다. 그러나 파괴적 경쟁의 방지, 경쟁 산업에 대한 규제, 주요 산업의 육성, 취약지구에 대한 교차보조 등은 규제를 위한 근거로서 더 이상 그 당위성이 인정될 수 없다. 이러한 당위성은 그 자체가 규제를 위한 근거로서 미비하기 때문에 현재의 조치보다 다른 대안을 선택하는 것이 보다 바람직할 것이다. 현재 가격규제는 높은 가격으로 소비자가 입는 경제적 손실을 방지하는 데는 효과적일 수 있지만, 가격통제를 통하여 소비자를 보호하는 것은 소비 및 생산결정을 왜곡할 수 있다. 이들 중 어떤 것은 단기적 규제나 다른 형태의 정부개입을 정당화할 수는 있지만 장기적 규제를 정당화하기에는 부족할 것이다.

#### (2) 비용-효과성

당위성 분석은 규제 목적과 관련하여 이루어지며, 이 때 제기되는 문제는 규제 목표가 현실 상황을 고려하여 적합한지 그 여부에 관심을 두고 있다. 규제를 위한 당위성이 확보되면 두 번째 단계는 규제의 목표를 성취하기 위해 가장 비용이 적게 드는 한편 가장 효과성이 큰 수단을 강구하는 것이다. 만약 동일한 결과를 얻기 위해 수단

A에서는 100만 원이 들고 수단 B에서는 200만 원이 소요된다면, 비용 면에서 수단 A가 보다 효율적이다. 그러나 바람직한 결과를 얻을 수 있는 확률에서는 두 수단 간에 상당한 차이가 있으므로 비용-효과성 분석과 관련하여 제기되는 문제들은 그렇게 단순하게 처리할 수 없을 것이다.

동일한 예에서 A수단을 채택하는 경우에 일정한 결과를 달성할 수 있는 확률이 0.4이고, B수단을 택할 때 동일한 결과를 달성할 수 있는 확률이 0.8이라면, 이러한 상황에서 어떤 수단이 더 효과적인 것인지 하는 문제가 제기된다. 실제적으로 수단을 선택할 때에는 이처럼 각 규제수단에 드는 화폐비용과 결과 달성 가능성을 제시하는 확률을 모두 고려해 대안을 결정해야 한다. 올바른 비용-효과성 문제를 분석하기 위해서는 경험, 경제이론, 행정이론 등과 같은 도구가 중요시된다. 이러한 도구는 적어도 모든 선택대안들 중에서 특정 대안을 제외할 수 있게 하고, 남아 있는 대안들로부터 달성 가능한 성과를 예측할 수 있게 한다.

비용-효과성 문제는 본질적이고 행정적인 내용 모두를 포함하여 그 외에 많은 구체적 사항들과 관련하여 제기될 수 있다. 본질적 차원에서 비용-효과성 문제에서는 정부개입이나 시장 중에서 어떤 것이 더 효과적인지 그 여부를 분석해야 한다. 만약 정부개입이 더 효과적이라면 그 다음의 문제는 어떤 형태의 개입이 가장 효과적인지를 결정하는 것이다. 이러한 결정은 각기 다른 형태의 규제뿐만 아니라 이와 다른 개입방법 간에 비교·분석할 것을 요구하고 있다.

본질적 차원에서 규제가 가장 효과적인 방법으로 선별되었다고 가정하면 다음 단계의 비용-효과성 분석은 행정적인 문제가 될 것이다. 이것은 구체적 규제조치를 선별하고, 목표 달성에 필요한 규제기관의 요원을 확보하는 것 등과 같은 기술적 문제를 고려하여야 함과 동시에, 무슨 종류의 절차적 장치를 마련할 것인지를 결정하는 문제와 관련되어 있다. 다시 말해, 행정 원칙을 근거로 제기되는 문제들도 비용-효과성 문제와 관련하여 함께 고려해야 한다는 것이다. 당위성 분석의 경우처럼 비용-효과성 분석에서 개발된 선택대안들도 정기적으로 평가해야 한다. 얼마나 자주 비용-효과성에 대한 평가를 해야 하는지 하는 결정도 비용-효과성의 가장 중요한 문제 중의 하나라 할 수 있다.

### (3) 비용-편익

규제평가를 위한 세 번째 단계는 비용-편익 분석이다. 첫째 단계가 당위성에 관심을 갖고, 두 번째 단계가 주어진 목표를 달성하기 위해 채택할 수 있는 대체적 수단을 강구할 것을 요구하며, 셋째 단계의 비용-편익 문제는 규제가 초래할 부수적 결과뿐만 아니라 목표를 달성하기 위한 수단으로써 적합한지 그 여부를 검토할 것을 요구한다. 간단한 예를 들면, 대안 A는 2천만원의 가치가 있는 결과를 얻기 위해 수단에 5백만원이 소요되고, 부수적인 결과의 비용이 8백만원이라면 이러한 상황에서 모든 비용과 편익을 대비시킨 후에 얻은 순편익은 7백만원이 될 것이다. 동일한 2천만원 가치의 결과를 달성할 수 있는 대안 B는 수단에 단지 4백만원이 소요되지만 부수적 결과의 비용이 1천1백만원이라면 대안 B를 택하는 경우에는 순편익이 5백만원이 된다. 이 때 대안 A는 비용-편익 분석상으로는 보다 우수하지만 비용-효과성 분석상으로는 대안 B가 보다 효과적인 평가방법이라고 할 수 있다.

이러한 비교는 대안 A를 선택하는 것이 합리적인 결론이란 것을 입증하지만, 비용-효과성 분석이 무용한 것이라는 것을 의미하지 않는다. 즉 비용-효과성 분석은 수단이 주어져 있고 부수적 결과를 고려할 필요가 없을 때는 분명히 유용한 것이다. 예를 들어 엄청난 부작용 때문에 살충제 사용을 금지하도록 결정한다면 이러한 조치는 공중보건을 지향하기 위한 것이라고 할 수 있다. 이 경우에는 목표가 정해져 있고 부수적 결과는 고려해야 할 필요가 없다.

비용-편익분석은 목표가 고정되어 있을 때에는 채택하지 않는다. 이것은 규제를 하는 데 5백만원의 예산이 책정되어 있다고 가정하면 이 자금을 사용하기 위한 가능한 한 많은 수의 대안들을 발굴하여 그들 중 가장 큰 순편익을 초래하는 대안을 선택하는 것이 합리적이라는 것을 제시한다. 이처럼 규제를 위하여 지출해야 할 금액이 정해지면 비용-편익 분석은 여러 대안들 중에서 가장 합리적인 대안을 선택하여 이에 필요한 자금을 배정할 수 있도록 해준다.

마찬가지로 예산이 이미 배정된 규제기관에서 비용-편익 분석은 규제기관의 대안의 우선순위를 설정하기 위해 이용할 수 있고, 이에 따라 비용-편익 분석은 규제기관의 기획과정에서 중요한 도구가 될 수 있다. 이를 간단히 설명하면, 비용-편익 분석은 규제기관이 대안 A에 5백만원의 지출을 하는 경우에 2천만원의 가치가 있는 결과를 초래하지만 부수적 결과로 1천1백만원이라는 비용이 발생한다는 사실을 파악할 수 있게 한다. 다른 한편 대안 B에 대한 5백만원의 지출은 1천6백만원의 가치가 있는 결과를 초래하지만 부수적 결과로 4백만원이라는 비용이 초래된다는 것을 파악할 수 있게 한다. 이러한 산술적 근거를 바탕으로 대안 B는 그 순편익이 7백만원인데 비해 대안 A의 순편익은 단지 4백만원에 불과하다는 것을 알 수 있게 하므로 비용-편익 분석은 대안 A보다 대안 B를 선택하는 것이 바람직하다는 사실을 제시해 준다.

규제개혁을 논의하는 과정에서 이상과 같은 세 가지 주요 문제들 중 적어도 하나 이상을 고려하여 심사를 위한 기준으로 활용하는 노력이 필요하다. 이들 문제 중 어느 것에 관심을 두어야 하는지에 대한 판단은 특정 규제의 목적과 그 성질에 달려 있다. 예를 들어 항공규제는 주로 당위성 문제에, 원자력규제는 주로 비용-효과성 문제에 그리고 안전 및 환경규제는 우선 비용-편익 문제에 초점을 맞추는 것이 보다 유용한 것으로 인식되고 있다.

버스 운송, 항공 및 철도산업에 대한 규제 완화와 관련하여 논의하고 있는 쟁점은 이들 산업 분야의 요금과 노선에 대한 규제는 그 합리적인 당위성을 확보하여 이를 근거로 시행하고 있는지에 집중되어 있다. 미국의 원자력 규제위원회에 대한 비난은 복잡한 규제적 절차 때문에 원자력 발전소가 시동하기까지 오랜 기간이 요구되므로 발전소가 실제로 시동할 때에는 훨씬 큰 비용이 발생한다는 사실에 초점을 두고 있다. 그리고 미국의 약품규제가 의무화하고 있는 엄격한 사전검사로 환자들이 제때에 복용해야 할 약을 구하지 못하는 결과를 초래하여 인명을 구제하기보다 더 많은 인명을 희생시키고 있다고 비판받고 있다 (Wardall, 1979: 25-33). 따라서 특정 규제 분야에서 개혁을 추진할 때에는 이러한 문제를 개별적 또는 전반적으로 재평가할 필요가 있다.

규제로 발생하는 비용에는 규제의 1차적 효과(행정비용)와 2차적 효과(순응비용) 외에 3차적 효과라고 불리는 유발비용도 포함되어야 한다 (Weidenbaum, 1979). 유발비용은 생산투자의 감소로 유발된 비용, 새로운 공정의 도입과 신상품의 출고에 대한 규제의 변경 가능성으로 인한 자본형성의 부정적 효과 등과 같은 기회비용을 포함하고 있다.

이렇게 볼 때, 정부가 규제업무를 보기 위하여 지출하는 직접비용(행정비용)은 규제로 발생하는 총비용 중에서 적은 부분에 불과하다고 할 수 있다. 한편 기업이 규제로 요구되는 사항을 이행하기 위하여 부담해야만 하는 비용이 대부분 소비자에게 전가되고 이것은 정부의 직접비용을 훨씬 상회하는 것이 일반적이다. 이는 소비자 보호, 직업안전, 환경보호 등을 위한 규제와 기타 규제요건을 충족하는 데 드는 연간 규제순응비용이 상당한 금액에 달할 것이라는 것을 쉽게 추정할 수 있게 한다.

산업들 간에 규제순응비용에는 상당한 차이가 있지만 제조업 부문에 가장 큰 부담을 주는 것으로 알려져 있으며, 유발비용도 제조업에 참여하는 기업에서 매우 높은 것으로 나타나고 있다 (Arthur Anderson & Co., 1979). 여하튼 2차적 효과인 규제순응비용은 기업의 제품가격을 인상시켜 인플레이션을 유발하고, 국내 및 해외시장에서 기업경쟁력을 약화하는 요인으로 작용해 이로 인한 유발비용도 대단히 크리라는 것을 미루어 짐작할 수 있다.

또한 규제가 대기업뿐만 아니라 중소기업 경영에도 커다란 영향을 미치고 있다. 규제에 대해 제기되고 있는 비난은 주로 중소기업에 미치는 규제의 부정적 효과에서 기인한다. 실제로 어떤 학자들은 규제가 대기업보다 중소기업에게 훨씬 더 큰 영향력을 미친다고 주장하고 있다(Lilley & Miller, 1977: 51). 예를 들어 특정 산업에 참여하는 기업들이 환경기준을 충족하기 위하여 새로운 시설을 설치해야 한다면 대기업은 중소기업보다 훨씬 더 많은 수의 생산량을 시장에 판매할 수 있으므로 시설 설치에 소요되는 고정비용을 생산판매량에 똑같이 분산할 수 있으므로 그 부담을 줄일 수 있다. 그러나 중소기업의 경우에는 생산판매량이 적기 때문에 고정비용을 분산시킨다 하더라도 그 부담이 상대적으로 클 수밖에 없을 것이다.

따라서 규제를 심사·평가하는 과정에서 거쳐야 할 첫째 단계는 규제의 비용과 규제가 경제에 미치는 효과를 파악하는 것이고, 둘째 단계는 특정 규제가 제도화되기 전에 규제기관이 비용-효과성 및 비용-편익 분석을 실시하도록 하는 것이다. 그러나 모든 규제문제에 대해 이러한 분석들이 정확한 과학적 근거를 바탕으로 이루어질 수 있는지는 의문의 여지가 남아 있다.

### 2) 심사기법의 실제적 적용

지금까지 규제를 심사하여 이를 개혁하기 위한 노력이 추진됨으로써 기존의 규제정책과 행정절차에 대한 제한적 조정에서부터 기업과 산업에 대한 정부통제의 역할 변화에 이르기까지 다양한 개혁 조치가 이루어져 왔다. 이러한 개혁 조치와 관련해 개혁의 성과를 해석하는 데 우선 포괄적 규제개혁이 제한적 규제개혁보다 적합한지를 규명해야 한다. 그리고 정부가 규제개혁을 모색하는 데 근거로 작용했던 당위성을 다시 평가하는 노력이 필요할 것이다. 이러한 사실은 규제결정 과정을 개선하는 데 경제분석이 어떠한 역할을 하는지 정확히 파악해야 한다는 사실을 제시하는 것이다.

정부가 규제정책을 수행하는 과정에서 과오를 저지를 수도 있기 때문에 이러한 과오를 사전에 예방하고 시정하기 위한 합리적인 제도를 마련하기 위해 경제분석 기법의 도입이 무엇보다 필요하다. 따라서 규제심사를 하는 데 요구되는 기본적 기법들을 개발하여 규제 목적 달성에 적합하도록 응용 또는 적용하는 노력이 요구된다. 미국에서는 경제분석기법의 기본 원리를 도입하여 비용-편익 분석의 변형, 경제영향력 분석, 규제영향력 분석 등 여러 가지 형태의 규제심사 기법들이 개발되어 왔다.

### (1) 경제 분석기법의 개발

비용-편익 분석은 공공사업을 평가하기 위하여 19세기 초에 이용되었지만 현대적인 비용-편익 분석 기법으로 발전한 것은 1960년대 미국의 국방성이 무기체계의 대안들을 평가하기 위하여 이러한 기법을 이용하기 시작한 데서 비롯되었다. 1974년 포드 대통령은 규제와 관련된 결정과정에서 비용-편익 분석을 적용하는 첫 번째 단계로서 규제기관으로 하여금 그들의 행위가 인플레이션에 미치는 효과를 평가할 것을 요구하는 대통령령을 발표했다.

이러한 포드 대통령의 시도를 본받은 카터 대통령은 1978년 3월에 규제가 미치는 효과를 평가하는 문서를 「규제분석」이라고 재명명하여 도입하는 새로운 대통령령을 발표했다. 그는 또한 경제자문위원회(Council of Economic Advisers)의 한 위원을 위원장으로 하는 규제분석심사단(Regulatory Analysis Review Group: RARG)을 설치하여, 이 심사단에게 행정부 소속 규제기관이 운영하는 규칙과 규제가 100억 달러 이상의 비용을 발생하는 경우에는 이를 심사하는 책임을 부여했다. 이러한 장치에도 불구하고 그 실적은 규제분석심사단이 설치된 이후 18개월이 지나도록 겨우 여덟 개의 규제만을 검토하는 데 머물렀다. 이에 따라 규제분석심사단의 업무, 포드 행정부의 경제영향력 분석의 요건, 카터 대통령의 규제분석의 요구가 산업에 대한 비용 상승 요인을 줄이는 데 효과적이었다고 보는 전문가는 거의 없는 것으로 보인다.

레이건 대통령은 기존 규제와 제안된 규제가 경제에 미치는 영향력을 분석하는 규제완화 업무수행반(Task Force on Regulatory Relief)을 구성하여 운영했지만 큰 성과를 거두지 못했다. 이러한 결과를 초래한 이유는 규제기관이 포드와 카터가 공포한 대통령령의 일반적 지침을 비용-편익 분석에 반영하는 데 실패했기 때문이다. 오히려 규제기관들은 비용-편익 분석과 환경영향력 평가를 규제기관의 행위를 정당화하는 근거로 조작하여 구실을 대는 데 이용했다는 비판도 있다.

### (2) 대안의 평가를 위한 비용-편익 분석기법의 개발

비용-편익 분석은 사실상 모든 규제를 평가하는 데 유용한 수단이 될 수 있다. 이 기법은 규제에 따라 그 유용성이 상이하지만 그 범위는 아주 유용한 것에서 사소한 것까지 하나의 연장선을 상정하여 고려할 수 있다. 비용-편익 분석은 여러 대안들 중에서 특정한 대안을 선택할 수 있는 기준을 제시한다는 점에서 가치 있는 도구라 할 수 있다. 그러나 이러한 분석도구는 분석으로 나타난 비용보다 이로 얻을 수 있는 편익이 더 클 때에만 유용한 기법으로 이용될 수 있을 것이다. 이처럼 비용-편익 분석이 규제개혁을 위해 활용될 수 있는 완벽한 도구가 아니라는 점에 유의해야 한다.

비용-편익 분석 기법에서 고려해야 할 첫째 문제는 비용-편익 분석의 한계를 파악하는 일이다. 비용-편익 분석으로 확인한 비용과 이로 얻을 수 있는 편익이 같을 수 있다는 가정 하에 에즈라 미션(Ezra J. Mishan)은 비용-편익 분석 기법의 한계성을 아래와 같이 지적하고 있다(Mishan, 1973: 13-15).

비용-편익 분석의 결과를 참고로 결정한 규제는 빈익빈 부익부 현상을 초래하는 경제적 조치와 아주 유사한 결과를 초래할 수 있다. 이러한 분석기법을 통한 규제의 결정은 불공평성을 초래하는데, 비용-편익 분석의 결과로 유리한 입장에 있는 기업은 다른 집단에게 피해의 상당 부분을 떠넘기는 한편, 그가 속한 집단에게는 이득을 얻게 하기 때문이다. 이 때 비용-편익 분석의 계량적 결과 자체는 국민들 간에 비용과 편익이 어떻게 분배되는지에 대한 것은 알려 주지 못하고, 단지 편익의 총계가 손실의 총계를 초과하는지 그 여부만을 판단할 수 있게 할 뿐이다.

비용-편익 분석에 내재해 있는 이러한 한계를 파악하는 일은 아주 중요한 것이다. 이에 대한 고려 없이 비용-편익 분석의 결과에만 의존하여 규제를 평가하는 것은 많은 분쟁을 야기할 수 있기 때문이다. 비용-편익 분석기법에 긍정적인 견해를 가지고 있는 사람들은 비용-편익 분석이 과학적이라는 이유를 들어 사회적으로 인정할 수 있는 규제인지 그 여부를 판단하는 데 채택할 수 있는 유일한 도구처럼 인식하고 있다. 대조적으로 이에 부정적인 견해를 갖고 있는 사람은 비용-편익 분석 기법의 도입이 빈자와 약자의 희생으로 부자와 강자를 돕는다고 믿기 때문에 어떤 경우라도 이러한 기법을 사용하는 것을 강력히 반대한다. 그러나 이러한 부정적 견해는 비용-편익 분석기법을 바르게 인식하지 못한 데 연유하는 것으로 볼 수 있다. 비용-편익 분석기법은 사회적으로 바람직한 규제결정에 이용할 수 있는 하나의 도구에 불과할 뿐이지 규제결정에 도달하는 데 채택할 수 있는 유일한 것으로 인식해서는 안 된다.

규제결정의 성과가 각기 다른 집단 간에 똑같이 분배되지 않기 때문에 가치와 이념적 문제가 개입할 수밖에 없다. 따라서 사회적 결정에 도달하는 데 이용되는 비용-편익 분석은 모든 선택대안의 효과를 공평성이란 관점에서도 평가할 수 있도록 해야 한다. 생명, 보건, 산업안전의 경우처럼 거래될 수 없는 대상을 화폐가치로 측정하는 데 어려움이 있다는 한계가 비용-편익 분석의 가장 큰 문제들 중의 하나이다. 물론 이러한 경우에 그 비용이 민사소송에서 판결로 결정된 개인적 상해 또는 사망피해 보상금으로 대신하여 산출할 수 있다고는 하지만 거의 같은 상해 또는 사망에 대한 판정 보상금이 판결에 따라 다를 수 있다는 점을 고려해 보면, 정확한 공식을 설정해 이에 따라 보상금을 산출하는 것이 불가능하다는 사실을 보여 주는 대표적인 예라고 할 수 있다. 단지 같은 단위를 대상[4]으로 하여 비교할 수 있을 때에만 가치중립적인 비용-편익 분석이 수행될 수 있다. 또한 일상적으로 거래될 수 없는 대상의 가치를 파악해 화폐와 같은 교환수단으로 환산할 수 있다 하더라도 개인적인 편견이 환산과정에 개입할 수밖에 없을 것이다. 그러나 개인적 판단이 이러한 환산과정에 개입한다고 해서 비용-편익 분석이 잘못된 것으로 부정되어서는 아니 된다. 이러한 기법이 없는 경우보다 이를 활용할 때 문제를 보다 정확히 파악할 수 있기 때문이다.

### (3) 비용-편익 분석의 유형

비용-편익 분석은 크게 무위험성 분석, 위험성 비교분석, 위험-편익 분석, 규제예산, 공식적 비용-편익 분석 등과 같이 다섯 가지 상이한 유형으로 이루어질 수 있다 (Stone, 1982: 262-267).

① 무위험성 분석

무위험성 분석(no-risk analysis)은 민간 경제주체의 행위가 위험성을 유발하느냐 하는 한 가지 문제에만 관심을 가지고 있다.[5]

만약 이러한 행위가 위험성을 유발하는 것으로 판명되면 무위험성 분석에 의하면 이러한 행위는 금지해야 한다. 발암효과를 발생하는 것으로 입증된 음식물 첨가제의 사용을 금지하는 규제는 무위험성 유형의 비용-편익 분석이 적용된 대표적인 예라고 할 수 있다. 이러한 규제에서 규제기관은 사카린 판매를 금지하는 것 외에 어떤 다른 대안은 선택할 수 없다. 따라서 무위험성 분석에서는 비용이 편익을 초과하는지 조사할 필요가 없다. 무위험성 분석의 한계성은 사카린 사용의 금지를 통해 인명을 구제할 수 있는 것 외에 사카린의 사용으로 인간의 수명을 더 연장할 수도 있다는 다른 가능성을 감별할 기회를 전혀 주지 않는다는 것이다. 즉 한 측면에서 금지된 것으로 판명되면 다른 측면에서의 사용 가능성을 미리 배제한다는 것이다.

---

4) 동일한 단위를 대상으로 비교할 수 있는 예를 들어 보면 잃은 돈과 얻은 돈, 손실된 생명수와 구조된 생명수 등과 같이 단위를 기준으로 대비할 수 있는 수치를 화폐 단위로 환산하여 제시할 수 있는 경우이다.

5) 비용-편익 분석에 관한 이러한 논의는 Lester B. Lave가 U. S. Congress House, Committee on Interstate and Foreign Commerce에 제출한 *Use of Cost-Benefit Analysis by Regulatory Agencies*, Hearings, 96th Cong., 1st sess., 1979, pp. 5-23에 주로 초점을 두었다.

② 위험성 비교분석

위험성 비교분석(risk-risk analysis)은 무위험성 분석의 경직성을 보완하기 위해 개발된 것이다. 위험성 비교분석은 한 대안의 위험성과 다른 대안의 위험성을 비교하려는 시도에서 개발된 것이다. 예를 들어 몇몇 과학적 검사에 따르면 고기를 보존하는 데 사용되는 질산나트륨은 암을 유발할 수 있지만 가공식품에 사용하지 않으면 죽음을 초래하는 보툴리누스 중독을 유발할 수 있는 것으로 밝혀졌다. 이러한 경우에는 보툴리누스 중독으로 많은 수의 사람들이 사망하는 것을 예방하기보다 적은 수의 인명을 구제하기 위해 질산나트륨의 사용을 금지하는 것은 어리석은 일이라는 것이 분명하다. 위험성 비교분석은 각기 다른 대안을 선택할 때 발생할 수 있는 위험성을 비교할 수 있는 틀을 제공하고 있다.

위험성 비교분석 기법은 특정 행위를 선택하려고 할 때 기준으로 삼아야 할 명백한 근거를 제공하지 못한다는 데 한계가 있다. 자료와 선택 대안들이 많고 복잡한 경우에 위험성 비교분석 기법의 한계는 더욱 분명하게 나타난다. 더욱이 위험성 비교분석 기법이 가지고 있는 가장 심각한 문제는 과학적 판단의 결과가 항상 동일하지 않다는 점이다. 즉 같은 방법으로 수행한 실험과 검사라도 실험과 검사에 따라 결과가 다르게 나타날 수도 있고, 상반된 결과까지 도출될 수 있다는 것이다.

③ 위험-편익 분석

위험-편익 분석(risk-benefit analysis) 기법은 위험성 비교분석 기법에서 나타난 취약점을 보완하기 위하여 사용될 수 있다. 위험-편익 분석은 인명에 미치는 피해나 미래 세대에 미치는 영향력과 같은 효과를 계량적으로 측정하지 않고 특정 행위의 긍정적 효과와 부정적 효과만을 고려하려는 비공식적인 시도에서 행해지는 것이다. 이러한 의미에서 위험-편익 분석은 선택할 것을 정확하게 결정하려는 시도에서 행해지는 것이 아닌 비공식적 유형의 비용-편익 분석에 불과하다. 그러나 이러한 기법은 가능한 비용과 편익의 목록의 작성에 초점을 맞추고 정확히 계량화하려는 시도를 하지 않는다. 다만 누가 편익을 받는지, 누가 피해를 입는지에만 관심을 가지고 있는 것으로서 분석자로 하여금 어떤 집단이 편익을 받고, 어떤 집단이 피해를 입는지에 초점을 맞춰 분배적 영향력을 고려할 수 있게 한다는 데 장점이 있다.

이러한 위험-편익 분석기법의 단점으로는 첫째, 규제기관들이 결정해야 할 때에 지침을 줄 수 있는 기준이나 규범을 제공할 수 없어 행정의 자의성이 개입될 여지가 있다. 둘째, 위험-편익 분석 기법은 하찮은 효과와 그렇지 않은 효과를 분리하는 데 이용할 수 있는 어떤 지침도 제공할 수 없으므로 규제기관으로 하여금 사소한 효과를 너무 진지하게 고려하게 하는 결점을 가지고 있다. 다시 말해 위험-편익 분석기법은 분석절차를 불필요하게 지연하는 요인을 많이 내포하고 있다는 것이다. 마지막으로 사회의 지탄을 받는 편익 분배의 불공평성을 시정하기 위해서는 규제보다는 직접적인 재분배정책이 사용되어야 하므로 이 경우에 이러한 기법의 유용성이 줄어든다는 것이다.

④ 규제예산

규제예산은 특정 규제기관의 활동수행의 결과로서 발생할 비용을 화폐 단위로 표시하여 상한선을 할당한 것이다(DeMuth, 1980: 29-30, 42-44). 일단 상한선에 도달하면 규제기관은 규제예산의 범위 내에서 업무를 수행해야 하기 때문에 새로운 규제업무를 수행하는 데 필요한 금액만큼 기존의 규제를 취소하지 않으면 이를 시행할 수 없다. 만약 규제기관이 상한선 이상으로 지출이 필요하다고 판단할 때는 추가경정 규제예산을 청구해야 한다. 이러한 제약은 규제기관에게 규제예산의 범위 내에서 규제업무의 성과를 극대화할 동기를 부여한다.

이와 같이 규제예산이 규제기관에게 효율적 업무 추진을 위한 동기를 주지 않더라도 규제예산은 적어도 규제기관으로 하여금 규제업무를 수행할 때 효율성을 고려하도록 한다는 데 장점이 있다. 물론 규제예산도 다른 비용-편익의 분석기법들이 가지고 있는 동일한 문제, 특히 계량화의 어려움을 가지고 있지만 특정 규제에 반대하는 사람들과 지지하는 사람들 간에 논쟁할 수 있는 기회를 제공함으로써 이로부터 초래될 수 있는 비용에 관해 구체적으로 논의할 수 있도록 한다. 따라서 서로의 논리를 바탕으로 한 논쟁은 다른 방법으로 얻을 수 있는 것보다 더 바람직한 결과를 가져오는 데 기여할 수도 있다.

규제예산의 도입을 위해서는 두 가지의 제도적 장치가 필요하다. 첫째는 정부구조 내에 독립적 위치를 가진 기구에게 규제기관들이 산정한 비용을 심사하고 표준화된 회계규칙에 따르도록 하여 그 결과를 확인할 수 있어야 한다는 것이다. 둘째는 규제업무 수행에서 발생된 실제 비용이 규제예산 절차과정에서 계획된 비용과 일치하는지 그 여부를 정기적으로 점검할 수 있는 회계제도가 마련되어야 한다는 것이다. 가장 현실성 있는 형태의 규제예산제도는 계획된 직접비용에 단지 기업에서 지출한 규제순응비용(2차 효과)만을 포함하고 유발비용(3차 효과)은 제외하는 것이다.

이처럼 규제예산에는 편익은 산정하지 않고 오직 규제순응비용이라는 제한된 의미의 비용만 포함되어 있다. 편익을 고려하지 않는 이유는 편익이 이미 행정과정의 초기에 고려되었을 것이라는 점 때문이다. 규제기관의 예산 규모가 국회와 행정부 차원에서 고려되어 결정된 것이라면 편익이 정확하게 계량화되지는 않았지만 주요 규제기관의 프로그램들이 실제로 상당한 편익을 초래할 것이라는 것을 확신한 결과였을 것이다. 즉 규제예산 과정에서 특정 규제가 제도화되기 전에 기대편익과 실제적 편익을 세심하게 평가·비교했을 것이라는 것을 충분히 짐작할 수 있다는 것이다. 같은 방법으로, 행정부와 입법부에게 특정 규제가 추구하려고 시도했던 것이 달성되었는지 그 여부를 결정할 수 있는 기회가 주어졌을 것이다.

이미 논의한 다른 비용-편익 분석기법들처럼 규제예산도 다음과 같은 한계성을 내포하고 있다. 우선 이를 운영하는 데 필요한 방대한 양의 정보를 수집하고 분석해야 하는 집행상의 문제점이 있다. 둘째, 정확한 정보가 가능하지 않고 추정치만을 산출해야만 하는 경우에 채택할 수 있는 합리적인 회계규칙을 개발해야 한다는 것이다. 셋째, 위험-편익 분석기법의 경우처럼 계량적으로 판단할 수 없는 분야가 상당히 많이 남아 있으므로 행정부와 입법부처럼 규제기관들도 경제적으로 가장 합당한 규제프로그램을 선택하기보다는 오히려 정치적으로 안전한 것을 선택하게 된다는 것이다.

⑤ 공식적 비용-편익 분석

공식적인 비용-편익 분석은 이론적으로는 계량화의 문제점을 회피할 수 있지만 규제예산 과정에서처럼 어려운 문제에 직면할 수 있다. 첫째 공식적 비용-편익 분석 기법은 제안된 규제와 관련된 모든 부정적·긍정적 효과를 열거할 것을 요구하고 있다. 공식적 비용-편익 분석기법에서는 자료수집의 업무가 규제예산에서 요구하는 것보다 훨씬 더 방대하다. 와이덴바움(Hurray L. Weidenbaum)의 1차 효과와 2차 효과(행정비용과 순응비용)를 포함해야 할 뿐만 아니라 3차 효과(유발비용)까지도 산정해야 한다 (Weidenbaum, 1979). 그러나 이것은 단지 첫 단계에 불과하다.

둘째 단계는 각 효과를 비용이나 편익으로 분류해야 한다.

셋째 단계는 각 효과를 구체적 행위와 계량적으로 관련시켜야 한다. 즉 대기오염규제의 경우에, 개선해야 할 공기 질의 수준을 책정해 이러한 수준에서 개선될 수 있는 보건수준을 결정해야만 할 것이다.

넷째 단계는 매우 상이한 효과를 하나의 공통된 측정치로 전환해야 한다. 예를 들어 보건 증진과 수명의 연장은 이들 간의 계량적 비교를 가능하게 하는 동일한 측정치로 전환해야 한다. 이러한 측정치는 화폐가치만으로 표시할 필요는 없지만 공통적으로 적용할 수 있는 것이라야 한다. 물론 수명처럼 거래 불가능한 것을 산정할 수 있는 방법이 있기는 하지만 가치판단이 개입할 수밖에 없는 것에 측정치를 적용한다는 것은 용이하지 않다. 예를 들어 우리들 중 누구도 현재의 생명을 미래 예상소득으로 거래하려고 하지 않기 때문에 생명의 경제적 가치는 현재까지 할인한 예상된 미래소득보다 훨씬 크다고 할 수 있다(Calabresi, 1970).

다섯 번째 단계는 시간의 경과에 따라 초래될 효과를 파악하여 그 효과를 공통적으로 적용할 수 있는 시기로 역산하여야 하는데, 그 이유는 인플레이션으로 지금의 1원이 5년 이후의 1원보다 큰 가치가 있기 때문이다.

이들 모든 단계를 거친 후 여섯째 단계는 규제행위의 비용과 효과를 비교하는 것이다. 순편익을 계산했다고 해도 동일한 규제행위를 수행하는 데 보다 큰 순편익을 초래할 수 있는 다른 대안이 있는지 그 여부를 확인해야 한다. 자료가 가능하다고 가정하더라도 이러한 작업을 하는 데는 엄청난 노력이 필요하다. 그리고 그러한 자료가 가능하지 않거나 자료에 따라 계량적 가치를 상이하게 계산하기 위한 절차도 필요할 때가 있다.

마지막 단계는 장기적 효과를 알 수 없거나 이해할 수 없는 경우에 이를 어떻게 다룰 것인지 하는 것이다. 특히 요금, 노선, 진입 등과 같은 규제처럼 공식적 비용-편익 분석기법을 적용하기에 비교적 용이한 경우들이 있을 수 있다. 공식적 비용-편익 분석기법은 언제나 옳은 행동 방향을 제시하지는 못하지만 적어도 특정 행동 방향을 제외시키는 데에는 가치 있는 것일 수 있다. 한 마디로 공식적 비용-편익 분석기법은 규제결정자에게 행정적 자의성을 어느 정도 허용하는 대신에 준수해야 할 기준과 규율을 제시하고 이에 따라 그 역할을 수행할 수 있게 한다.

비용-편익이란 이름으로 사용되고 있는 이들 모든 기법들은 물론 남용의 소지가 있지만, 대부분의 규제개혁 과정에서 유용하게 사용할 수 있는 것들이다. 규제자들은 불가피하게 비용과 편익을 근거로 판단해야 하기 때문에 한시적으로 책정한 기준에 따라 이들을 판단하는 것보다 경제분석을 통해 마련한 기법들을 이용하여 판단을 내리는 것이 보다 바람직할 것이다.

그럼에도 불구하고 비용-편익 분석기법들이 가지고 있는 한계 때문에 행정조직 및 절차의 개선에 초점을 둔 개혁 방향이 우선시되어 규제의 비용과 효과성을 파악하는 데 더 큰 관심을 보여 왔다. 이에 따라 시장작용으로의 전환을 도모하고 규제의 분배적 효과에 관심을 갖는 개혁은 자연히 등한시하게 되었고, 오히려 규제개혁을 추진하는 데 적합한 행정적 절차가 강구되어야 한다는 주장이 우세했다. 그러나 절차적 규제개혁도 중요하지만 본질적 규제개혁을 통해서 시장작용으로의 전환을 모색하고 규제의 분배적 효과에 관심을 갖는 규제개혁을 위한 기반을 마련하는 것도 중요하다. 여하튼 비용-편익 분석은 이러한 종류의 규제개혁 대안을 결정하는 데 유용하게 사용될 수 있는 기법 중의 하나라는 점은 인정해야 할 것이다.

#### (4) 규제영향력 분석

경제적 부의 증대와 급속한 기술의 변화는 생산물의 구입으로부터 소비자를 보호해야 할 필요성을 증대시켜 왔다. 특히 법적·사회적 변화는 사회적으로 취약한 처지에 있는 집단의 이익을 보호해야 할 사회의 관심도를 고취시켜 왔다. 소비자 보호로 발생 가능한 인지비용 때문에 어떤 집단은 이에 반대 의사를 나타낼 수도 있지만 소비자와 취약한 사회적 집단을 보호해야 한다는 요청이 크게 부각되고 있다.

정부통제는 다양한 이익집단에게 각기 다른 부정적 또는 긍정적 효과를 초래하기 때문에 규제는 상충된 압력에 노출될 수 있다. 따라서 현행 및 제안된 규제의 효과를 정밀하게 평가해 모든 이익집단에 미치는 영향력을 고려함으로써 사회적 요구에 부응하는 개혁을 추진해야 할 것이다. 이에 따라 규제와 관련된 대부분의 결정은 경제적 편익과 비용도 비교하여 이루어져야 하지만 또한 사회의 특정 집단에 미치는 효과도 고려해야 한다. 이러한 의미에서 규제영향력 분석은 규제결정 과정에서 유용한 도구로 사용될 수 있는데, 그 이유는 규제의 영향력을 규명하고 계량화하여 규제의 원인과 결과를 연계시킬 수 있기 때문이다. 이처럼 규제영향력 분석은 정보의 제공뿐만 아니라 규제의 영향력 및 원인과 결과의 상호 연관성을 전반적으로 파악할 수 있도록 한다는 데에 그 중요성이 있다.

규제에 대한 정밀한 감정(鑑定)과 영향력 평가의 필요성은 규제업무가 더욱 복잡해지고, 국회가 설정한 목표를 달성하려고 하기보다는 규제대상 이익집단의 이익을 보호하고 행정편의를 추구하려는 행정관료의 행태 때문에 증대되고 있다고 할 수 있다. 규제영향력 평가는 규제효과를 규명하고 효과의 계량화를 가능하게 하기 위한 것이다.

보건, 안전 및 환경규제는 각종 산업 분야에 속해 있는 수많은 기업들을 대상으로 이들의 생산과정에 관심을 가지고 시행되어야 한다. 반대로, 경제적 규제는 전형적으로 경제의 한 부문 또는 소수의 부문을 대상으로 하고 있다. 어떠한 규제이든 규제기관은 개별 기업을 규제하는 데 필요한 지식을 가지고 있어야 하지만 이러한 지식을 확보하기 어려운 경우도 있을 수 있다. 예를 들어 항공과 같이 상대적으로 집중된 산업에 대한 규제업무는 분산된 전자산업보다 그 내용이 더 복잡하므로 필요한 정보나 지식을 확보하는 데도 어려움이 많다. 한편, 대부분의 보건, 안전 및 환경규제기관은 거의 모든 산업에 관할권을 가지고 있으므로 이들 산업에 대한 상세한 지식과 충분한 정보를 가질 수 없게 된다.

이처럼 기술적 복잡성과 다양한 사항들이 요구되는 경우에 규제기관은 독립적인 판단을 가지고 효과적으로 그 업무를 수행할 수 없게 된다. 이러한 경우 계량화할 수 있는 효과는 계량화하고, 계량화할 수 없는 효과에는 그 한계를 명확히 하여 불확실성의 범위를 정확히 제시해 주는 규제영향력 평가가 효과적인 결정에 도움을 줄 수 있을 것이다. 또한 이러한 종류의 분석은 하나 또는 소수의 산업부문을 규제하는 책임을 지고 있는 규제기관에 매우 유용한 것이 될 수 있다. 이들 규제기관은 특정한 이익집단에 포획당하기 쉬운 입장에 있으므로 규제영향력 평가를 의무화하여 그 결과를 공개하도록 하면 이러한 가능성을 줄이는 데 도움이 될 수 있기 때문이다. 아울러 의회가 규제기관이 취하려는 책략을 알아차리는 데 도움을 줄 수도 있다.

무엇보다 중요한 것은 규제영향력 분석은 규제비용으로 드는 자원의 사용에 대한 회계정보를 제공할 수 있다는 것이다. 규제비용은 일부 기업에 의해 치러질 수도 있지만 궁극적으로 국민들에게 귀착되는 것이 일반적이다. 정부지출과는 달리, 민간부문의 자원 사용내역이 예산과정에서 국회에 의해 심의받지 않을 뿐만 아니라 사용에 관한 회계정보도 국민에게 제시되지 않는다. 그러나 이미 지적한 것처럼 민간의 규제순응 비용은 규제기관의 예산을 훨씬 능가하는 것으로 알려져 있다.

① 규제영향력 평가의 필요성

제안된 정부행위에 대한 경제 영향력의 평가는 비공식적이고 인과적 형태로 수행해 왔다. 이는 행정부서와 규제기관들이 비용, 편익 및 대안들을 체계적으로 검토하고 분석하는 의무규정이 제도화되어 있지 않았기 때문이다.

미국에서는 규제가 인플레이션에 상당한 영향을 미친다는 견해가 대두됨에 따라 1974년 11월 당시 대통령이었던 포드가 대통령령 11821을 공포했다. 이 대통령령은 경제적 효과에 있어 '중요한 것'으로 간주하는 모든 제안에 대해 인플레이션 영향력 평가서(Inflation Impact Statement)를 작성할 것을 행정부서와 규제기관에게 요구하기 위한 것이었다. 이 제도는 규제기관이 제안한 새로운 규제와 입법에만 적용되었고 기존 법령에는 적용되지 않았다. 이에 따라 규제기관은 새로운 제안을 발표하기 전에 비용, 편익 및 대안에 대한 분석을 완결해야만 했다. 만약 가능한 대안들을 평가한 후 인플레이션 영향력 평가서에 제시된 비용이 계획된 편익을 초과하면, 그러한 제안은 '인플레이션'적인 것으로 분류하고, 반대로 편익이 비용보다 더 크면, 그러한 행위는 '비인플레이션'적인 것으로 간주하였다.[6)]

이러한 제도가 집행됨에 따라 그 감시적 기능은 관리예산처(Office of Management and Budget)와 임금·가격안정위원회(Council of Wage and Price Stability)로 양분되었다. 관리예산처는 인플레이션 영향력 평가서에 대한 구체적인 검토뿐만 아니라 총괄적인 책임을 지고, 임금·가격안정위원회는 제안된 규칙과 규제에 대한 인플레이션 영향력 평가서를 심사하는 책임을 졌다. 이 대통령령은 1976년 12월에 만기가 되는 것으로 계획되었었으나 카터 대통령에 의해 1977년까지 1년 더 연장되었다.

대통령령의 첫 번째 만기일 조금 전인 1976년 후반에 관리예산처와 임금·가격안정위원회의 참모들이 이 제도의 운영에 대해 전면적으로 검토하는 작업을 실시했다(CWPS & OMB, 1976). 이 작업 결과는 그 성공 여부에 엇갈린 견해를 제시하고 있는데, 인플레이션 영향력 평가서들이 실제로 작성되지 않았고, 적은 수의 기관들만이 이를 작성했던 것으로 밝히고 있다. 또한 이 제도가 규제적 결정의 질에 미친 영향은 불분명했고 집행 노력도 적극적이지 못하였다. 예를 들어 1976년 12월, 대통령령의 적용대상이 되는 25개 기관 중 단지 9개 기관만이 총 49개의 인플레이션 영향력 평가서를 제출했을 뿐이었다. 더욱이 제출된 인플레이션 영향력 평가서의 대다수는 규제기관 주도의 입법보다 오히려 제안된 규제에 대한 것이었다. 실시기간이 길어짐에 따라 인플레이션 영향력 평가서의 질은 개선되었지만 비용에 대한 분석이 편익에 대한 것보다 시종일관 더 정확하고, 대안에 관한 분석은 너무 미비해서 시도조차 할 수 없는 것도 있다고 결론을 내리고 있다. 아울러 이 제도의 아주 중요한 특성인 '중요성'에 대한 결정은 체계적인 근거에서 이루어졌다기보다 예측된 총비용에 관한 인과(因果)적 평가만을 포함하고 있을 뿐이었다고 지적하고 있다.

인플레이션 영향력평가서 제도는 또한 집행에 있어서 문제점을 안고 있다. 이미 지적한 것처럼 관련 기관 중에 약 3분의 1만이 2년이란 기간 동안 이러한 평가서를 실제로 작성했을 뿐이고, 어떤 기관은 이에 대한 의무규정을 무시했으며, 독립적 규

6) Executive Order No. 11821, November 27, 1974. 이 대통령령은 1975년 1월 28일의 관리예산처(OMB) Circular A-107에 의하여 집행되었다.

제위원회는 대통령이 명령으로 이러한 평가를 하도록 강제할 수 없다는 입장을 취했다.

관리예산처는 규제기관의 독립성에 대한 요구를 인정도 반박도 하지 않았고, 이 결과로 독립적 규제위원회 중 많은 것이 대통령령의 의무 규정을 따르지 않았다. 관리예산처나 임금·가격안정위원회 중 어떤 기구도 감시 역할을 제대로 수행하지 못했을 뿐만 아니라 어떤 규제기관도 그 책임을 만족하게 수행하지 못했다. 그럼에도 불구하고 이 작업 결과는 인플레이션 영향력 평가서 제도가 철폐되어야 한다고 제시하지 않았다. 오히려 규제기관이 경제적 효율성을 촉진해야 한다면 규제결정이 초래하는 경제적 영향력에 대하여 스스로 평가하는 책임을 져야만 한다는 이론적 근거에서 이러한 분석의 중요성을 강조했다.

② 규제영향력 분석을 위한 법적 요건의 개발

제안된 조치의 비용, 편익 및 대안을 평가하는 경제영향력 분석은 규제를 결정하는 데 중요한 역할을 수행하고 있다. 어떤 중요한 결정을 하기 이전에 비용과 편익을 평가하고 가능한 대안을 고려하는 것은 논리적이고 합리적이라 할 수 있다. 이러한 의미에서 정밀한 평가는 정교한 계획과 우선순위를 결정하는 데 유용한 도구로 활용될 수 있다. 아울러 이러한 분석은 정부개입의 정당성 여부를 결정할 수 있게 하는 것으로서 정부개입이 필요한 인지된 조건이 현재 존재하는지, 그것들이 미래에 어떻게 변화할 것인지 결정하는 데 중요한 역할을 할 수 있다. 또한 의회, 대통령 및 국민으로 하여금 규제기관이 채택하고 있는 규제방법이나 대책을 평가하는 데 도움을 주고, 국민들로 하여금 규제비용으로 얼마만큼의 자원이 사용되고 있는지 알 수 있게 한다.

규제결정의 영향력을 분석하는 데 경제적 규제와 사회적 규제를 구분하는 노력은 필수적이다. 경제적 규제 분야에서는 규제의 성과를 화폐가치로 표현하기가 용이하므로 규제영향력 분석을 활용하기 쉽지만 보건, 안전 및 환경규제의 경우에는 그 성과가 화폐가치로 측정되기 어려우므로 영향력 분석을 적용하기가 쉽지 않기 때문이다. 사회적 규제는 시간이 지나야 그 성과가 나타나므로 그 편익을 계량화하는 것이 매우 어렵다. 또한 생명, 건강 및 고통의 위험 가능성도 화폐가치로 환산하는 데 문제가 있다. 현재로서는 이러한 위험 가능성을 평가하는 데 일반적으로 인정할 수 있는 방법이 없다.

따라서 보건, 안전 및 환경 규제 분야에서 규제영향력 분석기법을 사용하는 데에는 심각한 한계가 있다. 이러한 분야에서 규제를 할 것인지 결정할 때에는 전적으로 비용-편익 또는 비용-효과성 분석의 결과에 의존할 수 없다. 더욱이 심각한 위험 가능성으로부터 국민들을 보호하기 위한 규제는 이러한 분석의 결과에 따라 결정해서는 아니 될 것이다.

보건, 안전 및 환경에 대한 규제 분야에서 영향력 분석기법을 활용하는 데는 한계가 있지만 규제로 초래되는 비용과 편익에 대한 많은 정보를 필요로 한다는 것은 사실이다. 규제목표의 달성을 위해 가장 효율적이고 가장 저렴한 수단을 사용해야 한다는 전제에 비추어 볼 때, 보건과 안전과 같은 민감한 규제 분야에서도 이러한 분석이 사회의 제한된 가용 자원을 가능한 한 효율적이고 효과적으로 사용할 수 있는 수단을 강구할 수 있게 한다는 데 큰 의미가 있다. 규제결정은 비용만을 고려해서 내릴 수도 없고 그렇게 되어서도 아니 되지만, 규제영향력 분석은 추구된 목표를 가능한 한 최소비용으로 달성할 수 있도록 하는 데 도움을 줄 수 있다.7)

이러한 규제영향력 분석의 장점을 고려하면 정부산하의 모든 행정부서와 규제기관이 규칙 제정을 하려고 할 때 규제의 영향력을 평가하도록 하는 요건을 법규에 명시하여 의무화할 필요가 있다. 이러한 의무 규정을 입법에 반영할 때 고려해야 할 사항은 다음과 같다.

첫째, 비용, 편익 및 대안을 고려해야 하지만 규제영향력 분석의 결과가 규제행위를 할 것인지, 하지 않을 것인지 그 여부를 결정하는 최종적인 기준이 되어서는 아니 된다는 것이다. 이러한 분석은 편익을 계량화하는 데 어려움이 따르고, 인간복지의 가치를 통계적으로 분석하는 것이 적합한지 의문을 제기할 수 있다. 뿐만 아니라 비용도 마찬가지지만 영향력 분석의 일부분으로서 편익을 화폐가치가 아닌 다른 방법으로 표현해야 하는 경우도 있으므로 어떤 규제행위는 계획된 비용이 계량화된 편익을 초과할 수도 있다.

---

7) 오늘날 정부행위의 비용과 결과에 대한 적절한 지식 없이 정부자원이 보건, 안전, 환경 등 분야에 대규모로 투입되고 있다. 예를 들어 1975년에 미국의 환경질위원회는 정부 환경보호사업의 비용과 편익을 계량화하기 위하여 상당한 노력을 하였다. 몇몇 숫자들이 제시되었지만 위원회는 지식의 부족에 대한 불만을 "환경을 보호하기 위한 프로그램과 관련해서 다양한 비용과 편익에 대하여 알지 못하는 상태에 있다는 것은 불안하기 짝이 없는 일이다. 한 국가로서 많은 지출을 하고 있지만 우리가 너무 많이 지출하는지 또는 너무 적게 지출하는지를 우리는 알지 못하고 있다"라는 말로 표현했다. 그러나 이 분야에서는 아직도 많은 일들이 수행되어야 할 필요성이 제기되고 있다. 이러한 사실이 U. S. Council on Environmental Quality, *Environmental Quality, the Sixth Annual Report of the Council on Environmental Quality*, December 1975, p. 496에 기술되어 있다.

둘째, 편재의 문제가 발생할 수 있다. 즉 일반적으로 규제기관은 편익을 과대평가하고, 규제대상산업들은 비용을 부풀리는 경향을 가지고 있다는 것이다. 따라서 규제행위가 취해지기 전에 다양한 비용 추정서들을 고려해야 할 필요가 있다.

셋째, 너무 복잡하고 세밀한 영향력 평가과정을 피하도록 유의해야 한다. 이러한 과정은 추가비용, 지연, 혼돈을 초래할 수 있으므로 규제에 드는 비용을 감소하기보다 오히려 증가시킬 수 있다. 예를 들어 규제영향력 평가가 옳았는지 법적 판결이 요구되는 경우에는 법원에서 판결할 때까지 규제 결정이 지연될 수 있다. 이러한 지연현상은 환경영향평가를 의무화하고 있는 환경규제 분야에서 두드러지게 나타나는 것으로서 법원의 판결이 몇 년에 걸쳐서 이루어지는 경우도 있다.

끝으로, 규제영향력 분석은 상당한 전문성과 판단을 요구하고 있다. 그러므로 이러한 분석은 제안된 규제행위를 수행하는 행정부서 또는 규제기관의 주도로 이루어져야 한다는 것이다. 그 적합성과 객관성은 국회나 공인회계사와 같은 외부기관의 정기적인 감사와 감정을 통해 확보할 수 있을 것이다.

## 제 5 절 | 규제개혁 대안

규제개혁을 위한 선택대안을 모색하기 위해서는 우선 기존의 규제정책이 어떻게 운영되어 왔고, 규제개혁의 노력이 어느 수준에서 수행되어 왔으며, 이러한 노력에 무슨 문제가 있었는지를 규명하는 작업이 필요하다. 이러한 작업의 결과를 바탕으로 무슨 유형의 규제개혁을 추진하는 것이 바람직한지를 선별하여 그 선택대안을 결정해야 할 것이다.

### 1 본질적 규제개혁 대안

규제에 대한 본질적 개혁은 자유로운 시장으로의 선회를 의미하는 탈규제와 동일시되어 왔다. 정부가 추진하는 규제완화로 근본적인 변화와 편익이 발생할 수 있는 부문이 상당히 많을 것이라는 것은 주지의 사실이지만, 시장으로의 선회가 모든 부문에서 유익한 개혁방안이라고는 할 수 없을 것이다. 예를 들어, 정부의 시장경쟁을 제한하는 행위를 제거 또는 완화하여 경제활동을 자유로운 시장의 원리에 맡김으로써 경제적 효율성을 제고해야 한다는 일반국민들의 인식은 높아지고 있다. 그러나 안전, 보건, 환경보호 등을 위한 사회적 규제를 완화하자는 데 동의하는 국민은 그리 많지 않은 것 같다.

이러한 사실에 비추어 볼 때, 규제의 본질적 개혁을 위해 가능한 대안을 고려하기 전에 우선 가격, 진입, 수익률 등에 관심을 둔 경제적 규제와 안전, 보건, 환경보호 등의 문제에 초점을 맞추고 있는 사회적 규제를 구분하는 것이 중요하다. 그러나 이들 두 가지 종류의 규제가 서로 별개의 것이 아니라 서로 영향을 미치고 있다는 사실을 간과해서는 아니 된다. 왜냐하면 비경제적 분야에서 발생한 문제들이 경제적 분야의 발전에 영향을 미치기도 하고, 반대로 경제발전이 사회적 분야의 발전에도 영향을 미치는 요인으로 작용할 수 있기 때문이다. 보건, 안전, 환경규제는 직접적으로 인간의 삶의 질을 높이기 위하여 시행되는 것이지만, 이로 인한 생활환경의 개선이 궁극적으로는 국민경제의 기본이 될 수 있다는 새로운 인식이 나타나고 있다. 이러한 시점에서 사회적 규제를 과거와는 다른 각도에서 다시 평가하려는 노력이 확산되어야 할 것이다. 이들 두 가지 분야에서의 규제는 서로 강조하고 있는 초점이 상이하지만, 이 장에서는 경제적 규제와 마찬가지로 보건, 안전 및 환경보호 등 사회적 규제에서 제기되고 있는 유사한 문제점을 파악해 규제개혁의 본질적 목표를 달성하기 위한 대체적 방법들이 무엇이 있는지 고찰하여 보려고 한다.

### 1) 탈규제

탈규제라는 용어는 특히 교통, 통신, 금융 등과 같은 사회 하부구조적 서비스의 가격, 노선, 진입 등과 같은 경제적 문제를 중심으로 적용해 온 것이 일반적이다. 대조적으로 규제강화란 단어는 우선적으로 보건, 안전, 소비자 보호 등과 같은 사회적 문제에 적용되고 있다. 규제완화란 용어가 폭넓게 사용되면서 탈규제는 많은 이념적 가치를 가지게 되었다. 이제 대부분의 선진국들은 규제의 부정적 측면을 인식하여 탈규제를 추진하고 있는 것이 일반적인 경향이다. 이와 같은 탈규제는 제12장에서 이미 논의한 것처럼 네 가지 유형으로 추진되어 오고 있다. 그러나 여기에서는 두 가지 예를 들어 이들에 관해 논의하려고 한다.

첫 번째 예의 탈규제는 시장장치로의 완전한 복귀와 정부개입의 철회를 의미하고 있다. 미국의 항공산업에서는 이러한 의미의 탈규제를 예정으로 요금, 노선, 진입 등과 관련된 경제적 규제는 전격적으로 폐지하였지만 안전에 대한 규제는 제외하였다. 이처럼 미국의 항공산업은 산업의 모든 활동이 시장장치에 의해 결정되도록 한다는 의미에서의 탈규제는 완성하지 못했다. 그러나 항공산업 활동의 일부분인 안전 항공운항을 위한 규제는 계속되었기 때문에 항공산업은 시장장치로의 완전한 복귀를 의미하는 전격적 규제 폐지가 아니라 해제의 유형[8]으로 진행되었다. 이러한 유형의 탈규제는 관련 산업에 참여한 기업들과 개인들이 정부의 아무런 제재 없이 자유로이 수행할 수 있는 활동의 수가 증가하였다는 것을 의미한다.

두 번째 예는 한 활동에 대한 규제를 부분적으로 완화하지만 나머지에 대하여는 계속해서 규제하거나 부분적으로 완화하는 단계적 축소의 탈규제를 말한다. 이러한 경우로서 철도산업 탈규제법이 제정되면서 미국의 철도요금이 가변비용의 160%를 초과하지 않는 한, 요금 인상에 대한 주간상무위원회의 심사를 받지 않게 된 것을 예로 들 수 있다. 이와 같이 법에 명시된 한도 내에서 철도산업에게 요금을 결정할 수 있는 재량권이 주어졌지만 그 한도 이상 인상하는 경우에는 규제를 받도록 했다. 단계적 탈규제의 유형으로 분류할 수 있지만 위의 경우와는 다소 차이가 있는 탈규제로는 관련 기업이나 개인의 규제적 부담을 감소시키는 것이 있다. 이러한 탈규제의 수준을 측정하는 단위로는 비용이나 소요시간이 이용된다. 내역기준으로부터 실행성과 기준으로의 이전이나 허가제의 신고제로의 변경은 관련 기업들로 하여금 규제를 이행하는 데 필요한 비용과 시간을 상당히 절약할 수 있게 한다.

### 2) 규제강화

탈규제가 주로 교통, 통신, 금융, 보험 등 산업 부문에 한정하여 추진되고 있는 한편, 규제강화는 거의 모든 부문을 대상으로 환경, 보건 및 소비자 문제의 해결을 모색하고 있다. 최근에 정부가 보이고 있는 탈규제적 노력은 국민들의 폭넓은 지지를 받고 있지만, 규제강화 개혁과 관련해서는 국민들 간에 상당한 견해의 차이를 보이고 있다. 일반적으로 규제완화 개혁을 선호하는 사람들은 환경, 안전, 보건 및 소비자 문제에도 경제이론과 비용-편익 분석기법을 도입하기를 원하고 있지만, 규제강화 개혁을 지지하는 사람들은 이들 이론이나 기법을 비경제적 분야에 도입하는 것을 부정하고 있다. 왜냐하면 이러한 분석기법의 결과가 기업이나 산업을 유리하게 하는 한편

8) 이러한 유형의 탈규제를 예로 들면 특정 산업에서 요율 결정에 대한 규제를 전격적으로 철폐하지만, 아직 진입에 대한 규제가 남아 있는 경우이다.

일반 국민들을 불리하게 하는 왜곡된 결과를 초래할 것으로 보기 때문이다.

'과도한 규제'라고 불리기도 하는 과잉규제는 경제계로부터 지속적으로 비난받아 온 개념이었다. 그러나 보건, 안전, 소비자 보호를 위한 규제 분야에서 나타나는 과잉규제에 대한 비난은 규제 자체를 대상으로 한 것이라기보다 이러한 규제의 시행으로 정부의 관여가 과도하게 확대될 가능성이 있다는 점을 우려한 데에서 비롯된 것이라고 할 수 있다. 그러나 규제가 과도하다는 사실을 어떻게 판별할 수 있으며, 적정한 수준의 사회적 규제와 과도한 사회적 규제를 어떻게 구별할 수 있을 것인지 하는 문제는 여전히 남아 있다.

규제완화 개혁은 시장에 경제적 문제를 해결하도록 하는 것이 사회적으로 바람직하다는 가정 위에서 추진되는 것이다. 이것은 시장실패나 시장의 불완전성으로 폐해가 발생된다는 것을 입증할 수 있을 때에만 규제가 시행될 수 있다는 것을 의미한다. 만약 시장실패의 원인이 밝혀질 수 있다면 다음 단계는 보조금, 세제지원 등 유인적 방법들이 이러한 문제를 해결할 수 있는 가능성을 가지고 있는지 그 여부를 결정하는 일이다. 시장장치 또는 유인책의 원칙들이 시장실패의 문제를 효과적으로 해결할 수 없다는 점을 밝힌 후에만 직접적 규제 조치의 채택을 검토할 것이 요구되고 있다.

이러한 점에서 규제완화 개혁은 직접적 규제 및 기타 선택 가능한 대안들의 비용과 편익을 평가할 것을 요구한다. 만약 직접적 규제가 이러한 평가에서 바람직한 것으로 판명되면 다음 단계는 가장 높은 순편익을 초래할 수 있는 규제방법을 모색하는 것이다. 구체적 규제방법을 설계할 때 이러한 순편익은 총체적이고 한계적 의미 모두로 측정되어야 한다. 또한 규제개혁의 모색과정에서 특정 규제는 다른 규제와 분리해 고려하기보다 오히려 이와 관련시켜 고려해야 한다. 그렇지 않으면 두 가지 측면에서 문제가 발생하는데, 이들을 각각 상쇄효과와 축적효과라고 부른다.

상쇄효과는 신규 규제가 시행될 때 이것이 다른 규제들과 상충하거나 기타 공공사업의 효력을 약화시킴으로써 규제의 순편익을 낮추는 효과를 의미한다. 예를 들어, 환경보호기관은 살충제의 사용을 금지하려는 노력을 하는 한편 농림수산부는 살충제의 사용을 장려하고, 환경보호기관은 엄격한 대기오염 기준을 실행에 옮기려고 하는 한편, 에너지 관련 부서는 오염 발생 에너지원인 석탄 사용을 장려한다. 또 에너지 관련 부서가 공익사업체의 연료를 석탄으로 전환하여 사용할 것을 고무하기 위해 석탄 운송요금을 낮추려고 노력하는 한편, 건설교통부는 경영난에 허덕이는 철도산업을 지원하기 위해 운송요금을 인상하는 것을 선호한다는 것이다.

다른 경우로는 자동차 안전 규제와 관련해서 정부의 연료 효율성 기준(연비)의 강

[그림 13-1] 점증적 규제의 한계비용

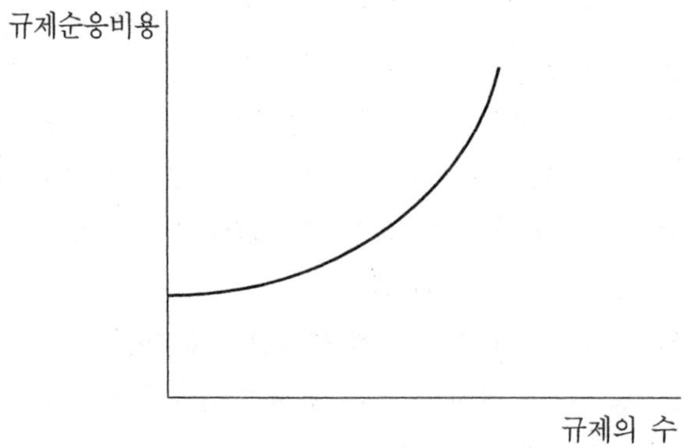


화는 가격을 인상시키고 안전성을 감소시키며, 배기가스 배출기준은 가격을 인상시키고 연료 효율성을 감소시키는 것을 예로 들 수 있을 것이다. 상이한 목적을 가진 규제에 소요되는 행정비용과 규제순응비용이 일정하다면 이러한 규제를 수행해 얻게 되는 결과는 규제의 조정·통합으로 얻을 수 있는 순편익보다 더 낮게 될 것이다. 통합문제와 관련해 좀 더 언급하면, 특정 산업에 적용할 수 있는 규제가 그 내용상 서로 상충되지 않더라도 축적 효과로 인해 규제가 초래할 수 있는 효과보다 더 큰 효과를 유발할 수도 있다. [그림 13-1]에서 보는 것처럼 이러한 효과는 다른 규제가 추가됨으로써 초래되는 한계비용이 선형곡선율(linear rate)보다 더 크게 증가한다는 사실로 제시될 수 있다.

다시 말해, 비용-편익 분석기법이 규제의 비용이 편익을 능가하는지 여부를 결정하게 하고, 적정한 수준의 규제를 결정할 수 있게 하기 위한 과학적 방법으로 이용될 수 없는 경우에는 그만큼 대안결정 과정이 행정적 자의성이나 규제대상자와 규제자 간의 타협에 좌우될 소지가 커지게 된다. 이와 같은 방법으로 대안이 결정되면 규제의 목표가 달성될 수 없거나 높은 경제적 성과를 얻을 수 없게 될 것이다.

### 3) 권리매매

권리매매제도는 사회적으로 바람직하지 않은 행위를 일정 한도 내에서 허용하여 이러한 행위를 할 수 있는 권리를 시장에서 매매할 수 있게 함으로써 부정적 행위의 자제 및 위축을 유인하기 위한 것이다. 예를 들어, 오염물질 배출행위를 할 수 있는 일정한 범위의 권리를 신설하여 이 권리를 시장에서 매매가 가능하게 하는 것이다. 이 제도는 외부효과를 내부화함으로써 자원이용의 효율성을 개선하기 위해 도입할 수 있는 것으로서 대표적인 예로서 오염배출권 거래제도를 들 수 있다.

오염배출권 거래제도는 오염물질을 배출할 수 있는 일정한 범위의 권리를 신설하여 이 권리를 시장에서 거래하도록 정부가 허용하는 것이다. 정부가 오염배출권의 거래를 허용하면 사실상 오염배출권이라는 또 다른 재화와 서비스를 창조하는 것이나 마찬가지이고, 자연히 이러한 재화와 서비스가 거래되는 시장이 형성되어 수요와 공급의 법칙에 따라 운영될 것이다. 그러면 이 새로운 시장은 오염배출권에 대해 가장 높은 지불용의가 있는, 즉 가장 높은 가치를 느끼는 기업들이 배출권을 구입하려고 하고, 한 기업이 오염배출권에 대해 지불하려고 하는 금액은 그 기업의 오염물질 처리비용에 따라 결정될 것이다. 즉 오염을 줄이는 비용이 많이 드는 기업일수록 오염배출권에 높은 금액을 지불하려고 한다는 것이다.

이러한 오염배출권 거래시장의 장점은 최초에 오염배출권이 기업들 간에 어떻게 배분되었든 상관없이 시장의 효율성이 이루어진다는 것이다. 즉 오염물질을 가장 효과적으로 감축할 수 있는 기업들은 자신에게 배당된 오염배출권을 팔려고 하고, 오염물질 감축비용이 높은 기업들은 차라리 오염배출권을 구입하는 것이 보다 경제적이므로 이들이 시장거래를 통해 얻는 이득을 극대화시킴으로써 자원배분의 효율성을 달성할 수 있다(김경환·김종석, 2009: 259-260).

오염배출권 거래제도는, 오염물질을 배출하는 데 기업들이 비용을 지불하다는 점에서 조세 또는 부담금제도와 공통점을 가지고 있다. 조세의 경우 기업들이 오염배출에 대해 정부에 세금의 형태로 그 비용을 지불하는 데 비해, 오염배출권의 경우 기업들이 오염배출권을 구입하는 비용을 다른 기업들에게 지불한다는 차이가 있을 뿐이다. 두 가지 방법 모두 오염배출행위에 대한 대가를 치르게 함으로써 환경오염의 외부효과를 내부화한다는 데 공통점이 있다. 그러나 그 운영방법에서 차이점을 가지고 있는데, 조세제도는 오염물질의 배출에 대해 기업들이 지불해야 할 비용에는 관심을 가지고 있지만 사회 전체적으로 얼마만큼의 오염물질이 배출하는 것이 그 적정 수준인지에 대해서는 관심을 가지고 있지 않다. 이와는 달리 오염배출권 거래에서는 규제기관은 오염배출권이 시장에서 얼마에 거래되는지, 어느 기업이 이러한 권리를 사는지, 또는 오염방지비용이 얼마인지에 대해 관심을 두는 것이 아니라 적정한 수준의 환경을 유지하는 데 관심을 두고 있다.

### 4) 관허독점권

관허독점권이란 정부가 자연독점으로부터 초래되는 폐해를 시정하기 위해 규제라는 강제적인 방법에 의존하기보다 자격을 갖춘 민간 업체를 선정하여 특정 분야에서 독점적으로 영업을 할 수 있게 허용하는 대신 정부와 맺은 계약을 이행하도록 함으로써 규제보다는 자유로운 상태에서 경제활동에 대한 결정을 할 수 있게 한 것이다. 규제란 어떤 면에서는 소비자, 생산자, 근로자 등이 각자 요구하는 결과를 얻기 위해 정부가 개입하여 이들과 기업 간에 약속을 주선하고 이를 지킬 것에 합의하게 하는 일종의 계약이라고 할 수 있고, 이러한 계약을 준수한다는 조건에서 자연독점 분야에 참여하기 위한 사업자에게 관허독점권이나 기타 유사한 독점권을 부여할 수 있다. 그러나 계약 이행 여부에 대한 세부적이고 지속적인 감독이 필요하고, 이러한 감독이 제대로 이루어지지 않는 경우에는 관허독점권을 부여하는 것보다는 직접규제로 대체하는 것이 오히려 바람직할 것이다.

관허독점권자는 경쟁입찰을 통해 결정할 수 있다. 이 때 관허독점권을 부여하는 대신 관허독점권자가 이에 따른 의무사항을 확실하게 이행하도록 하기 위해서는 관리·감독제도가 확립되어야 하고, 이것은 규제와 유사한 구조를 가지고 있어야 할 것이다. 관허독점권 경쟁입찰제는 방송산업, 이동통신 등 경쟁이 가능한 분야에서는 자연독점을 통제하기 위한 수단으로서 효과적이라고 할 수 있다(Schmalensee, 1979: 63-73).

일반적으로 자연독점에 대한 규제는 독점가격과 가격차별의 폐해를 시정하기 위해 시행하고 있다. 자연독점 분야는 수익률이나 가격을 대상으로 기준을 설정하여, 이를 근거로 규제해 왔다. 이것은 경쟁이 없는 경우 시장지배력을 가지고 있는 기업은 독점가격을 받으려고 할 것이고, 수익을 더 많이 벌어들이기 위해 가격차별을 하려고 하고, 이로 인해 결국 소비자가 피해를 입을 것이라는 불가피성의 논리에 기초하고 있다.

이러한 독점산업의 폐해를 줄이기 위해 사업자가 독점산업에 참여하여 독점적으로 생산 및 영업행위를 할 수 있도록 허용하는 관허독점권제도를 도입할 수 있다. 정부는 독점영업권을 입찰에 부칠 수 있고, 이러한 관허독점권의 허용조건으로 가격뿐만 아니라 서비스의 질과 이행의무를 구체적으로 정할 수 있다. 이러한 조건이 충족된다는 가정 하에서 관허독점권은 가장 낮은 가격을 제시한 입찰자에게 부여할 것이다. 그래서 대부분의 입찰자는 평균생산비용 수준 가까이까지 입찰가를 낮추려는 동기를 갖게 된다. 왜냐하면 입찰자들이 기대수익으로 투자에 대한 수익을 포함한 총비용을 충당할 수 있는 한도까지 입찰가를 낮추어 제시하는 것이 유리하다는 것을 알고 있기 때문이다.

관허독점권 입찰제는 자연독점시장에서는 경쟁이 가능하지 않아 비효율성이 초래된다는 가정 하에서, 이러한 시장이라도 최소한의 경쟁을 통해 효율성을 제고해야 한다는 점에 착안하고 있다. 이것은 독점권의 입찰과정에 나타나는 제한된 경쟁이지만 그 한도 내에서라도 경쟁을 하게 하여 가장 효율적인 입찰자가 독점권을 갖고 독점산업에 참여하도록 하기 위한 것이다. 자연독점 상태에서는 가능하지 않은 경쟁을 가능하게 한다는 점에서 본질적 규제개혁을 위한 대안 중의 하나라고 할 수 있다.

자연독점산업 분야에 공기업을 설립하여 자연독점의 폐해를 시정하려는 노력을 하고 있는 것이 일반화되어 있지만 공기업의 민영화를 추진하는 과정에서 선택해 볼 만한 대안 중의 하나라고 할 수 있다. 또한 전국을 여러 지역으로 분할하여 각 지역에 일개 민간업자를 선정하여 독점방송권을 주고 있는 민간방송산업의 경우가 이러한 제도의 원칙을 일부 도입하여 운영하고 있는 관허독점권 제도의 일종이라고 할 수 있다. 그러나 독점권을 허용할 업자의 결정이 서비스 제공을 위한 가격보다는 자격을 위주로 이루어지기 때문에 방송산업의 효율성 제고보다는 명분에 치우쳐 이루어지고 있고, 독점권의 허용기간이 정해져 있지 않고 일단 독점권이 주어지면 특별한 문제가 없는 한 거의 영구적이라는 점에서 인가 또는 허가라는 규제에 가깝다고 할 수 있다. 대규모 고정투자, 투자설비의 비이동성, 중복투자의 비효율성 등의 문제가 있기는 하지만 독점권의 허용기간을 설정하여 허용조건의 이행 여부에 따라 독점권을 갱신해 주는 방법을 택한다면 소비자들은 더 좋은 질의 방송서비스를 받을 수 있을 뿐만 아니라 방송의 효율성도 높일 수 있을 것이다. 그러나 독점권의 부여 및 갱신과정에 정치적·경제적 요인이 개입되어 공정한 운영을 어렵게 할 가능성이 있다는 사실을 간과해서는 아니 될 것이다.

### 5) 협 상

직접규제 대신에 이해당사자들 간에 협상을 도모하는 방법이 이해관계에 관련되어 있는 당사자들이 규제보다 더 자유로운 상태에서 의사결정을 할 수 있게 한다는 점에서 본질적 규제개혁의 대안이 될 수 있다. 협상은 분권적 의사결정을 가능하게 하여 협상에 참여하고 있는 당사자들이 각자의 여건을 고려하여 이를 반영하도록 노력할 수 있는 기회를 줌으로써 최대한으로 스스로의 이익을 추구할 수 있도록 할 수 있고, 합의사항의 집행과정에서 제기될 수 있는 문제를 최소화할 수 있다는 장점을 가지고 있다. 즉 협상의 참여자들은 서로 다른 욕구와 목표를 가지고 협상에 임하지만 이들 여러 가지 개인적인 목표를 명확히 하여 우선순위를 정할 수 있고, 서로 상충되는 목표들은 협상과정에서 조정하여 합의에 이를 수 있기 때문에(이성우, 1992: 93) 비록 만족스러운 것이 아닐지라도 합의된 사항을 집행하는 데 어려움이 적게 개입된다는 것이다.

그러나 협상과정에서 대표자를 참여시킬 수 없는 집단에게는 오히려 협상이 불이익을 줄 수 있고, 이해당사자들의 합의사항을 존중하여 이를 끝까지 고수할 수 있는 힘을 가진 대표자를 내세울 만큼 이해당사자들이 조직화되어 있지 못하면 협상은 효력을 발생하지 못하게 된다는 단점을 가지고 있다(Breyer, 1990: 19). 예를 들어, 노사 간의 임금협상에 있어서 근로자들이 요구사항을 파업이란 수단을 이용하여 관철한다는 합의에 이를 수도 있지만, 반대로 이러한 합의에 이를 만큼 근로자의 단결력이 강하지 못한 경우에는 협상은 사용자에게 유리한 방향으로 마무리될 것이다. 이러한 협상능력의 불균등의 문제를 해결하기 위해 정부가 법률로써 협상 수단을 사용하는 데 제한규정을 두고 있지만 이러한 정부의 노력도 한계가 있다. 합의에 이르지 못할 때 정부는 스스로의 판단에 따라 합의를 강제할 수도 있지만 공정하고 적절한 결론을 도출한다는 것은 어려운 일이다. 이러한 점들을 고려할 때 협상은 당사자들의 협상능력이 균등하고, 이해당사자들의 이익을 끝까지 대표할 수 있는 대표자를 내세울 수 있고, 합의의 구체적 내용보다 합의 자체를 중요하게 생각할 때 그 효과가 크다고 할 수 있다(이성우, 1992: 93).

### 6) 보 험

보험은 개인과 기업의 위험부담을 분산시키고 개인과 기업에게 적절한 피해보상을 받을 수 있는 기회를 제공하기 위한 것이다. 민간보험은 예측된 피해액과 관리비용을 반영시킨 보험 통계요율(actuarial rates)에 따라 제공되는 것이 일반적이다. 이러한 요율은 피보험자가 미리 사고를 예방하도록 유인하는 결과를 초래할 수 있을 뿐만 아니라 사고로 인한 외부효과를 내부화할 수 있게 한다. 그러나 보험을 통한 사고 피해비용 부담의 분산과 무사고 피보험자의 보호 필요성 간에는 이해가 상충되는 요인이 내재되어 있다. 따라서 일반 보험사들은 사고 위험성이 큰 집단에게 높은 보험률을 책정하여 적용하고 있으나 이러한 요율 적용방법은 이들에게 경제적 부담을 주게 되어 보험에 가입하는 것을 회피하게 할 수 있다. 이러한 문제를 해결하기 위하여 미국 정부의 연방수해보험제도에서 도입한 방안은 사고 위험성이 큰 피보험자에게 부과되는 높은 보험금의 일부를 보조함으로써 보험 구입으로 인한 경제적 부담을 줄여주는 것이다(Wilcox & Shepherd, 1975: 540).

한국에서도 소방방재청이 관장하고 민영보험사가 운영하는 정책보험으로써 보험가입자가 부담하여야 하는 보험료의 일부를 국가 및 지방자치단체에서 보조함으로써 국민은 저렴한 보험료로 예기하지 못한 풍수해(태풍, 홍수, 호우, 해일, 강풍, 풍랑, 대설 등)에 대해 능동적으로 대처할 수 있도록 하는 풍수해보험을 도입하여 운영 중에 있다. 이러한 방안은 보험 구입을 고취할 수 있고 사후의 정부재정 지원에 대한 요구 가능성을 사전에 감소시킬 수 있으므로 합리적인 것이라고 할 것이다.

한국은 예치자의 이익을 보호하기 위해 모든 은행의 업무를 총괄하여 관리·감독할 수 있는 금융감독원을 설치·운영하는 직접적 규제방식을 택하고 있지만 미국에서는 연방저축 및 대부보험위원회를 설치하여 은행 도산의 위험성을 감소시키고 도산으로 초래될 결과를 사전에 예방함으로써 도산에 의해 발생 가능한 외부효과에 대처하고 있다.

미국 해외민간투자공사와 수출입은행은 해외무역을 보조·지원하는 활동을 수행하는 대표적인 기구로서 해외투자로 인해 발생될 수 있는 피해로부터 투자기업을 보호하고, 미국의 경제에 긍정적인 외부효과를 초래할 것으로 인정되는 해외투자를 고취할 목적으로 설치·운영되고 있다. 모든 연방보험제도가 이러한 외부효과 문제와 직접적으로 관련되어 있는 것으로 보이지는 않지만, 다양한 형태의 정부보험제도는 경제에 미치는 외부효과를 내부화하기 위하여 운영되고 있다. 예를 들어 근로자상해보상보험은 연방수해보험처럼 외부효과를 내부화시키는 작용을 수행하고 있다. 정부는 민간보험사가 피보험자의 폭넓은 참여를 고취시키기에 충분할 만큼 공정하고 낮은 요율로 보험을 판매할 수 없는 경우에 최후의 보루로서 '보험업자'가 될 수 있다.

한국도 세계무역기구(WTO)의 출범으로 세계적으로 자유무역기조가 확립되어 가는 과정에서 보조금, 금융지원, 세제지원 등 각종 지원을 통한 산업육성 정책수행에서 한계에 직면하고 있다. 따라서 과거의 산업육성 정책의 틀을 탈피하여 산업보호 또는 육성적 차원에서 정부가 운영하는 산업보험제도를 마련해 운영하고 있다. 그 예로서 수출보험공사를 설립해 단기수출보험, 중장기수출보험, 해외공사보험, 수출보증보험, 해외투자보험, 농수산물수출보험, 환변동보험, 이자율변동보험, 신뢰성보험, 시장개척보험, 수출신용보증 등을 운영하고 있다.

정부 보험은 또한 민간 보험회사가 피보험자의 비도덕성을 적절히 제약할 수 있는 수단을 강구할 수 없을 경우에는 정당화될 수 있다. 어떤 형태의 보험은 민간보험 부문이 수행하기에 적절하지 않은 경우가 있는데, 만약 피보험자가 사고 발생에 민감하게 대처하지 않아 사고가 자주 발생하게 되면 보험사의 피해액이 증대되고, 보험사가 이를 충당하기 위하여 보험요율을 인상하게 되면 사고 위험성이 큰 사람을 제외하고는 보험을 구입하려고 하지 않을 것이다. 그 결과 보험사는 이윤을 낼 수 없게 되고 더욱이 채산을 맞추지 못하게 되는 경우에는 도산할 수밖에 없게 된다. 따라서 피보험자의 비도덕성을 제한할 능력이 없는 민간보험은 더 이상 위험 분산장치로서의 역할을 수행할 수 없고 단지 현금이전 장치로 전락하는 결과를 초래한다.[9] 이러한 가능성이 있는 분야에서는 행정적 제재 조치를 취할 수 있는 능력을 갖고 있는 정부가 보험제도를 설치하여 운영하는 것이 바람직할 것이다. 그 대표적인 예로 산업재해보상보험을 들 수 있는데, 이는 근로자가 작업장에서 일을 하다가 부상·질병·신체장애를 입거나 사망한 경우 국가가 신속하게 치료와 보상을 해줌으로써 재해를 당한 근로자와 가족을 보호하고, 사업주로서도 일시에 많은 비용을 부담하지 않게 함으로써 정상적인 기업활동을 보장하는 사회보험이다.

경험요율 책정방법은 피보험자가 과거에 보험사에 사고로 인한 피해보상을 몇 번이나 요구한 적이 있는지 사고경험을 토대로 사고 위험성을 평가하여 그 평가의 결과에 따라 보험요율을 조정할 수 있게 한다. 만약 보험료가 사고 위험성에 따라 정확하게 조정될 수 있다면, 보험은 사고 예방을 위한 유인책이 될 수 있다. 그러나 사고 위험성에 따라 보험료를 조정하는 것은 쉬운 일이 아니다. 하나의 방법이 있다면, 이것은 사고 위험성의 지수를 이용하여 보험요율을 산정하는 것이다. 예를 들어, 자동차 보험회사는 보험요율을 결정하기 위하여 직업, 성별, 연령, 교통규칙 위반 횟수, 면허증 소지기간 등과 같은 예측지수를 이용할 수 있고, 화재 보험요율은 건축물의 유형, 지역 등을 포함하고 있는 변수들을 고려하여 산정할 수 있다.

또한 보험은 사고피해 보상요구의 횟수에 따라 그 요율이 조정될 수 있다. 만약 발생된 사고 피해보상에 대한 요구 횟수에 따라 보험료의 수준이 높아지면, 사고 횟수가 많은 피보험자는 사고예방에 특별히 신경을 쓰게 되고 다른 사람들보다 사고예방에 더 주의를 기울이도록 유인할 수 있어 사고 위험성을 줄일 수 있다. 결과적으로

---

9) 비도덕성 문제와 보험의 유인효과에 관한 기본적 자료를 위하여 Kenneth J. Arrow, "Uncertainty and the Welfare Economics of Medical Care," *American Economic Review,* Vol, 53, No. 56 (Dec. 1963), pp. 941-975와 Mark V. Pauly, "The Economics of Moral Hazard: Comment," *American Economic Review,* Vol. 58, No. 3 (June 1968), pp. 531-537 참조.

개인의 노력 여부에 따라 사고 위험성을 줄일 수 있는 경우에는 경험요율 책정방법을 사용하는 것이 바람직하지만 개인의 노력과 관계없이 발생되는 사고에 대하여는 이러한 방법이 효과적일 수 없다. 이러한 경우에는 정부가 직접 보험사를 설치·운영하여 피할 수 없는 피해에서 국민을 보호할 수 있는 제도를 마련해야 할 것이다.

### 7) 책임소송

판매자 위험부담의 원칙은 소비자의 피해에 대해 책임져야 할 상대방을 지정하는 제도의 일종이라고 할 수 있다. 그러나 책임져야 할 상대방이 피해에 대한 보상 또는 배상을 거부하는 경우에는 법에 의해 피해보상에 대한 책임이 판정될 수 있다. 소비자와 근로자가 피해를 당하는 경우 생산자와 사용자에게 이에 대한 책임을 지우는 것은 그들로 하여금 피해보상에 소요되는 총비용을 최소화하기 위해 사전에 피해 예방을 위한 적절한 조처를 취하도록 유인하기 위한 것이다. 만약 기업이 예상하는 책임보상액이 피해로 예상되는 총액과 같게 되거나 소비자와 근로자가 피해 예방에 투입해야 할 비용이 기업의 비용과 비교해서 상대적으로 높게 되면, 이러한 제도는 효율적일 수 있다.

이처럼 책임소송제도가 가장 어렵고 민감한 부분에서 건설적인 역할을 수행할 수 있지만 보건과 안전규제를 위한 수단으로서 책임소송제도는 결함도 가지고 있으며, 이러한 결함이 발생되는 이유는 다음과 같다.

첫째, 책임보상은 기업과 개인의 소유자산에 의하여 제약을 받을 수 있다. 고액의 손해보상청구소송에 직면한 기업들은 도산 선고를 할 수 있기 때문에 예방하려는 동기와 보상 가능성을 모두 제약할 수 있다. 예를 들어 원자력발전소 재난으로 발생 가능한 피해액은 대규모 원자력 발전시설의 순가치보다 훨씬 더 클 수 있으므로 발전소가 가지고 있는 자산만으로는 손해배상을 모두 할 수 없다. 이러한 이유 때문에 미국의 프라이스 앤더슨(Price-Anderson)법은 발전소의 총배상책임 한도액을 설정하여 그 한도 내에서 피해배상을 하도록 하고 있다.[10] 그러나 이와 같은 책임한도 설정제는 피해 예방을 위한 발전소의 노력을 기대수준 이하로 줄이는 요인으로 작용한다. 물론 법적 한도는 상대적으로 변경되기 쉬운 것이지만 고통이나 사망으로 인한 비용은 주관적인 판단에 따라 다를 수 있기 때문에 적절한 한도를 설정한다는 것이 어려울 뿐만 아니라 피해액을 추정하는 것도 용이하지 않다.

---

10) 이러한 한도의 설정은 원자력발전소에 부여되는 간접적 또는 음성적 보조금으로 간주될 수 있다.

둘째, 위험성과 상해 간의 인과관계에 대한 불확실성이 책임소송제도의 효과성을 떨어뜨리는 요인으로 작용한다. 암처럼 낮은 발병률을 나타내지만 긴 잠복기를 가진 병의 경우에는 위험성과 발병 간의 인과관계를 파악하는 데 어려움이 따른다. 또한 책임배상 판정에서 합리적으로 예방할 수 있었던 위험성이었는데 불구하고 피의자의 위험 방지가 피해를 초래했다는 주장을 충분히 입증할 수 있는 근거가 뒷받침되어야 한다는 것이 판정기준으로 채택된다. 이러한 이유 때문에 간암 희생자가 담배 제조회사를 상대로 피해에 대해 손해배상 청구소송을 하는 것이 매우 어려울 것이다. 다른 요인이 암을 유발시킬 수도 있고, 암의 일차적 원인을 규명하는 것이 어려울 뿐만 아니라 암을 유발하는 데 영향을 준 요인을 일일이 파악하는 것은 거의 불가능하기 때문이다. 손해배상을 청구하는 피해자는 이와 같이 피해 원인을 입증해야 하는 부담을 갖고 있다. 따라서 인과관계의 불확실성이 높은 경우에는 피해가 거의 배상되지 않는 것이 보통이며, 이러한 현실 때문에 예방을 위한 동기나 노력이 소홀해지게 된다.

대조적으로, 반대의 입장에 있는 담배 제조회사는 사실상 담배의 화학작용에 대해서만 부분적으로 책임을 져야 함에도 불구하고 전적으로 책임을 지도록 하는 것은 피의자에게 잦은 피해 배상을 하게 하는 결과를 초래할 것이다. 이러한 경우에 생산물의 제조업자는 사실상 그 생산물로 발생한 역효과를 배상하는 보험인으로서의 역할을 하도록 하는 것이나 마찬가지이다. 따라서 관련 생산물의 가격이 비용에 비해서 상대적으로 높아지게 될 것이다. 어떤 경우에는 예방비용이 너무 높기 때문에 이러한 생산물이 시장에 더 이상 공급되지 않는 경우도 있을 수 있다.[11]

책임소송제도는 피해의 구체적 원인이 확실하게 추적될 수 있거나 피해액이 순자산의 가치에 따라 설정된 보상 한도액을 초과하지 않을 때 효과적일 수 있다. 많은 직업병을 포함해서 인과관계가 불확실한 피해사건에 대하여는 이러한 제도가 비효율적이다. 다른 극단적인 경우로서 법제도를 이용하는 데 드는 비용이 높다면, 피해액이 적은 경우 소송제도는 예방을 유인하는 제도로서 효과가 적게 나타날 것이다. 집단행위를 통한 소송은 피해 당사자들의 집결과 법적 비용의 분담을 가능하게 함으로써 피해예방 노력을 유도할 수는 있지만 집단적으로 활동하는 데 현실적인 제약이 따르기 때문에 실시 가능성이 그만큼 희박해진다.

이러한 책임소송제도는 현재 미국에서 '집단소송(Class Action)', 독일에서는 '단체

---

11) Walter Oi, "The Economics of Product Safty," *Bell Journal of Economics and Management Science*, 4(1), 1973, pp. 8-28. 이것은 오히려 위험성의 정도가 큰 생산물의 생산을 증가시키는 요인으로 작용할 소지가 있음을 지적하고 있다.

소송(Verbandsklage)'이라는 이름으로 이미 법제화되어 시행 중에 있다. 한국에서는 공해 등 환경 피해와 소비자 피해로 인한 구제문제가 갈수록 심각한 사회문제로 대두됨에 따라 집단피해구제의 가장 효율적인 소송방식으로 집단소송제를 도입하고 있다. 집단소송이란 공통의 이해관계를 가진 다수의 구성원을 위해 대표 1인이 제소하거나 피소될 수 있는 소송 형태로 재판의 효력은 집단구성원 전체에 미친다. 이 제도의 도입으로 공해 피해나 소비자 피해의 구제 등 구성원 개개인의 소송에 따른 비용과 노력의 낭비를 피할 수 있고, 소송가액이 크지 않아 권리를 포기하기 쉬운 고액 피해자들에게 재판의 기회를 제공할 수 있을 것으로 기대된다. 현재 한국에서는 증권관련 집단소송제와 소비자단체소송제를 시행하고 있다.

증권관련 집단소송제는 유가증권의 거래과정에서 다수인에게 피해가 발생한 경우 그 중의 1인 또는 여러 사람이 대표당사자가 되어 수행하는 손해배상청구소송이다. 유가증권의 거래과정에서 발생한 집단적인 피해를 효율적으로 구제하고, 이를 통해 기업의 경영투명성을 제고하기 위해 2005년 1월부터 증권관련 집단소송법을 시행하여 단계적으로 확대해 나가고 있다. 이 제도는 유가증권 신고서 및 사업설명서의 허위기재, 미공개정보의 이용, 시세조작, 감사인의 부실감사가 원인인 손해배상청구에 한해 적용하고 있다.

한편 소비자단체소송은 안전거래 표시광고, 개인정보 등과 관련된 기업의 위법한 행위나 부당한 행위로 많은 소비자들이 생명과 신체, 재산상 피해가 발생할 경우 일정 요건을 갖춘 소비자단체 등이 대표로 법원에 이를 중지하도록 청구하는 제도이다. 이 제도는 2006년 소비자보호법이 소비자기본법으로 전부 개정되면서 소비자단체소송을 도입하여, 2008년 1월 1일부터 시행하고 있다. 단체소송의 대상으로는 공정거래위원회에 등록한 소비자단체로서 소비자기본법 제70조에 명시된 요건을 모두 갖추어야 하며, 대한 YWCA연합회, 대한주부클럽연합회, 소비자 문제를 연구하는 시민의 모임, 한국소비자연맹, 전국주부교실중앙회, 한국 YMCA전국연맹, 녹색소비자연대 등이 이에 해당된다.

## 2 절차적 규제개혁 대안

규제결정 과정을 개선하거나 대체하기 위한 포괄적 개혁에 기여하는 절차적 개혁 대안을 선택할 때 고려해야 할 것은 우선 이미 시행해 왔던 규제정책에 무슨 문제가 있었으며, 과거의 규제개혁 노력이 실패한 이유가 무엇인지 규명하는 것이다.

경제적 규제 분야에서는 정부의 개입을 정당화할 수 있는 근거가 전혀 없거나, 기술 및 시장의 변화로 정부개입이 더 이상 필요하지 않은 경우가 있다. 이러한 분야에서의 개혁은 규제의 효과성, 효율성, 적합성 등을 검토하여 이를 완화하는 방향으로 추진해야 한다. 이와는 달리 근로자, 소비자, 보건, 안전, 환경을 위한 사회적 규제 분야에서는 오히려 정부개입이 요구되기도 하여 정부가 사회적 목적을 추구하는 데 적절한 방법이나 대책을 강구하여 이를 강력하게 추진하는 경향이 있다. 이러한 분야에서 추진하는 개혁노력은 규제의 완전성, 일관성, 효과성, 효율성 등보다는 오히려 인간 삶의 질과 같은 실질적인 측면에 초점을 맞추고 있다.

공공정책을 결정하거나 집행하는 과정에서 문제가 발생할 수 있는데, 그 발생 가능성은 다른 수단을 통해서 개입하는 경우보다 규제를 통해서 개입할 때보다 크게 나타날 수 있다. 또한 경제적·사회적 규제 모두 그 결정 및 집행과정에서 발생하는 문제가 다른 정책수단보다 잘 인식될 수 없으므로 이를 시정하는 데 큰 어려움이 있는 것으로 알려져 있다(Thompson & Jones, 1982: 135). 이에 따라 규제의 성과도 다른 정책의 성과보다 만족스럽지 못하게 나타나는 경우가 많은 것이다.

규제는 전통적으로 다른 형태의 정부행위보다 포괄적이고 지속적인 심사의 대상이 되지 못한다. 왜냐하면 행정부 및 입법부의 심사과정은 우선적으로 공공지출에 초점을 맞추고 있기 때문이다. 정부행위에 대한 행정부 및 입법부의 심사의 정도와 질은 그 행위를 집행하는 데 요구되는 재정지출의 규모에 거의 비례하여 결정되는 것이 보통이다. 한편 규제의 효과는 이를 집행하는 데 요구되는 재정지출의 규모에 직접적으로 비례하지 않고, 재정지출의 규모보다 훨씬 크게 나타나는 것이 일반적이다. 그럼에도 불구하고 규제를 시행하는 데 실제로 요구되는 재정지출은 상대적으로 적기 때문에 대통령, 예산 당국, 그리고 국회의 관심을 끌지 못한다.

이러한 상황에서는 규제가 적절하게 심사·평가될 수 없고, 이에 따라 규제의 결정 및 집행과정에서 문제가 발생할 가능성이 커질 것이다. 이러한 가능성이 발생하는 데는 여러 가지 요인이 있지만 이 중 두 가지를 소개하면 다음과 같다.

첫째, 예산공무원들은, 규제기관이 그 고객의 핵심적 이익을 침해하지 않고 규제대상산업이나 제3자에게 규제로 인한 비용을 이전할 수 있을 때에는 이들에게 비용을 이전할 것을 종용하거나 고무할 수도 있다. 왜냐하면 예산공무원은 우선적으로 재정지출의 억제에 관심을 가지고 있기 때문이다. 그러나 이와 같은 예산공무원의 재정지출을 최소화하려는 노력은 효율적인 규제방법을 채택하는 데 부정적인 요인으로 작용하여 규제성과를 제대로 거둘 수 없게 할 것이다(Cornell, Noll, & Weingast, 1976).

둘째, 규제기관이 제출한 예산안을 정당화하려고 규제 사안을 단순화하거나 극대화하려고 노력하면 규제정책의 본질이 왜곡될 수 있다. 예산심의를 하는 국회의 관심을 얻기 위해 규제기관은 파악하기 쉽고 명백한 내용의 사안을 강조하고(Bennett & Johnson, 1979: 27-43), 업무 부담을 이해하기 쉬운 수량적 지표로 보고하며(Cornell, Noll & Weingast, 1976: 502), 규제의 주요 원인이 마치 기업의 비윤리적 행위에서 비롯된 것처럼 포장함으로써 그 업무를 과장하는 경향이 있다(Cornell, Noll & Weingast, 1976: 477). 이러한 자세는 규제기관의 입장에서는 이해를 할 수 있는 일이지만, 보건, 안전, 환경보호 등과 같은 사회적 규제 분야에서는 심각한 문제를 야기할 수 있다. 왜냐하면 규제기관이 이러한 분야의 업무를 수행하는 데 있어서 문제의 본질을 쉽게 파악하지 못하거나, 직접 위험요소를 제한할 능력이 미치지 못하거나, 또는 기업의 행태와 그로 인해 초래된 피해 간의 상관관계가 복잡하고 불확실한 경우에는 무조건 어떤 다른 정부행위보다 규제가 효과적인 수단이라고 주장할 가능성이 높기 때문이다.

규제의 성과를 높이기 위해서는 규제과정에서 이들 요인들이 작용할 수 있는 소지를 없애야 하고, 이를 위해 기존 또는 신규 규제를 평가하기 위한 심사제도가 개선되어야 할 것이다. 규제심사제도를 개선하기 위해 채택할 수 있는 선택대안으로는 행정개혁, 규제계획, 입법개혁, 예산삭감과 정책종결, 일몰심사법, 법적·행정적 심사, 규제영향력 분석, 영기준 심사, 순응비용의 정부인수, 규제예산 등이 있다. 이들 대안은 서로 대체할 수 있는 것들이 아니지만 한 대안을 채택했다고 해서 다른 대안들을 모두 거부할 필요는 없다. 개별 대안이 거둘 수 있는 것보다 높은 성과를 거둘 수 있다면 이들 대안을 혼합해 사용할 수 있을 것이다.

이들 대안은 규제심사의 질을 높일 수는 있지만 그렇다고 해서 자동적으로 규제의 결정과정이 개선되고, 규제의 성과가 높아지는 것은 아니다. 만약 규제결정 과정이 개선되어야 한다면 결정을 용이하게 할 수 있고 결정에 긍정적인 영향을 미칠 수 있는 총괄적인 심사제도가 마련되어야 한다(Cornell, Noll & Weingast, 1976: 477-500). 여기에서 결정을 용이하게 한다는 것은 비용, 편익 및 그 균형을 판단할 수 있는 정보, 즉 결정자가 결정을 하기 전에 이를 위한 모든 정보를 확보할 수 있어야 한다는 것을 의미한다. 한편 결정에 긍정적인 영향을 줄 수 있는 제도라는 것은 결정자가 바른 결정을 내릴 수 있는 정보를 수집하도록 동기와 능력을 줄 수 있어야 한다는 것을 의미한다.

때로는 효율적으로 정보를 이용할 수 있는 기제가 마련되어야 하고, 결정을 내리기 전에 어떤 정보를 입수해 고려해야 하는지 구체화할 필요가 있다. 합리적인 규제심사제도를 개발하고 구축하는 데 제기되는 문제는 규제결정자가 옳은 결정, 즉 사회·경제적 편익을 극대화할 수 있는 결정을 내릴 수 있게 하는 절차적 규제개혁대안을 어떻게 선택하느냐는 것이다. 여기에서는 규제기관이 저렴한 비용으로 규제의 성과를 극대화할 수 있는 절차적 규제개혁을 위한 선택대안을 소개하려고 한다. 이들 대안은 주로 미국에서 발간된 문헌에 소개된 것[12]으로 이 중 대부분이 제도화되어 실시되고 있다. 한국에서도 일몰법과 같은 선택대안이 제도화되어 운영되고 있다.

### 1) 행정절차의 지연과 행정개혁

비용-효과성 분석은 일정한 규제의 성과를 이루기 위해 가장 저렴하고 좋은 수단 또는 방법을 강구함으로써 보다 높은 성과수준에 도달하기 위해 고안된 것이다. 그러나 성과의 추구만을 제일의 우선순위로 받아들일 필요는 없다. 왜냐하면 규제결정 과정에 국민이 참여하는 것이 비록 행정절차를 지연시키고, 규제기관뿐만 아니라 규제로 영향을 받는 당사자들에게 비용을 증가시키는 요인으로 작용할 수 있지만, 규제결정과정에 국민들과 이익집단들이 참여하는 것 자체가 규제의 목적에 비추어 볼 때 바람직한 것일 수도 있기 때문이다(Stone, 1982: 268).

원자력 발전소 건설에 대한 규제의 예에서처럼, 정치발전이 이루어진 사회에서는 행정과정이 공개되어 있으므로 이익집단과 이해관계가 걸린 개인들이 규제 결정과정에 참여할 수 있다. 이에 따라 행정비용이 증가할 뿐만 아니라 발전소 건설에 소요되는 비용이 또한 증가할 것이다. 왜냐하면 시간이 지연되는 데 따라 발전소 건설에 드는 실질적 비용이 증가하고 건설 초기에 투입한 자재, 기계, 설비 등의 투자 자본에 대한 이자지급액이 많아지며, 건설기간이 지연된 것만큼 채산성을 맞출 수 있는 기간이 길어지므로 이윤이 발생하기까지 그만큼 더 긴 시간을 기다려야 하기 때문이다.

행정절차의 지연은 관련 당사자보다 다른 집단에게 더 많은 비용을 부담시킬 수도 있다. 예를 들어 소비자보호원의 업무 절차가 지연되는 동안 재화와 서비스를 구입하는 소비자에게 피해를 입힐 수 있으며, 새로운 항공사의 산업진입을 허가하는 결정이

12) 절차적 규제개혁 대안은 Thompson and Jones, *op. cit.*, pp. 131-201과 Stone, *op. cit.*, pp. 267-274에 소개된 것 중에서 중요한 것을 간추려 요약한 것임.

행정절차상 지연되면 경쟁시장에서 싼 요금으로 항공권을 구입할 수 있는 기회가 미루어지므로 여행자가 경비를 절약할 수 있는 기회를 잃어버리게 된다. 그러면 경쟁시장에서 절약 가능한 금액만큼 여행자가 행정절차의 지연에 대한 비용을 부담하는 셈이 된다. 이에 따라 행정절차의 지연으로 특정 집단은 이윤을 얻을 수 있는 반면 다른 집단은 손해를 입을 수 있다. 이러한 사실을 아는 특정 집단들은 이익을 취하기 위한 전략적 방법의 하나로서 행정적 절차를 의도적으로 지연하려고 노력할 수도 있다(Owen & Braeutigam, 1978: 2-9).

때에 따라서는 행정절차가 지연된다고 하더라도 규제 환경개선을 위해 국민들의 폭넓은 참여가 필요한 경우도 있다. 왜냐하면 국민의 참여가 없으면 규제기관의 업무가 기업들의 영향을 받아 수행되는 수도 있기 때문이다. 이러한 가능성을 줄여야 하는 규제 환경개선 방향은 국민들의 폭넓은 참여로 발생하는 비용을 감수하고서라도 기업의 영향력을 통제할 수 있어야 할 것이다. 이를 위한 대안으로 소비자를 대표하여 국민 의사를 반영할 수 있는 기구를 규제기관 내에 설치하거나, 정부가 행정과정에 대한 이익집단과 국민의 참여를 용이하게 하기 위해 지원하거나, 규제기관의 업무수행 과정에 개입할 수 있는 권한을 가진 범정부적 소비자 자문기구를 설치할 수 있다. 다른 개혁대안으로 규제자와 규제대상자 간의 직접적인 접촉을 제한하고, 규제자가 퇴직 후 그들의 업무와 관련되었던 산업이나 기업에 고용될 가능성을 엄격하게 제한하는 행정개혁을 들 수 있다(Lazarus, 1974).

### 2) 규제계획

규제업무의 수행능력을 제고하기 위한 절차적 규제개혁대안의 하나로 기관계획제도가 제시될 수 있다. 이것은 규제기관이 규제계획 과정을 통해 규제로 인한 사회적 편익을 극대화하기 위한 지침을 마련하기 위한 것이다. 예를 들어 불공정거래에 대한 규제를 위해서는 많은 광고 중에서 어떤 것이 허위·과장광고인지를 판단할 수 있는 기준을 개발해야 한다. 즉 직관적인 방법으로 규제 대상기업 또는 산업을 선정하는 대신, 기업 또는 산업의 총판매량, 이윤폭, 가격 추세, 소비자의 구성 특성, 소비자 불만, 생산물의 발생사고 횟수 등과 같은 변수들을 고려하여 만든 공식을 기준으로 결정해야 한다는 것이다.

그러나 이러한 기계적인 공식은 인간의 판단을 요구하는 복잡한 과정에서는 한계를 가지고 있으며, 설령 규제계획이 수립되었다 해도 어려운 문제가 남게 된다. 왜냐하면 이러한 공식적인 계산은 판매량과 이윤폭이 낮은 기업보다 판매량과 이윤폭이 높은 기업에게 불리하게 작용할 수 있기 때문이다. 실제로는 판매량이 적은 기업들이 허위광고를 더 많이 할 수도 있는데, 이러한 경우에는 허위·과장광고를 규제하기 위한 공식적 계산은 규제의 성과를 오히려 감소시킬 수밖에 없을 것이다.

이러한 점에 비추어 볼 때, 규제계획이 규제기관의 업무성과를 높이기 위한 완벽한 대안이 될 수 없다. 규제계획은 인간의 판단, 계획과정에서 필요한 정보의 확보 가능성 및 관련성 등에 따라 업무성과를 개선할 수 있을 것이다. 만약 규제계획 과정에서 불충분하고 관련이 적은 정보를 근거로 규제계획을 수립하면 계획이 수립되지 않았을 때보다 오히려 업무성과를 떨어뜨릴 수도 있다. 왜냐하면 규제계획에 따라 규제업무를 수행하면 불가피하게 경직성이 개입되어 규제업무를 신축적으로 볼 수 없으므로 비효율성이 따를 수밖에 없기 때문이다. 또한 인간의 판단을 근거로 결정할 때에는 재정지출을 요구하는 것이 아니라서 업무수행 방향을 용이하게 변경할 수 있다. 이에 따라 규제업무로 인한 성과가 낮아질 수 있다.

한편 규제계획이 규제기관의 업무성과를 높일 수 있다고 하더라도 그 범위가 제한적일 수밖에 없다는 점에 유의할 필요가 있다. 규제계획을 수립하여 집행하는 데 소요되는 비용이 계획 수립으로 발생한 편익과 계획 수립이 없을 경우 초래된 편익 간의 차이보다 더 클 수도 있다. 특히 규제계획은 위법적 행위를 적발하는 데 필요한 정보 입수에 비용이 많이 들고, 규제의 목표가 광범위하고, 규제대상의 수가 많을 때는 그 효과가 적어질 것이다. 예를 들어 광고규제의 경우에 허위·과장광고의 적발이 매우 어렵고 비용이 많이 소요된다. 또한 모든 기만적 행위가 규제의 목표가 되고, 재화와 서비스를 판매하는 모든 기업들이 규제의 대상이 되어 수적으로 많기 때문에 규제계획이 광고에 대한 규제업무의 성과를 높일 수 있는 가능성을 낮출 것이다. 반대로 규제의 목표가 구체적이고, 정보비용이 적으며, 규제대상의 수가 적은 경우에는 규제계획이 성공할 가능성이 높아진다.

규제계획은 한 규제기관에서 독자적으로 할 수도 있지만 여러 규제기관들이 함께 세울 수도 있다. 규제기관의 요원들이 다른 규제기관의 규제활동이나 정부가 추구하는 목표를 고려하지 않은 채 그들의 업무를 독자적으로 수행하는 것이 의미가 없을 때도 있다. 예를 들어, 가격 규제기관은 인플레이션의 통제라는 규범적 목적의 달성을 우선적 목표로 삼아야 할 것이다. 그렇지 않고 규제기관 자체적으로 이와는 다른 목표를 정해 규제를 수행하면 규제대상산업은 상충적이고 중복된 규제를 받을 수 있고 이것은 산업의 입장에서는 논리적이지도 합리적이지도 못한 것으로 여기게 될 것이다(U.S. C. & JEC, 1980).

이러한 점으로 미루어 보아, 규제기관들이 특정 규제에 관한 결정을 하려 할 때, 환경, 물가, 중소기업 등에 미치는 영향을 평가하는 것이 바람직할 것이다. 그러나 규제기관은 그들의 행위가 어떻게 환경, 물가, 중소기업에 영향을 미치는지를 합리적으로 판단할 수 있는 능력을 갖지 못할 수도 있다. 규제기관의 관할 분야가 이와는 전혀 다른 것일 수도 있으며, 규제의 결과에 대한 예측이 단지 추측에 불과한 것일 수도 있으므로 이런 문제점을 해소할 수 있는 기제의 개발에도 관심을 두어야 한다.

여러 규제기관을 총괄하는 규제계획의 수립을 위해 규제를 조정 · 통합하려고 할 때에는 집권화 현상이 발생할 수 있고, 이러한 집권화는 일반적으로 바람직한 것으로 평가되지 않고 있다. 왜냐하면 규제의 조정 · 통합은 표면적으로는 호소력을 가지고 있지만 실제화하는 데는 어려움이 따르기 때문이다. 규제의 조정 · 통합에서 제기되는 주요 문제점으로는 첫째, 많은 규제 문제들과 관련해서 정보비용이 발생한다는 점이다. 조정 · 통합기관은 총괄적인 규제계획안을 작성하기 위해 우선 방대한 분량의 정보를 수집 · 개발해야 한다는 것이다. 둘째, 엄청난 수의 개별 규제기관의 규칙, 규제 및 제안들을 검토할 것이 요청된다는 것이다. 셋째, 조정 · 통합기관이 독립적으로 사실과 추정치를 입수해 그들을 규제기관이 제시한 사실과 추정치와 비교해 확인할 수 있는 능력을 가져야 한다는 것이다. 규제기관들이 높은 전문성을 필요로 하는 매우 복잡한 사안을 취급하고 있다는 점을 고려하면 조정 · 통합기관은 이들 모든 규제기관의 구체적인 문제까지도 심사할 수 있는 전문요원을 확보해야 할 것이다. 끝으로, 규제의 조정 · 통합을 통해 총괄적 규제계획을 수립하는 데 직면하는 어려움은 이들 문제점을 해소하는 데 시간과 자금이란 엄청난 부담을 요구한다는 것이다.[13]

### 3) 입법개혁

규제개혁은 행정부의 노력보다 입법부를 중심으로 일련의 개혁대안을 모색해 추진하는 것이 보다 바람직할 수도 있다. 그 당위성의 제시를 위해 우선 효과적 · 효율적 또는 섬세한 규제 업무의 수행은 입법부 의원들의 능력에 의존하기보다 행정관료들의 전문성에 의존할 수밖에 없는 구조적인 측면을 고찰해야 한다. 규제업무를 수행하는 전문적 능력 면에서 의원들은 행정관료보다 떨어진다는 것이 일반적으로 알려진

13) 카터 대통령의 규제분석심사단이 설치된 후 18개월 동안에 겨우 8개의 규제만을 연구 · 검토했다는 것은 놀랄 일이 아니다. 또한 규제기관들이 상치된 목적을 수행하지 않게 하기 위하여 설치된 규제위원회(Regulatory Council)는 다양한 규제기관이 고려하고 있는 규제의 일정표를 출간했을 뿐이다. Jerry Flint "A System That Has Run Wild," *Forbes* (Nov. 12, 1979), pp. 38-39.

사실이다. 의원들은 규제 이외에도 관심을 가져야 할 분야가 너무 많기 때문에 규제를 직접 관리·집행하는 행정관료보다 합리적이고 면밀한 분석을 할 수 없을 것이다. 그러나 합리적 정책결정 모형은 상충적인 이해관계를 조정해 규제문제를 처리해야 하는 입법부의 입장을 설명하는 정치적 모형과는 상당한 차이가 있을 수 있다. 정치적 모형에 따르면 입법부가 규제과정에 개입하는 것은 다음과 같은 이유에서 그 중요성이 부각된다.

첫째, 입법부의 개입은 주어진 조건 또는 범위 내에서 이루어진 규제기관의 결정으로 초래된 문제를 시정할 수 있는 기회를 제공할 수 있다. 예를 들어, 국회는 시행 중에 있는 규제에 만족하지 않을 경우 규제기관이 그러한 규제를 폐지 또는 변경하거나 완화하기 위한 입법적 조치를 취할 수 있다.

둘째, 입법부는 다양한 논제에 관심을 가져야 하기 때문에 특정 규제와 다른 논제를 연관해 판단할 수 있는 유리한 입장에 있다. 다시 말해, 입법부는 규제들뿐만 아니라 규제와 다른 종류의 논제들 간에 조정·통합하는 장치로서의 역할을 수행할 수 있다.

끝으로, 입법부는 국민여론과 이익집단들 모두에게 가장 가까이에 있는 정부의 한 부(府)로서 그들의 의사를 수렴하여 정책에 반영할 수 있다. 따라서 규제기관들이 국민여론이나 이익집단의 합리적 의사와 조화되지 않는 입장을 취할 때 국회는 규제기관들을 통제할 수 있다.

국회가 규제기관의 행태를 감독하기 위해 시도할 수 있는 전통적 방법은 예산 심의·확정, 청문회의 개최, 국정조사권의 발동 등을 들 수 있다. 그러나 절차적 규제개혁대안으로 개발할 수 있는 것은 무엇보다 일몰법의 제정이라고 할 수 있다. 일몰법은 규제입법이 입법부에 의해 갱신되지 않으면 미리 설정된 만기일에 자동적으로 그 효력이 소멸하도록 제도화한 것이다. 일몰법의 목적은 입법부와 규제기관이 구체적인 규칙 및 규제를 형식적으로 심사하지 못하게 하는 대신에 체계적이고 심도 있는 분석을 통해 정기적으로 심사할 수 있도록 하기 위한 것이다.

일몰심사제도는 그 임무와 업무가 단순하여 쉽게 이해할 수 있는 규제와 이를 다루는 규제기관을 철폐하는 데는 유용한 것으로 이용할 수 있지만 중요하고 복잡한 문제를 다루는 규제기관 및 규제를 심사하고 폐지하는 데는 유용한 방법이 될 수 없다.

입법부의 다른 개혁대안인 입법부 거부권도 많은 문제를 가지고 있다. 이러한 개혁대안은 입법부가 승인하지 않은 규제를 폐지하거나 입법부 거부권이 제시하는 취지에 맞게 규제를 다시 심사하기 위해 이를 규제기관에 되돌려 보낼 수 있는 권리를 입법부가 갖도록 한 것이다.[14] 이러한 개혁대안은 입법부가 공익적 목적에 일치하지 않거나 정치적으로 국민이나 입법부의 정서에 어긋나는 규제기관의 행위를 시정할 수 있다는 데 장점이 있다. 그러나 입법부 거부권은 정치적으로 이용될 수 있고, 입법부가 독립적으로 규제를 평가하고 규제기관의 전문성을 확인하는 데 상당한 정보비용을 부담해야 하고, 시급하고 필요한 규제가 심사를 위한 안건으로 채택되지 못할 수 있다는 단점을 가지고 있다.

원칙적으로는 일몰심사제도는 입법부에게 규제에 대한 심사 및 관리·감독을 할 수 있는 기회를 제공하기 위한 것이다. 이것은 모든 규제입법에 개별적으로 적용하거나 모든 규제입법의 일부분에만 한하여 적용할 수 있으며, 또한 한시적으로 운영할 수도 있다.

### 4) 예산삭감과 정책종결

절차적 규제개혁대안 중의 하나로 규제기관과 규제업무에 배정된 예산을 삭감하는 방법이 검토될 수 있다. 예산삭감 개혁대안은 규제정책의 본질에 대한 심사와는 별개의 성질을 가지고 있다. 왜냐하면 이러한 개혁대안은 기존 규제정책을 이념적으로 수용할 수 있느냐에 따라 제도화 여부를 결정하기 때문에 그 효과에 관한 분석은 할 필요가 없기 때문이다.

이 개혁대안을 가지고 행정부는 규제기관 전체에 걸쳐 규제활동 자금을 삭감하거나 특정 규제기관을 대상으로 대폭적인 삭감을 할 수도 있다. 이러한 대안은 의회의 세출예산의 심의·의결과정을 거치지 않고 고위층 및 중간층의 행정관료와 시민들의 참여를 가능한 한 우회하면서 전격적으로 채택할 수 있다는 점에서 단기적으로는 효과적일 수 있다. 그러나 의회의 동의를 쉽게 얻기 어려운 경우나 행정부의 전격적인 채택이 특정 이익집단의 이익과 상충하거나 이익집단들 간에 이해관계가 상호배타적인 경우에는 불가피하게 그 채택이 지연되거나 어려울 수도 있다.

예산삭감을 위한 개혁대안에는 규제기관의 예산을 영기준예산에 의해 편성하거나 예산의 상한선(예를 들어 작년의 세출예산의 80%)을 정하여 그 한도 내에서 편성하는 방법을 포함할 수 있다. 그러나 이 대안은 예산편성 과정에서 긴 시간이 소요될

14) 입법부 거부권이 미국의 연방규제기관에 처음 적용된 것은 특정 유형의 연방교역위원회(FTC) 규칙의 일부를 거부할 수 있도록 한 법안이 제정된 1980년 5월이다.

수 있고, 예산삭감이 규제목적 달성에 어떤 효과를 미치는지 분석할 수 있는 기간이 짧다는 데 문제가 있다. 또한 특정 규제정책, 정책집행을 위한 수단 또는 규제기관을 의도적으로 폐지하기 위한 수단으로 이용할 수도 있다. 한 연구결과는 정책수행이 비효과적이기보다 해로운 것으로 판명되거나, 여론이 아주 강하게 삭감을 요구하거나, 예산삭감의 대상이 되는 규제기관의 업무와 인원이 전부 또는 일부분 다른 기관으로 이관될 수 있는 경우 등 예산삭감을 위한 조건이 성숙되면, 예산삭감보다 오히려 정책을 종결하는 방안이 보다 바람직하다는 사실을 제시하기도 한다(Biller, 1976: 146-147; Behn, 1978: 393).

정책종결은 예산삭감과 여러 면에서 유사한 특징을 가지고 있다. 그러나 예산삭감의 대상이 된 규제나 업무가 그 수행에 많은 비용의 지출을 요구하거나, 비효과적이고 불필요하며 낭비적인 요소를 많이 갖고 있거나, 보다 나은 대안의 선택을 어렵게 함으로써 규제개혁에 장애 요인으로 작용하는 경우에는 정책종결이 보다 합리적인 대안이 될 수 있다. 그리고 정책종결을 결정할 때는 그 결정을 뒷받침할 수 있는 분석결과를 제시할 수 있다는 데 예산삭감과는 차이가 있다(Bardach, 1976: 123-126). 정책종결은 규제기관, 이익집단 또는 일반국민의 대폭적인 참여를 요구하지 않기 때문에 이에 따르는 문제의 해결책의 마련 없이도 신속하게 실시할 수 있다(Behn, 1978: 394-402). 이처럼 정책종결은 규제를 폐지하는 데 발생하는 비용을 최소화하여 규제를 용이하게 제거할 수 있다는 점에 장점이 있다.

그러나 정책종결 대안은 그 성과가 회의적이고, 정부 책임성의 원칙이 지켜지지 않고 민주적 과정을 거치지 않는다는 이유로 비판을 받을 수 있다. 또한 정책종결을 정당화하는 분석평가가 업무 수행방법을 개선하여 그 성과를 높이기 위한 것이라기보다 특정 정책을 종결하기 위한 술책으로 이용될 수 있다는 점도 고려해야 한다(Jones, 1981: 8-12).

#### 5) 법적 · 절차적 심사

법적 · 절차적 심사는 세 가지 기본적인 특성을 가지고 있다. 첫째, 규제의 경제영향력 또는 순응비용에 대한 포괄적 심사가 불필요하기 때문에 비용-편익 분석이나 복잡한 비용회계의 개발을 요구하지 않고 있다는 점이다. 따라서 비용-편익, 경제영향력 분석 등을 할 수 있는 전문 요원이 없더라도 시행할 수 있다는 장점이 있다. 그리고 이 제도는 경제분석에 의존하지 않으므로 심사의 결과를 행정부와 입법부에서 쉽게 이해할 수 있다. 이러한 특성 때문에 이 대안은 다른 것들보다 집행하기에 훨씬 쉬우면서도 그 포괄성은 오히려 크게 나타나고 있다. 이미 논의한 대로 규제입법의 주체적 범위와 객체적 범위가 상당히 크므로 규제대상의 범위가 방대하다. 이와 같이 방대한 규제대상을 경제분석을 통해 일일이 심사한다는 것은 사실상 불가능한 일이지만 이들을 법적·절차적 측면에서 심사하는 것은 가능하다. 아울러 법적·절차적 심사는 중요한 규제법규, 기관 및 업무를 선별하여 이를 집중적으로 평가하는 데 효과적이다.

둘째, 법적·절차적 심사는 규제법규와 입법적 의도에 따라 규제활동이 이루어지고 있는지 그 적절성을 평가하기 위하여 실시할 수 있다. 이를 통하여 규제기관이 입법적 취지를 살리고 있는지 그 여부를 결정할 수 있다. 또한 법에 규정된 목적을 어느 정도 달성하였는지 그 수준을 결정할 수 있어 현실성이 없고 시행 불가능한 규제를 배제할 수 있다. 그리고 규제기관들이 공통된 기준에 따라 규제를 심사할 수 있을 뿐만 아니라 기존 규제의 개정뿐만 아니라 규제를 새로 도입할 때에도 동일한 기준에 따라 심사할 수 있다.

끝으로, 법적·절차적 심사는 규제기관으로 하여금 장기적인 심사계획을 수립할 수 있게 하므로 규제에 대한 자체평가 능력을 제고할 수 있다. 이러한 특성으로 볼 때 이 선택대안은 규제의 법적 적절성을 확보하고, 그 심사를 용이하게 할 수 있다는 데 장점을 가지고 있다.

한편 이 대안은 편익과 비용 간의 관계보다 오히려 편익의 산정에만 초점을 맞추고 있을 뿐, 직접비용과 간접비용이 시민, 산업, 그리고 경제부문 간에 어떻게 분배되는지에 관심을 두지 않는다는 데 단점이 있다. 그러나 법적·절차적 심사는 위에 열거한 장점과 단점만을 근거로 하여 그 효과성을 평가할 수 없다. 왜냐하면, 이 외에도 단순성과 직접성이란 다른 장점을 가지고 있기 때문이다.

법적·행정적 심사제도는 단순히 행정법과 행정절차에 대한 심사에 초점을 맞추고 있는 것처럼 보일 수 있다. 그러나 정부기관을 지정 또는 신설하여 그 기관에게 심사책임을 부여함으로써 비효과적인 규제를 제거하고 부적합한 신규 규제를 도입하지 못하도록 하기 때문에 행정법 및 그 절차를 심사하는 것 이상의 적극적인 수단이 될 수 있다.

미국 캘리포니아 주정부는 규제를 심사·통제·개선할 수 있는 집행기구인 행정법국을 설치하여, 이 기관에게 과잉규제의 문제를 평가하고 시정할 수 있는 권한을 부여한 적이 있다.[15] 행정법국은 무엇보다 행정규제가 비효과적이고 부적합해 민간부

15) 1979년에 미국 캘리포니아 주의회는 주의회법(Assembly Bill) 1111을 통과시키고 그 당시 주지사

문의 경제활동을 저해한다는 주의회 의원들과 주지사의 의견에 따라 설치되었다. 이러한 의견은 행정규제의 수가 유례 없이 증가하였고, 많은 규제에 명시되어 있는 용어가 불분명하고 불필요하며, 규제를 도입하기까지의 과정에서 상당히 많은 시간과 재정자금이 소요되었다는 인식에서 비롯되었다.[16] 이에 따라 행정법국은 행정규제의 수를 줄이고, 기존 및 신규 규제의 질을 개선하고, 규제기관들의 자체 심사제도를 조정·통합하기 위한 목적으로 설치된 것이다. 그 목적의 수행을 위해 행정법국은 주지사가 주상원의 인준을 받아 임명한 국장과 부국장[17]을 위시해 분석가, 법조인, 사무원 등 약 40명의 참모로 구성되었다. 참모는 전체적인 규제심사에 책임을 지는 법적 분과(Legal Division)와 입법과정에서 제안한 규제를 분석·관리하는 책임을 맡은 입법관리분석과(Legislation Management and Analysis Division)로 분리하여 배정되었다(OAL, 1979: 2-3).

규제기관은 규제를 심사할 때 필요성, 권한, 명료성, 일관성, 관련성 등 다섯 가지 기준에 따라야 한다. 규제기관이 그 관할에 속해 있는 규제를 심사할 때 그리고 행정법국이 규제를 지속할 것인지 그 여부를 독자적으로 분석·결정할 때 이들 모든 기준을 충족시켜야 한다. 이들 다섯 가지 기준은 다음과 같이 정의할 수 있다.

① 필요성: 규칙제정 과정에서 따라야 하는 하나의 절차로써 도입해야 할 규제의 정당성을 제시하는 것을 말한다. 행정법국은 규제기관에게 정부가 규제활동에 개입하여야 하는 이유, 정부개입을 요구하는 민간기업의 문제점, 규제로 발생할 편익과 비용의 비교·평가, 효과적이고 효율적인 다른 방법의 존재 여부 등 규제의 정당성을 분석하는 데 요구되는 명확한 기준을 제시하고 있다.

② 권한: 규제기관이 규제를 도입·수정·폐지할 수 있고, 의무화할 수 있는 법적 권한을 의미하는 것으로서 규제기관이 규제를 시행하는 데 요구되는 권한을 입법부로부터 부여받았는지 그 사실 여부를 명확히 하여야 한다.

③ 명료성: 규제로 직접 영향을 받는 당사자들이 그 의미를 쉽게 이해할 수 있도록 규제내용이 명문화되어야 한다는 것이다. 되도록이면 기술적인 전문용어를 사용하는

---

였던 제리 브라운(Jerry Brown)이 법으로 서명함으로써 행정법국(Office of Administrative Law)을 설치한 최초의 주가 되었다. 심사 완료기일은 1984년 12월 31일로 설정되었다. 브라운 주지사는 심사 완료일을 그의 두 번째 임기가 끝나는 때와 일치시키기 위하여 2년을 단축하기 위한 조처를 취했다.

16) 1974년과 1978년 4년이란 기간에 캘리포니아 법전이 두 배 이상으로 증대되었다.

17) 국장과 부국장의 임기는 그 당시의 주지사였던 브라운의 임기가 끝나는 시기와 일치시켜 규제심사 완료 기일과 같은 1984년 12월 31일로 설정되었다.

것을 절제함으로써 규제를 위한 규정이 단순하고 명료한 것이어야 한다.

④ 일관성: 규제는 법체계 내에서 실시해야 하므로 기존 법과 배치하거나 갈등을 야기해서는 안 된다는 것이다. 규제입법, 판례 등은 기존 법으로 간주하고, 이들과 상치하지 않는 범위 내에서 규제가 이루어져야 한다.

⑤ 관련성: 규제기관이 규제를 새로 도입하거나 개정 또는 폐지하려고 할 때에는 이러한 행위가 규제입법, 판례 또는 기타 관련법에 어떤 영향을 미치는지 정확히 파악하여야 한다. 규제는 기존 규제입법 또는 판례의 취지와 범위를 이탈하지 않아야 하므로 기존 법 또는 판례에 근거해 시행할 것이 요구된다.

행정법국이 규제를 심사하기 위한 기준으로 필요성, 권한 및 일관성을 주로 사용하고 있다. 필요성 기준을 충족하기 위해서 규제는 기존 법에 명시되어 있는 용어를 반복하거나 재수정하는 것 이상의 의미를 가질 것이 요구되고 있다. 법 규정이 자체적으로 집행이 가능하거나 아주 구체적으로 명시되어 있는 경우에는 별도의 규제 조치를 강구할 필요가 없을 것이다. 권한이란 규제기관이 일반적 권력을 근거로 규제를 도입할 수 없으므로, 이를 위한 권한을 별도로 부여받아야 한다는 것이다. 그렇지 않은 경우에는 입법부가 규제기관에게 그 권한을 부여하지 않으려 한다는 것을 의미한다. 그리고 일관성 기준은 규제의 중복성과 이중성을 해소하기 위해 규제기관이 신규규제를 도입하려고 할 때에는 다른 기관의 관할에 속해 있는 규제와 어떤 차이가 있는지 그 한계를 평가해야 한다는 것이다.

이와 같이 법적·절차적 심사는 대부분의 행정관료가 이해할 수 있는 기준을 설정해 이에 따라 규제기관 스스로 규제를 심사할 수 있게 함으로써 다른 대안보다 시행하는 데 비용이 적게 소요된다. 또한 규제개혁을 위한 명확한 근거를 제시할 수 있고, 제안된 입법에 관한 일반적 분석이 가능하며, 행정절차의 심사와 법적 심사에서 적용하는 기준이 유사하므로 가장 용이하게 실시할 수 있는 규제개혁 대안이라 할 수 있다.

그러나 법적·절차적 심사는 결점도 가지고 있다. 이러한 심사제도는 정부 또는 민간부문에서 발생하는 편익과 비용을 고려하지 않고 있다는 것이다. 이러한 점에서는 규제예산 등 기타 포괄적 방법보다 열등한 것이라 할 수 있다. 더욱이 경제영향력 평가의 결과, 비용-편익 또는 순수한 비용을 기준으로 규제를 심사하지 않으므로 규제가 기업과 산업 또는 경제적 효율성에 어떤 효과를 미치는지 구체적으로 파악할 수 없다. 이처럼 규제기관이 갖고 있는 권한의 적절성 및 위치 등에 관해서만 초점을 맞추고 있으므로 규제의 분배적 효과는 상당 부분 등한시되고 있다. 이들 특성을 고려해 볼 때, 규제의 영향력이 적은 경우에는 적합한 개혁대안이라고 할 수 있지만 영향력이 큰 규제를 심사하기 위한 개혁대안으로는 한계가 있다고 할 수 있다.

### 6) 영기준 심사

영기준 심사는 모든 법규와 규칙들을 비용-효과성, 경제영향력, 입법 취지와의 적합성 등에 비추어 분석하기 위한 것이다. 미국의 포드 및 카터 행정부에서 기존 규제는 처음에는 경제영향력 분석을 통한 규제심사에서 제외되었다. 그러다가 대통령령 12044호에 의하여 행정부의 규제기관들에게 모든 기존 규제를 심사하여 불필요하거나, 상충하는 비효과적인 규제를 철폐하도록 했다. 이러한 선택대안은 대통령령 12291호에서 영기준 규제심사(Zero-Base Review)(Bernick, 1977)라고 지칭해 계속 존속되었는데, 그 성과가 즉시 나타나 직업보건안전행정국은 거의 1,100개에 이르는 규제를 폐지할 수 있었다. 이에 따라 다른 규제기관들도 유사한 심사제도를 제도화했다.

영기준 심사는 모든 규제를 영기준에서 새로이 심사함으로써 불필요한 규제를 폐지하는 데는 기여할 수 있다는 장점을 가지고 있지만 독립적 규제위원회에게 영기준 심사를 강요할 수 없다는 단점을 가지고 있다. 행정부가 심사의 효과가 큰 분야에 대하여 독립적 규제위원회에게 영기준 심사를 하도록 압력을 가할 수는 있지만 행정부의 압력만으로는 이를 강제하기에 충분하지 않다. 그러나 한국처럼 대부분의 규제업무가 일반 행정부서의 부속기관에 의해 수행되는 경우에는 이러한 단점은 배제될 수 있다.

규제심사를 통해 규제에 문제가 있다는 것을 파악하는 것만으로는 규제개혁을 추진할 수 없고, 이에 더 나아가 문제에 따라 적절한 대응책을 마련해 이를 실행에 옮겨야만 소기의 목적을 달성할 수 있다. 그러려면 규제자들이 규제심사의 효과가 클 것으로 간주되는 규제를 선별해 심사한 후 대두한 문제를 신속하게 처리할 수 있어야 한다. 그러나 규제심사의 결과가 규제 자체에 문제가 있다는 점을 제시하는 수준에 머무를 수도 있다. 이 때 적절한 대응책을 마련하여 규제문제를 처리하려면 이에 요구되는 유인과 자원을 제공해야 한다. 규제기관에게 유인을 제공하는 데 실패하면, 규제업무가 제대로 수행될 수 없을 뿐만 아니라 규제기관이 문제의 핵심을 이해하려는 노력도 하지 않을 수 있다. 영기준 규제심사는 규제자들에게 유인을 제공하지 못한다는 점에서 유인을 제공하는 규제순응비용의 정부인수, 규제예산제도 등의 선택대안과는 대조를 이루고 있다.

### 7) 규제순응비용의 정부인수

이 선택대안은 규제로 인해 민간부문에 발생된 비용을 보상하기 위해 이를 정부의 비용으로 처리하는 방법(Bennett & Manuel, 1979)이다. 예산과정에서 이러한 비용을 고려하지 않음으로써 초래할 수 있는 왜곡된 결과를 예방하기 위해 선택할 수 있는 것이다. 이 대안은 민간부문의 규제순응에 필요한 서류를 준비하는 업무에 드는 비용 부담에만 초점을 맞추고 있지만 기타 규제순응비용에도 적용하여 실시해야 할 것이다. 이를 위해서는 우선 서류 처리업무 외에 규제를 이행하는 데 어떤 비용이 초래되는지 파악할 수 있어야 한다. 이러한 비용은 규제가 없는 경우에는 지출하지 않아도 될 비용을 규제 때문에 기업이 이를 이행하기 위한 행위로 발생한 직접비용으로서 기업회계 및 기타 회계장부에 기록되어 있는 것을 말한다. 이들 중 어떠한 것을 정부의 비용으로 인수할 것인지를 결정하려면 비용 개념상 정부회계와 일치하는 것을 선별하는 것이 바람직할 것이다.

정부회계는 정부예산의 두 가지 계정인 수입과 지출을 중심으로 처리하고 있는데, 지출은 생산자로부터 재화와 서비스를 구입하는 데 쓴 구매성 지출, 인건비, 이전지출 등으로 구성되는 한편, 수입은 조세수입, 수수료 등으로 구성된다. 이들 두 계정을 비교하여 남은 잔액은 잉여금이라고 부르며, 이를 통해 양 계정은 균형을 이루게 된다. 정부에서는 사무용품, 인건비, 교통비 등 직접비용에 대한 지출만을 다루는 표준회계처리 방법을 사용하고 있다. 만약 정부가 규제기관의 규제를 이행하는 데 든 기업의 비용을 인수하는 것이 바람직하다면 규제순응비용도 재화와 서비스의 구매비용처럼 처리해야만 정부회계의 내용과 일치될 수 있다. 이것은 추정 또는 평가할 수 있는 비용만이 규제결정 과정에서 고려해야 한다는 것을 의미하는 것은 아니다. 공공부문에서 수행하는 사업을 분석하는 데 일상적으로 사용되는 방법은 '측정하기 어려운 비용'을 등식의 편익 측면에 기입하여 이를 부정적 편익으로 처리하는 것이다. 또한 비용은 편익보다 측정하기에 더 용이한 것으로 알려져 있다. 만약 정부가 규제 순응비용을 인수하여 측정하기 쉬운 비용은 비용 측면에 동일하게 처리하고, 측정하기 어려운 비용은 편익 측면으로 이전할 수 있다면, 규제행위 및 비규제행위로 발생한 비용을 쉽게 비교할 수 있을 것이다.

이 대안과 관련해서 많은 문제가 제기될 수 있지만 이 중 가장 심각한 문제는 정부로부터 보상받기 위해 규제된 활동에 참여하려고 하는 유인을 제공할 수 있고, 더욱이 규제되지도 않는 분야에서조차 규제순응비용이 발생한 것처럼 위장하여 이에 대한 보상을 받으려는 기업의 행태를 유발할 수 있다는 것이다(Kamien, Schwartz & Dolbear, 1966: 153). 이러한 문제가 방지될 수 없는 것은 아니지만 이를 위해서는 많은 대가를 치러야만 할 것이다.

### 8) 규제예산

비용-편익 분석의 유형 중 하나로서 규제예산제도에 관하여 이미 논의했지만 너무 일반적이고 추상적인 면에 치중되었기 때문에 여기에서는 규제예산을 실제적으로 운영하기 위한 방법과 이를 시행하는 과정에서 제기되는 문제를 고찰하려고 한다.

규제예산은 정부가 규제순응비용을 실제적으로 부담하지 않았지만 이를 정부부문에 초래된 비용으로 처리하기 위하여 규제로 발생한 모든 비용을 연간 단위를 기준으로 합산한 것이다. 미국의 경우 규제기관의 예산은 두 가지 비용으로 분류되고 있는데, 이들은 정부예산에 반영되는 비용인 규제활동에 대한 행정 및 집행비용과 민간부문에서 의무화된 규제를 이행하는 데 든 비용으로 구성되어 있다.[18] 이 방법은 규제순응비용과 균형을 맞추기 위해 정부수입의 품목을 수정해야 한다는 점이 규제순응비용의 정부 인수방법과는 차이가 있다. 그러나 조세지출에 대한 회계 처리과정에서 따라야 할 절차에서는 유사한 점을 가지고 있다. 조세지출은 정부가 조세의 부과를 통해 거두어들일 재정수입 중에서 세제혜택으로 걷지 못하게 된 부분만큼의 금액을 지출로 처리함으로써 세법상의 혜택을 주는 제도이다. 정부회계에서 수입은 조세지출과 같은 수입공제제도가 없는 경우에 수납한 전체 세금의 금액을 반영하고, 지출은 소득이전액을 공제하고 남은 금액을 반영하고 있다.

규제예산제도에서는 규제기관의 규제비용이 규제예산 총액을 초과하지 못하지만 규제기관이 책임을 지고 수행해야 할 규제업무에 얼마를 지출할 것인지는 자유로이 결정할 수 있다.[19] 규제예산제도를 실시하려면, 입법부와 행정부가 규제기관에게 규제를 위한 권한을 부여하고, 이에 필요한 예산을 배정하며, 이를 통제하기 위해 다시 조정하는 과정을 거쳐야 한다. 규제예산에서는 지출계획과 지출통제가 실질적으로

18) 만약 연방정부가 순응비용을 직접적으로 부담한다면 동일한 종류의 비용의 확정을 위한 것이 될 것이다.

19) Robert Crandall, "Is Government Regulation Crippling Business?" *Saturday Review*, January 20, 1979, p. 34; 규제예산에 대한 동일한 결론을 도출한 분석으로서 Lawrence J. White, "Truth in Regulatory Budgeting," *Regulation*, March/April 1980, pp. 44-46; C. C. DeMuth, R. H. Shockson, E. O. Stock and A. W. Wright, "The Regulatory Budget as a Management Tool," Joint Economic Committee, 96th Congress, 2nd session, May 29, 1979 참고.

모두 가능해야 하므로 그 운영과정에서 규제예산의 편성 및 집행 단계를 중요시한다.

규제예산은 세출예산 과정의 단계에 따라 운영하고 그 일부분으로서 시행해야 한다. 이것은 규제예산도 정부의 세출예산의 구조와 과정에 맞추어 조정·운영되어야 하고, 예산실에서 시달한 지침에 따라 편성해야 한다는 것을 의미한다. 규제기관은 기존 규제활동의 수행을 위한 지출추정액과 신규 규제활동의 수행을 위한 지출추정액을 확정해야 한다. 기존 규제활동은 이미 확정된 입법으로 권한이 주어졌지만 아직 시행되지 않은 활동과 새로운 입법으로 추진될 신규 규제활동을 수행하는 데 요구되는 추정지출액이 포함되어야 한다. 아울러 규제예산에는 현행 및 신규 규제활동에 대한 내역, 신규 규제를 위한 당위성·경제적 합리성·시행 가능성에 대한 설명서가 제시되어야 한다. 규제예산이 의회에 제출되기 전에 예산실에서 해야 할 일은 민간부문의 기존 규제 이행활동과 이에 소요된 비용, 당해 연도 규제예산을 기준으로 한 예산연도 규제순응비용의 추정액 및 점증분을 평가하는 것이다. 일단 연간 규제예산이 국회에 의해 확정되어 대통령이 서명하면 규제순응비용 계정으로부터 현행 연도 지출추정액을 확정할 수 있다.

일단 현행 연도 지출액이 확정되면, 규제예산은 지출의 목적과 시기에 따라 세부화한 지출계획서라고 할 수 있다. 규제예산은 규제행정 집행비용 계정과 규제대상기업의 규제순응비용 계정 두 가지로 구성되는 이원적 계정구조를 갖게 되며, 정부의 일반회계예산에 첨부된 부록으로 설정하게 된다. 이로써 정부의 비용과 민간의 규제순응비용으로 구성되는 규제예산의 집행에 대한 통제, 감독 및 보고를 가능하게 한다.

일반적으로 세출예산 과정에서 각 계정은 본래 금액과 점증분이란 두 가지 근본적 내용을 중심으로 심사한다. 이것은 규제예산도 영기준예산보다 오히려 전통적인 점증적 예산모형에 따라 운영된다는 것을 의미하지만, 일단 기본적인 규제예산이 정착되면 영기준예산도 도입할 수 있다는 것을 가정하고 있다. 점증적 예산을 위한 근거 또는 기준은 정부의 규제집행을 위한 직접비용과 기존 규제가 초래하는 민간부문의 규제순응비용으로 구성되고, 점증분은 신규 규제로 추가된 금액과 기존 규제활동에 쓴 지출의 변경금액으로 구성된다. 전형적으로 점증적 예산편성의 경우에 예산실과 의회는 규제예산의 근거금액보다 추가된 점증분을 보다 자세히 심의할 것이다. 이러한 심의방식은 규제기관 자체가 수행하는 활동의 우선순위와 활동수준을 지속적으로 심사하게 하는 요인으로 작용할 수 있을 것으로 기대된다. 만약 점증적 예산편성방법이 기대했던 효과를 초래하지 못하면 영기준 또는 수정된 영기준심사제도가 이를 대신해 사용될 수 있다.

지금까지의 논의는 규제예산이 어떻게 운영되는지 그 일반적 방법을 제시하고 있다. 그러나 규제예산은 문제점도 동시에 가지고 있다. 이러한 문제점으로 예산편성의 복잡성, 민간부문 규제순응비용의 추정의 어려움, 예산의 심의 및 확정과정에서 민간부문의 규제순응비용의 의도적인 축소 가능성 등이 지적될 수 있다.

### 9) 추정치의 산정 · 규제순응비용정보

규제예산을 편성할 때 상당한 주의를 요하는 부분이 있다. 왜냐하면, 민간부문이 부담해야 할 비용을 규제기관이 직접 추정하지 않고 예산기관이 추정해 제시하려고 하기 때문이다. 이처럼 규제기관이 예산편성의 전문성을 갖고 있지 못하다는 이유로 예산기관이 민간의 규제순응비용의 추정과정에서 규제기관의 역할을 배제하는 것은 바람직하지 않다. 예산과정의 초기 단계에서 규제기관과 예산기관 간에 이루어지는 협의 및 협력은 예산과정의 효과성을 제고하는 데 중요한 역할을 할 수 있을 것이다.

규제순응비용을 추정하는 데 있어서 현행 규제순응비용만을 확인하고 기록한다면 이러한 작업은 산술적인 것에 불과할 수 있지만, 규제이행으로 인한 효율성의 손실비용 등과 같은 미래비용과 간접비용을 산정하는 것은 어려운 작업이 될 수 있다. 따라서 규제이행으로 초래되는 효과를 정확히 산정하기 위해서는 현행비용, 미래비용, 효율성의 손실비용 등으로 분류해 파악하는 노력이 필요할 것이다.

일단 규제입법이 통과되고 지출이 규제예산으로 확정되면 기업에게 일정 기간, 즉 규제예산연도 동안 규제이행으로 발생하는 지출을 모두 기록하도록 하고, 외부기관으로부터 감사를 받은 후 정부에 제출해야 한다는 것을 통보하여야 한다. 예산실이 이러한 지침을 기업에게 통보하는 것은 기업이 예산편성에 참여할 수 있는 기회를 제공하기 위한 것으로서 기업이 비용으로 처리해야 할 유형의 지출인 설비, 노동력 등 직접비용과 규제이행과 관련하여 발생하는 간접비용을 명시하고, 이에 대한 사후감사를 통해 그 지출내역서를 확증한 후 이를 예산기관에 보고하는 절차를 확실히 하기 위한 것이다.

민간부문의 규제순응비용의 지출내역이 보고되면, 이들 지출내역은 규제 프로그램의 지출계정에 계정번호별로 연계된 명목계정(notational accounts)에 기록된다. 이에 따라 명목계정에 기록된 금액은 민간부문의 이행지출의 총액과 같아질 것이다. 정상적인 상태에서는 기업은 정부가 요구하는 정보를 제공하려고 하지 않으므로 정보를 제공하는 것이 기업의 이익에 부응한다는 점을 이해시켜야 한다. 왜냐하면 기업이 정부 측의 결정자에게 얼마나 많은 규제순응비용이 발생하는지를 알 수 있게 하면, 이러한 정보를 바탕으로 규제를 지속해야 할 것인지 그 여부를 결정하는 데 영향을 미칠 수 있기 때문이다.

규제로 인한 미래비용을 추정하는 데 있어서 산업과 기업이 그 고객이나 소비자의 경우보다 필요한 정보를 더 많이 제공할 수 있으므로 규제예산 편성과정에서 이들의 영향력이 보다 크게 작용할 수 있을 것이다. 기업은 규제기관으로부터 규칙 변경에 대한 통보를 받을 수 있고, 규제기관은 기업으로부터 비용에 관한 정보를 받아 이를 바탕으로 예산을 편성할 수 있다. 그러면 예산기관은 기업과 규제기관의 협조 하에 준비된 현행 비용에 관한 회계감사 보고서를 바탕으로 민간부문에서 초래될 미래비용의 추정액을 산정할 수 있다. 만약 기업들이 비용 추정에 참여하는 것이 그들의 이익에 부합한다는 것을 알면 규제순응비용의 추정액을 기꺼이 산정하여 보고하려고 할 것이다.

규제예산에서는 효율성의 손실비용을 고려할 수 있는 경제영향력도 실제로 분석할 수 있지만 세출예산에는 이러한 비용을 포함해야 할 이유가 없을 것이다. 그러나 규제예산도 규제이행으로 초래되는 모든 경제적 비용을 반영하는 데는 한계가 있으므로 규제이행을 위해 직접적으로 소요된 비용만을 반영하고 있을 뿐이다. 이러한 점에서 규제예산에 포함되는 비용은 비용-편익 분석을 하는 데 사용되는 비용 개념과는 차이가 있다고 할 수 있다.

## 제 6 절 | 결 론

그동안 한국 정부가 추진해 온 규제개혁의 내용을 살펴보면, 규제개혁은 주로 본질적 규제개혁을 의미해 왔으며, 그 중에서 탈규제가 주축을 이루어 왔고, 탈규제 중에서도 규제의 축소, 해제 등 규제완화에 치중해 왔다. 이것은 규제대상을 선별적·단편적으로 검토하여 이에 대한 완화근거를 제시함으로써 규제정책의 본질을 정부개입에서 시장의 원리로의 전환으로 바꾸어 나간다는 의지를 반영하는 것이다. 그러나 본질적 규제개혁을 위한 노력은 주요 산업의 진입제한이나 가격규제의 철폐 등 핵심적인 규제 분야에 대한 전면적 개혁보다 주로 규제이행 정도의 완화, 규제의 축소, 행정절차의 간소화, 업무소관의 하위관청으로의 이전 등 한계적·지엽적인 것에 한정되어 왔다. 다시 말해 시장으로의 전환이나 자율화의 폭의 확대를 의미하는 규제정책의 본질에 대한 변화를 모색하는 본질적 규제개혁을 추진해 왔지만, 그 개혁의 폭이 현상에 대한 조정에 불과한 한계적 규제개혁의 차원을 크게 넘지 못했다. 규제개혁의 문제점들이 과거보다 크게 개선되지 못했다는 사실은 아직도 한계적 규제개혁 수준을 벗어나지 못하고 있다는 사실을 입증하는 것이다.

이러한 결과는 탈규제로 달성해야 할 목표 및 그 효과를 미리 설정해 규제개혁을 추진하기보다 민간의 이해가 걸린 사안을 중심으로 규제개혁의 대상과 내용을 선별해 추진해온 데 기인한다. 물론 규제개혁을 추진하는 데 있어서 그 대상이 되는 규제를 선별하기 위해서는 민간의 폭넓은 여론을 수집해 이를 참고로 해야겠지만, 정부가 체계적이고 과학적으로 규제개혁 대상 및 내용을 평가·분석하여 그 대안을 발굴할 수 있는 제도를 마련해야 한다. 이러한 장치 없이 민간의 건의 또는 의사를 중심으로 규제개혁을 추진하면, 민간 경제단체나 영향력이 큰 기업의 이해가 규제개혁작업 과정에서 반영될 수 있는 여지를 남겨 놓음으로써 합리적인 규제개혁의 추진을 어렵게 할 것이다. 따라서 정부 주도의 개혁 작업이 비능률적이라는 지금까지의 인식을 바꾸어, 정부가 먼저 규제개혁을 추진하기에 적합한 환경을 만드는 데 주도적인 역할을 수행해야 한다. 왜냐하면 정부의 목적은 국민 모두의 편익에 기여하는 것이고, 이를 위해서는 정부가 마땅히 해야 할 일이 있고, 이러한 환경을 조성하는 것이 바로 정부만이 할 수 있는 일이기 때문이다.

정부가 한계적 규제개혁보다 포괄적 규제개혁이 성공적인 규제개혁으로 이끌 수 있다는 점을 인식해서, 포괄적인 본질적 규제개혁을 위해 본질적 규제개혁과 상호보완성을 가지고 있는 절차적 규제개혁을 통해 기존 또는 신규 규제를 평가하고 그 대안을 찾는 과정에서 비용-편익 또는 비용-효과성 등 경제분석 기법을 도입하여, 그 실행을 의무화하는 절차를 마련해야 할 것이다. 정부가 재정 등 다른 조치를 통해 민간부문에 개입할 때보다 규제를 통해 개입할 때 공공정책의 결정과 집행과정에서 나타나는 부정적 효과가 더 크다는 사실을 염두에 두면, 이러한 절차를 마련해 철저히 준수하도록 하는 것이 필수적일 것이다. 왜냐하면 규제정책의 결정과 집행으로 제기되는 문제는 다른 정책으로 인한 문제보다 쉽게 인식될 수 없고, 이를 시정하는 데도 많은 어려움이 따르게 되고, 이에 따라 그 성과도 다른 정책의 성과보다 만족스럽게 나타날 수 없기 때문이다(Thompson and Jones, 1982: 135). 또한 규제개혁의 당위성이 과학적 심사과정을 통해 객관적으로 제시해야만 규제개혁에 이해관계가 걸린 이해집단의 반대를 무마할 수 있고, 합리적인 근거를 마련하여 이를 토대로 규제개혁을 추진할 수 있을 때에만 이익집단의 요구를 거절할 수 있다.

한국은 사전 및 사후 규제심사를 제도화하여 객관적인 심사기준을 마련하려고 하지만, 영기준심사, 규제예산 등 규제심사 절차의 효율성을 제고할 수 있는 체계적인 규제심사제도의 확립·발전에 기여할 수 있는 절차적 규제개혁 노력은 미비한 수준에 머물러 왔다. 따라서 정부의 규제개혁 노력도 정치적 영향력의 개입으로 말미암아 포괄적 규제개혁보다는 제한적 규제개혁 차원에 머무는 과거의 틀을 탈피하지 못하여 실질적인 규제개혁의 성과를 거두지 못한 것으로 평가되고 있다. 규제와 관련해 제기되는 문제들 중 많은 것이 그동안 자주 부각되어 왔던 것이란 점을 상기해 볼 때 규제개혁의 차원이 과거수준보다 크게 진전되지 못했음을 입증하고 있다. 이러한 사실에 비추어 보면, 앞으로의 규제개혁은 포괄적 차원에서 추구해야만 실질적 성과를 거둘 수 있고, 이를 위해서는 무엇보다 규제를 과학적·체계적으로 심사·평가할 수 있는 제도를 확립하여야 할 것이다.

이러한 심사제도는 정부가 주관하여 과거의 규제심사제도가 가지고 있었던 문제점을 파악해 규제의 심사과정 및 절차의 효율성을 높일 수 있는 절차적 규제개혁을 모색해야 하고, 이를 위한 선택대안의 발굴에 적극 노력할 때 확립할 수 있는 것이다. 그래야만 올바른 규제개혁 방향을 설정할 수 있고, 사회에 초래하는 규제의 순편익을 극대화할 수 있는 수단을 강구해 그 적정성을 보장할 수 있는 본질적 규제개혁의 추진이 가능할 수 있을 것이다. 규제개혁이 성공하기 위해서는 무엇보다 제한적 규제개혁보다 포괄적 규제개혁이 더 생산적이고, 절차적 규제개혁과 본질적 규제개혁이 상호보완적인 관계를 가지고 있다는 사실을 인식하여야 한다.

# 참고 문헌

## 국내 문헌


공정거래위원회(2009). 「공정거래백서」.

권영성(2009). 「개정판 헌법학원론」, 법문사.

김경환, 김종석(2009). 「맨큐의 경제학」, 교보문고.

김남진(1995). 「행정법(Ⅰ)」, 법문사.

김도창(1992). 「일반행정법론(상)」, 청운사.

―――(1985). 「일반행정법론(하)」, 청운사.

김동희(1992). 「행정법(Ⅰ)」, 박영사.

김두진(2006). 「공정거래법상 경제력집중 규제 연구」, 한국법제연구원.

김신 · 박두용 · 유종선(2007). "위험분석에 기반한 규제정책의 활성화방안: 산업안전보건 분야를 중심으로", 한국행정연구원.

김영수(1984). "지방행정에 있어서 행정지도의 민주화 방안에 관한 연구", 석사학위논문, 서울대학교 행정대학원.

김영훈(1995). 「규제행정의 이론과 실제」, 선학사.

김용우(1988). "지원 조장적 정책에 대한 이해 당사자들의 대응방법", 「한국행정학회보」, 제22권 제1호.

―――(2000). "한국정부의 규제개혁 추진실태 및 향후 과제", 한국정책과학학회, 제4권 제 2호.

김재홍 · 홍성종(1993). 「정부규제의 평가 및 개선방안」, 한국경제원 규제연구센터.

김종호 · 김원규 · 조창현(2007). 「정부 규제와 경제적 성과」, 산업연구원.

김충환(1987). 「공정거래법 해설」, 학연사.

김형배(1992). 「행정지도론」, 계명사.

박동서(1983). 「한국행정론」, 법문사.

박세일(1994). 「법경제학」, 박영사.

박영희 외(2005). 「공기업론」, 다산출판사.

박유광(1989). “경제력 집중, 완화를 위한 공정거래 정책방향”, 「공정거래」, 제2호.
박윤흔 · 정형근(2009). 「최신행정법강의(下)」, 개정 28판, 박영사.
배득종(1996). 「신재무행정」, 박영사.
법무부(2008). 「한국인의 법과 생활」.
서원우(1983). “행정지도의 공과와 평가(상)”, 「고시연구」, 6월호.
손주찬(1990). 「신공정거래법」, 법경출판사.
송정원(2005). 「해설 카르텔 및 불공정거래행위 규제」, 박영사.
안해균(1971). “한국 행정과정에서의 이익투입에 관한 연구”, 「행정논총」, 제9권 1호, 서울대 행정대학원.
양승두(1982). “우리나라 전통적 법의식과 그 변화에 관한 연구”, 「법률연구」, 제2집.
오석홍(1985). “행정지도에 관한 연구”, 「행정논총」, 제23권 제2호, 서울대학교 행정대학원.
이성우(1992). “정부규제의 개혁을 위한 제도와 정책수단”, 「한국행정연구」, 제1권 2호, 서울: 한국행정연구원.
이준형(1994). “문제의 맥락과 연구스타일”, 「사회과학연구소 논문집」, 제12집, 인하대학교.
임영철(2008). 공정거래법 해설과 논점, 법문사.
정동원(1982). “이익집단의 정책과정참여에 관한 연구”, 동국대 대학원 행정학과 석사학위논문.
조성환 · 곽태원(1998). 「경제학원론」, 경문사.
조영찬(1982). “정책결정과정에 있어서 이익단체의 참여에 관한 연구”, 영남대 경영대학원, 석사학위논문.
최병선(2002). 「정부규제론」, 법문사.
최신융(1992). “정부규제에 대한 과정론적 접근과 통제방안”, 「한국행정연구」, 제1권 2호(서울: 한국행정연구원, 여름).
허찬무(2000). 「공정거래법과 카르텔규제」, 비봉출판사.

## 국외 문헌

Ackoff, Russell L.(1981). *Creating the Corporate Future* (New York: Wiley).
Anderson, James(1978). Economic Regulatory and Consumer Protection Policies, in Theodore Lowi and Alan Stone. eds., *Nationalizing Government: Public Policies in America*(Beverly Hills, Ca.: Sage).

Areeda, Phillip and Donald F. Turner(1975). Predatory Pricing and Related Practices under Section 2 of the Sherman Act, *Harvard Law Review*, 88.

Armstrong, Mark, Simon Cowan and John Vickers(1994). *Regulatory reform: economic analysis and British experience*, (Cambridge, Mass.: MIT Press).

Arrow, Kenneth J.(1963). Uncertainty and the Welfare Economics of Medical Care, *American Economic Review*, Vol. 53, No. 56.

Arthur Anderson & Co.(1979). *Cost of Government Regulation Study: Executive Summary*(New York: The Business Roundtable).

Asch, Peter and Rosalind Seneca(1985). *Government and the Marketplace*, Dryden Press.

Ashford, Nicholas A.(1976). *Crisis in Workplace: Occupational Disease and Injury*(Cambridge, Mass.: MIT Press).

Averch, Harvey and Leland Johnson(1962). The Behavior of the Firm Subject to Regulatory Restraint, *American Economic Review*, 52.

Bailey, Martin J.(1980). *Reducing Risks to Life*(Washington, D. C.: American Enterprise Institute).

Baldwin, John R.(1975). *The Regulatory Agency and Public Corporation: The Canadian Air Transport Industry*(Cambridge, Mass.: Ballinger).

Bardach, Eugene(1976). Policy Termination as a Political Process, *Policy Science 7*, No. 2.

Barry, B.(1965). *Political Argument*(London: Routledge and Kegan Paul).

Barry, Donald D. and Howard R. Whitcomb(1987). *The Legal Foundations of Public Administration*(New York: West Publishing Co.).

Barth, James R., Gerard Caprio, Jr. and Ross Levine(2006). *Rethinking bank regulation: till angels govern*, Cambridge University Press.

Bartlik, Martin(2007). *The impact of EU law on the regulation of international air transportation*, Ashgate.

Baumol, William J. and D. F. Bradford,(1970). Optimal Departures from Marginal Cost Pricing, *American Economic Review*.

Baumol, William J. and John C. Panzar and Robert D. Willing(1988). *Contestable Markets and the Theory of Industry Structure*(New York: Harcourt Brace Javanovich).

Behn, Robert D.(1978). *How to Terminate a Public Policy: A Dozen Hints for the Would-Be Terminator*, Policy Analysis 4, No. 3.

Bennett, James and John Manuel(1979). The Political Economy of Government Paperwork, *Policy Review*.

Bentley, Arther F.(1967). *The Process of Government*(Cambridge, Mass.: Belknap Press of Harvard University Press).

Bèos, Dieter(1994). *Pricing and price regulation: an economic theory for public enterprises and public utilities*, Elsevier.

Bernauer, Thomas(2003). *Genes, trade, and regulation: the seeds of conflict in food bio-technology*, (Princeton, N.J.: Princeton University Press).

Bernays, Edward L.(1963). *Public Relations* (Oklahoma: University of Oklahoma Press).

Bernick, Kathryne L.(1977). *The Inflation Impact Statement Program and Executive Branch Coordination*, Draft for the ABA Commission on Law and Economy Study of Federal Regulation, Washington, D. C.

Bernstein, Marver H.(1955). *Regulating Business by Independent Commission* (Princeton, N. J.: Princeton, University Press).

Biller, Obert P.(1976). On Tolerating Policy and Organizational Termination: Some Design Consideration, *Policy Sciences 7*, No. 2.

Blachly, F. F. and M. E. Oatman(1940). *Federal Regulatory Action and Control*(Washington, D. C.: Brookings Institution).

Boiteaux, M.(1956). Sur la question des monopolies publique astreints a lequilibre budgetaire, *Economerica* trans. by W. J. Baumol.

Bradford, D. F.(1979). On the Management of Public Monopolies Subject to Budget Constraints, *Journal of Economic Theory*.

Breyer, Stephen(1990). "Regulation and Deregulation in the United State: Airlines, Telecommunications and Antitrust," Giandomenico Majone (ed.), *Deregulation or Re-regulation?: Regulatory Reform in Europe and the United States* (New York: St. Martin's Press).

Breyer, Stephen and Paul MacAvoy(1974). *Energy Regulation by the Federal Power Commission*(Washington, D. C.: Brookings Institution).

Brodeur, Paul(1974). *Expendable Americans*(New York: The Viking Press).

Buchanan, James M.(1991). *The Economics and the Ethics of Constitutional Order*(Ann Arbor, Michigan: University of Michigan Press).

Buchanan, James M. and Gordon Tullock(1962). *Calculus of Consent*(Ann Arbor, Mich.: University of Michigan Press).

Buhler, Warren(1979). The Origins and Costs of Regulation, *in The Dialogue That Happened: Proceeding of Workshop on the Private Cost of Regulation*, ed. G. David Hughes and E. Cameron Williams(Cambridge, Mass.: Marketing Science Institute).

Calabresi, Guido(1970). *The Cost of Accidents: A Legal and Economic Analysis*(New Haven, Conn.: Yale University Press).

Carlton, Dennis W. and Jeffery M. Perloff(1990). *Modern Industrial Oreffery M.*(Glenview, Ill.; Scott, Forsemen).

Civil Aeronautics Board and Bureau of Accounts and Statistics(1976). *Quarterly Financial Review*, Vol. 2~76.

Coase, Ronald H.(1960). The Problem of Social Cost, *The Journal of Law and Economics* 1.

Cobb, Roger W. and Charles D, Elder(1972). *Participation in American Politics: The Dynamics of Agenda-Building*(Boston, Mass.: Allyn and Bacon).

Comanor, William S. and Bridger M. Mitchell(1972). The Cost of Planning: The FCC and Cable Television, *Journal of Law and Economics.*

Comanor, William S. and Thomas A. Wilson(1974). *Advertising and Market Power*(Cambridge, Mass.: Harvard University Press).

Committee on Government Operations, U.S. Senate(1977). *Study on Federal Regulation, Vol. I, The Regulatory Appointments Process* (Washington, D.C.: U.S, Government Printing Office).

Cooter, Robert and Thomas Ulen(1988). *Law and Economics*(Harper Collins Publishers).

Cornell, Nina and Roger Noll, and Barry Weingast(1976). Safety Regulation, *in Setting National Priorities: The Next Ten Years*, ed. Henry Owen and Charles Schultze(Washington, D. C.: Brookings Institution).

Council on Wage and Price Stability and the Office of Management and Budget (1976). *An Evaluation of the Inflation Impact Statement Program*, prepared for the Economic Policy Board by the Staff, December 7.

Courville, Leon(1974). Regulation and Efficiency in the Electric Utility Industry, *Bell Journal of Economics and Management Science*, 5.

Cushman, Robert E.(1941). *The Independent Regulatory Commission*(London: Oxford University Press).

Dahl, Robert A. and Charles E. Lindblom(1953). *Politics, Economics, and*

*Welfare*(New York: Harpers & Row).

Darnton, John(1975). Construction Industry: The Graft Is Built In, *New York Times.*

DeMuth, C. C., R. H. Shockson, E. O. Stock and A. W. Wright(1979). *The Regulatory Budget as a Management Tool*, Joint Economic Committee, 96th Congress, 2nd session.

DeMuth, Christopher D.(1980). "Constraining Regulatory Costs-Part II," *Regulation* (March/April).

Dennison, Edward F.(1978). *Accounting for Slower Growth: the United States in the 1970s*(Washington, D. C.: Brookings Institution).

Derthick, Martha and Paul J. Quirk(1985). *The Politics of Deregulation* (Washington D. C.: Bookings Institution).

Domestic Council Review Group on Regulatory Reform(1977). *The Challenge of Regulatory Reform, A Report to the President*(Washington, D. C.).

Douglas, George W. and James C. Miller(1974). *Economic Regulation of Domestic Air Transport, Theory and Policy*(Washington, D. C.: Brookings Institution).

Downs, Anthony(1967). *Inside Bureaucracy*(Boston, Mass.: Little, Brown & Co.).

Dubnick, Melvin J. and Lafayette Walker(1979). Problems in U. S. Standard-Setting, *Midwest Review of Public Administration.*

Eagleton, Thomas F.(1991). *Issues in Business and Government*(Englewood Cliffs, N. J.: Prentice Hall).

Ehrlich, Isaac and Richard A. Posner(1974). An Economic Analysis of Legal Rulemaking, *Journal of Legal Studies.*

Fainsod, Merle(1940). Some Reflections on the Nature of the Regulatory Process, *Public Policy*, C. F. Friedrich and Edward S. Mason, eds. (Cambridge, Mass.: Harvard University Press).

Fainsod, Merle and Lincoln Gordon(1941). *Government and the American Economy*(New York: Norton).

Fiorina, Morris P.(1977). *Congress: Keystone of Washington Establishment* (New Haven, Conn.: Yale University Press).

Fisher, Elizabeth(2007). *Risk regulation and administrative constitutionalism*, Hart.

Foster, C. D.(1992). *Privatization, public ownership, and the regulation of natural monopoly*, Blackwell.

Frederickson, George(1980). *New Public Administration*(Alabama: University of Alabama Press).

Friedlaender, Ann F.(1978). ed., *Approaches to Controlling Air Pollution* (Cambridge, Mass.: MIT University Press).

Friedlaender, Ann F. and Richard F. Spady(1981). *Freight Transport Regulation*(Cambridge, Mass.: MIT University Press).

Friedman, Milton(1962). *Capitalism and Freedom*(Chicago, Ill.: University of Chicago Press).

Friendly, Henry J.(1962). *The Federal Administrative Agencies: The Need for Better Decision of Standards*(Cambridge, Mass.: Harvard University Press).

Garraty, John A.(1968). *The New Commonwealth, 1877~1890*(New York: Harper and Row).

Gilbert, Richard J. and Edward P. Kahn(1996). *International comparisons of electricity regulation*, Cambridge University Press.

Haveman, Robert H.(1976). *The Economics of the Public Sector*, 2nd ed.(New York: John Willey & Sons).

Hazelett, Thomas W.(1990). The Rationality of U. S. Regulation of the Broadcast Spectrum, *Journal of Law and Economics*, 33.

Herfindahl, O. C.(1950). "*Concentration in the Steel Industry*," unpublished Ph. D. dissertation(New York: Columbia University).

Hoogenboom, Ari and Olive Hoogenboom(1976). *A History of the ICC*(New York: Norton).

Huber, Gregory A.(2007). *The craft of bureaucratic neutrality: interests and influence in governmental regulation of occupational safety*, Cambridge University Press.

Hurst, James Willard(1950). *The Growth of American Law: The Law Makers* (Boston, Mass.: Little, Brown & Co.).

Interstate Commerce Committee, third release of part 7(1974). *Transportation Statistics in the United States for the Year Ended Dec. 31, 1973* (Washington, D. C.: Government Printing Office).

Jaffe, Louise L.(1954). The Effective Limits of the Administrative Process: A Reevaluation, *Harvard Review*.

Joint Economic Committee(1974). *Federal Subsidy Programs*(Washington, D.

C.: U. S. Government Printing Office).

Jones, Leroy R. and John H. Baldwin(1994). *Corporate environmental policy and government regulation*, JAI Press.

Jones, Leroy R.(1981). *Termination Gamesmanship: The Strategic Use of Evaluation and Feasibility Analysis*, Paper Presented at the Western Social Science Association Conference, Public Administration Section, San Diego, Ca.

Jordana, Jacint and David Levi-Faur(2004). *The Politics of Regulation*(Mass.: Northhampton, Edward Elgar).

Joskow, Paul L.(1974). Inflation and Environmental Concern: Structural Change in the Process of Public Utility Price Regulation, *Journal of Law and Economics*.

Kamien, M. I., N. L. Schwartz, and F. T. Dolbear(1966). Asymmetry Between Bribes and Charges, *Water Resources Research 2*, No. 1.

Kaufman, Bruce E.(1997). *Government regulation of the employment relationship*, Industrial Relations Research Association.

Kessides, Ioannis Nicolaos(2004). *Reforming infrastructure: privatization, regulation, and competition*, Oxford University Press.

Kolko, Gabriel(1965). *Railroads and Regulation, 1877~1916*(Princeton N. J.: Princeton University Press).

Landis, James M.(1938). *The Administrative Process*(New Haven, Conn.: Yale University Press).

———(1966). *The Administrative Process*(New Heaven, Conn.: Yale University Press).

Lave, Lester B.(1979). Use of Cost-Benefit Analysis by Regulatory Agencies, *Hearings*, 96th Cong., 1st sess.

Lazarus, Simon(1974). *The General Populists*(New York: Holt, Rinehart Winston).

Leiserson, Avery(1942). *Administrative Regulation: A Study in Representation of Interests*(Chicago, Ill.: University of Chicago Press).

Lilly, William III and James C. Miller III(1977). The New 'Social Regulation, *The Public Interest*, No. 47.

Littler, Alan and Cyrille Fijnaut(2007). *The regulation of gambling: European and national perspectives*, Martinus Nijhoff.

Loomis, Burdett A. and Eric Sexton(1995). Choosing to Advertise: How

Interests Decide, in Allan J. Cigler and Burnett A. Loomis, eds. *Interest Group Politics*(Washington, D. C.: A Division of Congressional Quarterly Inc.)

Lowi, Theodore J.(1979). 2nd. ed., *The End of Liberalism*(New York: Norton).

Majone, Giandomenico(1990). *Deregulation or Regulation: Regulatory Reform in Europe and the United States*(London: Pinter Publishers).

Mancur Olson, Jr.(1965). *The Logic of Collective Action: Public Goods and the Theory of Groups*(New York: Harvard University Press).

Mattoo, Aaditya and Pierre Sauvé(2003). *Domestic regulation and service trade liberalization*, Oxford University Press.

McGee, John S.(1958). Predatory Price Cutting: The Standard Oil(N. J.) Case, *Journal of Law and Economics*, 1.

Mckenzie, Richard B. and Gordon Tullock(1978). *Modem Political Economy* New McGraw Hill Book Co.

Mishan, Ezra J.(1973). *Economics for Social Decisions*(New York: Praeger Publishers).

Mitnick, Barry M.(1978). Deregulation as a Progress of Organizational Reduction, *Public Administration Review*.

———(1980). *The Political Economy of Regulation*(New York: Columbia University Press).

Mitnick, Barry M. and Charles Weiss, Jr.(1974). The Setting Impasse and a Rational Choice Model of Regulatory Behavior: An Agency for Power Plant Siting, *Journal of Environmental Economies and Management*.

Modigliani, Franco(1958). New Developments on the Oligopoly Front, *Journal of Political Economy*, 66.

Nadal, M.(1976). *Corporations and Political Accountability*(Lexington, Mass: D. C. Heath & Co.).

Nadler, Gerald(1983). "Human Purposeful Activities for Classifying Management Problems," *International Journal of Management Science*, 11(1).

Neal, A. C.(1981). *Business Power and Public Policy*(New York: Praeger).

Needham, Douglas(1983). *The Economics and Politics of Regulation: A Behavioral Approach*(Boston, Mass.: Little, Brown & Co.).

Niskanan, William(1971). *Bureaucracy and Representative Government* (Chicago, Ill.: Aldine-Atherton).

Noll, R. G.(1971). *Reforming Regulation: An Evaluation of Ash Council*

*Proposals*(Washington D. C.: Brookings Institution).

Office of Administrative Law(1979). *Instructions for the AB 1111 Review of Existing Regulation*, Sancramento, Ca.

Oi, Walter(1973). The Economics of Product Safety, *Bell Journal of Economics and Management Science*, 4(1).

Olson, Jr., Mancur(1965). *The Logic of Collective Action: Public Goods and the Theory of Groups* (New York: Harvard University Press and Schocken Books).

Owen, Bruce M. and Ronald Braeutigam(1978). *The Regulation Game* (Cambridge, Mass.: Ballinger).

Pauly, Mark V.(1968). The Economics of Moral Hazard: Comment, *American Economic Review*, Vol. 58, No. 3.

Peltzman, Sam(1976). Toward a More General Theory of Regulation, *Journal of Laws and Economics*.

Phillips, Charlse F. Jr.(1969). *The Economics of Regulation*(Homewood, Ill.: Richard D. Irwin).

Pigou, A. C.(1952). *The Economics of Welfare*(London: McMillan & Co.).

Porter, M. and J. Sagansky(1976). Information Politics and Economic Analysis: The Regulatory Decision Process in the Air Freight Cases, *Public Policy*(Spring).

Posner, Richard A.(1971). Taxation by Regulation, *Bell Journal of Economics and Management Science*.

———(1974). Theories of Economic Regulation, *Bell Journal of Economics and Management Science*.

Quence, Peter(1984). Introduction: Regulation and Municipal Licensing, in J. Bossons, S. M. Makuch and J. Palmer(ed.), *Regulation by Municipal Licensing*(Toronto: University of Toronto Press).

Rabin, Robert L. and Stephen D. Sugarman(2001). *Regulating Tobacco*, Oxford University Press.

Rainet, Hal G. and Robert W. Backoff and Charles H. Levine(1976). Comparing Public and Private Organizations, *Public Administration Review*.

Ramsey, F. P.(1927). A Contribution to the Theory of Taxation, *Economic Journal*.

Rawls, John(1971). *A Theory of Justice*(Cambridge, Mass.: Harvard University Press).

Reich, C.(1979). The New Property, *Perspectives on the Administrative Process*, edited by Robert L. Rabin(Boston, Mass.: Little Brown & Co.).

Reynolds, Lloyd G.(1969). *The Economics of Regulation*(Homewood, Ill.: Richard D. Irwin).

Richardson, Sue(1999). *Reshaping the labour market: regulation, efficiency and equality in Australia*, Cambridge University Press.

Ripley, Willam Z.(1913). *Railroads: Rates and Regulation*(New York: Longsmans, Green & Co.).

Robinson, Colin(2006). *Regulating utilities and promoting competition: lessons for the future*, Edward Elgar.

Roger Noll, Nina Cornell and Barry Weingast(1977). Safety Regulation, *in Setting National Priorities*(Washington, D. C.: Brookings Institution).

Rothenberg, Lawrence S.(1994). *Regulation, organizations, and politics: motor freight policy at the Interstate Commerce Commission* (Ann-Arbor, Michi: University of Michigan Press).

Rothwell, Geoffrey and Tomâas Gâomez.(2003). *Electricity economics: regulation and deregulation*, John Wiley.

Schattschneider, E. E.(1960). *The Semi-Sovereign People*(New York: Holt Rinehart and Winston).

Schmalensee, Richard.(1978). Entry Deterrence in the Ready-to-Eat Breafast Cereal Industry, *Bell Journal of Economics*, 9.

———(1979). *The Control of Natural Monopolies*(Lexington, Mass.: Lexington Books).

Schultze, Charles L(1977). *The Public Use of Private Interest*(Washington, D. C.: Brookings Institution).

Schwenk, C. and H. Thomas(1983). "Formulating the Mess: The Role of Decision Aids in Problem Formulation," *The International Journal of Management Science*, 11.

Selznick, Philip(1985). Focusing Organizational Research on Regulation, *in Regulatory Policy and the Social Sciences*(Los Angeles, Ca.: University of California Press).

Shaffer, J. D.(1979). Observations on the Political Economics of Regulations, *American Journal of Agricultural Economics*, pt. 2, Nov.

Shepherd, W. G(1966). Marginal Cost Pricing in American Utilities, *Southern*

*Economic Journal*, 33.

Sherman, Roger(2008). *Market Regulation*, Addison Wesley.

Siegfried, John J. and M. Jane Ban Sweeney(1982). The Social and Political Consequences of Conglomerate Mergers, in M. Keenan and L. J. White, *Mergers and Acquisition*(Lexington, Mass.: D. C. Health and Co.).

Sigler, Jay A. and Joseph E. Murphy(1988). *Interactive corporate compliance: an alternative to regulatory compulsion*, Quorum Books.

Smith, Adam(1937). *An Inquiry into The Nature and Cause of the Wealth of Nations(1776)*, Modern Library Edition.

Snitzler, J. R. and R. J. Byrne(1958). *Interstate Trucking of Fresh and Frozen Poultry under Agricultural Exemption*, USDA Agricultural Marketing Report 224.

Soberer, Frederick M. and Davis Ross(1990). *Industrial Market Structure and Economic Performance*, 3rd ed.(Boston, Mass.: Houghton Mifflin Co.).

Spulber, Nicolas and Asghar Sabbaghi(1998). *Economics of water resources: from regulation to privatization*, Kluwer Academic.

Stigler, George J.(1968). *The Organization of Industry*(Homewood, Ill.: Irwin).

———(1971). The Theory of Economic Regulation, *Bell Journal of Economics and Management Science*.

Stone, Alan(1982). *Regulation and its Alternatives*(Washington, D. C.: Congressional Quarterly Press).

Subcommittee on Administrative Practice and Procedures of the Senate Judiciary Committe(1975). *Civil Aeronautics Board Practice and Procedures, Report of this Subcommittee*(Washington, D. C.: U. S. Government Printing Office).

Surrey, S.(1970). Tax Incentives as a Device of Implementing Government Policy: A Comparison with Government Expenditure, *Harvard Law Review*.

Surrey, Stanley(1973). *Pathways to Tax Reform: The Concept of Tax Expenditures*(Cambridge Mass.: Harvard University Press).

Thompson, Frederick and Lero. R. Jones(1982). *Regulatory Policy and Practices: Regulating Better and Regulating Less*(New York: Praeger Publishers).

Truman, David B.(1951). *The Government Process: Political Interests and Public Opinion*, 2nd ed.(New York: Alfred A. Knopf).

Tullock, Gordon(1965). *The Politics of Bureaucracy*(Washington D. C.: Public Affairs Press).

U. S. Congress, Joint Economic Committee(1980). *An Inquiry into Conflicting and Duplicative Regulatory Requirements Affecting Selected Industries and Sectors*, 96th Cong., 2nd sess.

U. S. Council on Environmental Quality(1975). *Environmental Quality*, the Sixth Annual Report of the Council on Environmental Quality.

U. S. General Accounting Office(1977). *Lower Airline Costs Per Passenger Are Possible in the United States and Could Result in Lower Fares.*

U. S. Senate, Committee on Commerce, Science, and Transportation(1978). *The Impact on Small Communities of Motor Carriage Regulatory Revision* (Committee Print) 95th Congress, 2nd Session.

United Nations(1976). *Development Administration: Current Approaches and Trends in Public Administration for National Development*(New York: United Nations Publication).

Utton, Michael A.(2006). *International competition policy: maintaining open markets in the global economy*, Edward Elgar.

Verkuil, Paul R.(1975). The Emerging Concept of Administrative Procedure, 78 *Columbia Law Review.*

Viscusi, W. Kip and John M. Vernon and Joseph E. Harrington Jr.(1992). *Economics of Regulation and Antitrust*(Lexington, Mass.: D. C. Heath & Co.).

Walters, Stephen J. K.(1993). *Enterprise Government and the Public*(New York: McGraw Hill).

Wardall, William(1979). Rx: More Regulation or Better Therapies, *Regulation.*

Weber, Max(1968). *Economy and Society*, trans. E. Fischoff, et al. Vol 1(New York Bedminster Press).

Weidenbaum, Murray and Robert De Fina(1978). *The Cost of Federal Regulation*, Reprint No. 88(Washington, D. C.: American Enterprise Institute).

Weidenbaum, Murray L.(1979). *The Future of Business Regulation*(New York: Amacom).

Weisbrod, Burton A.(1977). Collective Action and the Distribution of Income: A Conceptual Approach, in Robert H. Haveman and Julius Margolis, *Public Expenditure and Policy Analysis*(Chicago, Ill.: Rand McNally).

Weiss, Leonard W.(1975). Antitrust in the Electric Power Industry, in Almarin Phillips, ed., *Promoting Competition in Regulated Markets*, (Washington, D. C.: Brookings Institution).

Welborn, David(1977). *Taking Stock of Regulatory Reform*, paper prepared at the annual meeting of the American Political Science Association, Washington, D. C.

Welch, W. P.(1980). The Allocation of Political Monies: Economic Interest Groups, *Public Choice*, 35.

White, Lawrence J.(1980). Truth in Regulatory Budgeting, *Regulation*.

———(1981). *Reforming Regulation: Processes and Problems*(Englewood Cliffs, N. J.: Prentice Hall).

Wilcox, Clair and William G. Shepherd(1975). *Public Policies Toward Business*, 5th ed.(Homewood, Ill.: Richard D. Irwin).

Williamson, Oliver(1975). *Markets and Hierarchies: Analysis and Antitrust Implications*(New York: Free Press).

Williamson, Oliver(1966). Peak-Load Pricing and Optimal Capacity under Indivisibility Constraints, *American Economic Review*, 56.

Wilson, James Q. and E. C. Banfield(1964). Public Regardingness as a Value Premise in Voting Behavior, *American Political Science Review*.

Wilson, James Q. and E. C. Banfield(1971). Political Ethos Revisited, *American Political Science Review*.

Wilson, James Q.(1974). The Politics of Regulation in J. W. Mckie(ed), *Social Responsibility and the Business Predicament*(Washington, D. C.: Brookings Institution).

Wo]fe Jr. C.(1979). A Theory of Non-Market Failure: Framework for Implementation Analysis, *Journal of Law and Economics*(April).

# 찾아보기

## ㄱ

ㅅ

ㅈ

ㅊ

ㅋ

## ㅌ



## ㅍ

# 저자 소개

## 김용우(金容宇)

[경력]
서강대학교 경제학부(부전공: 경영학) 졸업
서강대학교 대학원 경제학과
오스트리아 Diplomatische Akademie Wien 졸업
오스트리아 빈대학교 경제학과
미국 New York University 행정학석사
미국 New York University 행정학박사(Ph.D.)
인하대학교 사회과학연구소 소장
인하대학교 행정대학원 원장
한국정책과학학회 회장
현재 인하대학교 사회과학부 행정학전공 교수

[저서]
「북한학개론」(법문사, 공저, 1995)
「규제행정론」(대영문화사, 1996)
「민주주의와 정책과학」(은성사, 공역, 2002)
「정부회계원리」(대영문화사, 공저, 2004)
「공기업원론」(형설출판사, 2006)

# 정부규제와 규제행정

펴낸날 / 제1판 제1쇄 2010년 2월 20일

지은이 / 김용우

펴낸이 / 임춘환

펴낸곳 / 도서출판 대영문화사

주소 / 서울 용산구 청파동 1가 178-2 ㊐ 140-869

등록 / 1975년 12월 26일 제3-16호

전화 / (02)716-3883, (02)714-3062

팩시밀리 / (02)703-3839

우체국 온라인 / 011353-02-009106



ISBN 978-89-7644-334-2

〔값 23,000원〕